CURSO DE

DIREITO EMPRESARIAL

2 TÍTULOS DE CRÉDITO

MARLON **TOMAZETTE**

CURSO DE
DIREITO EMPRESARIAL

2 TÍTULOS DE CRÉDITO

9ª edição
revista e atualizada

2ª tiragem
2018

saraiva jur

ISBN 978-85-472-2196-6

DADOS INTERNACIONAIS DE CATALOGAÇÃO NA PUBLICAÇÃO (CIP)
ANGÉLICA ILACQUA CRB-8/7057

Tomazette, Marlon

Curso de direito empresarial : títulos de crédito – volume 2 / Marlon Tomazette. – 9. ed. – São Paulo : Saraiva Educação, 2018.

1. Direito empresarial 2. Direito empresarial - Brasil 3. Títulos de crédito I. Título.

17-1110 CDU 34:338.93(81)

Índices para catálogo sistemático:

1. Brasil : Direito empresarial	34:338.93(81)
2. Direito empresarial : Brasil	34:338.93(81)

SOMOS EDUCAÇÃO | saraiva jur

Av. das Nações Unidas, 7.221, 1º andar, Setor B
Pinheiros – São Paulo – SP – CEP 05425-902

SAC 0800-0117875
De 2ª a 6ª, das 8h às 18h
www.editorasaraiva.com.br/contato

Data de fechamento da edição: 16-11-2017

Dúvidas? Acesse www.editorasaraiva.com.br/direito

CL 604212 CAE 622995

Dedico este livro à minha princesa Kênia,
capaz de alegrar meus dias tristes e me fazer ver que a vida
é maravilhosa, com todo o amor do universo.

Ao meu filho Leonardo, sorriso que ilumina nossas vidas.

AGRADECIMENTOS

Agradeço em primeiro lugar a Deus, que nos dá a vida. Agradeço também a meus pais e meus irmãos, que me criaram, me permitiram estudar e me tornar um profissional do direito.

Na minha vida acadêmica, foram determinantes alguns professores que me deram a certeza de que o estudo do direito era o meu caminho. Por isso, agradeço aos Professores Ronaldo Polletti, Paulo Laitano Távora, Lucas Rocha Furtado e Gilmar Ferreira Mendes, os quais, cada um a seu modo, me mostraram como o estudo do Direito pode ser bom.

Agradeço também aos meus colegas, professores de direito comercial, Marcelo Simões Reis, Marcelo Barreto, Sidarta, Carlos Orlando, Marcelo Féres, Luiz Guerra, Daniel Amin, Lucinéia Possar, Lílian Rose, Edilson Enedino, Davi Ferraz, Leonardo Boccorny, Raphael Borges, Gustavo Mourão, Luis Winckler e Neila Leal, que muito contribuíram para o amadurecimento das minhas ideias e para a compreensão de vários assuntos, seja nas conversas nas salas dos professores ou em bancas de monografia. Especial agradecimento aos Professores Adriano da Nóbrega e Lucinéia Possar, pelo auxílio na revisão do texto. Também merece especial agradecimento Manoel Cosme, por sua grande ajuda no aperfeiçoamento do livro.

Merecem uma menção especial meus alunos do UniCeub e da Escola Superior do Ministério Público do Distrito Federal, responsáveis diretos por esta obra, com os quais mais aprendi do que ensinei.

Sou grato, ainda, a toda a equipe da clínica de doenças renais de Brasília – CDRB e ao Instituto de Cardiologia do Distrito Federal – ICDF que me permitiram manter minhas atividades.

Por fim, agradeço à Kênia, que me dá alento para viver e para desenvolver qualquer atividade, e ao meu filho Leonardo, fonte de alegrias constantes.

O Autor

SUMÁRIO

Agradecimentos 7

Apresentação 23

Capítulo 1 – Do crédito 25

1 O crédito 25

2 Elementos do crédito 26

3 Importância do crédito na economia moderna 27

4 Classificações do crédito 28

Capítulo 2 – Títulos de crédito: noções gerais 31

1 Conceito de título de crédito 31

2 Funções dos títulos de crédito 33

3 Títulos de crédito típicos e atípicos 35

Capítulo 3 – Características e princípios dos títulos de crédito 39

1 Uma questão de terminologia 39

2 Características dos títulos de crédito 41

2.1 Disciplina pelo direito comercial/empresarial 41

2.2 Bem móvel 42

2.3 Natureza *pro solvendo* 42

2.4 Circulação 43

2.5 Títulos de apresentação 44

2.6 Obrigação quesível 44

2.7 Título de resgate 44

2.8 Executividade 45

2.9 Presunção de liquidez e certeza 45

2.10 Formalismo 46

2.11 Solidariedade cambiária 47

3 Princípios dos títulos de crédito 48

3.1 Cartularidade ou incorporação 49

3.1.1 Terminologia 49

3.1.2 Conteúdo do princípio 50

3.1.3 A desmaterialização dos títulos de crédito 52
3.2 Literalidade 54
3.2.1 Literalidade indireta 56
3.3 Autonomia 57
3.4 Abstração 59
3.5 Independência 62

Capítulo 4 – Títulos de crédito: noções gerais 64
1 Fonte da obrigação cambiária dos devedores 64
2 Teorias contratualistas 64
3 Teoria da aparência 65
4 Teoria do duplo sentido da vontade 66
5 Teoria da declaração unilateral de vontade 67
5.1 Teoria da criação 68
5.2 Teoria da emissão 70
5.3 Teoria dos três momentos 71
6 A fonte da obrigação cambiária e o direito positivo 72
7 Lado ativo da obrigação 74
7.1 Teoria dos créditos sucessivos 75
7.2 Teoria da delegação 75
7.3 Teoria da cessão do crédito 76
7.4 Teoria da personificação do título 76
7.5 Teoria do crédito alternativo 76
7.6 Teoria da emissão abstrata 76
7.7 Teoria da pendência 76
7.8 Teoria da promessa à generalidade 77
7.9 Teoria da propriedade 77

Capítulo 5 – Classificações 79
1 Documentos de legitimação: títulos de crédito próprios *x* títulos impróprios 79
1.1 Títulos de crédito próprios 80
1.2 Títulos impróprios 81
2 Classificações quanto ao conteúdo 82
3 Classificação quanto à natureza 84
4 Classificações quanto ao modo de circulação 86
4.1 Títulos nominativos 86
4.2 Títulos à ordem 88
4.3 Títulos não à ordem 88
4.4 Títulos ao portador 89
5 Classificação quanto à estrutura 89

6 Classificação quanto ao modelo 90
7 Classificação quanto à pessoa do emitente 90
8 Classificação quanto à prestação 90
9 Classificação quanto ao prazo 91
10 Títulos simples e complexos 91
11 Títulos completos e incompletos 91
12 Títulos singulares ou em série 92

Capítulo 6 – Letra de câmbio: noções gerais 93
1 Histórico 93
1.1 Período italiano 93
1.2 Período francês 95
1.3 Período alemão 96
2 Conceito 96
3 Partes 97
4 Legislação aplicável 98
4.1 O processo de uniformização internacional da legislação 98
4.2 A Lei Uniforme de Genebra 100
4.3 A legislação aplicável no Brasil 100
5 Requisitos intrínsecos 102
6 Requisitos legais da letra de câmbio 103
6.1 Requisitos essenciais 104
6.1.1 Cláusula cambial 104
6.1.2 A ordem de pagamento 105
6.1.3 Nome do sacado 106
6.1.4 Nome do beneficiário 107
6.1.5 Data de emissão 107
6.1.6 Assinatura do sacador 107
6.2 Requisitos supríveis 108
6.2.1 Local de emissão 108
6.2.2 Local de pagamento 108
6.2.3 Vencimento 109
6.3 Título em branco 109
7 Declarações cambiárias 110

Capítulo 7 – Aceite 112
1 Conceito 112
2 Forma 113
3 Data do aceite 115
4 Apresentação para aceite 115

4.1 Apresentação facultativa 116
4.2 Apresentação obrigatória 116
4.3 Títulos à vista e apresentação para aceite 116
4.4 Reapresentação 118
5 Entrega e retenção do título 118
6 Efeitos do aceite 118
7 Falta e recusa do aceite 119
8 Aceite qualificado 120
9 Cláusula não aceitável 122

Capítulo 8 – Endosso 124
1 Conceito 124
2 Pressuposto do endosso: cláusula à ordem 124
3 Forma 126
4 Endosso em preto e em branco 126
5 Endosso parcial 128
6 Efeitos do endosso 128
6.1 Transferência da propriedade do título 128
6.2 Responsabilidade do endossante 129
6.2.1 Endosso sem garantia 130
6.2.2 Proibição de novo endosso 131
7 Endosso *x* cessão de crédito 132
8 Endosso tardio, posterior ou póstumo 133
9 Endosso impróprio 135
9.1 Endosso-mandato 135
9.2 Endosso-caução 137
10 Endosso e Plano Collor (Lei n. 8.021/90) 140
11 Desconto bancário e endosso 140
12 *Factoring* e endosso 141

Capítulo 9 – Aval 146
1 Conceito 146
2 Forma 147
3 Outorga conjugal 148
4 Aval limitado 150
5 Avalizado 151
6 Aval antecipado 152
7 Avais simultâneos 153
8 Responsabilidade do avalista 154
8.1 Autonomia e abstração da obrigação do avalista 154

8.2 Transmissão aos herdeiros ... 157
9 Direito do avalista ... 157
10 Aval *x* fiança ... 158
11 Aval *x* endosso ... 159
12 Aval posterior ao vencimento ... 160
13 Conexão de títulos ... 161

Capítulo 10 – Vencimento e pagamento ... 162
1 Vencimento ... 162
1.1 Vencimento à vista ... 163
1.2 Vencimento em dia certo ... 163
1.3 Vencimento a certo termo da data ... 163
1.4 Vencimento a certo termo da vista ... 164
2 Vencimento antecipado ... 165
3 Prorrogação de vencimento ... 166
4 Pagamento ... 167
4.1 Tipos de pagamento ... 167
4.2 Apresentação ... 167
4.2.1 Quem pode fazer? ... 167
4.2.2 A quem deve ser feita? ... 168
4.2.3 Prazo ... 168
4.2.4 Avisos de cobrança ... 169
4.3 Objeto do pagamento ... 169
4.3.1 Juros moratórios ... 170
4.3.2 Juros remuneratórios ... 172
4.4 Prova do pagamento ... 173
4.5 Pagamento antecipado ... 173
4.6 Pagamento parcial ... 174
5 Outras formas de extinção das obrigações ... 174

Capítulo 11 – Protesto ... 176
1 Conceito ... 176
2 Tipos de protesto ... 177
3 Procedimento ... 178
3.1 Pedido ... 178
3.2 Intimação ... 179
3.3 Lavratura do protesto ... 180
4 Avisos ... 181
5 Efeitos do protesto ... 181
5.1 Efeitos do protesto por falta de aceite ... 182

5.2 Efeitos do protesto por falta de pagamento 182
5.2.1 Cobrança dos devedores indiretos 182
5.2.2 Interrupção da prescrição 184
5.2.3 Configuração de impontualidade para fins de pedido de falência 184
5.2.4 Inscrição em cadastros de inadimplentes 185
6 Prazo para o protesto 186
7 Sustação do protesto 187
7.1 A medida judicial de sustação do protesto 187
7.2 Sustação do protesto necessário 189
8 Sustação dos efeitos do protesto 189
9 Cancelamento do protesto 190
10 Protesto indevido 192
11 Cláusula sem protesto 193

Capítulo 12 – Ações para o recebimento do crédito 194
1 Ação cambial 194
1.1 Tipos 194
1.2 Legitimidade 195
1.3 Foro competente 195
1.4 Objeto 195
1.5 Documentação 196
1.6 Procedimento 198
1.7 Prescrição 199
1.7.1 Os prazos 200
1.7.2 O termo inicial 200
1.7.3 Suspensão 200
1.7.4 Interrupção 201
1.8 Defesa do executado 202
1.8.1 Embargos à execução 202
1.8.2 Exceção de pré-executividade 204
1.8.3 Ações autônomas 205
1.9 Chamamento ao processo e denunciação da lide na ação cambial 205
2 Ação de locupletamento ou de enriquecimento sem causa 206
2.1 Pressupostos 206
2.2 Legitimidade 208
2.3 Foro competente 210
2.4 Causa de pedir e prova 210
2.5 Rito 211
2.6 Natureza 211
2.7 Prescrição 212

3 Ação causal ... 213
3.1 Pressupostos ... 214
3.2 Legitimidade ... 215
3.3 Objeto ... 215
3.4 Prescrição ... 215
3.5 Procedimento ... 216
4 Ação monitória ... 216

Capítulo 13 – Institutos complementares ... 220
1 Multiplicação da letra de câmbio ... 220
1.1 Duplicata ... 220
1.2 Cópia ... 221
2 Ação de anulação e substituição da letra de câmbio ... 222
3 Intervenção ... 224
3.1 Aceite por intervenção ... 224
3.2 Pagamento por intervenção ... 226
4 Ressaque ... 227

Capítulo 14 – Nota promissória ... 229
1 Noções gerais ... 229
2 Requisitos ... 229
2.1 Requisitos essenciais ... 230
2.2 Requisitos supríveis ... 231
3 Regime legal ... 231
4 Vinculação a contrato ... 232

Capítulo 15 – Cheque ... 235
1 Origem e evolução ... 235
2 Conceito e pressupostos de emissão ... 235
3 Natureza jurídica ... 237
4 Legislação ... 238
5 Requisitos ... 239
6 Inexistência de aceite ... 241
7 Endosso ... 242
8 Aval ... 243
9 Apresentação ... 244
9.1 Reapresentação ... 244
9.2 Prazos de apresentação ... 244
9.3 Apresentação fora do prazo ... 246
10 Pagamento ... 247
10.1 Pagamento parcial ... 248

	10.2 Apresentação simultânea de vários cheques	249
	10.3 Pagamento de cheque falso ou falsificado	249
11	Devolução do cheque sem pagamento	250
12	Revogação (contraordem) e sustação (oposição)	253
	12.1 Revogação ou contraordem	253
	12.2 Sustação	254
13	Protesto	254
	13.1 Efeitos do protesto de um cheque	255
	13.2 Protesto no caso de fraude, furto, roubo ou extravio do cheque	255
	13.3 Recusa do protesto pelo tabelião	256
	13.4 Prazo do protesto do cheque	257
14	Ação cambial	258
	14.1 Legitimidade e instrução da petição inicial	259
	14.2 Objeto	259
	14.3 Prescrição	261
15	Ação de locupletamento ou de enriquecimento sem causa	262
	15.1 Legitimidade	263
	15.2 Procedimento	264
	15.3 Causa de pedir e prova	264
	15.4 Objeto	265
	15.5 Prescrição	266
16	Ação causal (ação de cobrança)	266
	16.1 Legitimidade	267
	16.2 Objeto	267
	16.3 Procedimento	267
	16.4 Narrativa da causa do cheque	268
	16.5 Prescrição	269
17	Ação monitória	270
18	Pluralidade de exemplares	271
19	Modalidades de cheque	271
	19.1 Cheque visado	272
	19.2 Cheque cruzado	273
	19.3 Cheque para ser levado em conta	274
	19.4 Cheque administrativo	275
	19.5 Cheque especial	276
	19.6 Cheque de viagem	277
20	Aspectos penais do cheque	277
Capítulo 16 – Cheque Pós-datado		**279**
1	Uma questão de terminologia: pré ou pós?	279
2	Uso do cheque pós-datado	280

3 Legalidade da pós-datação ... 280
4 Natureza jurídica do cheque pós-datado ... 281
5 Consequências da pós-datação ... 282
5.1 Prazo de apresentação e prescrição do cheque pós-datado ... 282
5.2 Estelionato e cheque pós-datado ... 285
6 Apresentação antecipada do cheque pós-datado pelo beneficiário ... 286
7 Apresentação antecipada do cheque pós-datado pelo endossatário ... 287

Capítulo 17 – Duplicata ... 289
1 Origem e conceito da duplicata ... 289
2 A duplicata como título causal ... 290
3 Legislação aplicável ... 294
4 O processo de emissão da duplicata ... 294
4.1 Os contratos de compra e venda mercantil e de prestação de serviços ... 294
4.1.1 Configuração do contrato de prestação de serviços ... 295
4.1.2 Configuração do contrato de compra e venda mercantil no regime jurídico atual ... 295
4.2 Fatura ... 297
4.3 Extração da duplicata ... 298
5 Requisitos essenciais ... 299
6 Declarações cambiais na duplicata ... 302
7 Aceite ... 302
7.1 Obrigatoriedade do aceite ... 303
7.2 Recusa do aceite ... 304
7.3 Tipos de aceite ... 305
7.3.1 Aceite ordinário ... 305
7.3.1.1 Remessa, retenção e devolução ... 305
7.3.2 Aceite presumido ... 306
7.3.3 Aceite por comunicação ... 308
8 Endosso ... 308
9 Aval ... 309
10 Vencimento ... 310
11 Pagamento ... 311
12 Protesto ... 312
12.1 Tipos de protesto ... 313
12.2 Efeitos ... 313
12.2.1 Efeitos do protesto por falta de aceite ... 313
12.2.2 Efeitos do protesto por falta de pagamento ... 314
12.2.3 Efeitos do protesto por falta de devolução ... 315
12.3 Protesto por indicações ... 315

12.3.1 Protesto por indicações no caso de falta de devolução 316

12.3.2 Protesto por indicações no caso de falta de aceite ou falta de pagamento 316

13 Ação cambial 319

13.1 Documentação 319

13.1.1 Execução do devedor principal 319

13.1.2 Execução dos devedores indiretos 320

13.2 Prescrição 321

14 Outras ações para o recebimento da duplicata 321

15 Triplicata 322

16 Duplicata de prestação de serviços 322

16.1 Regime jurídico 323

16.2 Quem pode emitir 323

16.3 Fatura ou conta de serviço 324

17 Duplicata virtual 324

Capítulo 18 – Cédulas de crédito rural, industrial, comercial e à exportação 327

1 Noções gerais 327

2 Requisitos 328

2.1 Denominação do título 328

2.2 Valor do crédito 329

2.3 Finalidade do financiamento 329

2.4 Promessa de pagamento 330

2.5 Encargos financeiros 330

2.6 Forma de pagamento 330

2.7 Praça de pagamento 330

2.8 Beneficiário 331

2.9 Cláusula à ordem 331

2.10 Local, data e assinatura do emitente 331

2.11 Descrição dos bens dados em garantia 332

3 Garantias reais e privilégios 332

3.1 Garantias reais 333

3.1.1 Penhor 333

3.1.2 Hipoteca 334

3.1.3 Alienação fiduciária em garantia 335

3.1.4 Impenhorabilidade dos bens dados em garantia 336

3.2 Privilégio especial das notas de crédito 337

4 Inscrição 337

5 Regime jurídico 338

6 Aval 339

7 Endosso 339
8 Vencimento 340
9 Pagamento 341
9.1 Correção monetária 341
9.2 Juros remuneratórios 342
9.2.1 Capitalização 342
9.2.2 Limitação 343
9.3 Juros moratórios 344
9.4 Multa 344
9.5 Comissão de permanência 346
10 Protesto 347
11 Ação cambial 347
12 Ação de locupletamento, ação causal e ação monitória 348

Capítulo 19 – Cédulas de crédito bancário 349
1 Noções gerais 349
2 Requisitos 351
3 Garantias 352
4 Registro 353
5 Aval 353
6 Circulação 353
7 Pagamento 354
8 Protesto 356
9 Execução da CCB 356
9.1 A discussão sobre a liquidez da CCB 356
9.2 Excesso na execução 360
10 Certificado de CCB 360
10.1 Emissão 361
10.2 Circulação 362

Capítulo 20 – Conhecimento de depósito, *warrant*, CDA e WA 364
1 Armazéns gerais 364
2 Depósito de mercadorias nos armazéns gerais 365
3 Títulos especiais emitidos pelos armazéns gerais 367
3.1 Conhecimento de depósito 367
3.2 *Warrant* 369
4 Circulação dos títulos 370
4.1 Circulação dos títulos unidos 370
4.2 Separação dos títulos 370
4.2.1 Endosso do *warrant* 371

4.2.2 Endosso do conhecimento de depósito 372
5 Direitos dos portadores do título 372
5.1 Portador do conhecimento de depósito e do *warrant* 372
5.2 Portador do conhecimento de depósito 373
5.3 Portador do *warrant* 373
5.3.1 Venda extrajudicial das mercadorias 374
5.3.2 Ausência do protesto tempestivo ou da venda extrajudicial 375
6 Extravio ou destruição dos títulos 376
7 Certificado de depósito agropecuário e *warrant* agropecuário 377
7.1 Depósito de produtos agropecuários 377
7.2 Emissão do *warrant* agropecuário (WA) e do certificado de depósito agropecuário (CDA) 378
7.3 Requisitos legais 380
7.4 Registro 384
7.5 Circulação 384
7.5.1 Circulação dos títulos unidos 385
7.5.2 Separação dos títulos 385
7.6 Baixa no registro 385
7.7 Direitos dos portadores dos títulos 386
7.7.1 Portador do CDA e do WA 386
7.7.2 Portador do CDA 386
7.7.3 Portador do WA 387

Capítulo 21 – Conhecimento de transporte 389
1 Transporte de mercadorias 389
2 Conhecimento de transporte 390
2.1 Conhecimento de transporte terrestre 390
2.2 Conhecimento de transporte ferroviário 392
2.3 Conhecimento de transporte marítimo 392
2.4 Conhecimento de transporte aéreo 393
2.5 Conhecimento de transporte multimodal 394
3 Circulação 395

Capítulo 22 – Títulos rurais 397
1 Introdução 397
2 Nota promissória rural 397
2.1 Emissão 397
2.2 Requisitos 398
2.3 Endosso 399
2.4 Aval e outras garantias 399
2.5 Protesto 400

2.6 Privilégio especial 400
3 Duplicata rural 401
3.1 Emissão 401
3.2 Requisitos 402
3.3 Peculiaridades 403
4 Cédulas de Produto Rural (CPR) 404
4.1 Emissão da CPR física 404
4.2 Emissão da CPR financeira 405
4.3 Requisitos 406
4.4 Garantias reais 409
4.5 Aval 410
4.6 Endosso 411
4.7 Negociação no mercado 412
4.8 Vencimento 412
4.9 Pagamento, protesto e execução 413

Capítulo 23 – Títulos imobiliários 414
1 Introdução 414
2 Letras imobiliárias garantidas 414
2.1 Emissão 414
2.2 Requisitos 415
2.3 Carteira de ativos e regime fiduciário 416
2.4 Circulação e pagamento 417
3 Letra hipotecária 417
3.1 Emissão 418
3.2 Requisitos 418
3.3 Negociação 419
4 Letra de crédito imobiliário 420
4.1 Emissão 420
4.2 Requisitos 421
4.3 Negociação 422
5 Cédula hipotecária 422
5.1 Emissão 422
5.2 Requisitos 423
5.3 Negociação 425
5.4 Cumprimento da obrigação 425
6 Cédulas de crédito imobiliário 426
6.1 Emissão 426
6.2 Requisitos 427
6.3 Negociação 427

Capítulo 24 – Outros títulos 429
1 Títulos do agronegócio 429
1.1 Certificado de Direitos Creditórios do Agronegócio (CDCA) 429
1.1.1 Emissão 429
1.1.2 Garantias 430
1.1.3 Requisitos 431
1.1.4 Negociação 432
1.2 Letra de Crédito do Agronegócio (LCA) 432
2 Títulos da dívida pública 433
2.1 Emissão 434
2.2 Espécies 435
3 Certificados de Depósito Bancário (CDBs) 436
3.1 Emissão 436
3.2 Requisitos 437
3.3 Negociação 437
4 Letras de câmbio financeiras 437
5 Letras de arrendamento mercantil 438
5.1 Emissão 438
5.2 Requisitos 439
5.3 Negociação 439
6 Letras financeiras 440
6.1 Emissão 440
6.2 Requisitos 441
6.3 Negociação 442

Capítulo 25 – Securitização de recebíveis 443
1 Securitização de recebíveis 443
1.1 A operação 443
1.2 A cessão de créditos 445
1.3 A securitizadora 446
1.4 A emissão de valores mobiliários 447
1.5 Securitização *x factoring* 448
1.6 Securitização *x* desconto bancário 449
1.7 Regimes específicos 449
1.7.1 Securitização de créditos imobiliários 450
1.7.2 Securitização de créditos do agronegócio 451
1.7.3 Securitização de créditos bancários 452

Referências 453

APRESENTAÇÃO

Este volume traz à luz, de acordo com a doutrina, um estudo amplo da teoria geral dos títulos de crédito, bem como dos títulos de crédito em espécie, além das mais recentes alterações legislativas (em especial o CPC/2015) e de atuais precedentes sobre a matéria. Os mais notáveis autores do nosso direito comercial são as principais fontes dos dados apresentados, sem se esquecer da jurisprudência, em especial do Superior Tribunal de Justiça, que vem dando novos contornos a diversos institutos mercantis.

O direito empresarial se caracteriza por um grande dinamismo, inerente à necessidade de rápida circulação de riquezas. Esse dinamismo fez surgir os títulos de crédito, que são instrumentos eficazes para tal mister, desempenhando muito bem o seu papel até o presente momento. O grande número de títulos de crédito existentes no nosso direito e abrangidos no presente mostra a utilidade prática do tema.

Apesar disso, a evolução histórica impõe adaptações dos institutos jurídicos, o que no direito comercial se opera, muitas vezes, sem qualquer alteração legislativa. Vemos tal situação no regime peculiar das duplicatas, que já podem existir exclusivamente em meio magnético, podendo inclusive ser executadas. Tal disciplina decorre da atual legislação sem necessidade de uma adaptação legislativa, dadas as peculiaridades da responsabilidade pelo pagamento da duplicata, título nacional de extrema utilização no dia a dia da economia nacional. Outros títulos mais modernos também já são criados em meio eletrônico, trazendo adaptações da legislação cambiária à realidade de cada um deles.

Também são estudados títulos mais modernos, como as cédulas de crédito rural, industrial, comercial, à exportação e bancário, que representam boa parte dos negócios de crédito realizados no país, no sistema financeiro. Além disso, são analisados títulos de investimento específicos para certos setores, como os títulos imobiliários, do agronegócio e da securitização de recebíveis, bem como as letras financeiras e letras de arrendamento mercantil.

É mantida a estrutura básica do livro, que parte do estudo do crédito para apresentar uma teoria geral dos títulos de crédito e em seguida os títulos de crédito em espécie. Todo o texto foi atualizado com as referências do CPC/2015, que trata do exercício dos direitos decorrentes de títulos de crédito, por meio da execução e da ação monitória. Além disso, foram inseridas novas discussões decorrentes da jurisprudência mais recente sobre o tema, como a que trata do regime da transferência de créditos no contrato de *factoring*.

Há especial atenção com exemplos concretos para facilitar a apreensão do conteúdo e sua utilidade prática, que permanece crescente, em razão da importância cada vez maior da concessão e da tutela do crédito.

O autor.

1 DO CRÉDITO

1 O crédito

A atividade empresarial e, consequentemente, o próprio direito empresarial exigem três pilares fundamentais: a rapidez, a segurança e o crédito[1]. Ela demanda um reforço ao crédito, uma disciplina mais célere dos negócios, a tutela da boa-fé e a simplificação da movimentação de valores[2], tendo em vista a realização de negócios em massa. Nesse particular, ganham especial importância os títulos de crédito – instrumentos extremamente eficazes para circulação de riquezas. Para poder estudar esses títulos, é fundamental analisar o crédito, um dos pilares da própria atividade empresarial.

O crédito representa, em uma ideia geral, a confiança no cumprimento das obrigações, o que facilita extremamente as transações comerciais, que nem sempre representam trocas imediatas de valores. Sem o crédito, a atividade empresarial não teria chegado ao nível atual de desenvolvimento. Foi ele que permitiu a expansão e o desenvolvimento das principais atividades econômicas existentes no mundo moderno.

A palavra *crédito* deriva do latim *creditum,* que por sua vez advém de *credere,* que significa confiar, ter fé. Assim sendo, o crédito representaria a confiança que alguém desperta em outrem. Daí dizer que determinada pessoa tem crédito, no sentido de que essa pessoa desperta a confiança. Tal uso da palavra *crédito* pode ser entendido como sua acepção moral que, contudo, não é a única[3].

Além da acepção moral, não há como negar a existência de um sentido econômico da palavra *crédito.* Luiz Emygdio da Rosa Júnior nos apresenta cinco conceitos econômicos de crédito: "a) crédito é a troca no tempo e não no espaço (Charles Guide); b) crédito é a permissão de usar capital alheio (Stuart Mill); c) crédito é o saque contra o futuro; d) crédito confere poder de compra a quem não dispõe de recursos para realizá-lo

1. REINHARD, Yves; CHAZAL, Jean-Pascal. *Droit commercial.* 6. ed. Paris: Litec, 2001, p. 27.

2. PINTO, Carlos Alberto da Mota. *Teoria geral do direito civil.* 3. ed. Coimbra: Almedina, 1999, p. 37; VALERI, Giuseppe. *Manuale di diritto commerciale.* Firenze: Casa Editrice Dottore Carlo Cya, 1950, v. 1, p. 4.

3. WALD, Arnoldo; WAISBERG, Ivo. Legislação, jurisprudência e contratos bancários. In: FONTES, Marcos Rolim Fernandes; WAISBERG, Ivo (Coord.). *Contratos bancários.* São Paulo: Quartier Latin, 2006, p. 40; BULGARELLI, Waldirio. *Títulos de crédito.* 14. ed. São Paulo: Atlas, 1998, p. 22.

(Werner Sombart); e) crédito é a troca de uma prestação atual por prestação futura"[4]. A ideia essencial de todas essas acepções é a da troca de um bem atual por um bem futuro[5].

Assim, vê-se que, quando se realiza uma compra com um cartão de crédito, troca-se a mercadoria comprada (valor atual) por uma prestação futura, consistente no pagamento do preço. Nesses casos, o crédito envolve uma troca no tempo, e não no espaço, representando ainda a outorga do poder de compra a quem não tem recursos para fazê-lo.

Não podemos negar também a ideia jurídica do crédito, na qual ele representa o direito a uma prestação do devedor[6]. Nas relações obrigacionais em geral, pelo menos um dos envolvidos tem direito a uma prestação e esse seu direito é entendido como um direito de crédito. Assim, no contrato de compra e venda, o vendedor que entregou a mercadoria tem um crédito, consistente no direito de receber o preço estipulado. Portanto, juridicamente, quando se fala do crédito, refere-se a um direito do credor de uma relação obrigacional.

Para Maria Bernadete Miranda, o crédito é a "transação entre duas partes, na qual uma delas (o credor) entrega a outra (o devedor) determinada quantidade de dinheiro, bens ou serviços, em troca de uma promessa de pagamento"[7]. Tal conceito nos serve de referência para o estudo do direito cambiário. Usaremos a ideia do negócio jurídico de crédito, que representa uma relação de confiança entre dois sujeitos, quais sejam, o que concede o crédito (credor) e o que dele se beneficia (devedor), mediante a troca de um valor presente e atual por um valor futuro[8]. Assim, por exemplo, nas chamadas vendas a prazo há uma relação de crédito, quando uma pessoa entrega uma mercadoria a outra (prestação atual) e espera receber o valor de tal mercadoria em um tempo determinado (prestação futura).

2 Elementos do crédito

A partir do conceito adotado, encontramos dois elementos primordiais no crédito: a confiança e o tempo[9]. Na relação jurídica de crédito, haverá sempre uma troca no tempo, isto é, uma pessoa entrega um bem atual em troca de um bem futuro (uma prestação futura). Essa troca no tempo só se realizará se houver uma relação de confiança.

Crédito = confiança + tempo

4. ROSA JÚNIOR, Luiz Emygdio da. *Títulos de crédito*. 4. ed. Rio de Janeiro: Renovar, 2006, p. 1-2.

5. BULGARELLI, Waldirio. *Títulos de crédito*. 14. ed. São Paulo: Atlas, 1998, p. 22.

6. Idem, ibidem.

7. MIRANDA, Maria Bernadete. *Títulos de crédito*. Rio de Janeiro: Forense, 2006, p. 2.

8. BORGES, João Eunápio. *Títulos de crédito*. 2. ed. Rio de Janeiro: Forense, 1977, p. 7; BULGARELLI, Waldirio. *Títulos de crédito*. 14. ed. São Paulo: Atlas, 1998, p. 19.

9. BORGES, João Eunápio. *Títulos de crédito*. 2. ed. Rio de Janeiro: Forense, 1977, p. 7.

Assim sendo, quem recebe um valor futuro em troca de um valor atual confia na realização de tal valor futuro, ou seja, quem vende um bem a prazo e entrega esse bem confia no recebimento futuro do preço desse bem. Tal confiança pode ter uma conotação subjetiva ou objetiva. Na primeira, o credor acredita que o devedor preenche os requisitos morais para satisfazer a prestação, ou seja, trata-se de uma confiança na pessoa pelo que ela aparenta ser. Já na confiança objetiva o credor acredita que o devedor tem capacidade econômico-financeira de satisfazer a prestação[10] em razão da apresentação de garantias, de consultas a sistemas de proteção ao crédito, ou por qualquer outro motivo.

Essa confiança se associa necessariamente a um intervalo de tempo entre duas prestações. Na troca imediata de valores, não há necessidade de confiança e, por isso, não se cogita de crédito na relação. O tempo entre as prestações é essencial para o desenvolvimento da economia, permitindo a mais rápida circulação de riquezas e, por isso, um maior número de negócios se realiza.

É importante ressaltar que Arnaldo Rizzardo identifica dois elementos para o crédito: subjetivo (confiança) e objetivo (a própria prestação)[11]. Tal análise não se mostra diferenciada em relação àquela que fizemos, apenas enfrenta o crédito sob sua ótica mais jurídica e, além disso, liga o elemento tempo à confiança.

Sérgio Carlos Covello identifica quatro elementos do crédito: a confiança, o prazo, o interesse e o risco[12]. O interesse aqui referido é a remuneração pela concessão do crédito, ou seja, os juros pagos pelo crédito, o que se aplica sempre ao crédito bancário, mas não a todas as espécies de crédito. Quanto ao risco, ele efetivamente é inerente a todo tipo de crédito, mas se insere na ideia mais ampla de tempo e confiança.

3 Importância do crédito na economia moderna

Na economia moderna, há a realização de negócios em massa, mobilizando grandes quantidades de recursos e de bens a todo momento. Para que isso ocorra na velocidade atualmente exigida, o crédito exerceu papel determinante. Pelo fato de o crédito permitir a imediata mobilização da riqueza, houve o aumento do número de negócios efetuados, do número de bens produzidos e do número de bens consumidos[13].

Sem o crédito, o número de mercadorias produzidas seria bem menor e a produção ocorreria de modo mais lento, na medida em que o produtor só teria acesso às matérias-primas se já possuísse, em mãos, o dinheiro necessário para sua aquisição. Do mesmo modo, os consumidores não conseguiriam adquirir tantos bens sem que houvesse a concessão de certo crédito por parte dos vendedores. A mesma ideia se aplica na prestação de serviços e nas demais atividades econômicas.

---

10. ROSA JÚNIOR, Luiz Emygdio da. *Títulos de crédito*. 4. ed. Rio de Janeiro: Renovar, 2006, p. 3.

11. RIZZARDO, Arnaldo. *Títulos de crédito*. Rio de Janeiro: Forense, 2006, p. 5.

12. COVELLO, Sérgio Carlos. *Contratos bancários*. 3. ed. São Paulo: Leud, 1999, p. 49-50.

13. ROSA JÚNIOR, Luiz Emygdio da. *Títulos de crédito*. 4. ed. Rio de Janeiro: Renovar, 2006, p. 4-5.

Os homens não se contentam em colher apenas os frutos que a natureza põe à disposição, buscando sempre obter mais e mais. Para tanto, mostra-se essencial o crédito na economia moderna. Embora não crie capitais, é certo que o crédito permite a melhor utilização e disseminação dos capitais existentes[14]. Com o crédito se produz e se consome muito mais, o que é essencial na moderna economia, em que tanto a produção quanto o consumo, realizados de modo massificado, dependem do crédito[15].

Quanto maior o volume de crédito, maior o crescimento da economia. Esse indicador é fundamental para demonstrar o desenvolvimento da economia de um país. No Brasil, o volume global de crédito do sistema financeiro representa, em abril de 2017, o correspondente a 48,4% do Produto Interno Bruto (PIB). Apesar do aumento em relação ao passado, esse volume de crédito ainda é baixo, se comparado à média de outros países como o Chile (70% do PIB), a Índia (78% do PIB), a China (128% do PIB) e os EUA (187% do PIB). A economia dos Estados Unidos sempre foi tão grande em razão do alto nível de crédito oferecido, o que, porém, foi responsável por boa parte da crise econômica de 2008.

Destacada essa importância, é certo que o crédito só pode desenvolver seu papel apresentando três características básicas: a certeza, a segurança e a facilidade na sua circulação[16]. Sem esses atributos, o crédito não seria capaz de provocar as transformações que gerou na economia. Se não fosse certo, não haveria a concessão de tanto crédito. Do mesmo modo, se não houvesse segurança para o recebimento, também não haveria tantas operações de crédito. Por fim, a facilidade de circulação se impõe para agilizar as negociações e permitir a fruição mais pronta e célere dos recursos.

4 Classificações do crédito

Para fins didáticos, podemos reunir o crédito em grupos, classificando-o de acordo com vários critérios[17].

Tendo em vista a necessidade de segurança no exercício dos direitos de crédito, é comum que se reforce o crédito com alguma garantia, isto é, há um reforço que facilita o recebimento do crédito, tornando-o menos arriscado. A garantia é apenas um reforço, não substituindo a obrigação original que, normalmente, continua a existir.

Em função da garantia assegurada ao credor, temos[18]:

a) **Crédito real:** a garantia assenta em determinado bem móvel (penhor) ou imóvel (hipoteca) do devedor ou de terceiro, que fica vinculado ao cumprimento

14. BORGES, João Eunápio. *Títulos de crédito*. 2. ed. Rio de Janeiro: Forense, 1977, p. 8.

15. ASCARELLI, Tullio. *Teoria geral dos títulos de crédito*. Tradução de Benedicto Giacobbini. Campinas: RED, 1999, p. 30; OLIVEIRA, Celso Marcelo de. *Títulos de crédito*. Campinas: LZN, 2003, p. 45.

16. OLIVEIRA, Celso Marcelo de. *Títulos de crédito*. Campinas: LZN, 2003, p. 46.

17. ROSA JÚNIOR, Luiz Emygdio da. *Títulos de crédito*. 4. ed. Rio de Janeiro: Renovar, 2006, p. 6.

18. Idem, ibidem.

da obrigação. Não havendo o cumprimento da obrigação, o credor poderá receber o produto da venda do bem dado em garantia.

b) **Crédito pessoal:** a garantia assenta em todo o patrimônio da pessoa, e não em um bem determinado; é a chamada garantia fidejussória (aval e fiança). Nesses casos, além do devedor original, soma-se um garantidor, que amplia as chances de recebimento do crédito.

O crédito permite, em última análise, a imediata mobilização da riqueza com a satisfação de necessidades das pessoas que dele se beneficiam. Tais pessoas podem ter diversas finalidades para usar o seu crédito. Para fins didáticos, podemos classificar o crédito quanto à finalidade de sua utilização de duas formas[19]:

a) **Créditos de consumo:** os valores recebidos são aplicados na satisfação das necessidades pessoais do beneficiário do crédito, como, por exemplo, para aquisição de bens de consumo (carros, eletrodomésticos...).
b) **Crédito de produção:** os valores recebidos são utilizados na produção de certos bens ou no desenvolvimento de certa atividade econômica, isto é, são usados na geração de novas riquezas, como, por exemplo, o crédito rural ou o crédito industrial.

O crédito envolve necessariamente um prazo entre as prestações. Tal prazo não é definido, podendo ser de um dia ou até de alguns anos. Em razão disso, é possível classificar o crédito quanto ao prazo, para o cumprimento das obrigações, em crédito de curto prazo (inferior a um ano), de médio prazo (entre um e três anos) e de longo prazo (acima de três anos). Esses transcursos de tempo não são claramente definidos; parte-se de uma noção prática mais geral para essa definição.

Além da variabilidade do prazo, também se mostra como critério de classificação o sujeito que recebe o crédito, isto é, o devedor. Assim, fala-se em crédito público quando o Poder Público é o beneficiário do crédito e se torna devedor. Esse crédito tem um tipo de risco próprio, por vezes chamado de risco-governo. Em contrapartida, temos os créditos privados, quando particulares assumem a condição de devedores, nas mais variadas situações. Os últimos podem se subdividir em créditos individuais, industriais, agrícolas ou marítimos, de acordo com a sua destinação[20].

Qualquer que seja o devedor, ele pode obter o crédito dentro ou fora do território nacional, podendo-se falar em crédito interno para o primeiro e crédito externo para o segundo[21]. Tal distinção pode ser importante para a definição de regras e condições de obtenção do crédito.

---

19. ROSA JÚNIOR, Luiz Emygdio da. *Títulos de crédito*. 4. ed. Rio de Janeiro: Renovar, 2006, p. 6.
20. COVELLO, Sérgio Carlos. *Contratos bancários*. 3. ed. São Paulo: Leud, 1999, p. 51.
21. ROSA JÚNIOR, Luiz Emygdio da. *Títulos de crédito*. 4. ed. Rio de Janeiro: Renovar, 2006, p. 7.

Por fim, podemos classificar o crédito quanto ao seu instrumento, isto é, quanto à sua forma de representação. Em geral, o crédito é representado juridicamente por um instrumento que pode ser um contrato ou um título de crédito, sendo este último mais utilizado nas operações em que se pretende fazer o crédito circular. Numa compra e venda a prazo, o crédito do vendedor normalmente é representado em um contrato escrito, nada impedindo que seja inclusive um contrato verbal. Esse contrato é que instrumentaliza o crédito. Todavia, na mesma situação, além do contrato, pode-se representar o crédito em um título de crédito, como uma nota promissória ou um cheque. Nesse caso, o título de crédito também instrumentaliza o crédito.

2 TÍTULOS DE CRÉDITO: NOÇÕES GERAIS

1 Conceito de título de crédito

Modernamente, o direito empresarial encontra sua justificação não na tutela do comerciante, mas na tutela do crédito e da circulação de bens ou serviços[1], vale dizer, o fim último do direito empresarial é permitir o bom desenvolvimento das relações de crédito e das atividades econômicas. Nessa concepção, a disciplina dos títulos de crédito ganha importância, na medida em que eles são os principais instrumentos de circulação de riquezas no mundo moderno. Assim, os títulos de crédito talvez representem a principal contribuição do direito comercial para a economia moderna[2].

A teoria geral dos títulos é uma obra de generalização da doutrina, que permitiu uma disciplina uniforme para documentos que, embora diversos entre si, apresentam características comuns[3]. Embora haja um grande número de títulos de crédito, não há como negar a existência de características comuns entre eles. Essas características comuns permitem a formulação de um conceito e de uma teoria geral dos títulos de crédito.

Com a ideia de uma teoria geral, buscou-se a formulação de um conceito que permitisse um tratamento unitário das diversas realidades que representam os títulos de crédito.

No direito alemão, costuma-se usar um conceito mais genérico, referindo-se a títulos de crédito como "todos os documentos, cuja apresentação é necessária para o exercício do direito a que se referem"[4]. Tal conceito é extremamente geral, reunindo realidades muito distintas que não se contêm na mesma regulamentação. Tratar conjuntamente cheques e bilhetes de metrô é extremamente difícil, na medida em que tais situações não são nem se prestam a ser regulamentadas pelas mesmas regras.

Martorano assevera que "o título de crédito se apresenta como um documento, isto é, um ato escrito, do qual resulta a existência de uma obrigação, assumida pelo subscritor,

1. AULETTA, Giuseppe. L'impresa dal Códice di Commercio del 1882 al Codice Civile del 1942. In: *1882-1982 Cento Anni dal Codice di Commercio*. Milano: Giuffrè, 1984, p. 81.

2. ASCARELLI, Tullio. *Teoria geral dos títulos de crédito*. Tradução de Benedicto Giacobbini. Campinas: RED, 1999, p. 25.

3. MARTORANO, Federico. *I titoli di credito*. Napoli: Morano, 1970, p. 8.

4. ASCARELLI, Tullio. *Teoria geral dos títulos de crédito*. Tradução de Benedicto Giacobbini. Campinas: RED, 1999, p. 44.

de efetuar certa prestação a favor de outro sujeito, mais ou menos determinado"[5]. Contudo, o próprio Martorano reconhece que essa definição é insuficiente para embasar uma teoria geral dos títulos de crédito.

Outra formulação é feita por Umberto Navarrini, que sustenta que o título de crédito "é um documento que atesta uma operação de crédito, cuja posse é necessária para o exercício do direito que dele deriva e para investir outras pessoas desse direito"[6]. Alberto Asquini apresenta uma conceituação mais detalhada declarando que o título de crédito é "o documento de um direito literal destinado à circulação, idôneo para conferir de modo autônomo a titularidade de tal direito ao proprietário do documento e necessário e suficiente para legitimar o possuidor ao exercício do próprio direito"[7]. Giorgio de Semo menciona que o título de crédito é "um documento criado segundo determinados requisitos de forma, obedecendo a uma particular lei de circulação, contendo incorporado a ele o direito do legítimo possuidor a uma prestação em dinheiro ou em mercadorias, que nele é mencionada"[8]. Para Engrácia Antunes o título de crédito é "o documento necessário para constituir, exercer e transferir o direito literal e autônomo nele incorporado"[9].

No Brasil, Whitaker asseverava que o título de crédito era o título capaz de realizar imediatamente o valor que ele representa[10]. A partir desse conceito, aliado ao conceito de Vivante, Luiz Emygdio da Rosa Júnior afirma que o título de crédito "é o documento formal capaz de realizar imediatamente o valor nele contido e necessário ao exercício do seu direito literal e autônomo"[11].

O conceito mais clássico é o de Cesare Vivante, pelo qual o "título de crédito é o documento necessário para o exercício do direito, literal e autônomo, nele mencionado"[12].

---

5. MARTORANO, Federico. *I titoli di credito.* Napoli: Morano, 1970, p. 10-11, tradução livre de "il titoli di credito si presenta come un documento, cioé un atto scritto, da cui risulta l'esistenza di um impegno, assunto dal sottoscritore, di efettuare una certa prestazione a favore di un altro soggeto piú o meno determinato".

6. NAVARRINI, Umberto. *La cambiale e l'assegno bancario.* Bologna: Zanichelli, 1937, p. 15, tradução livre de "un documento attestante un'operazione di credito, il cui possesso è necessário per esercitare il diritto che ne deriva, e per investirne altre persone".

7. ASQUINI, Alberto. *I titoli di credito.* Padova: Cedam, 1966, p. 49, tradução livre de "il documento di un diritto letterale destinato alla circolazione, idoneo a conferire in modo autonomo la titolaritá di tale diritto al proprietario del documento, e necessário e sufficiente per legitimarei l possessore all'esercizion del diritto stesso".

8. DE SEMO, Giorgio. *Trattato di diritto cambiario.* 3. ed. Padova: Cedam, 1963, p. 101, tradução livre de "un documento, foggiato secondo determinati requisiti di forma, obbediente ad uma particolare legge di circolazione, contenente incorporato il diritto del legitimo possessore ad una prestazione in denaro o in merci, che vi é menzionata".

9. ENGRÁCIA ANTUNES, José A. *Os títulos de crédito*: uma introdução. Coimbra: Coimbra Editora, 2009, p. 7.

10. WHITAKER, José Maria. *Letra de câmbio.* São Paulo: Saraiva, 1928, p. 14.

11. ROSA JÚNIOR, Luiz Emygdio da. *Títulos de crédito.* 4. ed. Rio de Janeiro: Renovar, 2006, p. 52.

12. VIVANTE, Cesare. *Trattato di diritto commerciale.* 5. ed. Milano: Casa Editrice Dottor Francesco Vallardi, 1924, v. 3, p. 123, tradução livre de "Il titolo di crédito é un documento necessario per esercitare il diritto letterale ed autonomo que vi e menzionato".

Tal conceito é praticamente reproduzido pelo art. 887 do novo Código Civil, nos seguintes termos: "O título de crédito, **documento necessário ao exercício do direito literal e autônomo nele contido**, somente produz efeito quando preencha os requisitos da lei" (grifos nossos).

Esse conceito é visto com certo ceticismo por alguns autores que afirmam que ele não exprime a ideia de um título de crédito, mas apresenta os seus caracteres mais típicos[13]. Apesar disso, não vemos maiores problemas em sua adoção. Conquanto seja um conceito de formulação antiga, acreditamos que ele se presta ainda hoje para a definição dos exatos contornos de um título de crédito[14], pois nele estão presentes os três elementos essenciais de um título de crédito (a autonomia das obrigações, a literalidade e a cartularidade ou incorporação), que devem ser preenchidos para que um documento seja considerado um título de crédito. Outras características dos títulos de crédito, como, por exemplo, a executividade e a presença de uma relação de crédito, não devem ser levadas em conta para a configuração de um título de crédito.

De qualquer modo, faz-se necessário registrar a ideia geral de que o título de crédito é um documento, conceito que será mais bem detalhado posteriormente, que permite o exercício de um direito com certas características especiais. Também é importante ressaltar que há uma necessária ligação entre o título e o direito que ele representa. Além disso, são assegurados certos atributos ao direito ali representado que dão o caráter peculiar aos títulos de crédito e os tornam a grande contribuição do direito comercial para a economia moderna.

2 Funções dos títulos de crédito

Pelos conceitos apresentados, pode-se notar claramente que o título de crédito tem como função provar a existência da obrigação e, eventualmente, serve até para constituir a obrigação em si[15]. Assim sendo, os títulos de crédito podem desempenhar o papel de meio técnico para o exercício de direitos de crédito, isto é, eles simplificam o exercício desses direitos, dando mais certeza e segurança aos credores. Todavia, essa não é sua função principal.

Representando o próprio direito, os títulos de crédito permitem que a simples transferência do documento transfira o direito ali representado, assegurando à circulação dos

---

13. FERRI, Giuseppe. *Títulos de crédito*. Tradução de Fernando A. Legon. Buenos Aires: Abeledo-Perrot, 1982, p. 19.

14. Nesse sentido: ASCARELLI, Tullio. *Teoria geral dos títulos de crédito*. Tradução de Benedicto Giacobbini. Campinas: RED, 1999, p. 43; BULGARELLI, Waldirio. *Títulos de crédito*. 14. ed. São Paulo: Atlas, 1998, p. 56; MARTINS, Fran. *Títulos de crédito*. 5. ed. Rio de Janeiro: Forense, 1995, v. 1, p. 6.

15. FERRI, Giuseppe. *Títulos de crédito*. Tradução de Fernando A. Legon. Buenos Aires: Abeledo-Perrot, 1982, p. 28; MAMEDE, Gladston. *Direito empresarial brasileiro*: títulos de crédito. 2. ed. São Paulo: Atlas, 2005, v. 3, p. 35.

direitos de crédito o máximo de simplicidade e segurança[16]. Mesmo que não venham a circular, certo que é constante em todos os títulos de crédito a vontade de criar um título circulatório[17]. Portanto, a função primordial dos títulos de crédito é a de facilitar e agilizar a circulação de riquezas[18], permitindo o melhor desempenho das atividades econômicas. Os títulos de crédito destinam-se "a tornar mais simples, rápida e segura a movimentação de bens e direitos"[19].

Quando determinado consumidor tem interesse em adquirir um produto, mas não possui imediatamente o dinheiro suficiente, ele recorre ao crédito para que o bem da vida circule e chegue a suas mãos. Assim, ele recebe os produtos, mas só vai pagar por eles em 30 dias, por exemplo. O fornecedor concederá o crédito porque, caso contrário, ficaria sem vender o produto. Todavia, ele não precisará esperar o prazo para fazer com que a riqueza circule e chegue a suas mãos.

Ao conceder o crédito, o fornecedor pode obter a representação desse crédito, por exemplo, em uma duplicata. Tendo esse título em mãos, o fornecedor pode fazer seu direito de crédito circular para um banco ou para uma sociedade que opera com *factoring*. Ao fazer circular esses títulos, a riqueza (dinheiro) que só chegaria a ele no final dos 30 dias está em suas mãos antes do vencimento (mesmo que com um desconto). E assim várias operações são realizadas, num círculo virtuoso do crédito, o qual permite as mais diversificadas negociações de modo mais ágil.

Há três exigências para essa circulação de riquezas na economia moderna: (a) a simplificação das formalidades; (b) a certeza do direito que se adquire; e (c) a segurança na circulação[20]. Sem isso, a circulação dificilmente ocorreria, ou não ocorreria de forma tão eficaz.

Nesse sentido de circulação das riquezas, os títulos de crédito assumem papel primordial, porque simplificam a circulação e dão segurança aos eventuais adquirentes do crédito, que terão interesse nessa circulação. Podem-se transmitir os títulos de crédito a diversos adquirentes sucessivos com o mínimo de insegurança para cada adquirente[21].

---

16. ASQUINI, Alberto. *I titoli di credito*. Padova: Cedam, 1966, p. 25.

17. FERRI, Giuseppe. *Títulos de crédito*. Tradução de Fernando A. Legon. Buenos Aires: Abeledo-Perrot, 1982, p. 27.

18. ROSA JÚNIOR, Luiz Emygdio da. *Títulos de crédito*. 4. ed. Rio de Janeiro: Renovar, 2006, p. 49; RIZZARDO, Arnaldo. *Títulos de crédito*. Rio de Janeiro: Forense, 2006, p. 9; MARTINS, Fran. *Títulos de crédito*. 5. ed. Rio de Janeiro: Forense, 1995, v. 1, p. 9; MAMEDE, Gladston. *Direito empresarial brasileiro*: títulos de crédito. 2. ed. São Paulo: Atlas, 2005, v. 3, p. 35; PIEDELIÈVRE, Stéphane. *Instruments de crédit et de paiement*. Paris: Dalloz, 2001, p. 50.

19. ENGRÁCIA ANTUNES, José A. *Os títulos de crédito*: uma introdução. Coimbra: Coimbra Editora, 2009, p. 11.

20. BONFANTI, Mario Alberto; GARRONE, José Alberto. *De los títulos de crédito*. 2. ed. Buenos Aires: Abeledo-Perrot, 1976, p. 6.

21. ASCARELLI, Tullio. *Teoria geral dos títulos de crédito*. Tradução de Benedicto Giacobbini. Campinas: RED, 1999, p. 30.

Diante disso, há um volume muito maior de negócios realizados do que seria possível sem os títulos de crédito.

Há em todos os agentes econômicos uma necessidade de realização fácil e pronta do crédito concedido. Todos os credores que concedem o crédito querem ter a possibilidade de efetuar prontamente esse crédito, o que se dará, essencialmente, pela circulação dos títulos de crédito, que são muito mais eficientes para esse papel do que os instrumentos do direito civil tradicional.

3 Títulos de crédito típicos e atípicos

Os títulos de crédito possuem duas funções fundamentais, a saber: (a) constituir um meio técnico para o exercício de direitos de crédito; e (b) facilitar e agilizar a circulação de riquezas. Quem tem um título de crédito pode rapidamente transformá-lo em dinheiro, endossando-o, nos contratos de *factoring* ou desconto bancário. Igualmente, o credor que possui esse documento pode ter o reforço de uma garantia pessoal de forma bem simples e segura (o aval).

Tais funções tornam os títulos de crédito fundamentais na vida moderna, nas mais diversas relações jurídicas (contratos de compra e venda entre empresários, prestação de serviços a consumidores, financiamentos bancários etc.). Em razão dessa diversidade de uso, não era suficiente um único tipo de documento e, por isso, desenvolveram-se vários tipos de títulos de crédito, como a letra de câmbio, a nota promissória, o cheque, a duplicata, as cédulas de crédito, os conhecimentos de depósito, os *warrants* e outros. Portanto, pelas próprias necessidades jurídicas, há um grande número de títulos de crédito, criados e disciplinados por leis especiais.

Apesar do grande número de títulos de crédito já existentes, é certo que o número de relações jurídicas que necessitam de títulos de crédito é crescente. Pode ser que nenhum dos títulos de crédito, conhecidos e regidos por lei específica, seja adequado a determinado negócio jurídico. Diante dessas situações, surgiu a seguinte questão: os particulares podem criar novos tipos de títulos de crédito não previstos em lei?

Waldirio Bulgarelli reconhece, como um dos atributos dos títulos de crédito, a chamada legalidade ou tipicidade, a qual consistiria "na impossibilidade estabelecida pela Lei, de se emitirem títulos de crédito que não estejam previamente definidos e disciplinados por lei (*numerus clausus*)"[22]. Nesse sentido, não seria dada aos particulares a criação de títulos de crédito, uma vez que haveria a necessidade de lei específica sobre cada título de crédito.

Similar é a opinião de Fernando Netto Boiteux, que afirma que a literalidade só pode decorrer da lei e, por isso, não seria possível criar um título de crédito sem previsão legal específica. Assim, os particulares poderiam criar documentos de crédito, mas não títulos de crédito; logo, tais documentos não seriam passíveis dos institutos típicos dos títulos

---

22. BULGARELLI, Waldirio. *Títulos de crédito*. 14. ed. São Paulo: Atlas, 1998, p. 65.

de crédito, como o endosso e o aval. No mesmo sentido, Gladston Mamede sustenta que a tipicidade dos títulos de crédito ainda existe, tendo em vista a necessidade de segurança de todos os envolvidos. Para ele, a emissão de um documento não previsto em lei, como título de crédito, deverá ser submetida ao regime geral dos contratos[23].

Opinião diversa é defendida por outros autores[24], para quem a criação dos títulos atípicos é perfeitamente válida, admitindo-se assim que os particulares criem documentos passíveis de endosso[25] ou aval e, consequentemente, capazes de cumprir as principais funções dos títulos de crédito. A mesma opinião é praticamente pacífica no direito italiano[26].

A nosso ver, os títulos atípicos são perfeitamente admissíveis atualmente. Tais documentos surgem para atender à criatividade do meio empresarial, não se destinando a negócios em massa, mas a negócios peculiares[27], nos quais os títulos típicos não sejam capazes de atender às necessidades privadas. Portanto, da autonomia privada podem surgir novos títulos de crédito.

Tal possibilidade de criação de títulos atípicos é fruto da existência de uma disciplina geral sobre os títulos de crédito no Código Civil italiano[28] ou do Código Civil brasileiro de 2002[29]. A nosso ver, apenas a lei pode garantir a aplicação da cartularidade ou in-

---

23. MAMEDE, Gladston. *Direito empresarial brasileiro*: títulos de crédito. 2. ed. São Paulo: Atlas, 2005, v. 3, p. 64.

24. DE LUCCA, Newton. *Comentários ao novo Código Civil*. Rio de Janeiro: Forense: 2003, v. XII, p. 121; SILVA, Marcos Paulo Félix da. *Títulos de crédito no Código Civil*: questões controvertidas. Curitiba: Juruá, 2006, p. 56; BRASIL, Francisco de Paula Eugênio Jardim de Souza. *Títulos de crédito*: o novo Código Civil – Questões relativas aos títulos eletrônicos e do agronegócio. Rio de Janeiro: Forense, 2006, p. 81; ROSA JÚNIOR, Luiz Emygdio da. *Títulos de crédito*. 4. ed. Rio de Janeiro: Renovar, 2006, p. 35; ENGRÁCIA ANTUNES, José A. *Os títulos de crédito*: uma introdução. Coimbra: Coimbra Editora, 2009, p. 35.

25. PENTEADO, Mauro Rodrigues. Considerações sobre o projeto e notas acerca do Código Civil, em matéria de títulos de crédito. In: ____(Coord). *Títulos de crédito*. São Paulo: Walmar, 2004, p. 360; PESSOA, Ana Paula Gordilho. Breves reflexões sobre os títulos de crédito no novo Código Civil. In: PENTEADO, Mauro Rodrigues (Coord.). *Títulos de crédito*. São Paulo: Walmar, 2004, p. 30; FURTADO, Jorge Henrique da Cruz. *Títulos de crédito*. Coimbra: Almedina, 2000, p. 59.

26. CALLEGARI, Mia et al. *Trattato di diritto commerciale*: I titoli di credito. Padova: Cedam, 2006, v. 7, p. 216; MARTORANO, Federico. *I titoli di credito*. Napoli: Morano, 1970, p. 62.

27. PENTEADO, Mauro Rodrigues. Considerações sobre o projeto e notas acerca do Código Civil, em matéria de títulos de crédito. In: ____(Coord.). *Títulos de crédito*. São Paulo: Walmar, 2004, p. 361.

28. CALLEGARI, Mia et al. *Trattato di diritto commerciale*: I titoli di credito. Padova: Cedam, 2006, v. 7, p. 193.

29. DE LUCCA, Newton. *Comentários ao novo Código Civil*. Rio de Janeiro: Forense: 2003, v. XII, p. 121; SILVA, Marcos Paulo Félix da. *Títulos de crédito no Código Civil*: questões controvertidas. Curitiba: Juruá, 2006, p. 56; BRASIL, Francisco de Paula Eugênio Jardim de Souza. *Títulos de crédito*: o novo Código Civil – Questões relativas aos títulos eletrônicos e do agronegócio. Rio de Janeiro: Forense, 2006, p. 81; ROSA JÚNIOR, Luiz Emygdio da. *Títulos de crédito*. 4. ed. Rio de Janeiro: Renovar, 2006, p. 35; PENTEADO, Mauro Rodrigues. Considerações sobre o projeto e notas acerca do Código Civil, em matéria de títulos de crédito. In: PENTEADO, Mauro Rodrigues (Coord.). *Títulos de crédito*. São Paulo: Walmar, 2004, p. 361.

corporação, da literalidade, da autonomia e da abstração, mas não precisa ser uma lei específica, pode ser uma lei geral, como o Código Civil.

Logo, apesar da opinião contrária de Fábio Ulhoa Coelho[30], os títulos de crédito atípicos são regidos pelo Código Civil. Tal interpretação se sustenta no disposto no art. 903 do Código, que determina sua aplicação apenas na ausência de regra especial. "Com efeito, com o advento do Diploma civilista, passou a existir uma dualidade de regramento legal: os títulos de crédito típicos ou nominados continuam a ser disciplinados pelas leis especiais de regência, enquanto os títulos atípicos ou inominados subordinam-se às normas do novo Código, desde que se enquadrem na definição de título de crédito constante no art. 887 do Código Civil."[31]

Portanto, o Código Civil se aplicaria nas lacunas dos títulos típicos e integralmente aos títulos atípicos. Outrossim, o art. 907 diz que é nulo o título ao portador emitido sem autorização de lei especial, logo, os títulos nominativos ou à ordem poderiam ser emitidos independentemente dessa autorização legal específica.

Diante disso, embora baseados na autonomia privada, é certo que os títulos atípicos possuem certos limites impostos pelo Código Civil. Desse modo, um documento criado pelos particulares só valerá como título de crédito se contiver a data da emissão, a indicação precisa dos direitos que confere e a assinatura do emitente (CC – art. 889). Em contrapartida, como já dito, nenhum título atípico poderá ser ao portador.

Ademais, há uma série de regras no Código Civil que se distanciam das regras constantes das leis especiais sobre os títulos de crédito típicos. Apenas a título exemplificativo, o aval parcial é vedado no Código Civil (art. 897, parágrafo único), mas é permitido na letra de câmbio e na nota promissória (LUG – art. 30). Dessarte, o Código Civil instaurou uma disciplina dúplice no nosso direito, havendo regras comuns aos títulos típicos e atípicos e outras regras peculiares aos títulos atípicos.

Por derradeiro, é certo que os títulos atípicos, embora sejam títulos de crédito, não são títulos executivos, na medida em que a executividade pressupõe um reconhecimento legal específico[32]. A tipicidade não atinge mais os títulos de crédito, e sim os títulos executivos.

Um exemplo de título atípico usado no País é o chamado FICA, ou vaca-papel, que visa instrumentalizar os direitos decorrentes do contrato de parceria pecuária. Nesse contrato, o objeto é a cessão de animais para cria, recria, invernagem e engorda, mediante partilha proporcional dos riscos e dos frutos ou lucros havidos. O título (vaca-papel) representaria justamente o direito ao recebimento dos lucros e à devolução dos animais entregues.

Tal título tem sido desvirtuado, servindo para simular a existência de um mútuo com juros extorsivos. Nesse caso, o negócio se mostra nulo pela existência de simulação e

---

30. COELHO, Fábio Ulhoa. *Curso de direito comercial*. 8. ed. São Paulo: Saraiva, 2004, v. 1, p. 483.
31. STJ, 4ª Turma, REsp 1633399/SP, Rel. Min. Luis Felipe Salomão, j. 10-11-2016, *DJe* 1º-12-2016.
32. ASSIS, Araken de. *Manual do processo de execução*. 11. ed. São Paulo: RT, 2007, p. 169.

fraude à lei[33]. Apesar desse desvirtuamento, a existência do título, sem qualquer simulação ou fraude, seria perfeitamente válida, como um título de crédito atípico.

33. STJ, 4ª Turma, REsp 196.319/MS, Rel. Min. Cesar Asfor Rocha, j. 27-6-2000, *DJ* 4-9-2000, p. 158; STJ, 3ª Turma, REsp 441.903/SP, Rel. Min. Nancy Andrighi, j. 10-2-2004, *DJ* 15-3-2004, p. 265.

3 CARACTERÍSTICAS E PRINCÍPIOS DOS TÍTULOS DE CRÉDITO

1 Uma questão de terminologia

Para o estudo dos títulos de crédito, mostra-se fundamental a análise da cartularidade ou incorporação, da literalidade, da autonomia, da abstração e da independência, isto é, dos princípios[1] dos títulos de créditos. Toda a doutrina os estuda, porém nem sempre com o mesmo nome. Alguns autores os chamam de características[2], atributos[3] ou requisitos essenciais[4].

Não vemos qualquer equívoco nas terminologias adotadas, mas preferimos a expressão *princípios*. Para os fins do presente trabalho, os princípios serão considerados aquelas normas apresentadas de forma enunciativa, cujo conteúdo está ligado a um valor ou fim a ser atingido e que se coloca acima e antes da premissa maior nos eventuais silogismos jurídicos que digam respeito à conduta e à sanção[5]. Para Neil MacCormick, "formular os princípios de um sistema jurídico com o qual a pessoa está comprometida envolve uma tentativa de lhe dar coerência em termos de um conjunto de normas gerais que expressam valores justificatórios e explanatórios do sistema"[6]. Para ele, "o princípio de-

---

1. ROSA JÚNIOR, Luiz Emygdio da. *Títulos de crédito*. 4. ed. Rio de Janeiro: Renovar, 2006, p. 61; MAMEDE, Gladston. *Títulos de crédito*. 2. ed. São Paulo: Atlas, 2005, p. 52; COELHO, Fábio Ulhoa. *Curso de direito comercial*. 8. ed. São Paulo: Saraiva, 2004, v. 1, p. 371; SILVA, Marcos Paulo Félix da. *Títulos de crédito no Código Civil*: questões controvertidas. Curitiba: Juruá, 2006, p. 28; NEGRÃO, Ricardo. *Manual de direito comercial e de empresa*. São Paulo: Saraiva, 2010, v. 2, p. 39.

2. MARTINS, Fran. *Títulos de crédito*. 5. ed. Rio de Janeiro: Forense, 1995, v. 1, p. 9; COSTA, Wille Duarte. *Títulos de crédito*. Belo Horizonte: Del Rey, 2003, p. 70; BOITEUX, Fernando Netto. *Títulos de crédito*. São Paulo: Dialética, 2002, p. 29; ALMEIDA, Amador Paes de. *Teoria e prática dos títulos de crédito*. 19. ed. São Paulo: Saraiva, 1999, p. 3, BERTOLDI, Marcelo; RIBEIRO, Márcia Carla Pereira. *Curso avançado de direito comercial*. 3. ed. São Paulo: RT, 2006, p. 353; REQUIÃO, Rubens. *Curso de direito comercial*. 21. ed. São Paulo: Saraiva, 1998, v. 2, p. 319; RIZZARDO, Arnaldo. *Títulos de crédito*. Rio de Janeiro: Forense, 2006, p. 13; OLIVEIRA, Celso Marcelo de. *Títulos de crédito*. Campinas: LZN, 2003, p. 69; ARNOLDI, Paulo Roberto Colombo. *Teoria geral dos títulos de crédito*. Rio de Janeiro: Forense, 1998, p. 94.

3. BORGES, João Eunápio. *Títulos de crédito*. 2. ed. Rio de Janeiro: Forense, 1977, p. 12; GUERRA, Luiz Antônio. *Teoria geral dos títulos de crédito e institutos conexos*. Brasília: LGE, 2007, p. 60.

4. BULGARELLI, Waldirio. *Títulos de crédito*. 14. ed. São Paulo: Atlas, 1998, p. 56.

5. FREITAS FILHO, Roberto. *Intervenção judicial nos contratos e aplicação dos princípios e das cláusulas gerais*: o caso do *leasing*. Porto Alegre: Fabris, 2009, p. 309.

6. MacCORMICK, Neil. *Argumentação jurídica e teoria do direito*. Tradução de Waldéa Barcelos. São Paulo: Martins Fontes, 2006, p. 198.

termina a faixa legítima de considerações justificatórias. Ele não produz, nem pode ser apresentado como se produzisse, uma resposta conclusiva"[7].

Assim, os princípios permitiriam justificações, na falta de outras considerações em sentido contrário. A menor força dos princípios como premissas de argumentação prática significa uma maior amplitude justificativa[8]. Por exemplo, o princípio da abstração, pelo qual o título se desvincula do negócio jurídico que lhe deu origem, é apresentado de forma enunciativa e não pode ser tomado como a premissa maior do raciocínio jurídico. Além disso, ele protege valores essenciais ao direito cambiário, em especial o crédito.

Mesmo na perspectiva mais tradicional, é preferível o uso da expressão *princípios*, dada a própria ideia essencial de que os princípios "são normas que ordenam que algo seja realizado na maior medida possível, dentro das possibilidades jurídicas e reais existentes"[9]. Os princípios representam, portanto, normas gerais com alto grau de abstração que podem ser cumpridas em diferentes graus. Além disso, quando os princípios entram em conflito com outros princípios, não se eliminam, mas se adaptam e convivem[10]. De forma similar, para Dworkin, os princípios representariam uma razão que "conduz o argumento em uma certa direção, mas [ainda assim] necessita de uma decisão particular"[11], e possuiriam a dimensão do peso ou importância, ausente nas regras.

Nesse sentido, o princípio da abstração, pelo qual o título se desvincula do negócio jurídico que lhe deu origem, pode ser mitigado em razão da incidência do princípio da boa-fé. O credor que não estiver de boa-fé não pode se beneficiar da aplicação desse princípio, ou seja, diante de um credor de má-fé, o negócio jurídico que deu origem ao título de crédito ainda poderá ser discutido. Tal inaplicabilidade do princípio da abstração ao caso concreto não retira a sua validade como um princípio dos títulos de créditos.

Por sua vez, as regras só podem ser cumpridas ou não. Não há que se cogitar de diferentes graus de cumprimento das regras. Logo, a regra constante do art. 9º da (LUG), que diz que o sacador da letra de câmbio não pode excluir ou limitar sua responsabilidade, não permite ao intérprete excluir a responsabilidade do sacador em qualquer situação. Outrossim, os conflitos entre regras implicam necessariamente a invalidade de uma das

7. MacCORMICK, Neil. *Argumentação jurídica e teoria do direito*. Tradução de Waldéa Barcelos. São Paulo: Martins Fontes, 2006, p. 230.

8. ATIENZA, Manuel; MANERO, Juan Ruiz. *Las piezas del Derecho*: teoría de los enunciados jurídicos. Barcelona: Ariel, 1996, p. 21.

9. ALEXY, Robert. *Teoría de los derechos fundamentales*. Tradução de Ernesto Garzón Valdés. Madrid: Centro de Estudios Políticos y Constitucionales, 1993, p. 86, tradução livre de "son normas que ordenan que algo sea realizado en la mayor medida posible, dentro de las posibilidades jurídicas y reales existentes".

10. Idem, p. 89.

11. DWORKIN, Ronald. *Levando os direitos a sério*. Tradução de Nelson Boeira. São Paulo: Martins Fontes, 2002, p. 41.

regras, elas não podem conviver como regras válidas[12], a menos que seja introduzida uma cláusula de exceção na própria regra[13].

Por conseguinte, se há duas regras com prazos prescricionais para execução do devedor principal da letra de câmbio e da promissória – a LUG (art. 70) estabelece um prazo prescricional de três anos e o art. 52 do Decreto n. 2.044/1908 fixa um prazo de cinco anos –, só uma das duas regras pode prevalecer, no caso, a mais recente (Lei Uniforme de Genebra).

Portanto, a cartularidade ou incorporação, a literalidade, a autonomia, a abstração e a independência representam princípios dos títulos de crédito, os quais podem ser cumpridos em graus diferentes. Além disso, quando houver um conflito desses princípios com outros princípios, como o da boa-fé, a solução do conflito não afastará a validade do princípio não aplicado. De outro lado, as características seriam outros aspectos peculiares dos títulos de crédito, que nos permitem ter uma visão geral do seu papel nas relações jurídicas.

2 Características dos títulos de crédito

Para cumprirem essa função de facilitar e agilizar a circulação de riquezas, os títulos de crédito devem possuir certas características especiais.

2.1 Disciplina pelo direito comercial/empresarial

Os títulos de crédito nasceram de necessidades dos comerciantes para o exercício de sua atividade. Em razão disso, eles foram moldados para satisfazer essas necessidades, isto é, as regras que permeiam a disciplina dos títulos de crédito foram criadas para melhor atender aos direitos e interesses dos comerciantes. Historicamente, a matriz dos títulos de crédito sempre adveio do direito comercial[14] e, por isso, até hoje eles são disciplinados por esse ramo do direito, não importando a qualidade da pessoa que emita o título.

Tal característica é muito importante, na medida em que os princípios que regem o direito comercial são diferentes dos princípios do direito civil, devendo-se recorrer àqueles para a interpretação das regras sobre os títulos de crédito[15]. Registre-se que, na órbi-

---

12. DWORKIN, Ronald. *Levando os direitos a sério*. Tradução de Nelson Boeira. São Paulo: Martins Fontes, 2002, p. 43.

13. ALEXY, Robert. *Teoría de los derechos fundamentales*. Tradução de Ernesto Garzón Valdés. Madrid: Centro de Estudios Políticos y Constitucionales, 1993, p. 88.

14. ASQUINI, Alberto. *I titoli di credito*. Padova: Cedam, 1966, p. 27; ENGRÁCIA ANTUNES, José A. *Os títulos de crédito*: uma introdução. Coimbra: Coimbra Editora, 2009, p. 8.

15. PONTES DE MIRANDA. *Tratado de direito cambiário*. Campinas: Bookseller, 2000, v. 1, p. 47.

ta do direito comercial, a tutela do crédito é um dos princípios fundamentais[16]. Em função disso, é certo que nos títulos de crédito haverá essencialmente, mas não exclusivamente, uma proteção ao credor. Em regra, quando houver um conflito entre o interesse de um credor de boa-fé e um devedor de boa-fé, a solução será dada a favor do credor.

2.2 Bem móvel

O título de crédito é um bem móvel e como tal está sujeito aos princípios gerais que regem os bens móveis. Assim é que a posse de boa-fé dos títulos de crédito equivale à propriedade (LUG – art. 16, II; Lei n. 7.357/85 – art. 24)[17]. Essa natureza móvel simplifica a circulação dos títulos de crédito, agilizando a transmissão das riquezas, o que é essencial para os títulos de crédito.

2.3 Natureza pro solvendo

Em regra, o título de crédito tem origem em determinado negócio jurídico, por exemplo, um contrato de compra e venda. De tal contrato decorrem obrigações para as partes, no exemplo citado, a obrigação de entregar a coisa e de pagar o preço. Para representar a obrigação de pagar o preço, o comprador pode emitir um título de crédito (um cheque ou uma nota promissória, por exemplo). Nesse caso, surge a questão sobre os efeitos da emissão do título de crédito sobre a obrigação anterior, contratualmente assumida.

A simples emissão do título de crédito é capaz de extinguir a obrigação do comprador, ou apenas o pagamento do título o fará? Em outros termos, o título de crédito é emitido *pro soluto*, isto é, extinguindo a obrigação que lhe deu origem ou *pro solvendo*, ou seja, a obrigação que lhe deu origem só será extinta com o efetivo pagamento do título? A emissão do título representa uma novação em relação à obrigação anterior?

Para Mamede, a situação não é previamente definida, devendo-se verificar a intenção das partes no caso concreto. Ele aplica o art. 361 do Código Civil, reiterando a necessidade de busca da intenção do emitente. Todavia, ele mesmo afirma que, na impossibilidade de definir a intenção das partes, o título de crédito seria emitido *pro solvendo*[18].

Com efeito, salvo intenção diversa das partes, a emissão do título de crédito é *pro solvendo*, isto é, a simples entrega do título ao credor não significa a efetivação do paga-

---

16. SALANDRA, Vittorio. *Curso de derecho mercantil*. Tradução de Jorge Barrera Graf. México: Jus, 1949, p. 10.

17. DE SEMO, Giorgio. *Trattato di diritto cambiario*. 3. ed. Padova: Cedam, 1963, p. 121; ROSA JÚNIOR, Luiz Emygdio da. *Títulos de crédito*. 4. ed. Rio de Janeiro: Renovar, 2006, p. 55.

18. MAMEDE, Gladston. *Direito empresarial brasileiro*: títulos de crédito. 2. ed. São Paulo: Atlas, 2005, v. 3, p. 38.

mento[19]. Em outras palavras, a emissão do título não extingue a obrigação que lhe deu origem, de modo que as duas, a obrigação cambial e a originária, coexistem. Nesse sentido, o STJ já afirmou que "O cheque, ordem de pagamento à vista, tem por função extinguir a obrigação causal que ensejou sua emissão; sendo, em regra, *pro solvendo*, de modo que, salvo pactuação em contrário, só extingue a dívida, isto é, a obrigação que a cártula visa satisfazer consubstanciada em pagamento de importância em dinheiro, com o efetivo pagamento"[20].

Com a emissão do título, estamos diante da mesma obrigação, dotada de outra roupagem, a cambial; prova disso é que a perda ou destruição do título não impede que o credor ajuíze uma ação baseada no contrato[21]. Assim, se o cheque emitido pelo comprador, no contrato de compra e venda, for destruído, resta ao vendedor exigir o pagamento do preço com base no contrato.

Tal característica demonstra a não obrigatoriedade de aceitação do cheque, uma vez que ele não é forma de pagamento, mas surgimento de uma nova obrigação. O STJ já afirmou que "A jurisprudência do STJ é no sentido de que o recebimento de cheques é liberalidade dos comerciantes, a sua aceitação pode ser condicionada, como ocorreu no caso vertente, sem infringência ao Código de Defesa do Consumidor"[22].

2.4 Circulação

Conforme ressaltado, a principal função dos títulos de crédito é permitir a circulação mais ágil das riquezas, antecipando o acesso a recursos que só seriam recebidos no futuro. Para cumprir esse mister, a circulação dos títulos de crédito é simplificada e protegida pelo nosso ordenamento jurídico[23]. Quem recebe os títulos é protegido e, por isso, pode realizar tais operações com mais tranquilidade, isto é, com menos riscos. Daí falar na cambiariedade dos títulos de crédito, entendida como a possibilidade de mudança do credor, a possibilidade de transferência do crédito[24].

Não se quer dizer, contudo, que os títulos de crédito sempre vão circular. O que se quer deixar registrado é que os títulos nascem para circular, e essa é uma possibilidade que, em regra, se põe à disposição do credor. Outros documentos também podem circular, mas nos títulos essa característica é mais importante.

---

19. RIZZARDO, Arnaldo. *Títulos de crédito*. Rio de Janeiro: Forense, 2006, p. 22; ROSA JÚNIOR, Luiz Emygdio da. *Títulos de crédito*. 4. ed. Rio de Janeiro: Renovar, 2006, p. 57.

20. STJ, 4ª Turma, REsp 1199001/RS, Rel. Min. Luis Felipe Salomão, j. 2-5-2013, *DJe* 20-5-2013.

21. REQUIÃO, Rubens. *Curso de direito comercial*. 21. ed. São Paulo: Saraiva, 1998, v. 2, p. 327-328.

22. STJ, 2ª Turma, REsp 1645834/SP, Rel. Min. Herman Benjamin, j. 9-3-2017, *DJe* 20-4-2017.

23. COELHO, Fábio Ulhoa. *Curso de direito comercial*. 8. ed. São Paulo: Saraiva, 2004, v. 1, p. 371.

24. MAMEDE, Gladston. *Direito empresarial brasileiro*: títulos de crédito. 2. ed. São Paulo: Atlas, 2005, v. 3, p. 36.

2.5 *Títulos de apresentação*

Os títulos de crédito são títulos de apresentação, desse modo, "sem a posse do título ou da legitimação judicial em casos de amortização, não é possível exercer-se o direito cambiário"[25]. Para o exercício do direito representado no título, seu titular deve demonstrar essa condição, apresentando o título ao devedor.

A necessidade de apresentação do título decorre, entre outros motivos, da possibilidade de circulação simplificada do título. Ora, como o título de crédito pode circular, o devedor só saberá quem é o atual credor com a apresentação do próprio documento. O devedor deve ter a cautela de só efetuar o pagamento a quem seja o portador legítimo do título, evitando o mau pagamento, que geraria o dever de pagar de novo a mesma obrigação (quem paga mal paga duas vezes).

2.6 *Obrigação quesível*

Como o devedor não tem certeza de quem é o atual credor do título, nada mais lógico do que exigir que o credor o apresente para poder exigir o seu pagamento. Diante da necessidade de apresentação do documento ao devedor, é óbvio que o título de crédito contém uma obrigação quesível[26], no sentido de que cabe ao credor dirigir-se ao devedor para exigir o cumprimento da obrigação[27].

Nos títulos de crédito, há uma obrigação a ser cumprida pelo devedor e recebida pelo credor. Em toda obrigação, uma das duas partes deve tomar a iniciativa para o cumprimento da obrigação. No caso dos títulos de crédito, essa iniciativa compete ao credor, logo, é ele que deve se dirigir ao devedor para exigir o pagamento, e não o contrário.

2.7 *Título de resgate*

Uma vez apresentado o título ao devedor, deve haver, a princípio, o pagamento. Ao realizar esse pagamento, o devedor deve ter o cuidado de exigir a entrega do título (LUG – art. 39; CC – art. 901, parágrafo único), para evitar que o título volte a circular, e, chegando às mãos de um terceiro de boa-fé, a obrigação lhe seja novamente exigida. Em razão disso, diz-se que o título de crédito é um título de resgate[28].

Há sempre uma obrigação a ser cumprida nos títulos de crédito. Cumprida a obrigação, de nada mais deveriam servir os documentos, uma vez que seu objetivo final já se

---

25. PONTES DE MIRANDA. *Tratado de direito cambiário.* Campinas: Bookseller, 2000, v. 1, p. 49.

26. DE SEMO, Giorgio. *Trattato di diritto cambiario.* 3. ed. Padova: Cedam, 1963, p. 120; PONTES DE MIRANDA. *Tratado de direito cambiário.* Campinas: Bookseller, 2000, v. 1, p. 49.

27. GOMES, Orlando. *Obrigações.* 12. ed. Rio de Janeiro: Forense, 1999, p. 103.

28. PONTES DE MIRANDA. *Tratado de direito cambiário.* Campinas: Bookseller, 2000, v. 1, p. 49.

cumpriu. Em razão disso, os títulos de crédito não são títulos permanentes, isto é, eles são títulos que nascem para ser extintos, e não para se manter indeterminadamente, como as ações de sociedades anônimas.

2.8 Executividade

Não havendo o pagamento voluntário de determinada obrigação, compete ao credor recorrer ao Poder Judiciário para buscar o pagamento desse crédito. Em determinadas situações, o credor terá que obter primeiramente o reconhecimento judicial desse crédito com a consequente condenação do devedor ao pagamento, para só então lançar mão das medidas satisfativas do seu crédito.

Todavia, em outras situações, as obrigações são representadas em certos documentos aos quais a lei atribui tamanho grau de certeza que permite ao credor, desde logo, pleitear medidas satisfativas. Há uma opção do legislador para uma solução mais pronta e rápida de certos direitos[29]. Essa é a hipótese dos títulos de crédito, daí falar em eficácia processual abstrata dos títulos[30], na medida em que eles permitem a realização da execução, sem a necessidade de qualquer nova demonstração da existência do crédito[31].

Os títulos de crédito são títulos executivos extrajudiciais (Exemplo: CPC/2015 – art. 784) e, por isso, eles não precisam de confirmação judicial. Quem tem um título de crédito pode requerer de imediato a adoção das medidas satisfativas do seu crédito, isto é, pode ajuizar diretamente um processo de execução. Tal característica não se aplica aos chamados títulos atípicos.

2.9 Presunção de liquidez e certeza

O art. 783 do CPC/2015 (Lei n. 13.105/2015) exige que a execução seja fundada em título líquido, certo e exigível. Assim, qualquer título só poderá ser executado se atender a esses três pressupostos.

A exigibilidade vai decorrer do vencimento da obrigação, não representando exatamente um elemento intrínseco do título de executivo. Uma nota promissória ainda não vencida não é exigível, mas não deixa de ser um título executivo. A exigibilidade representará, em última análise, a adequação ao procedimento da execução, a necessidade dessa atuação jurisdicional[32].

---

29. CARMONA, Carlos Alberto. Títulos executivos extrajudiciais no processo civil brasileiro. In: WAMBIER, Tereza Arruda Alvim. *Processo de execução e assuntos afins*. São Paulo: RT, 1998, p. 59.

30. DE SEMO, Giorgio. *Trattato di diritto cambiario*. 3. ed. Padova: Cedam, 1963, p. 122; ROSA JÚNIOR, Luiz Emygdio da. *Títulos de crédito*. 4. ed. Rio de Janeiro: Renovar, 2006, p. 56.

31. LIEBMAN, Enrico Tullio. *Processo de execução*. São Paulo: Bestbook, 2003, p. 39.

32. SHIMURA, Sérgio. *Título executivo*. São Paulo: Saraiva, 1997, p. 143.

A certeza diz respeito à existência da obrigação, que não deve ser entendida como uma certeza absoluta, o que não significa que o direito necessariamente exista, vale dizer, pode haver o reconhecimento posterior de que o direito não existe, por meio de embargos à execução, por exemplo. O que se exige na certeza é o alto grau de probabilidade da existência do crédito[33].

Por fim, a liquidez diz respeito à determinação do objeto da obrigação, isto é, o montante da obrigação já está definido, ainda que mediante simples cálculos aritméticos[34]. "É líquida a dívida quando a importância se acha determinada em todos os seus elementos de quantidade (dinheiro) e qualidade (coisas diversas do dinheiro), natureza e espécie (prestação de fato)."[35]

Os títulos de crédito possuem, a princípio, liquidez e certeza, uma vez que o documento é suficiente para atestar a existência do crédito e, em regra, seu valor ou os critérios para se chegar a seu valor estão definidos no título. Isso não impede, todavia, provas em sentido contrário que podem afastar a liquidez ou a certeza do título de crédito.

2.10 Formalismo

Um documento só vale como título de crédito se obedecer aos requisitos legais previstos para tanto. A não observância dos requisitos não gera a nulidade do documento, mas apenas não se reconhece ao documento os efeitos de um título de crédito (art. 888 do novo CC). "O formalismo dá a natureza do título, transformando o escrito de um simples documento de crédito em um título que se abstrai de sua causa, que vale por si mesmo, é *per se stante*."[36]

Assim, se uma nota promissória não contiver o nome do seu beneficiário, por exemplo, ela não pode ser tratada como uma nota promissória. Em razão disso, tal documento não pode gozar do tratamento peculiar dado aos títulos de crédito, não sendo, por exemplo, passível de execução[37]. A irregularidade da forma afeta os efeitos do documento como título de crédito. Eventual correção desses vícios de nada adianta, pois, uma vez promovidas as medidas para o exercício do direito de crédito com um título incompleto, fica afastada a condição de título de crédito que não poderá ser adquirida posteriormente. Nesse sentido, o STJ já afirmou que "A execução anteriormente proposta com base em promissória contendo omissões nos campos relativos à data da emissão, nome da emitente e do beneficiário, além da cidade onde foi sacada, foi extinta por desistência.

---

33. SHIMURA, Sérgio. *Título executivo*. São Paulo: Saraiva, 1997, p. 137.

34. COSTA E SILVA, Antônio Carlos. *Tratado do processo de execução*. 2. ed. Rio de Janeiro: Aide, 1986, v. 1, p. 78-83; ASSIS, Araken de. *Manual do processo de execução*. 11. ed. São Paulo: RT, 2007, p. 151.

35. SHIMURA, Sérgio. *Título executivo*. São Paulo: Saraiva, 1997, p. 138-139.

36. MARTINS, Fran. *Títulos de crédito*. 5. ed. Rio de Janeiro: Forense, 1995, v. 1, p. 17.

37. STJ, 4ª Turma, REsp 172.788/PR, Rel. Min. Aldir Passarinho Junior, j. 18-4-2000, *DJ* 26-6-2000, p. 176; TJDF, 3ª Turma Cível, 20040110385846APC, Rel. Des. Mariozam Belmiro, j. 22-11-2006, *DJ* 27-2-2007, p. 123.

Descabe agora ao credor, após o preenchimento dos claros, ajuizar novo processo executório, remanescendo-lhe apenas a via ordinária"[38].

2.11 Solidariedade cambiária

O que os credores objetivam, em última análise, é o recebimento do valor constante do título, o seu pagamento. Várias pessoas podem assumir a responsabilidade pelo pagamento do título, ou seja, podem existir vários devedores em títulos de crédito. Esses vários possíveis devedores assumem obrigações, em regra, mediante a aposição de suas assinaturas no documento (saque, emissão, aceite, endosso, aval e intervenção). Havendo vários obrigados e obedecidos todos os requisitos exigidos, o credor poderá exigir de um, de alguns ou de todos os obrigados o pagamento integral do título[39].

Há nos títulos de crédito uma solidariedade entre os vários obrigados (LUG – art. 47), de modo que o credor pode exigir de um, alguns ou de todos eles a obrigação constante do documento. A solidariedade cambiária é específica, não se confundindo com a solidariedade civil[40], embora ambas representem a obrigação de cada um dos codevedores de honrar a integralidade da dívida.

Conforme assinala Luiz Emygdio da Rosa Júnior, na solidariedade civil há uma causa comum, na cambiária a obrigação de cada devedor decorre de uma causa distinta. Além disso, na solidariedade civil há uma unidade de prestação, ao passo que na cambial existe uma pluralidade de prestações, tantas quantos forem os devedores do título[41].

Na solidariedade civil passiva, qualquer codevedor que paga a dívida terá direito de regresso contra os outros codevedores. Na solidariedade cambiária, nem todos os devedores terão direito de regresso, vale dizer, alguns devedores, ao pagarem o título, nada podem exigir dos outros coobrigados. Essa é a situação, por exemplo, do aceitante na letra de câmbio e na duplicata; do emitente do cheque e da nota promissória. Portanto, nos títulos de crédito nem sempre nasce o direito de regresso em razão do pagamento da obrigação por um dos codevedores solidários.

Ademais, na solidariedade civil o direito de regresso poderá ser exercido contra todos os codevedores. Já na solidariedade cambial, quando nascer o direito de regresso, ele só poderá ser exercido em face dos devedores anteriores, isto é, o pagamento feito por

---

38. STJ, 4ª Turma, REsp 870.704/SC, Rel. Min. Luis Felipe Salomão, j. 14-6-2011, *DJe* 1º-8-2011. No mesmo sentido: AgInt no AREsp 473.371/MG, 4ª Turma, Rel. Min. Antonio Carlos Ferreira, j. 25-10-2016, *DJe* 3-11--2016.

39. DE SEMO, Giorgio. *Trattato di diritto cambiario*. 3. ed. Padova: Cedam, 1963, p. 4; PONTES DE MIRANDA. *Tratado de direito cambiário*. Campinas: Bookseller, 2000, v. 1, p. 180.

40. MARTINS, Fran. *Títulos de crédito*. 5. ed. Rio de Janeiro: Forense, 1995, v. 1, p. 166; ROSA JÚNIOR, Luiz Emygdio da. *Títulos de crédito*. 4. ed. Rio de Janeiro: Renovar, 2006, p. 101.

41. ROSA JÚNIOR, Luiz Emygdio da. *Títulos de crédito*. 4. ed. Rio de Janeiro: Renovar, 2006, p. 101.

determinado devedor extingue a obrigação de todos os devedores posteriores a ele, não havendo mais como cogitar de cobrança desses codevedores posteriores.

A título exemplificativo, imagine-se a seguinte situação: ROMÁRIO, EDMUNDO E RICARDO são devedores solidários de um contrato que tem como credor RONALDO. Este cobra RICARDO, o qual, por sua vez, efetua o pagamento. Com isso, nasceu para ele o direito de regresso que pode ser exercido em face de ROMÁRIO e de EDMUNDO.

Imagine agora a seguinte situação: ROMÁRIO emitiu uma nota promissória (que recebeu o aval de RICARDO) para EDMUNDO, que a endossou para RONALDO. Considerando que houve três assinaturas (emissão, endosso e aval), sem qualquer menção em contrário, temos três devedores solidários desse título. Todavia, caso RICARDO pague esse título, ele não poderá exercer o direito de regresso contra ROMÁRIO, porquanto este só pode ser exercido contra os devedores anteriores. Nesse título, temos a seguinte configuração:

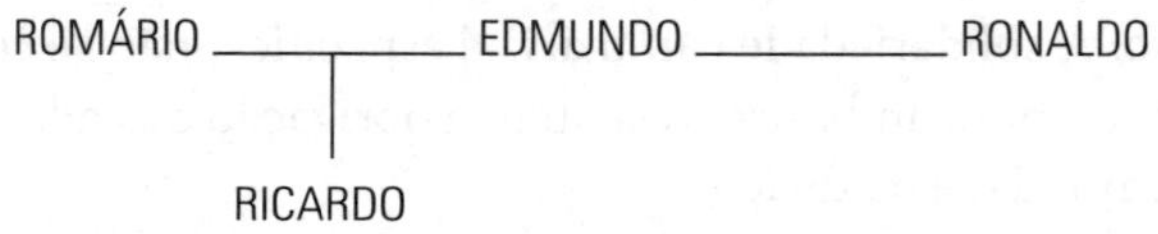

Ao pagar o título, RICARDO só poderá exercer o direito de regresso contra ROMÁRIO, uma vez que EDMUNDO é um devedor posterior a ele. Assim sendo, o pagamento feito por RICARDO já extinguiu a obrigação de EDMUNDO, nada mais podendo ser exigido dele, nem em ação de regresso.

Além desses limites subjetivos, para o exercício do direito de regresso, há outra diferença entre o regime civil e o regime cambiário, que diz respeito ao montante que pode ser exigido. Na solidariedade civil, aquele que paga pode exigir a quota-parte dos demais (CC – art. 283). Já nos títulos de crédito, todos são obrigados pela dívida inteira, mas, caso um deles pague, o direito de regresso contra os demais coobrigados é exercido por todo o valor do título, e não pela quota-parte de cada um (LUG – art. 49).

Ademais, na solidariedade civil, a interrupção da prescrição em face de um devedor afeta os demais devedores (CC – art. 202, § 1º). Na solidariedade cambiária, por sua vez, a prescrição é individual[42], corre ou interrompe-se para cada codevedor (LUG – art. 71).

3 Princípios dos títulos de crédito

Os princípios dos títulos de crédito são as normas basilares de toda a sua disciplina. Assim, é fundamental estudar os princípios da cartularidade ou incorporação, da literalidade, da autonomia, da abstração e da independência.

42. PONTES DE MIRANDA. *Tratado de direito cambiário.* Campinas: Bookseller, 2000, v. 1, p. 182.

3.1 Cartularidade ou incorporação

No conceito de Vivante, diz-se que "título de crédito é o documento necessário para o exercício do direito, literal e autônomo, nele mencionado"[43]. Diz-se que o documento é necessário, "porque, enquanto existe o documento, o credor deve exibi-lo para exercitar todo direito, seja principal, seja acessório, que o título porta consigo e não se pode fazer qualquer mudança na posse do título, sem anotá-la nele"[44].

Assim sendo, fica claro que o documento é imprescindível para o exercício do direito, o que traduz a ideia essencial do princípio da cartularidade ou incorporação.

3.1.1 Terminologia

A expressão *cartularidade*[45] advém do latim *chartula* (*papel pequeno*, pedaço de papel, escrito de pouca extensão), que remonta à ideia de papel, no sentido de que a apresentação do documento seria essencial para o exercício do direito.

Wille Duarte Costa, João Eunápio Borges e Luiz Emygdio F. da Rosa Júnior preferem falar em *incorporação*, pois para eles o título incorpora de tal forma o direito creditício mencionado, que a sua entrega a outra pessoa significa a transferência da titularidade do crédito[46]. A aquisição da propriedade do documento representaria a aquisição do próprio direito de crédito[47]. Giuseppe Ferri afirma que esse princípio representaria a "incorporação do direito ao documento, pelo que não é possível conceber o direito sem o título, nem o documento separado do direito"[48].

---

43. VIVANTE, Cesare. *Trattato di diritto commerciale*. 5. ed. Milano: Casa Editrice Dottor Francesco Vallardi, 1924, v. 3, p. 123, tradução livre de "Il titolo di credito é un documento necessario per esercitare il diritto letterale ed autonomo que vi e menzionato".

44. Idem, ibidem, tradução livre de "perché fino a quando il titolo esiste, il creditore deve esibirlo per esercitare ogni diritto, sia principale sia acessório, che esso porta com se e non si puó fare alcun mutamento nella portata del tiolo senza annotarlo sovra di esso".

45. COELHO, Fábio Ulhoa. *Curso de direito comercial*. 8. ed. São Paulo: Saraiva, 2004, v. 1, p. 366; REQUIÃO, Rubens. *Curso de direito comercial*. 21. ed. São Paulo: Saraiva, 1998, v. 2, p. 370; RIZZARDO, Arnaldo. *Títulos de crédito*. Rio de Janeiro: Forense, 2006, p. 15; BULGARELLI, Waldirio. *Títulos de crédito*. 14. ed. São Paulo: Atlas, 1998, p. 57; MAMEDE, Gladston. *Direito empresarial brasileiro*: títulos de crédito. 2. ed. São Paulo: Atlas, 2005, v. 3, p. 43.

46. COSTA, Wille Duarte. *Títulos de crédito*. Belo Horizonte: Del Rey, 2003, p. 70; BORGES, João Eunápio. *Títulos de crédito*. 2. ed. Rio de Janeiro: Forense, 1977, p. 12; ROSA JÚNIOR, Luiz Emygdio da. *Títulos de crédito*. 4. ed. Rio de Janeiro: Renovar, 2006, p. 60-61; ARNOLDI, Paulo Roberto Colombo. *Teoria geral dos títulos de crédito*. Rio de Janeiro: Forense, 1998, p. 140.

47. MARTORANO, Federico. *I titoli di credito*. Napoli: Morano, 1970, p. 23.

48. FERRI, Giuseppe. *Títulos de crédito*. Traducción de Fernando A. Legon. Buenos Aires: Abeledo-Perrot, 1982, p. 19, tradução livre de "la compenetración del derecho en el documento, por lo cual no es posible concebir el derecho sin el documento ni el documento separado del derecho".

No entanto, Newton de Lucca[49], acompanhando a orientação de Vivante, prefere afastar a expressão *incorporação*, entendendo que o direito não está incorporado no título, pois, perdido o título, não se perde o direito. O referido autor esclarece ainda que o direito à prestação existe fora do título, não se confundindo com o direito cartular, que existe incorporado ao título[50].

Giorgio de Semo e Alberto Asquini reconhecem que a expressão *incorporação* é uma metáfora, e, embora toda metáfora seja imperfeita, porém seria eficaz para representar o princípio[51]. Além disso, é certo que o surgimento dos títulos eletrônicos torna um tanto inadequada a expressão *cartularidade*, uma vez que inexistirá o papel, sendo melhor falar em *incorporação* para os títulos eletrônicos. Apesar disso, para os títulos representados em papel, a expressão *cartularidade* ainda é mais correta, na medida em que não se vale de qualquer metáfora ou imagem plástica.

3.1.2 Conteúdo do princípio

Giuseppe Auletta afirma que há uma ligação constante entre o documento e o direito cartular, seja no momento da sua criação, da sua circulação ou da sua extinção[52]. Assim, a cartularidade ou incorporação significa que o título é o sinal imprescindível do direito[53], isto é, a posse do título é a condição mínima para o exercício do direito nele mencionado[54], só quem possui o documento pode exigir o cumprimento do direito documentado. O documento é, pois, fundamental (necessário) para o exercício dos direitos nele referidos.

Em síntese, "a necessidade do documento deve entender-se no sentido de que, uma vez unido o direito ao título, não é possível exercer o direito sem estar de posse do título"[55]. O credor do direito precisa provar que está na posse legítima do título para exercer o direito, com base no próprio documento. Sem o documento, o titular não pode exigir o direito constante dele. Do mesmo modo, para se ter a prova do pagamento do título, é necessária a entrega do próprio título, afastando a regra do art. 309 do Código Civil, que admite a validade do pagamento feito ao credor putativo[56].

---

49. DE LUCCA, Newton. *Aspectos da teoria geral dos títulos de crédito*. São Paulo: Pioneira, 1979, p. 58.

50. Idem, p. 59-60.

51. DE SEMO, Giorgio. *Trattato di diritto cambiario*. 3. ed. Padova: Cedam, 1963, p. 107; ASQUINI, Alberto. *I titoli di credito*. Padova: Cedam, 1966, p. 38.

52. AULETTA, Giuseppe; SALANITRO, Nicoló. *Diritto commerciale*. 13. ed. Milano: Giuffrè, 2001, p. 293-294.

53. VIVANTE, Cesare. *Instituições de direito comercial*. Tradução de J. Alves de Sá. 3. ed. São Paulo: Livraria C. Teixeira, 1928, p. 111.

54. GARRIGUES, Joaquín. *Curso de derecho mercantil*. 7. ed. Bogotá: Temis, 1987, v. 3, p. 89.

55. SANTOS, Theophilo de Azeredo. Natureza jurídica das ações das sociedades. *Revista Forense*, v. 169, p. 495, 1957.

56. MAMEDE, Gladston. *Direito empresarial brasileiro*: títulos de crédito. 2. ed. São Paulo: Atlas, 2005, v. 3, p. 44.

O direito cartular, ali mencionado, não existe sem o documento e só se transmite com a transferência do documento[57]. Francesco Messineo sustenta que se adquire o direito decorrente do documento pela aquisição de um direito sobre o documento, como uma coisa em si[58]. A ligação entre título e documento é extremamente forte, de modo que quem é proprietário ou possuidor legítimo do título do documento também é titular do direito cartular nele incorporado[59].

Tal princípio encontra inúmeras aplicações, entre elas, a exigência de apresentação do original para instruir ação executiva[60]. A apresentação de cópia autenticada não garante que o apresentante seja o efetivo possuidor do título, ou seja, não garante que ele tenha o direito de exigir o crédito consubstanciado no título. "A juntada do original do documento representativo de crédito líquido, certo e exigível, consubstanciado em título de crédito com força executiva, é a regra, sendo requisito indispensável não só para a execução propriamente dita, mas, também, para todas as demandas nas quais a pretensão esteja amparada na referida cártula."[61] Mesmo nos processos eletrônicos, a cartularidade é mantida, com a apresentação do documento original digitalizado, podendo o juiz exigir que seja provada a retirada de circulação do título, com a apresentação do original em juízo ou outra medida nesse sentido[62], grande objetivo da aplicação da cartularidade no caso.

Todavia, tal aplicação da cartularidade ou incorporação vem sendo mitigada, admitindo-se, em determinadas hipóteses, a não apresentação do título original. Por questões de segurança (valor elevado ou risco de perda)[63], ou mesmo por questões de impossibilidade fática de juntada do original (quando este está em outro processo), admite-se a apresentação apenas de cópia autenticada do título, com a assunção da obrigação de mostrar o original quando pedido, ou com a certidão de que o original está em outro processo. Também vem se admitindo o prosseguimento do processo se o original se perdeu no curso do processo e não houve impugnação sobre a legitimidade do documento[64].

Além do exposto, tal princípio encontra algumas variações em relação às duplicatas mercantis ou de prestação de serviços, nas quais alguns direitos podem ser exercidos sem

---

57. MARTORANO, Federico. *I titoli di credito*. Napoli: Morano, 1970, p. 23.

58. MESSINEO, Francesco. *Manuale di diritto civile e commerciale*. 9. ed. Milano: Giuffrè, 1972, v. 5, p. 254.

59. ASQUINI, Alberto. *I titoli di credito*. Padova: Cedam, 1966, p. 38.

60. TJDFT, 2ª Turma Cível, 20140710344919APC, Rel. Mario-Zam Belmiro, j. 29-4-2015, *DJE* 6-5-2015, p. 254; TJDFT, 3ª Turma Cível, 20130610135143APC, Rel. Alfeu Machado, Revisor Flavio Rostirola, j. 22-4--2015, *DJE* 24-4-2015, p. 264; TJDFT, 5ª Turma Cível, 20130710061812APC, Rel. Angelo Canducci Passareli, j. 15-4-2015, *DJE* 24-4-2015, p. 331.

61. STJ, 4ª Turma, REsp 1277394/SC, Rel. Min. Marco Buzzi, j. 16-2-2016, *DJe* 28-3-2016.

62. SCABELLI, Carlos Alberto; ROSSETTO, Guilherme Ferreira; BARBOSA, Marco Antônio. O cheque e o princípio da cartularidade no processo digital. *Revista de Processo*, v. 254, p. 321-338, abr. 2016.

63. STJ, 3ª Turma, REsp 330.086/MG, Rel. Min. Castro Filho, j. 2-9-2003, *DJ* 22-9-2003, p. 315.

64. STJ, 4ª Turma, REsp 878.944/DF, Rel. Min. Fernando Gonçalves, j. 18-10-2007, *DJ* 29-10-2007, p. 259; TJDF, 5ª Turma Cível, 20050020037586AGI, Rel. Romeu Gonzaga Neiva, j. 15-8-2005, *DJ* 17-11-2005, p. 101.

a exibição do título, como o protesto por indicações e a execução baseada no protesto por indicações acompanhada do comprovante de entrega das mercadorias.

3.1.3 A desmaterialização dos títulos de crédito

Quando se fala na cartularidade ou incorporação, normalmente se ilustra com a ideia da necessidade da apresentação do papel para o exercício do direito. Assim, deve-se apresentar a folha de cheque para que o banco o pague, ou deve-se apresentar a nota promissória ao cartório para realizar o protesto. Todavia, modernamente já não se usa mais tanto o papel. Dificilmente se fala em escrever uma carta para alguém, mas é extremamente comum dizer escrever um *e-mail*. A evolução tecnológica vem aos poucos diminuindo o uso do papel.

Essa evolução também chega aos títulos de crédito, sendo extremamente comum falar em títulos eletrônicos, isto é, títulos não materializados no papel. O próprio Código Civil (art. 889, § 3º) admite a criação do chamado título eletrônico a partir de caracteres gerados em computador, desde que contenha a data da emissão, a indicação precisa dos direitos que confere a assinatura do emitente.

Essa desmaterialização põe em xeque a própria existência do princípio da cartularidade ou incorporação nos títulos de crédito, uma vez que não haverá sempre papel a ser apresentado. Diante dessa evolução, chegamos a três possíveis conclusões: (a) tal princípio não existe mais para os títulos de crédito; (b) tais títulos eletrônicos não são títulos de créditos, valendo a cartularidade ou incorporação apenas para os títulos de crédito; e (c) a cartularidade ou incorporação adquiriu novos contornos, continuando a valer para os títulos em papel e para os títulos eletrônicos[65].

Negar a existência dos títulos eletrônicos é negar a própria evolução do direito. Assim, a segunda conclusão deve ser completamente afastada, porquanto em nosso direito já temos títulos eletrônicos[66], como, por exemplo, os títulos do agronegócio disciplinados pela Lei n. 11.076/2004, assim como no direito italiano[67].

Diante dessa realidade, restam duas opções: ou o princípio da cartularidade ou incorporação não mais se aplica aos títulos de crédito, ou continua valendo, adequando-se à realidade econômica moderna. A nosso ver, o princípio ainda é válido para os títulos eletrônicos.

---

65. CALLEGARI, Mia et al. *Trattato di diritto commerciale*: I titoli di credito. Padova: Cedam, 2006, v. 7, p. 115.

66. BRASIL, Francisco de Paula Eugênio Jardim de Souza. *Títulos de crédito*: o novo Código Civil – Questões relativas aos títulos eletrônicos e do agronegócio. Rio de Janeiro: Forense, 2006, p. 113; SILVA, Marcos Paulo Félix da. *Títulos de crédito no Código Civil*: questões controvertidas. Curitiba: Juruá, 2006, p. 123.

67. CALLEGARI, Mia et al. *Trattato di diritto commerciale*: I titoli di credito. Padova: Cedam, 2006, v. 7, p. 116-136.

Os títulos eletrônicos podem ser entendidos como "toda e qualquer manifestação de vontade, traduzida por determinado programa de computador, representativo de um fato, necessário para o exercício do direito literal e autônomo nele mencionado"[68]. Diante desse conceito, ainda se vê "algo" necessário para o exercício do direito. Contudo, esse "algo" não é mais um papel, mas uma manifestação de vontade traduzida por um programa de computador. Para nós, essa manifestação ainda é um documento[69] e inclusive será um título de crédito obediente ao princípio da cartularidade ou incorporação.

Para melhor entendimento sobre o assunto, faz-se necessário refletir sobre o conceito de documento.

Documento, de acordo com o *Dicionário Aurélio*, é "1. Qualquer base de conhecimento, fixada materialmente e disposta de maneira que se possa utilizar para consulta, estudo, prova etc."; "2. Escritura destinada a comprovar um fato; declaração escrita, revestida de forma padronizada, sobre fato(s) ou acontecimento(s) de natureza jurídica;" "3. Restr. Qualquer registro gráfico"; "4. Ant. Recomendação, preceito;" "5. Inform. Qualquer arquivo com dados gerados por um aplicativo (2) ger. Aquele criado em processador de textos."[70]

Juridicamente, o conceito é um pouco mais restrito. O documento seria "meio real de representação de um fato"[71] ou "toda representação material destinada a reproduzir determinada manifestação do pensamento, como uma voz fixada duradouramente (*vox mortua*)"[72], ou ainda "a coisa representativa de um fato e destinada a fixá-lo de modo permanente e idôneo"[73]. Em suma, o documento é uma coisa que representa um fato.

No documento devem ser distinguidos a matéria, o meio e o conteúdo. Este último é o próprio fato que se quer representar, como, por exemplo, uma obrigação de pagar determinada quantia. O meio é a forma pela qual se faz presente o conteúdo, isto é, a forma pela qual o fato se faz presente, podendo ser verbal (palavras) ou figurativo (foto-

---

68. OLIVEIRA, Evérsio Donizete de. *A regulamentação dos títulos de crédito eletrônicos no Código Civil*. São Paulo: Lemos & Cruz, 2007, p. 81.

69. GARDINO, Adriana Valéria Pugliesi. Títulos de crédito eletrônicos: noções gerais e aspectos processuais. In: PENTEADO, Mauro Rodrigues (Coord.). *Títulos de crédito*. São Paulo: Walmar, 2004, p. 17; BOITEUX, Fernando Netto. *Títulos de crédito*. São Paulo: Dialética, 2002, p. 46; PINTO, Lígia Paula Pires. Títulos de crédito eletrônicos e assinatura digital: análise do art. 889, § 3º, do Código Civil. In: PENTEADO, Mauro Rodrigues (Coord.). *Títulos de crédito*. São Paulo: Walmar, 2004, p. 192; DINIZ, Julliana Christina Paolinelli. A circulação dos títulos de crédito eletrônicos: comentários ao art. 893 do Código Civil. In: PENTEADO, Mauro Rodrigues (Coord.). *Títulos de crédito*. São Paulo: Walmar, 2004, p. 179.

70. FERREIRA, Aurélio Buarque de Holanda. *Novo dicionário Aurélio da língua portuguesa*. 3. ed. Curitiba: Positivo, 2004, p. 696.

71. DE LUCCA, Newton. Títulos e contratos eletrônicos. In: ____; SIMÃO FILHO, Adalberto. *Direito & Internet* – aspectos jurídicos. Bauru: Edipro, 2005, p. 44.

72. CHIOVENDA, Giuseppe. *Instituições de direito processual civil*. Campinas: Bookseller, 1998, v. 3, p. 151.

73. AMARAL SANTOS, Moacyr. *Primeiras linhas de direito processual civil*. 16. ed. São Paulo: Saraiva, 1994, v. 2, p. 386.

grafias). Por fim, a matéria é a "via representativa do documento"[74], isto é, onde está representado o fato. A matéria mais comum é o papel, mas ela não é a única, podendo ser uma parede, uma pedra, metal e também a via cibernética[75].

Diante dessas noções, fica claro que não existem maiores diferenças entre os documentos tradicionais e os documentos eletrônicos[76]. Logo, também não há grandes diferenças entre os títulos de crédito cartulares e os títulos de crédito eletrônicos, devendo ser mantido o princípio da cartularidade ou incorporação, cuja aplicação mudará apenas na matéria representativa do direito, que poderá ser o papel ou o meio eletrônico. Em função de tal alteração na matéria, também mudará a forma da assinatura, que passará a ser eletrônica, por meio dos sistemas de criptografia. Ressalte-se, porém, que há quem entenda que essa desmaterialização é o canto do cisne dos títulos de crédito[77], isto é, trata-se de um passo para sua extinção e a criação de uma nova categoria de documentos.

3.2 Literalidade

O conceito de Vivante diz que o direito mencionado no título de crédito é literal, no sentido de que ele tem seu conteúdo e seus limites determinados nos precisos termos do título[78], vale dizer, "ele existe segundo o teor do documento"[79]. O teor literal do título é relevante para definir a existência, o conteúdo e a modalidade do direito[80]. Como diz Pontes de Miranda, "tudo que há de cambiário está no título, se bem que tudo que pode estar no título não seja cambiário"[81]. No mesmo sentido, Gladston Mamede assevera que "na face do papel estão inscritos, nos limites disciplinados pela lei, todos os elementos indispensáveis à compreensão jurídica do problema"[82]. Em síntese, a litera-

---

74. GARDINO, Adriana Valéria Pugliesi. Títulos de crédito eletrônicos: noções gerais e aspectos processuais. In: PENTEADO, Mauro Rodrigues (Coord.). *Títulos de crédito*. São Paulo: Walmar, 2004, p. 17.

75. GARDINO, Adriana Valéria Pugliesi. Títulos de crédito eletrônicos: noções gerais e aspectos processuais. In: PENTEADO, Mauro Rodrigues (Coord.). *Títulos de crédito*. São Paulo: Walmar, 2004, p. 17.

76. DE LUCCA, Newton. Títulos e contratos eletrônicos. In: ____; SIMÃO FILHO, Adalberto. *Direito & Internet* – aspectos jurídicos. Bauru: Edipro, 2005, p. 44.

77. ENGRÁCIA ANTUNES, José A. *Os títulos de crédito*: uma introdução. Coimbra: Coimbra Editora, 2009, p. 49.

78. GARRIGUES, Joaquín. *Curso de derecho mercantil*. 7. ed. Bogotá: Temis, 1987, v. 3, p. 95.

79. VIVANTE, Cesare. *Trattato di diritto commerciale*. 5. ed. Milano: Casa Editrice Dottor Francesco Vallardi, 1924, v. 3, p. 123, tradução livre de "esso esiste secondo il tenore do documento".

80. FERRI, Giuseppe. *Títulos de crédito*. Tradução de Fernando A. Legon. Buenos Aires: Abeledo Perrot, 1982, p. 19; ENGRÁCIA ANTUNES, José A. *Os títulos de crédito*: uma introdução. Coimbra: Coimbra Editora, 2009, p. 21.

81. PONTES DE MIRANDA. *Tratado de direito cambiário*. Campinas: Bookseller, 2000, v. 1, p. 47.

82. MAMEDE, Gladston. *Direito empresarial brasileiro*: títulos de crédito. 2. ed. São Paulo: Atlas, 2005, v. 3, p. 46.

lidade dá a certeza quanto à natureza, ao conteúdo e a modalidade da prestação prometida ou ordenada[83].

Dada a ampla possibilidade de circulação, meros ajustes verbais não podem influir no exercício do direito ali mencionado, pois quem recebe o título deve saber pelo teor do próprio que direito está recebendo. É o teor literal do documento que vai definir os limites para o exercício dos direitos nele referidos. Em termos mais simples, vale o que está escrito no título. O terceiro tem que "depositar confiança naquilo que o título diz"[84].

Não se pode exigir mais do que está escrito no título. Se o título prevê expressamente um valor de R$ 10.000,00 (dez mil reais), mas foi combinado verbalmente um valor de R$ 15.000,00 (quinze mil reais), só poderá ser exigido o valor literal. Do mesmo modo, se o título tem um vencimento certo, mas foi combinado verbalmente que ele só seria cobrado após o término de determinado serviço, tal ajuste verbal não impede a exigência do título a partir do vencimento[85].

Em qualquer caso, contudo, poderá ser exigida a correção monetária a partir do vencimento, uma vez que ela representa apenas a recomposição do valor da moeda corroída pela inflação[86]. Ela não representa um valor novo, mas apenas um ajuste no valor que já é devido. Inadmitir a correção seria permitir o enriquecimento sem causa do devedor.

Também não se pode exigir de alguém o cumprimento de uma obrigação que não tenha sido assumida no próprio título. O avalista em documento apartado não é devedor do título[87]. Do mesmo modo, o devedor que verbalmente assumiu a obrigação, mas não a firmou no título, não poderá ser demandado[88]. No entanto, apenas aquele credor cujo nome decorra do teor literal do título é que poderá exigir o cumprimento da obrigação. Assim, se beneficiário é uma sociedade, não pode o sócio, mesmo que controlador, exigir em nome próprio o cumprimento da obrigação. Nesse sentido, já decidiu o STJ que: "O aceite é ato formal e deve se aperfeiçoar na própria cártula (assinatura do sacado no próprio título), incidindo o princípio da literalidade (art. 25 da LUG). Não pode, portanto, ser dado verbalmente ou em documento em separado. De fato, os títulos de crédito possuem algumas exigências que são indispensáveis à boa manutenção das relações comerciais. A experiência já provou que não podem ser afastadas certas características, como o formalismo, a cartularidade e a literalidade, representando o aceite em separado perigo real às práticas cambiárias, ainda mais quando os papéis são postos em circulação"[89].

---

83. MESSINEO, Francesco. *Manuale di diritto civile e commerciale*. 9. ed. Milano: Giuffrè, 1972, v. 5, p. 264.

84. MARTINS, Alexandre de Soveral. *Títulos de crédito e valores mobiliários*. Coimbra: Almedina, 2008, p. 14-15.

85. TJDF, 2ª Turma Recursal dos Juizados Especiais Cíveis e Criminais do DF, 20020110939914ACJ, Rel. João Batista Teixeira, j. 15-10-2003, *DJ* 24-10-2003, p. 159.

86. STJ, 4ª Turma, REsp 105.774/SP, Rel. Min. Aldir Passarinho Junior, j. 16-8-2005, *DJ* 12-9-2005, p. 332.

87. COELHO, Fábio Ulhoa. *Curso de direito comercial*. 8. ed. São Paulo: Saraiva, 2004, v. 1, p. 368

88. TJRS, 12ª Câmara Cível, Apelação Cível 70015701535, Rel. Dálvio Leite Dias Teixeira, j. 26-10-2006.

89. STJ, 3ª Turma, REsp 1334464/RS, Rel. Min. Ricardo Villas Bôas Cueva, j. 15-3-2016, *DJe* 28-3-2016.

Ademais, não se podem imputar ao credor as consequências de um ato que não esteja escrito no próprio título. Assim, atos documentados em instrumentos apartados, ainda que válidos, não podem ser opostos ao portador de boa-fé do título. Exemplificativamente, a quitação dada em documento apartado não pode ser oposta ao possuidor de boa-fé que tenha adquirido o título por meio de circulação. A prova testemunhal não é apta a afastar a exigência de que a quitação conste do próprio título[90].

Vê-se, portanto, que a literalidade opera tanto contra como a favor do subscritor, na medida em que este não pode opor exceções constantes de documentos extracartulares, a não ser que o portador tenha sido parte na relação. E, por conseguinte, o portador não pode exigir mais do que consta literalmente do título[91]. Além disso, a legitimidade ativa e passiva para eventual cobrança do valor constante do título também dependerá do teor literal do título.

Mais uma vez, tal princípio não se aplica integralmente à duplicata. Nesta, são admitidas a quitação em separado (Lei n. 5.474/68 – art. 9º), a compensação de valores não previstos no título (Lei n. 5.474/68 – art. 10) e a assunção de obrigação fora do título, como o chamado aceite presumido.

3.2.1 Literalidade indireta

A interpretação extremada do princípio da literalidade geraria algumas iniquidades, como, por exemplo, o não pagamento de juros de mora, em caso de atraso. Todavia, obviamente isso não ocorre. Os juros de mora são exigíveis mesmo que não previstos no título, uma vez que decorrem da lei. Além disso, outros encargos não expressamente previstos no título também são exigíveis, se o devedor tinha como conhecê-los, dada a boa-fé que deve reger essas relações.

Martorano entende que é possível falar também numa literalidade indireta, sem perder a segurança, podendo tal literalidade vir de uma remissão do título ou do próprio regime jurídico a que ele se sujeita[92]. Assim, quando determinados valores advêm da lei (juros de mora), poderão ser exigidos, mesmo que não expressamente previstos no título. Da mesma forma, encargos decorrentes de uma remissão que o título faz a outro documento também poderão ser exigidos. Em ambos os casos, o devedor tem como conhecer os exatos limites do que pode ser exigido, seja em razão da lei, seja em razão da referência a outro documento.

---

90. STJ, 4ª Turma, REsp 707.460/MS, Rel. Min. Jorge Scartezzini, j. 11-10-2005, *DJ* 7-11-2005, p. 305; STJ, 3ª Turma, AgRg no Ag 436.603/SP, Rel. Min. Antônio de Pádua Ribeiro, j. 5-9-2002, *DJ* 28-10-2002, p. 313.

91. ASCARELLI, Tullio. *Teoria geral dos títulos de crédito*. Tradução de Benedicto Giacobbini. Campinas: RED, 1999, p. 65.

92. MARTORANO, Federico. *I titoli di credito*. Napoli: Morano, 1970, p. 27-28; OLIVEIRA, Celso Marcelo de. *Títulos de crédito*. Campinas: LZN, 2003, p. 72; ESCUTI, Ignácio A. *Títulos de crédito*. 5. ed. Buenos Aires: Astrea, 1998, p. 9.

Quando previstos na lei, tendo em vista que a ninguém é dado alegar o desconhecimento da lei, o devedor não pode se escusar de cumprir a obrigação legal. Assim, os juros de mora podem ser exigidos, uma vez que a legislação de regência expressamente garante o direito à cobrança desses juros (LUG – art. 48, 2; Lei n. 7.357/85 – art. 52, II).

Do mesmo modo, quando o título fizer menção a outro documento, como um contrato, por exemplo. Nessa situação, o devedor tem ciência de que aquela obrigação também tem seus limites definidos em outro documento, não podendo invocar o desconhecimento desse outro documento. Conforme diz Ascarelli, "as cláusulas destinadas a regular o direito vêm também sempre mencionadas no título, seja também através de uma referência"[93].

A jurisprudência do STJ inicialmente não admitia a cobrança de encargos não expressamente previstos no título, ainda que decorrentes do contrato subjacente[94]. Todavia, tal orientação foi superada, uma vez que não haveria sentido em não impor ao devedor uma obrigação que ele conhece e já assumiu nos termos do contrato. Por isso, o STJ já decidiu que, estando a "nota promissória vinculada a contrato de empréstimo pessoal e fazendo-se acompanhar deste último, a taxa de juros é aquela estabelecida na avença"[95]. Dentro da mesma linha, tem-se admitido que esse outro documento a que se refere o título de crédito supra até algum dos requisitos essenciais ao título de crédito[96], uma vez que a vinculação expressa permitiria a qual um ter a ciência de todos os elementos que interessam sobre aquela obrigação.

3.3 *Autonomia*

Do título de crédito podem decorrer vários direitos, podem surgir várias relações jurídicas, vale dizer, podemos ter muitos devedores (emitente, avalista, endossantes...) e também diversos credores sucessivos. Cada um desses credores ou devedores do título possui uma obrigação autônoma, no sentido de que seu crédito ou seu débito não é afetado por questões que digam respeito a outras pessoas.

A autonomia "qualifica o direito cambiário dos sucessivos titulares entre si"[97]. Sob o ponto de vista dos sucessivos credores, a autonomia se aplica em duas situações essenciais,

93. ASCARELLI, Tullio. La letteralitá nei titoli di credito. *Rivista del Diritto Commerciale*, v. XXX, Parte prima, p. 249, 1932, tradução livre de "le clausole destinate a regolare il diritto vengono pur sempre menzionate nel titolo, sia pure attraverso un richiamo".

94. STJ, 4ª Turma, REsp 2.598/MG, Rel. Min. Barros Monteiro, Rel. p/ Acórdão Min. Athos Carneiro, j. 29-6-90, *DJ* 10-9-90, p. 9130.

95. STJ, 4ª Turma, REsp 167707/RS, Rel. Min. Barros Monteiro, j. 7-10-2003, *DJ* 19-12-2003, p. 466.

96. STJ, 4ª Turma, REsp 968.320/MG, Rel. Min. Luis Felipe Salomão, j. 19-8-2010, *DJe* 3-9-2010.

97. FURTADO, Jorge Henrique da Cruz. *Títulos de crédito*. Coimbra: Almedina, 2000, p. 42.

a saber: (a) ao credor de boa-fé não são oponíveis matérias ligadas a terceiros; (b) não pode ser oposta ao possuidor do título a falta de legitimidade de quem o transferiu[98].

Qualquer pessoa de boa-fé, que adquira a condição de credora do título de crédito, obtém um direito novo como se fosse um credor originário, não ocupando a posição do antigo credor. Tal princípio é uma garantia de negociabilidade do título, na medida em que a pessoa que o adquire não precisa saber se o credor anterior teria ou não direito de receber o valor do título. "O possuidor de boa-fé exercita um direito próprio que não pode ser restringido ou destruído pelas relações ocorridas entre os possuidores precedentes e o devedor."[99] De tal princípio advém a surpreendente eficácia do título de crédito que pode dar vida a certos direitos inexistentes ou vulneráveis na pessoa do transmitente[100]. O STJ já afirmou que, "à luz dos arts. 915 e 916 do Código Civil, o devedor só pode opor ao portador as exceções fundadas em relação pessoal com este ou em relação ao título, em aspectos formais e materiais, salvo na hipótese de má-fé do endossatário, não verificado na espécie"[101].

Assim, em uma nota promissória, seu credor não poderia receber o crédito, por questões pessoais (compensação com o devedor, transação...). Todavia, esse mesmo credor transferiu seu crédito a terceiro, o qual, por sua vez, recebe um direito autônomo, ou seja, não influenciado por questões que digam respeito ao credor anterior. Logo, a compensação com o credor originário ou mesmo a transação firmada não têm o condão de diminuir ou afastar o direito do novo credor.

Além disso, se determinada pessoa adquiriu a posse de título de maneira ilegítima, por exemplo, furtando o documento, ela não poderia receber o valor do título. Todavia, se ela transfere o título a um terceiro de boa-fé, este terceiro terá direito de receber o valor, uma vez que recebe um direito autônomo, como se credor originário fosse. Trata-se da inoponibilidade das exceções pessoais aos terceiros de boa-fé.

Entretanto, tal princípio também é uma garantia do pagamento do título, uma vez que fatos que digam respeito a um devedor, como a nulidade da sua obrigação, ou mesmo a falsidade da sua assinatura, não têm o condão de afastar a responsabilidade dos demais devedores. Qualquer pessoa que assina o título, em regra, se torna devedora desse título. Essa obrigação não é afetada pela nulidade da obrigação de outro devedor.

Imagine agora a seguinte situação: ROMÁRIO emitiu uma nota promissória (que recebeu o aval de RICARDO) para EDMUNDO que a endossou para RONALDO. Con-

98. ASCARELLI, Tullio. *Teoria geral dos títulos de crédito.* Tradução de Benedicto Giacobbini. Campinas: RED, 1999, p. 252.

99. VIVANTE, Cesare. *Trattato di diritto commerciale.* 5. ed. Milano: Casa Editrice Dottore Francesco Vallardi, 1924, v. 3, p. 123, tradução livre de "il possessore de buona fede esercita un diritto proprio, che non puó essere ristretto o distrutto dai rapporti corsi fra i precedenti possessori e il debitore".

100. BORGES, João Eunápio. *Títulos de crédito.* 2. ed. Rio de Janeiro: Forense, 1977, p. 15.

101. STJ, 3ª Turma, AgRg no AREsp 724.963/DF, Rel. Min. Marco Aurélio Bellizze, j. 24-11-2015, *DJe* 9-12-2015.

siderando que houve três assinaturas (emissão, endosso e aval), sem qualquer menção em contrário, temos três devedores solidários desse título.

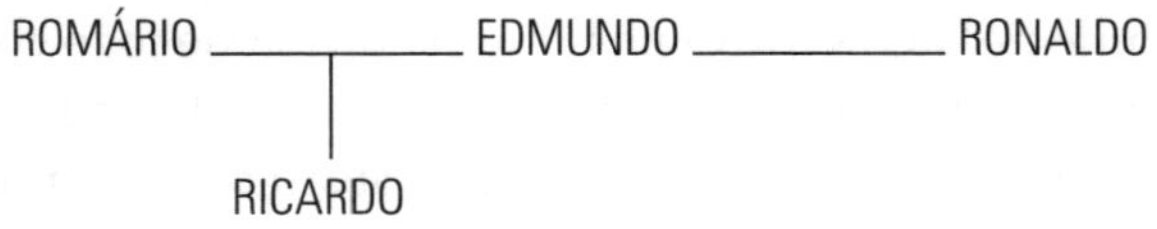

Se Romário for absolutamente incapaz e não for representado, sua obrigação é nula (CC – art. 166, I). Embora seja sua assinatura que crie o título, isso não invalida o título em si, nem as demais obrigações. Ricardo e Edmundo continuarão sendo devedores do título de crédito. Do mesmo modo, se a assinatura de Romário for falsa, todas as outras obrigações se mantêm, dado o princípio da autonomia das obrigações (LUG – art. 7º).

Para Fábio Ulhoa Coelho[102], de tal princípio decorrem outros dois subprincípios: a inoponibilidade das exceções pessoais e a abstração. A nosso ver, a inoponibilidade das exceções pessoais é um dos aspectos da autonomia, não necessitando de um tratamento separado. Já a abstração, a nosso ver, é um princípio diferente que merece um tratamento separado.

3.4 Abstração

Pelo princípio da abstração, o título de crédito se desvincula do negócio jurídico que lhe deu origem, isto é, questões relativas a esse negócio jurídico subjacente não têm o condão de afetar o cumprimento da obrigação do título de crédito. Não importa a origem do título, ele existe abstratamente, completamente desvinculado da relação inicial. "Não se leva em conta a não ser o título, sendo irrelevante o que impôs sua emissão."[103]

Tal princípio é uma decorrência do princípio da cartularidade ou incorporação, na medida em que o direito "incorporado" ao título de crédito existirá por si só, desvinculado da relação jurídica subjacente. Ele também advém do princípio da literalidade, na medida em que o direito será definido pelo teor literal do título, e não pelo negócio jurídico subjacente.

Em última análise, trata-se de uma garantia da circulação do título[104], na medida em que o adquirente do título não precisa conferir o que ocorreu nesse negócio jurídico. Quem recebe o título de crédito recebe um direito abstrato, isto é, um direito não dependente do negócio que deu origem ao título[105]. O professor Alfredo de Assis Gonçalves Neto justifica esse aspecto da abstração, afirmando que: "Já quando o título transfere-se

102. COELHO, Fábio Ulhoa. *Curso de direito comercial.* 8. ed. São Paulo: Saraiva, 2004, v. 1, p. 376.

103. RIZZARDO, Arnaldo. *Títulos de crédito.* Rio de Janeiro: Forense, 2006, p. 17.

104. ESCUTI, Ignácio A. *Títulos de crédito.* 5. ed. Buenos Aires: Astrea, 1998, p. 34.

105. MARTINS, Fran. *Títulos de crédito.* 5. ed. Rio de Janeiro: Forense, 1995, v. 1, p. 13.

a terceiro, preenchendo, portanto, sua destinação a causa da obrigação do devedor originário para com esse novo credor não mais possa ser procurado naquele negócio jurídico inicial, eis que a ele se sobrepôs um novo negócio, de transmissão"[106].

Exemplificativamente, ROMÁRIO possui uma dívida de jogo com EDMUNDO, a qual foi representada em uma nota promissória. EDMUNDO endossou essa nota promissória para RONALDO. Este recebeu um direito abstrato, no sentido de que a inexigibilidade do negócio jurídico subjacente não atinge a nota promissória. RONALDO terá direito de receber o valor do título, independentemente do negócio que lhe deu origem.

De modo similar, JONH BONHAM comprou cadeiras de ROBERT PLANT e as pagou com cheques. ROBERT PLANT não entregou as cadeiras, mas endossou os cheques para JIMMY PAGE. Este, por sua vez, terá direito de exigir de JONH BONHAM o pagamento do cheque. A eventual alegação de que o contrato não foi cumprido não é motivo para impedir o credor de receber esse valor, uma vez que o título se desvinculou da sua causa.

Contudo, deve haver uma compatibilização entre esse princípio da abstração e o princípio da boa-fé. Tal princípio não pode permitir iniquidades, protegendo credores de má-fé. Se o credor está de boa-fé, ele não deve realmente ser afetado por defesas causais, isto é, por defesas ligadas ao negócio jurídico. De outro lado, se o credor está de má-fé, não há motivo para protegê-lo e, por isso, ele poderá ser afetado pelo negócio jurídico que deu origem ao título[107].

Assim sendo, a abstração não poderá ser invocada pelo credor sempre, isto é, o credor ainda ficará sujeito às exceções causais, baseadas no negócio subjacente, quando ele não estiver de boa-fé. Essa ausência de boa-fé se apresenta em três situações[108]:

- quando o credor participou do negócio;
- quando o credor tem conhecimento dos vícios do negócio;
- quando o credor deveria ter conhecimento dos vícios do negócio.

Quando o credor participa do negócio jurídico não haverá abstração[109], uma vez que ele tem amplo conhecimento do negócio e não pode alegar boa-fé, para não se sujeitar às exceções causais, baseadas no negócio. A abstração tem por pressuposto a circulação do título[110], na medida em que sem essa circulação não haverá boa-fé do credor a ser tutelada. "A autonomia e abstração dos títulos de crédito manifestam-se nas relações

---

106. GONÇALVES NETO, Alfredo de Assis. *Aval*: alcance da responsabilidade do avalista. 2. ed. São Paulo: RT, 1993, p. 45.

107. FAZZIO JUNIOR, Waldo. *Manual de direito comercial*. São Paulo: Atlas, 2000, p. 373.

108. MAMEDE, Gladston. *Direito empresarial brasileiro*: títulos de crédito. 2. ed. São Paulo: Atlas, 2005, v. 3, p. 51.

109. ASCARELLI, Tullio. *Teoria geral dos títulos de crédito*. Tradução de Benedicto Giacobbini. Campinas: RED, 1999, p. 125; GALGANO, Francesco. *I titoli di credito*. Padova: Cedam, 2009, p. 31.

110. COELHO, Fábio Ulhoa. *Curso de direito comercial*. 8. ed. São Paulo: Saraiva, 2004, v. 1, p. 377.

cambiais com terceiros de boa-fé, portadores dos títulos."[111] Nessas situações, todos os vícios do contrato podem ser alegados. A propósito, o STJ afirmou que "O reconhecimento da nulidade do contrato original torna inexigíveis as notas promissórias *pro solvendo* emitidas em garantia do negócio ali avançado, especialmente quando, por não terem circulado, apresentam-se desprovidas da abstração"[112].

Imagine a seguinte situação: RIVALDO possui uma dívida de jogo com RICARDO, a qual foi representada em uma nota promissória, que se manteve em poder do beneficiário. Nesse caso, RICARDO não pode exigir a nota promissória, uma vez que ele foi parte do negócio subjacente, vale dizer, o título continuará vinculado ao negócio jurídico, de modo que as defesas ligadas a esse negócio podem afetar o crédito constante da nota promissória.

De modo similar, JOEY RAMONE comprou cadeiras de ANGUS YOUNG e as pagou com cheque. ANGUS YOUNG não entregou as cadeiras e ficou com os cheques. Nessa situação, o credor não terá direito de exigir o pagamento do cheque. A eventual alegação de que o contrato não foi cumprido é capaz de afetar o pagamento do próprio título de crédito, uma vez que existe a vinculação entre o título e o negócio subjacente.

Mesmo não sendo parte do negócio jurídico, também não haverá boa-fé do credor se ele tinha ciência dos vícios do negócio subjacente[113]. Ora, se, mesmo não sendo parte, ele sabia que o credor do negócio não poderia recebê-lo, não há boa-fé da sua parte ao receber o título. Nesses casos, ele agiu claramente em detrimento do devedor e sabia o que estava acontecendo.

O STJ já decidiu que, "comprovada, todavia, a ciência, pelo terceiro adquirente, sobre a mácula no negócio jurídico que deu origem à emissão do cheque, as exceções pessoais do devedor passam a ser oponíveis ao portador, ainda que se trate de empresa de *factoring*"[114]. Nessa situação, não haveria boa-fé a ser tutelada pelo princípio da abstração.

Também não haverá boa-fé, se o credor tinha como saber dos problemas do negócio. Não se cogita aqui da ciência inequívoca, mas apenas da possibilidade concreta de ele ter ciência dos vícios que afetam o negócio jurídico. Tal possibilidade de ciência decorre da vinculação expressa do título ao negócio jurídico, isto é, o credor adquire o título com a menção expressa à origem desse título.

A ligação à causa do título sujeita a obrigação cartular à disciplina própria do negócio jurídico que deu origem ao título[115]. As defesas causais nessa situação poderão ser opostas a qualquer credor do título. Nesta e em todas as situações de inaplicabilidade do princípio da abstração, se o devedor não tem que honrar o negócio subjacente, ele não

111. STJ, 3ª Turma, REsp 1361937/SP, Rel. Min. Nancy Andrighi, j. 15-10-2013, *DJe* 18-10-2013.

112. STJ, 3ª Turma, REsp 1608424/SP, Rel. Min. Ricardo Villas Bôas Cueva, j. 28-3-2017, *DJe* 4-4-2017.

113. COELHO, Fábio Ulhoa. *Curso de direito comercial*. 8. ed. São Paulo: Saraiva, 2004, v. 1, p. 378.

114. STJ, 3ª Turma, REsp 612.423/DF, Rel. Min. Nancy Andrighi, j. 1º-6-2006, *DJ* 26-6-2006, p. 132.

115. FERRI, Giuseppe. *Manuale di diritto commerciale*. 2. ed. Torino: UTET, 1966, p. 522.

precisará honrar o contrato, como, por exemplo, nos casos de exceção do contrato não cumprido, de nulidade ou de falsidade.

Cria-se para o terceiro, que recebe títulos vinculados ao negócio jurídico subjacente, o dever de verificar se o negócio foi devidamente cumprido. Ele tinha como fazê-lo, na medida em que havia a referência ao contrato. Se ele tinha como verificar, é certo que ele deveria ter ciência dos eventuais vícios do negócio e, por isso, ficará sujeito às defesas ligadas ao negócio que deu origem ao título. Portanto, nos títulos vinculados a um contrato não há aplicação do princípio da abstração[116].

Além dessas hipóteses de inaplicabilidade do princípio, é oportuno ressaltar que ele não é um princípio essencial, isto é, ele não se aplica a todos os títulos de crédito[117]. A princípio, a abstração não se aplica aos chamados títulos causais, nos quais há referência na declaração cartular à relação fundamental, que pode ser oposta inclusive a terceiros que não são partes da relação fundamental, em razão da possibilidade de ciência dos vícios atinentes ao negócio[118].

3.5 *Independência*

Por fim, tem-se como princípio dos títulos de crédito a independência, que significa que o título vale por si só, não precisando ser completado por outros documentos. O título de crédito basta a si mesmo. Há uma ligação direta desse princípio com a literalidade e, uma vez que o conteúdo do direito é definido pelo título, este deve bastar a si mesmo[119]. Assim, num eventual processo de execução de um cheque, o título é suficiente, não precisando, em regra, ser acompanhado de outros documentos, como contratos, notas fiscais etc.

Mais uma vez, tal princípio serve para facilitar e simplificar a circulação do título de crédito[120]. Ao transferir um crédito, não é necessária a transferência de qualquer outro

116. STJ, 4ª Turma, REsp 111961/RS, Rel. Min. Ruy Rosado de Aguiar, j. 11-3-1997, *DJ* 12-5-1997, p. 18817; REsp 659.327/MG, Rel. Min. Carlos Alberto Menezes Direito, 3ª Turma, j. 6-2-2007, *DJ* 30-4-2007, p. 310; AgRg no REsp 1320883/PR, Rel. Min. Ricardo Villas Bôas Cueva, 3ª Turma, j. 5-12-2013, *DJe* 17-2-2014; STJ, 3ª Turma, REsp 1382609/SC, Rel. Min. Paulo de Tarso Sanseverino, j. 15-9-2015, *DJe* 23-9-2015; STJ, 3ª Turma, AgRg no REsp 1477400/ES, Rel. Min. Moura Ribeiro, j. 4-8-2015, *DJe* 17-8-2015; STJ, 3ª Turma, REsp 1382609/SC, Rel. Min. Paulo de Tarso Sanseverino, j. 15-9-2015, *DJe* 23-9-2015.

117. VIVANTE, Cesare. *Trattato di diritto commerciale*. 5. ed. Milano: Casa Editrice Dottor Francesco Vallardi, 1924, v. 3, p. 125.

118. ASCARELLI, Tullio. *Teoria geral dos títulos de crédito*. Tradução de Benedicto Giacobbini. Campinas: RED, 1999, p. 169; BULGARELLI, Waldirio. *Títulos de crédito*. 14. ed. São Paulo: Atlas, 1998, p. 65; DE LUCCA, Newton. *Aspectos da teoria geral dos títulos de crédito*. São Paulo: Pioneira, 1979, p. 120.

119. ESCUTI, Ignácio A. *Títulos de crédito*. 5. ed. Buenos Aires: Astrea, 1998, p. 32.

120. VIVANTE, Cesare. *Trattato di diritto commerciale*. 5. ed. Milano: Casa Editrice Dottor Francesco Vallardi, 1924, v. 3, p. 124.

documento, uma vez que o título basta por si só. Assim, simplifica-se e agiliza-se a circulação dos títulos de crédito.

Não se trata de princípio admitido por toda a doutrina, por estar ausente de uma série de títulos[121]. Alguns títulos fazem referência a contratos ou a outros documentos. Portanto, a própria lei afasta a independência de alguns títulos, como nas cédulas de crédito rural que devem ser acompanhadas do orçamento (Decreto-lei n. 167/67 – art. 3º), ou nas cédulas de crédito bancário que devem ser acompanhadas pelos extratos bancários (Lei n. 10.931/04 – art. 28, § 2º, II). Portanto, a independência pode deixar de ser aplicada pela vontade das partes (remissão a contrato) ou pela lei (vinculação legal a algum documento)[122].

Por fim, vale a pena ressaltar que esse princípio não é o mesmo princípio da autonomia. Arnaldo Rizzardo diz que há uma confusão entre os dois princípios, asseverando que "ambas as figuras têm o mesmo conteúdo, mas estendendo-se a autonomia a separar os limites da responsabilidade de cada coobrigado"[123]. Conforme ressaltado, a independência diz respeito à ideia de completude do título, vale dizer, de o título valer por si só. A autonomia, por seu turno, é a não influência de uma obrigação sobre as outras obrigações do título, sendo, portanto, distintos os princípios.

121. VIVANTE, Cesare. *Trattato di diritto commerciale*. 5. ed. Milano: Casa Editrice Dottor Francesco Vallardi, 1924, v. 3, p. 124; BULGARELLI, Waldirio. *Títulos de crédito*. 14. ed. São Paulo: Atlas, 1998, p. 59.

122. MAMEDE, Gladston. *Direito empresarial brasileiro*: títulos de crédito. 2. ed. São Paulo: Atlas, 2005, v. 3, p. 50.

123. RIZZARDO, Arnaldo. *Títulos de crédito*. Rio de Janeiro: Forense, 2006, p. 17.

4 TÍTULOS DE CRÉDITO: NOÇÕES GERAIS

1 Fonte da obrigação cambiária dos devedores

Os títulos de crédito contêm obrigações, as quais, contudo, são objeto de uma disciplina própria que em muito difere da disciplina geral das obrigações, sobretudo em razão dos princípios dos títulos de crédito. Apesar dessas diferenças, é certo que estamos diante de uma obrigação de determinado subscritor do título de cumprir uma prestação a favor de outro sujeito.

A dúvida que surge é: qual a natureza jurídica da fonte dessa obrigação? Várias teorias foram formuladas a respeito do assunto, tentando enquadrar o título de crédito nas categorias jurídicas conhecidas. Entre as várias teorias desenvolvidas, analisaremos apenas as principais.

2 Teorias contratualistas

As primeiras teorias tentavam enquadrar o título na categoria dos contratos. Assim, quem emitisse um título de crédito estaria celebrando um contrato cambiário com o tomador ou beneficiário do título. Tal contrato, contudo, não se confundiria com o negócio jurídico subjacente ao título de crédito, uma vez que o título constituiria um direito novo e autônomo[1].

Nas teorias contratualistas, havia uma divergência quanto ao momento da conclusão do contrato. Uma primeira opinião (teoria do ato formal) entende que o contrato estaria concluído no momento da subscrição, ou seja, quando o criador assinasse o título de crédito optando pela forma cambiária para a obrigação, o contrato já existiria. Em contrapartida, entendia-se que o contrato só seria concluído no momento da entrega do título ao beneficiário, ou seja, apenas quando o credor recebesse o título é que o contrato estaria concluído, isto é, na entrega e recebimento (*dare-prendere*) do título seriam manifestadas as vontades necessárias para o contrato[2].

Qualquer que seja o momento da conclusão do contrato, é certo que a inclusão dos títulos de crédito na categoria geral dos contratos não se sustenta.

---

1. ROSA JÚNIOR, Luiz Emygdio da. *Títulos de crédito*. 4. ed. Rio de Janeiro: Renovar, 2006, p. 90.
2. BORGES, João Eunápio. *Títulos de crédito*. 2. ed. Rio de Janeiro: Forense, 1977, p. 20.

O título de crédito pode e, frequentemente, é transferido por meio do endosso. Nessa situação, como justificar a relação entre o devedor do título e os credores subsequentes? A vontade inicialmente manifestada pelo devedor era dirigida ao beneficiário inicial, que pode não mais ser o credor do título de crédito, desvirtuando completamente a intenção da parte.

E não se diga que a intenção do devedor é firmar um contrato com um sujeito indeterminado, porquanto é claro que a intenção do devedor não é essa. Quem emite o título de crédito não quer assumir uma série de vínculos indeterminados, mas uma obrigação certa e definida. Ademais, o contrato pressupõe o encontro imediato de duas vontades, o que não ocorre nos títulos de crédito[3], pois a obrigação existe independentemente da vontade do credor[4].

Do mesmo modo, caso se tratasse de um contrato, o terceiro adquirente do título adquiriria um direito derivado do seu antecessor e, por isso, seria possível a oposição de exceções pessoais, o que não ocorre nos títulos de crédito[5]. Outrossim, é certo que os vícios nas relações anteriores não contaminam o direito do atual possuidor, como ocorreria em um contrato[6]. Portanto, as teorias contratualistas não conseguem identificar a natureza jurídica dos títulos de crédito.

3 Teoria da aparência

Em contraposição às teorias que vislumbram, na fonte da obrigação cambiária, um negócio jurídico (contrato ou declaração unilateral de vontade), surgiram as teorias legalistas, as quais sustentam que a obrigação constante do título de crédito independe da vontade do seu subscritor. Quando se assume uma obrigação em um título de crédito, não se poderia visualizar um negócio jurídico, mas apenas um ato ou operação jurídica, pois, mesmo que a vontade fosse viciada, o título de crédito já existiria. Os efeitos da emissão ou da circulação do título já seriam preestabelecidos em lei, independentemente da vontade do subscritor[7].

Nas teorias legalistas situa-se a teoria da aparência, pela qual a obrigação cambiária nasceria da aparência de vontade do devedor, independentemente da vontade efetiva. A vontade do criador do título não seria tão importante quanto a aparência criada. Assim,

---

3. SARAIVA, José A. *A cambial*. Rio de Janeiro: José Konfino, 1947, v. 1, p. 103; DE SEMO, Giorgio. *Trattato di diritto cambiario*. 3. ed. Padova: Cedam, 1963, p. 133.

4. PAVONE LA ROSA, Antonio. *La letra de cambio*. Tradução de Osvaldo J. Máffia. Buenos Aires: Abeledo Perrot, 1988, p. 68.

5. SARAIVA, José A. *A cambial*. Rio de Janeiro: José Konfino, 1947, v. 1, p. 101.

6. ROSA JÚNIOR, Luiz Emygdio da. *Títulos de crédito*. 4. ed. Rio de Janeiro: Renovar, 2006, p. 91.

7. ASQUINI, Alberto. *I titoli di credito*. Padova: Cedam, 1966, p. 82; MOSSA, Lorenzo. *La cambiale secondo la nuova legge*. Milano: Casa Editrice Dottor Francesco Vallardi, 1937, parte prima, p. 36.

mesmo que ele não tivesse vontade de se obrigar, seu interesse cederia espaço para o interesse maior na proteção da aparência[8].

Embora não se possa negar a importância que a aparência exerce nas relações comerciais, é certo que ela não é suficiente para justificar a fonte da obrigação cambiária em todas as situações. Uma vontade séria, real e sem vícios é necessária para que a declaração do criador do título produza efeitos jurídicos em relação a ele. A simples aparência de emissão de uma nota promissória não torna o emitente devedor daquele título. A obrigação do emitente só vai surgir diante de uma vontade validamente manifestada.

Embora a invalidade ou mesmo a falsidade da assinatura do seu emitente não invalide o título e não afete as demais obrigações assumidas, é certo que a simples aparência não tem o condão de gerar a obrigação. Assim sendo, a obrigação não surge da lei, ela é fruto de uma declaração de vontade do subscritor do título. Ainda que na circulação do título os eventuais vícios dessa vontade não tenham influência na validade do título em si, é certo que as obrigações assumidas sempre terão origem em uma declaração de vontade válida de algum dos subscritores do título[9].

4 Teoria do duplo sentido da vontade

Afastando-se das teorias legalistas, Vivante reconhece que a fonte das obrigações é a vontade. Todavia, essa vontade não poderia ser interpretada de uma única maneira. Haveria um duplo sentido na vontade do emitente do título, uma vez que o subscritor assumiria posições jurídicas diversas em relação ao seu contratante e às pessoas que receberam o título do seu contratante[10].

Para Vivante, deve-se analisar o sentido da vontade do devedor, que não seria único. Ao emitir o título, o devedor tem a intenção de assegurar ao credor um título idôneo à circulação e, consequentemente, assume a eventual responsabilidade em face dos futuros titulares do crédito, não podendo levantar exceções pessoais fundadas na relação jurídica inicial (abstração) contra os credores de boa-fé. De outro lado, ao emitir o título, o devedor conservaria intacta a possibilidade de exceções pessoais fundadas no negócio jurídico em face do credor original, ou seja, se o título não circular, o negócio jurídico ainda pode ser fundamento da defesa do devedor[11].

Diante dessa dualidade, a vontade do devedor teria uma natureza contratual na relação entre ele e o seu credor imediato, porquanto o título de crédito não se desvincularia do negócio jurídico subjacente, mas se uniria a ele para integrá-lo. A obrigação do

---

8. BORGES, João Eunápio. *Títulos de crédito*. 2. ed. Rio de Janeiro: Forense, 1977, p. 26.

9. FERRI, Giuseppe. *Títulos de crédito*. Tradução de Fernando A. Legon. Buenos Aires: Abeledo-Perrot, 1982, p. 101.

10. VIVANTE, Cesare. *Trattato di diritto commerciale*. 5. ed. Milano: Casa Editrice Dottor Francesco Vallardi, 1924, v. 3, p. 133.

11. Idem, p. 133.

devedor não decorreria apenas da sua assinatura, mas sim do negócio jurídico subjacente. Para verificar se a obrigação cambial existe, seria necessário constatar se a obrigação contratual existe. Portanto, a fonte da obrigação cambial seria o contrato firmado entre as partes[12].

No tocante aos demais credores do título, "os vícios de consentimento, de causa, inerentes à relação contratual de onde o título saiu, não têm cabimento contra o possuidor de boa-fé, que daqueles vícios não encontra algum traço no título"[13]. Assim, a obrigação cambial ainda existirá se o contrato não for cumprido, ou mesmo se houver alguma nulidade no contrato. Assim sendo, o fundamento da obrigação do subscritor do título em relação aos credores posteriores de boa-fé está na sua simples assinatura, sendo nesse particular uma declaração unilateral de vontade.

Embora seja extremamente engenhosa, tal teoria não ficou imune a críticas. A declaração não pode ter duplo sentido, uma vez que a vontade é uma só, isto é, como o emitente poderia estar obrigado diante dos futuros possuidores, e eventualmente não assumir obrigações perante o tomador imediato? Além disso, como poderia a vontade unilateral do emitente ser suficiente para obrigá-lo ante os credores posteriores, mas não seria suficiente para gerar uma obrigação em face do credor imediato?[14]

Com efeito, é muito difícil sustentar um duplo sentido na vontade do emitente, uma vez que nada denota essa dupla intenção. Outrossim, é certo que a obrigação cambial nasce independentemente do consentimento do credor, logo, é muito difícil sustentar um negócio jurídico bilateral como fonte da obrigação cambiária.

5 Teoria da declaração unilateral de vontade

Reconhecendo-se a vontade como fonte das obrigações cambiárias, mas afastada a natureza contratual dessa manifestação, é certo que o melhor enquadramento para a vontade criadora da obrigação é como uma declaração unilateral de vontade[15]. Desse

---

12. VIVANTE, Cesare. *Trattato di diritto commerciale*. 5. ed. Milano: Casa Editrice Dottor Francesco Vallardi, 1924, v. 3, p. 134-135.

13. Idem, p. 135, tradução livre de "I vizi di consento, di causa, inerenti al rapporto contrattuale donde il titolo é uscito, non hanno presa contro il possessore di buona fede, che di quei vizi non trova alcuna traccia sul titolo".

14. BORGES, João Eunápio. *Títulos de crédito*. 2. ed. Rio de Janeiro: Forense, 1977, p. 25; BONELLI, Gustavo. *Cambiale*. Milano: Casa Editrice Dottore Francesco Vallardi, 1930, p. 32.

15. ASCARELLI, Tullio. *Teoria geral dos títulos de crédito*. Tradução de Benedicto Giacobbini. Campinas: RED, 1999, p. 297; DE LUCCA, Newton. *Aspectos da teoria geral dos títulos de crédito*. São Paulo: Pioneira, 1979, p. 87; BRASIL, Francisco de Paula Eugênio Jardim de Souza. *Títulos de crédito*: o novo Código Civil – Questões relativas aos títulos eletrônicos e do agronegócio. Rio de Janeiro: Forense, 2006, p. 35; ARNOLDI, Paulo Roberto Colombo. *Teoria geral dos títulos de crédito*. Rio de Janeiro: Forense, 1998, p. 124; FURTADO, Jorge Henrique da Cruz. *Títulos de crédito*. Coimbra: Almedina, 2000, p. 56; BONELLI, Gustavo. *Cambiale*. Milano: Casa Editrice Dottore Francesco Vallardi, 1930, p. 60; DE SEMO, Giorgio. *Trattato di diritto cambia-*

modo, para surgir a obrigação cambiária é necessária uma vontade e apenas uma vontade, especialmente em razão da autonomia e da abstração que regem os títulos de crédito.

Tal teoria defendia que a letra de câmbio seria o papel-moeda dos comerciantes, o que não se sustenta diante da realidade econômica atual[16]. Além disso, agora com razão, tal teoria sustenta que o título de crédito não é um simples documento probatório, mas é o portador da própria obrigação. Ademais, segundo essa teoria, afirma-se que o título de crédito funciona separadamente do negócio jurídico subjacente e a obrigação teria seu fundamento em uma promessa dirigida ao público[17].

Essa teoria também não ficou imune a críticas, como a de Vivante, para quem ela não tinha como explicar a possibilidade de defesas baseadas no negócio jurídico nas relações entre o emitente e o beneficiário original do título[18]. Em resposta a essas críticas, Tullio Ascarelli esclareceu que a possibilidade desse tipo de defesa não se baseia em uma relação contratual, mas em uma ideia similar à da compensação[19].

Quando o devedor é executado, ele pode opor, ao credor do título, a existência de um crédito em face dele, de modo que as obrigações se compensem e o devedor não seja obrigado a pagar o título. Se o crédito foi em face de outra pessoa, que não seja o credor exequente, não há que se cogitar da compensação. De modo similar, o devedor poderia alegar uma defesa baseada no negócio jurídico, se o credor fez parte desse negócio jurídico, assim como poderia arguir a compensação se o credor tivesse dívidas com ele.

Portanto, vê-se que a declaração unilateral de vontade consegue explicar claramente a natureza jurídica da fonte da obrigação cambiária. Todavia, resta analisar a questão do momento do surgimento da obrigação cambiária, derivando daí várias teorias, entre as quais merecem especial atenção a da criação, a da emissão e a teoria dos três momentos.

5.1 *Teoria da criação*

A teoria da criação, em sua concepção mais aceita, é baseada nos estudos de Kuntze[20]. Dessa teoria surgem algumas ideias básicas. Em primeiro lugar, os títulos de crédito re-

---

rio. 3. ed. Padova: Cedam, 1963, p. 138; PAVONE LA ROSA, Antonio. *La letra de cambio*. Tradução de Osvaldo J. Máffia. Buenos Aires: Abeledo Perrot, 1988, p. 67.

16. DE SEMO, Giorgio. *Trattato di diritto cambiario*. 3. ed. Padova: Cedam, 1963, p. 139.

17. BONFANTI, Mario Alberto; GARRONE, José Alberto. *De los títulos de crédito*. 2. ed. Buenos Aires: Abeledo-Perrot, 1976, p. 97.

18. VIVANTE, Cesare. *Trattato di diritto commerciale*. 5. ed. Milano: Casa Editrice Dottor Francesco Vallardi, 1924, v. 3, p. 134-135.

19. ASCARELLI, Tullio. *Teoria geral dos títulos de crédito*. Tradução de Benedicto Giacobbini. Campinas: RED, 1999, p. 145-147.

20. KUNTZE, In: ENDEMANN, G. *Manuale di diritto commerciale, marittimo, cambiario*. Trad. Carlo Betocchi e Alberto Vighi. Napoli: Jovene, 1899, v. 5, p. 57.

presentariam obrigações abstratas, na medida em que a causa não seria essencial na formação do título. Em segundo lugar, o título de crédito seria um documento dispositivo, e não um simples meio de prova, de modo que a obrigação fica orgânica e idealmente vinculada ao documento. Além disso, o título de crédito seria um título de apresentação e destinado à circulação. Por fim, em tal teoria o credor assume um papel apenas passivo na formação da obrigação cambiária[21].

Diante dessas premissas, a teoria da criação conclui que a obrigação cambiária se aperfeiçoaria com a criação do título, isto é, com a simples assinatura do devedor. A obrigação já existe com a simples assinatura. A forma como o título saiu das mãos do seu criador não interessa para a teoria da criação, o que interessa é apenas a declaração da vontade da criação do título[22]. Assim, se o título assinado pelo emitente foi furtado e chegou às mãos de um credor, este teria o direito de receber o título de crédito.

Nessa concepção, a obrigação existe pela simples assinatura do subscritor, mas discute-se o momento da sua eficácia jurídica ou mesmo do aperfeiçoamento do vínculo.

Uma primeira linha de análise sustenta que o título já é eficaz a partir do momento da sua assinatura, isto é, uma vez redigido e assinado o título, ele já produziria efeitos em relação ao devedor. O fato de não ter chegado às mãos de um credor não significaria que o título é ineficaz, mas apenas que há momentaneamente uma confusão entre a posição do credor e do devedor. A chegada do título às mãos de um credor seria apenas a retirada do obstáculo para o exercício do direito[23].

No entanto, também se entende que a declaração de vontade é perfeita com a assinatura, todavia a eficácia jurídica do título de crédito ficaria subordinada à sua chegada às mãos de um credor. Nessa interpretação, deve-se distinguir a perfeição do título da sua eficácia e irrevogabilidade. A perfeição ocorreria com a assinatura, que não precisa ser receptícia, e a vinculação do declarante só se daria com a chegada dos títulos às mãos do credor[24].

Partindo da mesma ideia anterior, Gustavo Bonelli reconhece, na entrega do título, uma *conditio juris* com eficácia retroativa, ou seja, a obrigação nasceria com a assinatura, mas só se aperfeiçoaria com a posse por parte do credor. Para ele, a declaração unilateral de vontade, enquanto não é apresentada ao credor, é sempre revogável e, por isso, ainda não é perfeita. A vontade não poderia representar por si só o vínculo, seria necessária a presença de um credor para concluir o vínculo[25].

---

21. SARAIVA, José A. *A cambial*. Rio de Janeiro: José Konfino, 1947, v. 1, p. 128-129.

22. ASCARELLI, Tullio. *Teoria geral dos títulos de crédito*. Tradução de Benedicto Giacobbini. Campinas: RED, 1999, p. 300; SARAIVA, José A. *A cambial*. Rio de Janeiro: José Konfino, 1947, v. 1, p. 129; KUNTZE, In: ENDEMANN, G. *Manuale di diritto commerciale, marittimo, cambiario*. Trad. Carlo Betocchi e Alberto Vighi. Napoli: Jovene, 1899, v. 5.

23. DE SEMO, Giorgio. *Trattato di diritto cambiario*. 3. ed. Padova: Cedam, 1963, p. 147-148.

24. NAVARRINI, Umberto. *La cambiale e l'assegno bancario*. Bologna: Zanichelli, 1937, p. 42.

25. BONELLI, Gustavo. *Cambiale*. Milano: Casa Editrice Dottore Francesco Vallardi, 1930, p. 63.

A nosso ver, a melhor formulação da teoria da criação é a que reconhece que a obrigação já existe com a assinatura, mas sua eficácia jurídica só seria adquirida no momento do surgimento de um credor[26]. A declaração unilateral de vontade é que seria a fonte da obrigação cambiária nessa teoria, logo, a posse do credor não poderia influir no surgimento da obrigação, mas apenas na sua eficácia jurídica. Com a simples assinatura o título já existiria e seria válido, mas sua eficácia estaria condicionada à posse do título por um credor.

5.2 Teoria da emissão

Em resposta à teoria da criação, surgiu a teoria da emissão, a qual também reconhece a vontade unilateral como fonte da obrigação cambiária. Todavia, nessa teoria, a obrigação cambiária só se concretizaria no momento da emissão, entendida como a entrega voluntária do título[27]. A simples assinatura do título não representaria a vontade de se obrigar[28]. Só a vontade concreta de entregar o título é que aperfeiçoaria a obrigação. O título de crédito representaria um negócio jurídico composto, na medida em que dependeria de dois atos: a assinatura do documento e sua entrega voluntária[29].

Para Bonfanti, a possibilidade de um título assinado jamais ser entregue a alguém e, por isso, nunca ser exigido demonstra a correção da teoria da emissão. A simples criação do título não lhe daria vida. Portanto, a vida da obrigação cambiária só se iniciaria com a entrega voluntária do título[30].

Na mesma linha de interpretação, Antonio Pavone La Rosa sustenta que a possibilidade de revogação da declaração de vontade firmada no documento demonstra que a simples assinatura não seria suficiente para formar o vínculo. Essa revogabilidade, reconhecida expressamente na legislação (LUG – art. 29), reforçaria a aceitação da teoria da emissão, uma vez que só a entrega (emissão) do título constituiria o vínculo[31].

---

26. SARAIVA, José A. *A cambial.* Rio de Janeiro: José Konfino, 1947, v. 1, p. 129; BORGES, João Eunápio. *Títulos de crédito.* 2. ed. Rio de Janeiro: Forense, 1977, p. 22; PONTES DE MIRANDA. *Tratado de direito privado.* Campinas: Bookseller, 2004, v. XXXII, p. 120; ASCARELLI, Tullio. *Teoria geral dos títulos de crédito.* Tradução de Benedicto Giacobbini. Campinas: RED, 1999, p. 304; ESCUTI, Ignácio A. *Títulos de crédito.* 5. ed. Buenos Aires: Astrea, 1998, p. 23.

27. BONFANTI, Mario Alberto; GARRONE, José Alberto. *De los títulos de crédito.* 2. ed. Buenos Aires: Abeledo-Perrot, 1976, p. 115; SARAIVA, José A. A cambial. Rio de Janeiro: José Konfino, 1947, v. 1, p. 131.

28. PONTES DE MIRANDA. *Tratado de direito privado.* Campinas: Bookseller, 2004, v. XXXII, p. 125.

29. DE SEMO, Giorgio. *Trattato di diritto cambiario.* 3. ed. Padova: Cedam, 1963, p. 155.

30. BONFANTI, Mario Alberto; GARRONE, José Alberto. *De los títulos de crédito.* 2. ed. Buenos Aires: Abeledo-Perrot, 1976, p. 116; FURTADO, Jorge Henrique da Cruz Pinto. *Títulos de crédito.* Coimbra: Almedina, 2000, p. 55.

31. PAVONE LA ROSA, Antonio. *La letra de cambio.* Tradução de Osvaldo J. Máffia. Buenos Aires: Abeledo-Perrot, 1988, p. 68.

Nessa linha de interpretação, o vício na emissão seria um vício na assunção da obrigação cambial e, por isso, oponível a todos os possuidores do título[32]. Assim, se o título foi assinado pelo devedor, mas lhe foi furtado e entregue a um terceiro, a obrigação ainda não teria sido concluída. A obrigação só nasceria quando a declaração de vontade fosse posta em circulação.

José A. Saraiva é um crítico dessa teoria ao afirmar que "o objetivo supremo do legislador é, e deve ser, a garantia da circulação rápida e fiduciária do título"[33]. No entanto, a indeterminação do credor do título, que gera o princípio da inoponibilidade das exceções pessoais, dificulta a aplicação da teoria da emissão, uma vez que os vícios na emissão não seriam oponíveis aos credores de boa-fé[34].

Tal crítica é respondida por Pavone La Rosa com a aplicação do princípio da abstração, pela qual o título se desvincularia do negócio jurídico que lhe deu origem e, por isso, não se poderia discutir o vício da emissão. De outro lado, a aplicação do princípio do direito real de que a posse de boa-fé vale título também seria uma forma de afastar essas críticas à teoria da emissão[35].

5.3 *Teoria dos três momentos*

Pontes de Miranda reconhece a natureza de declaração unilateral de vontade nos títulos de crédito, mas não aceita de forma integral a teoria da criação nem a teoria da emissão. Para ele, há uma forma própria de tratar a obrigação originada em um título de crédito, dividindo-a em três momentos. Como ele mesmo sustenta: "Há três períodos inconfundíveis na vida das cambiais: o das promessas, sem qualquer relação jurídica de dívida até a posse de boa-fé pelo *alter*; o que vai daí até a apresentação; o da relação jurídica de obrigação após essa"[36].

Num primeiro momento, devem-se analisar os planos da existência e da validade para os títulos de crédito. A obrigação cambiária existiria a partir da subscrição do documento, isto é, com a declaração unilateral de vontade do subscritor, a obrigação já existiria no mundo jurídico. Nas palavras do próprio Pontes de Miranda, "existe o título-valor desde que é criado"[37]. Por sua vez, a validade da obrigação seria verificável pela presença ou não dos requisitos necessários para fazer aquele documento ter vali-

---

32. ASCARELLI, Tullio. *Teoria geral dos títulos de crédito.* Tradução de Benedicto Giacobbini. Campinas: RED, 1999, p. 298-299.

33. SARAIVA, José A. *A cambial.* Rio de Janeiro: José Konfino, 1947, v. 1, p. 142.

34. ASCARELLI, Tullio. *Teoria geral dos títulos de crédito.* Tradução de Benedicto Giacobbini. Campinas: RED, 1999, p. 305.

35. PAVONE LA ROSA, Antonio. *La letra de cambio.* Tradução de Osvaldo J. Máffia. Buenos Aires: Abeledo-Perrot, 1988, p. 69.

36. PONTES DE MIRANDA. *Tratado de direito privado.* Campinas: Bookseller, 2004, v. XXXIV, p. 69.

37. Idem, p. 237.

dade como um título de crédito. A existência e a validade seriam planos distintos, que podem não coincidir, mas que representariam um primeiro momento na vida do título de crédito[38].

O segundo momento do título de crédito ocorreria no plano da eficácia. Uma vez assinado o título e preenchidos todos os requisitos de forma, ele já existe e é válido, mas ainda não é eficaz. A eficácia do título dependeria da posse do título por um credor de boa-fé, ou seja, "criado o título, se, sem ou contra a vontade do subscritor, vai parar em mãos de possuidor de boa-fé, inicia-se a eficácia"[39]. Apenas nesse instante é que surgiria a relação jurídica dívida-crédito, necessária para dar eficácia ao título de crédito. É importante ressaltar que para ele a dívida e a obrigação são coisas distintas[40].

Ainda haveria um terceiro momento, no qual a obrigação efetivamente surgiria. O credor de boa-fé, com o título em mãos (a obrigação já existe, é válida e eficaz), apresenta-o ao devedor para pagamento. Nesse ato, ocorre a relação obrigacional (pretensão/obrigação), fazendo com que a obrigação tenha que ser cumprida. Ora, se não houvesse a apresentação, não existiria a obrigação de pagar o título de crédito[41].

Em suma, os três momentos são: o da subscrição (perfeição do negócio jurídico), o do contato com o credor de boa-fé (eficácia – surgimento do crédito) e o da apresentação[42].

6 A fonte da obrigação cambiária e o direito positivo

De todas as teorias expostas, uma conclusão a que se pode chegar é a de que a fonte da obrigação cambiária é uma declaração unilateral de vontade[43]. Com efeito, não há como negar que a vontade é a fonte da obrigação cambiária e que se apresenta na forma de uma declaração unilateral de vontade, uma vez que o papel do credor no surgimento

---

38. PONTES DE MIRANDA. *Tratado de direito privado.* Campinas: Bookseller, 2004, v. XXXIV, p. 244.

39. Idem, p. 238.

40. Idem, p. 245.

41. Idem, ibidem.

42. Idem, p. 43.

43. ASCARELLI, Tullio. *Teoria geral dos títulos de crédito.* Tradução de Benedicto Giacobbini. Campinas: RED, 1999, p. 297; DE LUCCA, Newton. *Aspectos da teoria geral dos títulos de crédito.* São Paulo: Pioneira, 1979, p. 87; ROSA JÚNIOR, Luiz Emygdio da. *Títulos de crédito.* 4. ed. Rio de Janeiro: Renovar, 2006, p. 96; BRASIL, Francisco de Paula Eugênio Jardim de Souza. *Títulos de crédito*: o novo Código Civil – Questões relativas aos títulos eletrônicos e do agronegócio. Rio de Janeiro: Forense, 2006, p. 35; ARNOLDI, Paulo Roberto Colombo. *Teoria geral dos títulos de crédito.* Rio de Janeiro: Forense, 1998, p. 124; RESTIFFE, Paulo Sérgio. *Manual do novo direito comercial.* São Paulo: Dialética, 2006, p. 216; FURTADO, Jorge Henrique da Cruz. *Títulos de crédito.* Coimbra: Almedina, 2000, p. 56; BONELLI, Gustavo. *Cambiale.* Milano: Casa Editrice Dottore Francesco Vallardi, 1930, p. 60; DE SEMO, Giorgio. *Trattato di diritto cambiario.* 3. ed. Padova: Cedam, 1963, p. 138; PAVONE LA ROSA, Antonio. *La letra de cambio.* Tradução de Osvaldo J. Máffia. Buenos Aires: Abeledo-Perrot, 1988, p. 67; PONTES DE MIRANDA. *Tratado de direito privado.* Campinas: Bookseller, 2004, v. XXXIV, p. 237.

do título não tem maior relevância. Apesar dessa conclusão, discute-se ainda o momento específico do surgimento dessa obrigação, especialmente na divergência entre as teorias da criação e da emissão.

A nosso ver, a disputa entre as teorias da criação e da emissão é, na verdade, uma disputa entre privilegiar o interesse da circulação do título ou a liberdade individual do emitente do título. Nesses casos, acreditamos que a circulação deve ser realmente privilegiada, de modo que consideramos a melhor teoria a teoria da criação. Não obstante, não é essa a análise que deve ser feita. O que se deve discutir é sobre qual a teoria adotada pelo ordenamento jurídico.

No Brasil, devemos fazer uma separação da legislação cambiária. Em primeiro lugar, devemos analisar a Lei Uniforme de Genebra (LUG), aplicável diretamente às letras de câmbio e notas promissórias, cujas regras acabam sendo um padrão para os títulos típicos. No tocante aos títulos atípicos, devemos analisar as regras do Código Civil que são diferentes das regras dos títulos típicos.

No âmbito da LUG, adota-se a teoria da criação. Apesar de um erro de tradução na denominação da seção I, do capítulo I (usou-se "Da emissão e da forma da Letra" para traduzir "De la création et de la forme da letre de change"), as regras da LUG denotam claramente a aplicação da teoria da criação em detrimento da teoria da emissão[44]. A proteção do credor de boa-fé (arts. 16 e 17) em face dos devedores denota claramente o afastamento da teoria da emissão.

A LUG protege o credor que recebe de boa-fé o título de crédito, ou seja, ainda que haja um vício na emissão (na saída do título das mãos do devedor), o credor estará protegido. Resguarda-se, assim, a circulação cambial, privilegiando o tráfico jurídico e, consequentemente, protegendo a aquisição de títulos de crédito nos contratos de *factoring* e de desconto bancário, por exemplo. Entretanto, não se deve se esquecer que essa proteção beneficia apenas o credor de boa-fé, porquanto o credor que não age desse modo não é digno de proteção pelo Direito.

No Código Civil, a situação é um pouco diferente, uma vez que temos regras que visam à proteção do credor de boa-fé, mas também que objetivam proteger quem é injustamente desapossado do título de crédito, num evidente conflito[45]. Vemos no Código Civil a infrutífera tentativa de junção das teorias da criação e da emissão.

44. PONTES DE MIRANDA. *Tratado de direito privado.* Campinas: Bookseller, 2004, v. XXXIV, p. 107; BRASIL, Francisco de Paula Eugênio Jardim de Souza. *Títulos de crédito*: o novo Código Civil – Questões relativas aos títulos eletrônicos e do agronegócio. Rio de Janeiro: Forense, 2006, p. 50; ARNOLDI, Paulo Roberto Colombo. *Teoria geral dos títulos de crédito.* Rio de Janeiro: Forense, 1998, p. 127; DE LUCCA, Newton. *Aspectos da teoria geral dos títulos de crédito.* São Paulo: Pioneira, 1979, p. 94; ROSA JÚNIOR, Luiz Emygdio da. *Títulos de crédito.* 4. ed. Rio de Janeiro: Renovar, 2006, p. 97; BOITEUX, Fernando Netto. *Títulos de crédito.* São Paulo: Dialética, 2002, p. 22.

45. DE LUCCA, Newton. *Comentários ao novo Código Civil.* Rio de Janeiro: Forense: 2003, v. XII, p. 264; BRASIL, Francisco de Paula Eugênio Jardim de Souza. *Títulos de crédito*: o novo Código Civil – Questões relativas aos títulos eletrônicos e do agronegócio. Rio de Janeiro: Forense, 2006, p. 51.

Os arts. 896[46], 901[47] e 905, parágrafo único[48], do Código Civil filiam-se à teoria da criação, protegendo o portador de boa-fé do título de crédito, na medida em que ele teria seus direitos resguardados. O título não poderia ser reivindicado do credor de boa-fé (art. 896), o pagamento feito ao credor de boa-fé seria válido (art. 901) e ele teria direito à prestação mesmo que o título tivesse entrado em circulação contra a vontade do emitente (art. 905, parágrafo único).

Em contrapartida, o art. 909[49] do Código Civil filia-se claramente à teoria da emissão, uma vez que visa a proteger quem for injustamente desapossado do título. Por esse dispositivo, um credor de boa-fé poderia não receber o crédito, caso quem tiver sido injustamente desapossado do documento assim o queira. A menção à expressão *injustamente desapossado* envolve claramente um vício na emissão do título de crédito, afetando a vida do credor de boa-fé, demonstrando a opção por essa teoria.

O conflito é claro. Não se pode pretender uma junção das teorias formando uma nova. Como se mencionou, não há como conciliar a proteção do portador de boa-fé com a proteção de quem foi injustamente desapossado do título. O ecletismo que existia no Código Civil de 1916 permanece no Código Civil[50].

Tal conflito, a nosso ver, existe especialmente em relação aos títulos ao portador, cuja criação depende de lei específica, uma vez que os arts. 905 e 909 se referem a esses títulos. Já em relação aos demais títulos, prevalece a teoria da criação, tendo em vista o disposto nos arts. 896 e 901 do Código Civil, bem como a legislação especial sobre o assunto.

7 Lado ativo da obrigação

Todas as teorias anteriormente expostas destinavam-se a explicar o lado passivo dos títulos de crédito, isto é, a assunção de obrigações pelos diversos devedores dos títulos. Contudo, além dos devedores, obviamente existem credores no título de crédito. Esse lado ativo da obrigação cambiária pode ser preenchido por uma série de titulares sucessivos, possuindo cada qual um direito autônomo, isto é, um direito não influenciado por questões que digam respeito aos antigos portadores do título. A explicação dos direitos autônomos desses vários credores também é objeto de estudo de algumas teorias.

---

46. "Art. 896. O título de crédito não pode ser reivindicado do portador que o adquiriu de boa-fé e na conformidade das normas que disciplinam a sua circulação."

47. "Art. 901. Fica validamente desonerado o devedor que paga título de crédito ao legítimo portador, no vencimento, sem oposição, salvo se agiu de má-fé."

48. "Art. 905. O possuidor de título ao portador tem direito à prestação nele indicada, mediante a sua simples apresentação ao devedor. Parágrafo único. A prestação é devida ainda que o título tenha entrado em circulação contra a vontade do emitente."

49. "Art. 909. O proprietário, que perder ou extraviar título, ou for injustamente desapossado dele, poderá obter novo título em juízo, bem como, impedir sejam pagos a outrem capital e rendimentos."

50. REQUIÃO, Rubens. *Curso de direito comercial*. 23. ed. São Paulo: Saraiva, 2003, v. 2, p. 365.

7.1 Teoria dos créditos sucessivos

Uma das primeiras teorias sobre o lado ativo dos títulos de crédito afirma que "a cada sucessivo titular do direito cartular correspondem créditos sucessivos e diversos"[51]. Essa teoria era chamada de teoria dos créditos sucessivos. Todos os defensores dela reconhecem vários créditos diversos e sucessivos no título, mas divergem quanto ao destino do crédito anterior, quando surge um novo.

Ora, quem emite um título de crédito não pretende assumir várias obrigações, mas apenas uma obrigação em relação a todos os sucessivos credores. Se o devedor não toma para si mais de uma obrigação, é óbvio que não pode haver mais de um crédito sucessivo. Ademais, a legislação em geral admite a transferência do direito, o que afastaria o surgimento de um novo direito. Por fim, não há como explicar "como um direito novo, independente do anterior, possa, ao surgir, provocar a extinção do direito anterior"[52].

Afastando-se essa teoria, pode-se chegar a uma conclusão: o direito de crédito é único em relação a todos os seus titulares. Todavia, ainda resta explicar o fenômeno da autonomia nesse direito.

7.2 Teoria da delegação

Esta teoria sustenta que quem emite um título de crédito delega ao beneficiário original poderes para transferir o crédito a um novo titular e assim sucessivamente. Cada credor delegaria seu direito ao novo credor que recebe o título. Haveria, nessa teoria, uma cadeia de delegações.

A grande crítica a essa teoria é a impossibilidade de explicar a inoponibilidade do eventual vício na aquisição do direito. Caso houvesse delegação, qualquer vício na aquisição do título romperia a cadeia de delegações e, consequentemente, afetaria o direito do atual titular. Se alguém furta um título endossado em branco, essa pessoa não terá o poder de delegar nada. Todavia, se o título de crédito chega às mãos de um credor de boa-fé, ele não pode ser afetado por eventuais vícios na transferência do título. Assim, fica afastada essa teoria[53].

Tais críticas não são superadas pela chamada teoria da novação, que acrescenta à delegação a novação da obrigação decorrente de cada transferência. Nessa variação, cada transferência faria surgir uma nova relação jurídica, sob o aspecto subjetivo, embora ainda houvesse a delegação. Mesmo com a novação, tal teoria não explica a legitimidade de um terceiro de boa-fé, que recebeu o título de uma pessoa de má-fé, que não teria os poderes para fazer a delegação.

---

51. DE LUCCA, Newton. *Aspectos da teoria geral dos títulos de crédito*. São Paulo: Pioneira, 1979, p. 74.

52. ASCARELLI, Tullio. *Teoria geral dos títulos de crédito*. Tradução de Benedicto Giacobbini. Campinas: RED, 1999, p. 258.

53. Idem, p. 262.

7.3 Teoria da cessão do crédito

Pela teoria da cessão de crédito, cada transferência do título implicaria a cessão do crédito correspectivo ao novo credor. Ora, as transferências dos títulos de crédito têm um regime próprio, diferente do regime contratual comum, vale dizer, foi esse regime próprio que fez com que os títulos de crédito se desenvolvessem.

7.4 Teoria da personificação do título

Esta teoria concebe o título de crédito como um sujeito de direito, isto é, o próprio título seria uma pessoa. Nessa linha de entendimento, o credor seria apenas um sujeito fictício a que se equiparam todos os sucessivos proprietários do título[54]. A crítica a essa teoria é óbvia, uma coisa não pode ser personificada, um bem móvel, como um título de crédito, jamais pode ser erigido à condição de pessoa.

7.5 Teoria do crédito alternativo

Pela teoria do crédito alternativo, o título de crédito conteria uma obrigação alternativa, no sentido de que o emitente assumira a obrigação em relação a qualquer um que viesse a ser o titular do crédito. Ora, a indeterminabilidade do credor não se confunde com a alternatividade da obrigação. Esta representa uma opção no que tange à prestação, e a prestação nos títulos de crédito é uma só; logo, não se trata de uma obrigação alternativa[55].

7.6 Teoria da emissão abstrata

Pela teoria da emissão abstrata, haveria uma abstração da pessoa do credor, o que explicaria o direito originário de cada titular. A abstração em relação ao crédito, contudo, não é compatível com um direito de crédito que envolve necessariamente uma relação pessoal. Além disso, tal abstração não explicaria a inoponibilidade das exceções pessoais aos terceiros de boa-fé[56].

7.7 Teoria da pendência

Pela teoria da pendência, o titular do direito será apenas o último proprietário ou possuidor do título. O débito já estaria aperfeiçoado desde sua origem e já seria eficaz

54. DE LUCCA, Newton. *Aspectos da teoria geral dos títulos de crédito*. São Paulo: Pioneira, 1979, p. 76.
55. Idem, p. 77.
56. Idem, ibidem.

pela posse do título nas mãos de um titular de boa-fé, mas o crédito estaria pendente de aperfeiçoamento. No momento inicial, existiria para o titular um direito cambiário, que seria apenas o germe do direito de crédito. Esse direito de crédito só surgiria no momento do vencimento, quando se conheceria o titular definitivo[57]. Em suma, o direito de apropriar-se do título e exercer os direitos nele mencionados só poderia ocorrer no vencimento, ficando pendente até então[58].

Tal teoria, embora bastante difundida, não consegue explicar por que, mesmo antes do vencimento, o possuidor do título pode tomar medidas de defesa do direito de crédito. Ora, tais medidas demonstram que o crédito já existe, só não é exigível ainda[59]. Além disso, não se pode admitir que a dívida já exista, sem que haja um credor[60].

7.8 Teoria da promessa à generalidade

Pela teoria da promessa à generalidade, o emitente dirigiria sua vontade não a uma pessoa determinada, mas a um grupo indeterminado de pessoas. O credor só seria conhecido e identificado no momento do exercício do direito. A crítica que se faz a essa teoria se refere aos títulos nominativos, nos quais necessariamente já se identifica o credor. Além disso, é certo que a generalidade não é sujeito de direitos, logo, não pode ocupar um polo da relação jurídica.

7.9 Teoria da propriedade

A teoria com a qual concordamos é aquela que reconhece que a titularidade do direito de crédito decorre da propriedade do título[61]. Os sucessivos titulares do crédito são os sucessivos proprietários do título. A titularidade do direito depende, pois, de uma relação de natureza real, e não de natureza pessoal, não guardando vínculo com o direito dos credores anteriores. É da propriedade do título que decorre o direito de crédito.

Ressalte-se que essa propriedade do título pode ter origem em uma posse de boa-fé. Nas coisas móveis em geral, a posse do título gera uma presunção relativa da propriedade do documento. Já nos títulos de crédito a posse de boa-fé é causa de aquisição da propriedade do título[62] (LUG – art. 16). Desse modo, a aquisição do direito cartular não

57. BONELLI, Gustavo. *Cambiale*. Milano: Casa Editrice Dottore Francesco Vallardi, 1930, p. 72.

58. LORDI, Luigi. *Istituzioni di diritto commerciale*. Padova: Cedam, 1943, v. 3, p. 178.

59. ASCARELLI, Tullio. *Teoria geral dos títulos de crédito*. Tradução de Benedicto Giacobbini. Campinas: RED, 1999, p. 260.

60. DE SEMO, Giorgio. *Trattato di diritto cambiario*. 3. ed. Padova: Cedam, 1963, p. 157.

61. ASCARELLI, Tullio. *Teoria geral dos títulos de crédito*. Tradução de Benedicto Giacobbini. Campinas: RED, 1999, p. 263; ASQUINI, Alberto. *I titoli di credito*. Padova: Cedam, 1966, p. 85.

62. PONTES DE MIRANDA. *Tratado de direito cambiário*. Campinas: Bookseller, 2000, v. 1, p. 71.

é excluída pela aquisição a *non domino*, ou seja, o credor de boa-fé que recebe o título de quem não seja o proprietário não pode ser afetado por esse fato.

Nessa situação, o direito do titular pode existir mesmo que não haja o direito de quem lhe transferiu o título, porquanto o direito não decorre do titular anterior, mas da relação de propriedade com o título[63]. A aquisição do direito se dá a título originário, e não a título derivado.

A inoponibilidade das exceções se justificaria pelo fato de que a titularidade não decorre da transferência do documento, mas sim da propriedade do título. O direito surge autônoma e originariamente nos sucessivos proprietários do título[64], sem qualquer vinculação ao titular anterior. Em razão dessa fonte do direito existe a autonomia das obrigações cambiárias para o credor.

Embora possa ser reconhecida como majoritária, essa teoria é objeto de uma crítica contundente: nem sempre o dono do documento é o titular do crédito[65]. Costuma-se dar o exemplo de um título escrito sobre uma pintura de Leonardo da Vinci. Com efeito, o titular do crédito não seria dono da obra de arte, nem o contrário. Todavia, nesse tipo de situação poderia se separar a propriedade do título de crédito da propriedade da tela[66], mantendo-se no direito de propriedade a origem do direito de crédito.

63. ASCARELLI, Tullio. *Teoria geral dos títulos de crédito.* Tradução de Benedicto Giacobbini. Campinas: RED, 1999, p. 266.

64. Idem, p. 265.

65. DE LUCCA, Newton. *Aspectos da teoria geral dos títulos de crédito.* São Paulo: Pioneira, 1979, p. 84.

66. PONTES DE MIRANDA. *Tratado de direito cambiário.* Campinas: Bookseller, 2000, v. 1, p. 68.

5 CLASSIFICAÇÕES

Os títulos de crédito se inserem em uma classificação mais ampla dos chamados documentos de legitimação, na qual eles devem ser distinguidos de outros documentos. Além disso, é certo que os títulos de crédito apresentam várias formas possíveis e, por isso, podem ser reunidos em categorias para efeito de classificação, cujo valor é apenas didático e não guarda uniformidade na doutrina. Conquanto seja questionada a validade científica das classificações, é certo que elas têm um papel didático extremamente importante, o de facilitar o estudo dos diversos títulos de crédito existentes no nosso ordenamento jurídico.

1 Documentos de legitimação: títulos de crédito próprios *x* títulos impróprios

Como bem ressalta Ascarelli, um dos maiores problemas do Direito, especialmente do empresarial, é a identificação de quem pode exercer um direito. Na grande maioria dos casos, não basta demonstrar que o direito existe, mas também que a pessoa, que pretende exercê-lo, é a titular desse direito[1]. Deve-se mostrar a identidade entre aquele que exerce o direito em concreto e aquele que é o titular do direito em abstrato. Ao se revelar essa identidade, o que a pessoa faz é enunciar sua legitimação para o exercício do direito.

Essa legitimação pode decorrer, por exemplo, de uma carteira de identidade, de uma carteira profissional (identidade do advogado), de uma senha ou de outros documentos. Os meios de legitimação são, pois, bem variados. Entretanto, na órbita empresarial, os documentos exercem esse papel com mais frequência, simplificando as relações e protegendo a aparência jurídica.

Entre os vários documentos que exercem esse papel de legitimação, há obviamente diferenças. Diante destas, Tullio Ascarelli nos apresenta uma distinção entre os títulos de crédito próprios e os títulos de crédito impróprios, subdividindo os últimos em comprovantes de legitimação e títulos de legitimação[2].

1. ASCARELLI, Tullio. *Teoria geral dos títulos de crédito.* Tradução de Benedicto Giacobbini. Campinas: RED, 1999, p. 207.

2. Idem, p. 76; BORGES, João Eunápio. *Títulos de crédito*. 2. ed. Rio de Janeiro: Forense, 1977, p. 30-31; ARNOLDI, Paulo Roberto Colombo. *Teoria geral dos títulos de crédito*. Rio de Janeiro: Forense, 1998, p. 162-166.

Tendo em vista a finalidade meramente didática da classificação, ela será apresentada da forma que acreditamos ser a mais clara, seguindo a lição de Ascarelli. Todavia, não se pode deixar de registrar que tal classificação é encarada pelos autores de diversas maneiras.

Mia Callegari e Francesco Galgano, à luz do art. 2.002 do Código Civil italiano, apresentam uma distinção entre documentos de legitimação e títulos impróprios, afastando ambos da noção de título de crédito. Apesar da diferença terminológica, tal classificação é muito similar à que será analisada, correspondendo os documentos de legitimação do Código italiano aos comprovantes de legitimação e os títulos impróprios, aos títulos de legitimação[3]. Giuseppe Ferri também usa essa terminologia para distinguir os vários documentos de legitimação[4].

Apesar dessas variações, acreditamos que a melhor maneira de classificar os diversos documentos que exercem a função de legitimação é a defendida por Ascarelli, nos seguintes moldes:

a) Títulos de crédito próprios
b) Títulos impróprios:
   b.1) Comprovantes de legitimação
   b.2) Títulos de legitimação

1.1 Títulos de crédito próprios

Com efeito, os títulos de crédito são documentos que legitimam o credor para o exercício do direito concretamente. Todavia, o direito do credor incorporado ao título de crédito possui características e regras próprias que o distanciam de outros documentos de legitimação. Nos títulos de crédito, o titular do direito é o proprietário do documento, vale dizer, a fonte do direito do credor vai decorrer da propriedade do título e, por isso, seu direito é autônomo em relação aos antigos proprietários do título.

Ademais, os títulos de crédito não são documentos probatórios, mas documentos que constituem o direito de forma abstrata em relação à obrigação original. Outrossim, os títulos de crédito destinam-se à circulação, exercendo uma função econômica bem mais importante que os demais documentos que servem para a legitimação. Como exemplos de títulos próprios, temos a letra de câmbio e a nota promissória.

---

3. CALLEGARI, Mia et al. *Trattato di diritto commerciale*: I titoli di credito. Padova: Cedam, 2006, v. 7, p. 236; GALGANO, Francesco. *I titoli di credito*. Padova: Cedam, 2009, p. 67.

4. FERRI, Giuseppe. *Títulos de crédito*. Tradução de Fernando A. Legon. Buenos Aires: Abeledo-Perrot, 1982.

1.2 *Títulos impróprios*

Ao lado dos títulos de créditos, existem documentos de legitimação que podem ser chamados de títulos impróprios. Estes são meros documentos probatórios que não se destacam do contrato que os origina, de modo que o devedor poderá exigir do apresentante a prova de ser o verdadeiro titular do direito. Além disso, eles não têm a função de circulação típica dos títulos de crédito próprios e, por isso, não obedecem aos princípios dos títulos de crédito. Os títulos impróprios podem ser divididos em comprovantes de legitimação e títulos de legitimação.

Os comprovantes de legitimação se caracterizam como documentos meramente probatórios, isto é, o direito não deriva do documento, mas de um contrato ou de um simples fato, tendo o documento a função de prova para o exercício do direito. Em todo caso, tais documentos, em regra, não são transferíveis, de modo que a legitimação acaba sendo restrita, quase sempre, ao contrato original. A transferência do direito é possível, o que não se admite é que o documento sirva, por si só, como meio de legitimação do cessionário[5]. Seriam comprovantes de legitimação as passagens de ônibus, os recibos de depósito e os ingressos para espetáculos públicos.

Os títulos de legitimação também são documentos meramente probatórios, ou seja, o direito não decorre do documento, mas do contrato ou do fato. Todavia, ao contrário dos comprovantes de legitimação, os títulos de legitimação são transferíveis[6], independentemente de notificação ao devedor, podendo o cumprimento da obrigação ser feito na pessoa do legítimo possuidor, seja ele o contratante original, seja o cessionário (pode-se analisar se houve ou não a cessão do título). São exemplos de títulos de legitimação os chamados vales postais.

Em todas as categorias citadas, os documentos exercem o papel de legitimação para o exercício de um direito. Todavia, dependendo do tipo de documento, essa legitimação é mais forte ou mais fraca. Nos comprovantes de legitimação, basta ao contratante originário demonstrar sua condição para impedir o exercício do direito. Nos títulos de legitimação, por sua vez, além de mostrar sua condição de contratante originário, deve-se revelar a inexistência ou invalidade da cessão do direito. Por fim, nos títulos de crédito, o direito é mais forte, uma vez que é necessário provar a má-fé do possuidor, pois seu direito decorre da propriedade do título[7].

---

5. ASCARELLI, Tullio. *Teoria geral dos títulos de crédito.* Tradução de Benedicto Giacobbini. Campinas: RED, 1999, p. 215.

6. Idem, p. 217; BORGES, João Eunápio. *Títulos de crédito.* 2. ed. Rio de Janeiro: Forense, 1977, p. 30-31; ROSA JÚNIOR, Luiz Emygdio da. *Títulos de crédito.* 4. ed. Rio de Janeiro: Renovar, 2006, p. 76.

7. ASCARELLI, Tullio. *Teoria geral dos títulos de crédito.* Tradução de Benedicto Giacobbini. Campinas: RED, 1999, p. 221.

2 Classificações quanto ao conteúdo

Uma das formas mais frequentes de tentar classificar os títulos de crédito diz respeito ao conteúdo do documento. Nessa linha, foram feitas várias tentativas de classificações pela doutrina, em relação às quais guardamos certas reservas.

Cesare Vivante propõe uma classificação dos títulos de crédito, segundo o seu conteúdo, em quatro categorias:

a) títulos de crédito propriamente ditos, que dão direito a uma prestação de coisas fungíveis, como o dinheiro (exemplo: letra de câmbio, nota promissória);
b) títulos que servem para a aquisição de direitos reais sobre coisas determinadas, como o conhecimento de depósito;
c) títulos que atribuem a qualidade de sócio, como as ações de sociedades; e
d) títulos que dão direito a algum serviço, como as passagens de ônibus[8].

J. X. Carvalho de Mendonça usa a classificação de Vivante para apresentar a sua classificação quanto ao conteúdo, na qual distingue os títulos de crédito propriamente ditos dos títulos de crédito impropriamente ditos[9]:

a) títulos de crédito propriamente ditos: existiria uma verdadeira relação de crédito, baseada na confiança e envolvendo uma troca de valores no tempo, como a letra de câmbio, o *warrant* e as debêntures;
b) títulos de crédito impropriamente ditos: não haveria uma operação de crédito, embora os documentos possuam alguns dos elementos peculiares aos títulos de crédito, como a literalidade e a autonomia. Esses títulos impropriamente ditos circulam como verdadeiros títulos de crédito. Nessa categoria, eles apresentam três subdivisões[10]:
   b.1) títulos que permitem a livre disponibilidade sobre certas mercadorias, como os conhecimentos de depósito;
   b.2) títulos que asseguram ao emitente retirar a totalidade ou parte dos fundos disponíveis em poder de comerciante, como o cheque;
   b.3) títulos que atribuem a qualidade de sócio, como as ações das sociedades anônimas e comanditas por ações.

---

8. VIVANTE, Cesare. *Trattato di diritto commerciale*. 5. ed. Milano: Casa Editrice Dottor Francesco Vallardi, 1924, v. 3, p. 155.

9. CARVALHO DE MENDONÇA, J. X. *Tratado de direito comercial brasileiro*. 7. ed. Rio de Janeiro: Freitas Bastos, 1963, v. 5, p. 55.

10. Idem, p. 56.

Além das duas classificações mais tradicionais quanto ao conteúdo, há outras variações, em relação às quais também guardamos certas reservas.

Fran Martins[11] classifica os títulos quanto aos direitos que incorporam da seguinte forma:

a) títulos de crédito próprios: são aqueles que representam uma efetiva operação de crédito, baseada na confiança e envolvendo uma troca no tempo. Seriam exemplos: letra de câmbio e nota promissória;
b) títulos de crédito impróprios: aqueles que não representam uma operação de crédito, não se referindo a uma relação de confiança, mas, apesar disso, circulam como títulos de crédito. Não se trata de um título de crédito, mas quando revestido de determinadas formalidades circulam com as garantias do título de crédito. O exemplo de título impróprio para ele seria o cheque;
c) títulos de legitimação: asseguram o direito de receber uma prestação de coisas ou serviços, não se referem propriamente a um direito de crédito. Ele reconhece que eles não representam um título de crédito, mas afirma que os títulos de legitimação merecem uma categoria especial. Os exemplos seriam os ingressos de espetáculos públicos, as passagens e os conhecimentos de depósito e de transporte;
d) títulos de participação: aqueles que asseguram ao portador o direito à participação nos resultados de determinado empreendimento, como as ações de sociedades anônimas.

Luiz Emygdio da Rosa Júnior também faz uma classificação quanto ao conteúdo da declaração cartular. Nessa classificação, ele insere os títulos de crédito próprios e os títulos impróprios, subdivididos em títulos de legitimação e comprovantes de legitimação. Além disso, ele inclui nessa classificação os títulos de participação, os quais asseguram ao portador um direito de participar dos resultados de um empreendimento. Nessa categoria, estariam os valores mobiliários em geral[12]. Ele também acrescenta as duplicatas, os títulos representativos e os títulos de financiamento e investimento dentro da mesma categoria.

Alberto Asquini, Paulo Roberto Colombo Arnoldi, Newton de Lucca, Mario Bonfanti, Vittorio Salandra e Fernando Netto Boitteux[13] classificam os títulos de crédito quanto ao conteúdo em:

---

11. MARTINS, Fran. *Títulos de crédito.* 5. ed. Rio de Janeiro: Forense, 1995, v. 1, p. 26-29.

12. ROSA JÚNIOR, Luiz Emygdio da. *Títulos de crédito.* 4. ed. Rio de Janeiro: Renovar, 2006, p. 73-78.

13. ASQUINI, Alberto. *I titoli di credito.* Padova: Cedam, 1966, p. 102-108; DE LUCCA, Newton. *Aspectos da teoria geral dos títulos de crédito.* São Paulo: Pioneira, 1979, p. 136; BONFANTI, Mario Alberto; GARRONE, José Alberto. *De los títulos de crédito.* 2. ed. Buenos Aires: Abeledo-Perrot, 1976, p. 75; BOITEUX, Fernando Netto. *Títulos de crédito.* São Paulo: Dialética, 2002, p. 35-36; ARNOLDI, Paulo Roberto Colombo.

a) títulos de crédito propriamente ditos: são aqueles que representam o direito decorrente de uma verdadeira operação de crédito, como a letra de câmbio e a promissória;
b) títulos representativos de mercadorias: são aqueles que servem para mobilizar e documentar os direitos sobre coisas determinadas, como os conhecimentos de depósito;
c) títulos de participação: são aqueles que asseguram o *status* de sócios, com os direitos e poderes jurídicos inerentes a tal condição, como seriam as ações.

Ousamos discordar de todas essas classificações apontadas, na medida em que elas não cumpririam o papel de facilitar a compreensão do estudo dos títulos de crédito, uma vez que abrangem documentos muito distintos dentro da mesma categoria. Elas compreendem, a nosso ver, documentos que não são títulos de crédito, como as passagens de ônibus, ou que não são documentos de legitimação, como as ações de sociedades anônimas[14]. Outrossim, em algumas delas o cheque não é considerado um título de crédito próprio, o que a nosso ver também é um equívoco. Para Wille Duarte Costa, tal classificação não faz sentido[15].

3 Classificação quanto à natureza

Uma forma de classificar os títulos de crédito envolve a natureza dos direitos incorporados no documento[16]. Nessa classificação, podemos distinguir os títulos causais dos títulos abstratos.

Nos títulos abstratos, o direito representado no documento não depende da relação que lhe deu origem, há uma clara distinção entre a relação cartular e a relação fundamental. O título não faz qualquer referência ao negócio jurídico que lhe deu origem. Desse

---

Teoria geral dos títulos de crédito. Rio de Janeiro: Forense, 1998, p. 169; SALANDRA, Vittorio. *Curso de derecho mercantil*. Trad. de Jorge Barrera Graf. México: Jus, 1949.

14. FERRARA JÚNIOR, Francesco; CORSI, Francesco. *Gli imprenditori e le societá*. 11. ed. Milano: Giuffrè, 1999, p. 442; ROSA JÚNIOR, Luiz Emygdio da. *Títulos de crédito*. Rio de Janeiro: Renovar, 2000, p. 73; COELHO, Fábio Ulhoa, *Curso de direito comercial*. São Paulo: Saraiva, 1999, v. 2, p. 139; SILVA, Américo Luis Martins. *As ações das sociedades e os títulos de crédito*. Rio de Janeiro: Forense, 1995, passim; PEIXOTO, Carlos Fulgêncio da Cunha. *Sociedades por ações*. São Paulo: Saraiva, 1972, v. 1, p. 115; BATALHA, Wilson de Souza Campos. *Comentários à lei das sociedades anônimas*. Rio de Janeiro: Forense, 1977, v. 1, p. 174-175; PAPINI, Roberto. *Sociedade anônima e mercado de valores mobiliários*. 3. ed. Rio de Janeiro: Forense, 1999, p. 52; SANTOS, Theophilo de Azeredo. Natureza jurídica das ações das sociedades. *Revista Forense*, v. 169, p. 497, 1957; LUCCA, Newton de. *Aspectos da teoria geral dos títulos de crédito*. São Paulo: Pioneira, 1979, p. 115.

15. COSTA, Wille Duarte. *Títulos de crédito*. Belo Horizonte: Del Rey, 2003, p. 75.

16. MARTINS, Fran. *Títulos de crédito*. 5. ed. Rio de Janeiro: Forense, 1995, v. 1, p. 29-30; REQUIÃO, Rubens. Curso de direito comercial. 21. ed. São Paulo: Saraiva, 1998, v. 2, p. 328-329.

modo, o exercício do direito incorporado ao título não depende da relação fundamental que lhe deu origem. A obrigação constante do título é incondicional, ao menos em relação aos possuidores de boa-fé[17]. A princípio, são considerados abstratos os cheques, as letras de câmbio e as notas promissórias.

Nessa categoria, a cártula basta para assegurar a liquidez, a certeza e a exigibilidade do crédito[18]. Isso não significa que não exista a causa do título, mas esta não é determinante para o exercício do direito, não sendo sequer mencionada no título[19]. A causa que deu origem ao título é excluída da sua circulação[20].

De outro lado, os títulos causais são aqueles que estão indissociavelmente ligados à relação que lhes deu origem. Há uma conexão mais íntima entre o título e a relação fundamental[21]. Essa conexão decorre do próprio conteúdo do título que, de alguma forma, faz alusão a sua causa[22]. Por exemplo, as duplicatas estão sempre ligadas à compra e venda ou à prestação de serviços que lhe deu origem, fazendo menção expressa à fatura que comprova o contrato.

Em razão desse vínculo expresso, o possuidor do título tem toda a ciência sobre a causa do título e, por isso, pode ser afetado por essa causa, isto é, o negócio jurídico vincula-se ao título de tal maneira a ponto de influenciar na sua própria vida[23]. "A causa interfere no grau da própria autonomia do título de crédito de vez que ela propicia maior possibilidade de exceções oponíveis ao credor, e, como tal, diminui o alcance daquela autonomia."[24] Apesar disso, é certo que processualmente o credor é dispensado da prova da relação fundamental[25], embora possa ser afetado por ela, a partir da iniciativa do devedor de trazê-la à discussão.

As próprias partes podem transformar um título abstrato em título causal, vinculando-o expressamente ao negócio jurídico que lhe deu origem[26]. Assim, um cheque inicialmente abstrato pode se tornar causal, se as partes fizerem menção expressa no documen-

---

17. MESSINEO, Francesco. *Manuale di diritto civile e commerciale*. 9. ed. Milano: Giuffrè, 1972, v. 5, p. 271.

18. SOUZA, Carlos Gustavo de. *Títulos de crédito*. Rio de Janeiro: Freitas Bastos, 2005, p. 33.

19. MESSINEO, Francesco. *Manuale di diritto civile e commerciale*. 9. ed. Milano: Giuffrè, 1972, v. 5, p. 270.

20. ASQUINI, Alberto. *I titoli di credito*. Padova: Cedam, 1966, p. 99.

21. ASCARELLI, Tullio. *Teoria geral dos títulos de crédito*. Tradução de Benedicto Giacobbini. Campinas: RED, 1999, p. 54.

22. BOITEUX, Fernando Netto. *Títulos de crédito*. São Paulo: Dialética, 2002, p. 33.

23. MESSINEO, Francesco. *Manuale di diritto civile e commerciale*. 9. ed. Milano: Giuffrè, 1972, v. 5, p. 269; DE LUCCA, Newton. *Aspectos da teoria geral dos títulos de crédito*. São Paulo: Pioneira, 1979, p. 117; ESCUTI, Ignácio A. *Títulos de crédito*. 5. ed. Buenos Aires: Astrea, 1998, p. 15.

24. DE LUCCA, Newton. *Aspectos da teoria geral dos títulos de crédito*. São Paulo: Pioneira, 1979, p. 118.

25. MESSINEO, Francesco. *Manuale di diritto civile e commerciale*. 9. ed. Milano: Giuffrè, 1972, v. 5, p. 271.

26. SOUZA, Carlos Gustavo de. *Títulos de crédito*. Rio de Janeiro: Freitas Bastos, 2005, p. 34.

to de que aquele título se refere à compra de cadeiras brancas, por exemplo. Em tal caso, a causa passará a circular com o próprio título, podendo ser discutida mesmo em face de quem não participou do negócio jurídico original.

Fábio Ulhoa Coelho[27] faz uma variação de tal classificação e acrescenta a figura dos títulos limitados, entendidos como aqueles que não podem ser emitidos em determinadas situações, como as letras de câmbio que não podem ser emitidas para documentar o crédito nascido da compra e venda mercantil (Lei n. 5.474/68 – art. 2º).

4 Classificações quanto ao modo de circulação

Os títulos de créditos destinam-se à circulação, isto é, eles nascem para ser transferidos, embora nem sempre isso ocorra. A possibilidade de circulação ágil e eficaz é que tornou os títulos de crédito um dos mecanismos mais importantes dentro da economia. Ocorre que essa circulação pode se realizar de várias maneiras, surgindo daí uma classificação dos títulos de crédito quanto à forma de circulação, distinguindo títulos nominativos, títulos à ordem, títulos não à ordem e títulos ao portador[28]. Luiz Emygdio da Rosa Júnior fala também em títulos não transmissíveis, mas reconhece que tal possibilidade não foi introduzida no direito brasileiro[29].

4.1 Títulos nominativos

A primeira categoria nessa classificação envolve os chamados títulos nominativos[30], nos quais o proprietário do título é aquele cujo nome se encontra nos registros do emitente. Não se trata da simples inscrição do nome do proprietário no título, mas de um registro (exemplo: um livro) com o nome do proprietário. Desse modo, a circulação do título em face do seu emitente é feita por termo de cessão ou de transferência, em registro do emitente, assinado pelo proprietário e pelo adquirente (CC – art. 922). Não basta entregar o título para transferi-lo, é necessária a alteração dos registros do emitente para essa circulação[31], vale dizer, a circulação dos títulos nominativos depende da cooperação do emitente[32]. Diante disso,

---

27. COELHO, Fábio Ulhoa. *Curso de direito comercial.* 8. ed. São Paulo: Saraiva, 2004, v. 1, p. 382.

28. MARTINS, Fran. *Títulos de crédito.* 5. ed. Rio de Janeiro: Forense, 1995, v. 1, p. 19-26, REQUIÃO, Rubens. *Curso de direito comercial.* 21. ed. São Paulo: Saraiva, 1998, v. 2, p. 329-331; COELHO, Fábio Ulhoa. *Curso de direito comercial.* 8. ed. São Paulo: Saraiva, 2004, v. 1, p. 383.

29. ROSA JÚNIOR, Luiz Emygdio da. *Títulos de crédito.* 4. ed. Rio de Janeiro: Renovar, 2006, p. 84.

30. MARTINS, Fran. *Títulos de crédito.* 5. ed. Rio de Janeiro: Forense, 1995, v. 1, p. 20; DE LUCCA, Newton. *Aspectos da teoria geral dos títulos de crédito.* São Paulo: Pioneira, 1979, p. 110.

31. ASQUINI, Alberto. *I titoli di credito.* Padova: Cedam, 1966, p. 121; PONTES DE MIRANDA. *Tratado de direito privado.* Campinas: Bookseller, 2004, v. XXXIII, p. 315.

32. SALANDRA, Vittorio. *Curso de derecho mercantil.* Trad. de Jorge Barrera Graf. México: Jus, 1949, p. 173.

qualquer medida judicial ou negócio sobre um título nominativo só produzirá efeito depois de averbado no registro do emitente (CC – art. 926).

O Código Civil (art. 923) admite que esses títulos sejam transferidos por endosso em preto, isto é, mediante assinatura do proprietário, normalmente no verso, acrescida da indicação do nome da pessoa a quem se transfere o título. Diante dessa possibilidade, torna-se mais simples e rápido negociar o título nominativo[33].

Todavia, o endosso aqui não terá o papel de representar a transferência do título para todos os efeitos. Nesse caso, tal transferência só terá valor perante o emitente, quando for feita a averbação desta nos seus registros, podendo o emitente exigir a comprovação da autenticidade da assinatura. Em suma, o endosso fará o papel do termo de transferência, não sendo dispensada, contudo, a averbação no registro do emitente para fins de validade perante ele. Não se trata do mesmo endosso aplicável aos títulos à ordem, uma vez que, no caso dos títulos nominativos, a aparência de regularidade da cadeia de endossos não é suficiente para lhe garantir o direito de receber o crédito, sendo necessária a demonstração da autenticidade de todos os endossos.

A transferência perante o emitente, portanto, é sempre feita nos seus registros, seja pelo termo de transferência, seja pela averbação do endosso em preto lançado no título. A fim de simplificar a circulação desses títulos, o Código Civil admite sua conversão em título à ordem ou ao portador, à custa do proprietário, desde que não se ofenda qualquer determinação legal específica (CC – art. 924).

As regras brasileiras sobre os títulos nominativos são bem similares às do direito italiano. Em ambos os sistemas existe a transferência por endosso[34]. Todavia, no direito italiano, mesmo sem o endosso, a transferência deverá ser anotada no próprio título, vale dizer, a transferência do título se dá por duas anotações (no título e no registro)[35]. Newton de Lucca esclarece que no direito italiano os títulos nominativos são diferentes dos títulos nominativos do direito brasileiro, pois naquele país é necessária a apresentação do título nominativo para efeito do registro da transferência (art. 2.021 do Código Civil italiano de 1942), o que não ocorre no direito brasileiro[36], no qual basta a alteração dos registros do emitente.

Diante dessa diferença entre os regimes, pode-se ver nos títulos nominativos italianos a incorporação ou cartularidade, o que não ocorre, por exemplo, nas ações das sociedades anônimas no Brasil. Assim sendo, Fábio Ulhoa Coelho entende que a classificação deve abranger apenas títulos nominativos à ordem e nominativos não à ordem, não abrangendo os títulos nominativos puros que não seriam títulos de crédito próprios[37].

---

33. CALLEGARI, Mia et al. *Trattato di diritto commerciale*: I titoli di credito. Padova: Cedam, 2006, v. 7, p. 71.

34. ASQUINI, Alberto. *I titoli di credito*. Padova: Cedam, 1966, p. 128.

35. FERRI, Giuseppe. Manuale di diritto commerciale, p. 514.

36. DE LUCCA, Newton. *Aspectos da teoria geral dos títulos de crédito*. São Paulo: Pioneira, 1979, p. 114-115.

37. COELHO, Fábio Ulhoa. *Curso de direito comercial*. 8. ed. São Paulo: Saraiva, 2004, v. 1, p. 383.

Pelo mesmo motivo, Luiz Emygdio da Rosa Júnior não trata dos títulos nominativos na referida classificação[38].

Embora concordemos que as ações das sociedades anônimas não são títulos de crédito, é certo que a existência de um capítulo específico sobre os títulos nominativos, no Código Civil, impõe a inclusão dessa categoria. A possibilidade de criação de títulos atípicos nominativos é que nos leva a incluir os títulos nominativos como uma classe própria dos títulos de crédito.

4.2 Títulos à ordem

A segunda categoria quanto à circulação é a dos títulos à ordem, nos quais o nome do beneficiário consta do teor do documento, mas acompanhado da cláusula à ordem. Tal cláusula permite a transferência do título mediante simples endosso, isto é, por meio da assinatura do proprietário no próprio título, no verso ou na frente do documento. Tal endosso, contudo, só será eficaz com a posse do título pelo endossatário. Portanto, a prestação poderá ser paga a ele ou a quem ele transferir o título[39]. No caso de transferência, não há qualquer necessidade de comunicação ao emitente, simplificando e agilizando a circulação dos títulos de crédito.

Em alguns títulos de crédito, como a duplicata, impõe-se a existência dessa cláusula para a validade do título, de modo que ele sempre possa ser endossado (Lei n. 5.474/68 – art. 2º, § 1º). Já em outros títulos tal cláusula é implícita ou presumida, ou seja, mesmo que ela não esteja escrita expressamente, o título poderá ser endossado. As letras de câmbio, notas promissórias (LUG – art. 11) e cheques (Lei n. 7.357/85 – art. 17) são endossáveis, com ou sem a cláusula à ordem expressa, desde que não haja menção expressa em sentido contrário.

4.3 Títulos não à ordem

A terceira categoria dos títulos de crédito quanto à circulação é a dos títulos não à ordem, nos quais o nome do beneficiário também consta do documento. Além desse nome, também haverá no título uma cláusula especial – não à ordem –, que significa que o título não pode circular por endosso. Não se impede a circulação do título, mas apenas seu endosso. O título ainda poderá circular mediante cessão de crédito, que deve ser assinada pelo cedente e pelo cessionário, sendo exigida notificação ao devedor e não havendo transferência de direitos autônomos.

Com essa cláusula, a circulação dos títulos ainda será possível, mas ela não obedecerá aos princípios e regras peculiares aos títulos de crédito. Por isso, tal cláusula não é

38. ROSA JÚNIOR, Luiz Emygdio da. *Títulos de crédito.* 4. ed. Rio de Janeiro: Renovar, 2006, p. 84.

39. PONTES DE MIRANDA. *Tratado de direito privado.* Campinas: Bookseller, 2004, v. XXXIII, p. 334.

admissível nos títulos atípicos (CC – art. 890) ou nas duplicatas (Lei n. 5.474/68 – art. 2º, § 1º). Além disso, ela não é implícita em nenhum título de crédito, só produzindo os efeitos quando expressamente escrita no documento.

4.4 Títulos ao portador

Por fim, temos os títulos ao portador, nos quais o nome do beneficiário não consta do título, de modo que poderá exercer o direito aquele que apresentar o título, isto é, "será sujeito ativo dos direitos do título ao portador aquele que, legitimamente, é proprietário do documento"[40]. Como é a propriedade do documento que assegura o exercício dos direitos, a transferência desses direitos seguirá o mesmo regime geral da transferência da propriedade dos bens móveis, ou seja, os títulos ao portador são aqueles que circulam por simples tradição (CC – art. 904), basta a entrega do documento para que o título circule.

A criação de títulos ao portador depende de autorização legal específica (CC – art. 907), não se admitindo a criação de títulos atípicos ao portador. Letras de câmbio, notas promissórias, duplicatas e cédulas de crédito não podem ser ao portador. Já os cheques podem ser ao portador, mas apenas aqueles até o valor de R$ 100,00 (Lei n. 9.069/95 – art. 69).

5 Classificação quanto à estrutura

Quanto à estrutura, os títulos de crédito podem ser classificados em ordens de pagamento e promessas de pagamento[41].

Nas ordens de pagamento, a pessoa cria o título, prometendo que outra pessoa efetuará o pagamento. Quem cria ordens de pagamento não assume diretamente a obrigação de efetuar o ato de pagar aquela obrigação. Nessa categoria promete-se um fato de terceiro. Quando estamos diante de uma ordem de pagamento, o emitente ou sacador dá uma ordem a um terceiro (sacado) para que pague determinada quantia ao tomador ou beneficiário, ou seja, em tais situações há três polos no título: sacador, sacado e tomador ou beneficiário. São exemplos de ordens de pagamento o cheque, a letra de câmbio e a duplicata. Quando alguém emite um cheque, está dando uma ordem de pagamento para que o banco pague aquela quantia ao beneficiário.

Nas promessas de pagamento, o próprio emitente do título assume diretamente a obrigação de pagar ao beneficiário. A pessoa que cria o título afirma que vai, pessoalmen-

---

40. MARTINS, Fran. *Títulos de crédito*. 5. ed. Rio de Janeiro: Forense, 1995, v. 1, p. 23.

41. COELHO, Fábio Ulhoa. *Curso de direito comercial*. 8. ed. São Paulo: Saraiva, 2004, v. 1, p. 382.

te, pagar o título no vencimento. Nessa categoria, promete-se um fato próprio[42]. São exemplos das promessas de pagamento: a nota promissória e as cédulas de crédito.

6 Classificação quanto ao modelo

Quanto ao modelo, os títulos de crédito subdividem-se em títulos vinculados e títulos livres[43].

Nos títulos vinculados, há um padrão exigido para a emissão do documento, ou seja, não basta que o documento possua todas as indicações previstas em lei, é necessário que o documento siga um modelo padronizado, sob pena de não ter qualquer valor como título de crédito. São exemplos de títulos vinculados: o cheque e a duplicata, cujos modelos são estabelecidos pelo Conselho Monetário Nacional.

De outro lado, temos os títulos chamados livres, nos quais não há um modelo aprovado, de modo que qualquer documento que atenda aos requisitos legais pode ser considerado título de crédito. São exemplos dos títulos livres: a letra de câmbio e a nota promissória.

7 Classificação quanto à pessoa do emitente

Quanto à pessoa do emitente, os títulos podem ser públicos ou privados. Os primeiros são aqueles emitidos por pessoas jurídicas de direito público (União, Estados, Municípios, Distrito Federal...), como os títulos da dívida pública, nos quais o risco é menor de não se ver solvida a prestação. Já os títulos privados são emitidos por pessoas de direito privado, sendo o risco mais variável.

8 Classificação quanto à prestação

Os títulos de crédito asseguram o direito a uma prestação, a qual pode variar de título para título. Diante disso, fala-se que existem dois tipos de títulos de crédito quanto à prestação: os títulos representativos e os títulos de valor em dinheiro.

Os títulos de valor em dinheiro são a regra geral no direito empresarial, na medida em que a maioria dos títulos de crédito envolve o pagamento de determinada quantia em dinheiro. Assim, as notas promissórias, as letras de câmbio, as duplicatas, os cheques e todas as cédulas de crédito são títulos de valor em dinheiro, uma vez que asseguram ao seu titular o recebimento de dinheiro.

---

42. SALANDRA, Vittorio. *Curso de derecho mercantil*. Tradução de Jorge Barrera Graf. México: Jus, 1949, p. 167.

43. COELHO, Fábio Ulhoa. *Curso de direito comercial*. 8. ed. São Paulo: Saraiva, 2004, v. 1, p. 381.

De outro lado, temos os títulos representativos[44] que são documentos que representam mercadorias ou bens, como os conhecimentos de depósito e *warrants* emitidos por armazéns gerais, ou as cédulas de produto rural (CPRs físicas). Quem possui títulos representativos, a princípio, não pode exigir o pagamento em dinheiro, mas sim a entrega de mercadorias como produtos rurais (exemplo: grãos).

9 Classificação quanto ao prazo

Quanto ao prazo, os títulos de crédito podem ser à vista, nos quais o vencimento do título é indeterminado, sendo a obrigação exigível mediante apresentação do documento ao sacado ou ao devedor. Além disso, temos os títulos a prazo, nos quais há uma data de vencimento escrita no documento.

10 Títulos simples e complexos

Os títulos simples são títulos que conferem apenas um direito, por exemplo, receber determinada quantia (como o cheque, a nota promissória, a letra de câmbio...). Já os títulos complexos são aqueles que conferem mais de um direito ao seu titular, como, por exemplo, o direito de receber de volta um valor emprestado e o direito de receber juros periódicos, ou uma participação nos lucros e o direito de voto tal como se dá nas ações ordinárias[45], que, a nosso ver, não são títulos de crédito.

11 Títulos completos e incompletos

A distinção entre títulos completos e incompletos leva em conta a autossuficiência ou não do título de crédito.

Nos títulos chamados completos, tudo o que interessa consta do teor do próprio documento, os direitos e obrigações dos sujeitos cambiários são configurados pelo teor literal do documento. Seriam, a princípio, exemplos de títulos completos: os cheques, as notas promissórias e as letras de câmbio.

Em contrapartida, seriam incompletos aqueles que dependem de outros documentos, isto é, o título não é suficiente para determinar todo o conteúdo dos direitos e obrigações ali incorporados, devendo fazer referência a esses outros documentos[46]. Apesar

---

44. ROSA JÚNIOR, Luiz Emygdio da. *Títulos de crédito*. 4. ed. Rio de Janeiro: Renovar, 2006, p. 85.

45. DE LUCCA, Newton. *Aspectos da teoria geral dos títulos de crédito*. São Paulo: Pioneira, 1979, p. 138; BONFANTI, Mario Alberto; GARRONE, José Alberto. *De los títulos de crédito*. 2. ed. Buenos Aires: Abeledo-Perrot, 1976, p. 75.

46. SALANDRA, Vittorio. *Curso de derecho mercantil*. Tradução de Jorge Barrera Graf. México: Jus, 1949, p. 171; ESCUTI, Ignácio A. *Títulos de crédito*. 5. ed. Buenos Aires: Astrea, 1998, p. 18; DE LUCCA, Newton. *Aspectos da teoria geral dos títulos de crédito*. São Paulo: Pioneira, 1979, p. 138.

dessa dependência de outros documentos, o princípio da literalidade também se aplica aos títulos incompletos, uma vez que ele fará referência aos documentos que completarão a definição dos direitos e obrigações do título, dentro da chamada literalidade indireta. O exemplo de título incompleto seria a cédula de crédito bancário, referente a contratos de abertura de crédito, que precisa ser complementado pelos extratos da conta-corrente.

12 Títulos singulares ou em série

Os títulos singulares correspondem a uma única operação realizada entre particulares, ou seja, o título é emitido especificamente para uma relação jurídica entre duas partes, como um cheque. Já os títulos em série são emitidos em massa, vale dizer, uma única operação corresponde a vários títulos, assegurando direitos idênticos, distinguindo-se pela respectiva numeração, como os títulos da dívida pública[47]. Os títulos em série são emitidos, normalmente, como bens fungíveis.

47. BONFANTI, Mario Alberto; GARRONE, José Alberto. *De los títulos de crédito*. 2. ed. Buenos Aires: Abeledo-Perrot, 1976, p. 73; ROSA JÚNIOR, Luiz Emygdio da. *Títulos de crédito*. 4. ed. Rio de Janeiro: Renovar, 2006, p. 85; DE LUCCA, Newton. *Aspectos da teoria geral dos títulos de crédito*. São Paulo: Pioneira, 1979, p. 137; SALANDRA, Vittorio. *Curso de derecho mercantil*. Tradução de Jorge Barrera Graf. México: Jus, 1949, p. 164.

6 LETRA DE CÂMBIO: NOÇÕES GERAIS

A letra de câmbio, embora esteja em franco desuso, é um dos títulos mais importantes, pois nela podemos vislumbrar os principais institutos do direito cambiário. Em razão disso, desenvolveremos o estudo da matéria a partir desse título de crédito.

1 Histórico

A origem da letra de câmbio remonta ao contrato de câmbio, que inicialmente representava qualquer troca, passando a identificar posteriormente a troca de moeda. Diante dessa origem, há quem reconheça a existência da letra de câmbio desde a mais remota Antiguidade. Todavia, o histórico da letra de câmbio não se confunde com o histórico do próprio contrato de câmbio, uma vez que a letra só surgiu tempos depois para instrumentalizar esse contrato.

A letra de câmbio primitiva deve ser entendida como "o título revestido de forma especial que continha uma delegação de pagamento de certa soma de dinheiro, em praça diversa, ao credor ou à pessoa por este autorizada, e que produzia efeitos jurídicos peculiares, pelo menos o da responsabilidade do emitente pela garantia do futuro pagamento, facultado ao credor o exercício da ação regressiva"[1]. Tal conceito efetivamente não existiu na Antiguidade, embora não se negue a existência dos contratos de câmbio desde então, entre gregos ou romanos.

As letras de câmbio são institutos mais recentes, sendo sua história dividida em três fases: o período italiano, o período francês e o período germânico[2]. Há quem acrescente o período uniforme como um quarto período da evolução histórica[3], o que a nosso ver não é necessário.

1.1 Período italiano

As cidades italianas (Gênova, Veneza...) realizavam entre si um grande intercâmbio comercial, vale dizer, mercadorias de uma cidade eram vendidas a outras cidades e vice-

---

1. SARAIVA, José A. *A cambial*. Rio de Janeiro: José Konfino, 1947, v. 1, p. 21.

2. WHITAKER, José Maria. *Letra de câmbio*. São Paulo: Saraiva, 1928, p. 7-16.

3. BONFANTI, Mario Alberto; GARRONE, José Alberto. *De los títulos de crédito*. 2. ed. Buenos Aires: Abeledo-Perrot, 1976, p. 172-173.

-versa. Todavia, tais cidades tinham moedas próprias, de modo que a moeda de uma cidade não tinha valor na outra. Assim sendo, se um comerciante de Veneza recebia a moeda de Gênova, não poderia usá-la na sua própria cidade, ou um comprador de Gênova que ia a Veneza para fazer compras não podia usar sua própria moeda. Havia, portanto, a necessidade da troca de uma espécie de moeda por outra moeda para que esse intercâmbio se desenvolvesse. Essa troca da moeda era feita pelos primitivos bancos, por meio do contrato de câmbio.

A princípio, os bancos só realizavam operações na presença da parte, vale dizer, realizavam apenas a troca imediata da moeda; quem apresentava a moeda de uma cidade podia trocá-la pela moeda da outra cidade. Esse era o chamado câmbio manual.

Todavia, com o incremento do intercâmbio mercantil, a quantidade de dinheiro trocado aumentava e, consequentemente, o risco de perda desse dinheiro. As viagens eram longas e o risco de um assalto era muito grande. Por isso, os comerciantes, que precisavam dos seus recursos em locais diversos da sua residência, não queriam transportar o dinheiro pessoalmente. Em razão desse interesse, surge a letra de câmbio, a partir da Idade Média[4], coincidindo com a própria origem do direito comercial.

Um comerciante procurava um banqueiro e lhe entregava, em moeda local, o valor equivalente ao que ele desejava da moeda estrangeira. Os banqueiros recebiam o dinheiro e prometiam entregar seu equivalente em outra cidade na moeda estrangeira[5].

O banqueiro, ao receber o dinheiro, entregava ao comerciante dois documentos: o reconhecimento da dívida (*cautio*) e a ordem de pagamento em moeda (*lettera di pagamento*). Em outras palavras, o banqueiro reconhecia a sua dívida (o que deu origem à nota promissória) e fazia uma delegação de pagamento ao seu correspondente da outra cidade (dava uma ordem de pagamento a ser cumprida em outra cidade), originando a letra de câmbio. Com o passar do tempo, houve uma fusão entre os dois documentos, fazendo nascer a letra de câmbio, a partir da carta enviada pelo banqueiro que recebeu a moeda.

Assim, a emissão da letra estava ligada ao deslocamento de um mercador e ao chamado contrato de câmbio trajectício (troca de moeda presente por moeda estrangeira a ser entregue em outra cidade). A distância era essencial para afastar esse contrato do simples contrato de mútuo[6]. Sem essa distância, o negócio era considerado um ato usurário, condenado pelo direito canônico[7]. Essa distância torna necessária a intervenção de outras pessoas diversas daquelas que haviam contratado, inicialmente, a troca de moeda.

---

4. ASQUINI, Alberto. *I titoli di credito*. Padova: Cedam, 1966, p. 145.

5. BONELLI, Gustavo. *Cambiale*. Milano: Casa Editrice Dottore Francesco Vallardi, 1930, p. 2-3.

6. PAVONE LA ROSA, Antonio. *La letra de cambio*. Tradução de Osvaldo J. Máffia. Buenos Aires: Abeledo Perrot, 1988, p. 17; ASQUINI, Alberto. *I titoli di credito*. Padova: Cedam, 1966, p. 146; BONELLI, Gustavo. *Cambiale*. Milano: Casa Editrice Dottore Francesco Vallardi, 1930, p. 3.

7. BONELLI, Gustavo. *Cambiale*. Milano: Casa Editrice Dottore Francesco Vallardi, 1930, p. 3.

A princípio, havia quatro partes na letra[8]:

- o banqueiro que recebia o dinheiro e emitia a letra (sacador);
- a pessoa que dava o dinheiro e recebia a letra (tomador);
- a pessoa encarregada de pagar (sacado) normalmente ligada ao sacador;
- a pessoa encarregada de receber, normalmente mandatária do tomador.

Nesse período, a letra era um instrumento de troca de moeda, um instrumento de transporte de dinheiro[9]. O documento aqui ainda não era um título de crédito, mas um mecanismo que facilitava e muito o exercício de atividades que dependiam de troca de moeda.

1.2 Período francês

Gradativamente, o uso da letra de câmbio foi aumentando, estendendo-se inclusive para os não comerciantes. Diante dessa proliferação, aos poucos foram se impondo algumas mudanças no seu regime original para atender às necessidades de quem utilizasse esse documento. A letra de câmbio passou de instrumento de transporte de dinheiro a um instrumento de pagamento[10].

Por vezes, o sacado (correspondente do banco) não honrava o pagamento da letra de câmbio, isto é, não entregava a moeda ao mercador ou a seus representantes. Nesses casos, nada podia ser feito, uma vez que o sacado não havia assinado o título e, consequentemente, não tinha assumido obrigação alguma. Portanto, ele não poderia ser compelido a cumprir a ordem.

Para dar maior segurança às pessoas que usavam o título, criou-se uma forma de responsabilidade do sacado: o aceite. A concordância do sacado, isto é, da pessoa a quem era dirigida a delegação, dava mais segurança ao credor, na medida em que ele poderia exigir desse sacado o cumprimento da letra. Ao assinar, ele se tornava devedor do título e, por isso, poderia ser compelido a pagar[11].

Com o surgimento do aceite, resolvia-se um primeiro problema. Todavia, ainda havia outros. Caso o sacado estivesse ausente da cidade na época em que o comerciante chegasse com título, ele não teria como trocar a moeda, restando frustrada sua viagem. Para solucionar essa questão, passa-se a admitir que o título seja transferido, ou seja, o

---

8. BONELLI, Gustavo. *Cambiale*. Milano: Casa Editrice Dottore Francesco Vallardi, 1930, p. 5.

9. JUGLART, Michel de; IPPOLITO, Benjamin. *Droit commercial*. 2. ed. Paris: Monthrestien, 1977, v. 1, p. 31; COSTA, Wille Duarte. *Títulos de crédito*. Belo Horizonte: Del Rey, 2003, p. 10; KUNTZE. In: ENDEMANN, G. *Manuale di diritto commerciale, marittimo, cambiario*. Trad. Carlo Betocchi, e Alberto Vighi. Napoli: Jovene, 1899, v. 5, p. 13.

10. ASQUINI, Alberto. *I titoli di credito*. Padova: Cedam, 1966, p. 149; JUGLART, Michel de; IPPOLITO, Benjamin. *Droit commercial*. 2. ed. Paris: Monthrestien, 1977, v. 1, p. 32.

11. WHITAKER, José Maria. *Letra de câmbio*. São Paulo: Saraiva, 1928, p. 11.

credor não precisava mais encontrar o sacado, ele podia passar o título para outra pessoa e essa outra pessoa encontraria o sacado, para receber o valor ali estipulado. Quem transferia o documento também garantia o pagamento do título. Nesse período, o título passa a ser um instrumento de pagamento[12], substituindo a própria moeda em algumas situações.

Esse período é chamado de período francês, na medida em que suas principais inovações foram consagradas pela Ordenança de 1673[13]. No Brasil, tal orientação chegou com o Código Comercial de 1850.

1.3 Período alemão

As transformações ocorridas no período francês já demonstravam a evolução da letra de câmbio para atender aos anseios dos seus usuários. Ocorre que a intensidade da vida moderna aumentou as exigências de segurança na circulação da letra de câmbio, bem como ampliou o seu uso. Em razão disso, havia necessidade de novas evoluções. Essa nova fase da evolução surgiu no direito alemão, a partir de meados do século XIX, tornando a letra de câmbio um instrumento de crédito[14].

São consagrados os princípios vigentes no direito cambial, representando a letra de câmbio um valor em si mesma. Protegem-se sobremaneira os terceiros de boa-fé que adquirem o título, vale dizer, a posse de boa-fé vale o título[15].

Com o desenvolvimento maior ainda das atividades econômicas, era fundamental que a letra de câmbio garantisse o máximo de segurança possível. Tal segurança só se obtém reconhecendo a abstração do título e a autonomia das diversas obrigações ali assumidas. Não havia mais motivo para usar a letra de câmbio apenas nos contratos de câmbio trajectício, daí a necessidade de sua abstração em relação ao negócio que lhe deu origem.

2 Conceito

Para José A. Saraiva, a letra de câmbio "é um título de crédito formal, autônomo e completo, que contém a obrigação de fazer pagar determinada soma de dinheiro, no

---

12. COSTA, Wille Duarte. *Títulos de crédito*. Belo Horizonte: Del Rey, 2003, p. 11.

13. WHITAKER, José Maria. *Letra de câmbio*. São Paulo: Saraiva, 1928, p. 12.

14. JUGLART, Michel de; IPPOLITO, Benjamin. *Droit commercial*. 2. ed. Paris: Monthrestien, 1977, v. 1, p. 34; KUNTZE. In: ENDEMANN, G. *Manuale di diritto commerciale, marittimo, cambiario*. Trad. Carlo Betocchi e Alberto Vighi. Napoli: Jovene, 1899, v. 5, p. 13.

15. PAVONE LA ROSA, Antonio. *La letra de cambio*. Tradução de Osvaldo J. Máffia. Buenos Aires: Abeledo-Perrot, 1988, p. 25; BONFANTI, Mario Alberto; GARRONE, José Alberto. *De los títulos de crédito*. 2. ed. Buenos Aires: Abeledo-Perrot, 1976, p. 172.

tempo e no lugar designados"[16]. Bonfanti afirma que a letra de câmbio é "o documento de uma declaração constitutiva, com relação ao terceiro possuidor do mesmo, de um crédito abstrato destinado a circular em conformidade com a lei de circulação de bens móveis"[17].

Em primeiro lugar, vale a pena ressaltar que estamos diante de um título de crédito, isto é, um documento necessário para o exercício de um direito, no caso especificamente o de receber determinada quantia em dinheiro. Trata-se de um título de crédito formal, na medida em que o documento só vale como título de crédito, se obedecer a todos os requisitos legais. Além disso, é um título autônomo e abstrato, na medida em que não deriva de nenhum negócio jurídico específico, sendo as várias obrigações do título, independentes entre si.

Também é um título completo na medida em que não precisa ser completado por nenhum outro documento. Por fim, vale ressaltar que, nas letras de câmbio, temos ordens de pagamento, uma vez que quem cria o título assume a obrigação de fazer pagar determinada quantia, na data e no local combinados, vale dizer, quem cria o título promete que outra pessoa efetuará esse pagamento.

3 Partes

Na letra de câmbio, podemos ter três pessoas envolvidas. As partes da letra de câmbio são o sacador, o sacado e o tomador ou beneficiário, os quais não precisam necessariamente ser pessoas diferentes. O sacador ou emitente é aquele que emite a letra, aquele que dá a ordem de pagamento para o sacado e responde pelo não cumprimento por parte deste. O sacado, por sua vez, é aquele a quem é dirigida a ordem de pagamento, mas só se torna obrigado a cumprir essa ordem se assumir a obrigação assinando o título[18]. Por derradeiro, temos o tomador ou beneficiário que é o credor originário do título, isto é, aquele que vai receber o valor constante do título. Em síntese: o sacador dá uma ordem ao sacado para que ele pague determinada quantia ao beneficiário.

16. SARAIVA, José A. *A cambial*. Rio de Janeiro: José Konfino, 1947, v. 1, p. 152.

17. BONFANTI, Mario Alberto; GARRONE, José Alberto. *De los títulos de crédito*. 2. ed. Buenos Aires: Abeledo-Perrot, 1976, p. 218, tradução livre de "el documento de una declaración constitutiva, con relación al tercero poseedor del mismo, de un crédito abstracto destinado a circular de conformidad a la ley de circulación de los bienes muebles".

18. MARTORANO, Federico. *I titoli di credito*. Napoli: Morano, 1970, p. 346.

Diante da abstração da letra de câmbio, as relações jurídicas que lhe deram origem não têm maior importância. Nesse documento, o que interessa é que o sacador promete que o sacado vai pagar o beneficiário.

Apenas para ilustrar, podemos imaginar alguns exemplos de uso da letra de câmbio, com as seguintes pessoas: ROMÁRIO (SACADOR), EDMUNDO (SACADO) e RONALDO (BENEFICIÁRIO). ROMÁRIO é credor de EDMUNDO por determinada obrigação e, antes do pagamento dessa obrigação, ROMÁRIO compra mercadorias de RONALDO para pagá-las no mesmo dia em que teria que receber de EDMUNDO. A fim de simplificar o seu procedimento, ROMÁRIO emite uma letra de câmbio, na qual ela dá a EDMUNDO uma ordem para que ele pague RONALDO no vencimento. Nessa situação, RONALDO poderá procurar EDMUNDO para tentar receber dele o seu crédito.

Em outro exemplo, JOHN BONHAM e ROBERT PLANT são comerciantes e amigos que moram em cidades diferentes, o primeiro em Brasília e o segundo em São Paulo. JOHN BONHAM comprou mercadorias em São Paulo de JIMMY PAGE, mas só vai pagá-las em 90 dias, quando estará de volta a Brasília. Nesse caso, em vez de ter que retornar a São Paulo, ele emite uma letra de câmbio, nos seguintes termos: JOHN BONHAM (sacador) dá uma ordem para que ROBERT PLANT (sacado) pague para JIMMY PAGE (beneficiário) o valor da dívida. De outro lado, ROBERT PLANT, ao comprar mercadorias em Brasília, fará a mesma coisa, só que nesse caso ele será o sacador e JOHN BONHAM será o sacado. Posteriormente, os dois amigos se encontram e fazem um ajuste de contas.

4 Legislação aplicável

A letra de câmbio é utilizada em muitos negócios e, por isso, precisa de uma disciplina bem detalhada, a qual é usada como referência para outros títulos de crédito[19] que reproduzem boa parte das regras da letra de câmbio ou simplesmente fazem referência a essas regras. Assim, é fundamental definir qual é a legislação aplicável às letras de câmbio.

4.1 O processo de uniformização internacional da legislação

A atividade comercial, que sempre existiu, foi se desenvolvendo cada vez mais, ganhando importância fundamental tanto economicamente como politicamente, gerando uma grande mudança na sociedade mundial. Como os países são diferentes, vale dizer, têm condições distintas de realização da atividade comercial, é natural que o comércio se desenvolva entre diversos países, de acordo com as melhores condições de cada um. É certo também que há vantagens inerentes à especialização de cada país em determina-

19. BULGARELLI, Waldirio. *Títulos de crédito*. 14. ed. São Paulo: Atlas, 1998, p. 109

do ramo da produção[20], o que se explica pela chamada teoria das vantagens comparativas. De acordo com essa teoria, o comércio internacional permite a utilização mais eficiente dos recursos econômicos, visto que possibilita a importação de bens e serviços que, de outra forma, só poderiam ser produzidos internamente a um custo superior; vale dizer, o comércio internacional permite aos consumidores o acesso a produtos a melhor preço.

Em função de tudo isso, é certo que o comércio internacional se desenvolveu fortemente no mundo, gerando uma série de efeitos sobre as economias nacionais, que se tornaram cada vez mais abertas, aumentando o fluxo de produção de um país a outro. Nesse comércio internacional, as letras de câmbio possuíam um papel primordial, na medida em que possibilitavam e ampliavam a circulação de riquezas.

Considerando a grande importância das letras de câmbio para o comércio internacional, percebeu-se a necessidade de uma uniformização no tratamento dos títulos, especialmente na letra de câmbio. Tal uniformização era necessária para facilitar as trocas econômicas realizadas entre vários países[21].

A primeira tentativa de unificar a legislação foi a conferência de Haia de 1910, que contou com 89 países. Nessa convenção, chegou-se a elaborar uma lei uniforme (com 88 dispositivos) e um projeto de convenção (com 26 dispositivos) que foram subscritos por 31 países. Tais regras seguiam o sistema continental e, por isso, foram feitas reservas por países da *Common Law*, em especial os Estados Unidos e a Inglaterra. Em razão da importância desses países para o comércio internacional, as regras ali emanadas não prosperaram.

Em 1912, foi realizada a segunda conferência de Haia, com a participação de 32 países. Mais uma vez elaborou-se uma convenção (com 31 dispositivos) e uma lei uniforme (com 80 dispositivos) sobre as letras de câmbio e notas promissórias, com uma adesão de 27 países. Nessa convenção, desenvolveu-se ainda um projeto sobre os cheques. Os trabalhos de introdução dessa legislação nos diversos países signatários foram prejudicados pela Primeira Guerra Mundial[22].

Novos projetos foram concebidos, chegando-se finalmente à convocação de uma terceira convenção a ser realizada em Genebra, a qual concluiu felizmente os seus trabalhos em 7 de junho de 1930, com a adoção de três convenções por parte de 27 países, inclusive o Brasil. A primeira convenção abrange o texto-padrão da Lei Uniforme de Genebra (LUG) e a possibilidade de adoção de reservas ao texto da lei. A segunda convenção disciplina os conflitos de legislação entre os diversos países. Por fim, a terceira convenção obriga os países a não condicionar a validade da letra de câmbio à regularidade fiscal[23].

---

20. KRUGMAN, Paul R. *Rethinking international trade*. Massachussets: The MIT Press, 1990, p. 2.

21. TIMMERS, Luciane Favaretto. *Desafios interpretativos da Lei Uniforme de Genebra*. Porto Alegre: Livraria do Advogado, 2003, p. 22.

22. ASQUINI, Alberto. *I titoli di credito*. Padova: Cedam, 1966, p. 152; BONFANTI, Mario Alberto; GARRONE, José Alberto. *De los títulos de crédito*. 2. ed. Buenos Aires: Abeledo-Perrot, 1976, p. 173.

23. PAVONE LA ROSA, Antonio. *La letra de cambio*. Tradução de Osvaldo J. Máffia. Buenos Aires: Abeledo-Perrot, 1988, p. 30; ASQUINI, Alberto. *I titoli di credito*. Padova: Cedam, 1966, p. 152.

4.2 A Lei Uniforme de Genebra

Nesse processo de uniformização internacional chegou-se finalmente à elaboração da Lei Uniforme de Genebra (LUG) sobre as letras de câmbio e notas promissórias, representando a tentativa de uma legislação comum entre vários atores do comércio internacional. Dada a dificuldade natural de um consenso sobre todos os pontos da legislação, houve por bem distinguir dois tipos de normas na LUG, quais sejam: as necessárias e imprescindíveis à uniformização, isto é, de aceitação obrigatória pelos signatários, e as não necessárias, em relação às quais poderiam ser feitas reservas. Em suma, nem todo o texto da LUG precisa ser seguido pelos países signatários.

Assim, a uniformização se deu em relação às regras consideradas necessárias, na medida em que no tocante às demais regras havia a possibilidade de adoção de reservas. Estas representam, em última análise, uma manifestação unilateral de vontade no sentido de excluir ou modificar os efeitos jurídicos de certas regras[24], ou seja, as regras não são introduzidas no ordenamento local ou são introduzidas de forma diferente[25]. Vale ressaltar que a reserva representa a mera possibilidade jurídica para o legislador nacional, e não a obrigação de modificar o regime imposto pela LUG.

Além das reservas, que representam a possibilidade de derrogação de normas da LUG, é certo que se previu também o reenvio, isto é, em alguns casos se admite a remessa ao legislador nacional da tarefa de regular diretamente determinado assunto, independentemente da derrogação das normas da LUG. Também é considerado reenvio quando se faz referência à legislação estrangeira que se encontra no direito indicado pela regra de conflito de foro. Assim, a lei do Estado a que pertence o subscritor do título é considerada a lei aplicável para regular a capacidade daquele que praticou o ato[26]. Seriam casos de reenvio as hipóteses previstas nos arts. 6º, 15, 16 e 17 do Anexo II e nos arts. 2º e 5º da Convenção destinada a regular certos conflitos de leis em matérias de letra de câmbio e notas promissórias[27].

4.3 A legislação aplicável no Brasil

As letras de câmbio foram regidas inicialmente no Brasil pelo Código Comercial de 1850, nos arts. 354 a 424. Nesse diploma normativo, a orientação que prevalecia era a do período francês da evolução dos títulos, ainda sem o reconhecimento dos princípios da autonomia e da abstração. Posteriormente, tal parte do Código Comercial foi revogada

---

24. ROSA JÚNIOR, Luiz Emygdio da. *Títulos de crédito*. 4. ed. Rio de Janeiro: Renovar, 2006, p. 16.

25. FARIA, Werter R. *Cheque*: As convenções de Genebra e o direito brasileiro. Porto Alegre: Fabris, 1978, p. 49.

26. Idem, p. 153-154.

27. ROSA JÚNIOR, Luiz Emygdio da. *Títulos de crédito*. 4. ed. Rio de Janeiro: Renovar, 2006, p. 19-20.

pelo Decreto n. 2.044/1908, no qual são incorporadas as evoluções do período alemão, reconhecendo-se especialmente a autonomia das obrigações cambiárias.

Durante o período de vigência do Decreto n. 2.044/1908, foi realizada a Convenção de Genebra, na qual se buscava uma uniformidade mundial no tratamento da letra de câmbio, da nota promissória. O Brasil, embora tenha sido signatário da convenção, só aderiu formalmente a ela em 1942 por nota da Legação Brasileira em Berna ao Secretário-Geral da Liga das Nações[28]. Apesar da adesão, tais convenções só se incorporaram ao ordenamento jurídico brasileiro por meio do Decreto n. 57.663/66, tendo o anexo I trazido o texto da LUG e o anexo II as reservas que poderiam ser feitas a esse texto. É bom ressaltar que o texto adotado no Brasil é uma cópia, com pequenas diferenças, da tradução portuguesa, a qual é objeto de grandes críticas também em Portugal, pela imprecisão da terminologia utilizada.

A LUG sobre letras de câmbio e notas promissórias foi incorporada ao ordenamento jurídico brasileiro, com as reservas permitidas pelos arts. 2 – 3 – 5 – 6 – 7 – 9 – 10 – 13 – 15 – 16 – 17 – 19 e 20 do anexo II. O Brasil não adotou integralmente a LUG, tendo feito 13 das 23 reservas permitidas. Em razão da inexistência de uma lei posterior disciplinando a matéria objeto das reservas, chegou-se a discutir se a LUG valeria efetivamente no Brasil e se teria revogado o Decreto n. 2.044/1908.

O STF resolveu a questão decidindo que tem eficácia imediata no País a Convenção Internacional aprovada pelo Congresso em Decreto Legislativo e promulgada por decreto do Presidente da República[29]. Além disso, decidiu-se pela manutenção da vigência do Decreto n. 2.044/1908[30], em relação às reservas e omissões da LUG.

Luiz Emygdio da Rosa Júnior afirma que continuam em vigor os seguintes dispositivos do Decreto n. 2.044/1908: art. 1º, V, arts. 3º e 54, § 4º, art. 8º, § 1º, art. 8º, al. 2ª, art. 10, art. 11, alíneas 1ª e 2ª, art. 14, art. 19, art. 20, art. 20, § 1º, art. 20, § 2º, art. 28, art. 36, art. 39, § 1º, art. 42, art. 43, primeira parte, art. 48, art. 51, art. 54, e art. 54, § 2º[31].

Assim, temos como legislação primária a LUG naquilo em que não foi objeto de reserva e também os dispositivos citados do Decreto n. 2.044/1908 em relação às reservas e omissões da LUG. Além disso, é certo que o Código Civil (art. 903) de 2002 se aplicará supletivamente, ou seja, na ausência de regra da legislação especial.

Luiz Emygdio F. da Rosa Junior nos apresenta um quadro comparativo usando os princípios gerais de aplicação das normas jurídicas para as letras de câmbio[32], ao qual

---

28. MARTINS, Fran. *Títulos de crédito.* 5. ed. Rio de Janeiro: Forense, 1995, v. 1, p. 56.

29. STF, Pleno, RE 71.154/PR, Rel. Min. Oswaldo Trigueiro, j. 4-8-71.

30. REQUIÃO, Rubens. *Curso de direito comercial.* 21. ed. São Paulo: Saraiva, 1998, v. 2, p. 343; MARTINS, Fran. *Títulos de crédito.* 5. ed. Rio de Janeiro: Forense, 1995, v. 1, p. 60, MERCADO JÚNIOR, Antônio. *Nova lei cambial e nova lei do cheque.* 3. ed. São Paulo: Saraiva, 1971, p. 78.

31. ROSA JÚNIOR, Luiz Emygdio da. *Títulos de crédito.* 4. ed. Rio de Janeiro: Renovar, 2006, p. 22-24.

32. Idem, p. 21.

acrescentamos a aplicabilidade do Código Civil, reconhecida pelo próprio autor do quadro.

Decreto n. 2.044/1908	LUG	Norma Aplicável
Silente	Regula	LUG
Regula	Regula de modo diverso	LUG
Regula	Silente	Decreto n. 2.044
Regula	Regula de modo diverso, mas foi objeto de reserva	Decreto n. 2.044
Silente	Regula, mas foi objeto de reserva	Código Civil ou LUG enquanto não editada lei no sentido da reserva[33]
Silente	Silente	Código Civil, Costume, analogia, princípios gerais de direito (LINDB – Lei de Introdução às Normas do Direito Brasileiro – art. 4º)

5 Requisitos intrínsecos

Como declaração de vontade que é, uma letra de câmbio deve atender a certos requisitos intrínsecos estabelecidos pelo Código Civil para toda declaração de vontade (art. 104). São requisitos intrínsecos das letras os mesmos de todos os negócios jurídicos, isto é, a capacidade do agente, o objeto lícito, possível, determinado ou determinável, e a forma prescrita ou não defesa em lei. De imediato, é oportuno destacar que a legislação cambiária dá um tratamento diferente à falta desses requisitos intrínsecos, em razão do princípio da autonomia e da proteção da aparência.

O primeiro requisito intrínseco pode ser resumido com a ideia da manifestação válida de vontade. Para tanto, exige-se que o agente possua capacidade. Além disso, é certo que a vontade não pode possuir vícios que contaminem a sua regular manifestação.

Luiz Emygdio da Rosa Júnior e Gladston Mamede[34] afirmam que os absoluta e relativamente incapazes não podem se obrigar em um título de crédito, tendo em vista o disposto no art. 42 do Decreto n. 2.044/1908, aplicável no Brasil pela omissão da LUG

---

33. MARTINS, Fran. *Títulos de crédito*. 5. ed. Rio de Janeiro: Forense, 1995, v. 1, p. 72.

34. ROSA JÚNIOR, Luiz Emygdio da. *Títulos de crédito*. 4. ed. Rio de Janeiro: Renovar, 2006, p. 155; MAMEDE, Gladston. *Direito empresarial brasileiro*: títulos de crédito. 2. ed. São Paulo: Atlas, 2005, v. 3, p. 62.

sobre o assunto. Exige-se não só a capacidade normal, mas a capacidade de assumir obrigações de caráter patrimonial, que falta ao empresário falido[35]. Em todo caso, a manifestação da vontade poderá ser feita de próprio punho ou por meio de representante, dotado de poderes especiais.

Os representantes devem indicar essa qualidade, sob pena de assumir a obrigação pessoalmente, tendo em vista a proteção da aparência nos títulos de crédito. Além disso, existe a necessidade específica de possuir os poderes necessários para se obrigar pelo representado, sob pena também de assumir a responsabilidade pessoal pelo pagamento do título (LUG – art. 8º)[36].

A ausência desse primeiro requisito não invalida o próprio título, tendo em vista o princípio da autonomia das obrigações. Havendo assinaturas de incapazes ou mesmo falsas, o título não é nulo, sendo válidas as obrigações dos demais que lançaram sua assinatura no título (LUG – art. 7º). A nulidade ou inexistência atinge apenas aquela obrigação e não o título como um todo.

O objeto do título de crédito deve ser lícito, possível, determinado ou determinável, o que na letra de câmbio é normalmente verificado, uma vez que se trata de prestação de dinheiro. Ademais, exige-se uma forma específica para os títulos, isto é, para um documento valer como título de crédito, ele deve obedecer aos requisitos legalmente impostos.

6 Requisitos legais da letra de câmbio

Os títulos de créditos são documentos de legitimação que possuem toda uma proteção especial. Em razão disso, nem todo documento pode ser considerado um título de crédito. Nessa matéria, vige o formalismo, pelo qual um documento só será considerado título de crédito se atender os requisitos impostos pela lei. Desse modo, um documento só será considerado uma letra de câmbio se possuir os requisitos determinados pela legislação (LUG – arts. 1º e 2º). A falta dos requisitos essenciais torna o título um mero documento probatório, e não uma letra de câmbio[37].

Dentre esses requisitos impostos por lei, podemos diferenciar os requisitos essenciais, que não podem estar ausentes de forma alguma, e os requisitos não essenciais[38], ou, a nosso ver, melhor chamados como supríveis[39], em relação aos quais há uma opção, isto é, o requisito pode estar ausente desde que seja suprido por outra indicação.

---

35. MESSINEO, Francesco. *Manuale di diritto civile e commerciale*. 9. ed. Milano: Giuffrè, 1972, v. 5, p.

36. MAMEDE, Gladston. *Direito empresarial brasileiro*: títulos de crédito. 2. ed. São Paulo: Atlas, 2005, v. 3, p. 63.

37. SARAIVA, José A. *A cambial*. Rio de Janeiro: José Konfino, 1947, v. 1, p. 197.

38. MARTINS, Fran. *Títulos de crédito*. 5. ed. Rio de Janeiro: Forense, 1995, v. 1, p. 126.

39. ROSA JÚNIOR, Luiz Emygdio da. *Títulos de crédito*. 4. ed. Rio de Janeiro: Renovar, 2006, p. 141; COELHO, Fábio Ulhoa. *Curso de direito comercial*. 8. ed. São Paulo: Saraiva, 2004, v. 1, p. 395; MARTINELLI, João Carlos José. *Manual dos títulos de crédito*. Jundiaí: Literarte, 2000, p. 43.

6.1 Requisitos essenciais

Inicialmente, vale a pena tratar dos requisitos essenciais, aqueles que não podem faltar em nenhuma hipótese, sob pena de não estarmos diante de uma letra de câmbio, mas de um documento qualquer sem tal força[40].

6.1.1 Cláusula cambial

O primeiro requisito essencial, comum a todo título, é a identificação do nome do título, chamada de cláusula cambial. Diante da variedade de títulos de crédito, é fundamental verificar qual é o título que está representado naquele documento e nada mais lógico do que caracterizá-lo pelo próprio nome, escrito na mesma língua em que será redigido o título, não se admitindo o uso de expressões equivalentes[41]. O texto do art. 1º da LUG afirma que o primeiro requisito é a palavra *letra*, seguindo literalmente o texto da tradução portuguesa[42]. Na Argentina, admite-se a substituição do nome do título pela indicação da cláusula a ordem[43].

Nesse ponto, já surge um problema decorrente da inadequada tradução do texto da LUG. A expressão *letra* efetivamente designa o título em Portugal, mas não é a tradição do Brasil. Aqui sempre se usou a expressão *letra de câmbio*, e não simplesmente a expressão *letra*. Em razão disso, João Eunápio Borges entende ser imprescindível a menção completa à *letra de câmbio*[44]. No mesmo sentido, para Fran Martins[45] a tradução portuguesa vale para aquele país, e não para o Brasil.

---

40. PAVONE LA ROSA, Antonio. *La letra de cambio*. Tradução de Osvaldo J. Máffia. Buenos Aires: Abeledo-Perrot, 1988, p. 105.

41. ASQUINI, Alberto. *I titoli di credito*. Padova: Cedam, 1966, p. 179. Em sentido contrário: MESSINEO, Francesco. *Manuale di diritto civile e commerciale*. 9. ed. Milano: Giuffrè, 1972, v. 5, p. 343.

42. PITÃO, José Antonio de França. *Letras e livranças*. 3. ed. Coimbra: Almedina, 2005, p. 25; FURTADO, Jorge Henrique da Cruz Pinto. *Títulos de crédito*. Coimbra: Almedina, 2000, p. 129.

43. BONFANTI, Mario Alberto; GARRONE, José Alberto. *De los títulos de crédito*. 2. ed. Buenos Aires: Abeledo-Perrot, 1976, p. 229.

44. BORGES, João Eunápio. *Títulos de crédito*. 2. ed. Rio de Janeiro: Forense, 1977, p. 54.

45. MARTINS, Fran. *Títulos de crédito*. 5. ed. Rio de Janeiro: Forense, 1995, v. 1, p. 79. No mesmo sentido: MERCADO JÚNIOR, Antônio. *Nova lei cambial e nova lei do cheque*. 3. ed. São Paulo: Saraiva, 1971, p. 94; COSTA, Wille Duarte. *Títulos de crédito*. Belo Horizonte: Del Rey, 2003, p. 147; ROQUE, Sebastião José. *Títulos de crédito*. São Paulo: Ícone, 1997, p. 87; FREITAS, Caub Feitosa. *Títulos de crédito*. Goiânia: AB, 2000, p. 117; PIRES, José Paulo Leal Ferreira. *Títulos de crédito*. 2. ed. São Paulo: Malheiros, 2001, p. 34; GONÇALVES, Victor Eduardo Rios. *Títulos de crédito e contratos mercantis*. 3. ed. São Paulo: Saraiva, 2007, p. 27; MARTINELLI, João Carlos José. *Manual dos títulos de crédito*. Jundiaí: Literarte, 2000, p. 40; BULGARELLI, Waldirio. *Títulos de crédito*. 14. ed. São Paulo: Atlas, 1998, p. 145; NEGRÃO, Ricardo. *Manual de direito comercial e de empresa*. São Paulo: Saraiva, 2010, v. 2, p. 60.

A nosso ver, a razão está com Fábio Ulhoa Coelho, Gladston Mamede e Luiz Emygdio da Rosa Júnior, que entendem que a palavra *letra* deve ser considerada suficiente[46]. Ora, esse é o texto da lei incorporado ao Brasil. Não se pode exigir mais do que consta expressamente no texto da lei. De qualquer forma, é aconselhável para evitar problemas o uso da expressão *letra de câmbio*.

6.1.2 A ordem de pagamento

Na letra de câmbio, o seu criador (sacador) dá uma ordem para que o sacado efetue o pagamento ao beneficiário. Assim sendo, é óbvio que essa ordem de pagamento deve constar do teor literal do documento. O texto do art. 1º da LUG afirma que o requisito seria "o mandato puro e simples de pagar uma quantia determinada", o que representa mais um equívoco de tradução. Não há que falar em mandato, uma vez que não se está cogitando de uma representação, mas sim de mandado, de ordem incondicional de pagar determinada quantia[47].

Além do aspecto imperativo que deve constar do título, é fundamental que se indique a quantia a ser paga, por extenso ou em algarismos, na medida em que não existe qualquer determinação legal. Havendo uma divergência entre o valor numérico e o valor por extenso, prevalece o valor por extenso. Havendo divergência entre dois valores escritos por extenso ou entre dois valores escritos em algarismos, valerá o menor valor.

A princípio, o valor de uma letra de câmbio brasileira deverá ser expresso em reais, tendo em vista a proibição genérica de obrigações assumidas em moeda estrangeira no Brasil (Lei n. 10.192/2001 – art. 1º; CC – art. 318). Todavia, pelo uso que a letra de câmbio tem no comércio internacional, é importante destacar que tal vedação possui uma série de exceções, previstas especialmente no Decreto-lei n. 857/69 e no art. 6º da Lei n. 8.880/94.

Portanto, as letras de câmbio poderão, excepcionalmente, ser emitidas em moeda estrangeira, por exemplo, quando for sacada por devedor ou credor que resida fora do Brasil, advier de obrigação assumida no exterior, for referente a contratos de exportação ou importação[48], contratos de câmbio ou envolver obrigação decorrente de arrendamento mercantil, com base em captação de recursos no exterior. Nesses casos, contudo, o

---

46. COELHO, Fábio Ulhoa. *Curso de direito comercial*. 8. ed. São Paulo: Saraiva, 2004, v. 1, p. 393; ROSA JÚNIOR, Luiz Emygdio da. *Títulos de crédito*. 4. ed. Rio de Janeiro: Renovar, 2006, p. 123; BOITEUX, Fernando Netto. *Títulos de crédito*. São Paulo: Dialética, 2002, p. 61; MAMEDE, Gladston. *Direito empresarial brasileiro*: títulos de crédito. 2. ed. São Paulo: Atlas, 2005, v. 3, p. 192.

47. FURTADO, Jorge Henrique da Cruz Pinto. *Títulos de crédito*. Coimbra: Almedina, 2000, p. 131; COSTA, Wille Duarte. *Títulos de crédito*. Belo Horizonte: Del Rey, 2003, p. 118.

48. REQUIÃO, Rubens. *Curso de direito comercial*. 21. ed. São Paulo: Saraiva, 1998, v. 2, p. 353; BULGARELLI, Waldirio. *Títulos de crédito*. 14. ed. São Paulo: Atlas, 1998, p. 142-143.

pagamento deverá ser feito em moeda nacional pelo câmbio do dia do vencimento ou do dia do pagamento (LUG – art. 41, primeira parte)[49].

Em moeda nacional ou moeda estrangeira, eventualmente o valor da letra de câmbio pode ser objeto de alguma indexação, especialmente em períodos de grande inflação[50]. Para Wille Duarte Costa, tal indexação não seria possível[51], diante da obrigatoriedade da indicação do valor exato em dinheiro. Ousamos discordar dessa orientação. A nosso ver, exigir a indicação apenas do valor exato em dinheiro é ser formalista demais, se pela indexação é possível chegar claramente ao valor a ser pago, não se podem vislumbrar quaisquer problemas. Os títulos devem ter liquidez e essa liquidez não é afetada pela existência de um indexador, uma vez que o valor do título poderá ser obtido por simples cálculos aritméticos.

Por fim, é certo que no valor a ser pago é admitida a pactuação de juros remuneratórios ou compensatórios (LUG – art. 5º) apenas nas letras com vencimento indeterminado (à vista ou a certo termo da vista). Em todo caso, a cláusula deverá ser inserida pelo sacador e deverá identificar a taxa cobrada, sob pena de se considerar não escrita. Além disso, o título pode definir o termo inicial da incidência dos juros que, no silêncio, será considerado o dia da emissão do título. Vale ressaltar que nos cheques (Lei n. 7.357/85 – art. 10) e nos títulos atípicos (CC – art. 890) considera-se não escrita a cláusula de juros.

6.1.3 Nome do sacado

Por ser a letra de câmbio uma ordem de pagamento, é claro que o título deve identificar a quem a ordem é dirigida, isto é, o título deve identificar o sacado. O que se exige é a simples indicação da pessoa do sacado, que deverá ser reconhecido pelo RG, CPF, CTPS, ou título de eleitor (Lei n. 6.268/75)[52], não sendo requisito a sua assinatura. Essa designação do sacado não lhe traz qualquer responsabilidade, a qual decorrerá do eventual aceite firmado no título. Assim, a princípio o sacado tem a liberdade de efetuar ou não o pagamento.

É, portanto, dever do sacador indicar alguém para efetuar esse pagamento. Essa indicação pode recair em uma ou mais pessoas. Nesse caso, pode haver uma indicação

49. ROSA JÚNIOR, Luiz Emygdio da. *Títulos de crédito*. 4. ed. Rio de Janeiro: Renovar, 2006, p. 129.

50. FAZZIO JUNIOR, Waldo. *Manual de direito comercial*. São Paulo: Atlas, 2000, p. 396; ROSA JÚNIOR, Luiz Emygdio da. *Títulos de crédito*. 4. ed. Rio de Janeiro: Renovar, 2006, p. 125.

51. COSTA, Wille Duarte. *Títulos de crédito*. Belo Horizonte: Del Rey, 2003, p. 148.

52. Tal norma exige a identificação do devedor, isto é, do aceitante ou do emitente da nota promissória, e não dos demais que lançam sua assinatura (MARTINS, Fran. *Títulos de crédito*. 5. ed. Rio de Janeiro: Forense, 1995, v. 1, p. 133).

cumulativa (Romário, Edmundo e Ronaldo), sucessiva (Romário e sucessivamente Edmundo) ou alternativa (Romário ou Edmundo), com a escolha cabendo ao beneficiário[53].

6.1.4 Nome do beneficiário

As letras de câmbio não podem ser títulos ao portador e, por isso, é fundamental indicar o nome da pessoa que deve ser paga (tomador ou beneficiário). Deve-se apontar quem tem a legitimidade para receber a prestação ali consignada. Tal legitimidade pode ser posteriormente transferida, mas no título deve constar necessariamente esse beneficiário original da prestação.

6.1.5 Data de emissão

Também deve constar de uma letra de câmbio a data na qual ela foi sacada. Tal marco temporal é importante para aferir, por exemplo, a capacidade de o sacador se obrigar no momento em que emitiu o título. Além disso, tal data pode servir de referência para o vencimento do título, ou mesmo como marco da contagem de certos prazos referentes à letra, como o prazo de um ano para apresentação ao sacado da letra emitida à vista.

6.1.6 Assinatura do sacador

Nos títulos de crédito, como a letra de câmbio, a fonte da obrigação cambiária é uma declaração unilateral de vontade, a qual, obviamente, deve constar do documento. Assim, é requisito essencial da letra de câmbio a assinatura do sacador, vale dizer, a declaração unilateral de vontade apta a fazer nascer o título. Tal declaração da vontade do sacador é chamada de saque e representa a declaração cambiária necessária para a letra de câmbio. O saque é, portanto, a vontade necessária e suficiente para fazer surgir a letra de câmbio.

A representação material dessa declaração de vontade se dá com a assinatura do sacador no corpo do título de crédito. A assinatura pode ser feita de próprio punho ou por meio de mandatário dotado de poderes especiais, em função da reserva constante do art. 2º do Anexo II da Lei Uniforme, mantendo-se em vigor os arts. 1º, V, 8º, segunda

---

53. BONFANTI, Mario Alberto; GARRONE, José Alberto. *De los títulos de crédito*. 2. ed. Buenos Aires: Abeledo-Perrot, 1976, p. 234; MARTINS, Fran. *Títulos de crédito*. 5. ed. Rio de Janeiro: Forense, 1995, v. 1, p. 115.

alínea, 11 e 14 do Decreto n. 2.044/1908[54]. Nesse caso, deve-se mencionar que se trata de mandato[55].

Por meio desse saque, o sacador garante a aceitação e o pagamento do título (LUG – art. 9º), ou seja, se o sacado não aceitar ou não pagar a letra, o sacador tem o dever de efetuar o pagamento.

6.2 Requisitos supríveis

Além dos requisitos essenciais mencionados *supra*, a LUG indica outros três cuja ausência não afasta necessariamente a validade do documento como letra de câmbio. Nesses casos, sua ausência pode ser suprida por outros elementos da letra ou pela própria lei. Há uma alternativa na lei, e não uma dispensa total do requisito, daí ser melhor falar em requisitos supríveis.

6.2.1 Local de emissão

O primeiro requisito suprível é o local de emissão, que serve especialmente para identificar a legislação aplicável àquele título[56]. Tal requisito não é essencial, na medida em que pode ser suprido pelo local próximo ao nome do sacador (normalmente o seu próprio endereço). Exige-se um (local de emissão) ou outro (local próximo ao nome do sacador). Não havendo nenhuma indicação, a letra é nula[57], ou melhor, não goza de eficácia cambial[58].

6.2.2 Local de pagamento

Também é considerado um requisito suprível a indicação do local do pagamento, que serve para revelar ao beneficiário onde deve se apresentar com o título para recebê-lo. Caso não se mencione o lugar de pagamento, a letra deve ser paga no local ao lado do nome do sacado e que também será considerado o seu domicílio. Não havendo nenhuma das duas indicações, o documento não vale como letra de câmbio[59].

---

54. MERCADO JÚNIOR, Antônio. *Nova lei cambial e nova lei do cheque*. 3. ed. São Paulo: Saraiva, 1971, p. 78-79.

55. SARAIVA, José A. *A cambial*. Rio de Janeiro: José Konfino, 1947, v. 1, p. 195.

56. ASQUINI, Alberto. *I titoli di credito*. Padova: Cedam, 1966, p. 190.

57. REQUIÃO, Rubens. *Curso de direito comercial*. 21. ed. São Paulo: Saraiva, 1998, v. 2, p. 355; MARTINS, Fran. *Títulos de crédito*. 5. ed. Rio de Janeiro: Forense, 1995, v. 1, p. 129.

58. ROSA JÚNIOR, Luiz Emygdio da. *Títulos de crédito*. 4. ed. Rio de Janeiro: Renovar, 2006, p. 145.

59. MARTINS, Fran. *Títulos de crédito*. 5. ed. Rio de Janeiro: Forense, 1995, v. 1, p. 128.

6.2.3 Vencimento

O único requisito apontado em lei que realmente é dispensável é o vencimento. A princípio, deve-se indicar em que momento a obrigação se tornará exigível. Todavia, caso a letra não informe quando o pagamento deve ser feito, a letra será pagável à vista (LUG – art. 2º, 2). Assim, independentemente da indicação de um vencimento, o título terá eficácia cambial, pois se presume que o título vence contra apresentação ao sacado.

MODELO DE LETRA DE CÂMBIO

LETRA DE CÂMBIO

Aceito(amos)

N. 01/2018 Vencimento em **25** de **MARÇO** de **2018**.

R$ 10.000,00

A **VINTE E CINCO DIAS DO MÊS DE MARÇO DO ANO DE DOIS MIL E DEZOITO** pagará por esta única via de LETRA DE CÂMBIO a **JOHN BONHAM** CPF/CNPJ **999.999.999-99** ou à sua ordem, a quantia de **DEZ MIL REAIS**.------

na praça de **BRASÍLIA**.

BRASÍLIA, **25** de **JUNHO** de **2018**.

Jimmy Page (assinatura do sacador)

ROBERT PLANT	**JIMMY PAGE**
Sacado	Sacador
888.888.888-88	**777.777.777-77**
CPF/CNPJ	CPF/CNPJ
Av. Black Dog, 1974	**Rua Rock'n Roll 1980**
Endereço	Endereço

6.3 Título em branco

A presença dos requisitos impostos por lei é necessária em razão do formalismo que rege os títulos de crédito. Um documento só será considerado um título de crédito se atender a todos os requisitos impostos em lei. Todavia, a verificação da obediência a esses requisitos não é necessária desde a emissão do título. Os requisitos devem estar presentes no momento da apresentação do título para pagamento[60], isto é, "a completude da cambial é condição essencial para fazer valer o crédito cambiário, não já para o nascimento da obrigação"[61]. Portanto, é perfeitamente possível a emissão de um título em branco.

Emitido o título em branco, isto é, sem todos os elementos exigidos pela legislação, é certo que pode haver o preenchimento do título ao longo da sua vida, mas antes do exercício do direito. Esse preenchimento das lacunas da letra emitida em branco pode ser feito pelo próprio credor do título, que possui uma espécie de mandato (CC – art. 891) para preencher o documento. Em todo caso, presume-se que os requisitos foram lançados na época da criação do título (Decreto n. 2.044/1908 – art. 3º).

Nesse preenchimento, o credor deve agir dentro das condições combinadas expressa ou tacitamente com o devedor (Súmula 387 – STF). Há uma espécie de convenção, expressa ou tácita, que dá o poder de preencher os elementos faltantes, mas também limita os poderes do credor nesse preenchimento[62]. Caso o devedor emita o título em branco, compete a ele, eventualmente, demonstrar que o preenchimento pelo credor foi abusivo. A princípio, presume-se que o credor obedeceu a essa convenção, isto é, presume-se a boa-fé do credor, competindo ao devedor a prova da má-fé[63]. Demonstrada essa má-fé, qualquer obrigação presente no título se tornará inexigível[64].

7 Declarações cambiárias

Uma letra de câmbio representa, em última análise, uma declaração de vontade do sacador (saque), no sentido de ordenar ao sacado o pagamento de determinada quantia em proveito do beneficiário. A par dessa declaração, que sempre existirá, podem surgir outras declarações de vontade na letra de câmbio, com a intenção de assumir a obrigação pelo pagamento do título (aceite), de transferir o título (endosso), ou de garantir o pagamento desse título (aval). Todas essas declarações de vontade que se fazem no título são chamadas de declarações cambiais.

O saque é declaração originária e necessária porque o título surge graças a ele. O aceite, o endosso e o aval são declarações cambiárias eventuais ou sucessivas, na medida em que não precisam existir em um título. As declarações secundárias não são requisitos

---

60. ASQUINI, Alberto. *I titoli di credito*. Padova: Cedam, 1966, p. 196.

61. BONELLI, Gustavo. *Cambiale*. Milano: Casa Editrice Dottore Francesco Vallardi, 1930, p. 181-182, tradução livre de "La completezza della cambiale é essenziale per far valere il credito cambiario, non già per la nascita dell'obbligazione".

62. MARTORANO, Federico. *I titoli di credito*. Napoli: Morano, 1970, p. 442.

63. CALLEGARI, Mia et al. *Trattato di diritto commerciale*: I titoli di credito. Padova: Cedam, 2006, v. 7, p. 315; SARAIVA, José A. *A cambial*. Rio de Janeiro: José Konfino, 1947, v. 1, p. 201.

64. STJ, 3ª Turma, REsp 598.891/GO, Rel. Min. Carlos Alberto Menezes Direito, Rel. p/ Acórdão Ministro Humberto Gomes de Barros, j. 18-4-2006, *DJ* 12-6-2006, p. 473.

de validade ou de eficácia da obrigação cambial. Em todas elas é essencial a assinatura do declarante.

As várias declarações que eventualmente sejam feitas na letra de câmbio são independentes entre si, isto é, vícios ou problemas de uma das declarações não afetam as demais. Cada declaração de vontade é autônoma e se mantém imune a problemas nas outras declarações.

7 ACEITE

1 Conceito

As letras de câmbio representam uma ordem de pagamento dada pelo sacador ao sacado. Nesse sentido, a única declaração de vontade essencial para o nascimento da letra de câmbio é a vontade do sacador (saque). No nascimento da letra de câmbio, o sacado não precisa manifestar sua vontade, ele é apenas uma pessoa indicada para a satisfação daquela ordem de pagamento, ou seja, a manifestação de vontade de sacado não é um elemento essencial da letra de câmbio.

Nos títulos de crédito, as obrigações são assumidas mediante declarações de vontade. Ora, se o sacado não manifestou sua vontade, não se pode imputar a ele a obrigação de pagar o título. A vontade do sacador não é suficiente para tornar o sacado devedor do título. Assim sendo, o sacado pode, a seu critério, efetuar ou não o pagamento dessa obrigação. Caso não o faça, o credor não pode obrigá-lo a pagar, pois ele não assumiu nenhuma obrigação.

A título ilustrativo, imagine-se o banco (sacado) no cheque. Como sacado que é, o banco também não manifesta sua vontade na emissão do título e, por isso, não assumiu qualquer responsabilidade. Basta a manifestação do sacador (cliente) para fazer surgir o cheque. Caso o cheque não seja pago pelo banco, é óbvio que ele não pode ser executado para pagar o título, pois ele não expressou sua vontade. A mesma ideia se aplica à letra de câmbio, isto é, o sacado que não anunciou sua vontade no sentido de assumir a obrigação de pagar o título não pode ser compelida a pagá-lo.

Por questões de segurança e proteção do crédito, o credor da letra de câmbio tem a possibilidade de verificar se o sacado vai ou não efetuar esse pagamento. Como se trata de uma opção do sacado pagar ou não, o credor pode indagá-lo, antes do vencimento, se ele realmente vai realizar o pagamento ou não. O sacado tem ampla liberdade para dizer se vai fazer ou não o pagamento.

Caso ele se manifeste no sentido de que vai pagar o título de crédito, ele deve expressar essa vontade no próprio título assumindo a condição de obrigado pelo pagamento da letra de câmbio. Ao declarar sua vontade no sentido de que vai efetuar o pagamento, o sacado se torna devedor do título e pode ser eventualmente compelido a realizar esse pagamento. Ele deixa de ser um mero nome indicado no documento e passa a ser um obrigado pelo pagamento, pois manifestou sua vontade nesse sentido. Essa declaração de vontade que torna o sacado obrigado a pagar a letra de câmbio é chamada de aceite, que existe apenas nas letras de câmbio e duplicatas, não se encontrando no cheque ou nas promissórias.

O aceite é sempre facultativo e representa o "ato formal segundo o qual o sacado se obriga a efetuar, no vencimento, o pagamento da ordem que lhe é dada"[1]. Mais detalhadamente, o aceite seria "a declaração unilateral de vontade, facultativa, pela qual o sacado assume a obrigação de realizar o pagamento de soma indicada no título dentro do prazo ali especificado, tornando-se assim responsável direto pela execução da obrigação incondicional"[2]. Em outras palavras, o aceite é "a declaração cambial em virtude da qual o sacado manifesta sua concordância com a ordem que o sacador fez com a letra, e se compromete a pagá-la em seu vencimento à pessoa que se apresentar como legítima possuidora"[3].

Em suma, o aceite é a manifestação de vontade do sacado no sentido de que vai pagar a letra, ou seja, é o ato pelo qual ele assume o compromisso de cumprir a ordem que lhe foi dada. Sem o aceite o sacado é um mero nome constante do título. Com o aceite ele se torna obrigado a pagar o título. De qualquer forma, trata-se de uma declaração cambiária sucessiva e acessória, vale dizer, não essencial, pois a letra existe mesmo que não haja o aceite.

2 Forma

Para assumir a condição de devedor do título, o sacado deve expressar sua vontade aceitando a ordem que lhe foi dada. Pelo princípio da literalidade, essa manifestação de vontade deve ser exteriorizada no próprio título de crédito, mediante a assinatura do sacado ou de procurador com poderes especiais. Não há uma fórmula solene para o aceite, podendo ser expresso das mais diversas maneiras, desde que demonstre a intenção de se tornar obrigado pelo pagamento do título, na condição de aceitante. O STJ já afirmou que "O aceite é ato formal e deve aperfeiçoar-se na própria cártula mediante assinatura (admitida a digital) do sacado no título, em virtude do princípio da literalidade, nos termos do que dispõe o art. 25 da LUG, não possuindo eficácia cambiária aquele lançado em separado à duplicata"[4].

Para simplificar e agilizar a atuação do sacado, a legislação presume como aceite a simples assinatura do sacado na frente do título, no anverso da letra de câmbio, mesmo sem qualquer indicação. Caso o sacado assine o título no verso, tal assinatura só será

1. MARTINS, Fran. *Títulos de crédito*. 5. ed. Rio de Janeiro: Forense, 1995, v. 1, p. 180.

2. SANTOS, Theóphilo de Azeredo. *Do aceite*. Rio de Janeiro: Forense, 1960, p. 16.

3. CARBONERES TEROL, Francisco. *La acpetación de la letra de cambio*. Madrid: Tecnos, 1976, p. 23, tradução livre de "la declaración cambiaria en virtud de la cual el librado manifiesta su conformaidade a la petición que el librador le ha hecho con la letra, y se comprome a pagarla a su vencimiento a la persona que resulte su legítimo tenedor".

4. STJ, 4ª Turma, REsp 1202271/SP, Rel. Min. Marco Buzzi, j. 7-3-2017, *DJe* 18-4-2017.

considerada um aceite se for complementada por uma declaração (não há fórmula solene) que indique que aquela assinatura é um aceite, como expressões do tipo *aceitação*, *aceitante* ou *de acordo*.

John Bonham ou **Aceito** *John Bonham*

Em todo caso, o aceite deve ser firmado no próprio título, em razão do princípio da literalidade, pelo qual vale o que está escrito no título[5]. Contudo, para Bulgarelli e Mamede, o aceite dado fora do título de crédito produz efeitos normalmente[6], tornando o sacado devedor da obrigação. No entanto, Luiz Emygdio da Rosa Júnior sustenta que o aceite dado em separado produz efeitos não cambiários, como um reconhecimento de dívida[7], mas admite a possibilidade do aceite dado em documento separado, no caso do aceite riscado pelo sacado, nos termos do art. 29 da LUG[8].

Com efeito, firmado o aceite no próprio título, garante-se ao sacado o direito de arrependimento[9], isto é, uma vez que não é ele o criador daquele documento, ele pode se arrepender da obrigação assumida. Para tanto, ele deve riscar o aceite antes de devolver o título a quem o apresentou (LUG – art. 29). Nesse caso, o aceite riscado não produz efeitos, ou seja, o sacado continua sem ter responsabilidade pelo pagamento do título.

Todavia, se ele comunicou por escrito a qualquer dos signatários da letra que deu o aceite, ele fica vinculado em relação a essas pessoas que receberam a comunicação. Nesse caso, protege-se a confiança do terceiro que recebeu essa comunicação e com base nela se organizou em seus afazeres[10]. Não se trata exatamente de um aceite dado fora do título, mas da não produção de efeitos do cancelamento do aceite em relação àqueles que foram comunicados[11]. Assim sendo, a vinculação do aceitante sempre decorrerá do ato cambiário de assinar o título, mesmo que essa assinatura seja riscada, ressaltando, contudo, que nesse caso apenas com a comunicação escrita é que haverá a vinculação do sacado.

---

5. BORGES, João Eunápio. *Títulos de crédito*. 2. ed. Rio de Janeiro: Forense, 1977, p. 69.

6. BULGARELLI, Waldirio. *Títulos de crédito.* 14. ed. São Paulo: Atlas, 1998, p. 157; MAMEDE, Gladston. *Direito empresarial brasileiro*: títulos de crédito. 2. ed. São Paulo: Atlas, 2005, v. 3, p. 215.

7. ROSA JÚNIOR, Luiz Emygdio da. *Títulos de crédito.* 4. ed. Rio de Janeiro: Renovar, 2006, p. 190.

8. REQUIÃO, Rubens. *Curso de direito comercial.* 21. ed. São Paulo: Saraiva, 1998, v. 2, p. 371; ROSA JÚNIOR, Luiz Emygdio da. *Títulos de crédito.* 4. ed. Rio de Janeiro: Renovar, 2006, p. 204; MARTINS, Fran. *Títulos de crédito.* 5. ed. Rio de Janeiro: Forense, 1995, v. 1, p. 193-194.

9. CALLEGARI, Mia et al. *Trattato di diritto commerciale*: I titoli di credito. Padova: Cedam, 2006, v. 7, p. 359.

10. DE SEMO, Giorgio. *Trattato di diritto cambiario.* 3. ed. Padova: Cedam, 1963, p. 382.

11. MARTORANO, Federico. *I titoli di credito.* Napoli: Morano, 1970, p. 463; ASQUINI, Alberto. *I titoli di credito.* Padova: Cedam, 1966, p. 215.

3 Data do aceite

Em regra, o aceite não precisa ser datado. Todavia, nas letras a certo termo da vista, é fundamental identificar o dia do aceite para poder se chegar ao dia do vencimento, uma vez que o dia do aceite funciona como termo inicial do prazo estabelecido para o vencimento. Também é essencial a data do aceite, quando o teor literal do título determina que a apresentação para o aceite seja feita dentro de um prazo fixado (LUG – art. 25). Nesses casos, o aceite deverá ser datado no próprio dia em que foi dado, salvo se o portador exigir que seja datado com o dia da apresentação.

Caso não seja colocado o dia do aceite nas letras a certo termo da vista, o portador poderá promover um protesto por falta de data do aceite, cujo dia será estabelecido como o dia do aceite. Tal protesto não é essencial, na medida em que, para o efeito do vencimento do título, considera-se a data do aceite o último dia do prazo para apresentação (LUG – art. 35)[12], contando-se daí o respectivo prazo.

Para Waldo Fazzio Júnior[13], além das duas opções, o portador poderia inserir a data, tendo uma espécie de mandato para tanto. Pontes de Miranda reconhece a existência de um mandato no regime do Decreto n. 2.044/1908, mas afasta esse mandato no regime da LUG[14]. Embora, na prática, seja isso que ocorra, é certo que não vislumbramos a existência desse mandato para inserir a data. Assim, acreditamos que as soluções passam pelo protesto por falta de data do aceite, ou pela presunção de que o aceite foi dado no último dia do prazo.

4 Apresentação para aceite

Nas letras de câmbio, pelo princípio da cartularidade ou incorporação, o título deve ser apresentado ao sacado, no vencimento, para que este efetue o pagamento. Ocorre que, antes do vencimento, o beneficiário pode estar em dúvida se o sacado vai ou não realizar esse pagamento. Nesse caso, ele pode fazer uma apresentação para que o sacado afirme se vai ou não pagar, isto é, ele pode fazer uma apresentação para que o sacado dê ou não o aceite. Para que esse aceite ocorra, é essencial que o próprio título seja apresentado ao sacado para que ele firme a sua assinatura, salvo quando o sacador já entrega o título ao beneficiário com o aceite firmado.

Como o próprio aceite é facultativo, em regra, a apresentação para aceite também é facultativa. Todavia, pela vontade de um signatário do título (LUG – art. 22) ou de acordo com o tipo de vencimento da letra de câmbio (LUG – art. 23), a apresentação para o aceite pode se tornar obrigatória.

---

12. MARTINS, Fran. *Títulos de crédito.* 5. ed. Rio de Janeiro: Forense, 1995, v. 1, p. 294.
13. FAZZIO JUNIOR, Waldo. *Manual de direito comercial.* São Paulo: Atlas, 2000, p. 401.
14. PONTES DE MIRANDA. *Tratado de direito cambiário.* Campinas: Bookseller, 2000, v. 1, p. 295.

4.1 Apresentação facultativa

Caso já haja um dia definido para o vencimento do título, isto é, nas letras de cambio com vencimento a certo termo da data (exemplo: 30 dias da emissão) ou com vencimento em dia certo (exemplo: 23 de novembro de 2008), o credor pode apresentar o título apenas para pagamento. Ele já sabe quando poderá exigir o pagamento. Assim, se, pela prática reiterada em casos anteriores, ele acredita que o sacado vai efetuar o pagamento no vencimento, ele não precisa do aceite, ele não precisa da confirmação por parte do sacado. Portanto, quando os títulos têm vencimento em dia certo ou a certo termo da data, a apresentação para o aceite é uma opção do credor, que poderá ser exercida até o vencimento do título.

4.2 Apresentação obrigatória

Entretanto, caso o título tenha vencimento a certo termo da vista (exemplo: em 120 dias da vista do presente título), isto é, quando o prazo para o vencimento só começa a correr do dia do visto ou do dia do aceite, é obrigatória a apresentação para aceite. Ora, pela forma do vencimento, a obrigação só se tornará exigível 120 dias após o visto ou aceite. Assim, é fundamental que esse dia chegue, sob pena de o título nunca vencer. Diante disso, a apresentação para o aceite se torna obrigatória, sob pena de o título não chegar a ser exigível.

Sendo necessária a apresentação, a lei estabelece um prazo para que essa apresentação ocorra, a fim de não perpetuar a vida do título de crédito. O prazo para essa apresentação é de um ano contado da emissão do título. O sacador pode aumentar ou reduzir esse prazo (LUG – art. 23), bem como alterar o seu termo inicial. Os eventuais endossantes podem apenas reduzir esse prazo.

Além do vencimento a certo termo da vista, o sacador ou os endossantes podem exigir que o título seja apresentado para o aceite, para verificar a conduta do sacado em tais casos. A ideia é ver se a postura do sacado se coaduna com os ajustes existentes entre as partes. Assim, pode-se impor a letra contra aceite, obrigando que o beneficiário a apresente para o sacado antes do vencimento, podendo ser estipulado ou não um prazo para isso.

Caso tal declaração seja firmada pelo sacador e não haja apresentação do título para aceite no prazo fixado, o beneficiário não poderá exigir o pagamento do título (LUG – art. 53). A declaração firmada pelo endossante nesse sentido só produz efeitos em relação a ele, isto é, a não apresentação para aceite só fará cessar a responsabilidade do próprio endossante[15].

4.3 Títulos à vista e apresentação para aceite

Nos títulos à vista, a apresentação do título ao sacado já torna a obrigação exigível. Desse modo, fica difícil imaginar a apresentação do título para o aceite, embora não haja nenhu-

---

15. ROSA JÚNIOR, Luiz Emygdio da. *Títulos de crédito*. 4. ed. Rio de Janeiro: Renovar, 2006, p. 176.

ma proibição legal disso. Apresentado o título ao sacado, a postura dele é efetuar o pagamento ou não, pois a obrigação já é exigível. Não há muito sentido na conduta do sacado de dizer que vai pagar, se aquele já é o momento próprio de realizar o pagamento, vale dizer, apresentado o título, o sacado deve pagar ou negar o pagamento e não dizer que vai pagar, uma obrigação que já deve ser paga. Saraiva chega a afirmar que não há aceite nas letras à vista[16].

Apesar disso, Alberto Asquini assevera que a apresentação para aceite é possível, nos títulos à vista, se houver um acordo entre o credor e o sacado sobre tal assunto[17]. Bonfanti também reconhece a possibilidade do aceite nos títulos à vista, sob o fundamento de que não haveria motivo para impedir essa aceitação na legislação[18]. Pontes de Miranda sufraga o mesmo entendimento ao mencionar que no ato de apresentação para o pagamento estaria inserida a apresentação para o aceite[19]. Jorge A. Forastieri admite que a apresentação para aceite nas letras à vista só deveria ocorrer se houvesse a imposição pelo teor do documento[20]. Carboneres Terol afirma que, no direito espanhol, qualquer apresentação ao sacado geraria o vencimento e, por isso, ficaria inviabilizada a apresentação para aceite. Apesar disso, ele, pessoalmente, entende que deveria existir nos títulos à vista a possibilidade de apresentação para aceite[21].

Admitimos que o aceite possa aparecer nesses títulos, mas isso só fará sentido previamente à entrega do título ao beneficiário, isto é, o próprio sacador poderia providenciar o aceite anteriormente[22]. Com o título nas mãos do beneficiário, não vislumbramos muito sentido na apresentação para o aceite de uma letra de câmbio à vista[23].

A própria LUG afirma que o protesto por falta de aceite deve ser feito nos prazos fixados para apresentação para o aceite (LUG – art. 44). Ora, se não há prazo para apresentação para aceite nas letras à vista, não há protesto por falta de aceite e, se não há protesto por falta de aceite, é porque não é razoável a apresentação para o aceite nas letras à vista. Entretanto, não há como negar que a melhor conclusão é a de Bonelli[24] e Vivante[25], que asseveram que a apresentação para o aceite nas letras à vista é supérflua, mas não é proibida[26].

---

16. SARAIVA, José A. *A cambial*. Rio de Janeiro: José Konfino, 1947, v. 2, p. 41.

17. ASQUINI, Alberto. *I titoli di credito*. Padova: Cedam, 1966, p. 208.

18. BONFANTI, Mario Alberto; GARRONE, José Alberto. *De los títulos de crédito*. 2. ed. Buenos Aires: Abeledo-Perrot, 1976, p. 373.

19. PONTES DE MIRANDA. *Tratado de direito cambiário*. Campinas: Bookseller, 2000, v. 1, p. 300.

20. FORASTIERI, Jorge A. *Títulos cambiarios*. Buenos Aires: Gowa, 2006, p. 190-191.

21. CARBONERES TEROL, Francisco. *La acpetación de la letra de cambio*. Madrid: Tecnos, 1976, p. 70-71.

22. Idem, p. 70.

23. MARTINS, Fran. *Títulos de crédito*. 5. ed. Rio de Janeiro: Forense, 1995, v. 1, p. 185; MARTORANO, Federico. *I titoli di credito*. Napoli: Morano, 1970, p. 459.

24. BONELLI, Gustavo. *Cambiale*. Milano: Casa Editrice Dottore Francesco Vallardi, 1930, p. 266.

25. VIVANTE, Cesare. *Trattato di diritto commerciale*. 5. ed. Milano: Casa Editrice Dottor Francesco Vallardi, 1924, v. 3, p. 286.

26. ROSA JÚNIOR, Luiz Emygdio da. *Títulos de crédito*. 4. ed. Rio de Janeiro: Renovar, 2006, p. 180-181; BORGES, João Eunápio. *Títulos de crédito*. 2. ed. Rio de Janeiro: Forense, 1977, p. 66.

4.4 Reapresentação

Apresentado o título ao sacado para o aceite, ele pode ter a intenção de confirmar a autenticidade e o dever de assumir tal obrigação. Assim sendo, o sacado tem o direito de pedir a reapresentação do título no primeiro dia subsequente, garantindo-se assim a oportunidade de o sacado confirmar o que foi combinado com o sacador. Trata-se de um direito do sacado, logo, não há possibilidade de negativa a tal pedido.

5 Entrega e retenção do título

A apresentação para aceite envolve a colocação material do título à disposição do sacado, não sendo suficiente a mera notificação do sacado para que dê o aceite[27]. Essa apresentação pode ser feita pelo portador ou por um simples detentor do título[28]. Em todo caso, não há a obrigação de se deixar o título nas mãos do sacado (LUG – art. 24). Todavia, nada impede que ele deixe o título em poder do sacado.

Nesse caso, a legislação não estabelece o prazo no qual deverá haver a devolução do título, sendo razoável entender que o prazo é de 24 horas[29], caso não haja nenhum prazo combinado entre as partes. Passado esse prazo, a retenção do título se mostra indevida, autorizando o beneficiário a lançar mão de medidas para reaver o título. Com a revogação do procedimento especial para reaver o título, as medidas tomadas nesse sentido se inserem nas medidas gerais da tutela de urgência, no sentido da busca e apreensão do título.

6 Efeitos do aceite

Apresentada a letra para o aceite, o sacado tem duas opções: dar o aceite ou recusar o aceite, não lhe sendo autorizada a retenção do título. A escolha é dele, mas os efeitos da sua escolha são diametralmente opostos.

Enquanto não é dado o aceite, o sacado é apenas um nome indicado no título, não fazendo parte de qualquer relação cambiária. A princípio, não há qualquer obrigação de sua parte. A partir do momento em que ele firma o aceite, ele passa a fazer parte da relação cambiária, sendo denominado aceitante. Nessa condição, ele se torna o obrigado principal e direto pelo pagamento do título[30].

---

27. SANTOS, Theóphilo de Azeredo. *Do aceite*. Rio de Janeiro: Forense, 1960, p. 19; PONTES DE MIRANDA. *Tratado de direito cambiário*. Campinas: Bookseller, 2000, v. 1, p. 282.

28. PAVONE LA ROSA, Antonio. *La letra de cambio*. Tradução de Osvaldo J. Máffia. Buenos Aires: Abeledo-Perrot, 1988, p. 201.

29. MOSSA, Lorenzo. *La cambiale secondo la nuova legge*. Milano: Casa Editrice Dottor Francesco Vallardi, 1937, parte prima, p. 453; WHITAKER, José Maria. *Letra de câmbio*. São Paulo: Saraiva, 1928, p. 149; BORGES, João Eunápio. *Títulos de crédito*. 2. ed. Rio de Janeiro: Forense, 1977, p. 69.

30. FORASTIERI, Jorge A. *Títulos cambiarios*. Buenos Aires: Gowa, 2006, p. 202; DE SEMO, Giorgio. *Trattato di diritto cambiario*. 3. ed. Padova: Cedam, 1963, p. 368.

A obrigação do aceitante é uma obrigação literal, autônoma e abstrata. Além disso, ela é mais grave que a obrigação dos demais signatários do título[31]. Ele é o devedor final da obrigação, de modo que, apenas se o aceitante não pagar, é que os demais coobrigados podem ser compelidos a pagar. Por ter assumido a promessa direta de efetuar o pagamento da obrigação, o aceitante responde pelo pagamento do título independentemente da realização do protesto, ao contrário dos demais devedores, cuja execução, a princípio, depende de um protesto tempestivo (LUG – art. 53).

Ademais, quando ele efetua o pagamento todos os outros devedores do título ficam liberados, ou seja, ele não tem direito de regresso contra ninguém, ou melhor, não nasce nenhum direito cambiário para o aceitante[32]. O pagamento feito por ele é o pagamento final do título. Em razão disso, todos os portadores do título poderão exigir do aceitante o pagamento, isto é, todos os outros devedores do título terão direito de regresso contra ele, inclusive o sacador[33], pois se presume que o sacado recebeu algum valor ao dar o aceite.

Por fim, nessa condição de devedor principal, a prescrição da execução contra o aceitante tem um prazo maior (três anos do vencimento) do que contra os outros devedores (LUG – art. 70). Sendo o devedor final da obrigação, é natural que o prazo pelo qual ele se mantém vinculado seja maior.

7 Falta e recusa do aceite

Nas letras de câmbio, o aceite não é obrigatório, isto é, o sacado tem a faculdade de aceitar ou não a ordem que lhe foi dada. Sua simples indicação como sacado não lhe imputa qualquer responsabilidade, cabendo a ele assumir ou não responsabilidade pelo pagamento do título. Mesmo que o sacador seja credor dele, ou tenha remetido dinheiro para ele, é o sacado que escolhe se vai ou não responder pelo pagamento do título.

Caso o sacado dê o aceite, ele se torna devedor principal e direto do título. Se não der o aceite, não surge qualquer obrigação da sua parte, isto é, ele não integra a relação cambiária. Para o sacado, a recusa do aceite não gera qualquer efeito.

Todavia, a recusa do aceite gera o vencimento antecipado do título (LUG – art. 43), vale dizer, a obrigação constante do título se tornará exigível imediatamente, mesmo antes da data ali consignada. Todos os que assinaram o título e se tornaram devedores da letra (sacador, endossantes e avalistas) serão chamados a pagar o título imediatamente, mesmo antes da data prevista, pois garantiram que o sacado aceitaria e efetuaria o pagamento. Com a frustração dessa promessa, sua responsabilidade se faz presente imediatamente. Ora, se já se tem certeza que o sacado não vai realizar o pagamento da letra de câmbio, não há motivo para aguardar.

---

31. WHITAKER, José Maria. *Letra de câmbio*. São Paulo: Saraiva, 1928, p. 154.
32. SANTOS, Theóphilo de Azeredo. *Do aceite*. Rio de Janeiro: Forense, 1960, p. 50.
33. MARTORANO, Federico. *I titoli di credito*. Napoli: Morano, 1970, p. 457.

Portanto, com a recusa do aceite, o beneficiário poderá cobrar o título imediatamente em face de todos os signatários do título. Todavia, para exercer esse direito da cobrança antecipada do título, exige-se que o beneficiário prove essa recusa do aceite. Tal prova, contudo, deve ser feita de forma solene, isto é, a lei exige como prova da recusa do aceite o protesto lavrado pelo competente cartório (LUG – art. 44). Não basta a declaração de recusa do sacado, a prova da falta de aceite será sempre feita pelo competente cartório de maneira solene, atestando de forma indiscutível essa ausência do aceite. Com a prova da recusa do aceite em mãos (protesto), o beneficiário poderá cobrar o título antecipadamente de todos os signatários do título.

Para todos os efeitos, não interessa o motivo da não aceitação. Apesar disso, a doutrina[34] distingue a falta do aceite – quando o sacado não pode ser encontrado ou não puder firmar o aceite (morte ou incapacidade) – da recusa do aceite – quando, embora tenha sido encontrado, ele se nega a assumir a obrigação de pagar o título. Por questões didáticas, não faremos essa distinção. Usaremos indistintamente as expressões falta ou recusa do aceite para demonstrar que o aceite não foi dado.

Apenas para ilustrar, podemos imaginar uma letra de câmbio com as seguintes pessoas: ROMÁRIO (SACADOR), EDMUNDO (SACADO) e RONALDO (BENEFICIÁRIO), com vencimento previsto para o dia 31-12-2008. No dia 4-4-2008, RONALDO (BENEFICIÁRIO) apresenta o título a EDMUNDO (SACADO), o qual se recusa a assinar o título. No mesmo dia, para demonstrar que EDMUNDO (SACADO) não quis dar o aceite, RONALDO (BENEFICIÁRIO) leva o título ao cartório que, fazendo as intimações devidas, certifica, com fé pública, que EDMUNDO (SACADO) não aceitou o título. Com o título e o protesto em mãos, RONALDO (BENEFICIÁRIO) poderá cobrar antecipadamente, antes do dia 31-12-2008, o título de todas as pessoas que o assinaram, no caso apenas ROMÁRIO (SACADOR).

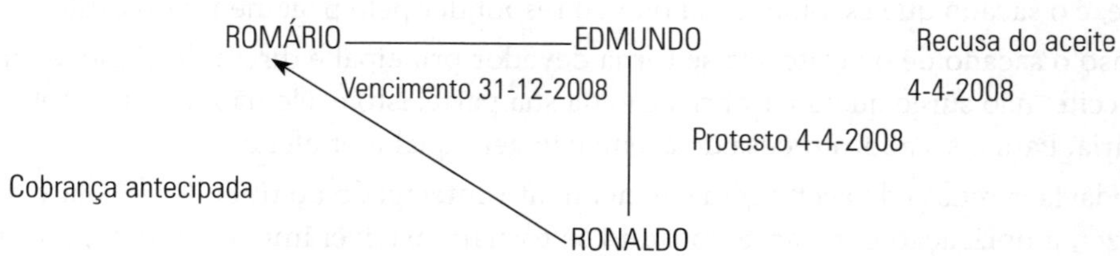

8 Aceite qualificado

Se o sacado pode aceitar a ordem que lhe foi dada, assumindo a condição de devedor principal, mas também pode recusar o aceite, não assumindo qualquer obrigação, é certo que ele pode dar um aceite qualificado, isto é, um aceite alterando alguma das condições

34. ROSA JÚNIOR, Luiz Emygdio da. Títulos de crédito. 4. ed. Rio de Janeiro: Renovar, 2006, p. 200-201; MARTINS, Fran. Títulos de crédito. 5. ed. Rio de Janeiro: Forense, 1995, v. 1, p. 192-193.

da ordem de pagamento. Dependendo do tipo de alteração imposta pelo sacado, poderemos ter um aceite limitativo ou um aceite modificativo.

O sacado pode aceitar pagar todo o valor do título, mas pode também aceitar pagar um valor diferente. Caso aceite pagar mais do que está consignado, ele não responde cambiariamente pelo valor excedente, pois não encontra fundamento o excesso no título[35]. Além disso, ele pode aceitar pagar apenas uma parte do valor ali consignado. Esse é o aceite limitativo. Nesse caso, o sacado aceita pagar menos do que o sacador havia ordenado (exemplo: aceito pagar 80, numa letra de valor original de 100).

Além de reduzir o valor, o sacado pode dar aceite modificativo, alterando as condições de pagamento (local, data, moeda). Por exemplo, se o título determina que o pagamento seja efetuado no dia 8-8-2008 e o sacado afirma que vai pagar, mas apenas no dia 8-10-2008, estamos diante de um aceite modificativo. A alteração de qualquer circunstância da ordem do sacador, que não seja o valor do título, torna a declaração da vontade do sacado um aceite modificativo[36].

Tal conduta do sacado gera duas ordens de efeitos: para ele e para os demais signatários.

Para o sacado, o aceite qualificado, modificativo ou limitativo o torna devedor do título, nos termos em que foi dado o aceite. Sua vontade é suficiente para assunção da obrigação e ela também vai definir os contornos dessa obrigação. Se o título tinha o valor de R$ 1.000,00 (um mil reais), mas ele aceita pagar apenas R$ 800,00 (oitocentos reais), o sacado é devedor dos R$ 800,00 (oitocentos reais), vale dizer, ele poderá ser compelido a pagar o valor aceito, mas não o título inteiro. Do mesmo modo, se o título vencia no dia 8-8-2008, mas ele só aceita pagar no dia 8-10-2008, ele poderá ser compelido a pagar o título na data por ele indicada.

No entanto, para as demais pessoas do título, o aceite qualificado equivale a uma recusa. Caso o beneficiário se contente com o aceite qualificado, ele poderá exigir que o sacado cumpra sua declaração de vontade. Todavia, ele também poderá considerar esse aceite qualificado como uma recusa que, se devidamente comprovada por meio do protesto, facultará a cobrança antecipada do título.

No caso do aceite modificativo, não há qualquer dúvida de que eventual cobrança antecipada do título poderá ser feita pela totalidade do valor escrito no título, pois houve o vencimento antecipado pela recusa do aceite. Todavia, no aceite limitativo, há uma dúvida se o vencimento antecipado seria da obrigação inteira ou apenas da parte não aceita.

Parte da doutrina[37] assevera que, nesse caso, houve apenas uma recusa parcial. Assim sendo, o vencimento antecipado seria somente da parte recusada, e não da obrigação

---

35. VIVANTE, Cesare. *Trattato di diritto commerciale*. 5. ed. Milano: Casa Editrice Dottor Francesco Vallardi, 1924, v. 3, p. 296; MOSSA, Lorenzo. *La cambiale secondo la nuova legge*. Milano: Casa Editrice Dottor Francesco Vallardi, 1937, parte prima, p. 457; WHITAKER, José Maria. *Letra de câmbio*. São Paulo: Saraiva, 1928, p. 152.

36. ROSA JÚNIOR, Luiz Emygdio da. *Títulos de crédito*. 4. ed. Rio de Janeiro: Renovar, 2006, p. 196.

37. ROSA JÚNIOR, Luiz Emygdio da. *Títulos de crédito*. 4. ed. Rio de Janeiro: Renovar, 2006, p. 193; REQUIÃO, Rubens. *Curso de direito comercial*. 21. ed. São Paulo: Saraiva, 1998, v. 2, p. 372; MARTINS,

inteira, pois a recusa seria apenas parcial. Por exemplo, se num título de R$ 1.000,00 (um mil reais), o sacado aceitou pagar R$ 800,00 (oitocentos reais), o beneficiário poderia, antes do vencimento combinado, exigir R$ 200,00 (duzentos reais) de todas as pessoas que assinaram o título. Nesse caso, seria dada uma quitação parcial, nos termos do art. 51 da LUG.

Outros autores[38], a nosso ver, com razão, afirmam que, mesmo no aceite limitativo, haveria o vencimento antecipado de toda a obrigação, pois se trataria de uma recusa do aceite. Ora, é certo que a garantia assumida pelos demais devedores do título é de pagamento integral da obrigação, se o sacado não pagar. Caso se demonstre (protesto) que o sacado não vai honrar a obrigação consignada no título, todos os signatários da letra vão responder pelo valor ali consignado. No aceite limitativo, também se evidencia, por meio do protesto, que o sacado não vai honrar a ordem que lhe foi dada, logo, os demais signatários deverão responder pelo valor total estabelecido no título.

9 Cláusula não aceitável

Caso o aceite seja recusado total ou parcialmente, o título vence antecipadamente, facultando-se ao beneficiário a cobrança antecipada do título. A fim de evitar tal situação, o sacador pode emitir a letra proibindo expressamente sua apresentação para o aceite antes do vencimento, por meio da chamada cláusula não aceitável (LUG – art. 22). Nesse caso, o beneficiário deveria apresentar a letra apenas para o pagamento.

A inserção de tal cláusula é extremamente vantajosa para o sacador[39], na medida em que vai impedir que o título seja cobrado antes do vencimento. Além disso, tal cláusula evita despesas com a apresentação de letras de baixo valor, bem como assegura ao sacador certo poder para disciplinar as relações na letra.

Fran. *Títulos de crédito.* 5. ed. Rio de Janeiro: Forense, 1995, v. 1, p. 195; DE SEMO, Giorgio. *Trattato di diritto cambiario.* 3. ed. Padova: Cedam, 1963, p. 379; MESSINEO, Francesco. *Manuale di diritto civile e commerciale.* 9. ed. Milano: Giuffrè, 1972, v. 5, p. 365; ASQUINI, Alberto. *I titoli di credito.* Padova: Cedam, 1966, p. 212; GARRIGUES, Joaquín. *Curso de derecho mercantil.* 7. ed. Bogotá: Temis, 1987, v. 3, p. 242; BONELLI, Gustavo. *Cambiale.* Milano: Casa Editrice Dottore Francesco Vallardi, 1930, p. 290-291; PONTES DE MIRANDA. *Tratado de direito cambiário.* Campinas: Bookseller, 2000, v. 1, p. 306; MAMEDE, Gladston. *Direito empresarial brasileiro*: títulos de crédito. 2. ed. São Paulo: Atlas, 2005, v. 3, p. 215; FORASTIERI, Jorge A. *Títulos cambiarios.* Buenos Aires: Gowa, 2006, p. 197; BONFANTI, Mario Alberto; GARRONE, José Alberto. *De los títulos de crédito.* 2. ed. Buenos Aires: Abeledo-Perrot, 1976, p. 378; PAVONE LA ROSA, Antonio. *La letra de cambio.* Tradução de Osvaldo J. Máffia. Buenos Aires: Abeledo-Perrot, 1988, p. 203; CARBONERES TEROL, Francisco. *La acpetación de la letra de cambio.* Madrid: Tecnos, 1976, p. 197.

38. BORGES, João Eunápio. *Títulos de crédito.* 2. ed. Rio de Janeiro: Forense, 1977, p. 70; COELHO, Fábio Ulhoa. *Curso de direito comercial.* 8. ed. São Paulo: Saraiva, 2004, v. 1, p. 399; BULGARELLI, Waldirio. *Títulos de crédito.* 14. ed. São Paulo: Atlas, 1998, p. 161; COSTA, Wille Duarte. *Títulos de crédito.* Belo Horizonte: Del Rey, 2003, p. 170; WHITAKER, José Maria. *Letra de câmbio.* São Paulo: Saraiva, 1928, p. 151; SANTOS, Theóphilo de Azeredo. *Do aceite.* Rio de Janeiro: Forense, 1960, p. 43.

39. ROSA JÚNIOR, Luiz Emygdio da. *Títulos de crédito.* 4. ed. Rio de Janeiro: Renovar, 2006, p. 180.

Além de todas essas vantagens, é certo que não há maiores prejuízos para o beneficiário, pois tal cláusula não impede o aceite, mas apenas a cobrança antecipada em razão da recusa do aceite. Caso o tomador apresente a letra antes da data marcada na cláusula não aceitável e o aceite for recusado, não haverá o vencimento antecipado da obrigação, devendo o tomador aguardar a data estipulada para tomar as providências para a cobrança do título.

Uma vez que não será possível a cobrança antecipada, é certo que a apresentação para o aceite se torna no mínimo desinteressante, embora não seja proibida. Ocorre que esse desinteresse na apresentação para o aceite não é admissível em alguns títulos, de modo que em algumas situações tal cláusula será vedada. A proibição dessa cláusula decorre da proteção do próprio interesse do sacado[40].

Ela não é admitida nas letras a certo termo da vista, porquanto é fundamental a apresentação para o aceite, sob pena de o título não vencer. Também não se admite a cláusula não aceitável nas letras pagáveis em domicílio de terceiro ou fora do domicílio do sacado. Nestas últimas, a proibição da cláusula existe porque o terceiro que tem de efetuar o pagamento precisa saber se o sacado aceitou a ordem[41] e na primeira porque o título precisa ser apresentado para o aceite para poder chegar ao seu vencimento.

---

40. MOSSA, Lorenzo. *La cambiale secondo la nuova legge*. Milano: Casa Editrice Dottor Francesco Vallardi, 1937, parte prima, p. 435.

41. REQUIÃO, Rubens. *Curso de direito comercial*. 21. ed. São Paulo: Saraiva, 1998, v. 2, p. 372.

8 ENDOSSO

1 Conceito

A função primordial dos títulos de crédito é agilizar a circulação de riquezas, permitindo a antecipação de valores que só seriam recebidos no futuro. Para que essa circulação ocorra, é fundamental que o título de crédito seja passado para frente. Transfere-se o título e recebe-se uma parte do seu valor antes da data ali consignada para o recebimento. Essa transferência do título de crédito possui uma forma própria na legislação cambiária que é o endosso, sem prejuízo das formas tradicionais do direito das obrigações.

O endosso "é uma declaração cambiária acessória que normalmente tem por objetivo e efeito a transmissão do título"[1]. Em outras palavras, o endosso é "a declaração formal, literal, unilateral, facultativa, acessória, incondicional, integral [...] pela qual se transfere o título e, em consequência os direitos nele incorporados"[2]. Em síntese, o endosso é um meio especial de transferência de determinados bens móveis[3] – títulos de crédito – isto é, ele representa o meio próprio de transferência da propriedade dos títulos de crédito e de todos os direitos inerentes a esse título[4].

O endosso é, portanto, o meio próprio de transferência dos títulos de crédito, mas não o único meio. Ele é o meio próprio e típico do direito empresarial, na medida em que representa um meio fácil e seguro de circulação do título. Todavia, nada impede que se use a cessão de crédito que, embora não tenha a mesma simplicidade e segurança do endosso, também cumpre a finalidade de transferir o crédito. Em todo caso, o endosso vai se aperfeiçoar com a entrega do título.

2 Pressuposto do endosso: cláusula à ordem

Embora seja o meio próprio do direito empresarial para transferir os títulos, é certo que o endosso nem sempre poderá ser realizado. Para que se efetive o endosso, pressupõe-se que o título possua a cláusula à ordem. Tal cláusula representa uma condição para

---

1. DE SEMO, Giorgio. *Trattato di diritto cambiario*. 3. ed. Padova: Cedam, 1963, p. 395, tradução livre de "é una dichiarazione cambiaria accessoria, che normalmente ha per iscopo ed efetto la trasmissione del titolo".

2. SANTOS, Theóphilo de Azeredo. *Do endosso*. Rio de Janeiro: Forense, 1962, p. 24.

3. WHITAKER, José Maria. *Letra de câmbio*. São Paulo: Saraiva, 1928, p. 110.

4. BONELLI, Gustavo. *Cambiale*. Milano: Casa Editrice Dottore Francesco Vallardi, 1930, p. 216.

que se transfira o título de crédito por meio do endosso. Por ser o endosso a forma normal de transferência dos títulos de crédito, a cláusula à ordem é presumida na letra de câmbio e na nota promissória (LUG – art. 11), bem como no cheque (Lei n. 7.357/85 – art. 17). Em todos esses títulos se afirma que, com ou sem a cláusula à ordem expressa, o título poderá ser transmitido por meio do endosso.

Vê-se, portanto, que tal cláusula é implícita no cheque, na letra de câmbio e na nota promissória, vale dizer, mesmo que não haja nada escrito no documento, tais títulos poderão ser endossados. Caso se queira impedir o endosso, deve-se escrever expressamente a cláusula não à ordem ou outra equivalente[5]. A cláusula não à ordem não se presume, devendo ser inserida expressamente por quem cria o título[6], isto é, pelo sacador ou emitente do título. O simples fato de riscar a cláusula à ordem impressa no título não é suficiente para tornar o título não passível de endosso[7]. Apenas a menção expressa da cláusula não à ordem ou uma cláusula equivalente é que vai impedir o endosso do título.

Inserida expressamente a cláusula não à ordem, o título só poderá ser transferido com a forma e os efeitos de uma cessão ordinária de créditos (LUG – art. 11; Lei n. 7.357/85 – art. 17, § 1º), vale dizer, sem a mesma agilidade e segurança para o credor, garantida pelo endosso.

Alberto Asquini e Luiz Emygdio da Rosa Júnior afirmam que o endosso feito em um título com a cláusula não à ordem não produz qualquer efeito, uma vez que a legislação exige que a transferência do título se dê com a forma e os efeitos de uma cessão de crédito[8]. Antonio Pavone La Rosa, Pontes de Miranda, Gustavo Bonelli, Joaquin Garrigues e Lorenzo Mossa sustentam, de outro lado, que o endosso feito contra a proibição do título é válido, não produz efeitos de endosso, mas apenas de cessão de crédito[9].

A nosso ver, a razão está com os defensores da segunda linha de interpretação, uma vez que poderia haver a conversão do endosso nulo em cessão de crédito. Para a conversão substancial do negócio jurídico nulo, exige-se, além da nulidade do negócio firmado, que: (a) o negócio inválido tenha os requisitos essenciais para a validade do negócio sucedâneo; e (b) a vontade das partes seja no sentido da conversão[10].

---

5. É oportuno ressaltar que a cláusula não à ordem não é admissível na duplicata (art. 2º, § 1º) e nos títulos atípicos (Código Civil – art. 890).

6. PONTES DE MIRANDA. *Tratado de direito cambiário.* Campinas: Bookseller, 2000, v. 1, p. 200; ROSA JÚNIOR, Luiz Emygdio da. *Títulos de crédito.* 4. ed. Rio de Janeiro: Renovar, 2006, p. 233.

7. ROSA JÚNIOR, Luiz Emygdio da. *Títulos de crédito.* 4. ed. Rio de Janeiro: Renovar, 2006, p. 233.

8. ASQUINI, Alberto. *I titoli di credito.* Padova: Cedam, 1966, p. 224; ROSA JÚNIOR, Luiz Emygdio da. *Títulos de crédito.* 4. ed. Rio de Janeiro: Renovar, 2006, p. 233.

9. PAVONE LA ROSA, Antonio. *La letra de cambio.* Tradução de Osvaldo J. Máffia. Buenos Aires: Abeledo Perrot, 1988, p. 338; BONELLI, Gustavo. *Cambiale.* Milano: Casa Editrice Dottore Francesco Vallardi, 1930, p. 230; MOSSA, Lorenzo. *La cambiale secondo la nuova legge.* Milano: Casa Editrice Dottor Francesco Vallardi, 1937, p. 491; GARRIGUES, Joaquín. *Curso de derecho mercantil.* 7. ed. Bogotá: Temis, 1987, v. 3, p. 218; PONTES DE MIRANDA. *Tratado de direito cambiário.* Campinas: Bookseller, 2000, v. 1, p. 200.

10. PINTO, Carlos Alberto da Mota. *Teoria geral do direito civil.* 3. ed. Coimbra: Almedina, 1999, p. 631-632.

Embora a lei fale que, com a cláusula não à ordem, o título só poderá ser transferido com a forma de uma cessão ordinária de créditos, é certo que o endosso feito nesse caso tem todos os elementos necessários para a cessão de crédito, permitindo a conversão substancial do negócio jurídico. Nesse caso, as duas partes manifestaram sua vontade de transferir e de receber o título, o que, mesmo sem um contrato escrito, é suficiente para a cessão de crédito. Além disso, é claro que intenção das partes era de efetivamente transferir o título.

3 Forma

O beneficiário da letra de câmbio é o titular dos direitos incorporados no título. Para que esses direitos sejam transferidos para outra pessoa, é preciso que o beneficiário manifeste a sua vontade no sentido dessa transferência. Tal manifestação de vontade é necessária e suficiente para configurar o endosso, uma vez que estamos diante de uma declaração unilateral de vontade no sentido da transferência do título, ainda que se indique para quem o título está sendo transferido[11].

A vontade do beneficiário, em razão do princípio da literalidade, deverá ser formalizada no próprio título de crédito. Se o endosso for escrito fora do título, não produzirá efeitos cambiais[12]. Caso o espaço no documento não seja suficiente para realizar o endosso, deve-se colar uma folha de papel (anexo, alongue ou alongamento) ao título e realizar o endosso nessa folha, que, para todos os efeitos, é o próprio título de crédito.

Para simplificar e agilizar o endosso, entende-se que a simples assinatura do beneficiário no verso (dorso) do título é suficiente para representar a manifestação de vontade apta a transferir o título. Embora esse seja o padrão formal para o endosso, é certo que nossa legislação admite uma segunda forma para tal declaração de vontade. Também vale como endosso a assinatura do beneficiário na face (anverso) do título, desde que acompanhada de alguma expressão que demonstre que a intenção ali era transferir o título (Pague-se a, Transfiro para...).

Em qualquer das formas possíveis, deve haver a assinatura do beneficiário. A princípio, tal assinatura deverá ser feita de próprio punho. Admite-se, contudo, que o endosso seja firmado por um procurador do beneficiário, dotado de poderes especiais para efetivar o endosso.

4 Endosso em preto e em branco

Além da assinatura do beneficiário, o endosso pode identificar ou não a pessoa que vai receber o título. Ao endossar o título, o beneficiário deixa de ser o credor da-

---

11. PONTES DE MIRANDA. *Tratado de direito cambiário*. Campinas: Bookseller, 2000, v. 1, p. 318.

12. WHITAKER, José Maria. *Letra de câmbio*. São Paulo: Saraiva, 1928, p. 114; SANTOS, Theóphilo de Azeredo. *Do endosso*. Rio de Janeiro: Forense, 1962, p. 24; SARAIVA, José A. *A cambial*. Rio de Janeiro: José Konfino, 1947, v. 1, p. 253.

quela obrigação, passando a assumir outra condição, a de endossante. A condição de credor pertencerá a quem recebe o título por meio do endosso, o endossatário. A indicação ou não do nome do endossatário permitirá qualificar o endosso, como em branco ou em preto.

No endosso em preto, o endossante indica a quem está sendo transferido o título, isto é, é mencionado o endossatário do título. Diante dessa menção expressa ao nome do endossatário, há maior segurança, uma vez que apenas ele poderá exercer os direitos decorrentes do título. Além disso, caso ele queira passar o título para frente, ele terá que fazer um novo endosso. Tal endosso poderá ser escrito tanto na frente quanto no verso do título.

Endosso para JOHN BONHAM

Robert Plant

Em contrapartida, é possível que o endossante assine o título, mas não indique para quem ele está sendo transferido. Não mencionando o nome do endossatário, estamos diante do endosso em branco, que só poderá ser lançado no verso do título (LUG – art. 13). Nesse caso, o título pode passar a circular como se fosse ao portador, isto é, a simples tradição do documento pode ser suficiente para transferi-lo. O título não se torna ao portador, uma vez que já houve a indicação de um beneficiário para o título, apenas sua circulação passa a seguir as regras dos títulos ao portador.

O endossatário, do endosso em branco, pode fazer um novo endosso para transferir o título. Nesse caso, o novo endosso faz presumir que foi adquirida a propriedade da letra pelo endosso anterior. Ele pode ainda completar o endosso em branco com o nome do beneficiário, transformando-o em endosso em preto. Além disso, como seu nome não consta do teor literal da letra de câmbio, ele pode simplesmente entregar materialmente o título para que outra pessoa possa exercer os direitos decorrentes daquele documento. A simples tradição é suficiente para legitimar o novo possuidor para o exercício de todos os direitos. Há uma menor segurança nesse caso, mas também uma maior agilidade, presumindo-se o possuidor como o titular dos direitos ali mencionados[13].

Dada a possibilidade de circulação pela simples tradição, é certo que várias pessoas usavam de tal mecanismo para não identificar as riquezas que passavam por suas mãos. Em razão disso, a Lei n. 8.088/90 (art. 19) estabeleceu que "todos os títulos, valores mobiliários e cambiais serão emitidos sempre sob a forma nominativa, sendo transmissíveis somente por endosso em preto". E mais, afirmou que "a emissão em desobediência à forma nominativa prevista neste artigo torna inexigível qualquer débito representado pelo título, valor mobiliário ou cambial irregular" (art. 19, § 1º).

---

13. SANTOS, Theóphilo de Azeredo. *Do endosso*. Rio de Janeiro: Forense, 1962, p. 34.

A literalidade da Lei n. 8.088/90 leva a crer que não seria mais possível o endosso em branco para os títulos cambiais. Para Fábio Ulhoa Coelho, contudo, essa não foi a intenção da lei. Ele afirma que a intenção da lei era identificar o credor no momento do recebimento e, por isso, ainda poderia haver o endosso em branco, desde que ele fosse completado na hora do pagamento[14]. Tal orientação foi seguida pelo STJ[15], a nosso ver com razão, na medida em que compatibiliza a exigência de identificação para fins fiscais, com a agilidade própria da circulação dos títulos de crédito.

5 Endosso parcial

Indicando ou não o nome do beneficiário, o endosso deverá transferir sempre a totalidade dos direitos incorporados ao documento. O princípio da cartularidade impede que seja feita uma cisão do direito mencionado do título, uma vez que terá que se apresentar o documento para exercer o direito. A divisibilidade do crédito é incompatível com a unidade do crédito ali representado, em especial pela exigência de um protesto único do título[16]. Além disso, a necessidade da entrega do original como recibo de pagamento afasta qualquer possibilidade de divisão no endosso. Assim sendo, o endosso parcial de uma letra de câmbio é nulo (LUG – art. 12).

6 Efeitos do endosso

O endosso, que sempre será do título inteiro, tem por efeito primordial a transferência de todos os direitos inerentes ao título, daí falar em endosso translativo. Todavia, além desse efeito, existe o de tornar o endossante responsável pela aceitação e pagamento do título, como regra geral.

6.1 Transferência da propriedade do título

O endosso tem por objetivo primordial promover a transferência de todos os direitos inerentes ao título. Ora, se a fonte dos direitos cambiários do credor é o direito de propriedade sobre o título[17], é certo que para transferir esses direitos cambiários faz-se necessária a transferência da propriedade do documento. Assim, para que o endosso cumpra a sua função, é óbvio que o endossante deve transferir a propriedade

14. COELHO, Fábio Ulhoa. *Curso de direito comercial.* 8. ed. São Paulo: Saraiva, 2004, v. 1, p. 409-410.

15. STJ, REsp 204595/GO, Rel. Min. Barros Monteiro, 4ª Turma, j. 25-4-2000, *DJ* 16-10-2000, p. 314; REsp 329.996/SP, Rel. Min. Barros Monteiro, 4ª Turma, j. 4/10/2001, *DJ* 22-4-2002, p. 213.

16. SARAIVA, José A. *A cambial.* Rio de Janeiro: José Konfino, 1947, v. 1, p. 292.

17. ASCARELLI, Tullio. *Teoria geral dos títulos de crédito.* Tradução de Benedicto Giacobbini. Campinas: RED, 1999, p. 263; ASQUINI, Alberto. *I titoli di credito.* Padova: Cedam, 1966, p. 85.

e a posse do título para que o endossatário possa exercer todos os direitos decorrentes desse documento[18].

Ao efetivar a transferência da propriedade do documento, o endossante deixa de ter os direitos inerentes àquele título, os quais são transferidos integralmente ao endossatário. Desse modo, o endossatário poderá apresentar o título para aceitação e para pagamento, bem como levá-lo a protesto, transferi-lo novamente e ajuizar todas as ações que se fizerem necessárias. Em todas essas situações, ele vai agir em seu próprio nome, na medida em que todos esses direitos lhe foram transferidos.

Essa transferência abrange ainda todas as garantias inerentes ao título, sejam elas pessoais (aval) ou reais (hipoteca, penhor...). Se o endosso transfere o direito de crédito, transfere as garantias que lhe são acessórias também[19]. As garantias também são inerentes ao título e, por isso, também se transferem.

Em todo caso, é oportuno destacar que o endossatário adquire os direitos inerentes ao título de modo autônomo, desde que esteja de boa-fé. O endossatário recebe os direitos inerentes ao título, completamente desvinculados da situação do endossante[20]. Os problemas ligados ao direito do endossante não seguem o título no endosso. Em outras palavras, o endossatário de boa-fé terá direito de receber o valor constante do título, mesmo se o endossante não tivesse esse direito por fatos que somente a ele dissessem respeito. O endosso tem uma força renovadora dos direitos inerentes ao título, simplificando e protegendo a circulação dos créditos.

6.2 Responsabilidade do endossante

O endosso, além da função de transferência dos direitos inerentes ao título, possui, em regra, uma função de garantia[21]. Ao efetuar o endosso, o endossante do título perde a titularidade dos direitos nele mencionados, mas continua vinculado ao título na condição de coobrigado, respondendo pela aceitação e pelo pagamento dele, salvo cláusula em sentido contrário. Em outras palavras, o endossante, em regra, é devedor indireto da letra de câmbio.

Tal efeito é estabelecido como regra para as letras de câmbio e notas promissórias (LUG – art. 15), para os cheques (Lei n. 7.357/85 – art. 21), bem como para os títulos aos

18. SANTOS, Theóphilo de Azeredo. *Do endosso*. Rio de Janeiro: Forense, 1962, p. 89.

19. DE SEMO, Giorgio. *Trattato di diritto cambiario*. 3. ed. Padova: Cedam, 1963, p. 417.

20. PAVONE LA ROSA, Antonio. *La letra de cambio*. Tradução de Osvaldo J. Máffia. Buenos Aires: Abeledo-Perrot, 1988, p. 323; BONFANTI, Mario Alberto; GARRONE, José Alberto. *De los títulos de crédito*. 2. ed. Buenos Aires: Abeledo-Perrot, 1976, p. 326.

21. CALLEGARI, Mia et al. *Trattato di diritto commerciale*: I titoli di credito. Padova: Cedam, 2006, v. 7, p. 379; PAVONE LA ROSA, Antonio. *La letra de cambio*. Tradução de Osvaldo J. Máffia. Buenos Aires: Abeledo-Perrot, 1988, p. 308; DE SEMO, Giorgio. *Trattato di diritto cambiario*. 3. ed. Padova: Cedam, 1963, p. 415; BONFANTI, Mario Alberto; GARRONE, José Alberto. *De los títulos de crédito*. 2. ed. Buenos Aires: Abeledo-Perrot, 1976, p. 327.

quais se apliquem essas regras (duplicatas, cédulas de crédito...). Todavia, no Código Civil (art. 914), a regra se inverte, isto é, para os títulos atípicos, o endossante não responde pelo pagamento, salvo cláusula expressa em sentido contrário.

Nos títulos típicos, quem endossa o título não promete efetuar diretamente o seu pagamento. No entanto, quem endossa o título, em regra, garante ao seu endossatário e aos endossatários seguintes que o título será aceito ou será pago no vencimento, salvo cláusula em contrário. Diante da falta do aceite ou da falta do pagamento no vencimento, devidamente comprovados, o endossante poderá ser chamado a pagar o título. Daí dizer que o endosso tem uma função de garantia e que o endossante é um devedor indireto[22], como regra geral.

Todavia, mesmo nos títulos típicos, nos quais a regra é a garantia pela aceitação e pelo pagamento, podem ser inseridas cláusulas no endosso, que limitam ou afastam a responsabilidade do endossante.

6.2.1 Endosso sem garantia

Pode o endossante, ao efetivar o endosso de uma letra de câmbio, declarar que não se responsabiliza pelo aceite e pelo pagamento do título. Para tanto, ele deve inserir no título qualquer expressão que denote essa sua intenção, como "sem garantia" ou "sem responsabilidade". Esse é o chamado endosso sem garantia, cujos efeitos se limitam à pessoa que inseriu a cláusula. Trata-se de um endosso cujo efeito único é a transferência da propriedade do título.

Endosso para JOHN BONHAM sem garantia.

Robert Plant

Ao contrário do sacador, que não pode excluir sua responsabilidade pelo pagamento e pela aceitação do título (LUG – art. 9º), qualquer endossante tem a liberdade de garantir ou não a aceitação e o pagamento. Há um poder assegurado ao endossante, o qual dificilmente se exerce na medida em que o endossatário não teria a mesma confiança no título. Quem recebe o título por endosso normalmente quer ver o endossante vinculado, o que lhe dá maior segurança, uma vez que nem sempre são conhecidos os outros devedores do título. Por esse motivo, é muito raro ver um endosso sem garantia.

Para Federico Martorano, quem insere essa cláusula não garante nem a existência da obrigação, excluindo, portanto, qualquer responsabilidade pelo título[23]. Giorgio de

---

22. CALLEGARI, Mia et al. *Trattato di diritto commerciale*: I titoli di credito. Padova: Cedam, 2006, v. 7, p. 379.

23. MARTORANO, Federico. *I titoli di credito*. Napoli: Morano, 1970, p. 481.

Semo assevera que as partes podem negociar tal exclusão total, mas, no silêncio, não se pode entender que o endosso sem garantia exonera o endossante inclusive da responsabilidade quanto à existência da obrigação, de modo que ele asseguraria ao menos a existência da obrigação[24].

Gustavo Bonelli e Alberto Asquini, a nosso ver com razão, afirmam que a garantia pela existência ou não da obrigação dependerá do negócio jurídico realizado entre as partes, isto é, se o endossante receber algum valor ele responderá pela existência do título, como o vendedor responde pela evicção[25]. A cláusula sem garantia ou seu equivalente não são suficientes para resolver a questão e, por isso, nada mais razoável do que recorrer ao negócio jurídico de transferência dos títulos, para saber da responsabilidade ou não pela existência da obrigação.

Nos termos do IN 655/2015 da CVM, a nota promissória deve circular por endosso em preto, de que conste obrigatoriamente a cláusula "sem garantia" dada pelo endossante.

6.2.2 Proibição de novo endosso

Além de excluir sua responsabilidade, o endossante pode limitá-la ao seu endossatário imediato.

Em regra, o endossante garante a aceitação e o pagamento perante todos os credores que o título venha a ter. Todavia, ele pode limitar sua responsabilidade não quanto ao valor, mas quanto às pessoas em face de quem ele garante a aceitação e o pagamento. O endossante, por meio de uma cláusula expressa no título, pode restringir as pessoas que poderão cobrá-lo. Essa cláusula é a proibição de um novo endosso (LUG – art. 15), que não retira a responsabilidade do endossante, nem impede propriamente a realização de um novo endosso[26], mas afasta a responsabilidade do endossante em face das pessoas a quem o título for posteriormente endossado[27].

Quando o sacador insere a cláusula não à ordem, isso significa que o título só poderá ser transferido por meio de uma cessão de crédito. No entanto, quando o endossante proíbe um novo endosso, o endosso ainda poderá ser realizado. Todavia, os novos endossatários do título não terão o direito de cobrar da pessoa que proibiu o novo endosso. Quem insere tal cláusula ainda será devedor indireto do título, mas só poderá ser cobrado pelo seu endossatário imediato. Trata-se, em última análise, de uma restrição da responsabilidade do endossante, pouco usual, mas possível na letra de câmbio.

---

24. DE SEMO, Giorgio. *Trattato di diritto cambiario*. 3. ed. Padova: Cedam, 1963, p. 437. No mesmo sentido: CALLEGARI, Mia et al. *Trattato di diritto commerciale*: I titoli di credito. Padova: Cedam, 2006, v. 7, p. 380.

25. BONELLI, Gustavo. *Cambiale*. Milano: Casa Editrice Dottore Francesco Vallardi, 1930, p. 254; ASQUINI, Alberto. *I titoli di credito*. Padova: Cedam, 1966, p. 245.

26. MARTORANO, Federico. *I titoli di credito*. Napoli: Morano, 1970, p. 482.

27. PAVONE LA ROSA, Antonio. *La letra de cambio*. Tradução de Osvaldo J. Máffia. Buenos Aires: Abeledo-Perrot, 1988, p. 336.

Endosso para JOHN BONHAM proibindo novo endosso.

Robert Plant

7 Endosso *x* cessão de crédito

Esclarecidos o conceito, a forma e os efeitos do endosso, é oportuno distingui-lo da cessão de crédito, cujo objetivo final também é a transferência de um crédito. Apesar dessa finalidade comum, os dois institutos são bem diferentes. Whitaker chega a afirmar, citando Ramella, que o endosso é "uma espécie de cessão à qual não se aplica nenhuma das regras da cessão"[28].

O endosso é a forma própria de transferência dos títulos de crédito. A cessão de créditos objetiva a transferência de qualquer tipo de crédito, inclusive títulos. O endosso é uma declaração unilateral de vontade, ao passo que a cessão é bilateral, isto é, depende do encontro de duas vontades. Formalmente, o endosso é literal, isto é, deve ser escrito no próprio documento, ao passo que a cessão pode ser efetuada de qualquer modo. Além disso, o endosso independe de qualquer comunicação ao devedor, enquanto a cessão de créditos só produz efeitos quando notificada ao devedor (CC – art. 290).

Além dessas diferenças de forma e procedimento, existem distinções quanto aos efeitos dos dois institutos. No endosso, o endossante, em regra (LUG – art. 15), responde pela aceitação e pelo pagamento, isto é, caso não haja o aceite ou não haja o pagamento, ele poderá ser compelido a pagar a obrigação. Na cessão de crédito, o cedente, em regra, responde apenas pela existência do crédito, não assumindo maiores responsabilidades pelo pagamento do crédito (CC – art. 296). Em outras palavras, o cedente, em regra, não se torna devedor em face do cessionário, ao passo que o endossante, em regra, torna-se devedor indireto da obrigação.

Por fim, é certo que o endossatário de boa-fé é bem mais protegido do que o cessionário também de boa-fé. No endosso, o devedor não pode alegar contra o endossatário de boa-fé exceções pessoais referentes ao endossante. O endossatário recebe um direito emergente do título, e não o direito do endossante[29], logo, ele está imune às defesas que seriam oponíveis ao endossante. Problemas dos credores anteriores não afetam o direito do endossatário, isto é, ele receberá um direito autônomo e abstrato, e não o mesmo direito que o endossante possuía. O fato de o endossante não poder receber o título não afeta o endossatário, pois o seu direito de crédito é novo e completamente desvinculado do direito do endossante.

Em contrapartida, na cessão de créditos, o devedor pode opor ao cessionário as exceções pessoais ligadas a ele, bem como aquelas exceções pessoais atinentes exclu-

28. WHITAKER, José Maria. *Letra de câmbio*. São Paulo: Saraiva, 1928, p. 110.

29. COSTA, Wille Duarte. *Títulos de crédito*. Belo Horizonte: Del Rey, 2003, p. 177; WHITAKER, José Maria. *Letra de câmbio*. São Paulo: Saraiva, 1928, p. 100-111.

sivamente ao cedente, no momento em que tomou conhecimento da cessão (CC – art. 294). Na cessão, a transferência do crédito não pode fazer o cessionário adquirir uma posição jurídica maior ou diferente daquela do cedente[30]. Assim, se o cedente não teria direito de receber o título, o cessionário também não terá direito de receber o crédito.

8 Endosso tardio, posterior ou póstumo

Como visto, o endosso e a cessão de crédito são institutos bem diferentes. Todavia, em determinada situação as duas figuras se misturam, havendo forma do endosso, mas efeitos de cessão de crédito. O critério para tanto é exclusivamente temporal.

O endosso normalmente deve ser feito até o vencimento do título, pois, uma vez vencido, o normal é buscar o recebimento do valor, e não a sua transferência. Todavia, nada impede que o endosso seja feito mesmo depois do vencimento do título. O endosso posterior ao vencimento da obrigação é válido e produz os mesmos efeitos do endosso anterior. Entretanto, caso o endosso seja efetuado após o protesto por falta de pagamento ou após o prazo para efetivação do protesto por falta de pagamento, ele não produz os efeitos do endosso, mas apenas efeitos de uma cessão ordinária de créditos. Esse é o chamado endosso póstumo, posterior ou tardio (LUG – art. 20).

O endosso póstumo é, portanto, aquele endosso feito depois de o título já ter sido protestado por falta de pagamento. Mesmo que o título não seja protestado, considera-se endosso póstumo aquele feito depois do prazo estabelecido para se realizar o protesto por falta de pagamento. Nas letras de câmbio e notas promissórias, tal prazo é fixado, pelo art. 28 do Decreto n. 2.044/1908, em um dia útil após o vencimento, aplicável pela reserva feita ao texto da LUG[31]. Nas duplicatas, tal prazo é de 30 dias após o vencimento (Lei n. 5.474/68 – art. 13). Nos cheques (Lei n. 7.357/85 – art. 48), o prazo do protesto é o mesmo prazo da apresentação (30 dias na mesma praça e 60 dias em praças distintas). Em todo caso, não se presume o endosso como póstumo, devendo ser demonstrado o aspecto temporal para enquadrá-lo como tal.

Póstumo ou não, formalmente, o endosso é sempre o mesmo[32]. No endosso tardio, a forma cambial é preservada, apenas os efeitos são de cessão de crédito[33]. Independentemente do dia em que for efetuado o endosso, ele será sempre uma declaração unilateral de vontade.

---

30. MARTORANO, Federico. *I titoli di credito*. Napoli: Morano, 1970, p. 13-14.

31. REQUIÃO, Rubens. *Curso de direito comercial*. 21. ed. São Paulo: Saraiva, 1998, v. 2, p. 395; ROSA JÚNIOR, Luiz Emygdio da. *Títulos de crédito*. 4. ed. Rio de Janeiro: Renovar, 2006, p. 396; MAGALHÃES, Roberto Barcellos de. *Títulos de crédito*. Rio de Janeiro: Lumen Juris, 1996, p. 73; ALMEIDA, Amador Paes de. *Teoria e prática dos títulos de crédito*. 19. ed. São Paulo: Saraiva, 1999, p. 334; COSTA, Wille Duarte. *Títulos de crédito*. Belo Horizonte: Del Rey, 2003, p. 229.

32. WHITAKER, José Maria. *Letra de câmbio*. São Paulo: Saraiva, 1928, p. 136.

33. SANTOS, Theóphilo de Azeredo. *Do endosso*. Rio de Janeiro: Forense, 1962, p. 59.

Apesar de, a princípio, manter a forma de endosso, o TJMG[34] e o TJRS[35] entendem que por ter efeitos de cessão seria imprescindível a notificação do devedor, a qual, não ocorrendo, inviabilizaria a execução. A nosso ver, porém, a notificação é uma exigência para a produção de efeitos, e não um efeito e, por isso, seria inaplicável ao endosso póstumo. Assim, em nenhuma hipótese, ele dependerá da notificação ao devedor[36]. "Como o endosso póstumo tem a forma de endosso, prescinde da notificação do devedor para ter validade em relação a ele, não se aplicando a norma do art. 290 do Código Civil."[37] Ainda que se exigisse a notificação, é certo que a citação em eventual execução supriria a exigência de notificação prévia[38].

No entanto, os efeitos do endosso póstumo são aqueles da cessão de crédito.

Enquadrando-se como póstumo o endosso, o endossante assumirá um papel similar ao do cedente, isto é, em regra ele não responderá pela solvência do devedor[39]. O momento do endosso influirá, portanto, na responsabilização ou não do endossante. Apenas o autor do endosso póstumo passa a assumir a condição de mero cedente. Em relação aos obrigados anteriores permanecem as garantias cambiárias[40]. Em todo caso, as partes podem estabelecer a responsabilidade do endossante póstumo expressamente, nos termos em que autorizado pelo art. 296 do Código Civil.

Além disso, no endosso póstumo, o direito transferido será o mesmo direito que o endossante possuía, isto é, um direito derivado[41]. As defesas que poderiam ser opostas ao endossante póstumo continuam sendo oponíveis ao endossatário. Os problemas do direito do endossante póstumo se comunicam ao endossatário póstumo. Se o endossante póstumo não tinha direito de receber o título, o endossatário também não poderá recebê-lo.

Vejamos o seguinte exemplo: JOHN BONHAM comprou uma bateria musical de CHARLES WATTS, emitindo uma nota promissória com vencimento para o dia 16 de agosto de 2007. Tal bateria não foi entregue para JOHN BONHAM e a nota promissória foi endossada para RICHARD STARKEY. Em regra, o endosso transfere um direito novo e, por isso, RICHARD STARKEY teria direito de receber o título, pois seu direito independe do direito do endossante.

Entretanto, imagine-se que o endosso ocorreu em 25 de agosto de 2007, sendo um endosso póstumo. Nesse caso, RICHARD STARKEY não recebeu um direito novo, mas

---

34. TJMG, 14ª Câmara Cível, Apelação Cível 1.0481.07.076815-7/001, Rel. Des. Evangelina Castilho Duarte, j. 28-5-2009, *DJ* 16-6-2009.

35. TJRS, 18ª Câmara Cível, Apelação Cível 70029166782, Rel. Nelson José Gonzaga, j. 5-8-2010.

36. SANTOS, Theóphilo de Azeredo. *Do endosso*. Rio de Janeiro: Forense, 1962, p. 61.

37. STJ, 3ª Turma, REsp 1189028/MG, Rel. Min. João Otávio de Noronha, j. 20-2-2014, *DJe* 7-3-2014.

38. TJRJ, 6ª Câmara Cível, APC 0126951-90.2007.8.19.0001 (2009.001.34904), Des. Rogério de Oliveira Souza, j. 4-8-2009.

39. SANTOS, Theóphilo de Azeredo. *Do endosso*. Rio de Janeiro: Forense, 1962, p. 77.

40. ROSA JÚNIOR, Luiz Emygdio da. *Títulos de crédito*. 4. ed. Rio de Janeiro: Renovar, 2006, p. 257.

41. WHITAKER, José Maria. *Letra de câmbio*. São Paulo: Saraiva, 1928, p. 138.

um direito derivado, o mesmo direito que CHARLES WATTS possuía. Se JOHN BONHAM não tem que pagar CHARLES WATTS, pois a bateria não foi entregue, não terá que pagar RICHARD STARKEY, pois o direito é o mesmo. Ambos se sujeitam às mesmas defesas. Reitere-se, contudo, que não se presume o endosso como póstumo.

9 Endosso impróprio

O endosso, seja ele póstumo ou não, tem a função primordial de transferir a propriedade do título e, consequentemente, a titularidade dos direitos inerentes ao documento, legitimando o endossatário para o exercício dos direitos ali previstos. Daí falar em endosso translativo.

Ao lado desse endosso, porém, que transfere a propriedade, existe outro endosso, chamado de impróprio, cujo objetivo pode ser a constituição de um procurador para efetuar a cobrança do título (endosso-mandato) ou a constituição de um penhor sobre o crédito ali representado (endosso-caução). Em ambos os casos, por meio do endosso impróprio, torna-se legítima a posse de uma pessoa sobre o documento, sem a transferência da titularidade do crédito.

9.1 Endosso-mandato

O endosso-mandato ou endosso-procuração é uma espécie peculiar de endosso, uma vez que não visa à transferência da propriedade do título. Quem faz um endosso-mandato não quer deixar de ser credor, quer apenas constituir um procurador para praticar, por ele, os atos necessários para o recebimento do crédito. Em síntese, o endosso-mandato "é aquele em que o endossante da letra de câmbio transfere a outra pessoa o exercício e a conservação dos seus direitos cambiários, sem dispor deles"[42].

Em última análise, é um falso endosso. Trata-se na verdade de uma procuração que visa a facilitar a prática de alguns atos que só poderiam ser exercidos pelo proprietário do título. Ora, pelo princípio da cartularidade ou incorporação, a apresentação do documento é essencial para o exercício dos direitos. Se o credor do título quer que alguém exerça esses direitos por ele, esse alguém terá que ter a legitimidade para apresentar o título. Para tanto, ele deve ter a posse legítima do título, a qual lhe será assegurada por meio do endosso-mandato.

Tal endosso, contudo, não se presume. A regra continua a ser o endosso translativo. Desse modo, quem endossa, em regra, está transferindo a propriedade do documento. Caso o objetivo seja a constituição de um procurador, ele deverá explicitar essa intenção no próprio documento, por meio de uma cláusula que traduza essa ideia, como, por exemplo, "para cobrança"; "valor a cobrar" ou "por procuração". Não há nenhuma fórmu-

---

42. PONTES DE MIRANDA. *Tratado de direito cambiário*. Campinas: Bookseller, 2000, v. 1, p. 346.

la solene, o essencial é demonstrar que a intenção daquele endosso é constituir um procurador. Em todo caso, o endosso-mandato deverá ser sempre em preto.

Endosso para JOHN BONHAM para cobrança.

Robert Plant

Feito o endosso com essa cláusula especial, surgem dois sujeitos na relação cambiária: o endossante-mandante e o endossatário-mandatário, cada qual com um papel diferenciado no título.

O endossante-mandante ainda é o proprietário do título, pois só transferiu a posse do documento. Como proprietário, o endossante-mandante ainda é o titular do direito de crédito e, nessa condição, terá o benefício final, no caso de pagamento do título.

O endossatário-mandatário, por sua vez, tem a posse plena do título e, nessa condição, pode exercer todos os direitos decorrentes do título. O endosso-mandato abrange os poderes de apresentar o título para aceitação e pagamento, receber e dar quitação ao devedor, tomar as medidas necessárias à preservação dos direitos do endossante, reivindicar o título de quem injustamente o detenha, ajuizar ação anulatória, nos casos de extravio e destruição, bem como a ação cambial para receber o seu valor[43].

A doutrina anterior à LUG, representada por Saraiva[44], reconhecia que ele tinha poderes também para transferir a propriedade do título. Pontes de Miranda, por sua vez, negava esse poder ao endossatário, afirmando que ele só tinha o exercício dos direitos decorrentes do título[45]. Tal opinião, que já era a prevalente em muitas leis estrangeiras, acabou consolidando-se no texto da LUG.

Hoje, a única coisa que o endossatário mandatário não pode fazer, por não ter a propriedade, é um endosso translativo. Nada impede, contudo, que ele faça um novo endosso-mandato, como uma espécie de substabelecimento, com todas as implicações previstas no art. 667 do Código Civil. Excepcionalmente, o próprio endossante poderá lhe assegurar o poder de transferir o título, o que, no entanto, não se presume.

Embora tenha o exercício dos direitos decorrentes do título, o endossatário-mandatário não é o titular desses direitos[46]. Quando ele agir, será em nome e em proveito do endossante-mandante. Prova disso é que as eventuais matérias de defesa, oponíveis pelos devedores cobrados, só podem dizer respeito à pessoa do endossante-mandante (LUG – art. 18), isto é, só podem se referir ao efetivo titular do direito[47]. Fatos referentes ao endossatário

---

43. ROSA JÚNIOR, Luiz Emygdio da. *Títulos de crédito*. 4. ed. Rio de Janeiro: Renovar, 2006, p. 263-264.

44. SARAIVA, José A. *A cambial*. Rio de Janeiro: José Konfino, 1947, v. 1, p. 274.

45. PONTES DE MIRANDA. *Tratado de direito cambiário*. Campinas: Bookseller, 2000, v. 1, p. 349.

46. DE SEMO, Giorgio. *Trattato di diritto cambiario*. 3. ed. Padova: Cedam, 1963, p. 439.

47. STJ, 4ª Turma, REsp 50633/PE, Rel. Min. Cesar Asfor Rocha, j. 3-9-1996, *DJ* 7-10-1996, p. 37642; STJ, 3ª Turma, REsp 52.937/GO, Rel. Min. Carlos Alberto Menezes Direito, j. 15-10-1996, *DJ* 3-2-1997, p. 712.

não são suficientes para impedir o exercício do direito, uma vez que o direito continua sendo do endossante.

Por seu turno, como o proveito é do endossante-mandante, o risco também será dele. Se o endossatário-mandatário causar algum dano no exercício da sua função, ele estará agindo em nome e em proveito do endossante. Assim sendo, a responsabilidade pelos danos causados será, a princípio, do endossante-mandante. Se o proveito é dele, o risco também será dele. O endossatário poderá ser demandado, nesses casos, apenas se houver a prova de que ele agiu com culpa na sua função[48]. O STJ já sumulou o seu entendimento afirmando que "o endossatário de título de crédito por endosso-mandato só responde por danos decorrentes de protesto indevido se extrapolar os poderes de mandatário" (Súmula 476).

Pelo risco assumido, é certo que o endossante deve escolher muito bem o seu procurador para evitar maiores problemas. De qualquer modo, o endossante terá a proteção do regime contratual que rege a sua relação com o endossatário. Trata-se de um contrato de mandato, e não de uma relação cambial[49].

Tal contrato, entre endossante-mandante e endossatário-mandatário, será regido pelas regras gerais do Código Civil, atinentes a tal figura contratual, com a única ressalva de que a morte ou incapacidade do mandante não vai extinguir automaticamente o mandato, como extinguiria pelo art. 682, II, do Código Civil. A LUG (art. 18) altera o regime geral do mandato, ao estabelecer que o endosso por procuração não se extingue por morte ou incapacidade do mandante, protegendo o terceiro de boa-fé que não é obrigado a descobrir se o endossante ainda está vivo.

No texto da LUG do Brasil, consta, por erro de tradução, que a morte do mandatário não extingue o contrato, o que seria impossível, pois, se ele morreu, como poderia exercer tal mister? De qualquer modo, toda a doutrina reconhece o erro e afirma que é a morte do endossante-mandante que não terá o condão de extinguir o endosso-mandato.

9.2 Endosso-caução

A LUG (art. 19) admite ainda um segundo tipo de endosso impróprio, qual seja: o endosso-caução ou endosso-pignoratício. Nesse tipo de endosso, não se tem por intenção transferir a propriedade do título, mas apenas e tão somente constituir um penhor sobre o documento. Não se transfere o crédito, só se deixa o título em garantia de outra obrigação[50]. Em síntese, o endosso-caução ou endosso-pignoratício é um endosso especial que transfere a posse do título a uma pessoa, em garantia de alguma obrigação.

48. STJ, 4ª Turma, REsp 541.477/RS, Rel. Min. Barros Monteiro, j. 18-10-2005, *DJ* 19-12-2005, p. 413; STJ, 3ª Turma, EDcl no AgRg no Ag 924.105/SP, Rel. Min. Humberto Gomes de Barros, j. 19-12-2007, *DJ* 8-2-2008, p. 1.

49. JUGLART, Michel de; IPPOLITO, Benjamin. *Droit commercial*. 2. ed. Paris: Monthrestien, 1977, v. 1, p. 136; MAGARINOS TORRES, Antônio. *Nota promissória*. 4. ed. São Paulo: Saraiva, 1935, p. 147.

50. DE SEMO, Giorgio. *Trattato di diritto cambiario*. 3. ed. Padova: Cedam, 1963, p. 445.

Imagine-se a seguinte situação: ROBERT PLANT está tomando um empréstimo em face do BANCO AC/DC, o qual, contudo, está exigindo uma garantia para tal obrigação. ROBERT PLANT poderia oferecer um veículo ou um imóvel em garantia, o que atenderia ao banco. Todavia, ele não possui nenhum desses bens passíveis de serem dados em garantia. Apesar de não dispor de veículos ou de imóveis livres e desembaraçados, ROBERT PLANT é um empresário que tem vários créditos a receber, representados em letras de câmbio, notas promissórias e duplicatas. Por ter esses valores a receber, ele os oferece ao banco em garantia do empréstimo, como que afirmando: "se eu não pagar, você poderá receber esses créditos". Para o Banco, pode ser uma boa garantia e, por isso, ele a aceita.

Ora, estamos diante de títulos de crédito que são bens móveis. O direito real de garantia sobre os bens móveis é o penhor. Pelas regras do penhor, a princípio, os bens dados em garantia deverão ficar na posse do credor (CC – art. 1.431). Para que o banco fique com a posse dos títulos de crédito, é necessário que se realize um endosso impróprio, que é o endosso-caução ou endosso pignoratício.

Tal endosso não se presume, devendo existir uma cláusula expressa no endosso que denote a intenção de apenas deixar o título em garantia. Para tanto, o endossante deverá acrescentar alguma cláusula no endosso, como "valor em garantia", ou "por caução" ou "em penhor". Não há uma fórmula solene, o que se exige é que a intenção de apenas deixar o título em garantia seja clara. Não havendo essa menção clara, o endosso será interpretado como endosso translativo.

Endosso para BANCO AC/DC em garantia.

Robert Plant

Feito o endosso-caução ou pignoratício, surgem dois sujeitos no título: o endossante-pignoratício e o endossatário-pignoratício, cada um com uma situação diferente em relação ao título.

O endossante-pignoratício continua sendo o proprietário do documento, o credor do título, mas, normalmente, é devedor do endossatário-pignoratício por outra obrigação. Nessa condição, ele tem o dever de honrar sua obrigação perante o endossatário, sob pena de o endossatário fazer valer os seus direitos de credor sobre o título dado em garantia. Ressalte-se que o endossante-pignoratício não é devedor do título[51], mas de outra obrigação, de modo que ele não poderá ser executado com base no próprio documento. Quitando essa outra obrigação, terá o direito de retomar o título dado em garantia.

O endossatário-pignoratício é um possuidor legítimo do título, mas não o seu proprietário. Diante dessa condição, a legislação lhe assegura o exercício de todos os direitos decorrentes do título, exceto a transferência da propriedade do documento, uma vez que

---

51. MAGARINOS TORRES, Antônio. *Nota promissória*. 4. ed. São Paulo: Saraiva, 1935, p. 161.

tem apenas a posse do documento. Ele poderá apresentar o título para aceitação ou para pagamento, levar o título a protesto e ajuizar ações, isto é, a lei lhe assegura a prática de todos os atos necessários à defesa e conservação do título.

Tais poderes, contudo, não envolvem a transferência do documento em si, logo, ele não pode realizar endosso translativo. Assim, qualquer endosso que ele fizer deverá ser entendido como um endosso-mandato, na medida em que as demais modalidades de endosso não podem ser efetuadas por ele, que é um mero possuidor[52]. Nem outro endosso-caução ele poderá realizar, pois não se pode dar em garantia apenas a posse do título.

Para proteger o credor pignoratício que aceitou os títulos em garantia, a legislação lhe garante o exercício dessa posse em nome e em proveito próprio[53]. Ele poderá promover a ação cambial contra os obrigados no título, que não poderão invocar contra o portador as exceções fundadas nas relações deles com o endossante, salvo se o portador tiver agido de má-fé (LUG – art. 19, al. 2). Embora seja um mero possuidor, ele exercerá os direitos de forma autônoma[54] em relação ao endossante, restando bem protegido dos eventuais problemas do endossante.

Por agir em nome e em proveito próprio, o endossatário-pignoratício assumirá todos os riscos das suas ações. Se ele causar um dano a alguém no exercício dos direitos inerentes ao título, é ele que vai responder pela indenização, ao contrário do que ocorria no endosso-mandato[55].

Por derradeiro, registre-se que o endosso-caução não se confunde com o endosso fiduciário, utilizado na cessão fiduciária de títulos de crédito. Por meio desse contrato, "opera-se a transferência ao credor da titularidade dos créditos cedidos, até a liquidação da dívida garantida"[56]. Em outras palavras, "transfere-se a propriedade resolúvel dos títulos de crédito ao credor fiduciário (endossatário-fiduciário), até a liquidação da dívida por eles garantida"[57]. A ideia é a mesma da alienação fiduciária, apenas envolvendo a cessão de créditos em garantia. Apesar do mesmo objetivo, essa hipótese não se confun-

52. MOSSA, Lorenzo. *La cambiale secondo la nuova legge*. Milano: Casa Editrice Dottor Francesco Vallardi, 1937, p. 503; PONTES DE MIRANDA. *Tratado de direito cambiário*. Campinas: Bookseller, 2000, v. 1, p. 353; JUGLART, Michel de; IPPOLITO, Benjamin. *Droit commercial*. 2. ed. Paris: Monthrestien, 1977, v. 1, p. 137.

53. SALANDRA, Vittorio. *Curso de derecho mercantil*. Tradução de Jorge Barrera Graf. México: Jus, 1949, p. 265; DE SEMO, Giorgio. *Trattato di diritto cambiario*. 3. ed. Padova: Cedam, 1963, p. 446-447; ASQUINI, Alberto. *I titoli di credito*. Padova: Cedam, 1966, p. 247; ROSA JÚNIOR, Luiz Emygdio da. *Títulos de crédito*. 4. ed. Rio de Janeiro: Renovar, 2006, p. 274; JUGLART, Michel de; IPPOLITO, Benjamin. *Droit commercial*. 2. ed. Paris: Monthrestien, 1977, v. 1, p. 137.

54. PONTES DE MIRANDA. *Tratado de direito cambiário*. Campinas: Bookseller, 2000, v. 1, p. 354.

55. STJ, 3ª Turma, REsp 397.771/MG, Rel. Min. Ari Pargendler, Rel. p/ Acórdão Min. Carlos Alberto Menezes Direito, j. 2-6-2005, *DJ* 29-8-2005, p. 328; TJDF, 5ª Turma Cível, 20000110865759APC, Rel. Haydevalda Sampaio, j. 13-2-2006, *DJ* 5-6-2006, p. 271.

56. CAMPINHO, Sérgio. *Falência e recuperação de empresa*: o novo regime de insolvência empresarial. 3. ed. Rio de Janeiro: Renovar, 2008, p. 391.

57. FERNANDES, Jean Carlos. *Cessão fiduciária de títulos de crédito*: a posição do credor fiduciário na recuperação judicial da empresa. 2. ed. Rio de Janeiro: Lumen Juris, 2010, p. 172.

de com o endosso-caução, no qual é um endosso especial que transfere a posse do título a uma pessoa, em garantia de alguma obrigação. Nesse caso, não há transferência da propriedade, nem de forma fiduciária.

10 Endosso e Plano Collor (Lei n. 8.021/90)

No ano de 1990 foram editadas várias leis com o intuito de facilitar a fiscalização da renda das pessoas. Entre elas, está a Lei n. 8.021, de 12 de abril de 1990. Nessa lei, proibia-se a emissão de quotas ao portador ou nominativo-endossáveis, pelos fundos em condomínio, bem como a emissão de títulos e a captação de depósitos ou aplicações ao portador ou nominativo-endossáveis. Tal redução poderia levar a crer, numa leitura apressada, que os títulos endossáveis não seriam mais admissíveis, o que, contudo, não subsiste em uma leitura mais atenta.

Fábio Ulhoa Coelho afirma que a intenção do legislador não foi revogar a cláusula à ordem no direito brasileiro, ressaltando que tal disposição só se aplica aos títulos de crédito impróprios de investimento, como as ações e debêntures[58]. Nos títulos de crédito, a circulação por meio do endosso é essencial e salutar, não podendo ser afastada. Além disso, se o que se quer é a identificação de quem está recebendo os valores, é certo que nos títulos de crédito tal identificação ocorrerá no momento do efetivo recebimento, atendendo aos fins da citada legislação.

Ademais, leis posteriores, como a Lei n. 8.088/90, admitiram a existência do endosso, afastando assim a aplicação da Lei n. 8.021/90 aos títulos de crédito próprios. O STJ já afirmou que "a Lei n. 8.021/90 não impede que a propriedade dos títulos de crédito em geral seja transferida por **endosso**. A circulação dos títulos de crédito é essencial para o sadio desenvolvimento das atividades comerciais"[59].

11 Desconto bancário e endosso

Dentro da função primordial dos títulos, que é agilizar a circulação de riquezas, por meio da transferência do crédito, possui grande relevância o chamado contrato de desconto bancário. Nesse contrato, "uma pessoa recebe do banco determinada importância, para isso transferindo ao mesmo um título de crédito de terceiro"[60].

De modo mais detalhado, Francesco Messineo sustenta que "o desconto é contrato com prestações recíprocas, em razão do qual, uma das partes (descontador) se obriga em face da outra parte (descontário) a pagar-lhe a quantia (soma de dinheiro) de um crédito pecuniário (frequentemente cambiário), que essa outra parte possui em relação a um

58. COELHO, Fábio Ulhoa. *Curso de direito comercial*. 8. ed. São Paulo: Saraiva, 2004, v. 1, p. 409.

59. STJ, 3ª Turma, REsp 120173/MG, Rel. Min. Antônio de Pádua Ribeiro, j. 29-3-2005, *DJ* 18-4-2005, p. 303.

60. MARTINS, Fran. *Contratos e obrigações comerciais*. 15. ed. Rio de Janeiro: Forense, 2000, p. 437.

terceiro (assunção – da parte do descontador – do débito alheio), antes que esse crédito seja vencido, em troca da cessão (*pro solvendo*) do crédito mesmo"[61].

Por meio desse contrato, uma instituição financeira antecipa recursos a alguém que é titular de um crédito com vencimento ainda pendente, mediante a transferência desse crédito. Por exemplo, um empresário que possui créditos a receber, em 60 ou 90 dias, pode receber antecipadamente pelo menos uma parte desses recursos, transferindo os créditos que possui em face de terceiros. A instituição financeira receberá os créditos e antecipará ao empresário parte do valor desses créditos, descontando juros e despesas da operação.

Trata-se, em última análise, de uma operação de crédito. O banco (descontador) concederá imediatamente um crédito, mediante a transferência de créditos do descontário em face de terceiros. Essa transferência faz parte da própria conclusão do contrato, uma vez que estamos diante de um contrato real[62], ou seja, o contrato só se aperfeiçoa com a entrega do crédito. A princípio, tal operação pode envolver qualquer crédito[63], mas o mais comum é a transferência de créditos corporificados em títulos de crédito. Nesses casos, podem-se usar tanto a cessão de crédito como o endosso, sendo esta a opção mais usual.

Feita a transferência, está completado o contrato, surgindo obrigações para ambas as partes. A instituição financeira se obriga a antecipar o valor do crédito com o desconto de juros e comissão, bem como a apresentar o título para pagamento. O descontário, que já transferiu o crédito na conclusão do contrato, se obriga a prestar informações sobre o devedor do crédito, bem como a responder pelo caso de inadimplemento do crédito transferido.

A responsabilidade do descontário pelo pagamento do crédito deverá ser expressamente pactuada no caso de cessão de crédito. Se for realizado o endosso, a responsabilidade do endossante é a regra, independentemente de menção específica nesse sentido. Nesse caso, porém, o direito de cobrar o endossante dependerá de um protesto realizado dentro do prazo previsto em lei.

12 *Factoring* e endosso

Outro contrato extremamente importante para a circulação dos títulos de crédito é o contrato de *factoring*. No Brasil, esse contrato é conceituado em alguns dispositivos

61. MESSINEO, Francesco. *Manuale di diritto civile e commerciale*. 9. ed. Milano: Giuffrè, 1972, v. 5, p. 146, tradução livre de: "Lo sconto é contratto con prestazioni correspettive, in forza del quale, una delle parti (scontatore) si obbliga verso la controparte (scontario) a pagarle l'importo (somma di denaro) di un credito pecuniario (il più spesso cambiario), che essa controparte vanta verso un terzo (assunzione – da parte del scontatore – del debito altrui), prima che esso credito sai scaduto, in cambio della cessione (*pro solvendo*) del credito medesimo".

62. COVELLO, Sérgio Carlos. *Contratos bancários*. 3. ed. São Paulo: Leud, 1999, p. 250; RIZZARDO, Arnaldo. *Contratos de crédito bancário*. 7. ed. São Paulo: RT, 2007, p. 97.

63. ABRÃO, Nelson. *Direito bancário*. 10. ed. São Paulo: Saraiva, 2007, p. 139; COVELLO, Sérgio Carlos. *Contratos bancários*. 3. ed. São Paulo: Leud, 1999, p. 250.

legais, como no art. 15, § 1º, III, *d*, da Lei n. 9.249, de 26 de dezembro de 1995, que afirma que o *factoring* é a "prestação cumulativa e contínua de serviços de assessoria creditícia, mercadológica, gestão de crédito, seleção de riscos, administração de contas a pagar e a receber, compra de direitos creditórios resultantes de vendas mercantis a prazo ou de prestação de serviços".

Pelo conceito legal, vê-se que o *factoring* é uma atividade empresarial que envolve a prestação de serviços e a compra de ativos financeiros (créditos). Todavia, nem sempre as duas atividades serão exercidas simultaneamente. Daí a doutrina diferenciar algumas modalidades do contrato.

Haveria o *factoring trustee* no qual há apenas a prestação de serviços de gestão financeira e de negócios da empresa-cliente[64]. De outro lado, haveria o *maturity factoring* no qual ocorreria a compra de créditos, mas sem antecipação de recursos, isto é, a empresa de *factoring* (faturizadora) garantiria apenas a adimplência ou pontualidade do pagamento. Nessa modalidade, haveria também a prestação de serviços comuns vinculados ao crédito. Entretanto, a modalidade mais usual é o *conventional factoring* que envolve a compra de direitos creditórios, com o pagamento imediato dos valores a quem transferiu os créditos (faturizado).

Alguns autores identificam o próprio contrato de *factoring* com o *conventional factoring*. Arnaldo Rizzardo afirma que, "por este contrato, um comerciante ou industrial, denominado 'faturizado', cede a outro, que é o 'faturizador' ou 'factor' no todo ou em parte, créditos originados de vendas mercantis"[65]. De modo similar, Orlando Gomes assevera que *factoring* é o contrato por via do qual uma das partes cede a terceiro vários créditos provenientes de vendas mercantis, assumindo este risco de não recebê-los contra o pagamento de determinada comissão pelo cedente[66].

Embora reconheçamos a existência das várias modalidades, a que mais nos interessa é justamente a mais tradicional, uma vez que nela é que está presente a transferência de créditos com o pagamento imediato de valores referentes àquele crédito.

O STJ tem decisões afirmando que a transferência dos créditos no *factoring* deverá ocorrer por meio de cessão de crédito, e não endosso, afastando os princípios da autonomia e da abstração em benefício do credor[67]. Pelo risco inerente ao contrato, o STJ tem entendido que não poderiam ser aplicados os princípios próprios dos títulos de crédito, mas as regras da cessão de crédito, que de certa forma não protegem tanto o credor.

---

64. MARIANI, Irineu. *Contratos empresariais*. Porto Alegre: Livraria do Advogado, 2007, p. 303.

65. RIZZARDO, Arnaldo. *Contratos*. 7. ed. Rio de Janeiro: Forense, 2007, p. 1385.

66. GOMES, Orlando. *Obrigações*. 12. ed. Rio de Janeiro: Forense, 1999, p. 468.

67. STJ, 4ª Turma, AgRg no REsp 1386200/RS, Rel. Min. Maria Isabel Gallotti, j. 1º-12-2015, *DJe* 7-12-2015; STJ, 3ª Turma, AgRg no REsp 1482089/PA, Rel. Min. Paulo de Tarso Sanseverino, j. 5-11-2015, *DJe* 16-11-2015; STJ, 3ª Turma, AgRg no REsp 1537003/PA, Rel. Min. Paulo de Tarso Sanseverino, j. 1º-9-2015, *DJe* 8-9-2015; STJ, 3ª Turma, REsp 1439749/RS, Rel. Min. João Otávio de Noronha, j. 2-6-2015, *DJe* 15-6-2015; STJ, AgRg no AREsp 591.952/SP, Rel. Min. Raul Araújo, 4ª Turma, j. 19-4-2016, *DJe* 29-4-2016; STJ – AgInt no REsp 1015617/SP, Rel. Min. Raul Araújo, 4ª Turma, j. 13-12-2016, *DJe* 1º-2-2017.

Ousamos discordar desse entendimento.

O próprio STJ já mencionou anteriormente que não é admissível restringir o uso do endosso nas operações de *factoring*, mantendo a vigência dos citados princípios em benefício do credor de boa-fé. Nesse particular, o STJ sustentou que, "com efeito, não se pode perder de vista que a exigência, sem nenhum supedâneo legal, de que, com o endosso de cheque 'à ordem', a *factoring* endossatária devesse se acautelar – mesmo adquirindo pelo meio próprio crédito de natureza autônoma (cambial) – demonstrando ter feito notificação à emitente e/ou procedido à pesquisa acerca de eventual ação judicial, implica, *data venia*, restrição a direitos conferidos por lei à recorrente, em manifesta ofensa a diversas regras, institutos e princípios do direito cambiário – e, até mesmo, a direitos fundamentais consagrados pela Constituição Federal (vide o art. 5º, II e XXII)"[68].

A nosso ver, a transferência aqui mencionada pode ser feita tanto por meio de uma cessão de crédito quanto mediante um endosso. Em ambas as formas de transferência, quem transfere o crédito pode assumir ou não a responsabilidade pelo não pagamento do título. Todavia, no *factoring* a questão encontra divergências na doutrina.

Parte da doutrina reconhece a possibilidade de que exista uma convenção expressa no sentido da responsabilidade pela solvência do devedor na cessão de crédito. Tendo em vista que se trata de um contrato atípico, as partes poderiam, pela autonomia que lhes é assegurada, convencionar que o faturizado será responsável pelo pagamento do título[69]. Não haveria no nosso Direito qualquer impedimento para que as partes pactuassem essa responsabilidade expressamente. No endosso, tal responsabilidade já seria a regra (LUG – art. 15; Lei n. 7.357/85 – art. 21) e, por isso, a própria pactuação da responsabilidade seria desnecessária, conforme a orientação firmada em precedente do STJ[70]. Nesse sentido, o TJDF foi expresso ao dizer que, "salvo estipulação em contrário expressa na cártula, o endossante-faturizado garante o pagamento do cheque ao endossatário-faturizador"[71].

Essa interpretação, contudo, não é pacífica.

Wille Duarte Costa afirma que, no caso do *factoring*, não existiria responsabilidade do endossante ou do cedente, porquanto haveria uma compra do crédito e dos riscos[72]. Ora, havendo a compra dos riscos do faturizado, não se pode exigir dele o pagamento do

---

68. STJ, 4ª Turma, REsp 1236701/MG, Rel. Min. Luis Felipe Salomão, j. 5-11-2015, *DJe* 23-11-2015.

69. DONINI, Antonio Carlos. Direito de regresso. *Revista do Factoring*, ano II, n. 12, p. 23-24, abr.-jun. 2005; MARIANI, Irineu. *Contratos empresariais*. Porto Alegre: Livraria do Advogado, 2007, p. 330; GUERRA, Luiz Antônio; GONÇALVES, Valério Pedroso. *Contratos mercantis diferenciados*. Brasília: Brasília Jurídica, 2007, p. 81; SALOMÃO NETO, Eduardo. *Direito bancário*. São Paulo: Atlas, 2007, p. 264; MORAES, Mario Delphim de. A cessão de crédito, o título de crédito, o endosso, o aval, Factoring e regresso. In: PEREIRA JÚNIOR, Antonio Jorge; JABUR, Gilberto Haddad (Coord.). *Direito dos contratos*. São Paulo: Quartier Latin, 2006, p. 432-433; LEITE, Luiz Lemos. Factoring *no Brasil*. 10. ed. São Paulo: Atlas, 2005, p. 227-230.

70. STJ, 3ª Turma, REsp 820672/DF, Rel. Min. Humberto Gomes de Barros, j. 6-3-2008, *DJ* 1º-4-2008, p. 1; TJDF, 6ª Turma Cível, 20060110041863APC, Rel. Ana Maria Duarte Amarante Brito, j. 13-12-2006, *DJ* 1º/3/2007, p. 106.

71. TJDF, 1ª Turma Cível, 20080111252699APC, Relator Lécio Resende, j. 15-9-2010, *DJ* 21-9-2010, p. 149.

72. COSTA, Wille Duarte. *Títulos de crédito*. Belo Horizonte: Del Rey, 2003, p. 178.

título. Além disso, caso se permitisse a cobrança do faturizado, o *factoring* acabaria se confundindo com o desconto bancário ou mesmo com os mútuos bancários. Tal opinião parece ser compartilhada por boa parte da doutrina[73], que ressalta a inexistência do direito de regresso contra o eventual endossante ou cedente, a nosso ver, com razão.

O TJDF também já afirmou que, "por ser o contrato de *factoring* uma operação de risco, especulativa, portanto, e não uma operação de crédito, como são as operações bancárias, o faturizador, ao adquirir os créditos, mediante uma contraprestação, isenta o faturizado da responsabilidade pelo pagamento do título"[74]. O STJ também já havia asseverado que a faturizadora não teria direito de regresso contra o faturizado[75]. Mais recentemente, o mesmo STJ reiterou essa orientação, declarando que "não há por que falar em direito de regresso contra o cedente em razão do seguinte: (a) a transferência do título é definitiva, uma vez que feita sob o lastro da compra e venda de bem imobiliário, exonerando-se o endossante/cedente de responder pela satisfação do crédito; e (b) o risco assumido pelo faturizador é inerente à atividade por ele desenvolvida, ressalvada a hipótese de ajustes diversos no contrato firmado entres as partes"[76].

Nesta linha de entendimento, contudo, reconhece-se a responsabilidade do faturizado pela existência do crédito[77], isto é, caso transfira um crédito inexistente (exemplo: uma duplicata fria), ele responderá perante o faturizador. Além disso, reconhece-se também a responsabilidade do faturizado se foi ele quem deu causa ao não pagamento do crédito[78], como quando ele não cumpre o contrato. Com exceção dessas hipóteses, não haveria a responsabilidade do faturizado perante a faturizadora, mesmo se fosse usado o endosso.

A nosso ver, o faturizado não é, em regra, responsável pelo pagamento dos créditos transferidos à faturizadora. No contrato de *factoring*, há a transferência dos riscos para a

---

73. RIZZARDO, Arnaldo. *Contratos*. 7. ed. Rio de Janeiro: Forense, 2007, p. 1386; GOMES, Orlando. *Obrigações*. 12. ed. Rio de Janeiro: Forense, 1999, p. 468; BERTOLDI, Marcelo; RIBEIRO, Márcia Carla Pereira. *Curso avançado de direito comercial*. 3. ed. São Paulo: RT, 2006, p. 755; COELHO, Fábio Ulhoa. *Curso de direito comercial*. 7 ed. São Paulo: Saraiva, 2007, v. 3, P. 143; MARTINS, Fran. *Contratos e obrigações comerciais*. 15. ed. Rio de Janeiro: Forense, 2000, p. 480.

74. TJDF, 6ª Turma Cível, 20040020091815AGI, Rel. Ana Maria Duarte Amarante, j. 14-3-2005, *DJ* 7-4--2005, p. 109.

75. STJ, 3ª Turma, REsp 119705/RS, Rel. Min. Waldemar Zveiter, j. 7-4-1998, *DJ* 29-6-1998, p. 161. No mesmo sentido: TJRS, 12ª Câmara Cível, Apelação Cível 70021954383, Rel. Orlando Heemann Júnior, j. 13--3-2008; TJPR, 17ª Câmara Cível, AC 0333926-6, Foro Central da Região Metropolitana de Curitiba, Rel. Des. Gamaliel Seme Scaff, Unânime, j. 13-12-2006.

76. STJ, 3ª Turma, REsp 992.421/RS, Rel. Min. Humberto Gomes de Barros, Rel. p/ Acórdão Ministro João Otávio de Noronha, j. 21-8-2008, *DJe* 12-12-2008. No mesmo sentido: STJ, 4ª Turma, REsp 949.360/RN, Rel. Min. Antonio Carlos Ferreira, j. 17-12-2013, *DJe* 19-3-2014.

77. RIZZARDO, Arnaldo. Regresso do faturizador contra o faturizado. *Revista do Factoring*, ano II, n. 12, p. 10, abr-jun. 2005.

78. REsp 330014/SP, Rel. Min. Carlos Alberto Menezes Direito, 3ª Turma, j. 28-5-2002, *DJ* 26-8-2002, p. 212; TJDF, 6ª Turma Cível, 20040020091815AGI, Rel. Ana Maria Duarte Amarante, j. 14-3-2005, *DJ* 7-4-2005, p. 109; TJRS, 10ª Câmara Cível, Apelação Cível 70020594362, Rel. Jorge Alberto Schreiner Pestana, j. 6-3-2008.

faturizadora, prova disso é a cobrança de uma taxa maior de desconto. Outrossim, é certo que a responsabilização do faturizado acabaria confundindo o *factoring* com o contrato de desconto bancário, privativo de instituições financeiras. De todo modo, a boa-fé deverá ser prestigiada, responsabilizando-se o faturizado nos casos de vício de legalidade, legitimidade ou veracidade dos títulos negociados.

9 AVAL

1 Conceito

As letras de câmbio, como todos os títulos de crédito, podem ser reforçadas por garantias reais e pessoais. Especificamente entre as garantias pessoais existe a possibilidade de uma garantia peculiar ao direito cambiário, que é o aval.

Fábio Ulhoa Coelho afirma que "o aval é o ato cambiário pelo qual uma pessoa (avalista) se compromete a pagar título de crédito, nas mesmas condições que um devedor desse título (avalizado)"[1]. De modo similar, Wille Duarte Costa assevera que o "aval é a declaração cambial, eventual e sucessiva, pela qual o signatário responde pelo pagamento do título de crédito"[2].

Bonfanti define o aval como o "ato unilateral não receptício de garantia, outorgado por escrito [...] em conexão com uma obrigação cartular formalmente válida, que constitui o outorgante em responsável cambiário pelo pagamento"[3]. Asquini afirma que o aval é "a declaração cambiária com a qual, uma pessoa (avalista) garante cambiariamente o pagamento da letra de câmbio por outro obrigado cambiário (avalizado)"[4].

A ideia fundamental no aval é a da garantia, uma garantia pessoal para a satisfação do crédito. Sua função é dar mais tranquilidade àquele que concedeu o crédito, aumentando assim o volume do crédito concedido, o que é extremamente interessante. Trata-se, em última análise, de um reforço extremamente interessante para o credor, uma vez que existirá mais uma obrigação no título, a do avalista. Qualquer pessoa pode, a princípio, assumir tal condição. Ela pode ser uma pessoa estranha ao título ou mesmo alguém que já estava obrigado anteriormente[5]. Nesse caso, o aval só fará sentido se for dado em relação a um obrigado anterior no documento[6].

---

1. COELHO, Fábio Ulhoa. *Curso de direito comercial*. 8. ed. São Paulo: Saraiva, 2004, v. 1, p. 410.

2. COSTA, Wille Duarte. *Títulos de crédito*. Belo Horizonte: Del Rey, 2003, p. 199.

3. BONFANTI, Mario Alberto; GARRONE, José Alberto. *De los títulos de crédito*. 2. ed. Buenos Aires: Abeledo-Perrot, 1976, p. 403, tradução livre de "e lacto unilateral no recepticio de garantia, otorgado por escrito [...], en conexión con una obligación cartular formalmente válida, que constituye al otorgante en responsable cambiario del pago".

4. ASQUINI, Alberto. *I titoli di credito*. Padova: Cedam, 1966, p. 257, tradução livre de "la dichiarazione cambiaria con la quale taluno (avallante) garantisce cambiariamente il pagamento della cambiale per un altro obbligato cambiario (avallato)".

5. SALANDRA, Vittorio. *Curso de derecho mercantil*. Tradução de Jorge Barrera Graf. México: Jus, 1949, p. 277.

6. FURTADO, Jorge Henrique da Cruz Pinto. *Títulos de crédito*. Coimbra: Almedina, 2000, p. 153.

Essa garantia é peculiar ao regime dos títulos de crédito, não havendo que falar em aval em outras obrigações[7]. Apesar disso, não se pode esquecer de analisar a efetiva intenção das partes, em vez do teor literal do título, podendo-se reconhecer efeitos em um aval dado fora de um título de crédito. Nesse caso, os efeitos não serão de aval, mas apenas aqueles que se compatibilizem com a intenção da parte[8].

2 Forma

Para que a garantia se efetive, é fundamental que o avalista declare a sua vontade por escrito. No nosso ordenamento jurídico, pelo princípio da literalidade, tal vontade deverá ser expressa sempre no próprio título, ou no alongamento do documento. Ao contrário da Argentina[9] e da França[10], no Brasil e na Itália não se admite o aval dado em documento separado com efeitos cambiários[11].

Para simplificar e agilizar o aval, entende-se que a simples assinatura do beneficiário na face (anverso) do título é suficiente para representar o aval. Esse padrão formal para o aval diferencia-se daquele do aceite, pela pessoa que assina. Se a assinatura na face do título for do sacado, será um aceite; se for de qualquer outra pessoa, presume-se que se trata de um aval.

Embora o padrão formal para o aval seja a assinatura na face do título, é certo que nossa legislação admite uma segunda forma para tal declaração de vontade. Também vale como aval a assinatura do verso (dorso) do título, desde que acompanhada de alguma expressão que demonstre que a intenção ali era garantir o pagamento do título (por aval, por garantia...), não havendo qualquer fórmula solene (LUG – art. 31). Embora a lei não considere suficiente a simples assinatura firmada no verso do título, o STJ vem reconhecendo que a assinatura no verso por si só pode caracterizar o aval, desde que não concorram elementos em sentido contrário[12], isto é, se houver uma assinatura no verso que

---

7. STJ, 4ª Turma, REsp 255.139/PR, Rel. Min. Ruy Rosado de Aguiar, j. 29-8-2000, *DJ* 9-10-2000, p. 155; MAMEDE, Gladston. *Direito empresarial brasileiro*: títulos de crédito. 2. ed. São Paulo: Atlas, 2005, v. 3, p. 141; SOUZA, Carlos Gustavo de. *Títulos de crédito*. Rio de Janeiro: Freitas Bastos, 2005, p. 87; STJ, 4ª Turma, REsp 707979/MG, Rel. Min. Luis Felipe Salomão, j. 17-6-2010, *DJe* 29-6-2010.

8. STJ, 4ª Turma, REsp 34.719/MG, Rel. Min. Sálvio de Figueiredo Teixeira, j. 8-6-93, *DJ* 2-8-93, p. 14257; AgRg no AREsp 228.068/MG, Rel. Min. Sidnei Beneti, 3ª Turma, j. 23-10-2012, *DJe* 6-11-2012; AgRg no Ag 1360103/MG, Rel. Min. Maria Isabel Gallotti, 4ª Turma, j. 13-10-2015, *DJe* 21-10-2015.

9. BONFANTI, Mario Alberto; GARRONE, José Alberto. *De los títulos de crédito*. 2. ed. Buenos Aires: Abeledo-Perrot, 1976, p. 412; FORASTIERI, Jorge A. *Títulos cambiarios*. Buenos Aires: Gowa, 2006, p. 270; ESCUTI, Ignácio A. *Títulos de crédito*. 5. ed. Buenos Aires: Astrea, 1998, p. 121.

10. JUGLART, Michel de; IPPOLITO, Benjamin. *Droit commercial*. 2. ed. Paris: Monthrestien, 1977, v. 1, p. 104; PIEDELIÈVRE, Stéphane. *Instruments de crédit et de paiement*. Paris: Dalloz, 2001, p. 123.

11. ASQUINI, Alberto. *I titoli di credito*. Padova: Cedam, 1966, p. 260; WHITAKER, José Maria. *Letra de câmbio*. São Paulo: Saraiva, 1928, p. 158; CAMPOBASSO, Gian Franco. *La cambiale*. Milano: Giuffrè, 1998, p. 365.

12. STJ, 3ª Turma, AgRg no Ag 468.946/RJ, Rel. Min. Ari Pargendler, j. 26-6-2003, *DJ* 15-12-2003, p. 304; REsp 86.584/MG, Rel. Min. Ari Pargendler, 3ª Turma, j. 19-11-99, *DJ* 7-2-2000, p. 151; REsp 90.269/MG, Rel.

não seja do beneficiário (endosso), ela deverá ser interpretada como aval se não houver qualquer outra especificação.

Em ambos os casos, a assinatura poderá ser de próprio punho, ou feita por meio de procurador com poderes especiais[13]. Caso o procurador não tenha poderes para dar o aval, ele ficará responsável pessoalmente pelo aval dado.

3 Outorga conjugal

A princípio, o aval exigirá apenas a declaração de vontade do avalista, que poderá ser acompanhada da indicação do avalizado ou de qualquer expressão que especifique a intenção das partes. A LUG nada mais menciona no que tange às formalidades do aval. Do mesmo modo, o Decreto n. 2.044/1908 e toda a legislação estrangeira sobre o assunto.

Todavia, com o advento do Código Civil, passou a constar no art. 1.647 a exigência de outorga conjugal no aval dado por pessoas casadas, salvo no regime da separação absoluta. Assim, pessoas casadas pela comunhão universal ou pela comunhão parcial só poderão dar aval se obtiverem a concordância dos respectivos cônjuges. O STJ afirmou que tal restrição também se aplica ao regime da separação obrigatória, pois, "ao excepcionar a necessidade de autorização conjugal para o aval, o art. 1.647 do CC/2002, mediante a expressão 'separação absoluta', refere-se exclusivamente ao regime de separação convencional de bens e não ao da separação legal"[14].

Tal prática, que sempre existiu para a fiança, nunca foi prevista para o aval, como instituto peculiar do direito cambiário. Além da novidade, tal prática representa uma contradição, na medida em que se dispensa a outorga conjugal para venda de imóveis ligados à atividade do empresário[15].

A nosso ver, apesar de criticável, tal dispositivo atinge todos os títulos de crédito, sejam eles típicos (letra de câmbio, cheque, nota promissória...) ou atípicos. O silêncio das leis especiais sobre o assunto faz com que sejam aplicáveis as regras do Código Civil, pois nos termos do seu art. 903: "Salvo disposição diversa em lei especial, regem-se os títulos de crédito pelo disposto neste Código". Não há disposição diversa de lei especial, logo, o art. 1.647 atinge todos os títulos de crédito[16]. No entanto, tal opinião não é pacífica, sendo inclusive tratada de modo diverso pela jurisprudência mais recente do STJ.

Min. Costa Leite, 3ª Turma, j. 2-12-97, *DJ* 23-3-98, p. 88; STJ, 4ª Turma, REsp 493.861/MG, Rel. Min. Aldir Passarinho Junior, Rel. p/ Acórdão Min. Fernando Gonçalves, j. 4-9-2008, *DJe* 1º-12-2008; STJ, 3ª Turma, REsp 1560576/ES, Rel. Min. João Otávio de Noronha, j. 2-8-2016, *DJe* 23-8-2016.

13. STJ, 4ª Turma, REsp 50.841/RJ, Rel. Min. Ruy Rosado de Aguiar, j. 9-8-94, *DJ* 12-9-94, p. 23770.

14. STJ, 3ª Turma, REsp 1163074/PB, Rel. Min. Massami Uyeda, j. 15-12-2009, *DJe* 4-2-2010.

15. GALIZZI, Gustavo Oliva; FÉRES, Marcelo Andrade. O aval e a outorga conjugal instituída pelo Código Civil. *Jus Navigandi*, Teresina, ano 10, n. 858, 8 nov. 2005. Disponível em: <http://jus2.uol.com.br/doutrina/texto.asp?id=7526>. Acesso em: 17 abr. 2008.

16. STJ, 4ª Turma, AgRg no REsp 1082052/RS, Rel. Min. Marco Buzzi, j. 19-9-2013, *DJe* 27-9-2013.

Em razão do caráter supletivo da aplicação do Código Civil, Bruno Vaz de Carvalho sustenta que "sempre que a lei especial previr que o aval decorrerá de simples ato praticado pelo avalista, sem que concorra outro requisito ou condição, a norma do Código Civil cederá e não se aplicará"[17]. Nessa interpretação, a exigência de outorga conjugal só se aplicaria aos chamados títulos atípicos. O STJ já acolheu tal interpretação afirmando que: "É imprescindível proceder-se à interpretação sistemática para a correta compreensão do art. 1.647, III, do CC/2002, de modo a harmonizar os dispositivos do Diploma civilista. Nesse passo, coerente com o espírito do Código Civil, em se tratando da disciplina dos títulos de crédito, o art. 903 estabelece que 'salvo disposição diversa em lei especial, regem-se os títulos de crédito pelo disposto neste Código'"[18].

Nos casos em que for exigida a outorga conjugal, resta-nos analisar as consequências da sua ausência. O próprio Código Civil prevê que poderá haver o suprimento judicial da outorga, quando um dos cônjuges a denegue sem motivo justo, ou lhe seja impossível concedê-la (art. 1.648). Não havendo esse suprimento, o aval será anulável, podendo o cônjuge que não anuiu pedir a anulação da garantia, até dois anos após o término da sociedade conjugal (art. 1.649). Tal anulação só poderá ser pleiteada pelo cônjuge que não anuiu ao aval, ou por seus herdeiros, sendo impossível ao próprio avalista arguir tal invalidade[19], sob pena de se proteger alguém que não agiu de boa-fé.

Ocorre que, ao possibilitar tal anulação, se desprotege o terceiro de boa-fé que confiou naquela garantia e, em muitos, só em razão dela é que se concedeu o crédito. Para evitar esse tipo de iniquidade, parte da doutrina[20] afirma que não se trata de uma invalidade total da garantia, mas apenas de uma ineficácia em relação ao cônjuge que não consentiu. Nessa linha de interpretação, que vem sendo consagrada nos Tribunais de Justiça de Minas Gerais, do Paraná, do Rio de Janeiro e do Rio Grande do Sul, a garantia seria válida e eficaz, mas não poderia atingir a meação do cônjuge que não consentiu[21].

Embora tal interpretação prestigie os terceiros de boa-fé, o que é louvável, discordamos da sua aplicação no regime do Código Civil. Este diz expressamente que o aval, dado sem outorga conjugal, é anulável, não dando margem a interpretação de uma ineficácia

---

17. CARVALHO, Bruno Vaz de. Aval e outorga no casamento e na união estável. In: ALVES, Alexandre Ferreira de Assumpção; GAMA, Guilherme Calmon Nogueira da. *Temas de direito civil-empresarial*. Rio de Janeiro: Renovar, 2008, p. 464-465.

18. STJ, 4ª Turma, REsp 1633399/SP, Rel. Min. Luis Felipe Salomão, j. 10-11-2016, *DJe* 1º-12-2016. No mesmo sentido: REsp 1526560/MG, Rel. Min. Paulo de Tarso Sanseverino, 3ª Turma, j. 16-3-2017, *DJe* 16-5-2017.

19. STJ, 5ª Turma, REsp 772.419/SP, Rel. Min. Arnaldo Esteves Lima, j. 16-3-2006, *DJ* 24-4-2006, p. 453.

20. Enunciado 114 da I Jornada de Direito Civil "O aval não pode ser anulado por falta de *vênia* conjugal, de modo que o inc. III do art. 1.647 apenas caracteriza a inoponibilidade do título ao cônjuge que não assentiu". GALIZZI, Gustavo Oliva; FÉRES, Marcelo Andrade. O aval e a outorga conjugal instituída pelo Código Civil. *Jus Navigandi*, Teresina, ano 10, n. 858, 8 nov. 2005. Disponível em: <http://jus2.uol.com.br/doutrina/texto.asp?id=7526>. Acesso em: 17 abr. 2008.

21. TJRS, 19ª Câmara Cível, Apelação Cível 70022612584, Rel. Guinther Spode, j. 1º-4-2008; TJMG, Processo 1.0105.06.183501-0/001(1), Rel. Des. Adilson Lamounier, *DJ* 19-1-2007; TJPR, 13ª Câmara Cível, AI 0415771-5, Londrina, Rel. Des. Rabello Filho, unânime, j. 22-8-2007; TJRJ, 10ª Câmara Cível, 2006.001.69832, Apelação Cível, Des. Antonio Carlos Amado, j. 25-4-2007.

em relação à meação do cônjuge. Ou se invalida o aval como um todo, ou ele se mantém válido integralmente. A intenção aqui não é limitar os efeitos da garantia, mas proteger o patrimônio familiar como um todo. No caso de ausência da outorga, o caminho é a invalidação da garantia como um todo[22]. Nesse sentido, porém, o terceiro prejudicado terá direito de regresso contra o cônjuge que praticou o ato (CC – art. 1.646), o qual não será exercido com base no título, uma vez que o aval deixará de produzir efeitos.

Analisando um caso especificamente de aval dado sem outorga, o STJ afirmou que, "segundo a exegese do art. 1.647, III, do CC/2002, é necessária a vênia conjugal para a prestação de aval por pessoa casada sob o regime da separação obrigatória de bens. Essa exigência de outorga conjugal para os negócios jurídicos de (presumidamente) maior expressão econômica, tal como a prestação de aval ou a alienação de imóveis, decorre da necessidade de garantir a ambos os cônjuges um meio de controlar a gestão patrimonial; pois, na eventual dissolução do vínculo matrimonial, os consortes podem ter interesse na partilha dos bens adquiridos onerosamente na constância do casamento. Anote-se que, na separação convencional de bens, há implícita outorga prévia entre os cônjuges para livremente dispor de seus bens, o que não se verifica na separação obrigatória, regime patrimonial decorrente de expressa imposição do legislador"[23]. Com esse entendimento, a Turma, ao prosseguir o julgamento, deu provimento ao especial para declarar a invalidade do aval prestado pelo marido sem autorização da esposa.

No mesmo sentido, o STJ afirmou que "o aval prestado sem a devida outorga uxória não possui validade. Sua anulação não tem como consequência preservar somente a meação, mas torna insubsistente toda a garantia"[24].

Apesar de concluirmos que a ausência de outorga conjugal gera a invalidade integral do aval, é certo que não consideramos correta a inserção na legislação da obrigatoriedade de tal consentimento no aval. Tal medida não se coaduna com a celeridade e simplicidade próprias do direito empresarial, sendo aconselhável a mais rápida alteração do dispositivo em questão. Conquanto seja uma regra ruim, a nosso ver tal regra existe e deve ser aplicada, não podendo ser entendida como letra morta[25]. Nessa perspectiva, a mudança de interpretação do STJ no que tange à aplicabilidade da outorga pode ser benéfica.

4 Aval limitado

O avalista assume a condição de devedor do título de crédito, garantindo o pagamento da obrigação. Tal garantia normalmente é assumida pela integralidade da dívida,

---

22. TJDF, 6ª Turma Cível, 20040710059802APC, Rel. Ana Maria Duarte Amarante Brito, j. 24-5-2006, *DJ* 22-6-2006, p. 80.

23. STJ, 3ª Turma,REsp 1163074/PB, Rel. Min. Massami Uyeda, j. 15-12-2009, *DJe* 4-2-2010.

24. STJ, 4ª Turma, EDcl no REsp 1472896/SP, Rel. Min. Maria Isabel Gallotti, j. 6-8-2015, *DJe* 13-8-2015. No mesmo sentido: STJ, 4ª Turma, AgInt no AREsp 928.412/PR, Rel. Min. Luis Felipe Salomão, j. 18-10-2016, *DJe* 26-10-2016; STJ, 4ª Turma, AgInt no REsp 1028014/RS, Rel. Min. Raul Araújo, j. 16-8-2016, *DJe* 1º-9-2016.

25. SILVA, Marcos Paulo Félix da. *Títulos de crédito no Código Civil*: questões controvertidas. Curitiba: Juruá, 2006, p. 90.

isto é, o avalista normalmente é obrigado a pagar a dívida inteira. Entretanto, a assunção dessa responsabilidade é um ato de vontade, logo, o próprio avalista pode limitar essa obrigação, garantindo apenas uma parte do título. Se ele pode garantir a dívida toda, a princípio, não há motivos para que ela não possa resolver garantir menos que isso. Portanto, o avalista pode dar um aval parcial ou limitado.

Assim, ao contrário do endosso parcial que é nulo, o aval parcial é perfeitamente admitido, ou seja, o avalista pode garantir o pagamento de apenas uma parte da obrigação constante do título (LUG – art. 30; Lei n. 7.357/85 – art. 29; Lei n. 5.474/68 – art. 25). A legislação dos títulos típicos afirma expressamente que a obrigação poderá ser garantida no todo ou em parte por meio do aval, demonstrando essa possibilidade.

Nos títulos atípicos, contudo, o aval parcial restou vedado (CC – art. 897, parágrafo único). Tal vedação, embora advenha de uma lei posterior, não se aplicará aos títulos típicos (letra de câmbio, nota promissória, cheque, duplicata...), uma vez que há legislação especial admitindo essa limitação do aval, que quase nunca ocorrerá.

5 Avalizado

Quem dá o aval no título está garantindo pessoalmente o seu pagamento. Essa garantia não é oferecida apenas porque se quer ser devedor do título ou porque se acha bom ser devedor. Ela é oferecida como um reforço da obrigação de alguém que já consta do título, isto é, quem dá o aval o faz por alguém que já está no título. Essa pessoa por quem se dá o aval é chamada de avalizado, cuja identificação é fundamental para definir os contornos dos direitos e dos deveres do avalista.

Ao dar o aval, o avalista assume a obrigação de pagar o título de crédito, do mesmo modo que um devedor desse título, isto é, ele dá o aval por algum obrigado pelo título. Nessa condição, ele assume uma obrigação equivalente[26], mas não igual, a de outra pessoa que já consta do título. Quando se diz que sua obrigação é equivalente, isso não significa que ele tenha a mesma obrigação do avalizado, mas apenas que ele responderá da mesma maneira que o avalizado, isto é, estará sujeita, a princípio, aos mesmos prazos prescricionais e aos mesmos requisitos de forma para a exigência da obrigação.

Para identificar esse avalizado, devemos recorrer ao teor do próprio documento que deverá demonstrar por quem foi dado o aval. Ele pode ser avalista do sacador, do aceitante ou de endossantes do título. Além disso, ele pode indicar até outro avalista, isto é, ele pode ser avalista de outro avalista que já consta no título, nos chamados avais sucessivos.

Caso ele não indique, estamos diante de um aval em branco, o qual a lei presume que foi dado pelo sacador, isto é, no aval em branco presume-se que o avalizado é o sacador (LUG – art. 31). Em relação aos títulos atípicos, o Código Civil estabelece que o aval em branco se presume a favor do emitente ou devedor final (art. 899).

---

26. CALLEGARI, Mia et al. *Trattato di diritto commerciale*: I titoli di credito. Padova: Cedam, 2006, v. 7, p. 391; WHITAKER, José Maria. *Letra de câmbio*. São Paulo: Saraiva, 1928, p. 163.

6 Aval antecipado

Embora exista uma presunção para a identificação do avalizado, é certo que o avalista tem amplos poderes para identificar por quem se dá o aval, definindo se será equiparado ao sacador, a um endossante ou ao aceitante[27]. Nesse ponto, resta a dúvida se ele pode dar o aval pelo sacado, que não é devedor do título, na medida em que ainda não o assinou.

Para parte da doutrina[28], o aval dado pelo sacado produziria efeitos sempre. Uma vez que a obrigação do avalista é autônoma e subsiste a vícios na obrigação do avalizado, não haveria a necessidade de a obrigação do avalizado existir no título, nem aparentemente. A intenção do avalista foi assumir a obrigação, logo, não se pode subordinar sua validade a qualquer condicionante.

Em contrapartida, afirma-se que o aval pode ser dado a favor do sacado, mas só produzirá efeitos caso ele se torne aceitante, pois só assim o avalizado assumirá obrigações e consequentemente o avalista[29], pois este assume obrigações da mesma natureza que o avalizado (LUG – art. 32). Pontes de Miranda diz que "se não vem a compor-se a vinculação do avalizado, falta eficácia ao aval"[30].

Com efeito, o aval pressupõe ao menos a aparência da existência da obrigação do avalizado[31]. A autonomia, que efetivamente existe, significa apenas que problemas na obrigação do avalizado não atingem o avalista, mas não dispensa a aparência de que tal obrigação exista. Não é necessário que a obrigação exista, mas apenas que haja uma aparência de que ela exista, isto é, a garantia cambiária "necessariamente se apoia na declaração de outro obrigado, que pelo menos exteriormente se manifesta subsistente"[32].

---

27. CALLEGARI, Mia et al. *Trattato di diritto commerciale*: I titoli di credito. Padova: Cedam, 2006, v. 7, p. 291.

28. WHITAKER, José Maria. *Letra de câmbio*. São Paulo: Saraiva, 1928, p. 159; RIZZARDO, Arnaldo. *Títulos de crédito*. Rio de Janeiro: Forense, 2006, p. 149; ROSA JÚNIOR, Luiz Emygdio da. *Títulos de crédito*. 4. ed. Rio de Janeiro: Renovar, 2006, p. 326; COELHO, Fábio Ulhoa. *Curso de direito comercial*. 8. ed. São Paulo: Saraiva, 2004, v. 1, p. 410; BORGES, João Eunápio. *Títulos de crédito*. 2. ed. Rio de Janeiro: Forense, 1977, p. 92; BONELLI, Gustavo. *Cambiale*. Milano: Casa Editrice Dottore Francesco Vallardi, 1930, p. 345.

29. MARTINS, Fran. *Títulos de crédito*. 5. ed. Rio de Janeiro: Forense, 1995, v. 1, p. 223; COSTA, Wille Duarte. *Títulos de crédito*. Belo Horizonte: Del Rey, 2003, p. 204; MAGARINOS TORRES, Antônio. *Nota promissória*. 4. ed. São Paulo: Saraiva, 1935, p. 185; ASQUINI, Alberto. *I titoli di credito*. Padova: Cedam, 1966, p. 260; FORASTIERI, Jorge A. *Títulos cambiarios*. Buenos Aires: Gowa, 2006, p. 277; PAVONE LA ROSA, Antonio. *La letra de cambio*. Tradução de Osvaldo J. Máffia. Buenos Aires: Abeledo-Perrot, 1988, p. 398; NAVARRINI, Umberto. *La cambiale e l'assegno bancario*. Bologna: Zanichelli, 1937, p. 153; NEGRÃO, Ricardo. *Manual de direito comercial e de empresa*. São Paulo: Saraiva, 2010, v. 2, p. 128; GONÇALVES NETO, Alfredo de Assis. *Aval*: alcance da responsabilidade do avalista. 2. ed. São Paulo: RT, 1993, p. 87.

30. PONTES DE MIRANDA. *Tratado de direito cambiário*. Campinas: Bookseller, 2000, v. 1, p. 373.

31. PAVONE LA ROSA, Antonio. *La letra de cambio*. Tradução de Osvaldo J. Máffia. Buenos Aires: Abeledo-Perrot, 1988, p. 398.

32. DE SEMO, Giorgio. *Trattato di diritto cambiario*. 3. ed. Padova: Cedam, 1963, p. 452, tradução livre de "necessariamente si apoggia alla dichiarazione di altro obbligato, che almeno esteriormente si palesi come sussistente".

Outrossim, ao se afirmar que o avalista responde da mesma forma que o avalizado, fica difícil imaginar como aplicar tal regra se o avalizado for o sacado, porquanto ele não responde de forma nenhuma. Desse modo, entendemos que o aval a favor do sacado só produzirá efeitos, se houver ao menos a aparência do aceite.

7 Avais simultâneos

Não sendo identificado o avalizado, presume-se que ele é o sacador. Diante disso, caso existam no título dois avais em branco e superpostos, presume-se que ambos são avalistas do sacador, isto é, são avais simultâneos e não sucessivos (Súmula 189 – STF). Nesse caso, apesar da proximidade das assinaturas, considera-se que eles são avais pelo sacador, e não aval um do outro, ou seja, temos coavalistas.

Rubens Requião[33] diz que não há solidariedade entre os avalistas simultâneos, asseverando que a solidariedade não se pode presumir. Com efeito, a solidariedade não se presume, mas ela pode decorrer da natureza da obrigação assumida, vale dizer, a solidariedade pode ser uma imposição da situação assumida pelos devedores[34].

No aval simultâneo, temos duas pessoas com a mesma obrigação, isto é, ambos são avalistas do mesmo obrigado. Nessa condição, os coavalistas serão obrigados, contudo, a pagar sempre a totalidade da obrigação perante o credor, nos termos do art. 47 da LUG. Ora, se ambos têm a mesma obrigação, mas cada um deles é obrigado pela dívida inteira, só temos duas opções, a saber: ou se trata de uma obrigação indivisível, ou de uma obrigação solidária.

Como em uma dívida de dinheiro as obrigações podem ser divididas em quantos sejam os obrigados, não há que falar de obrigação indivisível. Assim, não há outro caminho senão reconhecer a existência de uma solidariedade entre os coavalistas, mas uma solidariedade civil[35], e não aquela própria dos títulos. Nesse caso, um coavalista terá direito de regresso contra o outro, apenas pela quota-parte de cada um.

Imaginem uma nota promissória emitida por ROMÁRIO em favor de EDMUNDO, no valor de R$ 10.000,00 (dez mil) reais, na qual consta também a assinatura de RICAR-

---

33. REQUIÃO, Rubens. *Curso de direito comercial*. 21. ed. São Paulo: Saraiva, 1998, v. 2, p. 381.

34. POTHIER, Robert Joseph. *Tratado das obrigações*. Tradução de Witt Batista e Douglas Dias Ferreira. Campinas: Servanda, 2001, p. 213.

35. CAMPOBASSO, Gian Franco. *La cambiale*. Milano: Giuffrè, 1998, p. 366; LAURINI, Giancarlo. *I titoli di credito*. Milano: Giuffrè, 2003, p. 163; MARTINS, Fran. *Títulos de crédito*. 5. ed. Rio de Janeiro: Forense, 1995, v. 1, p. 213; BORGES, João Eunápio. *Títulos de crédito*. 2. ed. Rio de Janeiro: Forense, 1977, p. 95; STF, 1ª Turma, RE 70715, Rel. Min. Barros Monteiro, *DJ* 20-11-1970; COELHO, Fábio Ulhoa. *Curso de direito comercial*. 8. ed. São Paulo: Saraiva, 2004, v. 1, p. 413; ROSA JÚNIOR, Luiz Emygdio da. *Títulos de crédito*. 4. ed. Rio de Janeiro: Renovar, 2006, p. 296; ALMEIDA, Amador Paes de. *Teoria e prática dos títulos de crédito*. 19. ed. São Paulo: Saraiva, 1999, p. 47; BOITEUX, Fernando Netto. *Títulos de crédito*. São Paulo: Dialética, 2002, p. 83; PIRES, José Paulo Leal Ferreira. *Títulos de crédito*. 2. ed. São Paulo: Malheiros, 2001, p. 60; COSTA, Wille Duarte. *Títulos de crédito*. Belo Horizonte: Del Rey, 2003, p. 201; SALANDRA, Vittorio. *Curso de derecho mercantil*. Tradução de Jorge Barrera Graf. México: Jus, 1949, p. 281; FARIA, Werter R. *Ações cambiárias*. Porto Alegre: Fabris, 1987, p. 49.

DO e RIVALDO como avalistas de ROMÁRIO (avais simultâneos). RIVALDO é demandado por EDMUNDO, pagando a integralidade da dívida. Por existir uma solidariedade civil entre ele e RICARDO, ele terá direito de regresso contra RICARDO apenas pela metade da obrigação, isto é, apenas por R$ 5.000,00 (cinco mil) reais.

8 Responsabilidade do avalista

Ao dar um aval eficaz, o avalista se torna devedor solidário do título de crédito (LUG – art. 47), no sentido de que ele será obrigado a pagar a integralidade da obrigação, mesmo que o avalizado possua bens. Em outras palavras, o avalista não possui benefício de ordem, isto é, ele não pode indicar bens livres e desembaraçados do avalizado quando for demandado para honrar sua obrigação.

Além de ser um devedor solidário, ele poderá ser um devedor principal ou indireto, uma vez que ele responde da mesma forma que o avalizado. Em outras palavras, o avalista será devedor principal se o avalizado for o devedor principal. De outro lado, ele será devedor indireto se o avalizado for um devedor indireto[36]. Não se pode enquadrar o avalista previamente em uma ou outra classe de devedores e, por isso, não se pode definir previamente se é necessário ou não o protesto para cobrar de um avalista, ou qual é o prazo prescricional da execução em face do avalista. Tudo dependerá da identificação do avalizado.

Assim sendo, se avalizado for o devedor principal do título, o avalista também será tratado como devedor principal. Desse modo, não será necessário o protesto para cobrar tal avalista[37] e o prazo prescricional para a sua execução será o mesmo previsto para o avalizado[38]. Diante dessa equiparação, o STJ já reconheceu inclusive a possibilidade de inclusão do nome do avalista nos cadastros de inadimplentes, mesmo sem protesto ou execução, desde que ele seja devidamente avisado[39].

8.1 Autonomia e abstração da obrigação do avalista

Apesar dessa equiparação formal, é certo que a obrigação do avalista é autônoma em relação à obrigação do avalizado, ou seja, não é afetada pela obrigação do avalizado. Mesmo que a obrigação do avalizado seja considerada nula, ou mesmo se for falsa a assinatura do avalizado, o aval permanece, salvo em virtude de vícios formais do título (LUG – arts. 7º e 32). No caso de vícios formais, o documento não terá valor como título de crédito e, diante disso, não subsistirá o aval.

---

36. MARTORANO, Federico. *I titoli di credito*. Napoli: Morano, 1970, p. 514.

37. STJ, 4ª Turma, REsp 2.999/SC, Rel. Min. Fontes de Alencar, j. 5-6-90, *DJ* 6-8-90, p. 7343. No mesmo sentido: CAMPOBASSO, Gian Franco. *La cambiale*. Milano: Giuffrè, 1998, p. 367.

38. MESSINEO, Francesco. *Manuale di diritto civile e commerciale*. 9. ed. Milano: Giuffrè, 1972, v. 5, p. 370.

39. STJ, 4ª Turma, REsp 209478/SC, Rel. Min. Ruy Rosado de Aguiar, j. 15-6-99, *DJ* 23-8-99, p. 134.

A título ilustrativo, imagine-se uma nota promissória emitida por ROMÁRIO em favor de EDMUNDO, que já a endossou para RONALDO. Nesse título consta também a assinatura de RICARDO como avalista de ROMÁRIO. Posteriormente, descobre-se que a assinatura de ROMÁRIO era falsa. Tal fato não vai invalidar a obrigação de RICARDO, uma vez que se trata de uma obrigação autônoma. Vícios ou problemas na obrigação do avalizado não atingem a obrigação do avalista.

Em decorrência dessa mesma autonomia, não pode o avalista usar como defesa matéria atinente ao avalizado. Quando o avalista for demandado, em regra, ele não poderá trazer à discussão qualquer matéria que seja específica em relação ao avalizado, como uma compensação ou alguma questão contratual entre o avalizado e o credor do título. Exceções pessoais do avalizado não podem ser opostas pelo avalista.

Imaginem uma nota promissória emitida por ROMÁRIO em favor de EDMUNDO, na qual consta também a assinatura de RICARDO como avalista de ROMÁRIO. Posteriormente, ROMÁRIO se torna credor de EDMUNDO pelo mesmo valor da nota promissória. Caso EDMUNDO cobrasse ROMÁRIO, este poderia alegar como matéria de defesa a existência de uma compensação entre as obrigações existentes entre ambos e, por isso, não pagaria o título. Caso EDMUNDO cobrasse RICARDO, ele não poderia levantar tal matéria de defesa, uma vez que ela diz respeito apenas à pessoa de ROMÁRIO, ou seja, é uma exceção pessoal do avalizado, que não poderá ser invocada pelo avalista.

A autonomia da obrigação do avalista é reconhecida como um princípio fundamental do direito cambiário. Nesse sentido, o STJ afirmou que "Ignorar ou mesmo relativizar esse princípio significa pôr em xeque o arcabouço normativo que sustenta o regime jurídico cambial, com o risco de produzir danos à necessária segurança jurídica que deve presidir as relações econômicas"[40]. Tanto é assim que mesmo a concessão de recuperação judicial para o avalizado não suspende as ações contra o avalista[41].

Tal autonomia absoluta é criticada por Alfredo de Assis Gonçalves Neto, para quem há uma acessoriedade formal no aval, isto é, o aval só subsiste na existência formal da obrigação do avalizado[42].

Não obstante a autonomia da obrigação do avalista, é certo que não se pode proteger o credor de má-fé, isto é, deve-se admitir ao avalista discutir a própria existência do débito quando o credor estiver de má-fé[43]. Assim, quando o título não circula, o avalista pode invocar defesas ligadas ao negócio jurídico que deu origem ao título. Do mesmo modo, se, de alguma forma, o credor tinha ciência ou tinha como ter ciência do negócio jurídico que deu origem ao título.

---

40. STJ, 4ª Turma, AgRg no REsp 885.261/SP, Rel. Min. Antonio Carlos Ferreira, j. 2-10-2012, *DJe* 10-10-2012.

41. STJ, 4ª Turma, AgRg no AREsp 295.719/SP, Rel. Min. Luis Felipe Salomão, j. 8-4-2014, *DJe* 14-4-2014.

42. GONÇALVES NETO, Alfredo de Assis. *Aval*: alcance da responsabilidade do avalista. 2. ed. São Paulo: RT, 1993, p. 85.

43. ROSA JÚNIOR, Luiz Emygdio da. *Títulos de crédito*. 4. ed. Rio de Janeiro: Renovar, 2006, p. 316-317.

Em tais casos, não se aplica o princípio da abstração e, por isso, o avalista poderá discutir a causa da obrigação, como o avalizado poderia[44]. Caso se permitisse que o credor recebesse do avalista, estaria ocorrendo um enriquecimento ilícito do credor, o que não pode ser tolerado. Por isso, admite-se a oposição dessas defesas causais.

Alberto Asquini afirma que são oponíveis ao credor as exceções pelas quais este deu causa ao fim da obrigação do avalizado[45]. Ora, se foi ele que deu causa ao fim da obrigação do avalizado, ele não estará de boa-fé se cobrar a obrigação do mero garantidor da obrigação do avalizado. Se o credor não cumpriu o contrato que deu origem ao título, ele não poderá exigir do avalizado o pagamento do título. Permitir que ele receba do avalista é proteger a má-fé do credor, possibilitando o seu enriquecimento ilícito, o que não é compatível com nosso ordenamento jurídico. Em razão disso, nessas situações, o avalista também poderá opor como matéria de defesa a extinção da obrigação.

De modo similar, Giorgio de Semo admite exceções que representam a própria extinção da obrigação do avalizado[46] em razão de um fato ocorrido entre o avalizado e o credor, como um pagamento ou uma novação. Nesses casos, mais uma vez se afasta a boa-fé do credor, que já recebeu ou realizou uma novação, não se podendo permitir, por conseguinte, que ele receba do avalista também[47]. O STJ já reconheceu que, "se a dívida, pertinente à relação que deu causa à criação do título, desapareceu ou não chegou a existir, poderá o avalizado fundar-se nisso para recusar o pagamento"[48].

Imaginem uma nota promissória emitida por ROMÁRIO em favor de EDMUNDO, referente à compra de uma Ferrari. Nesse título existe um aval dado por RICARDO. EDMUNDO não entregou o citado veículo, extinguindo, por conseguinte, a obrigação de ROMÁRIO pagar o preço do veículo. Caso fossem aplicados os princípios da autonomia e da abstração ao extremo, EDMUNDO, mesmo sem nada entregar, teria direito de receber o valor do avalista RICARDO. Todavia, protegendo-se a boa-fé, é certo que, se EDMUNDO cobrar RICARDO, este poderá opor a não entrega do veículo (exceção do contrato não cumprido), para não efetuar o pagamento. Embora tal fato diga respeito apenas a ROMÁRIO, não se pode compactuar com o enriquecimento ilícito do credor.

Em síntese, a obrigação do avalista é autônoma e abstrata, mas diante da má-fé de um credor o avalista poderá invocar matérias ligadas a extinção, ilicitude ou inexistência da dívida que originou o título.

---

44. PONTES DE MIRANDA. *Tratado de direito cambiário.* Campinas: Bookseller, 2000, v. 1, p. 381; FERRI, Giuseppe. *Manuale di diritto commerciale.* 2. ed. Torino: UTET, 1966, p. 557; MAMEDE, Gladston. *Direito empresarial brasileiro*: títulos de crédito. 2. ed. São Paulo: Atlas, 2005, v. 3, p. 161; PAVONE LA ROSA, Antonio. *La letra de cambio.* Tradução de Osvaldo J. Máffia. Buenos Aires: Abeledo-Perrot, 1988, p. 445.

45. ASQUINI, Alberto. *I titoli di credito.* Padova: Cedam, 1966.

46. DE SEMO, Giorgio. *Trattato di diritto cambiario.* 3. ed. Padova: Cedam, 1963, p. 464; MESSINEO, Francesco. *Manuale di diritto civile e commerciale.* 9. ed. Milano: Giuffrè, 1972, v. 5, p. 370.

47. PAVONE LA ROSA, Antonio. *La letra de cambio.* Tradução de Osvaldo J. Máffia. Buenos Aires: Abeledo-Perrot, 1988, p. 459.

48. STJ, 3ª Turma, REsp 162332/SP, Rel. Min. Eduardo Ribeiro, j. 29-6-2000, *DJ* 21-8-2000, p. 117. No mesmo sentido: STJ, 3ª Turma, REsp 678.881/PR, Rel. Min. Nancy Andrighi, j. 20-6-2006, *DJ* 30-6-2006, p. 216.

8.2 Transmissão aos herdeiros

A obrigação do avalista é uma garantia pessoal, mas não é personalíssima. Não sendo personalíssima, ela se transfere aos herdeiros do avalista, dentro das forças da herança (CC – art. 1.792). Em outras palavras, não se trata de uma obrigação que se extinga automaticamente pelo falecimento do avalista. Nesse caso, há uma transferência anômala da obrigação aos herdeiros[49]. No mesmo sentido, já concluiu o STJ que "A morte do responsável cambiário é modalidade de transferência anômala da obrigação que, por não possuir caráter personalíssimo, é repassada aos herdeiros, mesmo que o óbito tenha ocorrido antes do vencimento do título"[50].

9 Direito do avalista

O avalista é, portanto, um devedor do título que possui uma obrigação solidária, autônoma e não personalíssima, podendo ser considerado um devedor principal ou indireto. Além dessa responsabilidade, o avalista possui um direito, o direito de regresso que nasce ao efetuar o pagamento do título de crédito. Ao pagar o título, ele se torna proprietário do título e exercerá todos os direitos decorrentes dessa propriedade, vale dizer, ele se tornará credor do título, podendo exigir dos seus codevedores o pagamento da obrigação. Trata-se de direito novo, autônomo[51], e não de sub-rogação como consta equivocadamente da tradução da lei uniforme[52].

Todavia, é oportuno ressaltar que o direito de regresso do avalista não poderá ser exercido contra todos os signatários do título. Ora, o avalista ocupa na letra a mesma posição do avalizado e, por isso, ao pagar o título, terá direito de regresso contra o avalizado e contra as mesmas pessoas contra quem o avalizado teria o direito de regresso. Ele tem os mesmos direitos do avalizado e o direito de cobrar o próprio avalizado.

Ao pagar, o avalista pode agir contra o avalizado e contra os obrigados anteriores. Prova disso é que, ao pagar, o avalista pode riscar do título seu aval, bem como a assinatura dos obrigados posteriores (LUG – art. 50).

Imaginem agora a seguinte situação: ROMÁRIO emitiu uma nota promissória (que recebeu o aval de RICARDO) para EDMUNDO, que a endossou para RONALDO. Todavia, caso RICARDO pague esse título, ele não poderá exercer o direito de regresso contra ROMÁRIO e EDMUNDO, porquanto o direito de regresso só pode ser exercido contra os devedores anteriores. Ao pagar o título, RICARDO só poderá exercer o direito

---

49. CARVALHO DE MENDONÇA, J. X. *Tratado de direito comercial brasileiro*. 7. ed. Rio de Janeiro: Freitas Bastos, 1963, v. 5, t. 2, p. 267.

50. STJ, 3ª Turma, REsp 260004/SP, Rel. Min. Castro Filho, j. 28-11-2006, *DJ* 18-12-2006, p. 358.

51. WHITAKER, José Maria. *Letra de câmbio*. São Paulo: Saraiva, 1928, p. 165.

52. PONTES DE MIRANDA. *Tratado de direito cambiário*. Campinas: Bookseller, 2000, v. 1, p. 379.

de regresso contra ROMÁRIO, uma vez que EDMUNDO é um devedor posterior a ele. Nesse título, temos a seguinte configuração:

ROMÁRIO ______ EDMUNDO ______ RONALDO

RICARDO

Caso RICARDO fosse avalista de EDMUNDO, ele teria direito de regresso contra o avalizado (EDMUNDO) e contra os coobrigados anteriores (ROMÁRIO).

ROMÁRIO ______ EDMUNDO ______ RONALDO

RICARDO

Reitere-se, o avalista terá os mesmos direitos do avalizado e mais o direito de cobrar o próprio avalizado.

10 Aval *x* fiança

Definidos os elementos essenciais do estudo do aval, é oportuno distingui-lo da fiança. Embora ambos sejam garantias pessoais, é certo que não há uma identidade entre os dois institutos, que se diferenciam em diversos aspectos.

Inicialmente, é oportuno esclarecer que o aval é uma declaração unilateral de vontade[53], ao passo que a fiança pressupõe duas vontades, mas não duas obrigações[54]. Além disso, eles se distinguem, sobretudo, pela natureza cambial do primeiro e contratual da segunda. Por tal distinção, o aval só pode ser prestado em títulos de crédito, já a fiança pode ser prestada em qualquer obrigação.

Ademais, dada a natureza cambiária do aval, aplicam-se a ele os princípios da autonomia, da literalidade e da abstração, ao passo que a fiança não obedece a tais princípios. Em razão do princípio da literalidade, o aval deve ser escrito no próprio título. Já a fiança pode ser prestada em qualquer documento.

Igualmente, o princípio da autonomia traz outra distinção entre tais garantias. Embora o avalista assuma uma obrigação da mesma forma que o avalizado, é certo que sua obrigação é materialmente autônoma em relação à obrigação do avalizado. Diz-se que a obrigação do avalista é formalmente acessória, mas substancialmente autônoma[55].

53. MESSINEO, Francesco. *Manuale di diritto civile e commerciale*. 9. ed. Milano: Giuffrè, 1972, v. 5, p. 368.

54. PAMPLONA FILHO, Rodolfo; GAGLIANO, Pablo Stolze. *Novo curso de direito civil*. São Paulo: Saraiva, 2008, v. IV, t. 2, p. 587.

55. CAMPOBASSO, Gian Franco. *La cambiale*. Milano: Giuffrè, 1998, p. 417.

A obrigação do avalista subsiste mesmo diante da nulidade da obrigação avalizada. São duas obrigações distintas e independentes.

De outro lado, a fiança é acessória, no sentido de que seguirá a sorte da obrigação principal. Há uma única obrigação com dois devedores[56]. Se a obrigação garantida for nula, tal nulidade também contaminará a fiança[57]. Se a obrigação principal for extinta por qualquer motivo, também se extingue a fiança, uma vez que o fiador pode opor ao credor as exceções que seriam oponíveis pelo afiançado (CC – art. 837).

O avalista é sempre um devedor solidário, sendo obrigado a honrar a obrigação, mesmo que o avalizado tenha bens suficientes para saldar a dívida[58]. Já na fiança, a princípio, existe esse benefício de ordem (CC – art. 827), ou seja, o fiador pode indicar bens livres e desembaraçados do devedor principal para se eximir da obrigação. Ressalte-se, desde já, que o fiador também poderá ser solidário se expressamente assumir tal condição, ou se renunciar ao benefício de ordem. Também não haverá tal benefício se o afiançado for falido ou insolvente.

Há mais, o credor pode exigir a substituição do fiador se ele se tornar insolvente ou incapaz (CC – art. 826), o que não pode ocorrer no aval. Além disso, havendo mais de um fiador, eles podem se reservar o benefício da divisão, o que não é possível no aval, devendo cada avalista pagar a dívida inteira ao credor. E ainda na fiança o fiador poderá promover o andamento da execução contra o afiançado, se o credor, sem justa causa, não o faz (CC – art. 834). Por fim, a obrigação do avalista se transfere aos herdeiros independentemente da data do seu falecimento, ao passo que a fiança só se transfere se o fiador já fosse responsável na época do falecimento (CC – art. 836).

11 Aval *x* endosso

O aval é uma declaração cambiária facultativa, que torna o declarante responsável pelo pagamento do título. Nesse particular, há uma semelhança com o endosso, que também é uma declaração cambial facultativa, que torna o endossante, em regra, devedor do título. Apesar dessa semelhança, é certo que estamos diante de institutos completamente distintos.

Ambos têm finalidades distintas, vale dizer, o endosso visa a transferir a propriedade do título, já o aval tem o intuito de garantir o pagamento desse título. Outrossim, a assunção de responsabilidade também os difere, na medida em que a responsabilidade do endossante decorre da lei e a do avalista de um ato de vontade. Além disso, quem

---

56. BONFANTI, Mario Alberto; GARRONE, José Alberto. *De los títulos de crédito*. 2. ed. Buenos Aires: Abeledo-Perrot, 1976, p. 409.

57. PAMPLONA FILHO, Rodolfo; GAGLIANO, Pablo Stolze. *Novo curso de direito civil*. São Paulo: Saraiva, 2008, v. IV, t. 2, p. 615.

58. STJ, 3ª Turma, AgRg no Ag 747.148/SP, Rel. Min. Humberto Gomes de Barros, j. 28-6-2006, *DJ* 1º-8-2006, p. 438; STJ, 4ª Turma, REsp 153.687/GO, Rel. Min. Ruy Rosado de Aguiar, j. 10-2-98, *DJ* 30-3-98, p. 82.

endossa pode não assumir obrigação nenhuma (endosso sem garantia), pois quem avaliza sempre assumirá obrigação. Por fim, ambos se diferenciam pelo sujeito, uma vez que o endosso só pode ser feito pelo portador legítimo do título, enquanto o aval pode ser dado por qualquer pessoa.

12 Aval posterior ao vencimento

Garantindo total ou parcialmente o pagamento da dívida, é certo que o avalista não precisa datar o aval. Apesar disso, é certo que existe um momento no qual o aval será firmado no título. Sendo o aval anterior ao vencimento, não há qualquer discussão sobre os seus efeitos. Todavia, se o aval for posterior ao vencimento, haverá certa divergência na doutrina.

De acordo com Luiz Emygdio F. da Rosa Júnior, o aval posterior ao vencimento produz efeitos normalmente, mas aquele posterior ao protesto ou ao prazo do protesto não gera efeitos cambiários, porque exaurida a vida cambial do título[59]. De outro lado, Saraiva entende que o aval posterior ao vencimento já não provoca efeitos cambiais[60].

Carvalho de Mendonça[61] é mais radical ao afirmar que o aval posterior não produz efeitos de nada, no mesmo sentido Werter Faria e Caub Feitosa[62]. Nessa linha de argumentação, entende-se que não haveria sentido em uma garantia numa obrigação que já é exigível. Nesses casos, deveria ocorrer o pagamento, e não a simples garantia de que o título será pago.

Para Fran Martins, Magarinos Torres, Whitaker e Bulgarelli, o aval posterior teria efeitos de fiança[63], desde que preenchidos os requisitos formais necessários para a fiança. Vencido o título, ele perderia os efeitos cambiais, mas não todos os seus efeitos. Faz-se, nessa interpretação, uma analogia com o endosso póstumo. Se este tem efeitos de cessão, que é o instituto do direito civil para transferir créditos, o aval deveria ter os mesmos efeitos da garantia típica do direito civil, que é a fiança.

A nosso ver, contudo, a melhor interpretação é a de que o aval posterior ao vencimento pode produzir efeitos cambiais, desde que seja prestado a favor de obrigado cambial, e não de endossante posterior ao vencimento[64]. Só não produz efeitos se o

59. ROSA JÚNIOR, Luiz Emygdio da. *Títulos de crédito*. 4. ed. Rio de Janeiro: Renovar, 2006, p. 292.

60. SARAIVA, José A. *A cambial*. Rio de Janeiro: José Konfino, 1947, v. 1, p. 382.

61. CARVALHO DE MENDONÇA, J. X. *Tratado de direito comercial brasileiro*. 7. ed. Rio de Janeiro: Freitas Bastos, 1963, v. 5, 2ª parte, p. 329.

62. FARIA, Werter R. *Ações cambiárias*. Porto Alegre: Fabris, 1987, p. 66; FREITAS, Caub Feitosa. *Títulos de crédito*. Goiânia: AB, 2000, p. 51.

63. MARTINS, Fran. *Títulos de crédito*. 5. ed. Rio de Janeiro: Forense, 1995, v. 1, p. 316; MAGARINOS TORRES, Antônio. *Nota promissória*. 4. ed. São Paulo: Saraiva, 1935, p. 185; WHITAKER, José Maria. *Letra de câmbio*. São Paulo: Saraiva, 1928, p. 160; BULGARELLI, Waldirio. *Títulos de crédito*. 14. ed. São Paulo: Atlas, 1998, p. 173.

64. BORGES, João Eunápio. *Títulos de crédito*. 2. ed. Rio de Janeiro: Forense, 1977, p. 92.

avalizado não possui mais obrigações[65]. Não há qualquer impedimento legal para esse aval, ou qualquer mudança dos efeitos desse aval, logo, não se pode concluir de modo diverso. Em relação à duplicata, tal interpretação já constava do art. 12 da Lei n. 5.474/68 e, em relação aos demais títulos, ela foi acolhida pelo art. 900 do Código Civil, de aplicabilidade ampla (títulos típicos e atípicos), uma vez que não há disposição especial em sentido contrário.

13 Conexão de títulos

Por vezes, determinadas relações jurídicas são instrumentalizadas em um contrato e em um título de crédito. Por exemplo, as instituições financeiras, ao firmarem um contrato de empréstimo, formalizam a relação por meio de um contrato e de um título de crédito. Nesses casos, há uma conexão de dois títulos, que poderão até ser executados juntos (Súmula 27 do STJ). Todavia, nem sempre se executam os dois títulos juntos, sendo o mais comum executar apenas o contrato, no qual existe uma disciplina mais detalhada das obrigações.

No caso de execução apenas do contrato, o eventual avalista do título de crédito poderá ser demandado? O STJ entende, com razão, que o avalista só poderá ser demandado nesse caso, se ele assumir a condição de devedor principal ou de fiador solidário no contrato[66]. Admitindo tal condição, ele tem obrigações no contrato e pode ser chamado a responder pelo contrato, ainda que a obrigação ali seja mais gravosa. Não sendo obrigado pelo contrato, ele não terá legitimidade para ser parte desse processo de execução.

---

65. PONTES DE MIRANDA. *Tratado de direito cambiário*. Campinas: Bookseller, 2000, v. 1, p. 375; COSTA, Wille Duarte. *Títulos de crédito*. Belo Horizonte: Del Rey, 2003, p. 207; BONELLI, Gustavo. *Cambiale*. Milano: Casa Editrice Dottore Francesco Vallardi, 1930, p. 342.

66. STJ, 4ª Turma, REsp 221.501/PR, Rel. Min. Ruy Rosado de Aguiar, j. 21-9-1999, *DJ* 3-11-1999, p. 119.

10 VENCIMENTO E PAGAMENTO

1 Vencimento

Os títulos de crédito asseguram ao seu detentor um direito de crédito, que pode ser transformado em dinheiro mediante desconto bancário ou pelo contrato de *factoring*. Todavia, o crédito ali incorporado só poderá ser exigido dos devedores no vencimento. Este pode ser conceituado como "o momento em que a soma cambiária pode ser exigida pelo portador do título de crédito"[1]. Dando exigibilidade ao crédito, é com o vencimento que a ação executiva poderá ser ajuizada. Além disso, o vencimento pode servir para definir o termo inicial do prazo prescricional, bem como o termo inicial dos juros moratórios legais[2].

Nas letras de câmbio, não são admitidos vencimentos sucessivos, devendo haver sempre um vencimento único. Havendo mais de um vencimento escrito no título, poder-se-ia imaginar a aplicação analógica da regra sobre a existência de mais de um tipo de valor, fazendo valer aquele vencimento mais benéfico para o devedor. Contudo, a LUG é expressa ao afirmar, em seu art. 33, a nulidade do título que contenha vencimentos diferentes ou vencimentos sucessivos[3].

Além disso, não se admite nos títulos de crédito o vencimento condicional ou um vencimento impreciso. Há que se fixar precisamente o dia do vencimento[4]. A forma de determinação desse dia admite quatro e apenas quatro modalidades[5], previstas na lei (LUG – art. 33). Em síntese, o vencimento deve ser certo, único, possível e de uma das modalidades admitidas taxativamente em lei[6].

Entre as modalidades possíveis, há aquelas nas quais o vencimento poderá ser fixado pelo sacador por ato exclusivamente seu (vencimento determinado) ou aquelas nas

---

1. ROSA JÚNIOR, Luiz Emygdio da. *Títulos de crédito*. 4. ed. Rio de Janeiro: Renovar, 2006, p. 337.
2. WHITAKER, José Maria. *Letra de câmbio*. São Paulo: Saraiva, 1928, p. 176.
3. STJ, 4ª Turma, REsp 751.878/MG, Rel. Min. Aldir Passarinho Junior, j. 20-4-2010, *DJe* 17-5-2010.
4. ROSA JÚNIOR, Luiz Emygdio da. *Títulos de crédito*. 4. ed. Rio de Janeiro: Renovar, 2006, p. 340.
5. MESSINEO, Francesco. *Manuale di diritto civile e commerciale*. 9. ed. Milano: Giuffrè, 1972, v. 5, p. 390; MOSSA, Lorenzo. *La cambiale secondo la nuova legge*. Milano: Casa Editrice Dottor Francesco Vallardi, 1937, p. 339; PAVONE LA ROSA, Antonio. *La letra de cambio*. Tradução de Osvaldo J. Máffia. Buenos Aires: Abeledo-Perrot, 1988, p. 530; PONTES DE MIRANDA. *Tratado de direito cambiário*. Campinas: Bookseller, 2000, v. 1, p. 448.
6. DE SEMO, Giorgio. *Trattato di diritto cambiario*. 3. ed. Padova: Cedam, 1963, p. 285.

quais o vencimento dependerá de um ato do portador do título (vencimento indeterminado)[7]. São casos de vencimento determinado: os vencimentos em dia certo e a certo termo da data. São casos de vencimento indeterminado os vencimentos à vista e a certo termo da vista. Não havendo qualquer disposição no título, considera-se que o título tem vencimento à vista.

1.1 Vencimento à vista

No silêncio das partes, ou quando as partes acordarem nesse sentido, a letra de câmbio poderá ter vencimento à vista, no sentido de que a obrigação se tornará exigível no momento da apresentação ao sacado. Não há uma data predefinida, mas um fato, a apresentação ao sacado, que tornará a obrigação exigível.

A fim de evitar que o título à vista dure eternamente, a LUG (art. 34) estabelece um prazo de um ano, contado da emissão do título, para que tal apresentação ocorra. Tal prazo poderá ser aumentado ou reduzido pelo sacador, ou simplesmente reduzido pelos endossantes. O sacador poderá ainda impor que a apresentação só ocorra a partir de determinada data, alterando o termo inicial do prazo de um ano para a apresentação. A não apresentação da letra no prazo não extingue o direito de crédito do tomador, mas apenas implica a perda do direito contra os obrigados indiretos no título.

1.2 Vencimento em dia certo

Além do vencimento exclusivamente contra apresentação, pode ser estipulado o vencimento em dia certo, isto é, numa data estabelecida no calendário (exemplo: 30 de abril de 2009, Páscoa de 2009...). Se o vencimento for fixado para o princípio, meado ou fim do mês, entende-se que a letra será vencível no primeiro, no dia quinze, ou no último dia desse mês (LUG – art. 36).

Em todo caso, a data estipulada no título não dispensará a apresentação do título, em razão das características e princípios peculiares do título. Estamos diante de uma obrigação quesível, na qual a apresentação mostra-se essencial para o exercício do direito, tendo em vista a possibilidade de circulação do título.

1.3 Vencimento a certo termo da data

Outra forma de combinar o vencimento, é assinalar no título um prazo contado do dia da emissão, daí falar em certo termo da data. Nesse caso, o título se torna exigível

---

7. BORGES, João Eunápio. *Títulos de crédito*. 2. ed. Rio de Janeiro: Forense, 1977, p. 97.

após certo tempo da data de emissão dele (exemplo: 60 dias após a data de emissão). Também se chegará a um dia certo, mas tal data não será escrita no título; o que se escreve no título é apenas o prazo para chegar a essa data.

Nessa contagem, não se inclui o dia da emissão, iniciando-se a contagem pelo primeiro dia útil posterior[8]. As expressões *oito dias* ou *15 dias* entendem-se não como uma ou duas semanas, mas como um prazo de oito ou 15 dias efetivos. A expressão *meio mês* também deverá ser compreendida como um prazo de 15 dias. Nos casos de prazos em semanas, em meses ou em anos, o vencimento se dará no dia equivalente da semana, mês ou ano do pagamento. Assim, se o título, emitido em 25 de abril de 2008 (sexta-feira), tiver vencimento fixado em cinco semanas da data, ele será exigível no dia 30 de maio de 2008 (a sexta-feira da quinta semana). No caso de prazo em meses, se o vencimento cair em dia inexistente (31 de fevereiro), considera-se vencida a letra no último dia do mês correspondente.

1.4 Vencimento a certo termo da vista

No vencimento a certo termo da vista, o título se torna exigível após certo tempo do aceite (na letra de câmbio) ou do visto (na nota promissória) no título de crédito (exemplo: 60 dias da vista, ou seis meses do aceite). A contagem dos prazos é a mesma prevista para o vencimento a certo termo da data, o que altera é o termo inicial desse prazo, que será o dia do aceite ou do visto no título de crédito.

Nesse caso, torna-se fundamental a apresentação do título para o aceite ou para o visto, pois só a partir desse dia iniciar-se-á o prazo para o vencimento do título. Além disso, mostra-se necessária uma data no aceite ou visto do título. Caso não exista data do aceite, deve haver um protesto, a partir do qual se conta o prazo para o vencimento do título de crédito. Alternativamente, poderá ser considerado dia do aceite o último do prazo para apresentação para aceite (em regra um ano da emissão).

Como o aceite não é obrigatório, nem sempre existirá o aceite na letra de câmbio ou mesmo o visto na nota promissória. Nesses casos, a doutrina entende que o prazo para o vencimento do título deverá ser contado do dia do protesto por falta de aceite, que representaria o dia em que o título foi apresentado, isto é, em última análise, o dia da vista do título pelo sacado[9]. A nosso ver, porém, a recusa do aceite nesses casos gera o vencimento antecipado e, por isso, não haveria que se cogitar de contagem do prazo para o vencimento, o que ocorreria apenas na nota promissória.

---

8. SARAIVA, José A. *A cambial*. Rio de Janeiro: José Konfino, 1947, v. 2, p. 46.

9. ROSA JÚNIOR, Luiz Emygdio da. *Títulos de crédito*. 4. ed. Rio de Janeiro: Renovar, 2006, p. 347; MAMEDE, Gladston. *Direito empresarial brasileiro*: títulos de crédito. 2. ed. São Paulo: Atlas, 2005, v. 3, p. 198; MARTINS, Fran. *Títulos de crédito*. 5. ed. Rio de Janeiro: Forense, 1995, v. 1, p. 234; DE SEMO, Giorgio. *Trattato di diritto cambiario*. 3. ed. Padova: Cedam, 1963, p. 289; PAVONE LA ROSA, Antonio. *La letra de cambio*. Tradução de Osvaldo J. Máffia. Buenos Aires: Abeledo-Perrot, 1988, p. 530.

2 Vencimento antecipado

Mesmo que seja estipulada uma data de vencimento, em determinados casos o título vence antecipadamente, ou seja, torna-se exigível antes do dia inicialmente previsto. Certos fatos previstos em lei autorizam o credor a exigir o pagamento do título imediatamente. Tais fatos denotam que não há motivo para se aguardar o vencimento convencionado entre as partes, uma vez que a obrigação prevista no título não vai se realizar no tempo e na forma prometida[10].

A LUG prevê, em seu art. 43, vários casos de vencimento antecipado reunidos em três grupos, a saber: (1) recusa total ou parcial do aceite; (2) falência do sacado ou aceitante, suspensão de pagamentos pelo sacado ou aceitante e execução frustrada contra o sacado ou aceitante; (3) falência do sacador na letra não aceitável. Todavia, o Brasil adotou a reserva prevista no art. 10 do Anexo II do Decreto n. 57.663/66, pela qual "fica reservada para a legislação de cada uma das Altas Partes Contratantes a determinação precisa das situações jurídicas a que se referem os n°s 2 e 3 do art. 43".

Não obstante a reserva feita, Fran Martins[11] entende que estão em vigor no Brasil todas as hipóteses de vencimento antecipado previstas no art. 43 da LUG. Para Rubens Requião[12] também vale a LUG, mas não há como vislumbrar o vencimento extraordinário pela cessação ou suspensão de pagamentos, por não haver meio de prova para tanto.

Consoante Luiz Emygdio da Rosa Júnior, Fábio Ulhoa Coelho, Antônio Mercado Júnior, Waldirio Bulgarelli e Wille Duarte Costa[13], a nosso ver com razão, os n°s 2 e 3 do art. 43 da LUG não têm aplicabilidade no Brasil, estando em vigor apenas o art. 19 do Decreto n. 2.044/1908. Este, combinado com a parte em vigor do art. 43 da LUG, prevê as seguintes hipóteses de vencimento antecipado: a falta ou recusa total ou parcial de aceite e a falência do aceitante.

Em ambos os casos, o que se demonstra é que a promessa feita no título de crédito não vai se realizar na forma prometida. Por isso, nada mais justo do que, de imediato, assegurar ao portador o direito de exigir o crédito antecipadamente.

---

10. WHITAKER, José Maria. *Letra de câmbio*. São Paulo: Saraiva, 1928, p. 180.

11. MARTINS, Fran. *Títulos de crédito*. 5. ed. Rio de Janeiro: Forense, 1995, v. 1, p. 236. No mesmo sentido: RIZZARDO, Arnaldo. *Títulos de crédito*. Rio de Janeiro: Forense, 2006, p. 154; FREITAS, Caub Feitosa. *Títulos de crédito*. Goiânia: AB, 2000, p. 7-8; MAGALHÃES, Roberto Barcellos de. *Títulos de crédito*. Rio de Janeiro: Lumen Juris, 1996, p. 50; TIMMERS, Luciane Favaretto. *Desafios interpretativos da Lei Uniforme de Genebra*. Porto Alegre: Livraria do Advogado, 2003, p. 125.

12. REQUIÃO, Rubens. *Curso de direito comercial*. 21. ed. São Paulo: Saraiva, 1998, v. 2, p. 384, no mesmo sentido ALMEIDA, Amador Paes de. *Teoria e prática dos títulos de crédito*. 19. ed. São Paulo: Saraiva, 1999, p. 34.

13. ROSA JÚNIOR, Luiz Emygdio da. *Títulos de crédito*. 4. ed. Rio de Janeiro: Renovar, 2006, p. 348; COELHO, Fábio Ulhoa. *Curso de direito comercial*. 8. ed. São Paulo: Saraiva, 2004, v. 1, p. 417; MERCADO JÚNIOR, Antônio. *Nova lei cambial e nova lei do cheque*. 3. ed. São Paulo: Saraiva, 1971, p. 82; COSTA, Wille Duarte. Títulos de crédito. Belo Horizonte: Del Rey, 2003, p. 215; BULGARELLI, Waldirio. *Títulos de crédito*. 14. ed. São Paulo: Atlas, 1998, p. 181; BOITEUX, Fernando Netto. *Títulos de crédito*. São Paulo: Dialética, 2002, p. 93.

Se o sacado não aceita a ordem que lhe foi dada, ele está demonstrando que não vai efetuar o pagamento na data combinada. Ora, se ele se recusa a assumir a obrigação de pagar, é óbvio que ele não pagará o título. Nesse caso, fica claro que o que foi prometido – que o sacado pagaria o título no vencimento – não vai se realizar. Diante da frustração do que foi prometido, o beneficiário terá o direito de exigir antecipadamente o pagamento do título, desde que prove a falta ou recusa do aceite por meio do protesto.

Ademais, haverá o vencimento antecipado no caso de falência do aceitante. A falência do sacado não gera automaticamente o vencimento antecipado, mas diante da sua falência ele não poderá aceitar, o que acabará também gerando o vencimento antecipado[14].

No caso da falência do aceitante, ele perderá a administração dos seus bens e não poderá efetuar pagamentos, que deverão obedecer à ordem de preferência estabelecida legalmente. Para tanto, todas as obrigações já devem ser exigíveis (Lei n. 11.101/2005 – art. 77), a fim de evitar um desvirtuamento da ordem de preferência. Outrossim, é certo que tal fato o impedirá de efetuar pessoalmente o pagamento do título, frustrando a promessa realizada, o que permitirá também a cobrança antecipada. Em tal hipótese, é desnecessário o protesto, sendo suficiente a apresentação da sentença de falência (LUG – art. 44), ao contrário do que afirma Fernando Netto Boiteux[15].

Pela difusão dos títulos de crédito para operações não empresariais, a insolvência civil do devedor, decretada judicialmente (CPC/73 – art. 751), também é uma hipótese do vencimento antecipado. Os motivos do vencimento antecipado aqui são os mesmos da falência do aceitante, na medida em que o insolvente não poderá efetuar o pagamento por si só, justificando a exigibilidade antecipada da obrigação.

3 Prorrogação de vencimento

O direito brasileiro não admite dias de perdão, ou dias de graça em relação à letra de câmbio (LUG – art. 74), ou seja, não se admite que o credor conceda dias de tolerância para o cumprimento da obrigação. Caso o faça, ele poderá perder os direitos contra os devedores indiretos, uma vez que se exige para a cobrança deles um protesto tempestivo (LUG – art. 53). Se ele conceder voluntariamente a prorrogação do vencimento e, em razão disso, perder o prazo para o protesto (um dia útil após o vencimento), não poderá cobrar mais nenhum dos devedores indiretos.

Caso as partes convencionem uma prorrogação para tal vencimento, essa convenção só vale em relação às partes que o ajustaram. Trata-se de um acordo que só produz efeitos entre os próprios acordantes. Se todos os signatários do título concordarem, todos ficarão vinculados a essa prorrogação. Se um dos devedores não se manifestar, em relação a ele continuarão valendo as condições originais do título[16].

---

14. PONTES DE MIRANDA. *Tratado de direito cambiário*. Campinas: Bookseller, 2000, v. 1, p. 456.
15. BOITEUX, Fernando Netto. *Títulos de crédito*. São Paulo: Dialética, 2002, p. 93.
16. WHITAKER, José Maria. *Letra de câmbio*. São Paulo: Saraiva, 1928, p. 179.

4 Pagamento

Chegado o vencimento, a princípio, deve ocorrer pagamento da obrigação, isto é, deveria ser cumprida a ordem dada na letra de câmbio, aqui entendida como a entrega do dinheiro. Tal ato representa a forma normal de extinção das obrigações assumidas em um título de crédito.

4.1 Tipos de pagamento

A doutrina[17] distingue dois tipos de pagamento, de acordo com a posição do sujeito que o efetua.

O primeiro tipo de pagamento é o pagamento extintivo, no qual a letra deixa de existir cambialmente, isto é, quem paga não terá direito a exercer com base naquele título. Tal tipo de pagamento extingue a vida útil do título de crédito, daí falar em pagamento extintivo. Na letra de câmbio, é o pagamento feito pelo aceitante, ou pelo sacador de letra não aceita.

Ao lado do pagamento extintivo, temos o pagamento recuperatório que não extingue a vida útil do título de crédito, na medida em que faz nascer o direito de regresso. Tal pagamento é aquele feito por devedor indireto, quando lhe permite recuperar o valor pago dos obrigados anteriores. Ele extingue a responsabilidade de quem pagou e apenas dos obrigados posteriores, mas não extingue a letra de câmbio em si, que ainda será usada para recuperar o valor pago.

4.2 Apresentação

Qualquer que seja o tipo de pagamento, pela possibilidade de circulação e pela natureza quesível da obrigação, o pagamento deverá ser efetuado contra a apresentação do próprio título de crédito. Caso o credor nada apresente, não haverá nenhuma segurança para o devedor. Nesses casos, o título poderá ter chegado às mãos de um credor de boa-fé que também terá o direito de exigir o seu pagamento. Por isso, é fundamental que o título seja apresentado para que se realize pagamento.

4.2.1 Quem pode fazer?

Tal apresentação deverá ser feita pelo portador legítimo do título (LUG – art. 38). Por portador legítimo deve-se entender a pessoa que justifica o seu direito pela presença do seu nome no título, ou por uma sequência ininterrupta de endossos. Nesse caso, o

---

17. BORGES, João Eunápio. *Títulos de crédito*. 2. ed. Rio de Janeiro: Forense, 1977, p. 104; ROSA JÚNIOR, Luiz Emygdio da. *Títulos de crédito*. 4. ed. Rio de Janeiro: Renovar, 2006, p. 353.

devedor só precisa verificar a sequência de endossos, e não a sua autenticidade. No caso do endosso impróprio, o portador legítimo será o endossatário-mandatário ou o endossatário-pignoratício, ou quem deles receber poderes para cobrar o título. Além disso, terão legitimidade para fazer a apresentação o cessionário e o sucessor nos termos direito comum (exercício: herdeiros)[18].

4.2.2 A quem deve ser feita?

Esses legitimados a apresentar o título para pagamento deverão fazê-lo ao aceitante ou ao sacado da letra de câmbio e da duplicata, ao emitente da nota promissória e ao sacado no cheque. A apresentação ao aceitante da letra de câmbio e da duplicata, ou ao emitente da nota promissória, justifica-se porque eles são os devedores principais do título, logo, são eles que têm a obrigação final de efetuar o pagamento. Em relação ao sacado, na letra de câmbio, na duplicata e no cheque, a apresentação é necessária porque ele é quem foi indicado para realizar o pagamento, vale dizer, a ordem foi dirigida a ele. Embora o sacado não tenha obrigação, ele tem o direito de pagar o título, de honrar a ordem que lhe foi dada[19].

4.2.3 Prazo

Nos títulos à vista, a apresentação deverá ocorrer até um ano após a emissão do título, admitidas alterações desse prazo pelo sacador e apenas reduções pelos endossantes. Nos demais tipos de vencimento, pela LUG (art. 38), a apresentação deve ser feita no dia do vencimento, ou em um dos dois dias úteis seguintes. Todavia, nesse particular, o Brasil adotou a reserva ao texto da LUG, prevista no art. 5º do anexo II do Decreto n. 57.663/66, pelo qual poder-se-á prever que, “em relação às letras pagáveis no seu território, o portador deverá fazer a apresentação no próprio dia do vencimento”.

Apesar da reserva, alguns autores entendem que a reserva feita pelo governo brasileiro precisa ser completada, encontrando-se vigente ainda a LUG, que determina a apresentação num dos dois dias úteis seguintes[20]. Ousamos discordar desse entendimento. Para a maior parte da doutrina, com razão, está em vigor a norma do art. 20 do Decreto n. 2.044/1908, exceto no que tange à sanção, que exige a apresentação no dia do vencimento, ou, se feriado, no primeiro dia útil imediato[21]. Assim, pela legislação em vigor no Brasil, a letra de câmbio e a nota promissória deverão ser apresentadas para

---

18. ROSA JÚNIOR, Luiz Emygdio da. *Títulos de crédito*. 4. ed. Rio de Janeiro: Renovar, 2006, p. 360.

19. BORGES, João Eunápio. *Títulos de crédito*. 2. ed. Rio de Janeiro: Forense, 1977, p. 100.

20. MARTINS, Fran. *Títulos de crédito*. 5. ed. Rio de Janeiro: Forense, 1995, v. 1, p. 249; MERCADO JÚNIOR, Antônio. *Nova lei cambial e nova lei do cheque*. 3. ed. São Paulo: Saraiva, 1971, p. 80.

21. ROSA JÚNIOR, Luiz Emygdio da. *Títulos de crédito*. 4. ed. Rio de Janeiro: Renovar, 2006, p. 357; RIZZARDO, Arnaldo. *Títulos de crédito*. Rio de Janeiro: Forense, 2006, p. 154; COELHO, Fábio Ulhoa. *Curso de*

pagamento no dia do vencimento, ou no primeiro dia útil seguinte, caso o vencimento não caia em dia útil.

Esse prazo poderá ser prorrogado em razão de um caso fortuito ou de um motivo de força maior. Não representam caso fortuito ou força maior circunstâncias pessoais do portador ou de quem deveria apresentar a letra. Os exemplos de tal situação são uma enchente que deixe o sacado incomunicável ou um estado de guerra que impeça as comunicações. Cessado o impedimento, o portador deverá fazer a apresentação o mais breve possível. Pela LUG (art. 54), se o fortuito se prolongar por mais de 30 dias, podem ser promovidas as ações, independentemente da apresentação.

Em todo caso, a desobediência a esse prazo de apresentação não possui maiores consequências, uma vez que o credor não perderá qualquer direito se deixar de fazê-lo. A não apresentação do título não implica a perda de quaisquer direitos contra os devedores indiretos, o que só ocorrerá se não for feito o protesto[22]. Apesar disso, não apresentado o título no prazo, qualquer devedor tem o direito de depositar a quantia relativa ao título, uma vez que é seu direito pagar o título e a não apresentação no prazo representa a mora do credor[23]. Apenas no caso da cláusula sem despesas é que a obediência a esse prazo é fundamental para resguardar os direitos do credor contra os devedores indiretos (LUG – art. 53).

4.2.4 Avisos de cobrança

Pelo grande uso do desconto bancário, ou dos serviços de cobrança, é extremamente comum que os títulos de crédito estejam na posse de bancos. Nesses casos, é prática corriqueira o envio de avisos de cobrança (boletos bancários). Não há qualquer obrigação de fazer isso[24], mas é uma prática bem comum. Caso seja expedido o aviso de cobrança, passa a ser do devedor a obrigação de tomar as medidas para o pagamento do título.

4.3 Objeto do pagamento

Pelo princípio da literalidade, o pagamento deverá abranger o valor que está escrito no título, uma vez que o conteúdo do direito será definido pelo teor literal do documento. Entretanto, nem sempre o pagamento se limitará a tal valor, podendo haver a incidência de alguns encargos sobre o valor previsto no título.

---

direito comercial. 8. ed. São Paulo: Saraiva, 2004, v. 1, p. 420; COSTA, Wille Duarte. *Títulos de crédito*. Belo Horizonte: Del Rey, 2003, p. 104.

22. ROSA JÚNIOR, Luiz Emygdio da. *Títulos de crédito*. 4. ed. Rio de Janeiro: Renovar, 2006, p. 358.

23. ASQUINI, Alberto. *I titoli di credito*. Padova: Cedam, 1966, p. 273; COELHO, Fábio Ulhoa. *Curso de direito comercial*. 8. ed. São Paulo: Saraiva, 2004, v. 1, p. 420-421; WHITAKER, José Maria. *Letra de câmbio*. São Paulo: Saraiva, 1928, p. 197.

24. PAVONE LA ROSA, Antonio. *La letra de cambio*. Tradução de Osvaldo J. Máffia. Buenos Aires: Abeledo-Perrot, 1988, p. 538.

Tais encargos podem ser dos mais diversos tipos, a saber: multas, juros de mora, juros remuneratórios, comissões etc. A maior parte desses encargos só poderá ser exigida se estiver expressamente prevista no título, em razão também do princípio da literalidade. Como os juros são os encargos mais comuns, devemos tratar deles mais detalhadamente.

4.3.1 Juros moratórios

Os juros moratórios representam uma penalidade pelo atraso no pagamento da obrigação, ou seja, eles são uma sanção pela mora do devedor. Tal penalidade está estabelecida expressamente na legislação própria dos títulos de crédito (LUG – arts. 48 e 49) e, por isso, não precisam estar previstos expressamente no título. Mesmo que o documento seja omisso, haverá a incidência dos juros moratórios no caso de atraso[25].

A mora é o pressuposto necessário para a incidência desses juros, logo, tais juros incidirão a partir da configuração da mora, isto é, a partir do vencimento do título não pago. Trata-se de mora *ex re*, que não depende de qualquer notificação ao devedor, uma vez que ela é caracterizada pelo simples fato do não pagamento no vencimento[26]. Assim, chegado o vencimento e apresentado o título, se ele não for pago, a mora se configura de pleno direito, pelo simples fato do não pagamento, independentemente de qualquer notificação ou interpelação.

Nos títulos de crédito, a LUG (art. 48) previa uma taxa de juros moratórios de 6% ao ano, a qual, contudo, foi objeto de reserva pelo Brasil. Diante disso, aplica-se aos títulos de crédito a taxa estipulada no art. 406 do Código Civil que afirma que "Quando os juros moratórios não forem convencionados, ou o forem sem taxa estipulada, ou quando provierem de determinação da lei, serão fixados segundo a taxa que estiver em vigor para a mora do pagamento de impostos devidos à Fazenda Nacional". Tal redação é extremamente infeliz, uma vez que não define exatamente qual é a taxa dos juros moratórios.

Com efeito, a taxa cobrada em razão da mora pela Fazenda Nacional é a taxa referencial do Sistema Especial de Liquidação e Custódia (Selic), tendo em vista o disposto nos arts. 13 da Lei n. 9.065/95, 84 da Lei n. 8.981/95, 39, § 4º, da Lei n. 9.250/95, 61, § 3º, da Lei n. 9.430/96 e 30 da Lei n. 10.522/2002. Em razão disso, a primeira e a segunda turma do Superior Tribunal de Justiça vêm aplicando a taxa Selic como a taxa prevista no art. 406 do Código Civil[27]. Do mesmo modo, boa parte da doutrina[28] vem sustentando a aplicação da taxa Selic como a taxa prevista no art. 406 do Código Civil.

---

25. SCAVONE JÚNIOR, Luiz Antonio. *Juros no direito brasileiro*. São Paulo: RT, 2003, p. 131.

26. Idem, p. 101.

27. STJ, 1ª Turma, REsp 932329/RJ, Rel. Min. Teori Albino Zavascki, j. 15-5-2007, *DJ* 31-5-2007, p. 411; REsp 902.100/PB, Rel. Min. Denise Arruda, 1ª Turma, j. 6-11-2007, *DJ* 29-11-2007, p. 213; REsp 938.369/RN, Rel. Min. Eliana Calmon, 2ª Turma, j. 11-3-2008, *DJ* 28-3-2008, p. 1.

28. WALD, Alexandre de Mendonça. Os juros no Código Civil e a emenda constitucional 40. A constitucionalidade dos arts. 406 e 591 do Código Civil. In: WALD, Arnoldo. *Direito empresarial*: contratos mercantis. São Paulo: RT, 2011, v. 4, p. 33; TAVALERA, Glauber Moreno. *Aspectos jurídicos controversos dos juros e*

Ocorre que a taxa Selic é uma taxa fixada pelo Conselho de Política Monetária do Banco Central, sendo variável. Além disso, ela não representa apenas uma taxa de juros, mas sim uma taxa de juros + correção monetária. Por essas razões, é difícil concordar com a utilização da taxa Selic, seja pela insegurança da sua aplicação, seja pela sua própria composição.

Diante desses problemas, procurou-se encontrar uma taxa exclusivamente de juros que pudesse ser cobrada pela Fazenda Nacional, a fim de atender ao texto do Código Civil. Nesse mister, foi localizado o art. 161, § 1º, do CTN que define a taxa de juros moratórios em 1% ao mês. Como se trata de uma taxa certa, de uma taxa apenas de juros, entende-se, com razão, que é esta a taxa que deve ser usada nos termos do art. 406 do Código Civil[29], conforme decisões da terceira e da quarta turmas do Superior Tribunal de Justiça[30].

A divergência entre as seções do STJ acabou sendo resolvida por meio dos Embargos de Divergência no Recurso Especial 727.842, no qual a Corte Especial entendeu que os juros de mora decorrentes de descumprimento de obrigação civil são calculados conforme a taxa Selic, por ser ela que incide como juros moratórios dos tributos federais (art. 406 do CC/2002, arts. 13 da Lei n. 9.065/95, 84 da Lei n. 8.981/95, 39, § 4º, da Lei n. 9.250/95, 61, § 3º, da Lei n. 9.430/96 e 30 da Lei n. 10.522/2002)[31]. Ocorre que, mesmo posteriormente à tal orientação a Corte Especial, ainda há decisões do STJ divergindo sobre o tema. Nesse sentido, registre-se a decisão do STJ que diz que "as Turmas integrantes da Segunda Seção deste Tribunal firmaram sua orientação no sentido de que, na responsabilidade extracontratual, os juros de mora incidem a partir do evento danoso (Súmula 54/STJ), pela taxa do art. 1.062 do Código de 1916 até 10-1-2003 (0,5% ao mês) e, após essa data, com a entrada do Código Civil, pela prevista art. 406 do atual diploma civil (1% ao mês)"[32].

---

da comissão de permanência. São Paulo: RT, 2009, p. 114; FONSECA, Rodrigo Garcia da. Os juros e o novo Código Civil. In: WALD, Arnoldo (Org.). *Direito empresarial*: contratos mercantis. São Paulo: RT, 2011, v. 4, p. 1042; GONÇALVES, Carlos Roberto. *Direito civil brasileiro*. 6. ed. São Paulo: Saraiva, 2009, v. III, p. 326; NADER, Paulo. *Curso de direito civil*: contratos. 5. ed. Rio de Janeiro: Forense, 2010, v. 3, p. 294.

29. KHOURI, Paulo R. Roque. Juros: o controle pelo novo Código Civil e pelo Código de Defesa do Consumidor. *Revista Jurídica Consulex*, ano VIII, n. 172, p. 26, mar. 2004; SCAVONE JÚNIOR, Luiz Antonio. *Juros no direito brasileiro*. São Paulo: RT, 2003, p. 108; FARIAS, Cristiano Chaves de; ROSENVALD, Nelson. *Direito dos contratos*. Rio de Janeiro: Lumen Juris, 2011, p. 874.

30. STJ, 4ª Turma, AgRg no Ag 791.802/RJ, Rel. Min. Aldir Passarinho Junior, j. 11-12-2007, *DJ* 18-2-2008, p. 1; STJ, 3ª Turma, AgRg no REsp 727.842/SP, Rel. Min. Humberto Gomes de Barros, j. 3-12-2007, *DJ* 14-12-2007, p. 398. No mesmo sentido: TJDF, 5ª Turma Cível, 20020110659172APC, Rel. Lecir Manoel da Luz, j. 5-3-2008, *DJ* 9-4-2008, p. 115; TJRS, 5ª Câmara Cível, Apelação Cível N. 70020912218, Rel. Umberto Guaspari Sudbrack, j. 16-4-2008; TJPR, 6ª Câmara Cível, AC 0427714-1, Foro Central da Região Metropolitana de Curitiba, Rel. Des. Idevan Lopes, unânime, j. 1º-4-2008; TJMG, 11ª Câmara Cível, Embargos de Declaração 1.0024.05.896830-6/002, Rel. Des. Marcelo Rodrigues, *DJ* 12-4-2008.

31. STJ, Corte Especial, EREsp 727842/SP, Rel. Min. Teori Albino Zavascki, j. 8-9-2008, *DJe* 20-11-2008. No mesmo sentido, STJ, Corte Especial, REsp 1111117/PR, Rel. Min. Luis Felipe Salomão, Rel. p/ Acórdão Min. Mauro Campbell Marques, j. 2-6-2010, *DJe* 2-9-2010.

32. STJ, 3ª Turma, AgRg no REsp 832.418/SP, Rel. Min. Paulo de Tarso Sanseverino, j. 17-3-2011, *DJe* 23-3-2011.

4.3.2 Juros remuneratórios

Além dos juros moratórios, existem os juros remuneratórios, cuja função é remunerar o credor pela indisponibilidade do capital. Enquanto o capital não está em suas mãos, o credor deve ter ao menos uma compensação por essa indisponibilidade, daí falar também em juros compensatórios. A ideia fundamental aqui é a de frutos civis do capital, e não de uma sanção como nos juros moratórios.

Esses juros remuneratórios não decorrem automaticamente da lei. Assim sendo, para que eles possam ser exigidos nos títulos de crédito, é essencial que eles estejam previstos no documento, por força do princípio da literalidade. Em outras palavras, os juros remuneratórios só são exigíveis nos títulos de crédito se forem expressamente pactuados pelas partes no teor literal do documento.

Todavia, nem sempre é possível a pactuação dos juros remuneratórios. Nos títulos atípicos, o Código Civil considera não escrita a pactuação dos juros (art. 890). Do mesmo modo, em relação ao cheque (Lei n. 7.357/85 – art. 10). Nas letras de câmbio e notas promissórias, a pactuação dos juros é possível, mas apenas nos títulos com vencimento à vista ou a certo termo da vista (LUG – art. 5º). Nos outros tipos de vencimento, há determinação clara do momento em que a obrigação será exigível, de modo que a eventual remuneração do credor deverá ser embutida no próprio valor do título[33].

Nos casos em que é possível a pactuação dos juros remuneratórios, as partes não terão, em regra, total liberdade para sua fixação. A legislação em vigor impõe certos limites para os juros combinados entre as partes. No contrato de mútuo, o art. 591 do Código Civil afirma que os juros não poderão ultrapassar o limite legal dos juros moratórios (a nosso ver 1% ao mês). Em outros contratos, o limite é imposto pela lei da usura (Decreto n. 22.626/33), que continua em vigor[34], como o dobro da taxa legal, isto é, 2% ao mês[35].

Tais limites, contudo, possuem um alcance restrito, uma vez que não se impõem aos contratos bancários. Nestes, vige a livre pactuação dos juros, não se aplicando nem a lei da usura[36] (Súmula 596 do STF), nem a limitação do Código Civil[37]. Essa liberdade de fixação dos juros, nos contratos bancários, decorre da previsão no art. 4º da Lei n. 4.595/64 de que compete ao CMN fixar a taxa de juros aplicáveis às instituições financeiras. O CMN editou a Resolução n. 1.064, na qual assevera que as taxas de juros serão livremen-

---

33. FORASTIERI, Jorge A. *Títulos cambiarios*. Buenos Aires: Gowa, 2006, p. 161.

34. KHOURI, Paulo R. Roque. Juros: o controle pelo novo Código Civil e pelo Código de Defesa do Consumidor. *Revista Jurídica Consulex*, ano VIII, n. 172, p. 27, mar. 2004; SCAVONE JÚNIOR, Luiz Antonio. *Juros no direito brasileiro*. São Paulo: RT, 2003, p. 84-85.

35. SCAVONE JÚNIOR, Luiz Antonio. *Juros no direito brasileiro*. São Paulo: RT, 2003, p. 199.

36. SALOMÃO NETO, Eduardo. *Direito bancário*. São Paulo: Atlas, 2007, p. 191.

37. STJ, 3ª Turma, REsp 821.357/RS, Rel. Min. Carlos Alberto Menezes Direito, j. 23-8-2007, *DJ* 1º-2-2008, p. 1.

te combinadas pelas partes. Em todo caso, a taxa não pode representar uma onerosidade excessiva ao devedor, quando será admissível sua redução.

Sendo possível e havendo a pactuação dos juros remuneratórios, eles serão em regra juros simples, isto é, em regra não haverá a incidência de juros sobre juros. Contudo, se houver autorização legal para tanto, as partes podem pactuar a capitalização. Assim, no contrato de mútuo admite-se a capitalização anual (CC – art. 591). Também é admitida a capitalização nas cédulas de crédito (STJ – Súmula 93). Além disso, admitem-se juros compostos nos contratos bancários, com qualquer periodicidade (MP n. 2.170-36/2001)[38]. Em todo caso, a capitalização deverá ser pactuada expressamente.

4.4 Prova do pagamento

Efetuado o pagamento integral da obrigação, o devedor tem o direito de ter uma prova de que realizou esse pagamento. A princípio, em razão da literalidade que rege os títulos de crédito, tal prova de pagamento deverá ser escrita no próprio título, isto é, o recibo de quitação não deverá ser dado em instrumento separado, mas no próprio documento. Tal exigência envolve a proteção do próprio devedor, uma vez que qualquer pessoa que tiver o título em mãos saberá que o título já foi pago. O recibo dado em separado não tem valor perante terceiros, produzindo efeitos apenas na relação entre as partes. Assim sendo, se o título circular e chegar às mãos de um terceiro de boa-fé, o devedor será obrigado a pagar novamente.

Além disso, pela própria natureza dos títulos de crédito, o título deverá ser entregue a quem o pagou, a fim de evitar nova entrada em circulação. Nesses casos, considera-se suficiente como prova de pagamento essa entrega a quem pagou. Todavia, a simples entrega representa apenas uma presunção de pagamento, que poderá ser elidida por prova em contrário nos sessenta dias que se seguirem (CC – art. 324).

No caso do pagamento parcial, deverá haver uma dupla quitação, uma escrita no título e outra em separado. Não há que se cogitar nesse caso de entrega do documento, uma vez que ele ainda será usado para a cobrança dos valores restantes.

4.5 Pagamento antecipado

O credor só pode apresentar o título para pagamento no dia do vencimento. Todavia, o devedor pode ter o interesse de pagar o título antecipadamente. Nesse caso, o credor não é obrigado a receber antes do vencimento da letra. Se o devedor pretender pagar antes, ele assumirá o risco por tal pagamento, não gozando das normas que protegem o devedor, isto é, se fizer o pagamento à pessoa errada, será obrigado a pagar de novo[39].

---

38. STJ, 2ª Seção, EREsp 598155/RS, Rel. Min. Cesar Asfor Rocha, j. 22-6-2005, *DJ* 31-8-2005, p. 175.

39. BORGES, João Eunápio. *Títulos de crédito*. 2. ed. Rio de Janeiro: Forense, 1977, p. 103.

Tal previsão visa a proteger o beneficiário do título que o perdeu, uma vez que, sabendo o dia do vencimento, ele poderá até o dia do vencimento tomar as medidas necessárias para reavê-lo[40]. Desse modo, o pagamento anterior poderá ser feito a um credor indevido e, por isso, os riscos desse pagamento são imputados ao devedor que o faz.

4.6 Pagamento parcial

Embora não seja obrigado a receber o pagamento antecipadamente, o portador não pode recusar o pagamento parcial pelo aceitante no vencimento do título (LUG – art. 39, 2). Caso o recuse, perde o direito contra os obrigados indiretos em relação à quantia oferecida para pagamento. Tal regra visa a proteger os devedores indiretos[41], que só devem responder pela falta de pagamento do devedor principal ou do sacado. Se a falta de pagamento é parcial, sua responsabilidade também deverá ser parcial.

Em face desse pagamento parcial, deve haver dupla quitação, uma no título e outra em separado. Apesar dessa quitação, é certo que o pagamento parcial não representa o efetivo pagamento, isto é, ele equivale a um não pagamento, que deverá ser demonstrado por meio do protesto, para que o credor possa cobrar a parte faltante dos devedores indiretos.

5 Outras formas de extinção das obrigações

Além do pagamento, as obrigações cambiárias poderão ser extintas pelas mesmas formas das obrigações em geral. Assim, poderá haver tal extinção por meio de uma transação, de uma compensação, de uma novação, de uma confusão etc. Em suma, todas as formas de extinção das obrigações são aplicáveis também aos títulos de crédito. Por serem formas gerais de extinção das obrigações, suas regras também serão as regras gerais do próprio Código Civil.

A remissão, entendida como perdão da dívida, merece destaque especial. Nos termos do art. 388 do Código Civil, a remissão concedida a um devedor solidário libera os demais de pagar a parte que caberia a esse devedor. Eles ficam liberados de pagar a parte que não mais poderá ser exigida por eles em sede de direito de regresso.

Assim, imaginem uma obrigação de R$ 10.000,00 (dez mil reais), na qual existem quatro devedores solidários. A princípio, cada um deles será obrigado perante o credor a pagar o valor total da dívida: R$ 10.000,00 (dez mil reais). Se um deles for beneficiado por uma remissão, ele não terá mais qualquer responsabilidade pelo pagamento, mas os outros codevedores continuarão obrigados solidariamente a esse pagamento. Todavia, o credor não poderá mais exigir deles os R$ 10.000,00 (dez mil) reais, mas apenas R$ 7.500,00

---

40. ASQUINI, Alberto. *I titoli di credito*. Padova: Cedam, 1966, p. 278-279.

41. Idem, p. 280.

(sete mil e quinhentos) reais. Tal regra visa a impedir uma iniquidade, na medida em que, se não houvesse esse abatimento, os devedores solidários acabariam sendo obrigados a arcar com mais do que a sua quota-parte na dívida, mesmo exercendo o direito de regresso contra os codevedores. Ao liberar os codevedores solidários da quota-parte do devedor perdoado, o que se quis foi equiparar, de certo modo, essa remissão a um pagamento feito por aquele devedor.

Tal regra também será aplicável aos títulos de crédito, o que deverá ser compatibilizado com o regime cambiário. Nesse caso, também temos devedores solidários, mas há aqui uma solidariedade cambial entre os devedores, na qual o direito de regresso se exerce pela totalidade da obrigação. Um dos devedores que pagar o título não terá que suportar esse ônus, pois terá direito de regresso contra os seus codevedores pela totalidade da obrigação.

Diante dessa diferença entre as solidariedades, não há como abater uma parte do pagamento no caso de remissão concedida a um dos codevedores. Portanto, deve-se buscar a interpretação que melhor se compatibilize com a intenção do dispositivo, que era equiparar tal remissão a um pagamento feito pelo devedor. Desse modo, nos títulos de crédito, ela vai beneficiar a pessoa a quem foi dirigido o perdão, bem como os coobrigados posteriores, como se fosse o próprio pagamento feito pelo codevedor.

Se um devedor paga a obrigação do título de crédito, os devedores posteriores ficam liberados. Do mesmo modo, ocorrerá com a remissão. Assim, se ela for concedida ao sacado ou aceitante, extingue a obrigação cambiária de todos. Já a concedida ao sacador o exonera, bem como os endossantes e respectivos avalistas, não exonerando o aceitante. Se concedida em favor de um endossante libera os obrigados posteriores[42].

---

42. ROSA JÚNIOR, Luiz Emygdio da. *Títulos de crédito*. 4. ed. Rio de Janeiro: Renovar, 2006, p. 353.

11 PROTESTO

1 Conceito

Os títulos de crédito asseguram ao seu detentor um direito de crédito. Para o exercício desse direito de crédito, por vezes, é preciso a prova de determinado fato, como, por exemplo, a prova do não pagamento do título no vencimento, que é necessária para cobrar os devedores indiretos. Tal prova deverá ser inequívoca, tendo em vista as consequências que certos fatos podem gerar. Diante dessa necessidade, surgiu a figura do protesto como um meio solene de prova de determinados fatos.

Atualmente, a Lei n. 9.492/97 define o protesto como "o ato formal e solene pelo qual se prova a inadimplência e o descumprimento da obrigação originada em títulos e outros documentos de dívida" (Lei n. 9.492/97 – art. 1º). Tal conceito não é exato[1], uma vez que o protesto pode provar a recusa do aceite que não é uma obrigação.

Logo, deve-se preferir outro conceito, como o formulado por Fábio Ulhoa Coelho, que afirma que o protesto é "o ato praticado pelo credor, perante o competente cartório, para fins de incorporar ao título de crédito a prova de fato relevante para as relações cambiais"[2]. Em outras palavras, Whitaker assevera que o protesto é "o ato oficial pelo qual se prova a não realização da promessa contida na letra"[3]. Fran Martins, por sua vez, diz que o protesto é o "ato solene destinado principalmente a comprovar a falta ou recusa do aceite ou do pagamento da letra"[4].

Ele é um ato cambiário público, solene e extrajudicial, feito fora do título. Em última análise, trata-se de um meio de prova especialíssimo, que goza de presunção, a princípio, inquestionável do fato demonstrado. O protesto não cria direitos, é apenas um meio especialíssimo de prova. Ele também não deve ser confundido com um meio de cobrança, pois é exclusivamente um meio de prova de um fato relevante.

José Maria Whitaker, em 1928, já dizia que "na vertigem da vida moderna, que tudo sacrifica à celeridade, o protesto parece, à primeira vista, uma exigência arcaica e dispensável, sobrevivência supersticiosa de um período de exagerado formalismo"[5]. Contudo,

---

1. COSTA, Wille Duarte. *Títulos de crédito*. Belo Horizonte: Del Rey, 2003, p. 223.
2. COELHO, Fábio Ulhoa. *Curso de direito comercial*. 8. ed. São Paulo: Saraiva, 2004, v. 1, p. 421.
3. WHITAKER, José Maria. *Letra de câmbio*. São Paulo: Saraiva, 1928, p. 199.
4. MARTINS, Fran. *Títulos de crédito*. 5. ed. Rio de Janeiro: Forense, 1995, v. 1, p. 270.
5. WHITAKER, José Maria. *Letra de câmbio*. São Paulo: Saraiva, 1928, p. 199.

ele mesmo reconhece que não há como negar o interesse dos signatários de ter a prova inequívoca da falta de aceite, da falta de devolução ou da falta de pagamento do título. Outrossim, é certo que o protesto também serve para precaver a sociedade de uma possível inadimplência futura do mesmo sujeito[6].

2 Tipos de protesto

O protesto pode servir de meio de prova de vários fatos. Cada um dos fatos provados por tal meio vai representar um tipo de protesto. Ele pode ser tirado por falta ou recusa de aceite, ou de pagamento. Também existem os protestos por falta de devolução da letra de câmbio e da duplicata, bem como o protesto por falta de data do aceite.

Em todos os títulos de crédito, o protesto poderá provar a falta de pagamento da obrigação no vencimento, daí falar em protesto por falta de pagamento. Como ele não é exclusivo dos títulos de crédito, o protesto também poderá ser usado para provar a falta de pagamento em relação a qualquer documento de dívida (exemplo: contratos). A expressão *documentos de dívida* mostra que o protesto não abrange apenas títulos executivos. Nessa expressão, porém, devem ser abrangidos apenas documentos que representem uma obrigação líquida quanto ao valor e exigível[7]. Nesse sentido, o STJ afastou a possibilidade de protesto por falta de pagamento de contratos de locação, anulando norma do Tribunal de Justiça de São Paulo[8]. Obviamente, tal protesto só poderá ser realizado após o vencimento da obrigação, uma vez que só então ela será exigível.

Além disso, nas letras de câmbio e duplicatas, o protesto também poderá provar que o sacado não aceitou a ordem que lhe foi dada, falando-se aí em protesto por falta de aceite. Tal protesto só poderá ser realizado enquanto for possível dar o aceite, isto é, só poderá ocorrer até o vencimento do título (LUG – art. 44; Lei n. 9.492/97 – art. 21, § 1º). Caso o título seja apresentado no último dia do prazo e o sacado peça uma segunda apresentação (direito seu), o protesto pode ser tirado no dia útil seguinte ao da apresentação.

O CNJ já decidiu que: "a Corregedoria Nacional de Justiça, nos termos do que foi deliberado pelo Plenário desse Conselho, edite uma Resolução ou uma ordem aos Tribunais para que eles proíbam os cartórios de protesto de títulos de todo o país, protestar letras de câmbio sem aceite; b) comunicar a todos os serviços de proteção ao crédito que não registrem comunicação de dívida baseada em letra de câmbio sem aceite; c) determinar a todas as Corregedorias-Gerais dos Tribunais de Justiça que repassem a orienta-

6. PINHO, Themistocles; VAZ, Ubirayr Ferreira. *Protesto de títulos e outros documentos de dívida*. Rio de Janeiro: Freitas Bastos, 2007, p. 10.

7. MORAES, Emanoel Macabu. *Protesto notarial*. 2. ed. Rio de Janeiro: Lumen Juris, 2010, p. 54; STJ, 3ª Turma, REsp 750805/RS, Rel. Min. Humberto Gomes de Barros, j. 14-2-2008, *DJe* 16-6-2009.

8. STJ, 5ª Turma, RMS 17400/SP, Rel. p/ acórdão Min. Des. Convocado do TJRJ Adilson Vieira Macabu, j. 21-6-2011.

ção presente aos cartórios a elas vinculados; e d) que os protestos de letras de câmbio sem aceite, já efetuados, sejam cancelados pelos cartórios correspondentes"[9].

O protesto pode ainda provar a falta de devolução do título, nas letras de câmbio e duplicatas remetidas para aceite. Nesses casos, a legislação não estabelece o prazo no qual deverá haver a devolução do título, sendo razoável entender que o prazo é de 24 horas[10], caso não haja nenhum prazo combinado entre as partes. Passado esse prazo, a retenção do título se mostra indevida, autorizando a prova solene da não devolução do título, que representará a prova da recusa do aceite ou do pagamento[11].

Há ainda a possibilidade de um protesto por falta de data do aceite. Caso o título que tenha vencimento a certo termo da vista seja aceito, mas não conste a data do aceite do título, compete ao portador tirar em tempo hábil o protesto para que conste a data do aceite.

3 Procedimento

Qualquer que seja o tipo de protesto, estamos diante de uma prova solene feita perante o competente cartório. A princípio, o tabelionato deverá ser no local indicado para aceite ou para pagamento[12]. Nas letras domiciliadas, o protesto por falta de aceite deve ser feito no domicílio do sacado e o por falta de pagamento no local indicado para tanto. No aceite domiciliado, o protesto deve ser tirado no local indicado pelo aceitante para pagamento.

Qualquer que seja o local competente, para que o cartório ateste o fato que se quer provar, há a necessidade de todo um procedimento, que visa a garantir que a prova realizada seja inequívoca. Para fins didáticos, exclusivamente, dividiremos o procedimento em passo: (1) pedido; (2) intimação; e (3) lavratura do protesto.

3.1 Pedido

Para que o tabelião prove o fato, é essencial que o interessado faça um pedido em tal sentido. O tabelião não age de ofício, ele precisa ser provocado pelo interessado. Nesse caso, qualquer portador do título, mesmo o mero detentor[13], poderá apresentar o título ao cartório, pedindo a realização do protesto, em qualquer das modalidades previstas na legislação.

---

9. CNJ, 132ª Sessão, Pedido de Providências 0001477-05.2011.2.00.0000, Conselheiro, Rel. Jefferson Luis Kravchychyn, j. 16-8-2011.

10. MOSSA, Lorenzo. *La cambiale secondo la nuova legge*. Milano: Casa Editrice Dottor Francesco Vallardi, 1937, parte prima, p. 453; WHITAKER, José Maria. *Letra de câmbio*. São Paulo: Saraiva, 1928, p. 149; BORGES, João Eunápio. *Títulos de crédito*. 2. ed. Rio de Janeiro: Forense, 1977, p. 69.

11. WHITAKER, José Maria. *Letra de câmbio*. São Paulo: Saraiva, 1928, p. 202.

12. STJ, 4ª Turma, REsp 1015152/RS, Rel. Min. Luis Felipe Salomão, j. 9-10-2012, *DJe* 30-10-2012.

13. WHITAKER, José Maria. *Letra de câmbio*. São Paulo: Saraiva, 1928, p. 208.

Tal pedido deverá ser dirigido ao competente cartório, uma vez que nem todos os ofícios têm a competência para realizar tal prova. Havendo um único tabelionato de protesto, o pedido poderá ser dirigido diretamente a ele. Havendo mais de um tabelionato, o pedido deverá se sujeitar a distribuição (Lei n. 9.492/97 – art. 7º).

Com ou sem distribuição, o pedido deverá ser instruído com o título ou documento de dívida originais. No caso de falta de devolução, o título original não estará em poder do apresentante e, por isso, admite-se a apresentação da segunda via da letra de câmbio[14] ou da duplicata. No caso da duplicata, admite-se também o protesto por indicações, que se limitarão a conter os mesmos requisitos lançados pelo sacador ao tempo da emissão da duplicata, encaminhadas ao tabelionato, inclusive em meio magnético (Lei n. 9.492/97 – art. 8º).

Devidamente instruído o pedido, o tabelião vai examinar a regularidade formal do título ou documento de dívida. Tal exame limita-se ao aspecto formal (Lei n. 9.492/97 – art. 9º), o que nos títulos de crédito envolve a análise dos requisitos legais para cada espécie de título. Havendo alguma irregularidade formal, o procedimento não será levado adiante. Se o documento apresentado estiver formalmente regular, o tabelião verificará se o protesto pode ser feito naquela localidade, bem como a existência dos dados necessários para a sua realização (endereço e RG ou CPF da pessoa a ser intimada)[15]. Estando tudo correto, o tabelião providenciará o curso normal do pedido.

3.2 *Intimação*

Feito um pedido de protesto regularmente instruído, compete ao Tabelião proceder à intimação para pagar, devolver, aceitar ou datar o aceite, conforme o caso. Tal intimação será dirigida ao emitente da nota promissória ou do cheque e ao sacado nas letras de câmbio e duplicatas. Além disso, as pessoas indicadas pelo apresentante como responsáveis pelo pagamento deverão figurar na certidão do protesto.

A forma de realização dessa intimação é, a princípio, livre. Ela poderá ser feita por portador do próprio tabelião, ou por qualquer outro meio, desde que o recebimento fique assegurado e comprovado por meio de protocolo, aviso de recepção (AR) ou documento equivalente (Lei n. 9.492/97 – art. 14, § 1º). O instrumento de intimação deverá conter nome e endereço do devedor, elementos de identificação do título ou documento de dívida, e prazo-limite para cumprimento da obrigação no Tabelionato, bem como número do protocolo e valor a ser pago.

A princípio, tal intimação não precisa ser pessoal, sendo suficiente a entrega do aviso no endereço indicado (Lei n. 9.492/97 – art. 14). Todavia, para fins de pedido de falência, o STJ já se manifestou no sentido de que é essencial a identificação da pessoa

---

14. COSTA, Wille Duarte. *Títulos de crédito*. Belo Horizonte: Del Rey, 2003, p. 226.

15. PINHO, Themistocles; VAZ, Ubirayr Ferreira. *Protesto de títulos e outros documentos de dívida*. Rio de Janeiro: Freitas Bastos, 2007, p. 20.

que recebeu a intimação[16], afirmando que a gravidade de tal protesto exige uma certeza maior de que a intimação foi efetivamente realizada (STJ – Súmula 361).

Excepcionalmente, a intimação poderá ser feita por edital, quando esgotadas as possibilidades de intimação pessoal[17]. Ela será feita por edital, se a pessoa indicada para aceitar ou pagar for desconhecida, sua localização for incerta ou ignorada, ela for residente ou domiciliada fora da competência territorial do Tabelionato, ou, ainda, ninguém se dispuser a receber a intimação no endereço fornecido pelo apresentante (Lei n. 9.492/97 – art. 15). O edital, com os mesmos requisitos da intimação normal, será afixado no Tabelionato de Protesto e publicado pela imprensa local onde houver jornal de circulação diária.

A lei não estabelece o prazo que será dado ao intimado, mas define que o protesto deverá ser registrado em três dias úteis da protocolização do título ou documento de dívida (Lei n. 9.492/97 – art. 12). Na contagem desse prazo, exclui-se o dia da protocolização e inclui-se o do vencimento. No caso de a intimação ocorrer no último dia do prazo, ou depois desse prazo, o protesto poderá ser lavrado no primeiro dia útil seguinte. Essa é orientação do item 12.4.1 do Código de Normas da Corregedoria-Geral de Justiça do TJPR e do item 12 do Provimento da Corregedoria-Geral de Justiça do TJSP. Em qualquer caso, o prazo será definido na própria intimação.

No âmbito do Distrito Federal, o Provimento Geral da Corregedoria do TJDFT estabelece que o prazo de três dias úteis[18] será contado da ciência da intimação ou da publicação do edital (art. 321). No mesmo sentido, estão o art. 408 do Provimento da Corregedoria-Geral do TJAP, o art. 741 da Consolidação Normativa Notarial e Registral do TJRS e o art. 23 do Código de Normas da Corregedoria-Geral da Justiça do Estado de Santa Catarina.

Embora pareça contrariar a lei, é certo que a estipulação da contagem do prazo a partir da intimação é mais justa para o intimado, na medida em que lhe dá algum prazo para a tomada de medidas. Dentro desse prazo, ele poderá obter os recursos necessários para o pagamento ou a sustação do protesto judicialmente[19]. Assim, afastar a contagem do prazo a partir da intimação pode até representar uma violação ao acesso à justiça[20].

3.3 Lavratura do protesto

Se dentro do prazo da intimação houver o pagamento, a aceitação, a devolução do título ou a datação do aceite, não haverá protesto, isto é, o procedimento não será con-

16. STJ, 2ª Seção, EREsp 248143/PR, Rel. Min. Aldir Passarinho Junior, j. 13-6-2007, *DJ* 23-8-2007, p. 207; STJ, 4ª Turma, REsp 472.801/SP, Rel. Min. Aldir Passarinho Junior, j. 21-2-2008, *DJ* 17-3-2008, p. 1.

17. STJ, 3ª Turma, AgRg no Ag 473.413/SP, Rel. Min. Humberto Gomes de Barros, j. 26-10-2006, *DJ* 4-12-2006, p. 294.

18. Dias com expediente bancário.

19. ROSA JÚNIOR, Luiz Emygdio da. *Títulos de crédito*. 4. ed. Rio de Janeiro: Renovar, 2006, p. 403; PARIZATTO, João Roberto. *Protesto de títulos de crédito*. 2. ed. Ouro Fino: Edipa, 1999, p. 36; ABRÃO, Carlos Henrique. *Do protesto*. 3. ed. São Paulo: Juarez de Oliveira, 2004, p. 37.

20. DAROLD, Ermínio Amarildo. *Protesto cambial*. 3. ed. Curitiba: Juruá, 2004, p. 70-71.

cluído. No entanto, transcorrido o prazo sem que essas medidas sejam tomadas, o tabelião lavrará o protesto, atestando o fato que se queria provar, o que será registrado em um livro, bem como no instrumento do protesto a ser entregue ao apresentante.

O instrumento e o registro do protesto deverão conter (Lei n. 9.492/97 – art. 22):

> I – data e número de protocolização;
>
> II – nome do apresentante e endereço;
>
> III – reprodução ou transcrição do documento ou das indicações feitas pelo apresentante e declarações nele inseridas;
>
> IV – certidão das intimações feitas e das respostas eventualmente oferecidas;
>
> V – indicação dos intervenientes voluntários e das firmas por eles honradas;
>
> VI – a aquiescência do portador ao aceite por honra;
>
> VII – nome, número do documento de identificação do devedor e endereço;
>
> VIII – data e assinatura do Tabelião de Protesto, de seus substitutos ou de Escrevente autorizado.

Tal instrumento representa a prova solene do fato que se queria demonstrar, que poderá ou não ser usada pelo apresentante.

4 Avisos

Obedecido todo o procedimento previsto, o protesto será lavrado, sendo seu instrumento entregue ao apresentante. Este, por sua vez, deverá avisar o seu endossante e o sacador sobre a falta de aceite ou de pagamento do título, no prazo de quatro dias úteis após o protesto, ou após a apresentação se o título contiver a cláusula sem despesas. Cada um dos endossantes deve, por sua vez, dentro dos dois dias úteis que se seguirem ao da recepção do aviso, informar o seu endossante do aviso que recebeu, até que se chegue ao sacador. Whitaker afirma que tal aviso será dispensado em relação ao endossante que não indicar o seu endereço no título[21].

O descumprimento de tal preceito não implica a perda de qualquer direito, mas apenas a responsabilidade pelos danos que tal omissão causar. Não se trata de uma condição do protesto, ou de uma condição para que o protesto gere efeitos, mas apenas de uma formalidade. O risco de responsabilização é pequeno, uma vez que é difícil imaginar que danos seriam causados pela falta de aviso, pois o protesto já foi até lavrado.

5 Efeitos do protesto

Realizado o protesto, haverá uma prova solene da falta de pagamento ou da falta de aceite da letra de câmbio. Tal prova produz alguns efeitos no mundo jurídico, que devem

---

21. WHITAKER, José Maria. *Letra de câmbio*. São Paulo: Saraiva, 1928, p. 213.

ser mais bem detalhados e especificados para cada tipo de protesto. É oportuno esclarecer que o protesto por falta de devolução do título terá efeitos idênticos aos do protesto por falta de aceite, se o título foi remetido para aceitação, ou efeitos idênticos ao do protesto por falta de pagamento, se o título foi remetido para pagamento.

5.1 Efeitos do protesto por falta de aceite

Um dos efeitos do protesto por falta de aceite é a possibilidade de cobrança antecipada dos devedores indiretos (sacador, endossantes e respectivos avalistas) do título de crédito. Tais devedores são chamados de indiretos porque eles não prometem efetuar diretamente o pagamento do título, mas garantem que o sacado vai realizar esse pagamento. Nessa garantia, normalmente também se insere a garantia de que o sacado dará o aceite, salvo se houver a cláusula não aceitável, uma vez que a falta do aceite também denota falta de pagamento. Caso não haja a aceitação ou o pagamento, tais devedores indiretos podem ser demandados pelo pagamento do título.

Com o protesto por falta de aceite, demonstra-se formalmente que o sacado não assumiu a obrigação de pagar o título, o que denota também sua intenção de não pagá-lo no vencimento. Diante dessa demonstração, a lei assegura ao credor o direito de cobrar os outros devedores do título (sacador, endossantes e respectivos avalistas), que garantiram essa aceitação. Nesse caso, porém, ele não precisará mais esperar o vencimento para cobrar o título, uma vez que a recusa do aceite gera o vencimento antecipado da letra de câmbio (LUG – art. 43). Essa recusa pune os demais devedores e beneficia o credor, uma vez que não haveria mais sentido em esperar o vencimento do título, pois já se sabe que o sacado não vai pagar[22].

Em relação ao sacado, o protesto não produz quaisquer efeitos, pois o aceite não é uma obrigação dele. O sacado dá o aceite se quiser; caso não o faça, ele não pode ter nenhuma punição para tanto. Se há alguma falta na recusa do aceite, esta falta é do sacador ou dos demais coobrigados que garantiam o aceite, mas nunca do sacado[23].

5.2 Efeitos do protesto por falta de pagamento

O protesto por falta de pagamento também produz efeitos, que vão variar de sujeito para sujeito. De imediato, vale destacar que, para o sacado que não aceitou, tal protesto também não gera qualquer efeito, uma vez que ele não tinha qualquer obrigação no título.

5.2.1 Cobrança dos devedores indiretos

Como já ressaltado, os devedores indiretos de uma letra de câmbio (sacador, endossantes e respectivos avalistas) não assumem a obrigação de pagar diretamente a letra de

22. ROSA JÚNIOR, Luiz Emygdio da. *Títulos de crédito*. 4. ed. Rio de Janeiro: Renovar, 2006, p. 387.

23. WHITAKER, José Maria. *Letra de câmbio*. São Paulo: Saraiva, 1928, p. 204-205.

câmbio, mas garantem que o título será pago pelo sacado. Eles afirmam que o sacado vai efetuar o pagamento da letra, mas, se ele não fizer, eles pagarão o título. Eles são devedores, mas apenas se o sacado não pagar a obrigação.

Assim sendo, sua responsabilidade pressupõe a demonstração cabal de que o sacado não efetuou esse pagamento ou de que não vai efetuar esse pagamento. Em outras palavras, em relação aos devedores indiretos, o protesto por falta de aceite ou por falta de pagamento é pressuposto essencial para que eles possam ser cobrados[24]. O protesto não é essencial para a cobrança do devedor principal (aceitante e respectivos avalistas), mas, para os indiretos, sim. Se não houver nenhuma cláusula em sentido contrário, o protesto é essencial para que sacador, endossantes e respectivos avalistas sejam cobrados.

Se o título foi aceito, o protesto resguarda os direitos do portador contra os demais coobrigados, permitindo o ajuizamento da ação cambial também contra eles. Sua ausência não retira a natureza cambial do título, mas apenas limita a responsabilidade ao aceitante e seus eventuais avalistas[25], isto é, continua cabível a ação cambial contra os devedores principais. Nesse caso, diz-se que o protesto é facultativo, pois o valor poderá ser cobrado mesmo sem o protesto.

No entanto, se o título não foi aceito, o protesto é essencial, pois, ao assegurar o direito contra os demais coobrigados, mantém a possibilidade do ajuizamento da ação cambial, uma vez que não existirá obrigado principal nesse documento. A ausência do protesto nesse caso torna o documento mero meio de prova, deixando de ser um título cambial, inviabilizando o ajuizamento da ação cambial. Daí falar que, nesse caso, o protesto é necessário, pois sem ele não poderá haver a ação cambial daquela letra de câmbio.

O protesto por falta de aceite, que só pode ser realizado até o vencimento do título, sempre vai produzir esse efeito. Todavia, especificamente em relação ao protesto por falta de pagamento, tal efeito só será gerado se o protesto for tempestivo (LUG – art. 53).

Parte da doutrina entende que, apesar da reserva feita pelo Brasil à LUG, deve prevalecer o texto desta, que estabelece o prazo de dois dias em relação aos títulos com vencimento em dia certo, a certo termo da data, e a certo termo da vista[26]. Tal caso seria uma hipótese de reenvio que dependeria da legislação local para produzir seus efeitos.

Entretanto, a nosso ver com razão, outros autores sustentam que o prazo da LUG não se aplica. Ao fazer a reserva a tal dispositivo, o Brasil optou por aplicar a legislação interna já existente sobre o assunto. Nessa legislação, o prazo para que o protesto seja tempestivo é de um dia útil após o vencimento (Decreto n. 2.044/1908, art. 28)[27].

---

24. ASQUINI, Alberto. *I titoli di credito*. Padova: Cedam, 1966, p. 288; CALLEGARI, Mia et al. *Trattato di diritto commerciale*: I titoli di credito. Padova: Cedam, 2006, v. 7, p. 461.

25. MARTORANO, Federico. *I titoli di credito*. Napoli: Morano, 1970, p. 553; DE SEMO, Giorgio. *Trattato di diritto cambiario*. 3. ed. Padova: Cedam, 1963, p. 572.

26. MARTINS, Fran. *Títulos de crédito*. 5. ed. Rio de Janeiro: Forense, 1995, v. 1, p. 304; COELHO, Fábio Ulhoa. *Curso de direito comercial*. 8. ed. São Paulo: Saraiva, 2004, v. 1, p. 423; MERCADO JÚNIOR, Antônio. *Nova lei cambial e nova lei do cheque*. 3. ed. São Paulo: Saraiva, 1971, p. 82.

27. SOUZA, Bernardo Pimentel. *Direito processual empresarial*. Salvador: JusPodium, 2008, p. 65; BOITEUX, Fernando Netto. *Títulos de crédito*. São Paulo: Dialética, 2002, p. 104; BULGARELLI, Waldirio. *Títu-*

O prazo que aqui se estabelece não é um prazo fatal para a realização do protesto, mas para a produção desse efeito. O protesto poderá ser realizado depois desse prazo, mas não produzirá esse efeito, isto é, o protesto feito depois desse prazo é perfeitamente válido, mas não é suficiente para a cobrança dos devedores indiretos. O protesto intempestivo pode produzir apenas os demais efeitos[28].

5.2.2 Interrupção da prescrição

O protesto por falta de pagamento também tem o efeito de interromper o prazo prescricional (CC – art. 202), isto é, realizado o protesto, o prazo prescricional volta a correr do zero. Ora, ao protestar o título por falta de pagamento, dá-se a ciência inequívoca de que se tem a intenção de cobrar e, por isso, é natural que o prazo se reinicie. Embora seja natural a interrupção pelo protesto, é certo que tal efeito só passou a existir com o advento do Código Civil. Antes disso, o STF chegou a editar a Súmula 153, que afirmava que o simples protesto cambiário não interrompia a prescrição, a qual hoje já não tem mais aplicação.

É importante ressaltar que, para a produção de tal efeito, não existe prazo previsto em lei. Enquanto não consumada a prescrição, o protesto poderá ter o condão de interrompê-la. Em outras palavras, o prazo de um dia útil não influencia na produção desse efeito.

5.2.3 Configuração de impontualidade para fins de pedido de falência

É certo que o protesto por falta de pagamento representa a prova solene do não pagamento de um título de crédito pelo sacado ou aceitante. Especificamente em relação ao aceitante, o protesto revela a impontualidade de um pagamento que ele se comprometeu a fazer. Ora, a impontualidade não justificada de uma dívida líquida constante de título executivo demonstra que o devedor está em dificuldades e, se tal devedor for um empresário, tais dificuldades representam uma das hipóteses de estado falimentar.

Assim, um dos efeitos do protesto é permitir o pedido de falência do devedor empresário, desde que atendidos os demais requisitos do art. 94, I, da Lei n. 11.101/2005. Aqui também não existe prazo para a realização desse protesto.

---

los de crédito. 14. ed. São Paulo: Atlas, 1998, p. 193; REQUIÃO, Rubens. *Curso de direito comercial.* 21. ed. São Paulo: Saraiva, 1998, v. 2, p. 395; ROSA JÚNIOR, Luiz Emygdio da. *Títulos de crédito.* 4. ed. Rio de Janeiro: Renovar, 2006, p. 399; MAGALHÃES, Roberto Barcellos de. *Títulos de crédito.* Rio de Janeiro: Lumen Juris, 1996, p. 73; ALMEIDA, Amador Paes de. *Teoria e prática dos títulos de crédito.* 19. ed. São Paulo: Saraiva, 1999, p. 334; COSTA, Wille Duarte. *Títulos de crédito.* Belo Horizonte: Del Rey, 2003, p. 229.

28. CALLEGARI, Mia et al. *Trattato di diritto commerciale*: I titoli di credito. Padova: Cedam, 2006, v. 7, p. 465; COELHO, Fábio Ulhoa. *Curso de direito comercial.* 8. ed. São Paulo: Saraiva, 2004, v. 1, p. 423.

5.2.4 Inscrição em cadastros de inadimplentes

Quem concede créditos deve ter a confiança de que vai receber os valores devidos no futuro. Pela dinamização das relações econômicas, tal confiança não pode mais envolver apenas o conhecimento pessoal entre quem dá e quem recebe o crédito. Devem existir outros meios de aferir a confiabilidade da pessoa que recebe o crédito, entre os quais está a análise do histórico pregresso de quem está recebendo o crédito. Tal análise ganhou extrema importância na economia com a criação dos chamados cadastros de inadimplentes, que são bancos de dados sobre inadimplências anteriores.

Tais cadastros são um referencial extremamente útil para aqueles que concedem crédito, na medida em que eles podem aferir a confiabilidade do beneficiário do crédito. Quem não honrou determinada obrigação, teoricamente, tem mais chances de não vir a honrar novamente. Embora tal fato não seja uma verdade absoluta, é um parâmetro que se usa no dia a dia. Daí a importância e o valor de cadastros como o SPC, o Serasa e o Equifax.

Em todos os cadastros, há um banco de dados com a relação de pessoas que possuem alguma inadimplência. Ora, o protesto por falta de pagamento demonstra a inadimplência do aceitante de uma letra de câmbio. Tal inadimplência constatada por uma prova dotada de fé pública, como o protesto, poderá gerar a inscrição do nome do devedor nesses cadastros de inadimplentes. Nesses casos, não se faz necessária uma comunicação prévia sobre a inscrição nesses cadastros, uma vez que já foi realizada a intimação pelo próprio cartório[29]. A propósito, o STJ afirmou que, "diante da presunção legal de veracidade e publicidade inerente aos registros do cartório de protesto, a reprodução objetiva, fiel, atualizada e clara desses dados na base de órgão de proteção ao crédito – ainda que sem a ciência do consumidor – não tem o condão de ensejar obrigação de reparação de danos"[30].

A restrição é apenas para o devedor que foi intimado, ou seja, o sacado que não deu aceite não terá restrições. O plenário do Conselho Nacional de Justiça (CNJ) decidiu, na última sessão, acolher o Pedido de Providências (PP 001477-05.2011.2.00.0000) do Ministério Público de São Paulo (MPSP) para proibir os cartórios de protesto de enviar nomes de devedores de títulos sem aceite aos órgãos de proteção ao consumidor – como SPC e Serasa.

Em síntese, um dos efeitos do protesto por falta de pagamento é a inscrição do nome do devedor intimado em cadastros de inadimplentes, o que poderá gerar uma restrição do crédito no mercado. Reitere-se que tal efeito não depende de nova comunicação, além da intimação no protesto, e só atinge aquele devedor que for intimado pelo cartório. Aqui também não existe prazo para a realização do protesto.

---

29. STJ, 4ª Turma, REsp 604.790/MG, Rel. Min. Fernando Gonçalves, j. 12-12-2005, *DJ* 1º-2-2006, p. 562.

30. STJ, 2ª Seção, REsp 1444469/DF, Rel. Min. Luis Felipe Salomão, j. 12-11-2014, *DJe* 16-12-2014.

6 Prazo para o protesto

O protesto por falta de aceite só pode ser realizado enquanto ainda é possível dar o aceite, isto é, até o vencimento do título. Após o vencimento, não há mais que se cogitar do aceite, ou se paga o título ou não e, por isso, após tal data só se faz o protesto por falta de pagamento.

Embora tenha um termo inicial (após o vencimento do título), não se pode visualizar um termo final para a realização do protesto por falta de pagamento, vale dizer, ele pode ser feito a qualquer momento, enquanto existir uma dívida a ser paga. Mesmo que já tenha ocorrido até a prescrição da execução, se a dívida ainda existe (pois pode ser cobrada pela ação de locupletamento), o protesto será legítimo[31].

Quando a legislação de regência diz que o protesto por falta de pagamento deve ser tirado até um dia útil após o vencimento (Decreto n. 2.044/1908), ela não impede a realização do protesto depois daquele prazo. Esse prazo é importante apenas para a cobrança dos devedores indiretos, e não para a realização do protesto em si, que, como vimos, tem outros efeitos. O protesto pode ser feito normalmente mesmo após o prazo de um dia útil após o vencimento, mas não terá aquele efeito de permitir a cobrança dos devedores indiretos. Os demais efeitos (interrupção da prescrição, configuração da impontualidade ou inscrição nos cadastros de inadimplentes) são gerados mesmo após o prazo de um dia útil.

Apesar de o art. 9º da Lei n. 9.492/97 dizer que o tabelião não deve analisar prescrição ou caducidade, o STJ firmou a opinião no sentido de que após a prescrição da execução, não seria mais possível o protesto por falta de pagamento. Nesse sentido, asseverou que: "É legítimo o protesto de cheque efetuado depois do prazo de apresentação previsto no art. 48, *caput*, da Lei n. 7.357/85, desde que não escoado o prazo prescricional relativo à ação cambial de execução"[32]. No mesmo sentido, foi dito pelo mesmo STJ que: "Em que pese o art. 9º da Lei n. 9.492/97 estabelecer que não cabe ao tabelião investigar a ocorrência de prescrição ou caducidade, é preciso observar a inovação legislativa causada pelo advento da Lei n. 11.280/2006, que alçou a prescrição ao patamar das matérias de ordem pública, cognoscíveis de ofício pelo juiz, passando, portanto, o exame da prescrição a ser pertinente à observância da regularidade formal do título, condição para o registro de protesto, como exige o parágrafo único do mesmo art. 9º da Lei n. 9.492/97"[33].

Embora a opinião já tenha sido acolhida pelas duas turmas de direito privado do STJ, não vemos a consumação da prescrição da execução como impeditiva do protesto do

---

31. STJ, 3ª Turma, REsp 671486/PE, Rel. Min. Carlos Alberto Menezes Direito, j. 8-3-2005, *DJ* 25-4-2005, p. 347.

32. STJ, 3ª Turma, REsp 1297797/MG, Rel. Min. João Otávio de Noronha, j. 24-2-2015, *DJe* 27-2-2015.

33. STJ, 4ª Turma, AgRg no AgRg no REsp 1100768/SE, Rel. Min. Marco Buzzi, j. 11-11-2014, *DJe* 17-11--2014. No mesmo sentido: AgRg no REsp 1232650/DF, Rel. Min. Luis Felipe Salomão, 4ª Turma, j. 4-8-2015, *DJe* 13-8-2015; STJ, 4ª Turma, AgRg no REsp 1483004/AM, Rel. Min. Marco Buzzi, j. 3-9-2015, *DJe* 11-9-2015; STJ, 4ª Turma, AgRg no AREsp 593.208/SP, Rel. Min. Raul Araújo, j. 25-11-2014, *DJe* 19-12-2014; STJ, 2ª Seção, REsp 1423464/SC, Rel. Min. Luis Felipe Salomão, j. 27-4-2016, *DJe* 27-5-2016.

título, porquanto ainda existiriam outros meios para tentar receber o título, como, na linha do mesmo STJ, ação monitória. Assim, enquanto houver uma pretensão, cuja prescrição possa ser interrompida pelo protesto, será legítima sua realização.

7 Sustação do protesto

Pelos efeitos que podem ser gerados pelo protesto por falta de pagamento, especialmente a restrição de crédito pela inscrição no cadastro de inadimplentes, tem-se admitido uma medida judicial contra o titular do crédito para impedir que o protesto seja lavrado e, consequentemente, produza os seus efeitos. Essa medida é a sustação de protesto (Lei n. 9.492/97 – art. 17), o qual só poderá ocorrer enquanto não consumado o protesto[34]. Após a lavratura do protesto, o máximo que se poderá conseguir é a sustação dos efeitos do protesto.

7.1 A medida judicial de sustação do protesto

Em razão do curto prazo existente entre a intimação e a lavratura do protesto, a sustação do protesto será necessariamente uma medida judicial, baseada em uma cognição sumária ou mesmo superficial, vale dizer, uma tutela de urgência. Por sua natureza, a sustação de protesto tende a ser uma medida cautelar atípica[35], uma vez que visa apenas a garantir o resultado útil de uma ação principal que vai discutir a existência da obrigação ou a validade do título. Atualmente, contudo, não se pode negar que a sustação também pode ser deferida por meio de tutela antecipada, tendo em vista o disposto no art. 305, parágrafo único, do CPC/2015, que admite que o juiz recebe um pedido cautelar como pedido antecipatório, determinando a obediência do rito próprio. Apesar do silêncio, deve-se admitir também o recebimento do pedido antecipatório como cautelar, com a conversão do procedimento, pois se trata de uma fungibilidade menos agressiva e rigorosa[36].

Seja como tutela antecipada, seja em caráter cautelar, a sustação do protesto poderá ser requerida em caráter antecedente ou incidental. Em todo caso, deverão ser comprovados os requisitos exigidos pelo art. 300 do CPC/2015: "houver elementos que evidenciem a probabilidade do direito e o perigo de dano ou o risco ao resultado útil do processo".

A probabilidade do direito assemelha-se bastante ao *fumus boni juris* e à verossimilhança da alegação no regime anterior, representando um juízo de que o direito invocado tem chance razoável de ser tutelado. A simples existência de uma ação discutindo a dí-

34. PINHO, Themistocles; VAZ, Ubirayr Ferreira. *Protesto de títulos e outros documentos de dívida*. Rio de Janeiro: Freitas Bastos, 2007, p. 60.

35. ROSA JÚNIOR, Luiz Emygdio da. *Títulos de crédito*. 4. ed. Rio de Janeiro: Renovar, 2006, p. 411.

36. DIDIER JR., Fredie; BRAGA, Paulo Sarno; OLIVEIRA, Rafael Alexandria de. Curso de direito processual civil. 10. ed. Salvador: JusPodivm, 2015, v. 2, p. 616-617.

vida não é suficiente para a sustação[37]. O que pode configurar o *fumus boni juris* são os argumentos existentes da ação, mas não o seu simples ajuizamento.

O outro requisito necessário ao deferimento da tutela de urgência é o *perigo de dano*, o qual consiste na existência de um dano potencial que se quer evitar. "É a probabilidade de dano a uma das partes da futura ou atual ação principal, resultante da demora do ajuizamento ou processamento e julgamento desta e até que seja possível medida definitiva."[38] A mesma ideia se repete no risco ao resultado útil do processo.

Tal requisito resta claro na sustação de protesto, tendo em vista a possibilidade de inserção do nome devedor nos cadastros de inadimplentes. O risco de dano está na possibilidade de abalo do crédito, de restrição ao acesso ao crédito. Nesse caso, não há necessidade de nenhuma demonstração mais específica, porquanto é da natureza do protesto atualmente o risco de dano. Na sustação de protesto, o risco de dano é inerente, posto que há o risco do abalo do crédito, ocasionado pela inscrição do nome do devedor em cadastros de inadimplentes. A restrição do crédito é suficiente para configurar o risco de um dano irreparável ou de difícil reparação.

Embora não seja essencial em tese, é extremamente comum pela urgência da medida a imposição da prestação de uma caução (CPC/2015 – art. 300, § 1º), que dará mais segurança para que se suste o protesto. A caução poderá ser oferecida em bens, mas nada impede que, pelas peculiaridades do caso concreto, o juiz exija uma caução em dinheiro ou uma fiança bancária[39]. O STJ, porém, passou a exigir o oferecimento de contracautela, afirmando que "a legislação de regência estabelece que o documento hábil a protesto extrajudicial é aquele que caracteriza prova escrita de obrigação pecuniária líquida, certa e exigível. Portanto, a sustação de protesto de título, por representar restrição a direito do credor, exige prévio oferecimento de contracautela, a ser fixada conforme o prudente arbítrio do magistrado"[40].

Especificamente para a tutela antecipada, exige-se a reversibilidade dos efeitos práticos do provimento antecipatório[41], ou seja, não se poderá conceder a antecipação se as coisas não puderem voltar ao estado anterior, por absoluta impossibilidade física da restituição *in natura*, ou da compensação do dano sofrido[42].

---

37. STJ, 3ª Turma, REsp 507027/SP, Rel. Min. Carlos Alberto Menezes Direito, j. 2-12-2003, *DJ* 14-6-2004, p. 217.

38. GRECO FILHO, Vicente. *Direito processual civil brasileiro*. 12. ed. São Paulo: Saraiva, 1997, v. 3, p. 153-154.

39. REsp 536.758/SP, Rel. Min. Carlos Alberto Menezes Direito, 3ª Turma, j. 5-2-2004, *DJ* 5-4-2004, p. 258.

40. STJ, 2ª Seção, REsp 1340236/SP, Rel. Min. Luis Felipe Salomão, j. 14-10-2015, *DJe* 26-10-2015.

41. CARREIRA ALVIM, José Eduardo. *Tutela antecipada na reforma processual*. 2. ed. Curitiba: Juruá, 1999, p. 98; FADEL, Sérgio Sahione. *Antecipação da tutela no processo civil*. São Paulo: Dialética, 1998, p. 32; CARNEIRO, Athos Gusmão. *Da antecipação de tutela no processo civil*. Rio de Janeiro: Forense, 1998, p. 59; DINAMARCO, Cândido Rangel. *A reforma do Código de Processo Civil*. 4. ed. São Paulo: Malheiros, 1998, p. 148; BELINETTI, Luiz Fernando. Irreversibilidade do provimento antecipado. In: WAMBIER, Teresa Arruda Alvim (Coord.). *Aspectos polêmicos da antecipação de tutela*. São Paulo: RT, 1997, p. 250.

42. WAMBIER, Teresa Arruda Alvim. Da liberdade do juiz na concessão de liminares. *Aspectos polêmicos da antecipação de tutela*. São Paulo: RT, 1997, p. 542.

Registre-se, ainda, que, no CPC/2015, é prevista a estabilização da decisão antecipatória concedida em caráter antecedente, desde que a decisão não seja impugnada pelo réu. Sem impugnação, o processo será extinto e a decisão continuará produzindo seus efeitos, enquanto não for ajuizada a ação autônoma contra tal decisão, para revisá-la, reformá-la ou invalidá-la. "A estabilização da tutela antecipada representa uma generalização da técnica monitória para situações de urgência e para a tutela satisfativa, na medida em que viabiliza a obtenção de resultados práticos a partir da inércia do réu."[43]

7.2 Sustação do protesto necessário

Embora o protesto seja um direito do credor, é certo que por seus efeitos admite-se que o devedor impeça a sua lavratura. Todavia, em certos casos temos um protesto necessário, isto é, temos um protesto essencial para que o credor exerça os seus direitos. Diante desse caráter necessário, a jurisprudência vem reconhecendo que o protesto necessário não pode ser sustado[44].

Esse é o caso do protesto da letra de câmbio e da duplicata sem aceite, porquanto em tais casos só existem devedores indiretos. Nessas circunstâncias, se o protesto não for lavrado, o credor não poderá cobrar de ninguém, pois para a cobrança dos indiretos é essencial um protesto tempestivo (LUG – art. 53). Nesses casos em que inexiste o aceite, o protesto não terá o efeito de lançar o nome do sacado nos cadastros de inadimplentes, uma vez que ele não assumiu qualquer dívida, não havendo que falar em inadimplência. Portanto, nessas situações realmente não seria possível a sustação do protesto.

Ocorre que os precedentes citados vêm reconhecendo a impossibilidade de sustação, pelo simples fato de existirem devedores indiretos (endossantes). Portanto, havendo também um devedor principal, ele poderá sofrer os efeitos desse protesto, logo, não se lhe pode negar a possibilidade de sustação. O que se pode fazer, a nosso ver, é limitar os efeitos do protesto, permitindo a cobrança dos devedores indiretos, mas não gerando os demais efeitos.

8 Sustação dos efeitos do protesto

Pelo curto prazo que existe entre a intimação e a lavratura do protesto, a medida da sustação do protesto deve ser deferida em caráter de urgência. Todavia, nem sempre se consegue ajuizar a ação, ou mesmo obter a decisão antes que o protesto seja lavrado. Nesse caso, não há mais possibilidade de sustar o protesto, uma vez que ele já foi lavrado.

---

43. DIDIER JR., Fredie; BRAGA, Paulo Sarno; OLIVEIRA, Rafael Alexandria de. *Curso de direito processual civil*. 10. ed. Salvador: JusPodivm, 2015, v. 2, p. 604.

44. AgRg no Ag 645.805/RJ, Rel. Min. Humberto Gomes de Barros, 3ª Turma, j. 26-10-2006, *DJ* 18-12-2006, p. 366; REsp 245.460/MG, Rel. Min. Humberto Gomes de Barros, 3ª Turma, j. 15-2-2005, *DJ* 9-5-2005, p. 388; TJDF, 2ª Turma Cível, 19980110566679APC, Rel. Souza e Ávila, j. 18-10-2006, *DJ* 13-3-2007 p. 105.

Apesar disso, vem-se admitindo a proteção do devedor nesses casos, pela sustação dos efeitos do protesto[45], bem como da sua divulgação. Mesmo após a lavratura do protesto, pode-se impedir que seus efeitos, especialmente a inscrição no cadastro de inadimplentes, sejam produzidos, tendo em vista os danos que podem ser ocasionados.

Caso o devedor preencha os requisitos necessários para a tutela de urgência, ele poderá obter a sustação dos efeitos do protesto, da mesma forma que a própria sustação do protesto, mas já posteriormente a sua lavratura. Não se deve buscar a sustação desses efeitos muito tempo depois do protesto, pois assim os efeitos já terão ocorrido, dificultando a demonstração da utilidade da própria medida[46].

9 Cancelamento do protesto

Lavrado o protesto, não se pode cogitar mais de sua sustação, podendo no máximo haver a sustação dos seus efeitos. Apesar disso, o protesto estará concluído e ficará registrado nos assentamentos do cartório. Para retirar tal registro, deve-se providenciar o cancelamento do protesto (Lei n. 9.492/97 – art. 26).

Tal cancelamento poderá ocorrer se não mais subsistir o fato provado pelo protesto, isto é, o pagamento do título enseja o cancelamento do protesto. Então, deve-se apresentar ao cartório a prova desse pagamento, o que, em regra, se dá pela apresentação do próprio título. Excepcionalmente, contudo, apenas para fins de cancelamento do protesto, admite-se como prova de pagamento uma declaração da pessoa que figurou no protesto como credor, com a sua identificação e firma reconhecida, chamada de declaração de anuência.

DECLARAÇÃO DE ANUÊNCIA

JOHN BONHAM, brasileiro, solteiro, advogado, inscrito no CPF sob o n. 666.666.666-66 e no RG n. 171171 SSP/DF residente e domiciliado à SQNW 200, Bloco Z, apto. 1205, declara para todos os fins e efeitos de direito que o título de crédito de responsabilidade de Robert Plant sob n. 123456, emitido em 15/025/2017, vencido em 15-03-2017, no valor de R$ 10.000,00 (dez mil reais), objeto de protesto junto ao Tabelião de Notas e Protesto de Letras e Títulos de Brasília, está devidamente quitado, razão pela qual o declarante não se opõe ao cancelamento do referido protesto.

Por ser verdade, firma a presente declaração para que produza os efeitos legais a que se destina.

Brasília, 23 de junho de 2017.

John Bonham (FIRMA RECONHECIDA)

JOHN BONHAM

45. STJ, 3ª Turma, REsp 627.759/MG, Rel. Min. Nancy Andrighi, j. 25-4-2006, *DJ* 8-5-2006, p. 198.

46. TJDF, 2ª Turma Cível, 20000710038799APC, Rel. Ana Maria Duarte Amarante Brito, j. 18-6-2001, *DJ* 19-9-2001, p. 40.

Em ambos os casos, o cancelamento pode ser requerido por qualquer pessoa. O TJRS entende que a iniciativa desse cancelamento deverá ser do próprio credor[47]. Para o STJ, o TJMG e o TJRJ, a iniciativa compete ao devedor[48], com o que concordamos. A própria documentação exigida denota que a iniciativa do cancelamento deverá ser do devedor, ao contrário do que ocorre na inscrição direta nos cadastros de inadimplentes, pois a baixa nesses casos só poderá ser solicitada pelo próprio credor. Se o credor não toma a iniciativa de cancelar o protesto, isso não lhe gera qualquer responsabilidade, uma vez que o devedor é o maior interessado em tal cancelamento.

O cancelamento, por outro motivo que não seja o pagamento, deve ser por ordem judicial. Contudo, o normal é que o cancelamento só se dê com o trânsito em julgado da decisão, porquanto é difícil visualizar uma decisão provisória já determinando o cancelamento do protesto. A provisoriedade das medidas cautelares e da tutela antecipada não se coadunam com o cancelamento do protesto[49]. Os arts. 26, § 4º, e 34 da Lei n. 9.492/97 denotam que somente com o trânsito em julgado é que poderá haver o cancelamento do protesto.

Destaque-se que, ao contrário dos registros em cadastros de inadimplentes, não há prazo fixado para que o protesto seja cancelado, isto é, o decurso do prazo não é motivo suficiente para o cancelamento do protesto. O efeito da inscrição em cadastros de inadimplentes terá a duração de cinco anos ou até a prescrição da cobrança da obrigação, mas isso não cancela, por si só, o protesto realizado.

Nesse sentido, já decidiu o STJ que, "portanto, o protesto não se prende imediatamente à exequibilidade do título ou de outro documento de dívida, mas sim à inadimplência e ao descumprimento da obrigação representada. Como estas não desaparecem com a mera prescrição do título executivo não quitado, o protesto não pode ser cancelado simplesmente em função da inaptidão do título prescrito para ser objeto de ação de execução"[50].

---

47. TJRS, 5ª Câmara Cível, Apelação Cível 70023828502, Rel. Paulo Sérgio Scarparo, j. 30-4-2008.

48. STJ, 3ª Turma, AgRg no REsp 1414249/SC, Rel. Min. Paulo de Tarso Sanseverino, j. 3-3-2015, *DJe* 10-3--2015; STJ, 2ª Seção, REsp 1339436/SP, Rel. Min. Luis Felipe Salomão, j. 10-9-2014, *DJe* 24-9-2014; STJ, 4ª Turma, REsp 959.114/MS, Rel. Min. Luis Felipe Salomão, j. 18-12-2012, *DJe* 13-2-2013; STJ, 4ª Turma, REsp 943.596/RS, Rel. Min. Aldir Passarinho Junior, j. 26-6-2007, *DJ* 8-10-2007, p. 311; STJ, AgRg no Ag 878.773/SP, Rel. Min. Sidnei Beneti, 3ª Turma, j. 11-3-2008, *DJ* 1º-4-2008, p. 1; STJ, 4ª Turma, REsp 842.092/MG, Rel. Min. Cesar Asfor Rocha, j. 27-3-2007, *DJ* 28-5-2007, p. 36; TJRJ, 6ª Câmara Cível, Apelação Cível 2008.001.07271, Des. Regina Chuquer, j. 5-3-2008; TJMG, 18ª Câmara Cível, Apelação Cível 1.0701.06.157290-8/001, Rel. Des. Elpídio Donizetti, j. 15-4-2008.

49. TJMG, Apelação Cível 451.490-1, 4ª Câmara Cível, Rel. Des. Nilo Lacerda, j. 25-8-2004, *DJ* 4-9-2004; TJRS, 12ª Câmara Cível, Agravo de Instrumento 70024133316, Rel. Orlando Heemann Júnior, j. 6-5-2008; TJDF, 3ª Turma Cível, 20050110221523APC, Rel. Nídia Corrêa Lima, j. 23-5-2007, *DJ* 5-7-2007, p. 126.

50. STJ, 4ª Turma, REsp 813.381/SP, Rel. Min. Raul Araújo, j. 20-11-2014, *DJe* 20-5-2015.

10 Protesto indevido

A lavratura do protesto, embora seja um fato previsto por lei, pode causar danos ao devedor pela divulgação ao público de um estado de insolvência[51], especialmente pela inscrição do seu nome nos cadastros de inadimplentes. Ressalte-se que o simples apontamento a protesto não configura qualquer dano[52], mas o próprio protesto poderá configurar danos morais e materiais. A princípio, apesar do dano, não há qualquer obrigação de indenizar nesses casos, uma vez que o protesto é um exercício regular de um direito pelo credor. Todavia, se o protesto for indevido, surge a obrigação de indenizar os danos causados[53].

Por protesto indevido deve-se entender aquele protesto irregular sob o ponto de vista formal, ou mesmo aquele protesto por falta de pagamento se a dívida inexiste. Diante disso, o prejuízo causado ao devedor deverá ser indenizado, na medida em que não ocorre o exercício regular do direito. Também deve ser considerado indevido o protesto abusivo, sem qualquer finalidade, na medida em que representa o mau uso de um direito. Este é o caso do protesto realizado quando o título não tem nenhum devedor e, mesmo assim, é feito, por exemplo, uma letra de câmbio em que sacador e beneficiário sejam a mesma pessoa e não haja aceite nem endosso, tampouco aval. Tal prática, que se tornou corriqueira, é um abuso, na medida em que tal protesto não tem qualquer finalidade, a não ser constranger o sacado que sequer é devedor desse título[54].

A responsabilidade pela indenização será, a princípio, da pessoa que levou o título ao protesto, uma vez que a sua conduta foi apta a causar o dano. Mesmo no caso de endosso translativo, a responsabilidade será do endossatário que levou o título a protesto[55], pois foi a sua conduta que gerou o dano.

No endosso-mandato, a responsabilidade será do endossante mandante, uma vez que o endossatário mandatário age em nome e em proveito do endossante[56]. No caso de culpa comprovada do endossatário mandatário, ele é quem responderá pela indenização[57]. Já no endosso-caução a responsabilidade será do endossatário pignoratício, uma vez que ele age em nome e em proveito próprio[58].

---

51. CALLEGARI, Mia et al. *Trattato di diritto commerciale*: I titoli di credito. Padova: Cedam, 2006, v. 7, p. 483.

52. TJRJ, 16ª Câmara Cível, Apelação Cível 2007.001.62712, Des. Carlos José Martins Gomes, j. 2-4-2008.

53. PAVONE LA ROSA, Antonio. *La letra de cambio*. Tradução de Osvaldo J. Máffia. Buenos Aires: Abeledo Perrot, 1988, p. 597-598.

54. TJRJ, 15ª Câmara Cível, Apelação 0032079-86.2008.8.19.0021, Rel. Des. Helda Lima Meireles, j. 23-3-2010.

55. STJ, 4ª Turma, REsp 976.591/ES, Rel. Min. Aldir Passarinho Junior, j. 4-10-2007, *DJ* 10-12-2007, p. 395.

56. STJ, 4ª Turma, REsp 549.733/RJ, Rel. Min. Cesar Asfor Rocha, j. 9-3-2004, *DJ* 13-9-2004, p. 249.

57. STJ, 4ª Turma, REsp 976.591/ES, Rel. Min. Aldir Passarinho Junior, j. 4-10-2007, *DJ* 10-12-2007, p. 395.

58. STJ, 3ª Turma, REsp 397.771/MG, Rel. Min. Ari Pargendler, Rel. p/ Acórdão Ministro Carlos Alberto Menezes Direito, j. 2-6-2005, *DJ* 29-8-2005, p. 328.

Em regra, não há que se cogitar de responsabilidade do tabelião, porquanto ele apenas formaliza o protesto, quem o faz é o próprio apresentante[59]. Excepcionalmente no caso de defeito na prestação do serviço, o tabelião será responsabilizado pelos danos causados pessoalmente ou por seus subordinados (Lei n. 9.492/97). Assim, a responsabilidade não será pelo protesto em si, mas pela falha na prestação do serviço.

11 Cláusula sem protesto

O regime geral do protesto pode ser alterado com a inserção da cláusula sem protesto ou sem despesas no título (LUG – art. 46). Tal cláusula não se presume e deve ser escrita expressamente sobre o título, em razão do princípio da literalidade.

Apesar da terminologia, tal cláusula não impede a realização do protesto, mas apenas a torna uma faculdade[60]. Em outras palavras, ao se inserir essa cláusula no título de crédito, a cobrança dos devedores indiretos passa a não depender do protesto. O credor faz o protesto se quiser, uma vez que poderá cobrar o título, independentemente da realização do protesto. Tal cláusula não dispensará o credor de apresentar o título no vencimento, bem como de fazer os avisos necessários.

Caso tal cláusula seja inserida pelo sacador, produz efeitos em relação a todos os signatários do título, isto é, todos os devedores poderão ser cobrados independentemente do protesto. Em contrapartida, o portador que realizar o protesto, mesmo não sendo obrigado, terá que arcar com as despesas de tal ato. Ele não poderá cobrar dos devedores os valores despendidos em tal operação, uma vez que não havia a necessidade de sua realização para a cobrança do título.

Caso a cláusula seja inserida por um endossante ou por um avalista, ela só produz os efeitos em relação àquele que apôs a cláusula. Para cobrar o que apôs a cláusula sem protesto não será necessário o protesto. Apesar disso, contra os demais devedores indiretos, o protesto continuará sendo essencial. Assim sendo, nesse caso as despesas do protesto poderão ser cobradas de qualquer um dos devedores do título. Como o portador ainda tem a necessidade de fazer o protesto, não se pode impor a ele o ônus de suportar as despesas de tal ato.

Pelo teor do art. 890 do Código Civil, tal cláusula não será admissível nos títulos atípicos.

---

59. PINHO, Themistocles; VAZ, Ubirayr Ferreira. *Protesto de títulos e outros documentos de dívida*. Rio de Janeiro: Freitas Bastos, 2007, p. 111.

60. LEGON, Fernando A. BACA CASTEX, Raul A. *La clausula sin protesto*. Buenos Aires: Ediar, 1969, p. 27.

12 AÇÕES PARA O RECEBIMENTO DO CRÉDITO

1 Ação cambial

Caso o título não seja pago no vencimento, poderá ser realizado o protesto, o qual, contudo, é apenas um meio de prova. Para receber a obrigação não paga, o caminho indicado é o Poder Judiciário. Entre os caminhos oferecidos para a busca da satisfação do crédito, o meio normal é a chamada ação cambial, pela qual se exerce o direito literal e autônomo incorporado no título de crédito[1].

Ela não é o único meio para o exercício do direito incorporado no título, mas é o meio normal colocado à disposição do credor, por se tratar de um meio mais ágil. No direito brasileiro, a ação cambial é uma ação executiva regida pelo Livro II do Código de Processo Civil.

Os títulos de crédito típicos possuem uma presunção de certeza tão grande, que a lei não exige que o crédito seja primeiramente reconhecido pelo Judiciário. Em razão dessa condição, a lei permite ao credor pleitear, desde logo, medidas satisfativas do seu crédito, vale dizer, eles são títulos executivos[2]. Há uma opção do legislador para uma solução mais pronta e rápida de certos direitos[3], prova disso é que a citação nesse processo é para que o devedor efetue o pagamento em três dias (CPC/2015 – art. 829).

1.1 Tipos

A doutrina[4] costuma distinguir dois tipos de ação cambial: ação direta e ação de regresso. A primeira é aquela ajuizada contra o aceitante e seus avalistas, isto é, contra os devedores principais e, por isso, não depende de protesto. Já a ação de regresso é aquela ajuizada contra os devedores indiretos (sacador, endossantes e respectivos avalis-

---

1. ASQUINI, Alberto. *I titoli di credito*. Padova: Cedam, 1966, p. 339.

2. CALLEGARI, Mia et al. *Trattato di diritto commerciale*: I titoli di credito. Padova: Cedam, 2006, v. 7, p. 486.

3. CARMONA, Carlos Alberto. Títulos executivos extrajudiciais no processo civil brasileiro. In: WAMBIER, Tereza Arruda Alvim. *Processo de execução e assuntos afins*. São Paulo: RT, 1998, p. 59.

4. DE SEMO, Giorgio. *Trattato di diritto cambiario*. 3. ed. Padova: Cedam, 1963, p. 572; FARIA, Werter R. *Ações cambiárias*. Porto Alegre: Fabris, 1987, p. 75; ROSA JÚNIOR, Luiz Emygdio da. *Títulos de crédito*. 4. ed. Rio de Janeiro: Renovar, 2006, p. 443.

tas), a qual depende de um protesto tempestivo (LUG – art. 53), salvo se houver a cláusula sem despesas.

1.2 Legitimidade

Qualquer que seja o tipo de ação cambial, ela deverá ser ajuizada a princípio pelo credor da obrigação, uma vez que é ele quem possui o direito de crédito a receber. No caso de um eventual endosso-mandato, a ação será ajuizada pelo endossatário mandatário, mas em nome e em proveito do endossante mandante. Se for um endosso-caução, a ação será ajuizada pelo endossatário pignoratício em nome e em proveito próprio[5].

Tal ação poderá ser ajuizada contra todos os que se obrigaram no título (sacador, aceitante, endossantes e avalistas), uma vez que eles são devedores solidários. Compete ao credor escolher se vai ajuizar a ação contra um, contra alguns ou contra todos os que se obrigaram. Dependendo do executado, poderá haver a necessidade ou não do protesto tempestivo, que será exigido contra os devedores indiretos e dispensado contra os devedores principais.

1.3 Foro competente

Com o CPC/2015, o foro competente para a ação de execução é tratado separadamente no livro próprio da execução, no seu art. 781. Tal dispositivo prevê que "a execução poderá ser proposta no foro de domicílio do executado, de eleição constante do título ou, ainda, de situação dos bens a ela sujeitos". Havendo mais de um devedor, com diferentes domicílios, a execução será proposta no foro de qualquer deles, à escolha do exequente. A nosso ver, a ideia de foro de eleição aqui abrange também o local de pagamento, pois é o lugar escolhido pelas partes para o cumprimento da obrigação.

Além disso, estabelece que, se o executado tiver mais de um domicílio, ele poderá ser demandado no foro de qualquer deles. No entanto, se o domicílio do executado for incerto ou desconhecido, a execução poderá ser proposta no lugar onde for encontrado ou no foro de domicílio do exequente. Por fim, o mesmo dispositivo dispõe que a execução poderá ser proposta no foro do lugar em que se praticou o ato ou em que ocorreu o fato que deu origem ao título, mesmo que nele não mais resida o executado. Tal previsão leva a crer que ainda será possível o ajuizamento da execução no local de emissão do título, pois se trata de requisito deste.

1.4 Objeto

O objetivo da ação cambial é receber o valor constante do título de crédito. Nessa condição, é óbvio que o objeto de tal ação é a quantia que se quer receber. Tal

5. FARIA, Werter R. *Ações cambiárias*. Porto Alegre: Fabris, 1987, p. 41.

quantia deverá ser apurada pelo teor literal do documento, bem como legislação de regência.

O objeto da ação cambial é o pagamento da importância constante do título e das despesas de protesto, caso tenha sido realizado. Sobre o valor do título devem incidir a correção monetária[6], que representa a mera recomposição do poder aquisitivo da moeda, e os juros de mora de 1% ao mês a partir do vencimento[7]. Caso sejam previstos, podem ser acrescidos outros encargos como uma multa ou juros remuneratórios, estes admitidos apenas nos títulos a vista, ou a certo termo da vista. A soma de todos esses valores deverá constar de uma planilha que instruirá a ação (CPC/2015 – art. 798, I, *b*), que deverá indicar o índice de correção monetária adotado; a taxa de juros aplicada; os termos inicial e final de incidência do índice de correção monetária e da taxa de juros utilizados; a periodicidade da capitalização dos juros, se for o caso; e a especificação de eventual desconto obrigatório realizado.

Também são devidos os honorários advocatícios, que serão arbitrados em 10% pelo juiz (CPC/2015 – art. 827), bem como a restituição das eventuais custas adiantadas. Em caso de embargos à execução, o valor dos honorários poderá ser elevado até vinte por cento, quando rejeitados os embargos, podendo a majoração, caso não opostos os embargos, ocorrer ao final do procedimento executivo, levando-se em conta o trabalho realizado pelo advogado do exequente. Tais valores não fazem parte do objeto da ação, embora possam ser exigidos.

1.5 Documentação

Em toda ação compete ao autor apresentar os documentos essenciais ao seu exercício. Na ação cambial não é diferente, cabendo ao autor dela juntar o título executivo (CPC/2015 – art. 798, I, *a*), a planilha do débito (CPC/2015 – art. 798, I, *b*), o protesto (LUG – art. 53), se for o caso, procuração (CPC/2015 – art. 104), contrato social e eventual ata de eleição de administradores (caso se trate de pessoa jurídica), se necessário, guia de custas e outros documentos que se mostrem essenciais ao exercício da pretensão executória.

---

6. SANTOS, Evaristo Aragão. *Execução forçada e títulos de crédito*. Rio de Janeiro: Forense, 2007, p. 197.

7. KHOURI, Paulo R. Roque. Juros: o controle pelo novo Código Civil e pelo Código de Defesa do Consumidor. *Revista Jurídica Consulex*, ano VIII, n. 172, p. 26, mar. 2004; SCAVONE JÚNIOR, Luiz Antonio. *Juros no direito brasileiro*. São Paulo: RT, 2003, p. 108; STJ, AgRg no Ag 791.802/RJ, Rel. Min. Aldir Passarinho Junior, 4ª Turma, j. 11-12-2007, *DJ* 18-2-2008, p. 1; STJ, 3ª Turma, AgRg no REsp 727.842/SP, Rel. Min. Humberto Gomes de Barros, j. 3-12-2007, *DJ* 14-12-2007, p. 398. No mesmo sentido: TJDF, 5ª Turma Cível, 20020110659172APC, Rel. Lecir Manoel da Luz, j. 5-3-2008, *DJ* 9-4-2008, p. 115; TJRS, 5ª Câmara Cível, Apelação Cível 70020912218, Rel. Umberto Guaspari Sudbrack, j. 16-4-2008; TJPR, 6ª Câmara Cível, AC 0427714-1, Foro Central da Região Metropolitana de Curitiba, Rel. Des. Idevan Lopes, Unânime, j. 1º-4-2008; TJMG, 11ª Câmara Cível, Embargos de Declaração 1.0024.05.896830-6/002, Rel. Des. Marcelo Rodrigues, *DJ* 12-4-2008.

Ao buscar o recebimento do direito de crédito, o autor da ação deve demonstrar que ele pode exercer esse direito. Pelo princípio da cartularidade, tal demonstração será feita com a apresentação do título executivo, que, no caso dos títulos de crédito, deverá ser o original. Em regra, não se admite a apresentação de cópia do título, porquanto o original pode estar nas mãos de um terceiro de boa-fé, que teria direito de receber o título novamente. Como o direito está incorporado ao título, é fundamental a sua apresentação no original, uma vez que é esse documento que vai demonstrar a legitimação para a pretensão de receber o crédito[8].

Ocorre que tal aplicação da cartularidade vem sendo mitigada, na medida em que certos casos justificam a apresentação de cópia autenticada do título original. Por questões de segurança (valor elevado ou risco de perda)[9], ou mesmo por questões de impossibilidade fática de juntada do original (quando este está em outro processo), admite-se a apresentação apenas de cópia autenticada com a assunção da obrigação de apresentar o original quando for pedido, ou com a certidão de que o original está em outro processo. Também vem-se admitindo o prosseguimento do processo se o original se perdeu no curso do processo e não houve impugnação sobre a legitimidade do documento[10].

Além disso, nas duplicatas (Lei n. 5.474/68 – art. 15) também é possível, em certos casos, a execução sem a apresentação do original. Este também é dispensado se se usar a segunda via do título, ou se ocorrer a anulação do título extraviado ou destruído, que é substituído por uma sentença (Decreto n. 2.044/1908 – art. 36). Apesar dessas exceções, a regra é que se deva juntar o título original para a ação cambial.

Também deve ser juntado o instrumento do protesto, caso se queira cobrar os devedores indiretos[11], ou caso se pretenda o ressarcimento das despesas do protesto. Nessas situações, o protesto será um documento essencial, seja por ser uma condição da cobrança dos devedores indiretos (LUG – art. 53), seja por provar o valor das despesas do protesto, cuja restituição se pretende (LUG – art. 48). Caso exista a cláusula sem despesas, o protesto não será necessário para a cobrança dos devedores indiretos e não poderá haver a cobrança das despesas.

Além disso, a ação deverá ser instruída com a memória discriminada de cálculos (CPC/2015 – art. 798, I, *b*), uma vez que haverá a necessidade da discriminação detalhada do valor que se pretende receber. Também deverão ser juntados os documentos que demonstrem a regularidade dos pressupostos processuais (procuração, contrato social, se for o caso, guia de custas...).

---

8. ROSA JÚNIOR, Luiz Emygdio da. *Títulos de crédito*. 4. ed. Rio de Janeiro: Renovar, 2006, p. 437; TJDF, 2ª Turma Cível, Rel. Waldir Leôncio Júnior, j. 16-8-2006, *DJ* 21-9-2006, p. 70; TJRS, 16ª Câmara Cível, Apelação Cível 70021257506, Rel. Ergio Roque Menine, j. 21-11-2007.

9. STJ, 3ª Turma, REsp 330.086/MG, Rel. Min. Castro Filho, j. 2-9-2003, *DJ* 22-9-2003, p. 315.

10. STJ, 4ª Turma, REsp 878.944/DF, Rel. Min. Fernando Gonçalves, j. 18-10-2007, *DJ* 29-10-2007, p. 259; TJDF, 5ª Turma Cível, 20050020037586AGI, Rel. Romeu Gonzaga Neiva, j. 15-8-2005, *DJ* 17-11-2005, p. 101.

11. NesSe caso, deverá haver o protesto tempestivo (LUG – art. 53).

1.6 Procedimento

A ação cambial devidamente instruída será processada pelo rito da execução por quantia certa (CPC/2015 – arts. 824 e seguintes). Nesse procedimento, todos os atos serão praticados com o objetivo de satisfazer o crédito, vale dizer, o objetivo do processo aqui não é a justa composição da lide, ou a paz social, mas a satisfação do crédito[12].

Recebida a petição inicial, o juiz verificará a sua adequação às exigências legais, bem como a sua devida instrução. Estando em termos a petição, o juiz proferirá uma decisão fixando os honorários em 10% sobre o valor da execução (CPC/2015 – art. 827) e ordenará a citação do devedor para pagar em três dias (CPC/2015 – art. 829).

Após tal decisão, será expedido o competente mandado de citação, que deverá ser cumprido por meio de oficial de justiça, não se admitindo a citação por via postal nesse procedimento[13]. Excepcionalmente, admite-se a citação por edital, quando não for possível localizar o executado. Nesse caso, o juiz deverá nomear curador especial para o citado (CPC/2015 – art. 72; Súmula 196 do STJ).

Na citação, é concedido ao devedor o prazo de três dias para efetuar o pagamento. Para Cassio Scarpinela Bueno, Misael Montenegro Filho, Araken de Assis, Luiz Rodrigues Wambier, Flavio Renato Correia de Almeida e Eduardo Talamini, tal prazo fluirá da data da citação, e não da data da juntada do mandado[14], mas para Luiz Guilherme Marinoni o prazo se conta da juntada do mandado de citação[15]. A nosso ver, a redação do art. 829 do CPC/2015 denota que tal prazo efetivamente é contado a partir da citação em si, independentemente da juntada do mandado, porquanto o parágrafo primeiro do citado dispositivo já prevê a atuação do oficial de justiça logo após o decurso desse prazo, independentemente, portanto, da juntada do mandado.

Caso ele efetue o pagamento dentro do prazo de três dias, ele só será obrigado a pagar 50% dos honorários advocatícios arbitrados pelo juiz (CPC/2015 – art. 827, § 1º), porquanto o trabalho do advogado é bem diminuído. Mesmo depois desse prazo, ele poderá efetuar o pagamento, mas não terá o benefício assegurado a quem paga no prazo.

Além disso, no prazo de 15 dias, contados da juntada do mandado de citação, depositando 30% do valor devido, inclusive custas e honorários, ele poderá requerer o pagamento parcelado do débito em seis prestações mensais acrescidas de correção monetária e juros de 1% ao mês (CPC/2015 – art. 916). O exequente se manifestará sobre o pedido e o juiz decidirá o requerimento no prazo de cinco dias.

---

12. MARINONI, Luiz Guilherme; ARENHART, Sérgio Cruz. *Execução*. São Paulo: RT, 2007, p. 435.

13. Idem, p. 441.

14. BUENO, Cassio Scarpinella. *Curso sistematizado de processo civil*: tutela jurisdicional executiva. São Paulo: Saraiva, 2008, v. 3, p. 202; MONTENEGRO FILHO, Misael. *Curso de direito processual civil*. 4. ed. São Paulo: Atlas, 2007, v. 2, p. 392; ASSIS, Araken de. *Manual do processo de execução*. 11. ed. São Paulo: RT, 2007, p. 581; WAMBIER, Luiz Rodrigues; ALMEIDA, Flávio Renato Correia de; TALAMINI, Eduardo. *Curso avançado de processo civil*. 9. ed. São Paulo: RT, 2007, v. 2, p. 176.

15. MARINONI, Luiz Guilherme; ARENHART, Sérgio Cruz. *Execução*. São Paulo: RT, 2007, p. 441.

Não havendo o pagamento, o oficial de justiça deverá proceder à penhora de tantos bens quantos bastem para satisfazer o crédito (CPC/2015 – art. 829, § 1º). Para tanto, o próprio credor poderá indicar os bens a serem penhorados na própria petição inicial. Apesar disso, nada impede que o próprio devedor indique bens à penhora[16]. Feita a penhora, será lavrado o competente termo, com a avaliação do bem penhorado[17], intimando-se o devedor e procedendo-se ao seu depósito, se for o caso.

Não havendo questionamentos sobre a penhora ou avaliação dos bens, ou superados os questionamentos realizados, passa-se à fase de expropriação dos bens, em que haverá a transferência coativa do domínio do bem penhorado[18]. Para tanto, existe uma ordem a ser obedecida. Em primeiro lugar, deve-se tentar a adjudicação, isto é, a aquisição do bem pelo próprio credor, pelo valor da avaliação. Não sendo possível, deve-se tentar a alienação por iniciativa particular, conduzida pelo próprio credor, ou deve-se buscar a alienação por meio de leilão judicial ou eletrônico. Também é possível apropriar dos frutos e rendimentos de coisa móvel ou imóvel.

Com a aquisição do próprio bem penhorado, com o produto da sua venda, ou com o resultado dos frutos e rendimentos, será efetuado o pagamento do credor. Nesse momento, a execução poderá ser extinta, uma vez alcançado o seu objetivo que era a satisfação do crédito pleiteado.

1.7 Prescrição

Quem tem um direito de crédito incorporado em um título de crédito pode lançar mão da ação cambial para o exercício desse direito. Todavia, essa faculdade é limitada no tempo. Por questões de segurança jurídica e de economia, o Direito limita temporalmente o exercício da pretensão de receber determinada obrigação, evitando que ela se eternize. As situações consolidadas pelo tempo devem gozar de certa estabilidade[19]. Em síntese, a ação cambial só poderá ser ajuizada dentro dos prazos previstos em lei.

Caso transcorra o prazo previsto em lei, sem o ajuizamento da ação, o credor perde a pretensão, isto é, o seu direito de ação é fulminado pela prescrição. Ela surgiu justamente para evitar a eternização de uma obrigação, punindo aquele credor que demonstrou desinteresse pelo exercício do direito de crédito. Uma expressão romana dizia que o direito não socorre aos que dormem, demonstrando a importância do prazo no Direito.

---

16. WAMBIER, Luiz Rodrigues; WAMBIER, Teresa Arruda Alvim; MEDINA, José Miguel Garcia. *Breves comentários à nova sistemática processual civil 3*. São Paulo: RT, 2007, p. 107.

17. Caso seja necessária uma perícia para a avaliação, ela será feita em um instrumento separado (laudo de avaliação).

18. ASSIS, Araken de. *Manual do processo de execução*. 11. ed. São Paulo: RT, 2007, p. 698.

19. TRIMARCHI, Pietro. *Istituzioni di diritto privato*. 12. ed. Milano: Giuffré, 1998, p. 601.

1.7.1 Os prazos

A ação cambial terá prazos diversificados de acordo com o título exequendo e com a pessoa executada. Impende ressaltar que os prazos aqui narrados se referem apenas à execução, não abrangendo outras ações que podem ser usadas pelo credor dos títulos de crédito. No que diz respeito à letra de câmbio e à nota promissória, os prazos de prescrição da ação cambial são os seguintes:

- três anos contados do vencimento, contra o devedor principal (aceitante e seus avalistas);
- um ano contado do protesto ou do vencimento se houver a cláusula sem despesas, contra os devedores indiretos (sacador, endossantes e respectivos avalistas);
- seis meses contados do pagamento ou do ajuizamento da ação, para o exercício do direito de regresso por aquele que pagou contra os demais codevedores.

1.7.2 O termo inicial

A ideia básica na contagem desses prazos é que eles começarão a correr a partir do momento em que é possível exercer o direito[20]. Quando nascer a pretensão, começará também o prazo para o seu exercício. Por isso, o prazo passa a correr do vencimento contra os devedores principais, do protesto contra os indiretos e do pagamento para o exercício do direito de regresso. Todos esses fatos são o marco inicial da pretensão, ou seja, só a partir deles é que pode ser exercida ação.

1.7.3 Suspensão

Uma vez iniciados, os prazos prescricionais correrão continuamente, salvo se houver alguma hipótese de suspensão ou interrupção do prazo. Como não há regra na legislação especial dos títulos de crédito, as hipóteses de suspensão e interrupção da prescrição serão aquelas previstas no Código Civil.

Na suspensão, o prazo prescricional não se inicia ou não corre durante certo período de tempo. Como "a prescrição há de concernir a um tempo útil para o exercício da ação"[21], nem todo prazo poderá ser computado. Em certos casos, a legislação impede o curso do prazo prescricional, isto é, o prazo para e volta a correr após o fim da causa suspensiva.

---

20. LARENZ, Karl. *Derecho civil*: parte general. Tradução e notas de Miguel Izquierdo y Macías-Picavea. MadriD: Editoriales de Derecho Reunidas, 1978, p. 332; TRIMARCHI, Pietro. *Istituzioni di diritto privato*. 12. ed. Milano: Giuffré, 1998, p. 603.

21. BARROS MONTEIRO, Washington de. *Curso de direito civil*. 37. ed. São Paulo: Saraiva, 2000, v. 1, p. 307.

Assim, não correm os prazos prescricionais das pretensões dos filhos contra os pais, enquanto durar o poder familiar. Do mesmo modo, não corre o prazo prescricional enquanto estiver pendente uma ação de evicção. Também não correrá o prazo prescricional contra os incapazes a que se refere o art. 3º do Código Civil, ou contra os ausentes do País em serviço público da União, dos Estados ou dos Municípios, ou contra os que se acharem servindo nas Forças Armadas, em tempo de guerra (CC – art. 198). Em todos esses casos, o período de tempo transcorrido durante a causa suspensiva não será computado para fins de prescrição.

A título exemplificativo, imaginem uma letra de câmbio que tenha como aceitante ROMÁRIO, com vencimento para o dia 31-12-2004. A princípio, o credor teria até o dia 31-12-2007 para ajuizar a ação cambial contra ROMÁRIO. Todavia, em 31-12-2005, ROMÁRIO se ausentou do País, em serviço público para a União, e só retornou ao País no dia 31-12-2007. Nesse caso, durante o período em que ele ficou fora do País não corre o prazo prescricional e, por isso, ele não findará mais em 31-12-2007, mas em 31-12-2009. O prazo parou de correr quando havia transcorrido um ano, logo, quando cessar a causa suspensiva, o prazo voltará a correr pelos dois anos restantes.

1.7.4 Interrupção

Além da suspensão, a lei prevê casos de interrupção da prescrição, nos quais o prazo até então transcorrido é totalmente ignorado[22], reiniciando-se do zero. A interrupção representa um novo termo inicial para o prazo prescricional, e não apenas a suspensão de um prazo em curso. Ocorrida a interrupção, o prazo prescricional voltará a correr do zero da data da interrupção ou do último ato do processo para a interrupção.

Como já dito, as hipóteses legais de interrupção são as previstas na legislação comum, não havendo causas específicas de interrupção na legislação cambial. Assim, o art. 202 do Código Civil enumera vários fatos que fazem o prazo prescricional começar do zero novamente. A título exemplificativo, podemos citar o protesto judicial, o protesto cambial[23] e outros atos.

Imaginem uma letra de câmbio que tenha como aceitante ROMÁRIO, com vencimento para o dia 31-12-2004. A princípio, o credor teria até o dia 31-12-2007 para ajuizar a ação cambial contra ROMÁRIO. Todavia, em 31-7-2007, ocorre o protesto cambial, com a intimação de ROMÁRIO. Nesse caso, o prazo prescricional voltará a correr do zero, ou seja, o prazo de três anos deverá ser contado integralmente a partir do 31-7-2007, chegando-se ao termo final em 31-7-2010.

O fato da interrupção é indiscutível, mas devemos analisar a extensão dessa interrupção aos demais devedores do título. Por estarmos diante de devedores solidários, o

---

22. LARENZ, Karl. Derecho civil: parte general. Tradução e notas de Miguel Izquierdo y Macías-Picavea. Madrid: Editoriales de Derecho Reunidas, 1978, p. 337.

23. A Súmula 153 do STF não mais se aplica no regime do Código Civil.

Código Civil afirma que a interrupção feita em face de um dos devedores atinge os demais (art. 204, § 1º). Assim, a interrupção em face do aceitante atingiria o sacador, endossantes e avalistas do título também. Entretanto, nesse particular, a LUG possui uma regra especial que afirma que a interrupção em face de um dos devedores solidários só atinge aquele devedor, e não qualquer outro.

Portanto, nos títulos típicos, a interrupção em face do aceitante não altera a contagem do prazo prescricional em face do avalista, do sacador ou de qualquer outro devedor do título[24]. A autonomia das obrigações impõe efeitos distintos do fato interruptivo. Se ele diz respeito a um devedor, só atingirá esse devedor, pois os demais devedores possuem obrigações autônomas que não são afetadas por fatos ligados a outros devedores.

1.8 Defesa do executado

Como visto, todo o procedimento, que pode ter uma série de incidentes não descritos, se conduz no sentido da satisfação do crédito. Apesar disso, poderá o executado se opor à execução, o que, em regra, não suspende o curso do procedimento.

1.8.1 Embargos à execução

A forma usual de oposição do devedor na execução não se dá nos próprios autos da execução, mas por meio de uma ação autônoma, a saber: os embargos à execução. Aqui trataremos apenas dos embargos que se dirigem contra a execução em si, não falando dos embargos à arrematação ou outros embargos.

No prazo de 15 dias, contados da juntada do mandado, o executado poderá se opor à execução por meio dos embargos à execução, que representam uma ação de conhecimento com o objetivo final de extinguir a execução ou reduzir o seu valor. O executado se defende atacando a execução[25], alegando que ela não preenche os requisitos necessários, ou que o próprio crédito não existe, ou que deve menos do que está sendo cobrado.

Os embargos à execução são uma ação de conhecimento incidental à execução, ajuizada pelo executado contra o exequente[26]. Nessa condição, os embargos, que serão autuados em apartado, possuem os requisitos próprios de toda ação, vale dizer, adequação da petição às exigências do art. 319 do CPC/2015, inclusive o valor da causa, distribuição por dependência e pagamento de custas, se for o caso. Se a discussão versar sobre o valor cobrado, deve ser apresentada também uma planilha do débito que o embargante entende ser devido. Além disso, o único pressuposto específico do conhecimento dos

---

24. SANTOS, Evaristo Aragão. *Execução forçada e títulos de crédito*. Rio de Janeiro: Forense, 2007, p. 242; TJRS, 5ª Câmara Cível, Apelação Cível 70022482277, Rel. Paulo Sérgio Scarparo, j. 23-1-2008.

25. MARINONI, Luiz Guilherme; ARENHART, Sérgio Cruz. *Execução*. São Paulo: RT, 2007, p. 447.

26. ASSIS, Araken de. *Manual do processo de execução*. 11. ed. São Paulo: RT, 2007, p. 1079.

embargos é a tempestividade da sua apresentação (15 dias da juntada do mandado de citação), não havendo mais necessidade de garantia do juízo.

Em regra, os embargos não suspendem o curso da execução, mas poderão ter o efeito suspensivo determinado pelo juiz, se atendidos três requisitos: (a) garantia do juízo (penhora ou depósito de bens suficientes para garantir a execução); (b) requisitos da tutela provisória (a probabilidade do direito e o perigo de dano ou o risco ao resultado útil do processo). Em relação ao último requisito do efeito suspensivo, é óbvio que o simples risco de venda dos bens penhorados não é suficiente para sua configuração, pois se trata de um risco inerente ao processo. Há que se invocar algum fato que demonstre especificamente o risco do prosseguimento da execução.

Preenchidos os pressupostos de admissibilidade dos embargos à execução, eles serão processados e julgados pelo mesmo juiz da execução, tendo em vista a dependência entre as duas ações. A matéria a ser apreciada nos embargos é levantada pelo próprio devedor. O art. 917 do CPC/2015 afirma que podem ser identificadas as seguintes matérias nos embargos: I – inexequibilidade do título ou inexigibilidade da obrigação; II – penhora incorreta ou avaliação errônea; III – excesso de execução ou cumulação indevida de execuções; IV – retenção por benfeitorias necessárias ou úteis, nos casos de execução para entrega de coisa certa; V – incompetência absoluta ou relativa do juízo da execução; VI – qualquer matéria que lhe seria lícito deduzir como defesa em processo de conhecimento. Além disso, é óbvio que questões processuais também podem ser alegadas, como a falta de requisito para ajuizar a ação.

Há certa amplitude nas matérias que podem ser alegadas nos embargos. Todavia, especificamente nos títulos de crédito, o art. 51 do Decreto n. 2.044/1908 afirma que, "na ação cambial, somente é admissível defesa fundada no direito pessoal do réu contra o autor, em defeito de forma do título e na falta de requisito necessário ao exercício da ação". Tal dispositivo limita as matérias oponíveis nos embargos à execução de um título de crédito.

Logo, são matérias alegáveis pelo executado nos embargos à execução de um título de crédito: (a) nulidade da execução, por não ser executivo o título; (b) excesso de execução ou cumulação indevida de execuções; (c) direito pessoal do executado em face do exequente; e (d) questões processuais.

Dentro da nulidade da execução, encontra-se o defeito de forma do título, pois o formalismo afirma que um documento só vale como título de crédito se preencher os requisitos legais. Faltando um dos requisitos legais, o documento não vale como título de crédito e, consequentemente, não é título executivo. Além disso, a falta de certeza, de liquidez ou de exigibilidade também estão abarcadas na nulidade da execução, bem como qualquer outra nulidade.

Também podem ser alegadas questões processuais, como a falta de requisito para o exercício da ação, por exemplo, a falta de protesto nas ações contra devedores indiretos. Do mesmo modo, pode ser pretendida a redução do valor, invocando-se excesso de execução, o que será definido essencialmente pelo teor literal do documento.

Por fim, podem ser invocadas exceções pessoais do executado contra o exequente, em obediência aos princípios da autonomia e da abstração. Tais princípios pautarão sempre a matéria que é passível de ser alegada em sede de embargos à execução. À luz deles é que será decidida a procedência ou não das alegações do devedor. Assim, valendo o princípio da abstração, o embargante não poderá invocar fatos que digam respeito ao negócio jurídico que deu origem ao título. De modo similar, valendo o princípio da autonomia, o devedor não poderá invocar fatos ligados a outros credores ou a outros devedores do título, a não ser os envolvidos na ação.

1.8.2 Exceção de pré-executividade

Outra forma de oposição do devedor a ação cambial é a chamada exceção de pré-executividade, cuja terminologia, embora inadequada, já ficou consagrada. Trata-se de uma defesa endoprocessual[27], isto é, dentro do próprio processo de execução. Não se trata de uma ação autônoma, como os embargos, mas de uma simples petição nos próprios autos do processo de execução.

Não há previsão específica para o cabimento da exceção de pré-executividade, mas ela já ficou consagrada como uma das formas de oposição do devedor. Pela falta de previsão específica, a exceção pode ser apresentada a qualquer momento no processo de execução[28]. Enquanto estiver correndo a execução, tal forma de oposição poderá ser usada, independentemente de garantia do juízo ou de qualquer outro requisito específico.

Na exceção de pré-executividade podem ser levantadas matérias que o juiz poderia conhecer de ofício, como os pressupostos processuais da execução e as condições da ação. Ora, se o juiz poderia apreciar tais matérias de ofício e não o fez, o próprio executado pode alertar o juiz de tais questões, por meio da exceção de pré-executividade[29]. Assim, seria possível discutir na exceção a ilegitimidade das partes, a iliquidez do título, bem como outros pressupostos processuais e condições da ação. Em todo caso, não será admissível a exceção se a matéria depender de dilação probatória, a qual é incompatível com o procedimento da execução[30].

A jurisprudência[31] e a doutrina[32] vêm ampliando a abrangência da exceção de pré-executividade para quaisquer matérias que sejam demonstradas de plano, isto é, que independam de dilação probatória, mesmo que não fossem apreciáveis de ofício. Nessa

27. ASSIS, Araken de. *Manual do processo de execução*. 11. ed. São Paulo: RT, 2007, p. 1063.

28. MARINONI, Luiz Guilherme; ARENHART, Sérgio Cruz. *Execução*. São Paulo: RT, 2007, p. 309; FEU ROSA, Marcos Valls. *Exceção de pré-executividade*. Porto Alegre: Fabris, 1996, p. 46.

29. ASSIS, Araken de. *Manual do processo de execução*. 11. ed. São Paulo: RT, 2007, p. 1065-1066; FEU ROSA, Marcos Valls. *Exceção de pré-executividade*. Porto Alegre: Fabris, 1996, p. 54.

30. STJ, 1ª Seção, EDcl nos EREsp 866.632/MG, Rel. Min. José Delgado, j. 9-4-2008, *DJ* 25-4-2008, p. 1; STJ, 1ª Turma, REsp 885.785/SP, Rel. Min. Luiz Fux, j. 12-2-2008, *DJ* 2-4-2008, p. 1.

31. STJ, 1ª Turma, REsp 929.559/RJ, Rel. Min. Teori Albino Zavascki, j. 5-6-2007, *DJ* 21-6-2007, p. 306; STJ, 2ª Turma, REsp 745962/SC, Rel. Min. Castro Meira, j. 7-6-2005, *DJ* 5-9-2005, p. 389.

32. MARINONI, Luiz Guilherme; ARENHART, Sérgio Cruz. *Execução*. São Paulo: RT, 2007, p. 309; ASSIS, Araken de. *Manual do processo de execução*. 11. ed. São Paulo: RT, 2007, p. 1072; MONTENEGRO FILHO, Misael. *Curso de direito processual civil*. 4. ed. São Paulo: Atlas, 2007, v. 2, p. 540-544.

linha de entendimento, qualquer matéria que não dependa de dilação probatória pode ser oposta por meio da exceção de pré-executividade.

No caso da execução fundada em títulos extrajudiciais, tal expediente tende a perder força, uma vez que a oposição de embargos à execução restou bem simplificada atualmente. Desse modo, o uso da exceção de pré-executividade acabará ocorrendo apenas nas matérias que surgirem após o prazo da apresentação dos embargos.

Cassio Scarpinella Bueno chega a afirmar que, se for perdido o prazo dos embargos à execução, haveria a preclusão em relação às matérias arguíveis em tal meio de oposição do devedor[33]. Misael Montenegro Filho, por sua vez, sustenta que não há qualquer caráter impeditivo na não utilização dos embargos à execução, ou seja, mesmo que o devedor não oponha embargos à execução, ele poderá lançar mão da exceção de pré-executividade[34]. A nosso ver, efetivamente não se impediu o uso da exceção de pré-executividade, dada a própria natureza das matérias que poderão ser discutidas. Apenas não será tão comum, mas ainda será possível o uso da referida exceção.

1.8.3 Ações autônomas

Além dos embargos à execução e da exceção de pré-executividade, é certo que o devedor pode lançar mão de ações autônomas prévia ou posteriormente ao ajuizamento da execução[35]. Em tais ações, poderá haver o pedido de anulação do título, ou o pedido de declaração de inexistência da obrigação, ou mesmo o pedido de revisão do valor cobrado. Em todo caso, não há como negar ao executado a chance de lançar mão desse tipo de ação, mesmo posteriormente ao prazo dos embargos, tendo em vista o art. 5º, XXXV, da Constituição Federal, que assegura o direito à tutela jurisdicional.

De qualquer modo, ainda que seja ajuizada previamente, tal tipo de ação, em regra, não tem o condão de impedir o ajuizamento ou o prosseguimento da execução. A propositura de qualquer ação relativa ao débito constante do título executivo não inibe a propositura da execução. Apesar disso, não há como negar a existência também dessa forma de oposição do devedor que será distribuída ao mesmo juízo da execução, tendo em vista a conexão entre os feitos (CPC/2015 – art. 55, § 2º, I).

1.9 Chamamento ao processo e denunciação da lide na ação cambial

Apesar do silêncio do CPC, pela própria índole satisfativa do processo de execução excluem-se as formas tradicionais de intervenção de terceiros[36]. Apesar disso, vale a pena

33. BUENO, Cassio Scarpinella. *Curso sistematizado de processo civil*: tutela jurisdicional executiva. São Paulo: Saraiva, 2008, v. 3, p. 569-570.

34. MONTENEGRO FILHO, Misael. *Curso de direito processual civil*. 4. ed. São Paulo: Atlas, 2007, v. 2, p. 538.

35. ASSIS, Araken de. *Manual do processo de execução*. 11. ed. São Paulo: RT, 2007, p. 1064; BUENO, Cassio Scarpinella. *Curso sistematizado de processo civil*: tutela jurisdicional executiva. São Paulo: Saraiva, 2008, v. 3, p. 573.

36. ASSIS, Araken de. *Manual do processo de execução*. 11. ed. São Paulo: RT, 2007, p. 387.

analisar o cabimento ou não do chamamento ao processo e da denunciação da lide especificamente na ação cambial.

O art. 125, II, do CPC afirma que a denunciação da lide é admissível "àquele que estiver obrigado, por lei ou pelo contrato, a indenizar, em ação regressiva, o prejuízo de quem for vencido no processo". Numa primeira análise, poderia se imaginar que um avalista demandado na ação cambial, poderia fazer a denunciação da lide àquele (avalizado) em face de quem ele teria direito de regresso.

Todavia, tal conclusão é incorreta, na medida em que na ação cambial não existe perdedor da demanda, pois não existe mérito a ser decidido. Além disso, o objetivo da denunciação da lide é formar o título executivo para o direito de regresso e, nesse caso, o título já existe, não havendo, portanto, sentido no uso desse instituto.

Nos termos do art. 130, III, do CPC/2015, é admissível o chamamento ao processo "dos demais devedores solidários, quando o credor exigir de um ou de alguns o pagamento da dívida comum". Mais uma vez, uma primeira leitura do dispositivo poderia levar à conclusão do cabimento do chamamento ao processo na ação cambial, tendo em vista a existência de vários devedores solidários no título. Tal conclusão também não se mostra correta.

Em um título de crédito, não temos uma dívida comum entre os vários devedores solidários, temos obrigações autônomas de cada um deles[37]. Prova disso é que o direito de regresso se exerce pela totalidade da dívida. Não havendo dívida comum, não há possibilidade de chamamento ao processo, que se aplicará aos casos de solidariedade civil, mas não de solidariedade cambial. Ademais, a intenção do chamamento ao processo também é formar o título executivo[38], que no caso já existe.

2 Ação de locupletamento ou de enriquecimento sem causa

A LUG prevê apenas um meio para lograr o recebimento do crédito, qual seja: a ação cambial, em relação a qual são estabelecidos prazos rígidos de prescrição e de protesto para seu uso. Todavia, o Brasil adotou a reserva prevista no art. 15 do Anexo II da Convenção de Genebra, pelo qual se poderia admitir uma segunda ação para buscar o recebimento do título de crédito, quando perdido o prazo do protesto ou o prazo prescricional. Assim sendo, no Direito brasileiro, além da ação cambial, existe uma segunda forma de buscar o recebimento dos títulos de crédito, a chamada ação de locupletamento ou de enriquecimento sem causa, estabelecida no art. 48 do Decreto n. 2.044/1908.

2.1 Pressupostos

A ação de locupletamento ou de enriquecimento sem causa é uma ação secundária, logo, seu cabimento depende do preenchimento de certos pressupostos.

---

37. FARIA, Werter R. *Ações cambiárias*. Porto Alegre: Fabris, 1987, p. 47; BARBI, Celso Agrícola. *Comentários ao Código de Processo Civil*. 10. ed. Rio de Janeiro: Forense, 1998, v. 1, p. 268.

38. ROSA JÚNIOR, Luiz Emygdio da. *Títulos de crédito*. 4. ed. Rio de Janeiro: Renovar, 2006, p. 463.

Luiz Emygdio da Rosa Júnior elenca cinco pressupostos para essa ação, a saber: (a) existência de um título de crédito válido; (b) não pagamento do título; (c) prescrição da pretensão executória ou perda do prazo do protesto em relação aos devedores indiretos; (d) enriquecimento injusto do devedor; e (e) empobrecimento do credor do título[39]. Rubens Requião[40], por sua vez, elenca os pressupostos da seguinte maneira: (a) enriquecimento do réu; (b) ausência de justa causa; (c) empobrecimento do autor; e (d) nexo de causalidade entre o enriquecimento e o empobrecimento.

Werter R. Faria afirma que são pressupostos da ação de locupletamento: (a) a perda de todas as ações cambiárias; (b) a ausência de toda e qualquer ação causal; (c) o enriquecimento injusto do sujeito passivo; e (d) o dano do portador[41]. José A. Saraiva, por sua vez, indica os pressupostos da seguinte forma: (a) posse do título pelo autor; (b) legitimação do possuidor para receber o título; (c) validade da obrigação do réu; (d) existência de um prejuízo para o autor; e (e) existência real de um lucro para o réu[42].

Magarinos Torres, por sua vez, elenca os seguintes pressupostos: (a) a propriedade do título; (b) responsabilidade do réu; (c) prejuízo sofrido em relação a um lucro injusto[43]. De outro lado, Carvalho de Mendonça assevera que são requisitos da ação de locupletamento: (a) preexistência de uma letra de câmbio válida, cuja pretensão esteja apenas prejudicada ou prescrita; (b) dano patrimonial irremediável ao portador; e (c) lucro indevido do sacador ou aceitante[44].

Apesar das divergências doutrinárias, podemos sintetizar os pressupostos da ação de locupletamento em quatro ideias fundamentais:

- impossibilidade de ajuizamento da ação cambial;
- enriquecimento sem causa do devedor;
- empobrecimento do credor;
- nexo de causalidade entre o empobrecimento de um e o enriquecimento do outro.

A ação de locupletamento é uma ação secundária, isto é, ela só pode ser ajuizada quando não for mais possível o ajuizamento da ação cambial[45]. Portanto, enquanto for possível ajuizar a ação cambial, não há que se cogitar da ação de locupletamento. Esta só será possível quando estiver prescrita a ação cambial ou quando for perdido o prazo do protesto e o título tiver apenas devedores indiretos. O próprio texto do art. 48 do

---

39. ROSA JÚNIOR, Luiz Emygdio da. *Títulos de crédito*. 4. ed. Rio de Janeiro: Renovar, 2006, p. 463.

40. REQUIÃO, Rubens. *Curso de direito comercial*. 21. ed. São Paulo: Saraiva, 1998, v. 2, p. 416.

41. FARIA, Werter R. *Ações cambiárias*. Porto Alegre: Fabris, 1987, p. 192.

42. SARAIVA, José A. *A cambial*. Rio de Janeiro: José Konfino, 1947, v. 3, p. 61.

43. MAGARINOS TORRES, Antônio. *Nota promissória*. 4. ed. São Paulo: Saraiva, 1935, p. 494.

44. CARVALHO DE MENDONÇA, J. X. *Tratado de direito comercial brasileiro*. 7. ed. Rio de Janeiro: Freitas Bastos, 1963, v. 5, p. 437-438.

45. PONTES DE MIRANDA. *Tratado de direito cambiário*. Campinas: Bookseller, 2000, v. 1, p. 579.

Decreto n. 2.044/1908 fala que a ação é cabível em caso de desoneração da responsabilidade cambial.

Além disso, exige-se que, em razão da impossibilidade do ajuizamento da ação cambial, o devedor tenha obtido um enriquecimento ilícito que gerou um empobrecimento do credor. Ora, a ação de locupletamento visa justamente a impedir esse enriquecimento sem causa do devedor. Ao garantir mais esse meio de recebimento da obrigação, tutela-se o crédito, dando mais segurança àqueles que concedem o crédito.

Para Werter R. Faria, Giorgio de Semo e Alberto Asquini também é necessário o exaurimento das ações causais[46], para se poder falar em ação de locupletamento. Embora no Direito italiano tal requisito realmente seja necessário, não conseguimos vislumbrá-lo no ordenamento jurídico brasileiro. Não há qualquer menção a esse requisito na lei brasileira, além do que nada impede que se discuta a causa do título do crédito para verificar se houve ou não o enriquecimento sem causa.

2.2 *Legitimidade*

Definidos os pressupostos da ação de locupletamento, é fundamental identificar quem poderá ser parte no processo, ou seja, identificar quem pode ajuizar tal ação e contra quem ela poderia ser ajuizada.

Pelos próprios requisitos elencados, vê-se que a legitimidade ativa será daquele que tem um prejuízo (empobrecimento) pelo não pagamento do título, ou seja, o credor do título. Ele poderá propor essa ação justamente para tentar afastar o prejuízo causado pela inadimplência e pela perda do direito de ajuizar a ação cambial. Há uma identidade de legitimidade ativa na ação de locupletamento e na ação cambial[47], uma vez que ambas visam a garantir, em última análise, o pagamento do crédito.

O credor poderá ajuizar a ação contra o sacador ou contra o aceitante da letra de câmbio, nos termos do art. 48 do Decreto n. 2.044/1908. Veja-se que o dispositivo usa a conjunção alternativa *ou*, demonstrando que não há solidariedade no polo passivo dessa ação. Apenas um dos dois poderá ser o réu. Nesse particular, a relação originária será determinante, pois a partir dela será possível estabelecer quem de alguma forma se enriqueceu em prejuízo do credor, ou o sacador ou o aceitante. Havendo aceitante, a legitimidade será dele; não havendo aceitante, a legitimidade será do sacador.

A legitimidade do sacador é mais fácil de ser visualizada, porquanto ao emitir o título ele normalmente tem algum benefício, recebe algum bem ou algum valor. O sacador

---

46. ASQUINI, Alberto. *I titoli di credito*. Padova: Cedam, 1966, p. 365; FARIA, Werter R. *Ações cambiárias*. Porto Alegre: Fabris, 1987, p. 192; DE SEMO, Giorgio. *Trattato di diritto cambiario*. 3. ed. Padova: Cedam, 1963, p. 616.

47. ASQUINI, Alberto. *I titoli di credito*. Padova: Cedam, 1966, p. 365; FARIA, Werter R. *Ações cambiárias*. Porto Alegre: Fabris, 1987, p. 186.

normalmente é parte do negócio jurídico subjacente que deu origem ao título e, por isso, é nele que se verifica o eventual enriquecimento injusto. Já a legitimidade do aceitante decorre da presunção de que ele, ao assumir a obrigação de pagar o título, teve alguma vantagem, por exemplo, recebeu valores do sacador.

Nossa legislação não menciona o endossante como legitimado passivo para a ação, seguindo o sistema alemão. Com efeito, não é normal ver um enriquecimento indevido na pessoa do endossante, uma vez que normalmente há uma correspondência entre o valor despendido por ele e o valor recebido no endosso. Imagine-se o beneficiário da letra de câmbio que entregou mercadorias ao sacador em troca do crédito incorporado no título. Ao endossar o título para uma empresa de *factoring*, ele receberá um valor praticamente correspondente ao das mercadorias, não havendo, portanto, um enriquecimento de sua parte na operação.

Apesar disso, entendemos ser possível a configuração do eventual enriquecimento do endossante, especialmente nos títulos de favor, nos quais não há uma contrapartida inicial no momento da emissão do documento. Assim sendo, a nosso ver, não haveria qualquer impedimento de que o endossante figurasse no polo passivo da ação, desde que se demonstrasse o seu enriquecimento indevido[48]. Contudo, reconhecemos que a opinião majoritária no nosso direito é no sentido de que o endossante não tem legitimidade passiva para essa ação[49], pela falta de previsão legal.

Assim como o endossante, na opinião majoritária, o avalista também não terá legitimidade passiva[50], porquanto não se consegue vislumbrar um enriquecimento da sua parte. Ele é um mero garantidor do pagamento e, nessa condição, não costuma ter benefícios pelo não pagamento do título. A natureza, em regra, gratuita do aval inviabiliza a sujeição passiva do avalista numa ação de locupletamento[51].

---

48. DE SEMO, Giorgio. *Trattato di diritto cambiario*. 3. ed. Padova: Cedam, 1963, p. 617; ASQUINI, Alberto. *I titoli di credito*. Padova: Cedam, 1966, p. 364; ALMEIDA, Amador Paes de. *Teoria e prática dos títulos de crédito*. 19. ed. São Paulo: Saraiva, 1999, p. 132; MOSSA, Lorenzo. *La cambiale secondo la nuova legge*. Milano: Casa Editrice Dottor Francesco Vallardi, 1937, p. 752.

49. CARVALHO DE MENDONÇA, J. X. *Tratado de direito comercial brasileiro*. 7. ed. Rio de Janeiro: Freitas Bastos, 1963, v. 5, p. 438; ROSA JÚNIOR, Luiz Emygdio da. *Títulos de crédito*. 4. ed. Rio de Janeiro: Renovar, 2006, p. 471; COSTA, Wille Duarte. *Títulos de crédito*. Belo Horizonte: Del Rey, 2003, p. 309; BORGES, João Eunápio. *Títulos de crédito*. 2. ed. Rio de Janeiro: Forense, 1977, p. 133; MARTORANO, Federico. *I titoli di credito*. Napoli: Morano, 1970, p. 629; PONTES DE MIRANDA. *Tratado de direito cambiário*. Campinas: Bookseller, 2000, v. 1, p. 577.

50. STJ, 3ª Turma, REsp 457.556/SP, Rel. Min. Nancy Andrighi, j. 11-11-2002, *DJ* 16-12-2002, p. 331; TJDF, 4ª Turma Cível, 20040110101967APC, Rel. Cruz Macedo, j. 1º-3-2007, *DJ* 3-5-2007, p. 98; TJMG, 1.0024.03.988809-4/001(1), Rel. Des. Irmar Ferreira Campos, j. 6-12-2006, *DJ* de 11-1-2007; STJ, 4ª Turma, REsp 896.543/MG, Rel. Min. Fernando Gonçalves, j. 13-4-2010, *DJe* 26-4-2010.

51. ROSA JÚNIOR, Luiz Emygdio da. *Títulos de crédito*. 4. ed. Rio de Janeiro: Renovar, 2006, p. 471; CARVALHO DE MENDONÇA, J. X. *Tratado de direito comercial brasileiro*. 7. ed. Rio de Janeiro: Freitas Bastos, 1963, v. 5, p. 439; PONTES DE MIRANDA. *Tratado de direito cambiário*. Campinas: Bookseller, 2000,v. 1, p. 577; BONFANTI, Mario Alberto; GARRONE, José Alberto. *De los títulos de crédito*. 2. ed. Buenos Aires: Abeledo-Perrot, 1976, p. 717.

2.3 Foro competente

Pela falta de uma previsão específica, o foro competente para processar e julgar a ação de locupletamento será o foro geral do domicílio do réu (CPC – art. 46). Não há que se cogitar do local do pagamento, porquanto não se trata de buscar o pagamento do título, mas sim o ressarcimento de um prejuízo decorrente de um enriquecimento sem causa.

2.4 Causa de pedir e prova

Ao ajuizar a ação perante o juízo competente, cabe ao credor invocar desde a petição inicial os fundamentos de fato e de direito da sua demanda, isto é, a causa de pedir. Esta, por sua vez, vai definir qual é a prova que deverá ser feita pelo credor, na medida em que é seu dever provar o fato constitutivo do seu direito.

Indiscutivelmente, o fundamento jurídico da pretensão na ação de locupletamento é o enriquecimento ilícito do devedor. Todavia, em relação ao fundamento de fato dessa pretensão, há uma dúvida sobre se seria o simples inadimplemento do título, ou enriquecimento decorrente do negócio jurídico originário. Tal discussão afeta diretamente o próprio texto da petição inicial, uma vez que a causa de pedir deve constar expressamente da petição, bem como as provas a serem produzidas pelo autor.

Para alguns autores[52], o fundamento da demanda é o enriquecimento ilícito decorrente do negócio jurídico originário. Para eles, o simples não pagamento do título não é suficiente como causa de pedir, uma vez que haveria uma confusão com a própria ação cambial. Haveria, portanto, a necessidade de demonstração de um enriquecimento específico do devedor a ser narrado na inicial e devidamente comprovado pelo autor. Nessa linha de interpretação, o título sozinho não é suficiente para embasar a ação de locupletamento.

Entretanto, prevalece o entendimento de que o fundamento de fato é o não pagamento do título, não havendo, portanto, qualquer necessidade de narrar o negócio jurídico subjacente (*causa debendi*). Nessa linha de entendimento, a prova a ser feita pelo autor é do não pagamento do título, o que se faz com a simples apresentação do próprio título[53].

Ora, se o réu (sacador ou aceitante) da ação assumiu a obrigação de pagar o título de crédito, presume-se que ele teve algum benefício, recebendo mercadorias ou receben-

52. MAGALHÃES, Roberto Barcellos de. *Títulos de crédito*. Rio de Janeiro: Lumen Juris, 1996, p. 90; BOITEUX, Fernando Netto. *Títulos de crédito*. São Paulo: Dialética, 2002, p. 125; PONTES DE MIRANDA. *Tratado de direito cambiário*. Campinas: Bookseller, 2000, v. 1, p. 579; CUNHA PEIXOTO, Carlos Fulgêncio da. *O cheque*. Rio de Janeiro: Revista Forense, 1962, v. 2, p. 415; ASQUINI, Alberto. *I titoli di credito*. Padova: Cedam, 1966, p. 367.

53. ROSA JÚNIOR, Luiz Emygdio da. *Títulos de crédito*. 4. ed. Rio de Janeiro: Renovar, 2006, p. 471; PAVONE LA ROSA, Antonio. *La letra de cambio*. Tradução de Osvaldo J. Máffia. Buenos Aires: Abeledo-Perrot, 1988, p. 670.

do valores. Assim sendo, ao não pagar o título, é óbvio que ele se enriquece indevidamente. Se ele devia pagar, isto é, devia ter uma redução do seu patrimônio e não o faz, ele se enriquece indevidamente.

Portanto, o fundamento de fato da demanda é o simples não pagamento do título. Desse modo, não há qualquer necessidade de narrar na petição inicial nada além do não pagamento do título, ou seja, não há necessidade de declinação da origem da dívida (*causa debendi*) na petição. Consequentemente, compete ao autor juntar apenas o título como prova do fato constitutivo do seu direito (CPC/2015 – art. 373, I)[54], cabendo ao réu a eventual desconstituição dessa prova.

2.5 Rito

Definidas as partes e a causa de pedir, resta esclarecer o pedido da ação, que será, em última análise, o ressarcimento do prejuízo causado pelo enriquecimento sem causa do devedor. Em todo caso, a formulação do pedido dependerá do procedimento a ser adotado.

A princípio, tal ação poderá ser ajuizada pelo procedimento comum, uma vez que esse é o rito geral. Todavia, esse não é o único procedimento que pode ser usado pelo autor da ação. Ele poderá escolher o procedimento do juizado especial se o valor não ultrapassar os 40 salários mínimos no juizado estadual (Lei n. 9.099/95). O STJ vem considerando a ação monitória uma ação autônoma, e não um procedimento, como veremos mais adiante.

2.6 Natureza

Definidos os pressupostos e elementos da ação de locupletamento, resta definir a sua natureza: ela é uma ação cambiária ou é uma ação extracambiária?

Para alguns, a ação de locupletamento é cambiária, por fundar-se no título de crédito[55]. Lorenzo Mossa afirma que "a ação de locupletamento é fundada na cambial e na existência anterior do direito cambiário, que não se transforma, mas simplesmente se reduz e se sujeita a requisitos, condições e a um termo de exercício, todos cambiários"[56].

---

54. STJ, 4ª Turma, REsp 146863/SP, Rel. Min. Ruy Rosado de Aguiar, j. 2-12-1997, *DJ* 16-3-1998, p. 155; STJ, 4ª Turma, REsp 555.308/MG, Rel. Min. Aldir Passarinho Junior, j. 18-9-2007, *DJ* 19-11-2007, p. 230; TJDF, 6ª Turma Cível, 20040710116349APC, Rel. Otávio Augusto, j. 27-2-2008, *DJ* 27-3-2008, p. 53; STJ, 3ª Turma, AgRg no REsp 848.072/MS, Rel. Min. Vasco Della Giustina (Desembargador Convocado do TJRS), j. 9-6-2009, *DJe* 18-6-2009.

55. PONTES DE MIRANDA. *Tratado de direito cambiário*. Campinas: Bookseller, 2000, v. 1, p. 574; ROSA JÚNIOR, Luiz Emygdio da. *Títulos de crédito*. 4. ed. Rio de Janeiro: Renovar, 2006, p. 469; FARIA, Werter R. *Ações cambiárias*. Porto Alegre: Fabris, 1987, p. 185.

56. MOSSA, Lorenzo. *La cambiale secondo la nuova legge*. Milano: Casa Editrice Dottor Francesco Vallardi, 1937, p. 748, tradução livre de "L'azione di arricchimento é fondata sulla cambiale e sull'esistenza anterio-

Para outros, a nosso ver, com razão, a natureza da ação de enriquecimento é extracambiária[57], porquanto o título seria apenas um meio de prova, e não a base da própria ação. Ela se fundamenta numa relação que veio do título, mas não no próprio título. Outrossim, é certo que não se aplicam os princípios da literalidade, da autonomia e da abstração, uma vez que a matéria de defesa é ampla.

Outrossim, é certo que ela só surge depois que se extinguiu a ação cambiária. O próprio texto do Decreto n. 2.044/1908 diz que tal ação surge no caso de desoneração da responsabilidade cambiária, denotando que não há mais uma relação cambiária no título. Ademais, o objeto pretendido não é a soma cambiária, mas a indenização pelo enriquecimento ilícito[58]. Por fim, é certo que não há solidariedade entre os devedores, afastando os postulados essenciais dos títulos de crédito.

2.7 Prescrição

Embora tenha o objetivo de inibir os efeitos do tempo sobre a pretensão de receber um título de crédito, é certo que a ação de locupletamento não representa uma perenização da obrigação. Há também um prazo, dentro do qual a ação poderá ser ajuizada, sob pena de perda da pretensão.

Como todo prazo prescricional, o da ação de locupletamento só se inicia a partir do momento em que for possível ajuizar a ação. Tal ajuizamento tem como primeiro pressuposto a impossibilidade do ajuizamento da ação cambial, logo, só a partir desse momento se iniciará o prazo prescricional. Assim, por se tratar de uma ação subsidiária, é certo que o prazo prescricional só começará quando estiver prescrita a ação cambial, ou quando for perdido o prazo do protesto em um título só com devedores indiretos[59].

Estabelecido o termo inicial, resta saber qual é o prazo prescricional, uma vez que a legislação dos títulos de crédito não o define especificamente. Pontes de Miranda susten-

---

re del diritto cambiário, che non si trasforma, ma semplicemente si reduce e si assoggetta a requisiti, condizioni e ad un termine di esercizio tutti cambiarii".

57. MAGALHÃES, Roberto Barcellos de. *Títulos de crédito*. Rio de Janeiro: Lumen Juris, 1996, p. 89; BULGARELLI, Waldirio. *Títulos de crédito*. 14. ed. São Paulo: Atlas, 1998, p. 620; BONELLI, Gustavo. *Cambiale*. Milano: Casa Editrice Dottore Francesco Vallardi, 1930, p. 651; MARTINS, Fran. *Títulos de crédito*. 5. ed. Rio de Janeiro: Forense, 1995, v. 2, p. 149; COSTA, Wille Duarte. *Títulos de crédito*. Belo Horizonte: Del Rey, 2003, p. 309; ASQUINI, Alberto. *I titoli di credito*. Padova: Cedam, 1966, p. 368; CALLEGARI, Mia et al. *Trattato di diritto commerciale*: I titoli di credito. Padova: Cedam, 2006, v. 7, p. 511; PAVONE LA ROSA, Antonio. *La letra de cambio*. Tradução de por Osvaldo J. Máffia. Buenos Aires: Abeledo Perrot, 1988, p. 648; MAGARINOS TORRES, Antônio. *Nota promissória*. 4. ed. São Paulo: Saraiva, 1935, p. 495; BONFANTI, Mario Alberto; GARRONE, José Alberto. *De los títulos de crédito*. 2. ed. Buenos Aires: Abeledo-Perrot, 1976, p. 716; POLOGNA, Graciela. *Acciones cambiarias e extracambiarias*. Buenos Aires: La Ley, 2006, p. 120.

58. ASQUINI, Alberto. *I titoli di credito*. Padova: Cedam, 1966, p. 368; BONFANTI, Mario Alberto; GARRONE, José Alberto. *De los títulos de crédito*. 2. ed. Buenos Aires: Abeledo-Perrot, 1976, p. 717; POLOGNA, Graciela. *Acciones cambiarias e extracambiarias*. Buenos Aires: La Ley, 2006, p. 123.

59. FARIA, Werter R. *Ações cambiárias*. Porto Alegre: Fabris, 1987, p. 195.

ta que o prazo deveria ser de cinco anos, prazo geral de prescrição da ação cambiária[60], nos termos do Decreto n. 2.044/1908. De modo similar, Luiz Emygdio da Rosa Júnior, Fernando Netto Boiteux e Werter Faria aplicam o prazo de três anos, afirmando que se aplica o prazo geral da LUG para a ação cambial[61], hoje em vigor no Brasil.

Embora concordemos com o prazo de três anos, não aderimos ao fundamento adotado. Por entendermos que não se trata de uma ação cambiária, mas de uma ação civil, acreditamos que o prazo deverá ser verificado no próprio Código Civil (art. 206, § 3º, IV), que fixa em três anos o prazo para a ação de ressarcimento de enriquecimento sem causa[62]. Nesse sentido, o STJ afirmou que: "Considerando que o art. 48 do Decreto n. 2.044/1908 não prevê prazo específico para a ação de locupletamento amparada em letra de câmbio ou nota promissória – diferentemente da Lei do Cheque, cujo art. 61 prescreve o prazo de 2 anos, contados do dia em que se consumar a prescrição da ação executiva –, utiliza-se o prazo de 3 (três) anos previsto no art. 206, § 3º, inciso IV, da lei civil"[63].

Portanto, o credor tem três anos, contados do vencimento, para executar o aceitante. Findo esse prazo, ele terá mais três para ajuizar a ação de locupletamento contra o aceitante, perfazendo um prazo total de seis anos, contados do vencimento.

3 Ação causal

Normalmente, o título de crédito é emitido em razão de determinado negócio jurídico, cuja extinção, em regra, só se dá com o próprio pagamento do título. Em outras palavras, a regra geral é que a simples emissão do título de crédito não extingue a relação jurídica que lhe deu origem (natureza *pro solvendo*). Ora, se o negócio jurídico subjacente subsiste, é certo que ele poderá servir de base para o ajuizamento da ação causal.

A ação causal é aquela que tem por base o negócio jurídico que deu origem ao próprio título ou que permitiu a sua circulação, vale dizer, a causa de pedir dessa ação será o descumprimento desse negócio jurídico. Embora ela tenha o mesmo objetivo da ação cambial (receber o crédito), é certo que ela é uma ação autônoma[64], especialmente pela causa de pedir que lhe é peculiar. "Diversamente, na ação de cobrança, o que se persegue é o cumprimento de uma obrigação decorrente de uma relação jurídica bila-

60. PONTES DE MIRANDA. *Tratado de direito cambiário*. Campinas: Bookseller, 2000, v. 1, p. 573-574.

61. ROSA JÚNIOR, Luiz Emygdio da. *Títulos de crédito*. 4. ed. Rio de Janeiro: Renovar, 2006, p. 470; FARIA, Werter R. *Ações cambiárias*. Porto Alegre: Fabris, 1987, p. 195; BOITEUX, Fernando Netto. *Títulos de crédito*. São Paulo: Dialética, 2002, p. 125.

62. COSTA, Wille Duarte. *Títulos de crédito*. Belo Horizonte: Del Rey, 2003, p. 309; STJ, 4ª Turma, REsp 813293/RN, Rel. Min. Jorge Scartezzini, j. 9-5-2006, *DJ* 29-5-2006, p. 265; DINIZ, Carine Silva; DINIZ, Fernanda Paula. Prescrição dos títulos de crédito e o novo Código Civil. In: FERNANDES, Jean Carlos (Coord.). *Títulos de crédito*: homenagem ao professor Wille Duarte Costa. Belo Horizonte: Del Rey, 2011, p. 66.

63. STJ, 3ª Turma, REsp 1189028/MG, Rel. Min. João Otávio de Noronha, j. 20-2-2014, *DJe* 7-3-2014.

64. PAVONE LA ROSA, Antonio. *La letra de cambio*. Tradução de Osvaldo J. Máffia. Buenos Aires: Abeledo Perrot, 1988, p. 633.

teral, da qual o título de crédito prescrito constitui começo de prova escrita."[65] Essa autonomia vai se refletir nos pressupostos da ação, na legitimidade, no procedimento e nos prazos prescricionais.

3.1 Pressupostos

Na Itália, são exigidos os seguintes pressupostos: (a) o protesto e (b) a restituição do título ao devedor[66]; na Espanha: (a) a falta de pagamento do título; (b) o protesto; e (c) a devolução do título[67].

No Direito argentino, Bonfanti indica os mesmos requisitos do Direito italiano: (a) o bprotesto e (b) a restituição do título ao devedor[68]. Graciela Pologna, por sua vez, aponta três pressupostos: (a) a juntada do título; (b) a sobrevivência da relação jurídica subjacente; (c) a inexistência de perda dos direitos do título[69].

Por seu turno, Ignacio Escuti, também na Argentina, assinala os seguintes pressupostos: (a) que a relação subjacente outorgue algum direito; (b) que autor e réu sejam partes do negócio; (c) que não tenha ocorrido novação com a emissão do título; (d) que o autor tenha cumprido as formalidades necessárias para que o réu possa exercer seus eventuais direitos de regresso; (e) que tenha sido realizado o protesto; (f) que se restitua o título de crédito[70]. Jorge Forastieri, ainda na Argentina, menciona os mesmos pressupostos que Escuti, com exceção da letra *d*[71].

No Brasil, não há, para a letra de câmbio, previsão específica da ação causal e, por isso, não é fácil visualizar quais seriam os seus requisitos. Apesar disso, Werter Faria especifica como pressupostos da ação causal: (a) a existência de uma relação jurídica válida que deu origem ao título de crédito; (b) o protesto do título, quando a ação seja ajuizada contra os devedores indiretos; e (c) restituição do título ao devedor[72].

A nosso ver, pela causa de pedir da ação, vemos os seguintes pressupostos: (a) a subsistência da relação jurídica que deu origem ao título; (b) o não pagamento do título; e (c) a devolução do título ao devedor.

---

65. STJ, 3ª Turma, REsp 1189028/MG, Rel. Min. João Otávio de Noronha, j. 20-2-2014, *DJe* 7-3-2014..

66. CALLEGARI, Mia et al. *Trattato di diritto commerciale*: I titoli di credito. Padova: Cedam, 2006, v. 7, p. 508; ASQUINI, Alberto. *I titoli di credito*. Padova: Cedam, 1966, p. 360-362; PAVONE LA ROSA, Antonio. *La letra de cambio*. Tradução de Osvaldo J. Máffia. Buenos Aires: Abeledo-Perrot, 1988, p. 636-638; DE SEMO, Giorgio. *Trattato di diritto cambiario*. 3. ed. Padova: Cedam, 1963, p. 609-610.

67. BROSETA PONT, Manuel. *Manual de derecho mercantil*. 10. ed. Madrid: Tecnos, 1994, p. 689.

68. BONFANTI, Mario Alberto; GARRONE, José Alberto. *De los títulos de crédito*. 2. ed. Buenos Aires: Abeledo-Perrot, 1976, p. 706-708.

69. POLOGNA, Graciela. *Acciones cambiarias e extracambiarias*. Buenos Aires: La Ley, 2006, p. 116-117.

70. ESCUTI, Ignácio A. *Títulos de crédito*. 5. ed. Buenos Aires: Astrea, 1998, p. 363.

71. FORASTIERI, Jorge A. *Títulos cambiarios*. Buenos Aires: Gowa, 2006, p. 385-386.

72. FARIA, Werter R. *Ações cambiárias*. Porto Alegre: Fabris, 1987, p. 158-159.

O primeiro pressuposto envolve a própria causa de pedir da ação, uma vez que, se o negócio jurídico não mais existir, seja por uma novação, seja pela emissão *pro soluto* do título, não haverá um direito a ser tutelado. Se a base da ação é o negócio jurídico subjacente, é necessário que ele ainda exista, assegurando algum direito ao credor, sob pena de se inviabilizar a pretensão.

Os outros pressupostos visam a resguardar o próprio devedor de pagar duas vezes pela mesma obrigação, prévia ou posteriormente ao ajuizamento da ação causal. Não há sentido em obrigá-lo a pagar o negócio jurídico, se ele já pagou o título. Não se exige aqui, a nosso ver, o protesto, porquanto não há previsão legal para tanto. O não pagamento e a devolução do título são suficientes para resguardar os interesses do devedor.

3.2 Legitimidade

Definidos os pressupostos, fica claro que a legitimidade para a presente ação será definida pelo negócio jurídico subjacente, isto é, as partes do negócio jurídico é que terão legitimidade para a ação. Assim, apenas os sujeitos ligados diretamente pela relação que gerou a emissão ou a circulação do título é que terão a legitimidade para a presente ação[73].

3.3 Objeto

Naturalmente, o objeto da ação causal (de cobrança) será o objeto do negócio jurídico cobrado, isto é, o valor combinado entre as partes que, geralmente, é o valor do próprio título. A princípio, nessa ação, por falta de previsão legal específica, os juros de mora correrão a partir da citação (CC – art. 405). Todavia, havendo previsão na relação contratual entre as partes sobre o termo inicial dos juros moratórios, este prevalecerá, pois trata-se, última análise, de obrigação contratada como positiva e líquida, com vencimento certo, na qual os juros moratórios correm a partir da data do vencimento da dívida. Assim, "o fato de a dívida líquida e com vencimento certo haver sido cobrada por meio de ação monitória não interfere na data de início da fluência dos juros de mora, a qual recai no dia do vencimento, conforme estabelecido pela relação de direito material"[74].

3.4 Prescrição

Em razão da causa de pedir dessa ação, fica claro que seus limites temporais não são aqueles da ação cambial, mas os próprios do negócio jurídico subjacente[75]. O prazo pres-

---

73. POLOGNA, Graciela. *Acciones cambiarias e extracambiarias*. Buenos Aires: La Ley, 2006, p. 117-118; ESCUTI, Ignácio A. *Títulos de crédito*. 5. ed. Buenos Aires: Astrea, 1998, p. 361; BROSETA PONT, Manuel. *Manual de derecho mercantil*. 10. ed. Madrid: Tecnos, 1994, p. 688.

74. STJ, Corte Especial, EREsp 1250382/RS, Rel. Min. Sidnei Beneti, j. 2-4-2014, *DJe* 8-4-2014.

75. ASQUINI, Alberto. *I titoli di credito*. Padova: Cedam, 1966, p. 363.

cricional irá depender do tipo de negócio que deu origem ao título. Não se pode visualizar um prazo genérico para essa ação, como ocorre em alguns julgados que aplicam o art. 206, § 5º, I, do Código Civil[76]. A nosso ver, o prazo da ação causal será sempre definido por cada negócio jurídico[77].

Assim sendo, se o negócio jurídico subjacente for um contrato de prestação de serviços por professores, o prazo prescricional será de cinco anos (CC – art. 206, § 5º, II). Caso seja uma compra e venda, o prazo prescricional será de dez anos (CC – art. 205). Do mesmo modo, o prazo será de um ano se o negócio jurídico for uma hospedagem (CC – art. 206, § 1º, I). De qualquer modo, o prazo prescricional vai se iniciar a partir do momento em que é possível exigir o cumprimento da obrigação subjacente, ou seja, a partir do vencimento do negócio jurídico que deu origem ao título.

3.5 Procedimento

Como vimos, o direito de ajuizar a ação causal nasce com o vencimento da obrigação subjacente ao título. Assim, nada impede que durante certo período coexista a possibilidade de ajuizamento da ação cambial e da ação causal. Nesse período, é possível uma cumulação das duas ações no mesmo processo[78]. No caso de cumulação das ações causal e cambial, o rito poderá ser executivo.

Todavia, nem sempre haverá essa cumulação, especialmente porque, em muitos casos, a possibilidade de ajuizar a ação causal subsiste mesmo depois do prazo prescricional da ação cambial. Nesse sentido, não se poderá seguir o rito executivo, restando para a ação causal o procedimento comum. A depender do valor, poderá ser usado também o procedimento do juizado especial (até 40 salários mínimos – Lei n. 9.099/95).

Mais uma vez, o procedimento da ação monitória não deverá ser usado aqui, na linha do entendimento do STJ, uma vez que para ele se trata de uma ação própria.

4 Ação monitória

A ação monitória representa, a nosso ver, um procedimento especial que poderia ser usado tanto para a ação de locupletamento como para a ação causal. No entanto, julgados do STJ têm reconhecida a ação monitória como uma ação autônoma[79], na ten-

---

76. TJRS, 9ª Câmara Cível, Apelação Cível 70020403457, Rel. Marilene Bonzanini Bernardi, j. 7-5-2008.

77. TJDF, 1ª Turma Cível, 20050110814404APC, Rel. Vera Andrighi, j. 25-4-2007, *DJ* 10-7-2007, p. 101.

78. POLOGNA, Graciela. *Acciones cambiarias e extracambiarias*. Buenos Aires: La Ley, 2006, p. 108; BONFANTI, Mario Alberto; GARRONE, José Alberto. *De los títulos de crédito*. 2. ed. Buenos Aires: Abeledo-Perrot, 1976, p. 709.

79. STJ, 4ª Turma, AgRg no REsp 1104489/RS, Rel. Min. Marco Buzzi, j. 10-6-2014, *DJe* 18-6-2014; STJ, 4ª Turma, REsp 1190037/SP, Rel. Min. Luis Felipe Salomão, j. 6-9-2011, *DJe* 27-9-2011; STJ, 4ª Turma, REsp 926.312/SP, Rel. Min. Luis Felipe Salomão, j. 20-9-2011, *DJe* 17-10-2011.

tativa de receber o valor do título de crédito. Nessa interpretação, seria uma ação diferente, cuja cabimento seria considerado à parte dos outros processos para tentar receber o valor estampado no título.

No processo executivo há uma presunção de que o direito invocado existe, partindo-se desde já para as medidas satisfativas. Não havendo título executivo, mas uma prova escrita, também há uma boa probabilidade de o direito de crédito existir. Nesses casos, tem lugar a ação monitória, cujo objetivo é tentar acelerar a autorização para executar, diante da afirmação pelo credor, que, com base em uma prova escrita, tem o direito de exigir do devedor capaz: I – o pagamento de quantia em dinheiro; II – a entrega de coisa fungível ou infungível ou de bem móvel ou imóvel; III – o adimplemento de obrigação de fazer ou de não fazer.

A base da ação é, portanto, a existência de uma prova escrita. O art. 700 do CPC/2015 fala em prova escrita sem eficácia de título executivo. Todavia, é certo que qualquer prova escrita, executável[80] ou não, serve de fundamento para a monitória, pois, de acordo com o art. 785 do CPC/2015, "a existência de título executivo extrajudicial não impede a parte de optar pelo processo de conhecimento, a fim de obter título executivo judicial". Assim sendo, é possível que os títulos de crédito em geral, com ou sem a consumação da prescrição da execução, sirvam de passe para a ação monitória.

Com um título de crédito em mãos, prova escrita, o credor poderá lançar mão de uma ação monitória para tentar receber o valor constante do título. Para tanto, será necessária uma petição inicial que atenda aos requisitos do art. 319 do CPC/2015, sendo devidamente instruída pela prova escrita. A petição inicial deverá descrever a importância devida, instruindo-a com memória de cálculo, ou, conforme o caso, o valor atual da coisa reclamada; ou o conteúdo patrimonial em discussão ou o proveito econômico perseguido.

Para o STJ, no rito da ação monitória, há uma técnica de inversão do contraditório, o que dispensaria o autor de narrar a *causa debendi* do título. Se o réu quiser, ele é quem deverá trazer a *causa debendi* para a discussão. Não se afastaria a discussão da *causa debendi*, mas tal discussão dependeria da intervenção do réu na ação. Tal orientação é seguida em alguns julgados do TJDF[81] e do TJMG[82]. No âmbito da STJ, a questão restou pacificada em sede de recurso repetitivo, afirmando-se que, "em ação monitória fundada em cheque prescrito, ajuizada em face do emitente, é dispensável menção ao negócio jurídico subjacente à emissão da cártula"[83]. A questão hoje está sumulada pelo STJ no verbete 531: "Em ação monitória fundada em cheque prescrito ajuizada contra o emitente, é dispensável a menção ao negócio jurídico subjacente à emissão da cártula".

---

80. STJ, 3ª Turma, REsp 839.454/MT, Rel. Min. Sidnei Beneti, j. 22-6-2010, *DJe* 1º-7-2010.

81. TJDF, 4ª Turma Cível, 20070110190565APC, Rel. Sérgio Bittencourt, j. 11-6-2008, *DJ* 18-6-2008, p. 66; TJDF, 4ª Turma Cível, 20070110799279APC, Rel. Cruz Macedo, j. 21-11-2007, *DJ* 15-1-2008, p. 748.

82. TJMG, 14ª Câmara Cível, Apelação Cível 1.0112.03.036056-7/001, Rel. Des. Evangelina Castilho Duarte, *DJ* 27-7-2008.

83. STJ, 2ª Seção, REsp 1094571/SP, Rel. Min. Luis Felipe Salomão, j. 4-2-2013, *DJe* 14-2-2013.

Como não há regra especial, a competência será do juízo do foro do domicílio do réu[84] (CPC/2015 – art. 46). Sendo incerto ou desconhecido o domicílio do réu, ele poderá ser demandado onde for encontrado ou no foro de domicílio do autor.

O objeto dessa ação será o valor da dívida corrigida, acrescida de juros de mora por ser o caso de obrigação com vencimento estabelecido entre as partes. O STJ afirmou que "o fato de a dívida líquida e com vencimento certo haver sido cobrada por meio de ação monitória não interfere na data de início da fluência dos juros de mora, a qual recai no dia do vencimento, conforme estabelecido pela relação de direito material"[85].

Com ou sem a declinação da *causa debendi*, caberá ao juiz proferir decisão, recebendo ou não a petição inicial. Havendo dúvidas quanto à idoneidade da prova documental, o juiz deverá conceder ao autor do feito a oportunidade de emendar a petição inicial, convertendo o procedimento em procedimento comum. Havendo a prova escrita idônea, o juiz deverá proferir decisão que "deferirá a expedição de mandado de pagamento, de entrega de coisa ou para execução de obrigação de fazer ou de não fazer, concedendo ao réu prazo de 15 (quinze) dias para o cumprimento e o pagamento de honorários advocatícios de cinco por cento do valor atribuído à causa" (CPC/2015 – art. 701). Nessa decisão inicial, o juiz deve, em cognição não exauriente, verificar tão somente a existência e a idoneidade da prova escrita, não entrando no mérito da obrigação.

Proferida a decisão, será expedido mandado para citação do réu para pagar ou apresentar embargos no prazo de 15 dias.

Se o réu pagar, ele fica isento do ressarcimento de custas, mas tem, no regime do CPC/2015, a obrigação do pagamento dos honorários. No mesmo prazo de 15 dias, o réu também poderá requerer o parcelamento a que se refere o art. 916 do CPC/2015. Nesse caso, o devedor, reconhecendo o crédito do autor e comprovando o depósito de 30% do valor em execução, acrescido de custas e de honorários de advogado, poderá requerer que lhe seja permitido pagar o restante em até 6 (seis) parcelas mensais, acrescidas de correção monetária e de juros de 1% ao mês. O autor será ouvido sobre a proposta e o juiz decidirá.

Não havendo pagamento, o réu poderá apresentar embargos à monitória, nos próprios autos da monitória, podendo alegar qualquer matéria passível de alegação como defesa no procedimento comum. Recebidos os embargos, o embargado será intimado e não citado para impugnar no prazo de 15 dias, procedendo-se pelo rito comum. Caso a alegação seja de que o valor devido é inferior ao valor cobrado, caberá ao réu declarar de imediato o valor que entende correto, apresentando demonstrativo discriminado e atualizado da dívida. A critério do juiz, os embargos serão autuados em apartado, se parciais, constituindo-se de pleno direito o título executivo judicial em relação à parcela incontroversa (CPC/2015 – art. 702, § 7º)

84. STJ, 4ª Turma, AgRg no AREsp 253.428/RS, Rel. Min. Luis Felipe Salomão, j. 28-5-2013, *DJe* 3-6-2013.

85. STJ, Corte Especial, EREsp 1342873/RS, Rel. Min. Benedito Gonçalves, j. 16-12-2015, *DJe* 18-12-2015.

Em caso de não haver pagamento, nem apresentação dos embargos no prazo, constitui-se de pleno direito a decisão judicial em título executivo judicial, passando-se aos atos satisfativos, pelo procedimento do cumprimento de sentença. Diante disso, a decisão judicial que determinou a expedição do mandado está sujeita a ação rescisória. Se os embargos forem rejeitados, constitui-se, também, de pleno direito o título executivo judicial, prosseguindo o feito como cumprimento de sentença.

O STJ reconheceu que há um prazo genérico de cinco anos (CC – art. 206, § 5º, I) contados do primeiro dia útil seguinte ao vencimento do título, sem eficácia executiva, para o ajuizamento da ação monitória. A Súmula 504 do STJ tem o seguinte teor: "O prazo para ajuizamento de ação monitória em face do emitente de nota promissória sem força executiva é quinquenal, a contar do dia seguinte ao vencimento do título". Essa orientação tem caráter vinculativo por advir de recurso especial repetitivo[86].

86. STJ, 2ª Seção, REsp 1262056/SP, Rel. Min. Luis Felipe Salomão, j. 11-12-2013, *DJe* 3-2-2014.

13 INSTITUTOS COMPLEMENTARES

1 Multiplicação da letra de câmbio

Pelo princípio da cartularidade ou incorporação, compete ao credor apresentar o título original para exercer os direitos dele decorrentes. Sem o título original, o credor não poderá, a princípio, exercer os direitos ali incorporados. Em razão disso, há que se ter um grande cuidado em relação ao documento original, evitando sua perda ou sua destruição.

Ocorre que, no passado, havia necessidade de remeter o título para outras localidades, aumentando o risco de extravio ou destruição do título. Para evitar esses problemas com o título original, nossa legislação admite a multiplicação da letra de câmbio, protegendo o documento original dos maiores riscos de extravio ou destruição. Atualmente, no Brasil, são duas as modalidades admitidas para a multiplicação da letra: a duplicata e a cópia.

1.1 Duplicata

Uma das formas de proteção do credor contra os riscos de extravio e destruição do título é a emissão da letra em várias vias, que reproduzem o original, daí falar em duplicata da letra de câmbio, que não se confunde com a duplicata, título de crédito próprio regido pela Lei n. 5.474/68. Nesse caso, se o título se perder, o credor terá outra via do documento suficiente para fazer valer os seus direitos[1].

A extração do título em várias vias deverá ser realizada pelo sacador, uma vez que foi ele que criou o título. Tais vias serão fornecidas espontaneamente ou a pedido do próprio beneficiário[2], que tem direito a requerer a extração das duplicatas até o vencimento do título[3]. No caso de endossatário, ele deverá recorrer ao seu endossante imediato e sucessivamente até se chegar ao sacador. Não haverá, contudo, a obrigação de

---

1. ASQUINI, Alberto. *I titoli di credito*. Padova: Cedam, 1966, p. 335.

2. DE SEMO, Giorgio. *Trattato di diritto cambiario*. 3. ed. Padova: Cedam, 1963, p. 358.

3. WHITAKER, José Maria. *Letra de câmbio*. São Paulo: Saraiva, 1928, p. 170; ASQUINI, Alberto. *I titoli di credito*. Padova: Cedam, 1966, p. 332; SARAIVA, José A. *A cambial*. Rio de Janeiro: José Konfino, 1947, v. 2, p. 16.

emitir o título em várias vias, se o título expressamente mencionar tratar-se de uma única via.

Sendo possível a pluralidade de exemplares, cada um deverá reproduzir fielmente o título original, porém cada exemplar (segunda via, terceira via...) deverá ser identificado por um número de ordem (LUG – art. 64), sob pena de cada um ser considerado um título distinto. Havendo a devida identificação de cada exemplar, todos eles valerão por um único título[4].

Nas diversas vias, os endossantes e o sacador devem repetir sua assinatura, indicando-se, no entanto, que são diversas vias. Em todo caso, eles responderão apenas uma vez, porquanto se trata de um único título. Todavia, caso os endossantes transfiram as vias para pessoas diferentes, terão responsabilidade por cada uma das vias transferidas, na medida em que desvirtuaram a unidade do título.

O sacado não assina como aceitante todas as vias, mas apenas uma (LUG – art. 65), sob pena de ficar responsável pelo pagamento de cada uma delas. Por se tratar do devedor principal do título, preferiu-se impedir mais de uma assinatura, a fim de não confundir os terceiros de boa-fé. Em apenas uma das vias, deverá constar a obrigação do aceitante, de modo que apenas o titular dessa via possa exigir o pagamento do devedor principal. Ademais, a admissão das duplicatas está relacionada diretamente à remessa do título para aceite e, por isso, uma vez dado o aceite, não há mais tanta necessidade da duplicata[5].

Havendo a emissão regular da duplicata, todos os atos cambiários podem ser nela realizados. Assim, as duplicatas podem ser objeto de endosso, de aval, de protesto e de ação cambial, cumprindo o papel normal do título. Além disso, o pagamento de uma das vias tem efeito liberatório das demais, ainda que não seja expressamente mencionado. Apenas o aceitante deverá ter o cuidado de pagar contra a apresentação da via com o aceite, dada a sua condição de devedor principal do título.

1.2 Cópia

Além da emissão da duplicata, que depende da intervenção dos devedores do título, o próprio beneficiário pode extrair cópias do título (LUG – art. 67). Estas deverão reproduzir tudo o que consta do título, com todas as menções ali realizadas. Embora, na origem, não houvesse esse mecanismo, acreditamos que a extração de cópia pode se dar inclusive por meio de uma fotocópia. Em todo caso, deverá haver a indicação de quem está com o original.

Elas servem para a realização de endosso e aval no título. No original, pode até constar a declaração de que de agora em diante o endosso será feito apenas na cópia

---

4. SARAIVA, José A. *A cambial*. Rio de Janeiro: José Konfino, 1947, v. 2, p. 12; ASQUINI, Alberto. *I titoli di credito*. Padova: Cedam, 1966, p. 333; WHITAKER, José Maria. *Letra de câmbio*. São Paulo: Saraiva, 1928, p. 173.

5. WHITAKER, José Maria. *Letra de câmbio*. São Paulo: Saraiva, 1928, p. 169.

(cláusula cassatória)[6]. De qualquer forma, o endossatário final terá o direito de receber o original de quem o guardou.

Apesar de servir para a realização de endosso e aval, a cópia não serve para o protesto, para a ação cambial ou mesmo para exigir o pagamento da obrigação. O pagamento feito contra apresentação apenas da cópia não tem o condão de liberar o devedor. Nesse caso, se o portador do original exigir o pagamento, ele terá que pagar de novo. Pela limitação do seu uso, vê-se que a cópia, introduzida no Brasil pela LUG, servirá essencialmente como meio de prova da existência do título, nos casos de extravio ou destruição.

2 Ação de anulação e substituição da letra de câmbio

Com ou sem a multiplicação da letra, é possível que ocorra o extravio ou a destruição do documento. Havendo uma segunda via do título (duplicata), o credor poderá exercer os direitos incorporados ao documento, com base nessa segunda via. Ocorre que nem sempre existe a duplicata e na nota promissória, por exemplo, ela sequer é admitida. Assim sendo, o credor, para se resguardar contra eventuais problemas, deverá promover a ação de anulação e substituição do título, também chamada de ação de amortização[7].

Pela incorporação do direito ao documento, sua perda ou destruição acabaria extinguindo o próprio direito do credor. Todavia, o valor do título não está na sua materialidade, mas sim no direito que ele assegura e, por isso, "a imaterialidade deste direito livra-a das contingências de coisas perecíveis"[8]. Para tanto, a legislação garante a possibilidade de anulação e substituição do título de crédito nos casos de extravio (perda involuntária) ou destruição.

Tal medida tem dupla finalidade: tutelar os direitos do credor desapossado e reconstituir sua legitimação para o exercício do direito creditório[9]. Nessa ação, o portador do título extraviado ou destruído vai buscar o seu cancelamento, bem como um provimento judicial que lhe garanta o exercício do direito que estava incorporado ao documento[10].

Trata-se de uma mitigação ao princípio da cartularidade, uma vez que vai permitir o exercício dos direitos sem a apresentação do próprio título. Nesse caso, o regime excepcional se justifica pela proteção ao credor de boa-fé que teve problemas com o título.

Tal ação será ajuizada no foro do local do pagamento, tendo legitimidade ativa, para tanto, o legítimo portador. Ele, contudo, deverá provar a propriedade e o extravio ou

---

6. ROSA JÚNIOR, Luiz Emygdio da. *Títulos de crédito.* 4. ed. Rio de Janeiro: Renovar, 2006, p. 432.

7. CALLEGARI, Mia et al. *Trattato di diritto commerciale*: I titoli di credito. Padova: Cedam, 2006, v. 7, p. 515; ROSA JÚNIOR, Luiz Emygdio da. *Títulos de crédito.* 4. ed. Rio de Janeiro: Renovar, 2006, p. 472; PONTES DE MIRANDA. *Tratado de direito cambiário.* Campinas: Bookseller, 2000, v. 1, p. 595.

8. WHITAKER, José Maria. *Letra de câmbio.* São Paulo: Saraiva, 1928, p. 169, p. 222.

9. FARIA, Werter R. *Ações cambiárias.* Porto Alegre: Fabris, 1987, p. 97.

10. CALLEGARI, Mia et al. *Trattato di diritto commerciale*: I titoli di credito. Padova: Cedam, 2006, v. 7, p. 515.

destruição do documento. Tal prova normalmente é feita com uma cópia do título, na qual o autor da ação de anulação conste como o credor do direito ali mencionado. No entanto, qualquer prova é admissível, inclusive a testemunhal, não importando o valor do crédito[11].

Em qualquer situação, o portador deve dar imediato aviso ao sacado ou ao aceitante, bem como aos demais coobrigados, sobre o extravio ou destruição do título. Em juízo, no caso de extravio do título, será requerida a intimação dos obrigados para não pagarem a aludida letra e a citação do detentor para apresentá-la em juízo no prazo de três meses. Ocorrendo a destruição, não sendo o detentor conhecido, será requerida a citação dos coobrigados para em três meses contestarem, podendo alegar apenas vício formal no título, ou falta de requisito para a ação cambial.

Tais citações e intimações serão feitas em jornal de grande circulação e na imprensa oficial, iniciando-se o prazo a partir do vencimento do título, ou da publicação, o que ocorrer por último. Assim, a ação poderá até ser ajuizada antes do vencimento do título, mas só poderá ser concluída após tal data[12]. Durante o curso do processo, munido da certidão do requerimento e do despacho favorável do juiz, fica o proprietário autorizado a praticar todos os atos necessários à garantia do seu direito creditório.

Apresentada a letra em juízo, ou oferecida a contestação pelos coobrigados, o juiz julgará prejudicado o pedido de anulação da letra, deixando, salvo à parte, o recurso aos meios ordinários. Também será julgado prejudicado o pedido se o autor não justificar devidamente a propriedade e a destruição ou extravio do título.

Não havendo a entrega do título ou contestação no prazo, o juiz proferirá sentença na qual anulará o título, extraviado ou destruído, e o substituirá pela sentença. Esta vai legitimar o autor para o exercício dos direitos de crédito contra todos os devedores do título, mas não será circulável como era o título de crédito[13]. De qualquer modo, entendemos que tal sentença poderá ser executada como um título extrajudicial, uma vez que apenas substitui o título extraviado ou destruído[14]. Corroborando tal interpretação, é certo que a coisa julgada, na ação de anulação, limita-se à legitimação do portador, não abrangendo a própria existência do direito de crédito[15].

Por fim, vale a pena ressaltar que a ação de anulação e substituição da letra de câmbio não se confunde com a ação de anulação de títulos ao portador prevista no CPC/73[16]. Esta se limitava aos títulos ao portador; já a ação de amortização diz respei-

---

11. WHITAKER, José Maria. *Letra de câmbio*. São Paulo: Saraiva, 1928, p. 169 e 226.

12. Idem, p. 169 e 227.

13. PONTES DE MIRANDA. *Tratado de direito cambiário*. Campinas: Bookseller, 2000, v. 1, p. 610.

14. BONFANTI, Mario Alberto; GARRONE, José Alberto. *De los títulos de crédito*. 2. ed. Buenos Aires: Abeledo-Perrot, 1976, p. 775.

15. FARIA, Werter R. *Ações cambiárias*. Porto Alegre: Fabris, 1987, p. 101; WHITAKER, José Maria. *Letra de câmbio*. São Paulo: Saraiva, 1928, p. 169, p. 231.

16. ROSA JÚNIOR, Luiz Emygdio da. *Títulos de crédito*. 4. ed. Rio de Janeiro: Renovar, 2006, p. 472; PONTES DE MIRANDA. *Tratado de direito cambiário*. Campinas: Bookseller, 2000, v. 1, p. 606.

to à letra de câmbio e à nota promissória. Entretanto, o objetivo do procedimento do antigo CPC, não repetido no CPC/2015, é compelir o emitente a lavrar outro título, não havendo a substituição do título pela sentença, como existe no art. 36 do Decreto n. 2.044/1908.

3 Intervenção

Em um título de crédito, certos atos, como o aval, podem ser praticados por qualquer pessoa. Outros atos, como o endosso, só podem ser praticados por determinado sujeito, o beneficiário. Além disso, temos certos atos nos quais há um sujeito inicialmente indicado para a sua realização, porém o ato também poderá ser praticado por outras pessoas. Assim, o aceite e o pagamento devem ser dados a princípio pelo sacado ou pelo aceitante, no entanto admite-se que tais atos sejam praticados por outras pessoas. Nesses casos, estamos diante do instituto da intervenção.

3.1 Aceite por intervenção

Na letra de câmbio, o sujeito que tem, a princípio, a legitimidade para dar o aceite é o sacado. Este, porém, não tem a obrigação de dar o aceite, isto é, ele escolhe se vai dar ou não o aceite. Caso dê o aceite, ele se tornará o devedor principal do título. Caso ele recuse, haverá o vencimento antecipado da obrigação, salvo se houver a cláusula não aceitável, ou se houver o aceite por intervenção.

Mesmo que o sacado não aceite, terceiro (qualquer um que não seja o aceitante)[17] pode fazer uma intervenção para aceitar a letra. Para que tal intervenção ocorra, é essencial que a letra seja aceitável e que o portador tenha direito de ação contra os obrigados indiretos[18], antes do vencimento. Em outras palavras, para haver a intervenção, não deve existir a cláusula não aceitável e o credor deve ter a possibilidade de cobrar o título antecipadamente.

Para Wille Duarte Costa, a intervenção deveria ser feita no momento do protesto, uma vez que depois disso o portador já poderia exercer a ação contra os devedores indiretos[19]. Por sua vez, Fran Martins e Luiz Emygdio da Rosa Júnior afirmam, a nosso ver com razão, que o aceite por intervenção só pode ocorrer depois do protesto, uma vez que só a partir desse momento seria possível a cobrança antecipada do título[20]. Ora, é só com o protesto que poderá ser feita a cobrança antecipada e, além disso, nada impede que

---

17. BORGES, João Eunápio. *Títulos de crédito*. 2. ed. Rio de Janeiro: Forense, 1977, p. 67.

18. MARTINS, Fran. *Títulos de crédito*. 5. ed. Rio de Janeiro: Forense, 1995, v. 1, p. 334; ROSA JÚNIOR, Luiz Emygdio da. *Títulos de crédito*. 4. ed. Rio de Janeiro: Renovar, 2006, p. 209.

19. COSTA, Wille Duarte. *Títulos de crédito*. Belo Horizonte: Del Rey, 2003, p. 171.

20. ROSA JÚNIOR, Luiz Emygdio da. *Títulos de crédito*. 4. ed. Rio de Janeiro: Renovar, 2006, p. 209.

mesmo depois do protesto o credor não efetue essa cobrança, o que poderá ser imposto com o aceite por intervenção.

A intervenção pode ser por necessidade ou indicada, quando há a designação da pessoa do interveniente, que deve ter o mesmo domicílio do local de pagamento, por algum dos devedores indiretos. Nesse caso, o portador não pode recusar o aceite por intervenção, devendo comprovar também a recusa do aceite pelo interveniente, para poder agir contra os devedores indiretos.

De outro lado, temos a intervenção espontânea que não está prevista no título. Nesse caso, o portador pode concordar ou não com o aceite por intervenção. Caso concorde, perde o direito de ação, antes do vencimento, contra aquele por quem a aceitação foi dada e contra os responsáveis posteriores[21].

Em qualquer uma das espécies, a função do aceite por intervenção é impedir a cobrança antecipada do título, em troca de mais um responsável pelo pagamento do título. Não sendo uma intervenção necessária, o portador terá o direito de optar entre a cobrança antecipada ou mais um responsável pelo pagamento do título. Se houver uma confiança muito grande na pessoa interveniente, pode ser interessante ao portador aguardar o vencimento do título, podendo exigir de mais esse devedor. Apesar disso, não há como negar que tal instituto caiu em completo desuso.

O aceitante por intervenção deve indicar em honra de quem é feito o aceite, sob pena de se considerar que o foi por honra do sacador. A identificação desse sujeito, por honra de quem o aceite foi dado, é essencial para saber a obrigação assumida pelo interveniente, pois ele ficará obrigado para com o portador e para com os devedores posteriores àquele por honra de quem foi dado o aceite. Ele não ocupará a mesma posição do aceitante do título, uma vez que só terá responsabilidade em relação ao portador do título e aos obrigados posteriores àquele por honra de quem foi feita a intervenção.

Apesar dessa posição do interveniente no título, Wille Duarte Costa[22] afirma que ele assumirá a condição de devedor principal, não podendo exercer o direito de regresso contra ninguém. Ousamos discordar desse entendimento. Diante da limitação da sua responsabilidade, fica claro que o interveniente funcionará como uma espécie de avalista daquele por honra de quem o aceite foi dado, com o acréscimo de impedir a cobrança antecipada. Nessa condição, quem dá o aceite por intervenção não se torna o devedor principal do título, mas um devedor indireto[23], como todos os deveres e direitos inerentes a tal condição.

---

21. REQUIÃO, Rubens. *Curso de direito comercial*. 21. ed. São Paulo: Saraiva, 1998, v. 2, p. 375.

22. COSTA, Wille Duarte. *Títulos de crédito*. Belo Horizonte: Del Rey, 2003, p. 173.

23. DE SEMO, Giorgio. *Trattato di diritto cambiario*. 3. ed. Padova: Cedam, 1963, p. 391; ROSA JÚNIOR, Luiz Emygdio da. *Títulos de crédito*. 4. ed. Rio de Janeiro: Renovar, 2006, p. 213; ASQUINI, Alberto. *I titoli di credito*. Padova: Cedam, 1966, p. 322; PAVONE LA ROSA, Antonio. *La letra de cambio*. Tradução de Osvaldo J. Máffia. Buenos Aires: Abeledo-Perrot, 1988, p. 207-208; BONELLI, Gustavo. *Cambiale*. Milano: Casa Editrice Dottore Francesco Vallardi, 1930, p. 322.

3.2 Pagamento por intervenção

Assim como o aceite, o pagamento é um ato que, a princípio, deverá ser efetuado por determinado sujeito, o sacado ou o aceitante. Todavia, mais uma vez, esse ato (pagamento) poderá ser efetuado por um terceiro que intervém no título. Assim, além do aceite por intervenção, temos o pagamento por intervenção.

Antes do vencimento ou até o último dia seguinte ao prazo do protesto por falta de pagamento, ou seja, até dois dias úteis após o vencimento, terceiro poderá intervir e efetuar o pagamento da letra de câmbio (LUG – art. 59). Esse terceiro poderá ser qualquer pessoa, mesmo alguém já obrigado no título, desde que não se trate do aceitante ou de seu avalista. O nome desse terceiro já pode estar previsto no título (intervenção por necessidade) ou não (intervenção espontânea).

Ao efetuar o pagamento, o interveniente deverá indicar por honra de quem o pagamento está sendo efetuado. Não se apontando o beneficiário da intervenção, ela se presume em favor do sacador. Tal definição mais uma vez é importante para saber a posição que o interveniente ocupará no título, uma vez que ele poderá acionar aquele em honra de quem interveio, bem como seus garantes (LUG – art. 63). Os devedores posteriores àquele por honra de quem o pagamento foi efetuado ficam liberados.

Fran Martins, João Eunápio Borges e Waldirio Bulgarelli[24] admitem a intervenção em favor do aceitante, entendendo que na ausência de indicação a intervenção ocorre em favor dele, pois, nos termos do art. 63 da LUG, entre várias intervenções oferecidas, deve-se preferir a que liberar um número maior de obrigados. No entanto, a nosso ver com razão, Giorgio de Semo, Pontes de Miranda e Luiz Emygdio da Rosa Júnior afirmam que o pagamento por intervenção só poderá ser feito por um devedor indireto[25], vale dizer, não podem ser beneficiários o sacado (que não é devedor) e o aceitante (que é devedor direto).

Ora, o texto original da LUG previa o pagamento por intervenção no caso de existência de uma ação de regresso (contra devedores indiretos), texto que acabou sendo incorretamente traduzido no Brasil como simples direito de ação. Outrossim, a finalidade do pagamento por intervenção é proteger os devedores indiretos da eventual cobrança[26], e não o devedor principal, cuja cobrança é natural. Por isso, entendemos que a intervenção só pode ser feita por honra de um devedor indireto.

Independentemente do tipo de intervenção ou de por quem ela seja feita, o pagamento deve abranger a totalidade da dívida, inclusive as despesas de protesto, sob pena

---

24. BULGARELLI, Waldirio. *Títulos de crédito.* 14. ed. São Paulo: Atlas, 1998, p. 185; MARTINS, Fran. *Títulos de crédito.* 5. ed. Rio de Janeiro: Forense, 1995,v. 1, p. 343; BORGES, João Eunápio. *Títulos de crédito.* 2. ed. Rio de Janeiro: Forense, 1977, p. 106.

25. DE SEMO, Giorgio. *Trattato di diritto cambiario*. 3. ed. Padova: Cedam, 1963, p. 553; PONTES DE MIRANDA. *Tratado de direito cambiário.* Campinas: Bookseller, 2000,v. 1, p. 392; ROSA JÚNIOR, Luiz Emygdio da. *Títulos de crédito.* 4. ed. Rio de Janeiro: Renovar, 2006, p. 371.

26. BONFANTI, Mario Alberto; GARRONE, José Alberto. *De los títulos de crédito*. 2. ed. Buenos Aires: Abeledo-Perrot, 1976, p. 737.

de poder ser recusada pelo portador. O pagamento total por intervenção não pode ser recusado, sob pena de se perder o direito contra os obrigados cambiários que ficariam desonerados pelo pagamento por intervenção (LUG – art. 61).

4 Ressaque

Os devedores indiretos, inclusive o interveniente, que efetuam o pagamento do título de crédito, normalmente adquirem o direito de regresso contra o devedor principal e contra os devedores indiretos que vieram antes dele. Normalmente, tal direito é exercido pelo ajuizamento de uma nova ação cambial para receber o valor pago. A par dessa forma judicial de exercício do direito de regresso, temos também uma forma extrajudicial de exercício do direito de regresso, a saber: o ressaque[27].

Como meio de cobrança que é, o ressaque só poderá ser feito após o vencimento e antes da prescrição da obrigação[28]. Qualquer pessoa legitimada na letra, que possua ação de regresso, pode fazer o ressaque, isto é, emitir uma nova letra sacada contra um dos devedores indiretos, passando a se falar em ressacado e ressacador. O titular do direito de regresso (aquele devedor que pagou o título original) será o ressacador que dará uma ordem ao ressacado (algum devedor indireto do título original), para que ele pague determinada quantia a um beneficiário indicado no novo título.

Em vez de se exigir o pagamento do título original, emite-se uma nova letra de câmbio para fazer valer aquele crédito, sem que haja uma novação[29]. Tal prática caiu em desuso, mas tem sua explicação mais uma vez na distância entre os sujeitos. Caso o devedor de regresso residisse em uma localidade diversa da do pagamento, era difícil promover a ação de regresso contra ele. Por isso, preferia-se emitir um novo título para que ele pagasse no seu próprio domicílio[30], a alguém a quem se transferisse o crédito original, por meio da nova letra de câmbio.

A nova letra deve ser sempre à vista, uma vez que visa ao pagamento de uma obrigação originalmente já vencida. Além disso, o ressacado do novo título deverá ser um e apenas um dos devedores indiretos[31], ao contrário da ação cambial, que poderá ser dirigida contra um, alguns ou todos os indiretos.

No novo título, o ressacado, mesmo que não dê o aceite, já é devedor, porquanto sua obrigação deriva do título original. Ao assinar o título original, que deve estar vencido, não pago e devidamente protestado, ele se tornou devedor daquela obrigação. Assim, mesmo que ele não assine o título novo, sua obrigação já existe[32].

---

27. DE SEMO, Giorgio. *Trattato di diritto cambiario*. 3. ed. Padova: Cedam, 1963, p. 582.

28. WHITAKER, José Maria. *Letra de câmbio*. São Paulo: Saraiva, 1928, p. 235.

29. DE SEMO, Giorgio. *Trattato di diritto cambiario*. 3. ed. Padova: Cedam, 1963, p. 587.

30. WHITAKER, José Maria. *Letra de câmbio*. São Paulo: Saraiva, 1928, p. 233.

31. SARAIVA, José A. *A cambial*. Rio de Janeiro: José Konfino, 1947, v. 2, p. 277.

32. WHITAKER, José Maria. *Letra de câmbio*. São Paulo: Saraiva, 1928, p. 233.

Com a letra ressacada, devem ser apresentadas a letra originária protestada[33] e a conta de retorno que especifica as despesas que se acrescem ao montante original. Para Requião, não precisa apresentar a letra original[34], contudo acreditamos ser essencial a apresentação do título original até para verificar a legitimidade dos sujeitos no novo título.

O ressaque pode ser proibido na emissão da letra, pela cláusula sem retorno. Caso seja proibido por endossante ou avalista, só produzirá efeitos em relação à sua pessoa.

---

33. ROSA JÚNIOR, Luiz Emygdio da. *Títulos de crédito*. 4. ed. Rio de Janeiro: Renovar, 2006, p. 370; BOITEUX, Fernando Netto. *Títulos de crédito*. São Paulo: Dialética, 2002, p. 113; WHITAKER, José Maria. *Letra de câmbio*. São Paulo: Saraiva, 1928, p. 232; SARAIVA, José A. *A cambial*. Rio de Janeiro: José Konfino, 1947, v. 2, p. 278.

34. REQUIÃO, Rubens. *Curso de direito comercial*. 21. ed. São Paulo: Saraiva, 1998, v. 2, p. 403.

14 NOTA PROMISSÓRIA

1 Noções gerais

A nota promissória é uma promessa de pagamento, isto é, "um compromisso escrito e solene, pelo qual alguém se obriga a pagar a outrem certa soma de dinheiro"[1]. Trata-se de uma promessa direta[2] do devedor ao credor e, nisso, se apresenta sua principal diferença em relação à letra de câmbio. Na nota promissória, quem cria o título assume o compromisso de pagar diretamente a obrigação que está ali incorporada, não dando qualquer ordem a terceiro.

A nota promissória serve para representar operações típicas de crédito, nas quais é concedido um prazo para pagamento. Hoje em dia, é bem frequente a emissão de notas promissórias em aquisições de imóveis ou de veículos, em prestações. Em todos esses casos, a nota promissória representa a promessa do devedor de honrar a sua obrigação, tendo como vantagem a possibilidade do uso de todos os institutos cambiais, especialmente o endosso e o aval.

Nela intervêm necessariamente dois sujeitos: o emitente ou promitente e o beneficiário ou tomador. O primeiro é aquele que assume o compromisso de pagar certa quantia, é o devedor principal do título. Já o beneficiário é aquele a quem se deve pagar, isto é, o credor da promessa de pagamento.

A	B
Emitente	Beneficiário

2 Requisitos

Como em todo título, um documento só poderá ser considerado uma nota promissória se contiver os requisitos impostos pela legislação (LUG – art. 75). Tais requisitos, contudo, não são impostos desde a criação do título. Até o momento do recebimento do crédito, os requisitos poderão ser preenchidos, inclusive pelo credor de boa-fé. Nesse momento, se estiver ausente algum dos requisitos, o documento não

1. MAGARINOS TORRES, Antônio. *Nota promissória*. 4. ed. São Paulo: Saraiva, 1935, p. 1.
2. PONTES DE MIRANDA. *Tratado de direito cambiário*. Campinas: Bookseller, 2000, v. 2, p. 35.

valerá como título de crédito. Não será nulo o título, mas ele não terá o mesmo valor de um título de crédito.

Assim como a letra de câmbio, a nota promissória possui requisitos essenciais e requisitos supríveis.

2.1 Requisitos essenciais

Os requisitos essenciais são insubstituíveis. A ausência de qualquer um deles gera a perda do valor do documento como nota promissória. Em relação a eles, não há possibilidade de substituição por outro requisito. São requisitos essenciais da nota promissória:

- a denominação *nota promissória*;
- a promessa de pagar determinada quantia;
- o nome do beneficiário;
- a data de emissão;
- a assinatura do emitente.

O primeiro requisito essencial, comum a todo título, é a identificação do nome do título, chamada de cláusula cambial. Assim, para a nota promissória é essencial que o documento possua a denominação *nota promissória*. Como houve reserva ao texto da LUG, prevalece o texto da lei brasileira (Decreto n. 2.044/1908) que afirma que pode constar a denominação *Nota Promissória* ou termo correspondente, na língua em que for emitida.

O segundo requisito essencial é a promessa pura e simples de pagar uma quantia determinada. Essa é a essência desse título, vale dizer, em toda nota promissória deve haver uma promessa de pagamento, o emitente deve prometer ao beneficiário pagar determinada quantia no vencimento. Deve se tratar de uma promessa pura e simples, isto é, sem condições ou encargos. Além disso, deve prever o valor certo a ser pago que, excepcionalmente, poderá ser até em moeda estrangeira, nos casos do Decreto-lei n. 857/69.

O terceiro requisito essencial é o nome da pessoa a quem ou à ordem de quem deve ser paga. Nossa legislação não admite a nota promissória ao portador e, nessa condição, é essencial identificar o credor originário que poderá receber a promessa, ou transferir o direito de receber a referida promessa.

Outro requisito essencial é a indicação da data em que a nota promissória foi emitida. Tal requisito é fundamental para aferir a capacidade do emitente no momento em que assumiu sua obrigação, bem como para a contagem de certos prazos, como o vencimento, nos casos de títulos com vencimento a certo termo da data.

Por fim, o último requisito essencial é a assinatura do emitente, que representa a declaração da vontade no sentido da promessa de pagamento. Essa é a única vontade primordial para o nascimento da nota promissória, vale dizer, sem a assinatura do emitente, o título não existe. No Brasil, tal assinatura poderá ser de próprio punho ou por meio de procurador com poderes especiais.

2.2 Requisitos supríveis

A par dos essenciais, existem requisitos que podem ser supridos por outras indicações. Não são requisitos completamente dispensáveis, mas apenas requisitos que admitem o suprimento por outra indicação. Em outras palavras, há uma alternativa no caso dos requisitos supríveis.

O primeiro requisito suprível é o local de emissão. Nesse caso, a LUG admite o suprimento por um local indicado ao lado do nome do emitente, normalmente o seu endereço. A LUG presume que, se a nota promissória não trouxer indicação do lugar onde foi passada, este deverá ter sido o local designado ao lado do nome do emitente. Deve haver ao menos uma das duas indicações, ou o local de emissão ou o local próximo ao nome do emitente. Não havendo nenhuma das duas, o documento não vale como título de crédito.

O outro requisito suprível é o local de pagamento, onde o emitente deve honrar a promessa que foi feita. Na falta de indicação desse lugar, considera-se aquele onde o título foi passado, o qual também será considerado o lugar do domicílio do subscritor. Em última análise, trata-se de um requisito dispensável, uma vez que poderá ser suprido pelo local de emissão, que também é um requisito do título.

Não citamos o vencimento como requisito essencial, nem como suprível, porquanto ele é completamente dispensável. A LUG (art. 76) afirma que, se a nota promissória não indicar o vencimento, ela deverá ser considerada à vista.

3 Regime legal

Apesar de ser diferente da letra de câmbio, a nota promissória vem sendo tratada sempre com a letra. Em razão disso, não existe um regime legal específico para a nota promissória, isto é, à nota promissória aplicam-se os dispositivos relativos à letra de câmbio. Em outras palavras, a nota promissória possui o mesmo regime legal da letra de câmbio, com apenas quatro peculiaridades, em razão da própria diferença conceitual dos títulos.

São peculiaridades da nota promissória em relação à letra de câmbio as seguintes:

- não há aceite na nota promissória;
- o emitente da nota promissória é equiparado ao aceitante;
- no aval em branco, o avalizado é o emitente;
- não se admite duplicata de nota promissória.

Por se tratar de uma promessa direta de pagamento, não há a figura do sacado na promissória, isto é, não há um sujeito identificado no título para efetuar o pagamento.

O próprio criador do título promete efetuar pessoalmente o pagamento. Logo, não há como se cogitar de aceite, pois não existe nenhuma pessoa indicada para assumir a obrigação.

Por não existir aceite, obviamente não há a figura do aceitante na nota promissória. Em razão disso, o devedor principal será o próprio emitente. Assim sendo, tudo o que se aplicava ao aceitante da letra de câmbio o será ao emitente. Não há uma equiparação entre emitente e sacador, embora ambos sejam os criadores dos títulos. Todas as regras que se referiam ao aceitante serão aplicáveis ao emitente da promissória.

Portanto, para executar o emitente, não é necessário o protesto do título. O prazo prescricional dessa execução será de três anos, contados do vencimento do título. Outrossim, é o emitente que será intimado necessariamente no protesto e terá legitimidade para a ação de locupletamento. Além disso, todas as demais regras relativas ao aceitante também serão aplicáveis ao emitente do título.

Outra peculiaridade da nota promissória é o fato de, no aval em branco, o avalizado ser o emitente, ou seja, o avalista em branco será devedor principal da promissória. A própria lógica impõe essa peculiaridade, uma vez que o emitente é o único devedor essencial do título. Nessa condição, o aval em branco só poderá ter ele como avalizado, uma vez que outros devedores podem nem existir.

Por fim, a nota promissória não admite segunda via (duplicata), pelo simples fato de ser criada pelo próprio devedor principal. Como visto, o aceitante não poderia repetir sua assinatura nas várias vias da letra. Ora, se a assinatura do emitente (devedor principal) é essencial na promissória, é óbvio que nenhuma outra via poderia contar com sua assinatura e, sem ela, a promissória não existe. Por isso, não se admite a duplicata de nota promissória, embora se admita a cópia.

Exceto essas quatro peculiaridades, todo o regime legal da letra de câmbio também se estende às promissórias. Assim, também são válidas aqui todas as regras sobre endosso, sobre aval, sobre ação cambial, ação de locupletamento, cópias, ressaque, intervenção, vencimento, pagamento e protesto.

Em relação ao vencimento, apesar da perplexidade causada, é possível a emissão de promissórias com vencimento a certo termo da vista[3]. Nesse caso, entende-se que não se trata de aceite, mas de mero visto do subscritor, que seria uma segunda assinatura. Embora desprovido de sentido, é possível tal tipo de vencimento na promissória.

4 Vinculação a contrato

Há uma prática corrente da vinculação de um título de crédito a determinado contrato, o que se faz normalmente pela menção ao contrato, expressa no verso do título. Tal

3. BOITEUX, Fernando Netto. *Títulos de crédito*. São Paulo: Dialética, 2002, p. 130; BULGARELLI, Waldirio. *Títulos de crédito*. 14. ed. São Paulo: Atlas, 1998, p. 245; MARTINS, Fran. *Títulos de crédito*. 5. ed. Rio de Janeiro: Forense, 1995, v. 1, p. 394.

prática existe em todos os títulos de crédito, mas é mais comum nas notas promissórias. Nestas, é usual a menção expressa no próprio documento do contrato a que se refere e, por isso, analisaremos os efeitos dessa vinculação a um contrato especificamente para a promissória, sem perder de vista que a presente análise vale para todos os títulos vinculados a um contrato.

Embora esteja vinculada a um contrato, a nota promissória não perde a sua identidade, isto é, ela continua a ser um título de crédito[4]. A vinculação não desnatura a essência da nota promissória enquanto declaração unilateral de vontade no sentido de uma promessa direta de pagamento. Assim, ela ainda admite os institutos típicos dos títulos de crédito, como o endosso e o aval, e especificamente mantém a condição de título executivo[5].

Diante dessa constatação, poder-se-ia afirmar que nada mudaria com a vinculação da promissória a um contrato. Todavia, pela jurisprudência, há uma mudança no regime da nota promissória vinculada a um contrato, qual seja a inaplicabilidade do princípio da abstração[6].

Pontes de Miranda não reconhece tal mudança no regime da promissória, asseverando que o regime de direito cambial deverá prevalecer, isto é, a abstração sempre se manterá em relação à nota promissória, vinculada ou não[7]. De modo similar, Fernando Netto Boiteux sustenta que o terceiro de boa-fé deve ser protegido[8].

Ousamos discordar desse entendimento; a nosso ver, efetivamente não se aplica a abstração às notas promissórias vinculadas a contrato.

Pelo princípio da abstração, o título se desvincula do negócio jurídico que lhe deu origem. No entanto, no caso de vinculação expressa, o credor tem como saber da existência do contrato que deu origem ao título. Em razão disso, surge para ele o dever de verificar se aquele contrato foi devidamente cumprido, pois ele tem condição de fazer isso. A boa-fé objetiva impõe um dever de cuidado ao credor que receba o título com a vinculação.

Nesses casos, quem recebe o título vinculado a um contrato recebe um direito derivado[9]. A ligação à causa do título sujeita a obrigação cartular à disciplina própria do negócio jurídico que deu origem ao título[10]. As defesas causais nessa situação poderão

---

4. FAZZIO JUNIOR, Waldo. *Manual de direito comercial*. São Paulo: Atlas, 2000, p. 406; ROSA JÚNIOR, Luiz Emygdio da. *Títulos de crédito*. 4. ed. Rio de Janeiro: Renovar, 2006, p. 502.

5. STJ, 4ª Turma, REsp 208254/CE, Rel. Min. Barros Monteiro, j. 6-2-2001, *DJ* 9-4-2001, p. 366.

6. STJ, 4ª Turma, REsp 14012/RJ, Rel. Min. Sálvio de Figueiredo Teixeira, j. 10-8-1993, *DJ* 6-9-1993, p. 18034; REsp 111961/RS, Rel. Min. Ruy Rosado de Aguiar, 4ª Turma, j. 11-3-1997, *DJ* 12-5-1997, p. 18817; REsp 659.327/MG, Rel. Min. Carlos Alberto Menezes Direito, 3ª Turma, j. 6-2-2007, *DJ* 30-4-2007, p. 310.

7. PONTES DE MIRANDA. *Tratado de direito cambiário*. Campinas: Bookseller, 2000, v. 2, p. 45.

8. BOITEUX, Fernando Netto. *Títulos de crédito*. São Paulo: Dialética, 2002, p. 134.

9. ROSA JÚNIOR, Luiz Emygdio da. *Títulos de crédito*. 4. ed. Rio de Janeiro: Renovar, 2006, p. 500; MARTINS, Fran. *Títulos de crédito*. 5. ed. Rio de Janeiro: Forense, 1995, v. 1, p. 396.

10. FERRI, Giuseppe. *Manuale di diritto commerciale*. 2. ed. Torino: UTET, 1966, p. 522.

ser opostas a qualquer credor do título, tendo em vista a boa-fé objetiva que deve pautar essas relações[11].

Afastada a abstração, é óbvio que os vícios da obrigação contratual contaminam a nota promissória. Assim, se não há a obrigação de honrar o contrato porque o credor não cumpriu sua parte, não haverá obrigação de honrar o título de crédito. O devedor só tem que pagar o título, se tiver que honrar o contrato a ele vinculado.

Nessa mesma linha de entendimento, o STJ já afirmou que a eventual iliquidez do contrato também contamina a nota promissória a ele vinculada[12], inviabilizando sua execução (CPC/2015 – art. 786). Não há a perda da qualidade de título executivo pela simples vinculação, e sim de liquidez se o contrato vinculado é ilíquido e, em razão disso, não se admite a execução. Assim, o STJ já decidiu que a nota promissória vinculada a um contrato de abertura de crédito em conta-corrente (contrato ilíquido)[13] também é ilíquida (STJ – Súmula 258).

Em suma, pode-se afirmar que nota promissória vinculada a um contrato continua sendo um título, mas é contaminada por todos os problemas que envolvam o contrato, no tocante à existência do direito de crédito, à liquidez, ou à determinação do valor da obrigação.

MODELO DE NOTA PROMISSÓRIA

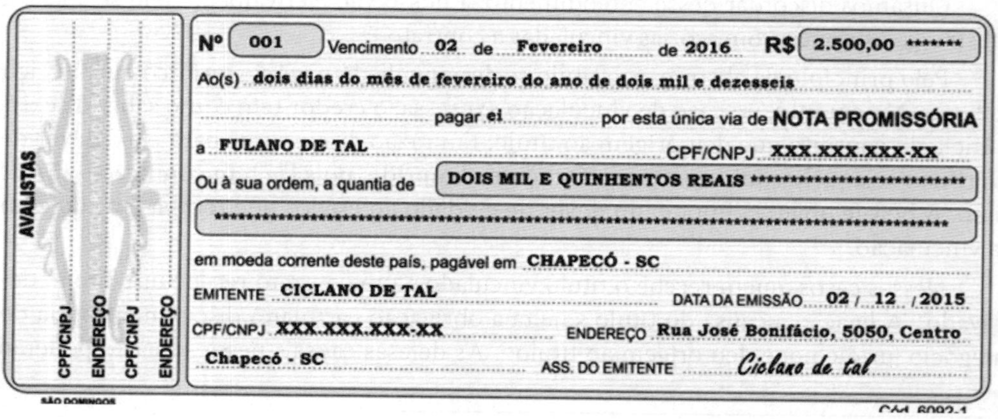
AVALISTAS
CPF/CNPJ ENDEREÇO CPF/CNPJ ENDEREÇO

Nº 001 Vencimento 02 de Fevereiro de 2016 R$ 2.500,00 *******

Ao(s) dois dias do mês de fevereiro do ano de dois mil e dezesseis

pagar ei por esta única via de NOTA PROMISSÓRIA

a FULANO DE TAL CPF/CNPJ XXX.XXX.XXX-XX

Ou à sua ordem, a quantia de DOIS MIL E QUINHENTOS REAIS **************************

em moeda corrente deste país, pagável em CHAPECÓ - SC

EMITENTE CICLANO DE TAL DATA DA EMISSÃO 02 / 12 / 2015

CPF/CNPJ XXX.XXX.XXX-XX ENDEREÇO Rua José Bonifácio, 5050, Centro

Chapecó - SC ASS. DO EMITENTE *Ciclano de tal*

11. STJ, 3ª Turma, REsp 1382609/SC, Rel. Min. Paulo de Tarso Sanseverino, j. 15-9-2015, *DJe* 23-9-2015.
12. STJ, 4ª Turma, REsp 422.403/SP, Rel. Min. Hélio Quaglia Barbosa, j. 13-3-2007, *DJ* 9-4-2007, p. 252.
13. STJ, Súmula 233: "O contrato de abertura de crédito, ainda que acompanhado de extrato da conta-corrente, não é título executivo".

15 CHEQUE

1 Origem e evolução

A notícia que se tem é que o cheque mais antigo é datado de 1670 e encontra-se no Museu de Londres[1]. Em razão disso, a doutrina francesa enxerga a origem da palavra *cheque* no verbo *to check*, no sentido da ação de verificar. De outro lado, a doutrina inglesa vê sua origem na expressão francesa *echequier*, que significa tabuleiro de xadrez[2].

Apesar dessa referência histórica, é certo que o cheque tem a mesma origem da letra de câmbio[3]. Num primeiro momento, o chamado período italiano, a letra de câmbio e o cheque se confundiam, na medida em que ambos se destinavam a facilitar o transporte de moeda. No período francês, ainda havia uma ligação direta entre os dois títulos, na medida em que ambos dependiam da provisão de fundos em poder do sacado.

No período alemão, a partir de 1848, há uma clara distinção entre os dois institutos, passando a não mais se exigir para a letra de câmbio a provisão de fundos em poder do sacado, o que, contudo, subsistiu no cheque. A partir desse período, a letra de câmbio torna-se um claro instrumento de crédito a serviço de todos, enquanto o cheque se mantém como meio de pagamento, dependente de provisão em dinheiro.

2 Conceito e pressupostos de emissão

Em sua evolução e até hoje, o cheque possui o traço comum de representar uma ordem de pagamento, em razão de fundos disponíveis em poder do sacado. Fábio Ulhoa Coelho afirma que o "cheque é a ordem de pagamento à vista, emitida contra um banco, em razão de fundos que o emitente possui junto ao sacado"[4]. De modo similar, Othon Sidou sustenta que o cheque "é uma ordem emitida contra um banco, ou ente assemelhado, para que pague à pessoa, em favor de quem se emite, ou ao portador, importância

---

1. SIDOU, J. M. Othon. *Do cheque*. 2. ed. Rio de Janeiro: Forense, 1976, p. 33.

2. CUNHA PEIXOTO, Carlos Fulgêncio da. *O cheque*. Rio de Janeiro: Revista Forense, 1962, v. 1, p. 7; PONTES DE MIRANDA. *Tratado de direito cambiário*. Campinas: Bookseller, 2000, v. 4, p. 53.

3. SIDOU, J. M. Othon. *Do cheque*. 2. ed. Rio de Janeiro: Forense, 1976, p. 30.

4. COELHO, Fábio Ulhoa. *Curso de direito comercial*. 8. ed. São Paulo: Saraiva, 2004, v. 1, p. 437.

certa em dinheiro, previamente posta à disposição do emitente e que será levada à conta do mesmo"[5].

Trata-se de uma ordem de pagamento, na medida em que seu criador não promete efetuar pessoalmente o pagamento, e sim que terceiro vai efetuar esse pagamento. Esse terceiro deverá ser um banco, no qual o criador do cheque deverá ter fundos disponíveis. À luz desses fundos, o banco efetuará o pagamento das ordens que lhe forem sendo apresentadas, vale dizer, o cheque se tornará exigível sempre no momento em que for apresentado ao sacado (vencimento sempre à vista).

No cheque, intervêm, a princípio, três sujeitos: emitente, sacado e beneficiário. O emitente é aquele que dá a ordem para efetuar o pagamento, em razão dos fundos disponíveis na conta de depósito mantida no sacado. Este é a instituição financeira a quem é dada a ordem de pagar, a vista dos fundos do emitente mantidos em conta de depósito. Por fim, temos o beneficiário, tomador ou portador, que é aquele que tem o direito de receber o valor constante do título.

EMITENTE —————— SACADO
|
BENEFICIÁRIO

Pela estrutura do cheque, vê-se que ele em muito se assemelha a uma letra de câmbio à vista. Todavia, há diferenças fundamentais, especialmente nos pressupostos de emissão do cheque. A letra de câmbio é emitida livremente, mas o cheque só poderá ser emitido se atendidos três pressupostos (Lei n. 7.357/85 – arts. 3º e 4º).

Em primeiro lugar, é essencial que o sacado do cheque seja uma instituição financeira. Ao contrário da letra de câmbio, na qual há uma liberdade de escolha do sacado, no cheque é essencial que se trate de uma instituição financeira. Tal imposição se deve ao papel que sempre foi atribuído aos bancos, como agente pagador e como responsável pela guarda de valores de terceiros.

Além disso, o cheque exige que haja um contrato de conta-corrente entre o emitente e o sacado. Nesse contrato, são feitos lançamentos, a título de crédito e débitos para o emitente, à luz dos depósitos e pagamentos realizados. Há que se tratar de uma conta-corrente para que seja possível realizar todos os pagamentos ordenados, lançando-os como débitos para o emitente.

Por fim, exige-se, teoricamente, que o emitente tenha fundos disponíveis no momento da apresentação do cheque. Tais fundos podem advir do saldo de conta-corrente bancária, do saldo exigível de conta-corrente contratual, da soma proveniente de abertura de crédito, ou de qualquer outra origem. A ausência desses fundos não desconfigura o cheque, mas desnatura sua finalidade; trata-se de um cheque irregular, mas perfeitamente válido e eficaz. Não há responsabilidade do banco por essa eventual ausência de

5. SIDOU, J. M. Othon. *Do cheque*. 2. ed. Rio de Janeiro: Forense, 1976, p. 29.

fundos. "Ao receber um cheque para saque, é dever do banco conferir se está presente algum dos motivos para devolução do cheque, conforme previsto no art. 6º da Resolução do BACEN 1.682/90. Caso o valor do título seja superior ao saldo ou ao eventual limite de crédito rotativo, deve o banco devolver o cheque por falta de fundos (motivo 11 ou 12). Não havendo mácula nessa conferência, não há defeito na prestação do serviço e, portanto, não cabe, com base no Código de Defesa do Consumidor, imputar ao banco conduta ilícita ou risco social inerente à atividade econômica que implique responsabilização por fato do serviço"[6].

3 Natureza jurídica

Como visto, o cheque em muito se assemelha à letra de câmbio, mas dela também se distancia em diversos aspectos. Em razão disso, discute-se qual seria a natureza jurídica do cheque, dado o seu regime próprio e peculiar.

Alberto Asquini e Pontes de Miranda asseveram que o cheque não seria um instrumento de crédito, mas apenas um instrumento de pagamento a serviço de quem possui fundos disponíveis em poder de um banco[7]. Nessa linha de interpretação, Othon Sidou afirma que o cheque seria um título de exação, isto é, um mero instrumento de pagamento, e não de dilação, o que lhe afastaria da natureza dos títulos de crédito[8]. A condição de título à vista distanciaria o elemento tempo, essencial para a configuração de uma operação de crédito.

Em contrapartida, Carlos Fulgêncio da Cunha Peixoto reconhece no cheque uma dupla natureza: título de exação e título de crédito[9]. Para ele, o cheque poderia funcionar tanto como um instrumento de pagamento quanto como um instrumento de dilação. Nesse sentido, a dupla natureza se justificaria pela amplitude de uso do cheque.

Rubens Requião e Fran Martins concluem que o cheque seria um título de crédito impróprio, na medida em que não envolveria uma típica operação de crédito, por ser à vista. Todavia, ao circular por endosso, haveria a operação de crédito, que o tornaria um título de crédito[10]. Só com o endosso é que estaria presente o elemento tempo, que seria essencial para a caracterização da operação de crédito.

Carlos Gilberto Villegas[11], por sua vez, reconhece uma natureza dual no cheque, isto é, haveria duas relações jurídicas. A primeira envolveria o direito interno do cheque, isto

---

6. STJ, 4ª Turma, REsp 1509178/SC, Rel. Min. Maria Isabel Gallotti, j. 20-10-2015, *DJe* 30-11-2015.

7. ASQUINI, Alberto. *I titoli di credito*. Padova: Cedam, 1966, p. 387; PONTES DE MIRANDA. *Tratado de direito cambiário*. Campinas: Bookseller, 2000, v. 4, p. 42.

8. SIDOU, J. M. Othon. *Do cheque*. 2. ed. Rio de Janeiro: Forense, 1976, p. 36-37.

9. CUNHA PEIXOTO, Carlos Fulgêncio da. *O cheque*. Rio de Janeiro: Revista Forense, 1962, v. 1, p. 52.

10. MARTINS, Fran. *Títulos de crédito*. 5. ed. Rio de Janeiro: Forense, 1995, v. 2, p. 13; REQUIÃO, Rubens. *Curso de direito comercial*. 21. ed. São Paulo: Saraiva, 1998, v. 2, p. 430.

11. VILLEGAS, Carlos Gilberto. *El cheque*. Buenos Aires: Rubinzal-Culzoni, 1998, p. 39-42.

é, a relação entre o emitente e o banco, cuja natureza seria contratual. A segunda compreenderia relação de direito externo do cheque, isto é, a relação entre o emitente e o beneficiário, cuja natureza seria cambial, vale dizer, nessa relação estaríamos diante de um título de crédito. De modo similar, Sérgio Carlos Covello diz que o cheque possui uma natureza dupla: título de crédito na relação entre o emitente e o beneficiário; e ordem de pagamento à vista na relação entre emitente e banco[12].

Entretanto, diversos autores[13], a nosso ver com razão, reconhecem no cheque a condição de título de crédito puro e simples. Embora seja à vista, há necessariamente um tempo entre o recebimento do cheque e sua conversão em dinheiro, logo, estariam presentes a confiança e o tempo (elementos do crédito)[14], quando emitido em favor de terceiro. Outrossim, é certo que o conceito de título de crédito exige apenas a presença da autonomia, literalidade e cartularidade, cuja aplicabilidade ao cheque é indiscutível[15].

Outrossim, é inegável que o cheque não substitui o papel-moeda, vale dizer, o cheque não é um instrumento de pagamento. Não há como negar a representatividade do cheque. Ele representa um direito a receber determinada quantia, mas não representa a própria quantia. Daí ser inegável sua condição de título de crédito.

4 Legislação

Assim como a letra de câmbio, o cheque pode ser usado em negócios internacionais. Em razão disso, houve um esforço no sentido de buscar a uniformização internacional da legislação sobre o cheque. Nesse sentido, foi realizada, em 1931, a Convenção de Genebra, que resultou na edição de três tratados: uma lei uniforme sobre o cheque, uma lei destinada a regular conflitos de leis em matérias de cheque e uma lei destinada ao imposto do selo em matéria de cheque. Todas essas regras foram incorporadas ao direito brasileiro por meio do Decreto n. 57.595/66.

Pela diversidade natural dos costumes dos países signatários da Lei Uniforme sobre os cheques, admitiu-se certa flexibilidade, na medida em que se possibilitou a adoção de

---

12. COVELLO, Sérgio Carlos. *Prática do cheque*. 3. ed. Bauru: Edipro, 1999, p. 29.

13. LEO, Gomez. *Instituciones de derecho cambiario*: el cheque. Buenos Aires: Depalma, 1985, v. III, p. 16. BULGARELLI, Waldirio. *Títulos de crédito*. 14. ed. São Paulo: Atlas, 1998, p. 304; ROSA JÚNIOR, Luiz Emygdio da. *Títulos de crédito*. 4. ed. Rio de Janeiro: Renovar, 2006, p. 519; BORGES, João Eunápio. *Títulos de crédito*. 2. ed. Rio de Janeiro: Forense, 1977, p. 161; DE LUCCA, Newton. *Aspectos da teoria geral dos títulos de crédito*. São Paulo: Pioneira, 1979, p. 130-131; COSTA, Wille Duarte. *Títulos de crédito*. Belo Horizonte: Del Rey, 2003, p. 323; RIZZARDO, Arnaldo. *Títulos de crédito*. Rio de Janeiro: Forense, 2006, p. 189.

14. ROSA JÚNIOR, Luiz Emygdio da. *Títulos de crédito*. 4. ed. Rio de Janeiro: Renovar, 2006, p. 519; BORGES, João Eunápio. *Títulos de crédito*. 2. ed. Rio de Janeiro: Forense, 1977, p. 161; DORIA, Dylson. *Curso de direito comercial*. 10. ed. São Paulo: Saraiva, 2000, v. 2, p. 84.

15. DE LUCCA, Newton. *Aspectos da teoria geral dos títulos de crédito*. São Paulo: Pioneira, 1979, p. 130-131; COSTA, Wille Duarte. *Títulos de crédito*. Belo Horizonte: Del Rey, 2003, p. 323.

reservas ao seu texto. Em outras palavras, nem toda lei uniforme sobre o cheque precisaria ser adotada. Há regras essenciais e regras não essenciais. As regras essenciais não poderiam ser afastadas pelos signatários da Convenção, mas as não essenciais poderiam ser objeto de reservas.

O anexo I do Decreto n. 57.595/66 traz a lei uniforme, mas o anexo II do Decreto n. 57.595/66 oferece a possibilidade de reservas a disposições da lei uniforme. O Brasil efetuou 24 reservas, isto é, o Brasil manifestou sua intenção de não adotar 24 regras da lei uniforme.

Em razão desse grande número de reservas, poderia haver certa dificuldade na interpretação da lei uniforme sobre os cheques e, por isso, foi editada a Lei n. 7.357/85. Tal lei representa a atual disciplina do cheque, mas sua redação não teve liberdade absoluta[16], porquanto deveria se manter fiel ao texto essencial (normas necessárias) da lei uniforme de Genebra sobre cheques. Em relação às reservas efetuadas, poderia haver ou não o seu exercício, com a aplicação de regras em sentido diverso, uma vez que a adoção da reserva representa uma faculdade do país signatário.

Portanto, a Lei n. 7.357/85 é a disciplina vigente para o cheque no Brasil. No texto dessa lei (art. 69), consta expressamente a atribuição de certos poderes para o Conselho Monetário Nacional (CMN) editar regras sobre o cheque. Tal poder foi exercido em inúmeras oportunidades e, por isso, deve-se atentar também para as normas do CMN sobre os cheques.

5 Requisitos

Como todo título de crédito, o cheque deve atender ao formalismo, isto é, o documento só valerá como cheque se atender aos requisitos legalmente estabelecidos. Assim, como a LUG estabelece para a letra de câmbio e para a nota promissória, a Lei n. 7.357/85 determina requisitos essenciais e requisitos supríveis para o cheque. Os primeiros não poderiam faltar de nenhuma forma, já os supríveis poderiam ser substituídos por outras indicações.

Todavia, pela intervenção normativa do Banco Central, optou-se por criar um modelo padronizado de cheque, com todos os requisitos definidos por normas do CMN, especialmente pela Resolução n. 885/83. Assim, não há mais que falar em requisitos supríveis no cheque. Quando a lei assegurava uma opção (exemplo: local de pagamento ou local próximo ao nome do sacado), as normas do Banco Central afastaram a opção, definindo que deveria constar no corpo do cheque o endereço do sacado.

O primeiro requisito de todo cheque é a denominação *cheque* escrita no documento, na língua em que o título é redigido. Trata-se da chamada cláusula cambial, da identificação do título a que se refere e consequentemente da disciplina a que estará sujeito aquele título de crédito.

---

16. ROSA JÚNIOR, Luiz Emygdio da. *Títulos de crédito*. 4. ed. Rio de Janeiro: Renovar, 2006, p. 503-504.

Além da denominação *cheque*, o título deve conter a ordem pura e simples de pagar determinada quantia, uma vez que o cheque é uma ordem de pagamento feita pelo emitente dirigida ao sacado, em razão de fundos disponíveis que este possua. O valor deverá ser identificado de forma clara e precisa, não se admitindo a cláusula de juros (Lei n. 7.357/85 – art. 10).

A indicação do valor do cheque, nos termos das normas do CMN, deverá ser feita em algarismos e por extenso, prevalecendo esta última no caso de divergência. Em todo caso, a grafia por extenso dos centavos fica dispensada desde que o valor integral seja especificado, em algarismos, no campo próprio da folha de cheque e a expressão *e centavos acima* conste da folha de cheque, grafada pelo emitente ou impressa no final do espaço destinado à grafia por extenso de seu valor (CMN – Circular n. 3.029/2001).

O art. 42 da Lei n. 7.357/85 admite a emissão do cheque em moeda estrangeira, o qual deverá ser pago em moeda nacional pelo câmbio do dia da apresentação. Caso não seja pago no dia, pode-se optar entre o câmbio do dia da apresentação e do dia do pagamento.

Outro requisito do cheque é o nome do banco sacado, isto é, daquele a quem a ordem é dirigida. Como é o sacado que deverá efetuar o ato do pagamento, é essencial que ele seja conhecido, para que o credor do cheque possa apresentá-lo para pagamento. Esse sacado será necessariamente uma instituição financeira[17]. As normas regulamentares do Banco Central exigem também a identificação da agência, dada a natural multiplicidade destas, salvo se constar do cheque a expressão *pagável em qualquer agência*.

Além disso, é fundamental que conste a data de emissão do cheque, para aferir a capacidade do emitente no momento da assinatura do cheque, bem como para verificar o prazo de apresentação do cheque e, consequentemente, o prazo prescricional da execução do cheque. Pelas normas do CMN, o mês deverá ser indicado por extenso.

Também é requisito do cheque a assinatura do emitente de próprio punho ou por meio de procurador com poderes especiais. Tal assinatura poderá ser impressa por uma chancela mecânica, que deverá consistir na reprodução exata da assinatura, obedecidos os parâmetros das normas regulamentares. Embora a lei exija apenas a assinatura, as normas do CMN determinam a identificação do emitente com o CPF ou CNPJ, salvo nos casos de isenção de tal documento, por exemplo, entidades estrangeiras. Além disso, no caso de pessoas físicas, exigem-se o número, o órgão expedidor e a sigla da Unidade da Federação referentes ao documento de identidade constante da ficha-proposta (CMN – Resolução n. 2.537/98).

Nos termos do art. 1º da Lei n. 7.357/85, também seria requisito essencial a identificação do lugar de pagamento. Todavia, o art. 2º da mesma lei afirma que, na falta de indicação especial, é considerado lugar de pagamento aquele designado próximo ao nome do sacado; se estabelecidos vários lugares, o cheque é pagável no primeiro deles; não existindo qualquer indicação, o cheque é pagável no lugar de sua emissão. Apesar da opção dada pelo legislador, o modelo padronizado de cheque não possui um campo próprio para a identificação do local do pagamento, mas sempre é acompanhado de um

17. SIDOU, J. M. Othon. *Do cheque*. 2. ed. Rio de Janeiro: Forense, 1976, p. 68.

lugar próximo ao nome do sacado (endereço da agência), não havendo mais que falar em requisito suprível.

Outro requisito, nos termos do art. 1º da Lei n. 7.357/85, é o lugar de emissão, o qual, nos termos do art. 2º da mesma lei, poderia ser suprido por um local indicado próximo ao nome do emitente. Mais uma vez, o modelo padronizado não dá margem a essa opção, exigindo que se identifique o local de emissão, logo antes da data de emissão. Tal indicação é fundamental para saber qual será o prazo de apresentação: 30 dias se o local de emissão for o mesmo do pagamento ou 60 dias se forem locais distintos.

Embora não conste da lei, a identificação do beneficiário é essencial para cheques superiores a R$ 100,00 (cem reais), uma vez que só até tal valor os cheques podem ser ao portador (Lei n. 9.069/95 – art. 69). Caso o cheque seja superior a tal valor e não possua a identificação do beneficiário, não poderá ser pago e não produzirá efeitos como título de crédito.

Há ainda outros requisitos exigidos por normas do CMN, os números de série e outros identificadores no cheque. As folhas de cheques fornecidas pelas instituições, o nome do correntista e o respectivo número de inscrição no Cadastro de Pessoas Físicas (CPF) ou no Cadastro Nacional da Pessoa Jurídica (CNPJ); o número, o órgão expedidor e a sigla da Unidade da Federação referentes ao documento de identidade constante do contrato de abertura e manutenção de conta de depósito a vista, no caso de pessoas naturais; a data de início de relacionamento contratual do correntista com instituições financeiras, na forma estabelecida na Resolução n. 3.279, de 29-4-2005, e regulamentação complementar; e a data de confecção da folha de cheque, no formato "Confecção: mês/ano", na parte inferior da área destinada à identificação da instituição financeira, no anverso do cheque.

Por fim, é oportuno relembrar que a presença de tais requisitos deve ser constatada no momento do recebimento do cheque, isto é, o cheque pode ser emitido em branco, mas deverá ser completado com os requisitos até o momento de se exercer o direito ali mencionado.

6 Inexistência de aceite

Entre os requisitos do cheque, a única assinatura obrigatória é a do emitente que cria o cheque, que representa a declaração cambiária principal e primária. Apesar de ser a única obrigatória, é possível que surjam outras assinaturas (declarações cambiárias acessórias e secundárias). No caso do cheque, as outras assinaturas possíveis são apenas o endosso e o aval, não havendo que se cogitar de aceite (Lei n. 7.357/85).

Embora o cheque também seja uma ordem de pagamento como a letra de câmbio, no qual constam o emitente, o sacado e normalmente o beneficiário, não há que se cogitar de assunção de responsabilidade pelo sacado. Este é apenas alguém que presta serviços ao emitente, não assumindo, como sacado, jamais a condição de devedor do cheque. Vale dizer não há aceite no cheque. Assim sendo, o sacado jamais poderá ser executado por um cheque. Quando houver uma identidade entre sacado e emitente, o banco poderá ser executado como emitente, mas nunca como sacado.

7 Endosso

Embora não reconheça a figura do aceite, o cheque admite a declaração cambiária secundária e acessória com o intuito de transferir a titularidade do crédito, isto é, ele aceita o endosso.

O cheque possui implícita a cláusula à ordem, podendo circular por endosso, ainda que tal cláusula não conste expressamente do documento (Lei n. 7.357/85 – art. 17). Nesse particular, é oportuno esclarecer que, caso seja apenas riscada a cláusula à ordem que vem expressa no formulário do cheque, este ainda poderá ser endossado, pois a cláusula está implícita. Para impedir o endosso, é essencial que conste expressamente no título a cláusula não à ordem, a qual permite a circulação apenas por meio de uma cessão de crédito.

Não havendo nenhum impedimento expresso, o beneficiário do cheque poderá declarar a sua vontade de transferir o seu crédito a terceiro, assinando o título. Com essa assinatura e a entrega do título ao endossatário, o crédito é transferido e o endossante fica vinculado como responsável (devedor indireto) pelo seu pagamento, salvo cláusula em contrário (Lei n. 7.357/85 – art. 6º).

O endosso no cheque segue regras muito parecidas com as da letra de câmbio, valendo aqui todas as lições lançadas sobre o endosso da letra de câmbio, com as peculiaridades a seguir mencionadas.

No período de vigência da CPMF (Contribuição Provisória Sobre Movimentações Financeiras), o cheque tinha a peculiaridade de só admitir um endosso (Lei n. 9.311/96 – art. 17). Ocorre que tal norma não mais vige, desde 31-12-2007 (ADCT – art. 90) e, por isso, não há mais esse limite do número de endossos no cheque.

Uma peculiaridade, ainda vigente, no que tange ao endosso do cheque é a existência do endosso-quitação ou endosso-recolhimento[18], vale dizer, o endosso feito ao sacado vale como quitação do cheque (Lei n. 7.357/85 – art. 18, § 2º), salvo se for feito a estabelecimento diverso. É o que ocorre quando se faz um saque de um cheque na "boca do

18. MAMEDE, Gladston. *Direito empresarial brasileiro*: títulos de crédito. 2. ed. São Paulo: Atlas, 2005, v. 3, p. 283.

caixa". Nesses casos, o beneficiário deverá assinar o título no verso, endossando-o ao banco. Tal endosso, contudo, não visa a transferir o crédito, mas essencialmente a provar que o cheque foi pago.

Fran Martins ressalta que outra peculiaridade, no cheque, seria a inexistência do endosso-caução, pela falta de previsão específica na lei do cheque. Esta prevê o endosso-mandato, mas ignora o endosso-caução e, por isso, ele afirma que tal modalidade de endosso impróprio não seria admissível no cheque[19].

Pontes de Miranda, por sua vez, discorda de tal conclusão, asseverando, a nosso ver com razão, que, embora a Lei n. 7.357/85 não trate especificamente do endosso-caução no cheque, ele seria perfeitamente aplicável a esse título[20]. Embora não tenha muita utilidade prática, não vemos qualquer impedimento ao penhor de um título à vista, como o cheque. Tal conclusão é corroborada pela previsão do art. 918 do Código Civil, que tem aplicação no silêncio das legislações especiais dos títulos de crédito.

Além disso, vale a pena ressaltar que o endosso póstumo no cheque é aquele feito após o protesto, ou declaração equivalente, ou à expiração do prazo de apresentação (30 ou 60 dias da emissão), conforme o cheque seja pagável na mesma praça da emissão ou em praça distinta. A figura é a mesma (forma de endosso e efeitos de cessão de crédito), o momento é o mesmo (depois do protesto ou do prazo do protesto), o que muda apenas é o elemento temporal.

No mais, aplica-se integralmente a disciplina da letra de câmbio.

8 Aval

Além do endosso, o cheque admite o aval, entendido como o ato pelo qual alguém assume a obrigação de pagar, total ou parcialmente, o título, nas mesmas condições que um devedor desse título. O cheque também admite essa modalidade de garantia pessoal, que também deverá ser escrita no próprio título. Outrossim, pela regra geral do art. 1.647 do Código Civil, o aval de pessoa casada também exigirá outorga conjugal, salvo se o regime de bens for o da separação absoluta.

Uma vez dado o aval no cheque, o avalista assume a obrigação de pagar o título na mesma forma que um devedor desse título (avalizado), isto é, poderá ser um devedor principal, se o avalizado for devedor principal, ou um devedor indireto, se o avalizado for um devedor indireto. Na ausência de indicação, presume-se que o avalizado é o emitente do cheque. Independentemente do avalizado, a obrigação assumida pelo avalista é solidária, autônoma e não personalíssima, como na letra de câmbio.

O aval no cheque possui uma disciplina praticamente idêntica àquela das letras de câmbio. A única peculiaridade da disciplina do aval no cheque é a impossibilidade de o sacado ser avalista (Lei n. 7.357/85 – art. 29), porquanto, em tal situação, ele se tornaria

---

19. MARTINS, Fran. *Títulos de crédito*. 5. ed. Rio de Janeiro: Forense, 1995, v. 2, p. 79.

20. PONTES DE MIRANDA. *Tratado de direito cambiário*. Campinas: Bookseller, 2000, v. 4, p. 204.

devedor do cheque, o que se quer evitar em tal título. No mais, não há diferenças entre a disciplina do aval no cheque e na letra de câmbio.

9 Apresentação

As declarações cambiárias (emissão, endosso e aval) firmadas no cheque tornam seus signatários, em regra, devedores da obrigação ali consignada. Tal obrigação, contudo, só poderá ser exigida desses devedores no momento em que a obrigação estiver vencida. Por definição legal, o cheque é sempre pagável à vista, considerando-se não escrita qualquer menção em contrário (Lei n. 7.357/85 – art. 32). Assim sendo, o cheque será exigível e poderá ser pago a partir do momento em que for apresentado ao sacado, ainda que nele esteja consignada uma data futura. Equivale a apresentação ao sacado, aquela feita a uma câmara de compensação.

Na criação do cheque, forma-se uma relação cambiária entre o emitente e o beneficiário. O sacado é alheio a tal relação e, por isso, é essencial que o beneficiário se apresente como titular do crédito a ser recebido. Só com essa apresentação é que o sacado saberá a quem deverá efetuar o pagamento, caso o cheque seja regular e existam fundos disponíveis para tanto.

9.1 Reapresentação

A princípio, exige-se apenas uma apresentação do cheque, a partir da qual o título já estará vencido e será exigível. Ocorre que, nem sempre, nessa primeira apresentação o sacado efetuará o pagamento do cheque, como, por exemplo, no caso de ausência de fundos disponíveis. Em razão disso, faculta-se uma segunda apresentação do cheque não pago por insuficiência de fundos, a qual pode ser feita após dois dias úteis da primeira apresentação.

Caso perdure a insuficiência de fundos na segunda apresentação, o banco deverá inscrever o seu nome no Cadastro de Emitentes de Cheques Sem Fundo (CCF), sendo-lhe vedado fornecer ao cliente talonários enquanto seu nome estiver inscrito nesse cadastro. Quando o cheque se referir a uma conta conjunta, apenas o nome do emitente do cheque será incluído no referido cadastro (Circular n. 3.334/2006 do Bacen). Em todo caso, é facultada (Resolução n. 2.025/93; CMN – art. 10) à instituição financeira a abertura, manutenção ou encerramento de conta de depósitos à vista, cujo titular figure ou tenha figurado no Cadastro de Emitentes de Cheques sem Fundos (CCF).

9.2 Prazos de apresentação

O cheque possui um período curto de circulação, atendendo aos interesses do emitente, dos endossantes, do sacado, do fisco e do próprio beneficiário[21], diferenciando-se

21. SIDOU, J. M. Othon. *Do cheque*. 2. ed. Rio de Janeiro: Forense, 1976, p. 188.

claramente da letra de câmbio, nesse aspecto. Em razão disso, a lei optou por estabelecer prazos curtos para a apresentação do cheque ao sacado, contados da emissão do cheque, a saber: 30 dias, quando emitido no lugar onde houver de ser pago; e de 60 dias, quando emitido em outro lugar do país ou no exterior (Lei n. 7.357/85 – art. 33).

A definição do prazo de apresentação aplicável vai comparar o local de emissão (preenchido pelas partes) e local da agência pagadora (local de pagamento). Não importa o local da apresentação ou do depósito do cheque. Vale o que está escrito no título, isto é, devem-se analisar apenas o local da agência pagadora e o local de emissão preenchido no documento. Caso seja a mesma praça, o prazo será de 30 dias contados da emissão e, caso sejam praças distintas, o prazo será de 60 dias. Por praça deve-se entender município, podendo alcançar a ideia de distritos, quando forem distantes da sede municipal[22].

Tal regulamentação é própria do Brasil, diante da reserva realizada ao texto da Lei Uniforme de Genebra (LUG) sobre cheques. Esta estabelece um prazo de oito dias para a apresentação de cheques pagáveis emitidos no mesmo país do seu pagamento. Para cheques emitidos no exterior, o prazo seria de 20 ou 70 dias, a depender se o lugar de emissão e o lugar de pagamento são situados na mesma ou em diferentes partes do mundo.

No direito francês, os prazos são os mesmos da LUG sobre os cheques, especificando-se a mesma parte do mundo como o continente europeu[23]. No direito espanhol, os prazos são de 15 dias para os cheques emitidos e pagáveis na Espanha; de 20 dias para cheques pagáveis na Espanha, mas emitidos em outro país do continente europeu; e de 60 dias para o cheque pagável na Espanha, mas emitido fora do continente europeu[24].

No direito argentino, os prazos são de 30 dias para cheques emitidos e pagáveis na Argentina e de 60 dias para cheques emitidos no exterior, mas pagáveis na Argentina[25]. No direito colombiano, os prazos são de 15 dias para cheques pagáveis no mesmo local de emissão; de um mês para cheques pagáveis em local diverso da emissão, mas dentro do país; de três meses para cheques emitidos e pagáveis em outro país da América Latina; e quatro meses quando expedidos em algum país latino-americano para pagamento em outra parte do mundo[26].

No direito italiano, os prazos são de oito dias para cheques pagáveis no mesmo município (comuna) de emissão; de 15 dias para cheque pagável em município (comuna)

---

22. MAMEDE, Gladston. *Direito empresarial brasileiro*: títulos de crédito. 2. ed. São Paulo: Atlas, 2005, v. 3, p. 286.

23. JUGLART, Michel de; IPPOLITO, Benjamin. *Droit commercial*. 2. ed. Paris: Monthrestien, 1977, v. 1, p. 222; RIPERT, Georges; ROBLOT, René. Traité *élementaire de droit commercial*. 10. ed. Paris: LGDJ, 1986, t. 2, p. 244.

24. BROSETA PONT, Manuel. *Manual de derecho mercantil*. 10. ed. Madrid: Tecnos, 1994, p. 700.

25. VILLEGAS, Carlos Gilberto. *El cheque*. Buenos Aires: Rubinzal-Culzoni, 1998, p. 286.

26. TORO, Rodrigo Becerra. *Teoría general de los títulos valores*. Bogotá: Temis, 1984, p. 138.

diverso daquele da emissão; 20 dias se o cheque é pagável na Itália, mas foi emitido em países da Europa ou do baixo mediterrâneo; e 60 dias para cheques pagáveis na Itália, mas emitidos em países situados em outras partes do mundo[27].

9.3 Apresentação fora do prazo

A estipulação desses prazos de apresentação relativamente curtos traz à tona o problema da apresentação dos cheques a destempo, isto é, além do prazo legal para apresentação.

Na Argentina, a apresentação a destempo desobriga o banco de efetuar o pagamento do cheque, bem como impede o ajuizamento da ação cambial (execução), ainda sendo possível o ajuizamento da ação cambial e da ação de locupletamento[28]. Na Colômbia, a apresentação extemporânea do cheque ainda permite que o banco efetue o seu pagamento, mas o portador perderá a ação cambial contra o emitente e seus avalistas, se existiam fundos durante o prazo de apresentação e o emitente não é responsável por sua ausência após o prazo de apresentação[29].

Na Espanha, a apresentação fora do prazo não impede a execução do emitente, nem o pagamento pelo sacado[30]. Na Itália, a apresentação a destempo não impede o sacado de pagar o título, mas o beneficiário não poderá ajuizar ação cambial contra os endossantes e seus avalistas, mantendo a possibilidade da ação contra o emitente, salvo se os fundos vierem a faltar em razão de um fato do sacado (exemplo: falência do banco)[31]. Além disso, no direito italiano, a ausência de fundos após o prazo de apresentação impede que o emitente fique sujeito a sanções administrativas pecuniárias[32].

No Brasil, mesmo após o decurso do prazo de apresentação, o cheque pode ser apresentado para pagamento ao sacado. Nesse caso, ele ainda terá a obrigação de pagar o cheque, caso haja fundos, desde que a ação cambial ainda não esteja prescrita (Lei n. 7.357/85 – art. 35, parágrafo único), ou seja, dentro dos seis meses posteriores ao término do prazo para apresentação (Lei n. 7.357/85 – art. 59). Em outras palavras, para o sacado, o prazo de apresentação não tem maior importância, isto é, ele é obrigado a pagar o cheque regular caso a execução ainda não esteja prescrita, independentemente do decurso ou não do prazo de apresentação.

---

27. MOLLE, Giacomo. *I titoli di credito bancari*. Milano: Giuffrè, 1972, p. 219.

28. VILLEGAS, Carlos Gilberto. *El cheque*. Buenos Aires: Rubinzal-Culzoni, 1998, p. 332-335.

29. TORO, Rodrigo Becerra. *Teoría general de los títulos valores*. Bogotá: Temis, 1984, p. 138-139.

30. BROSETA PONT, Manuel. *Manual de derecho mercantil*. 10. ed. Madrid: Tecnos, 1994, p. 700-701.

31. ASQUINI, Alberto. *I titoli di credito*. Padova: Cedam, 1966, p. 418-420; MOLLE, Giacomo. *I titoli di credito bancari*. Milano: Giuffrè, 1972, p. 226.

32. CALLEGARI, Mia et al. *Trattato di diritto commerciale*: I titoli di credito. Padova: Cedam, 2006, v. 7, p. 608.

Não impedindo o pagamento pelo sacado, a apresentação a destempo, a princípio, também não impede a execução do cheque[33]. Todavia, perdido o prazo de apresentação, a ação de execução só poderá ser ajuizada contra o emitente e seus eventuais avalistas, isto é, contra os devedores principais do cheque (Súmula 600 – STF). Os devedores indiretos (endossantes e respectivos avalistas) ficam desonerados, uma vez que para a cobrança deles é essencial o protesto tempestivo e, uma vez perdido o prazo de apresentação, também está perdido o prazo do protesto. Além disso, há dispositivo específico (Lei n. 7.357/85 – art. 47, II) que exige a apresentação tempestiva para a cobrança dos devedores indiretos do cheque.

Embora, a princípio, o devedor principal se mantenha responsável pelo pagamento do cheque, em uma hipótese o portador do cheque perde o direito de executar inclusive o emitente. Caso existam fundos disponíveis no período para a apresentação do cheque e tais fundos deixaram de existir por motivo não imputável ao emitente, o tomador perde o direito de cobrá-lo (Lei n. 7.357/85 – art. 47, § 3º).

O ônus da prova de tal situação é do próprio emitente[34]. Cabe a ele demonstrar que tinha fundos disponíveis durante o prazo de apresentação e que, após decorrido esse prazo, deixou de tê-los por motivos que não lhe sejam imputáveis. Só com a prova conjunta desses fatos é que o emitente fica exonerado da execução, mas não da obrigação de pagar, que poderá ser exigida por meio da ação de locupletamento ou da ação causal.

Um fato não imputável ao emitente significa que ele não pode ter sacado o dinheiro e que ele não pode ter emitido os cheques que retiraram o dinheiro da conta, mesmo que tal retirada tenha sido por uma enchente, por um acidente ou por qualquer questão inesperada. Para a configuração dessa hipótese legal, é essencial que não tenha havido qualquer atuação do emitente na retirada do dinheiro, por exemplo, a liquidação extrajudicial do banco[35], a sua falência ou até mesmo o confisco do dinheiro. A nosso ver, o roubo de senhas, de cartões ou de cheques poderiam configurar tal hipótese, porém, como nessas hipóteses o dinheiro será devolvido ao cliente, não vemos motivo para impedir a execução do emitente.

10 Pagamento

Ocorrendo a apresentação do cheque ao sacado, a obrigação ali consignada se torna exigível. Assim sendo, estando regular o título, não havendo qualquer ordem em sentido contrário e existindo provisão de fundos, o sacado deverá efetuar o seu pagamento, isto é, deverá haver a entrega em espécie ou mediante crédito em conta dos valores consig-

33. STJ, 3ª Turma, REsp 299.665/ES, Rel. Min. Castro Filho, j. 21-10-2003, *DJ* 10-11-2003, p. 185; STJ, 3ª Turma, REsp 258.808/PR, Rel. Min. Carlos Alberto Menezes Direito, j. 17-5-2001, *DJ* 13-8-2001, p. 148.

34. STJ, 3ª Turma, REsp 182639/MS, Rel. Min. Waldemar Zveiter, j. 18-10-1999, *DJ* 29-11-1999, p. 160; TJDF, 3ª Turma Cível, 20020110829297APC, Rel. Vasquez Cruxên, j. 17-10-2005, *DJ* 16-3-2006, p. 111.

35. ROSA JÚNIOR, Luiz Emygdio da. *Títulos de crédito*. 4. ed. Rio de Janeiro: Renovar, 2006, p. 573.

nados no cheque. Com esse ato, acaba a vida cambiária do cheque, que cumpriu devidamente o seu papel[36].

Para efetuar o pagamento, compete ao banco analisar a regularidade do título, a provisão de fundos, a ausência de impedimento ao pagamento e a legitimidade de quem o apresenta. Neste último aspecto, cabe ao sacado, nos cheques ao portador (limite de R$ 100,00), apenas verificar a legitimação real do detentor, isto é, a apresentação do cheque original[37]. Nos cheques nominais que não circularam, basta verificar a identidade do portador com o nome do beneficiário ali consignado. Já nos cheques endossados compete ao sacado analisar apenas a regularidade da cadeia de endossos, não sendo necessária a análise da autenticidade de cada assinatura. Especificamente nesta última situação, o STJ reconheceu a responsabilidade do Banco por não verificar a cadeia de endossos, afirmando que: "Ao teor do art. 39 da Lei n. 7.537/85, cabe tanto ao banco sacado quanto ao banco apresentante do cheque à câmara de compensação a verificação da série de endossos"[38].

Após conferir todos os elementos necessários, o banco cumpre a ordem que lhe foi dada pelo emitente. Ao pagar o cheque, o sacado deve exigir a entrega do título pelo portador (Lei n. 7.357/85 – art. 38), acompanhado do endosso-quitação se o pagamento se der em espécie. Tal entrega é necessária para evitar que o título volte a circular e, chegando às mãos de um terceiro de boa-fé, tenha que ser pago novamente. Ademais, nada mais lógico do que recolher um cheque cuja vida cambiária já se encerrou. Por fim, esse recolhimento é a prova de que o banco cumpriu devidamente a ordem que lhe foi dada pelo emitente[39].

No caso em que for admitida a emissão de cheques em moeda estrangeira, o cheque deverá ser pago, no prazo de apresentação, em moeda nacional à luz do câmbio do dia do pagamento. Caso o título não seja pago no ato da apresentação, pode o portador optar entre o câmbio do dia da apresentação e o câmbio do dia do pagamento para efeito de conversão em moeda nacional (Lei n. 7.357/85).

10.1 Pagamento parcial

Caso o emitente possua fundos no sacado, mas estes não sejam suficientes para atender ao valor do cheque, o sacado poderá efetuar o pagamento parcial do cheque. Veja-se que se trata de uma faculdade do banco, e não de uma obrigação da sua parte[40]. Exercendo essa faculdade, o banco devolverá o título ao beneficiário, com a menção expressa no documento de um pagamento parcial. Nesse caso, o beneficiário não pode

---

36. MOLLE, Giacomo. *I titoli di credito bancari*. Milano: Giuffrè, 1972, p. 243.

37. ROSA JÚNIOR, Luiz Emygdio da. *Títulos de crédito*. 4. ed. Rio de Janeiro: Renovar, 2006, p. 598.

38. STJ, 4ª Turma, REsp 989076/SP, Rel. Min. Aldir Passarinho Júnior, j. 1º-3-2011, *DJe* 30-3-2011.

39. MOLLE, Giacomo. *I titoli di credito bancari*. Milano: Giuffrè, 1972, p. 243

40. Idem, p. 227.

recusar o pagamento parcial (Lei n. 7.357/85 – art. 38, parágrafo único), sendo compelido a receber apenas parte do pagamento. Trata-se de uma exceção à regra geral de que o credor não é obrigado a aceitar pagamento parcial (Código Civil – art. 319).

Tal regra visa a proteger os devedores indiretos[41], que só devem responder pela falta de pagamento do devedor principal ou do sacado. Se a falta de pagamento é parcial, sua responsabilidade também deverá sê-lo. Essa prática, contudo, não é corriqueira na atuação dos bancos, que preferem simplesmente devolver, ainda que fosse possível o pagamento parcial.

10.2 Apresentação simultânea de vários cheques

Além do pagamento parcial pela insuficiência parcial de fundos, outro incidente no pagamento do cheque pode decorrer da apresentação simultânea de vários cheques ao sacado, cuja soma ultrapasse os fundos disponíveis. Nesse caso, todos os cheques são exigíveis no mesmo momento, mas não há a possibilidade de pagamento de todos eles.

Para solucionar tal problema, nossa legislação optou pelo critério da antiguidade, isto é, deve ser pago preferencialmente o cheque mais antigo. Para tal aferição, verifica-se inicialmente a data de emissão constante do título. Aquele que tiver a data de emissão mais antiga deverá ser pago. Caso a data de emissão também seja a mesma, deve-se pagar preferencialmente o cheque com numeração inferior (Lei n. 7.357/85 – art. 40).

10.3 Pagamento de cheque falso ou falsificado

Por vezes, há o extravio ou o furto de folhas de cheque que acabam sendo apresentadas ao banco, com assinaturas feitas por pessoas diversas do emitente (cheque falso)[42]. Também pode ocorrer de o cheque, embora tenha sido devidamente assinado pelo emitente, ter sido alterado em algum dos seus elementos essenciais, especialmente no valor (cheque falsificado)[43]. Ressalte-se, por oportuno, que tal terminologia não é uniforme, mas é a mais clara a nosso ver. Apesar disso, usaremos a terminologia da Lei n. 7.357/85 (art. 39, parágrafo único) que fala em falsidade, falsificação e alterações do título.

Luiz Emygdio da Rosa Júnior explica a terminologia legal, afirmando que a falsidade e a falsificação dizem respeito à assinatura, sendo a primeira originária e a segunda derivada. Na falsidade, não haveria nenhuma assinatura e alguém a inclui no texto. Na falsificação, há uma assinatura deturpada por terceiros. Além disso, existiriam as alterações que envolvem os outros elementos do cheque, que não a assinatura[44].

---

41. ASQUINI, Alberto. *I titoli di credito*. Padova: Cedam, 1966, p. 280.
42. MOLLE, Giacomo. *I titoli di credito bancari*. Milano: Giuffrè, 1972, p. 227.
43. Idem, ibidem.
44. ROSA JÚNIOR, Luiz Emygdio da. *Títulos de crédito*. 4. ed. Rio de Janeiro: Renovar, 2006, p. 599.

No direito italiano, entende-se que deve ser analisado o elemento culpa para aferir quem terá que arcar com o prejuízo decorrente de um cheque falso, falsificado ou objeto de alterações[45]. Já no Brasil, entende-se que a responsabilidade pelo cheque falso, falsificado ou objeto de alterações é do banco sacado, por se tratar de risco inerente à sua atividade[46] (Súmula 28 – STF). Resguarda-se, contudo, ao sacado o direito de reaver o que pagou nos casos de dolo ou culpa do correntista, do endossante ou do beneficiário.

11 Devolução do cheque sem pagamento

Embora o pagamento do cheque seja esperado, é certo que nem sempre ele ocorrerá. Não sendo possível o pagamento, o banco devolverá o cheque ao apresentante e consignará o motivo da devolução do cheque. Para simplificar a praxe bancária, o Banco Central criou números para especificar os motivos de devolução de um cheque.

Os motivos para devolução do cheque envolvem ausência de provisão de fundos, impedimento, irregularidade do cheque e apresentação indevida, entre outros. A morte do emitente, posterior à emissão do cheque, não é motivo para o não pagamento do título (Lei n. 7.357/85 – art. 37). A seguir, vejamos uma tabela com os motivos de devolução dos cheques[47].

CLASSIFICAÇÃO	MOTIVO	DESCRIÇÃO
I – Cheque sem provisão de fundos	11	Cheque sem fundos – 1ª apresentação
	12	Cheque sem fundos – 2ª apresentação
	13	Conta encerrada
	14	Prática espúria
II – Impedimento ao pagamento	20	Cheque sustado ou revogado em virtude de roubo, furto ou extravio de folhas de cheque em branco
	21	Cheque sustado ou revogado
	22	Divergência ou insuficiência de assinatura

45. MOLLE, Giacomo. *I titoli di credito bancari*. Milano: Giuffrè, 1972, p. 246.

46. COVELLO, Sérgio Carlos. *Prática do cheque*. 3. ed. Bauru: Edipro, 1999, p. 130-132; ROSA JÚNIOR, Luiz Emygdio da. *Títulos de crédito*. 4. ed. Rio de Janeiro: Renovar, 2006, p. 599.

47. Disponível em: <http://www.bcb.gov.br/?CHEQUEDEV>. Acesso em: 27 fev. 2013. Foi excluído o motivo 36 (mais de um endosso) tendo em vista o fim da vigência da Lei n. 9.311/96.

CLASSIFICAÇÃO	MOTIVO	DESCRIÇÃO
	23	Cheques emitidos por entidades e órgãos da administração pública federal direta e indireta, em desacordo com os requisitos constantes do art. 74, § 2º, do Decreto-lei n. 200, de 25-2-1967
	24	Bloqueio judicial ou determinação do Banco Central do Brasil
	25	Cancelamento de talonário pelo participante destinatário
	26	Inoperância temporária de transporte
	27	Feriado municipal não previsto
	28	Cheque sustado ou revogado em virtude de roubo, furto ou extravio
	30	Furto ou roubo de cheque
	70	Sustação ou revogação provisória
III – Cheque com irregularidade	31	Erro formal (sem data de emissão, com o mês grafado numericamente, ausência de assinatura ou não registro do valor por extenso)
	33	Divergência de endosso
	34	Cheque apresentado por participante que não o indicado no cruzamento em preto, sem o endosso-mandato
	35	Cheque fraudado, emitido sem prévio controle ou responsabilidade do participante ("cheque universal") ou ainda com adulteração da praça sacada ou ainda com rasura no preenchimento
IV – Apresentação indevida	37	Registro inconsistente
	38	Assinatura digital ausente ou inválida
	39	Imagem fora do padrão

CLASSIFICAÇÃO	MOTIVO	DESCRIÇÃO
	40	Moeda inválida
	41	Cheque apresentado a participante que não o destinatário
	42	Cheque não compensável na sessão ou sistema de compensação em que apresentado
	43	Cheque, devolvido anteriormente pelos motivos 21, 22, 23, 24, 31 e 34, não passível de reapresentação em virtude de persistir o motivo da devolução
	44	Cheque prescrito
	45	Cheque emitido por entidade obrigada a realizar movimentação e utilização de recursos financeiros do Tesouro Nacional mediante Ordem Bancária
	48	Cheque de valor superior a R$ 100,00 (cem reais), emitido sem a identificação do beneficiário
	49	Remessa nula, caracterizada pela reapresentação de cheque devolvido pelos motivos 12, 13, 14, 20, 25, 28, 30, 35, 43
V – Emissão indevida	59	Informação essencial faltante ou inconsistente não passível de verificação pelo participante remetente e não enquadrada no motivo 31
	60	Instrumento inadequado para a finalidade
	61	Item não compensável
	64	Arquivo lógico não processado/processado parcialmente
VI – A serem empregados diretamente pela instituição financeira contratada	71	Inadimplemento contratual da cooperativa de crédito no acordo de compensação
	72	Contrato de compensação encerrado

Com a Resolução n. 3.972/2011 do CMN, os bancos também serão obrigados a apresentar o nome completo e endereços residencial e comercial do emitente, no caso de cheque devolvido por: (a) insuficiência de fundos; (b) motivos que ensejam registro de ocorrência no CCF; (c) sustação ou revogação devidamente confirmada, não motivada por furto, roubo ou extravio; (d) divergência, insuficiência ou ausência de assinatura; ou (e) erro formal de preenchimento. Nas mesmas hipóteses, também deverão ser informados nome completo, endereços residencial e comercial, número do documento de identidade e número de inscrição no CPF, do emitente, no caso de cheque emitido por titular de conta conjunta cujos dados de identificação não constem do cheque. Além disso, deverá ser entregue ao interessado cópia da solicitação formal de sustação ou revogação, ou reprodução impressa dos respectivos termos, na hipótese de ter sido solicitada e confirmada por meio de transação eletrônica, contendo a razão alegada pelo emitente ou pelo beneficiário, no caso de cheque devolvido por sustação ou revogação não motivada por furto, roubo ou extravio. Em todo caso, o fornecimento das informações dependerá de requerimento formal do interessado, devendo ser entregue ao beneficiário do título ou a seu representante legal.

12 Revogação (contraordem) e sustação (oposição)

Entre os motivos de devolução do cheque, merecem especial atenção a revogação (contraordem) e a sustação (oposição), que representam declarações de vontade justificadas, para impedir o pagamento do cheque. Não há mais a figura do cancelamento do cheque que não foi emitido.

12.1 Revogação ou contraordem

O cheque é uma ordem de pagamento, feita pelo emitente ao sacado, no sentido do pagamento da quantia ali consignada. Tal ordem, porém, não é irretratável. O emitente pode dar uma contraordem, isto é, revogar a ordem dada, impedindo que o banco efetue o pagamento do cheque. Para tanto, o emitente deve comunicar o banco da sua intenção, indicando os motivos do seu ato (Lei n. 7.357/85 – art. 35), não cabendo, porém, ao banco discuti-los. Nos casos de furto, roubo ou extravio, exige-se a apresentação de boletim de ocorrência policial (Resolução n. 3.972/2011). Foi criado o motivo 70 – sustação ou revogação provisória, a ser utilizado na devolução de cheque objeto de sustação ou revogação provisória, cujo prazo de confirmação não tenha expirado e cuja confirmação ainda não tenha sido realizada, nas condições estabelecidas na regulamentação em vigor (Circular n. 3.535/2011 – Bacen). A sustação provisória não poderá ser renovada ou repetida em relação a um mesmo cheque.

Essa contraordem, que é exclusiva do emitente, só produz efeitos após o prazo de apresentação de cheque (30 ou 60 dias a contar da sua emissão). Ela até pode ser feita dentro do prazo de apresentação, mas só produzirá efeitos depois deste. Desse modo, tal prática não atende aquele que tem a intenção de impedir imediatamente o pagamento do título. Diante disso, Fábio Ulhoa Coelho afirma que a revogação "é apenas o ato cambiário pelo qual o emitente pode limitar a eficácia chéquica do título aos 30 ou 60 dias seguintes à emissão"[48]. Em verdade, tal instituto visa a resguardar o planejamento do correntista, no que tange à movimentação de sua conta-corrente[49].

12.2 Sustação

Além da revogação, que é exclusiva do emitente e só produz efeitos após o prazo de apresentação, há outra forma de impedir o pagamento do cheque: a sustação ou oposição. Nessa hipótese, tanto o emitente como os legítimos possuidores podem sustar o cheque e os efeitos serão imediatos. A sustação e a contraordem se excluem reciprocamente.

A sustação deverá ser requerida por escrito, admitindo-se a oposição por meio eletrônico, desde que confirmada nos dois dias úteis seguintes. Em qualquer caso, ela deve ser fundada em relevante razão de direito (Lei n. 7.357/85 – art. 36), não cabendo ao banco discutir a veracidade do motivo apontado. São exemplos de relevantes razões de direito a emissão do cheque mediante dolo ou coação, ou mesmo o descumprimento contratual do credor (desacordo comercial). Nos casos de furto, roubo ou extravio, exige-se a apresentação de boletim de ocorrência policial (Resolução n. 3.972/2011 – CMN). Então, é possível também a sustação provisória, que impede imediatamente o pagamento do cheque, mas deve ser confirmada pela pessoa que sustou o cheque.

13 Protesto

Em todos as circunstâncias de devolução do cheque, o banco deverá atestar o não pagamento por um carimbo, inclusive com a indicação do motivo da devolução. Embora tal carimbo já demonstre a ausência de pagamento do título, é certo que, para determinados efeitos, exige-se uma prova solene do não pagamento: o protesto.

Nos cheques, o protesto é o meio solene de prova feito perante o competente cartório, para fins de incorporar ao título a prova do não pagamento no vencimento. Tal prova, embora não seja a única admissível do não pagamento do cheque, produz efeitos próprios que lhe dão alguma importância. "Sempre será possível, no prazo para a execução cambial, o protesto cambiário de cheque, com a indicação do emitente como devedor."[50]

---

48. COELHO, Fábio Ulhoa. *Curso de direito comercial*. 8. ed. São Paulo: Saraiva, 2004, v. 1, p. 449.

49. MAMEDE, Gladston. *Direito empresarial brasileiro*: títulos de crédito. 2. ed. São Paulo: Atlas, 2005, v. 3, p. 298.

50. STJ, 2ª Seção, REsp 1423464/SC, Rel. Min. Luis Felipe Salomão, j. 27-4-2016, *DJe* 27-5-2016.

13.1 Efeitos do protesto de um cheque

O primeiro dos efeitos do protesto é a interrupção da prescrição, tendo em vista o disposto no art. 202 do Código Civil, uma vez que com tal prova o devedor terá a ciência inequívoca de que o credor pretende receber. Para tal efeito, o protesto deverá ser realizado enquanto a prescrição não estiver consumada, pois uma vez consumada não há mais o que interromper.

Outro efeito do protesto é a configuração da impontualidade injustificada do devedor empresário, para fins de requerimento de falência, desde que atendidas as demais condições do art. 94, I, da Lei n. 11.101/2005. Ora, a impontualidade não justificada de uma dívida líquida constante de título executivo demonstra que o devedor está em dificuldades e, se tal devedor for um empresário, estas representam uma das hipóteses de estado falimentar. Nesse caso, também não há um prazo rígido para a realização do protesto.

Além desses dois efeitos, que não são produzidos pelo carimbo de devolução do cheque, há um terceiro efeito decorrente do protesto que é a possibilidade de cobrança dos devedores indiretos. Estes, a princípio, só poderão ser cobrados se houver a prova tempestiva de que não houve o pagamento do título no vencimento, salvo se for pactuada a cláusula sem despesas ou sem protesto.

Todavia, este último efeito não é privativo do protesto, isto é, para a cobrança dos devedores indiretos é suficiente o carimbo de devolução do cheque apresentado tempestivamente. Para esse efeito e apenas para ele, o protesto é suprido pela declaração de devolução, desde que a apresentação tenha sido tempestiva. Nos demais efeitos, o protesto é essencial, não podendo ser suprido pela declaração do banco.

Por derradeiro, é oportuno ressaltar que também no cheque o nome do devedor intimado no protesto será encaminhado aos cadastros de inadimplentes, como o SPC, Serasa e Equifax. Nesses casos, o protesto representará a prova da inadimplência de determinada obrigação e, por isso, o nome do emitente poderá ser negativado.

13.2 Protesto no caso de fraude, furto, roubo ou extravio do cheque

O protesto do cheque apenas atesta o não pagamento desse título quando ele foi apresentado ao sacado, independentemente do motivo da sua devolução. Ao não distinguir os motivos da devolução, o protesto pode gerar os mesmos efeitos em um cheque não pago sem fundos e em um cheque pago por ter sido furtado. Tal iniquidade causou uma grande preocupação na doutrina, discutindo-se a própria possibilidade do protesto nos casos de cheques furtados, roubados ou extraviados.

Paulo Sérgio Restiffe e Paulo Restiffe Neto asseveram que é de justiça evitar o protesto nesses casos, devendo inclusive haver a retenção do cheque para fins de instrução de eventual ação penal[51]. O Provimento Geral da Corregedoria do TJDF, em seu art. 101,

51. RESTIFFE NETO, Paulo; RESTIFFE, Paulo Sérgio. *Lei do cheque*. 4. ed. São Paulo: RT, 2000, p. 288-290.

veda o registro do protesto de cheques devolvidos pelos motivos de furto, roubo ou extravio, mas admite sua realização, independentemente de intimação, para resguardar os direitos do portador contra endossantes e avalistas. No âmbito do Tribunal de Justiça de São Paulo, a orientação é no mesmo sentido, conforme item 10 do capítulo XV das normas de serviço dos ofícios extrajudiciais fixadas pelo TJSP.

Na mesma linha de entendimento, o STJ[52] vem afirmando que o protesto é indevido, ou seja, não há que protestar o título devolvido por furto, roubo ou extravio. Caso o credor queira realizar o protesto, tal ato representaria um abuso de direito, gerando a obrigação de indenizar os danos causados.

A nosso ver, efetivamente não deve ocorrer o protesto dos cheques devolvidos por fraude, furto, roubo ou extravio, uma vez que não há qualquer necessidade de tal ato. Os direitos do credor contra os eventuais devedores indiretos já são resguardados pelo simples carimbo de devolução do cheque, dispensando-se a realização do protesto para tanto. Assim sendo, caso o protesto seja efetuado, haverá efetivamente um abuso de direito e, por isso, deverá o apresentante responder pelas perdas e danos que seu ato causar.

Atualmente, o Provimento n. 30/2013 do CNJ afirma que o protesto do cheque devolvido por tais motivos é proibido, salvo quando houver endosso ou aval, caso em que será feito o protesto, mas o emitente não sofrerá quaisquer efeitos, pois será colocado na certidão do protesto um emitente desconhecido, elaborando-se um índice pelo apresentante. Caso o protesto seja realizado mesmo assim, o próprio emitente pode cancelá-lo provando ao cartório o motivo da devolução do cheque.

13.3 Recusa do protesto pelo tabelião

O Provimento n. 30/2013 do CNJ, além de vedar, como regra geral, o protesto nos casos de fraude, furto, roubo ou extravio, tentou evitar outros abusos no protesto do cheque. Embora muito bem intencionado, acreditamos que o referido provimento extrapolou os seus limites normativos, violando o texto da própria lei de protesto.

Em primeiro lugar, o provimento exige que o apresentante do cheque a protesto comprove o vencimento desse cheque, isto é, comprove a apresentação ao banco e o motivo, salvo se a intenção do protesto for instruir medidas contra o estabelecimento bancário. Nesse ponto, não há qualquer problema, pois tais disposições já estão no art. 6º da Lei n. 9.492/97. Todavia, o provimento não parou por aí.

Admitindo expresso protesto após um ano da emissão do cheque, o provimento passa a exigir em seu art. 3º que o apresentante comprove o endereço do emitente, por meio da declaração do banco (Resolução n. 3.792/2011 do CMN – art. 6º), por outros meios legítimos de prova ou por uma declaração firmada pelo próprio apresentante,

52. STJ, 4ª Turma, REsp 297.436/RJ, Rel. Min. Hélio Quaglia Barbosa, j. 28-11-2006, *DJ* 5-2-2007, p. 237; STJ, 3ª Turma, REsp 712.591/RS, Rel. Min. Nancy Andrighi, j. 16-11-2006, *DJ* 4-12-2006, p. 300.

responsabilizando-se por eventuais abusos. O tabelião também poderá exigir a comprovação do endereço quando o local do cartório for diverso do local de pagamento.

Em qualquer caso, mesmo antes de um ano da emissão, mesmo sem a diversidade de local, o art. 5º do provimento autoriza o tabelião a recusar o protesto, se tiver "fundadas suspeitas" de que o endereço informado está incorreto, devendo, nesse caso, comunicar a ocorrência à autoridade policial competente. Mais que isso, o art. 6º do mesmo provimento admite, nos Estados em que o recolhimento dos emolumentos for diferido, que o tabelião recuse o protesto facultativo, quando "as circunstâncias de apresentação indicarem exercício abusivo de direito", tais como cheques de valor irrisório e cheques de data de apresentação muito antiga. Em todas essas hipóteses de recusa, o título será devolvido ao apresentante com uma nota justificativa, podendo haver a revisão de tal decisão, a pedido do apresentante, pelo juiz competente na forma da lei de organização judiciária.

Embora muito bem intencionado, o provimento extrapola seus limites, pois acaba dando ao tabelião o poder de avaliar prescrição relacionada ao título, o que lhe é vedado pelo art. 9º da Lei n. 9.492/97. O ideal seria uma regulação por lei das hipóteses, ainda que de forma exemplificativa, que impedem a realização do protesto. De todo modo, tal norma orientará os procedimentos dos tribunais de justiça e consequentemente dos cartórios.

13.4 Prazo do protesto do cheque

Nos termos do art. 48 da Lei n. 7.357/85, o protesto deverá ser realizado antes da expiração do prazo de apresentação (30 ou 60 dias contados da emissão). Para o TJRS, trata-se de prazo fatal, após o que não será possível mais realizar o protesto, asseverando inclusive tratar-se de abuso de direito sua realização após o prazo[53]. A mesma orientação é sufragada por decisões do TJMG[54] e TJPR[55] que determinam o cancelamento do protesto, efetuado após tal prazo.

A nosso ver, contudo, tal prazo não é um prazo fatal para a efetivação do protesto, mas apenas para a possibilidade de cobrança dos devedores indiretos. O próprio dispositivo que fixa o prazo faz referência ao artigo anterior, que cita o protesto apenas no que tange à cobrança dos devedores indiretos. Em outras palavras, o protesto poderá ser realizado fora desse prazo, mas não vai gerar o efeito de permitir a cobrança dos devedores indiretos. Reitere-se, contudo, que tal efeito também é produzido pelo carimbo de devolução do cheque que tenha sido apresentado dentro do prazo.

---

53. TJRS, 12ª Câmara Cível, Agravo de Instrumento 70025005893, Rel. Dálvio Leite Dias Teixeira, j. 7-7-2008; TJRS, 9ª Câmara Cível, Agravo de Instrumento 70025029802, Rel. Marilene Bonzanini Bernardi, j. 30-6-2008.

54. TJMG, 12ª Câmara Cível, 1.0481.07.073719-4/001(1), Rel. Des. Domingos Coelho, *DJ* 26-7-2008; TJMG, 14ª Câmara Cível, 1.0105.06.189748-1/001(1), Rel. Des. Antônio de Pádua, *DJ* 22-7-2008.

55. TJPR, 10ª Câmara Cível, AC 0462883-3, Foro Central da Região Metropolitana de Curitiba, Rel. Des. Ronald Schulman, unânime, j. 28-2-2008.

No que tange à interrupção da prescrição ou à configuração da impontualidade injustificada, tal prazo não tem a menor relevância. Assim sendo, não há dúvida de que o protesto pode ser realizado a qualquer tempo, inclusive depois da prescrição da execução, tendo em vista que a obrigação ainda existirá, podendo ser exigida por meio da ação de locupletamento ou da ação causal[56].

Apesar de o art. 9º da Lei n. 9.492/97 dizer que o tabelião não deve analisar prescrição ou caducidade, o STJ firmou a opinião no sentido de que, após a prescrição da execução, não seria mais possível o protesto por falta de pagamento. Nesse sentido, asseverou que: "É legítimo o protesto de cheque efetuado depois do prazo de apresentação previsto no art. 48, *caput*, da Lei n. 7.357/85, desde que não escoado o prazo prescricional relativo à ação cambial de execução"[57]. No mesmo sentido, foi dito pelo mesmo STJ que: "Em que pese o art. 9º da Lei n. 9.492/97 estabelecer que não cabe ao tabelião investigar a ocorrência de prescrição ou caducidade, é preciso observar a inovação legislativa causada pelo advento da Lei n. 11.280/2006, que alçou a prescrição ao patamar das matérias de ordem pública, cognoscíveis de ofício pelo juiz, passando, portanto, o exame da prescrição a ser pertinente à observância da regularidade formal do título, condição para o registro de protesto, como exige o parágrafo único do mesmo art. 9º da Lei n. 9.492/97"[58].

Embora a prescrição já tenha sido acolhida pelas duas turmas de direito privado do STJ, não vemos a consumação da prescrição da execução como impeditiva do protesto do título, porquanto ainda existiriam outros meios para tentar receber o título, como, na linha do mesmo STJ, ação monitória. Assim, enquanto houver uma pretensão, cuja prescrição possa ser interrompida pelo protesto, seria legítima sua realização.

14 Ação cambial

Não obstante o protesto seja um eficiente meio de pressão sobre o devedor de um título de crédito, é certo que ele é apenas um meio de prova, não se constituindo em um meio de cobrança. Para receber o valor incorporado ao título, a legislação assegura ao credor de um cheque não pago a ação cambial, vale dizer, uma ação judicial. A lei reconhece ao titular de um cheque uma presunção que seu direito existe, permitindo a imediata execução do cheque, sem a necessidade de um processo de conhecimento. Portanto, para receber o cheque não pago, o credor deverá ajuizar uma ação executiva, pelo rito da execução por quantia certa, perante o juízo do foro de domicílio do executado, de eleição constante do título ou, ainda, de situação dos bens a ela sujeitos. Havendo mais de um devedor, com diferentes domicílios, a execução será proposta no foro de qualquer deles, à escolha do exequente. Se o executado tiver mais de um domicílio, poderá ser

56. STJ, 3ª Turma, REsp 671486/PE, Rel. Min. Carlos Alberto Menezes Direito, j. 8-3-2005, *DJ* 25-4-2005, p. 347; TJDF, 3ª Turma Cível, 20080020011792AGI, Rel. Humberto Adjuto Ulhôa, j. 23-4-2008, *DJ* 2-5-2008, p. 28; TJRJ, 15ª Câmara Cível, Apelação Cível 2008.001.27663, Des. Sergio Lucio Cruz, j. 17-6-2008.

57. STJ, 3ª Turma, REsp 1297797/MG, Rel. Min. João Otávio de Noronha, j. 24-2-2015, *DJe* 27-2-2015.

58. STJ, 4ª Turma, AgRg no AgRg no REsp 1100768/SE, Rel. Min. Marco Buzzi, j. 11-11-2014, *DJe* 17-11-2014.

demandado no foro de qualquer deles. Sendo incerto ou desconhecido o domicílio do executado, a execução poderá ser proposta no lugar onde for encontrado ou no foro de domicílio do exequente. A execução ainda poderá ser proposta no foro do lugar em que se praticou o ato ou em que ocorreu o fato que deu origem ao título, mesmo que nele não mais resida o executado (CPC/2015 – art. 781).

14.1 Legitimidade e instrução da petição inicial

A legitimidade ativa para tal ação é do portador do cheque, que é o titular do direito de crédito. Ele poderá ajuizar tal ação contra os devedores do título (emitente, endossantes e avalistas), individual ou coletivamente. O sacado não é devedor do título e, por isso, não pode ser executado. Ressalte-se, de imediato, que, no caso de conta conjunta, apenas aquele que assinou poderá figurar no polo passivo da referida ação, uma vez que apenas ele declarou a vontade no título e se tornou devedor.

Contra o emitente do cheque e seus avalistas é suficiente que seja juntado o cheque devidamente apresentado ao sacado. O cheque é o documento necessário para o exercício do direito e, por isso, é imprescindível sua apresentação. Além disso, é essencial demonstrar que a obrigação ali incorporada é exigível, isto é, está vencida. A prova do vencimento do cheque é a prova da sua apresentação ao sacado. Não há necessidade de que tal apresentação seja tempestiva, salvo se o emitente tinha fundos disponíveis durante o prazo de apresentação e deixou de tê-los por motivo alheio a sua vontade (Lei n. 7.357/85 – art. 47, § 3º). Também não há a necessidade de qualquer outro documento que comprove o não pagamento do título (protesto...), porquanto se trata de uma ação contra o devedor principal do título.

Contra os endossantes e respectivos avalistas, é essencial que sejam juntados o cheque apresentado em tempo hábil (30 ou 60 dias da emissão), bem como a prova da recusa do pagamento, por meio do protesto ou da declaração do sacado ou da câmara de compensação (Lei n. 7.357/85 – art. 47, II), salvo se houver a cláusula sem despesas. A exigência da prova de não pagamento do título, pelos meios indicados, decorre da condição de devedores indiretos dos endossantes e seus avalistas. Eles não assumem a obrigação de pagar o título diretamente, mas apenas garantem o seu pagamento no caso de frustração do pagamento pelo devedor principal. Assim, é essencial uma prova solene desse não pagamento.

14.2 Objeto

Na ação cambial, o objetivo final é a satisfação de um crédito, que envolve o valor do cheque, correção monetária, juros de mora e despesas do credor, não sendo admitida a pactuação de juros remuneratórios (Lei n. 7.357/85 – art. 10). Tal soma, que deverá ser demonstrada em uma memória discriminada de cálculos, é o objeto da ação e representará também o valor da causa.

Ao emitir o cheque, dá-se a ordem de pagamento de determinado valor, o qual, contudo, pode ficar defasado em razão do poder corrosivo da inflação. Por conseguinte, na ação cambial do cheque não se cobra apenas o valor original do cheque, mas esse valor devidamente corrigido, o que não representa efetivamente nenhum acréscimo, mas apenas a recomposição do poder aquisitivo da moeda.

Por representar uma simples atualização do valor do cheque, a jurisprudência vem entendendo que o termo inicial da correção monetária é a data da emissão do cheque[59]. Em casos excepcionais, quando o credor nem apresenta o cheque ao banco dentro do prazo prescricional, o STJ reconheceu a incidência da correção a partir do ajuizamento da ação[60].

No entanto, Luiz Emygdio da Rosa Júnior afirma que o termo inicial deveria ser a data da apresentação do cheque e recusa do pagamento, porquanto nessa data se consumaria o prejuízo do credor[61]. No mesmo sentido estão Paulo Restiffe Neto e Paulo Sérgio Restiffe, os quais asseveram que a interpretação de que a correção deveria incidir a partir da emissão do cheque, obrigaria o próprio banco a pagar a correção do valor quando o título lhe fosse apresentado[62]. No mesmo sentido, o STJ já sustentou que, "por não ser a correção monetária um *plus*, ela será calculada a contar do respectivo vencimento"[63].

A nosso ver, o termo inicial deve ser efetivamente a data da apresentação, uma vez que até aquele dia o portador receberia apenas o valor nominal do cheque. A partir dali, há o direito à recomposição do efetivo valor da moeda. Assim sendo, o valor deverá ser atualizado desde a data da apresentação até a data do efetivo pagamento.

Além do principal devidamente corrigido, podem ser cobrados juros moratórios, independentemente de previsão expressa no título, uma vez que sua incidência decorre de lei. Nesse caso, o termo inicial é o vencimento do título (data da apresentação do cheque ao sacado), uma vez que se trata de dívida líquida e certa (Lei n. 7.357/85 – art. 52, II). A taxa dos juros moratórios é aquela estabelecida no art. 406 do Código Civil, a nosso ver, 1% ao mês[64].

Por fim, podem ser exigidas do devedor as despesas efetuadas pelo credor, especialmente do eventual protesto e dos avisos realizados. Tais despesas, porém, não poderão

59. STJ, 3ª Turma, REsp 365.061/MG, Rel. Min. Humberto Gomes de Barros, j. 21-2-2006, *DJ* 20-3-2006, p. 263; STJ, 4ª Turma, REsp 146.863/SP, Rel. Min. Ruy Rosado de Aguiar, j. 2-12-97, *DJ* 16-3-98, p. 155; TJDF, 4ª Turma Cível, 20040610071155APC, Rel. Cruz Macedo, j. 3-4-2006, *DJ* 18-5-2006, p. 106; TJRS, 11ª Câmara Cível, Apelação Cível 70021191184, Rel.Voltaire de Lima Moraes, j. 26-3-2008; TJMG, 14ª Câmara Cível, Apelação Cível 1.0481.05.043034-9/001, Rel. Des. Elpídio Donizetti, j. 24-4-2007.

60. STJ, 1ª Turma, REsp 237.626/GO, Rel. Min. Milton Luiz Pereira, j. 6-12-2001, *DJ* 15-4-2002, p. 170.

61. ROSA JÚNIOR, Luiz Emygdio da. *Títulos de crédito*. 4. ed. Rio de Janeiro: Renovar, 2006, p. 648.

62. RESTIFFE NETO, Paulo; RESTIFFE, Paulo Sérgio. *Lei do cheque*. 4. ed. São Paulo: RT, 2000, p. 315.

63. AgRg no REsp 619.002/MG, Rel. Min. Vasco Della Giustina (Desembargador Convocado do TJRS), 3ª Turma, j. 4-2-2010, *DJe* 25-2-2010.

64. STJ, 3ª Turma, AgRg no Ag 765.231/RS, Rel. Min. Sidnei Beneti, j. 11-3-2008, *DJ* 1º-4-2008, p. 1.

ser determinadas se for pactuada no cheque a cláusula sem protesto ou sem despesas (Lei n. 7.357/85 – art. 50).

14.3 Prescrição

A ação cambial é o meio próprio e primário para o recebimento do cheque não pago. Tal ação, contudo, possui limites temporais para ser ajuizada. Pelo uso a que se destina o cheque, resolveu-se estabelecer um prazo prescricional relativamente curto para ela, qual seja: seis meses. Na Argentina, tal prazo é de um ano[65]. No Brasil, bem como na Argentina, o prazo deverá ser contado a partir "da expiração do prazo de apresentação" (Lei n. 7.357/85 – art. 59) do cheque, e não da sua data de emissão.

Assim, deverão ser contados 30 ou 60 dias da emissão, conforme o título seja pagável na mesma praça de emissão ou em praças distintas e, a partir daí, mais seis meses. Não se deve falar em sete meses ou oito meses da emissão, porquanto prazos em dias e em meses não podem se misturar. Primeiro conta-se o prazo da apresentação em dias e só depois se conta o prazo prescricional em meses.

Tome-se como exemplo um cheque emitido para pagamento na mesma praça no dia 1º-1-2008. O prazo de apresentação de tal cheque ao sacado é de 30 dias e expira no dia 31-1-2008. A partir desse dia, devem ser contados os seis meses do prazo prescricional, chegando-se ao termo final de 31-7-2008, após o que a ação estará prescrita.

Caso o portador deixe transcorrer o prazo, sem apresentar o cheque, não há dúvida de como será contado o prazo prescricional. Contudo, há controvérsias quando o cheque foi apresentado ao sacado, dentro do prazo de apresentação. Nesses casos, parte da doutrina sustenta que o prazo de seis meses deverá ser contado a partir do dia da apresentação. Outros autores, porém, mantêm inalterada a contagem, com ou sem apresentação dentro do prazo.

Alguns autores[66] asseveram que com o ato da apresentação está encerrado o prazo para tanto, como uma espécie de preclusão consumativa. Se o ato já foi praticado, não haveria que falar mais em transcurso do prazo para a prática do ato. Desse modo, em um cheque emitido no dia 1º-1-2008 e apresentado no dia 2-1-2008, o prazo prescricional começaria a correr no dia 2-1-2008, findando no dia 2-7-2008.

Tal linha de orientação parece ser adotada pela 3ª turma do STJ, que já sustentou que "o prazo prescricional deve ser contado, se não houve apresentação anterior, a partir de trinta dias da data nele consignada como sendo a da cobrança"[67]. Ao afirmar isso, tal

---

65. VILLEGAS, Carlos Gilberto. *El cheque*. Buenos Aires: Rubinzal-Culzoni, 1998, p. 432.

66. ROSA JÚNIOR, Luiz Emygdio da. *Títulos de crédito*. 4. ed. Rio de Janeiro: Renovar, 2006, p. 652; REQUIÃO, Rubens. *Curso de direito comercial*. 21. ed. São Paulo: Saraiva, 1998, v. 2, p. 481; MAMEDE, Gladston. *Direito empresarial brasileiro*: títulos de crédito. 2. ed. São Paulo: Atlas, 2005, v. 3, p. 306; CUNHA PEIXOTO, Carlos Fulgêncio da. *O cheque*. Rio de Janeiro: Revista Forense, 1962, v. 2, p. 400.

67. STJ, 3ª Turma, REsp 620.218/GO, Rel. Min. Castro Filho, j. 7-6-2005, *DJ* 27-6-2005, p. 376.

precedente conclui que se houve apresentação anterior, é do dia da apresentação que deverá ser contado o prazo de seis meses.

De outro lado, há autores[68] que asseveram que não interessa o dia da apresentação, pois o prazo prescricional será sempre contado da mesma forma. A expiração do prazo de apresentação só ocorre quando decorrido o prazo de 30 ou 60 dias da emissão do cheque, independentemente de quando houve a apresentação. Nesse sentido, a 4ª Turma do STJ já declarou que "o lapso prescricional previsto no art. 59 da Lei do Cheque (7.357/85) somente tem início a partir da expiração do prazo para apresentação do cheque, independentemente de o credor havê-lo feito em data anterior"[69].

A nosso ver, a segunda opinião é mais exata. Em primeiro lugar, o dispositivo fala genericamente em expiração do prazo de apresentação, não tendo em seu texto qualquer dispositivo que leve a crer que a simples apresentação já faz expirar o prazo. Outrossim, contar o prazo do dia da apresentação seria punir o credor diligente que obedeceu ao prazo legalmente estabelecido para a apresentação. A fim de evitar essas incongruências, o prazo prescricional da execução do cheque deverá ser contado sempre do termo final do prazo de apresentação, independentemente do dia em que a apresentação ocorrer.

Na ação para o exercício do direito de regresso, o prazo prescricional também é de seis meses, mas contados do dia em que o obrigado pagou o cheque ou do dia em que foi demandado (Lei n. 7.357/85 – art. 59, parágrafo único). O prazo é o mesmo, alterando-se apenas o seu termo inicial.

Em todo caso, as hipóteses de suspensão e interrupção da prescrição são as previstas pelo Código Civil. Ressalve-se, porém, que a interrupção em face de um dos devedores do cheque não atinge os demais (Lei n. 7.357/85 – art. 60), excepcionando a regra do art. 204, § 1º, do Código Civil.

15 Ação de locupletamento ou de enriquecimento sem causa

O decurso do prazo prescricional da ação cambial não significa a perda do direito de receber o valor constante do cheque, mas apenas a perda da pretensão executiva. Prescrita a ação cambial executiva, pode o portador do cheque ajuizar ainda a ação de locupletamento ou de enriquecimento ilícito, visando ao recebimento do valor consignado no título. Trata-se de uma segunda ação, posta à disposição do credor, a fim de evitar que o devedor do título de crédito se enriqueça indevidamente.

---

68. BULGARELLI, Waldirio. *Títulos de crédito*. 14. ed. São Paulo: Atlas, 1998, p. 337; FREITAS, Caub Feitosa. *Direito comercial*: títulos de crédito: incursões no Mercosul. Goiânia: AB, 2000, p. 190; COELHO, Fábio Ulhoa. *Curso de direito comercial*. 8. ed. São Paulo: Saraiva, 2004, v. 1, p. 451; OLIVEIRA, Celso Marcelo de. *Títulos de crédito*. Campinas: LZN, 2003, p. 141; COSTA, Wille Duarte. *Títulos de crédito*. Belo Horizonte: Del Rey, 2003, p. 370; RESTIFFE NETO, Paulo; RESTIFFE, Paulo Sérgio. *Lei do cheque*. 4. ed. São Paulo: RT, 2000, p. 342-343.

69. STJ, 4ª Turma, REsp 539.777/PR, Rel. Min. Barros Monteiro, j. 3-2-2004, *DJ* 12-4-2004, p. 215; No mesmo sentido: STJ, 4ª Turma, REsp 274.633/SP, Rel. Min. Jorge Scartezzini, j. 19-10-2006, *DJ* 6-11-2006, p. 327.

A ação de locupletamento ou enriquecimento sem causa é uma ação subsidiária, isto é, é uma ação que só surge quando não é mais possível ajuizar a ação cambial. Ela visa a evitar prejuízos para o credor que deixou transcorrer o prazo prescricional da ação cambial. Apesar da sua inércia, ele ainda é considerado digno de proteção e se coloca à sua disposição uma segunda ação, com o objetivo de evitar o enriquecimento ilícito dos devedores do cheque.

15.1 Legitimidade

A ação de locupletamento ou enriquecimento sem causa deve ser ajuizada pelo legítimo portador do título, isto é, por seu credor. A legitimidade ativa será daquele que teve um prejuízo pelo não pagamento. Não há qualquer dúvida quanto ao autor da ação, uma vez que o titular do direito de crédito é quem teve o prejuízo com o não pagamento e, por isso, poderá lançar mão dessa ação para afastar o seu prejuízo. Em última análise, essa ação é uma segunda chance para o credor receber o seu crédito e, consequentemente, é o credor que fazer uso dessa ação.

Esse credor deverá ajuizar a ação contra "o emitente ou outros obrigados, que se locupletaram injustamente com o não pagamento do cheque" (Lei n. 7.357/85 – art. 61). Em outras palavras, a legitimidade passiva para a ação será daquele que se enriqueceu indevidamente pelo não pagamento do título. Veja-se que não há solidariedade, pois o dispositivo legal usa a conjunção *ou* para identificar contra quem a ação poderá ser ajuizada. Assim, apenas aquele que se enriqueceu indevidamente poderá ser réu dessa ação.

Para Gladston Mamede, "somente o emitente poderá ser réu no procedimento cognitivo ou monitório que vise impedir o locupletamento pela prescrição da cártula"[70]. Ele assevera que com a prescrição da cambial desapareceriam os vínculos cambiários dos demais participantes do título, restando apenas a obrigação do emitente.

Por sua vez, Luiz Emygdio da Rosa Júnior, Fran Martins, Paulo Restiffe Neto e Paulo Sérgio Restiffe[71] sustentam que a ação poderá ser ajuizada contra o emitente ou contra os endossantes do cheque, uma vez que todos eles poderiam se locupletar indevidamente. Eles negam a possibilidade de ação apenas contra o avalista, tendo em vista que a gratuidade do aval desconfiguraria o enriquecimento indevido do avalista.

A nosso ver, a expressão genérica usada pela lei leva à conclusão de que a ação poderá ser ajuizada contra todos os devedores do título, desde que provado o seu enriquecimento ilícito. O texto da lei fala em "emitente ou outros obrigados" como sujeitos

70. MAMEDE, Gladston. *Direito empresarial brasileiro*: títulos de crédito. 2. ed. São Paulo: Atlas, 2005, v. 3, p. 308.

71. RESTIFFE NETO, Paulo; RESTIFFE, Paulo Sérgio. *Lei do cheque*. 4. ed. São Paulo: RT, 2000, p. 352; ROSA JÚNIOR, Luiz Emygdio da. *Títulos de crédito*. 4. ed. Rio de Janeiro: Renovar, 2006, p. 658; MARTINS, Fran. *Títulos de crédito*. 5. ed. Rio de Janeiro: Forense, 1995, v. 2, p. 150.

passivos dessa ação. Portanto, todos os obrigados, em tese, poderiam ser réus em tal ação. Todavia, pelo pressuposto do enriquecimento sem causa, concluímos que a sujeição passiva compete apenas ao emitente ou aos endossantes[72] do título, que tenham se enriquecido pelo não pagamento. Os avalistas, a princípio, não se enriquecem pelo não pagamento e, por isso, não poderiam ser sujeitos passivos dessa ação, a menos que se provasse o seu locupletamento ilícito[73].

15.2 Procedimento

Definidas as partes da ação, é oportuno esclarecer qual será o rito processual a ser seguido. Nesse caso, especificamente, não há uma única opção, mas algumas alternativas. A princípio, tal ação poderá ser ajuizada pelo procedimento comum, uma vez que esse é o rito geral. Todavia, esse não é o único procedimento que pode ser usado pelo autor da ação. Ele poderá escolher o procedimento do juizado especial se o valor não ultrapassar os 40 salários mínimos no juizado estadual (Lei n. 9.099/95).

15.3 Causa de pedir e prova

Ao ajuizar a ação perante o juízo competente do domicílio do réu, por um dos procedimentos colocados à sua disposição, compete ao credor invocar desde a petição inicial os fundamentos de fato e de direito da sua demanda, isto é, cabe-lhe indicar a causa de pedir.

Indiscutivelmente, o fundamento jurídico da pretensão na ação de locupletamento é o enriquecimento ilícito do devedor. No entanto, discute-se qual seria o fundamento de fato que representaria esse enriquecimento ilícito.

Para alguns autores[74], o fundamento da demanda é o enriquecimento indevido decorrente da origem do título de crédito, não sendo suficiente o não pagamento do título, uma vez que haveria uma confusão com a própria ação cambial. Existiria, portanto, a necessidade de demonstração de um enriquecimento específico do devedor a ser narrado na inicial e devidamente comprovado pelo autor da ação. Nessa linha de interpretação, o título sozinho não é suficiente para embasar a ação de locupletamento e seria essencial a narrativa da *causa debendi* na petição inicial.

---

72. TJDF, 1ª Turma Cível, 20030110157490APC, Rel. José de Aquino Perpétuo, j. 21-2-2005, *DJ* 12-5-2005, p. 22.

73. STJ, 3ª Turma, REsp 457.556/SP, Rel. Min. Nancy Andrighi, j. 11-11-2002, *DJ* 16-12-2002, p. 331.

74. COSTA, Wille Duarte. *Títulos de crédito*. Belo Horizonte: Del Rey, 2003, p. 316; MAGALHÃES, Roberto Barcellos de. *Títulos de crédito*. Rio de Janeiro: Lumen Juris, 1996, p. 90; BOITEUX, Fernando Netto. *Títulos de crédito*. São Paulo: Dialética, 2002, p. 125; CUNHA PEIXOTO, Carlos Fulgêncio da. *O cheque*. Rio de Janeiro: Revista Forense, 1962, v. 2, p. 415; ASQUINI, Alberto. *I titoli di credito*. Padova: Cedam, 1966, p. 367.

Entretanto, prevalece o entendimento de que o fundamento de fato é o simples não pagamento do título[75], não havendo, portanto, qualquer necessidade de narrar o negócio jurídico subjacente (*causa debendi*). Nesse sentido, a prova a ser feita pelo autor é do não pagamento do título, o que se faz com a simples apresentação do próprio título. Logo, a prova que lhe incumbe decorre da simples apresentação do título em juízo[76], cabendo ao réu a eventual desconstituição dessa prova.

Com efeito, ao assumir a obrigação de pagar o título e não cumpri-la, o devedor se enriquece indevidamente. Se ele devia pagar, isto é, devia ter uma redução do seu patrimônio e não o faz, houve um enriquecimento ilícito da sua parte.

Portanto, o fundamento de fato da demanda é o simples não pagamento do título. Desse modo, não há qualquer necessidade de narrar na petição inicial nada além do não pagamento do título, ou seja, não há necessidade de declinação da origem da dívida (*causa debendi*) na petição. Consequentemente, compete ao autor juntar apenas o título como prova do fato constitutivo do seu direito (CPC/2015 – art. 373, I).

15.4 Objeto

Na ação de locupletamento, o objeto almejado é o pagamento do valor do título. Contudo, não se trata apenas do valor nominal, mas do valor atualizado do cheque, isto é, do valor devidamente corrigido.

Por representar uma simples atualização do valor do cheque, a jurisprudência vem entendendo que o termo inicial da correção monetária é a data da emissão do cheque[77]. Em casos excepcionais, quando o credor nem apresentou o cheque ao banco dentro do prazo prescricional, o STJ reconheceu a incidência da correção a partir do ajuizamento da ação[78]. De outro lado, há quem sustente, a nosso ver com razão,

---

75. MAMEDE, Gladston. *Direito empresarial brasileiro*: títulos de crédito. 2. ed. São Paulo: Atlas, 2005, v. 3, p. 309; ROSA JÚNIOR, Luiz Emygdio da. *Títulos de crédito*. 4. ed. Rio de Janeiro: Renovar, 2006, p. 471; PAVONE LA ROSA, Antonio. *La letra de cambio*. Tradução de Osvaldo J. Máffia. Buenos Aires: Abeledo Perrot, 1988, p. 670.

76. STJ, 4ª Turma, REsp 1018177/RS, Rel. Min. Aldir Passarinho Junior, j. 4-3-2008, *DJ* 12-5-2008, p. 1; TJDF, 1ª Turma Cível, 20060110117513APC, Rel. Silva Lemos, j. 23-1-2008, *DJ* 16-6-2008, p. 56; TJRS, 2ª Turma Recursal Cível, Turmas Recursais, Recurso Cível 71001668540, Rel. Maria José Schmitt Santanna, j. 16-7-2008; TJPR, 7ª Câmara Cível, AC 0498417-2, Cruzeiro do Oeste, Rel. Juiz Conv. Francisco Luiz Macedo Junior, Unânime, j. 15-7-2008; TJMG, 9ª Câmara Cível, Apelação Cível 1.0699.06.065259-0/001, Rel. Des. Tarcísio Martins Costa, *DJ* 10-5-2008.

77. STJ, 3ª Turma, REsp 365.061/MG, Rel. Min. Humberto Gomes de Barros, j. 21-2-2006, *DJ* 20-3-2006 p. 263; STJ, 4ª Turma, REsp 146.863/SP, Rel. Min. Ruy Rosado de Aguiar, j. 2-12-97, *DJ* 16-3-98, p. 155; TJDF, 4ª Turma Cível, 20040610071155APC, Rel. Cruz Macedo, j. 3-4-2006, *DJ* 18-5-2006, p. 106; TJRS, 11ª Câmara Cível, Apelação Cível 70021191184, Rel. Voltaire de Lima Moraes, j. 26-3-2008; TJMG, 14ª Câmara Cível, Apelação Cível 1.0481.05.043034-9/001, Rel. Des. Elpídio Donizetti, j. 24-4-2007.

78. STJ, 1ª Turma, REsp 237.626/GO, Rel. Min. Milton Luiz Pereira, j. 6-12-2001, *DJ* 15-4-2002, p. 170.

que o termo inicial deveria ser o vencimento do cheque, isto é, a data da apresentação do cheque e recusa do pagamento, porquanto nessa data se consumaria o prejuízo do credor[79].

Além do principal, devidamente corrigido, podem ser cobrados juros moratórios que, nesse caso, deverão incidir a partir do ajuizamento da ação, uma vez que não se está diante da execução do título de crédito, mas de outra ação[80]. A inércia do credor em exigir o pagamento do débito inscrito no título, por meio da execução, afasta a incidência de juros de mora desde a apresentação (Lei n. 7.357/85 – art. 52, II), fazendo prevalecer a determinação do art. 405 do CC que prevê a incidência dos juros de mora a partir da citação.

15.5 Prescrição

Embora tenha o objetivo de inibir os efeitos do tempo sobre a pretensão de receber um título de crédito, é certo que a ação de locupletamento não representa uma perenização da obrigação. Há também um prazo, dentro do qual a ação poderá ser ajuizada, sob pena de perda da pretensão. Especificamente para o cheque, tal prazo é de dois anos contados da prescrição da ação cambial (Lei n. 7.357/85 – art. 61). Reitere-se que tal ação é subsidiária, vale dizer, ela pode ser ajuizada depois que não for mais possível usar a ação cambial e, por isso, seu prazo prescricional só tem início quando encerrado o prazo prescricional da ação cambial.

16 Ação causal (ação de cobrança)

Além da ação cambial e da ação de locupletamento, há a previsão de uma terceira ação para o recebimento do cheque, qual seja: a ação causal (Lei n. 7.357/85 – art. 62). Por sua própria previsão legal, vê-se que tal ação é fundada na relação causal, isto é, na causa de emissão ou de negociação do cheque.

A simples emissão do cheque, em regra *pro solvendo*, não tem o condão de extinguir o negócio jurídico que lhe deu origem e, por isso, subsiste a ação baseada nesse negócio jurídico. O cheque, nesse caso, é apenas um meio probatório da relação causal que se quer ver adimplida. Caso o cheque tenha sido emitido *pro soluto*, o que não se presume, não há que se cogitar da ação causal, porquanto o negócio jurídico que lhe deu origem já está extinto.

---

79. ROSA JÚNIOR, Luiz Emygdio da. *Títulos de crédito*. 4. ed. Rio de Janeiro: Renovar, 2006, p. 648; RESTIFFE NETO, Paulo; RESTIFFE, Paulo Sérgio. *Lei do cheque*. 4. ed. São Paulo: RT, 2000, p. 315; STJ, 3ª Turma, AgRg no REsp 619.002/MG, Rel. Min. Vasco Della Giustina (Desembargador Convocado do TJRS), j. 4-2-2010, *DJe* 25-2-2010.

80. STJ, 3ª Turma, AgRg no REsp 1040815/GO, Rel. Min. Sidnei Beneti, j. 12-5-2009, *DJe* 10-6-2009.

16.1 Legitimidade

Dado seu fundamento, a legitimidade para tal ação coincidirá com a relação causal, isto é, as partes da ação causal serão as partes do negócio jurídico que se quer ver cumprido[81]. Aquele que deixou de honrar sua obrigação será o sujeito passivo da ação e aquele que tem direito à prestação será o sujeito ativo desta. O avalista não terá qualquer responsabilidade ou legitimidade para tal ação, uma vez que ele não participa do negócio jurídico.

16.2 Objeto

Naturalmente, o objeto da ação causal (de cobrança) será o objeto do negócio jurídico cobrado, isto é, o valor combinado entre as partes que, geralmente, é o valor do próprio título. A princípio, nessa ação, por falta de previsão legal específica, os juros de mora correrão a partir da citação (CC – art. 405). Todavia, havendo previsão na relação contratual entre as partes sobre o termo inicial dos juros moratórios, esse termo prevalecerá, pois trata-se, em última análise, de obrigação contratada como positiva e líquida, com vencimento certo, na qual os juros moratórios correm a partir da data do vencimento da dívida. Assim, "o fato de a dívida líquida e com vencimento certo haver sido cobrada por meio de ação monitória não interfere na data de início da fluência dos juros de mora, a qual recai no dia do vencimento, conforme estabelecido pela relação de direito material"[82].

16.3 Procedimento

Como vimos, o direito de ajuizar a ação causal nasce com o vencimento da obrigação subjacente ao título. Assim, nada impede que durante certo período coexista a possibilidade de ajuizamento da ação cambial e da ação causal. Nesse período, nada impede que haja uma cumulação das duas ações no mesmo processo[83]. No caso de cumulação das ações causal e cambial, o rito poderá ser executivo.

Todavia, nem sempre haverá essa cumulação, especialmente porque a possibilidade de ajuizar a ação causal subsiste mesmo depois do prazo prescricional da ação cambial. E, na prática, a ação causal é usada apenas quando não é mais cabível a execução do tí-

---

81. POLOGNA, Graciela. *Acciones cambiarias e extracambiarias*. Buenos Aires: La Ley, 2006, p. 117-118; ESCUTI, Ignácio A. *Títulos de crédito*. 5. ed. Buenos Aires: Astrea, 1998, p. 361; BROSETA PONT, Manuel. *Manual de derecho mercantil*. 10. ed. Madrid: Tecnos, 1994, p. 688.

82. STJ, Corte Especial, EREsp 1250382/RS, Rel. Min. Sidnei Beneti, j. 2-4-2014, *DJe* 8-4-2014.

83. POLOGNA, Graciela. *Acciones cambiarias e extracambiarias*. Buenos Aires: La Ley, 2006, p. 108; BONFANTI, Mario Alberto; GARRONE, José Alberto. *De los títulos de crédito*. 2. ed. Buenos Aires: Abeledo--Perrot, 1976, p. 709.

tulo. Nesses casos, poderá ser adotado o procedimento ordinário comum. Além disso, a depender do valor, pode ser usado o rito do juizado especial (até 40 salários mínimos – Lei n. 9.099/95).

16.4 Narrativa da causa do cheque

Embora possa seguir os mesmos procedimentos da ação de locupletamento e seja normalmente usada após a prescrição da ação cambial, a ação causal não se confunde com esta. A grande diferença entre as duas ações está na causa de pedir. Na ação de locupletamento, a causa de pedir é o simples não pagamento do cheque; já na ação causal a causa de pedir remonta ao negócio jurídico que deu origem ao título[84]. Além disso, é certo que os prazos prescricionais também são diversos.

Partindo-se da distinção primordial, seria possível afirmar que na ação de locupletamento não seria necessária a narrativa da *causa debendi*, ao passo que na ação causal seria essencial a narrativa da causa do cheque. Todavia, a questão não é tão simples de acordo com a jurisprudência do STJ.

O STJ reconheceu a necessidade da narrativa da *causa debendi* e afirmou: "Prescrito o prazo para execução do cheque, o art. 61 da Lei do Cheque prevê, no prazo de 2 (dois) anos a contar da prescrição, a possibilidade de ajuizamento de locupletamento ilícito que, por ostentar natureza cambial, prescinde da descrição do negócio jurídico subjacente. Expirado o prazo para ajuizamento da ação por enriquecimento sem causa, o art. 62 do mesmo Diploma legal ressalva ainda a possibilidade de ajuizamento de ação fundada na relação causal, a exigir, portanto, menção ao negócio jurídico que ensejou a emissão do cheque"[85].

Todavia, o próprio STJ, em outro julgado que se referia ao procedimento comum, considerou dispensável a narrativa da *causa debendi*, declarando: "Nas demandas de cobrança de cheques prescritos para as ações cambiais, é prescindível que o autor decline a causa subjacente da emissão das cártulas, cabendo ao réu, se quiser, fazê-lo na oportunidade de apresentação de sua defesa"[86]. Para justificar tal conclusão, sustentou-se no mesmo precedente: "E nem se diga que, na espécie, cuida-se de ação de cobrança. A uma, porque, se é possível a discussão de cheque prescrito, na ação monitória (art. 1.102--A, do Código de Processo Civil), que tem por objetivo a constituição de título executivo judicial, àquele que possui apenas prova escrita, com maior razão, para o possuidor de cheque, quem tem a autonomia inerente aos títulos de crédito, em geral. A duas, tal circunstância é pura aplicação do vetusto brocardo jurídico '*quem pode o mais, pode o menos*', ou seja, dispensando-se, na ação monitória, a demonstração da *causa debendi*, a mesma solução deve ser utilizada para a ação de cobrança, em que o titular do direito, empresa de *factoring*, já possui o título executivo".

---

84. RESTIFFE NETO, Paulo; RESTIFFE, Paulo Sérgio. *Lei do cheque*. 4. ed. São Paulo: RT, 2000, p. 353.

85. STJ, 4ª Turma, REsp 1190037/SP, Rel. Min. Luis Felipe Salomão, j. 6-9-2011, *DJe* 27-9-2011.

86. STJ, 3ª Turma, REsp 1270885/SC, Rel. Min. Massami Uyeda, j. 4-10-2011, *DJe* 11-10-2011.

16.5 Prescrição

Em razão da causa de pedir dessa ação, fica claro que seus limites temporais não são aqueles da ação cambial, mas os próprios do negócio jurídico subjacente[87]. O prazo prescricional vai depender do tipo de negócio que deu origem ao título. Assim sendo, se o negócio jurídico subjacente for um contrato de prestação de serviços por professores, o prazo prescricional será de cinco anos (CC – art. 206, § 5º, II). Caso seja uma compra e venda, que não possui prazo específico no Código Civil, o prazo prescricional será o prazo geral de dez anos (CC – art. 205). Do mesmo modo, o prazo será de um ano se o negócio jurídico for uma hospedagem (CC – art. 206, § 1º, I). O prazo da ação causal será sempre definido por cada negócio jurídico[88]. Em precedente referente ao regime do Código Civil de 1916, o STJ já sufragou tal opinião[89].

A nosso ver, a ação causal não é apenas uma pretensão de cobrança, mas a pretensão para o cumprimento do negócio jurídico e, por isso, não pode se sujeitar a um único prazo.

Em todo caso, resta definir ainda o termo inicial do prazo prescricional da ação causal. Luiz Emygdio da Rosa Júnior assevera que o termo inicial seria a prescrição da ação cambial[90]. Nessa linha de entendimento, ele coloca a ação causal como uma ação subsidiária, isto é, uma ação que só poderia ser ajuizada quando não fosse mais possível ajuizar a ação cambial. Há decisões que colocam o mesmo prazo, porém computado a partir do vencimento do cheque[91] ou da dívida em si, uma vez que a pretensão seria de cobrança da dívida originária, e não do cheque[92]. Outras decisões colocam como termo inicial a data da emissão do cheque, tendo em vista ser a data presumível do negócio

87. ASQUINI, Alberto. *I titoli di credito*. Padova: Cedam, 1966, p. 363; MAMEDE, Gladston. *Direito empresarial brasileiro*: títulos de crédito. 2. ed. São Paulo: Atlas, 2005, v. 3, p. 312.

88. TJDF, 1ª Turma Cível, 20050110814404APC, Rel. Vera Andrighi, j. 25-4-2007, *DJ* 10-7-2007, p. 101; TJPR, 6ª Câmara Cível, AC 0364522-1, Guarapuava, Rel. Des. Marco Antonio de Moraes Leite, unânime, j. 25-3-2008.

89. STJ, 4ª Turma, REsp 1127020/RN, Rel. Min. Aldir Passarinho Junior, j. 3-8-2010, *DJe* 27-8-2010; STJ, 4ª Turma, EDcl no Ag 1326121/SP, Rel. Min. Maria Isabel Gallotti, j. 4-10-2012, *DJe* 11-10-2012.

90. ROSA JÚNIOR, Luiz Emygdio da. *Títulos de crédito*. 4. ed. Rio de Janeiro: Renovar, 2006, p. 659. No mesmo sentido: TJDF, 6ª Turma Cível, 20070110815524APC, Rel. José Divino de Oliveira, j. 18-6-2008, *DJ* 23-7-2008, p. 75; TJRJ, 2ª Câmara Cível, Apelação 0002033-71.2007.8.19.0079 (2009.001.18528), Des. Carlos Eduardo Passos, j. 6-5-2009; TJDFT, 2ª Turma Cível, Acórdão 654363, 20090111635520APC, Rel. Sérgio Rocha, Revisor Carmelita Brasil, *DJE* 20-2-2013, p. 172; TJDFT, 4ª Turma Cível, Acórdão 642599, 20120110976988APC, Rel. Cruz Macedo, *DJE* 7-1-2013, p. 184; TJDFT, 1ª Turma Cível, Acórdão 569263, 20090111584990APC, Rel. Teófilo Caetano, Revisor Flavio Rostirola, *DJE* 8-3-2012, p. 64; TJPR, 12ª Câmara Cível, AC 808861-1, Foro Central da Comarca da Região Metropolitana de Curitiba, Rel. Osvaldo Nallim Duarte, unânime, j. 21-11-2012.

91. TJRS, 12ª Câmara Cível, Apelação Cível 70037278165, Rel. Umberto Guaspari Sudbrack, j. 16-12-2010.

92. TJRS, 15ª Câmara Cível, Apelação Cível 70050179704, Rel. Otávio Augusto de Freitas Barcellos, j. 10-10-2012; TJMG, 10ª Câmara Cível, Apelação Cível 1.0625.12.003288-7/001, Rel. Des. Gutemberg da Mota e Silva, j. 5-2-2013, publicação da súmula em 15-2-2013.

jurídico[93]. Há ainda decisões no sentido de prazo dessa ação que se iniciaria após o decurso do prazo prescricional da ação de locupletamento[94].

A nosso ver, porém, o prazo prescricional vai se iniciar a partir do momento em que é possível exigir o cumprimento da obrigação subjacente, ou seja, a partir do vencimento do negócio jurídico que deu origem ao título. Ora, tal ação não possui caráter subsidiário. O art. 62 da Lei n. 7.357/85 estabelece que a emissão do cheque não exclui a ação fundada na relação causal, logo, a ação já é possível mesmo antes da prescrição da cambial. Veja-se que o dispositivo diz que a emissão não exclui a ação causal, independentemente da prescrição da pretensão executiva. Assim, para nós, a melhor opinião é a que considera como termo iniciada prescrição para ação causal o vencimento do negócio jurídico subjacente. Segundo prevê a citada Súmula 503 do STJ, o termo inicial seria o primeiro dia útil seguinte ao dia da emissão do título, presumindo, pela natureza à vista do cheque, que o dia da sua emissão é o dia do vencimento do cheque.

17 Ação monitória

A ação monitória representa, a nosso ver, um procedimento especial que poderia ser usado tanto para a ação de locupletamento como para a ação causal. No entanto, julgados do STJ têm reconhecida a ação monitória como uma ação autônoma[95], na tentativa de receber o valor do título de crédito. Nesse sentido, seria uma ação diferente, cuja cabimento seria considerado à parte dos outros processos para tentar receber o valor estampado no título.

Para o STJ, no rito da ação monitória, há uma técnica de inversão do contraditório, o que dispensaria o autor de narrar a *causa debendi* do título. Se o réu quiser, ele é quem deverá trazer a *causa debendi* para a discussão. Não se afastaria a discussão da *causa debendi*, mas tal discussão dependeria da intervenção do réu na ação. Tal orientação é seguida em alguns julgados do TJDF[96] e do TJMG[97]. No âmbito da STJ, a questão restou pacificada em sede de recurso repetitivo, afirmando-se que "em ação monitória fundada

93. TJDFT, 5ª Turma Cível, Acórdão 632819, 20120510044657APC, Rel. João Egmont, Revisor Luciano Moreira Vasconcellos, *DJE* 9-11-2012, p. 209; TJDFT, 6ª Turma Cível, Acórdão 612150, 20110110871165APC, Rel. José Divino de Oliveira, Revisor Ana Maria Duarte Amarante Brito, *DJE* 23-8-2012, p. 146.

94. TJSC, JSC, Apelação Cível 2011.064357-4, de Rio Negrinho, Rel. Des. Tulio Pinheiro, j. 20-9-2012; TJMG, 14ª Câmara Cível, Apelação Cível 1.0024.11.167209-3/001, Rel. Des. Valdez Leite Machado, j. 31-1--2013, publicação da súmula em 8-2-2013; TJMG, 17ª Câmara Cível, Apelação Cível 1.0105.08.282684-0/001, Rel. Des. Eduardo Mariné da Cunha, j. 8-11-2012, publicação da súmula em 20-11-2012.

95. STJ, 4ª Turma, AgRg no REsp 1104489/RS, Rel. Min. Marco Buzzi, j. 10-6-2014, *DJe* 18-6-2014; STJ, 4ª Turma, REsp 1190037/SP, Rel. Min. Luis Felipe Salomão, j. 6-9-2011, *DJe* 27-9-2011; STJ, 4ª Turma, REsp 926.312/SP, Rel. Min. Luis Felipe Salomão, j. 20-9-2011, *DJe* 17-10-2011.

96. TJDF, 4ª Turma Cível, 20070110190565APC, Rel. Sérgio Bittencourt, j. 11-6-2008, *DJ* 18-6-2008, p. 66; TJDF, 4ª Turma Cível, 20070110799279APC, Rel. Cruz Macedo, j. 21-11-2007, *DJ* 15-1-2008, p. 748.

97. TJMG, 14ª Câmara Cível, Apelação Cível 1.0112.03.036056-7/001, Rel. Des. Evangelina Castilho Duarte, *DJ* 27-7-2008.

em cheque prescrito, ajuizada em face do emitente, é dispensável menção ao negócio jurídico subjacente à emissão da cártula". Tal orientação deu origem à Súmula 531 do STJ: "Em ação monitória fundada em cheque prescrito ajuizada contra o emitente, é dispensável a menção ao negócio jurídico subjacente à emissão da cártula"[98].

Como não há regra especial, a competência será do juízo do foro do domicílio do réu[99] (CPC/2015 – art. 46). Sendo incerto ou desconhecido o domicílio do réu, ele poderá ser demandado onde for encontrado ou no foro de domicílio do autor.

O objeto dessa ação será o valor da dívida corrigida, acrescida de juros de mora. O STJ já estabeleceu que "o fato de a dívida líquida e com vencimento certo haver sido cobrada por meio de ação monitória não interfere na data de início da fluência dos juros de mora, a qual recai no dia do vencimento, conforme estabelecido pela relação de direito material"[100]. Especificamente em relação aos cheques, os juros de mora serão contados da primeira apresentação do título ao sacado[101].

O STJ reconheceu que há um prazo genérico de cinco anos (CC – art. 206, § 5º, I) contados do primeiro dia útil seguinte ao vencimento do título, sem eficácia executiva, para o ajuizamento da ação monitória. A Súmula 503 do STJ tem o seguinte teor: "O prazo para ajuizamento de ação monitória em face do emitente de cheque sem força executiva é quinquenal, a contar do dia seguinte à ata de emissão estampada na cártula". Essa orientação tem caráter vinculativo por advir de recurso especial repetitivo[102].

18 Pluralidade de exemplares

Assim como na letra de câmbio e na promissória, por questões de segurança, admite-se a pluralidade de exemplares do cheque, isto é, aceita-se a emissão de mais de uma via do título. Para tanto, é essencial que o cheque seja nominativo e emitido em um país para ser pago em outro (Lei n. 7.357/85 – art. 56). Nesse caso, cada exemplar deverá ser numerado, sob pena de se considerar cada um deles um cheque distinto.

Diante da pluralidade de exemplares, o pagamento feito pelo sacado ou pelo emitente em uma das vias os libera de pagar as outras vias. Todavia, o endossante que transferiu as diversas vias a várias pessoas responderá por cada uma delas.

19 Modalidades de cheque

Como demonstrado, o cheque é e sempre será uma ordem de pagamento à vista. Todavia, admite-se que certos cheques possuam características próprias, que fazem in-

---

98. STJ, 2ª Seção, REsp 1094571/SP, Rel. Min. Luis Felipe Salomão, j. 4-2-2013, *DJe* 14-2-2013.

99. STJ, 4ª Turma, AgRg no AREsp 253.428/RS, Rel. Min. Luis Felipe Salomão, j. 28-5-2013, *DJe* 3-6-2013.

100. STJ, Corte Especial, EREsp 1342873/RS, Rel. Min. Benedito Gonçalves, j. 16-12-2015, *DJe* 18-12-2015.

101. STJ, 4ª Turma, AgRg no AREsp 713.288/MS, Rel. Min. Maria Isabel Gallotti, j. 6-8-2015, *DJe* 13-8-2015; STJ, 3ª Turma, AgRg no REsp 1378492/MS, Rel. Min. Paulo de Tarso Sanseverino, j. 21-5-2015, *DJe* 28-5-2015.

102. STJ, 2ª Seção, REsp 1101412/SP, Rel. Min. Luis Felipe Salomão, j. 11-12-2013, *DJe* 3-2-2014.

cidir regras especiais, diversas das comumente usadas para o cheque. Nesses casos, fala-se em modalidades do cheque[103], que nada mais são do que cheques com certas regras especiais sobre seu uso.

19.1 Cheque visado

A primeira modalidade de cheque é o cheque visado. Nessa categoria, o banco sacado lança e assina no verso do título, declarando a existência de fundos suficientes, no valor do título, os quais ficarão reservados para a liquidação do cheque, pelo prazo para apresentação do título (Lei n. 7.357/85 – art. 7º). Em última análise, há a retirada do valor do cheque da conta do emitente dando extrema segurança ao credor. O visto significa que existem fundos disponíveis para cobrir o valor do cheque e que tais fundos não serão utilizados para pagar outros cheques, durante o prazo de apresentação do cheque visado, ainda que sejam apresentados antes[104]. Após o prazo de apresentação, se o cheque visado não foi apresentado, os valores serão novamente creditados na conta do emitente.

Para que haja o visto no cheque, deve ocorrer sua apresentação ao sacado antes da apresentação para pagamento. Tal apresentação poderá ser feita tanto pelo emitente quanto pelo portador legítimo, exigindo-se, contudo, que o cheque seja nominal e ainda não tenha circulado por endosso. Tal visto não elimina a responsabilidade dos obrigados pelo cheque, é apenas um serviço que dá mais segurança ao credor.

Ao dar o visto, o banco não se torna devedor do cheque visado, isto é, ele não pode ser executado com base no cheque. Se ele falhar no bloqueio da quantia prevista no cheque, ele poderá ser demandado por perdas e danos, mas nunca poderá ser executado com base no cheque. Trata-se apenas de um serviço, e não da assunção de obrigação no próprio título, vale dizer, o banco tem responsabilidade civil e funcional, mas não cartular[105].

103. MARTINS, Fran. *Títulos de crédito*. 5. ed. Rio de Janeiro: Forense, 1995, v. 2, p. 114.

104. BORGES, João Eunápio. *Títulos de crédito*. 2. ed. Rio de Janeiro: Forense, 1977, p. 181.

105. RESTIFFE NETO, Paulo; RESTIFFE, Paulo Sérgio. *Lei do cheque*. 4. ed. São Paulo: RT, 2000, p. 115.

19.2 Cheque cruzado

Há também o cheque cruzado, o qual não poderá ser pago diretamente ao portador, isto é, não pode ser sacado na "boca do caixa". Em tal modalidade, o cheque só poderá ser pago a um banco ou a um cliente do sacado, mediante crédito em conta (Lei n. 7.357/85 – art. 45). Em outras palavras, o cheque tem que ser depositado. Caso seja depositado em um banco diverso do sacado, o banco depositário receberá o cheque e creditará os valores ao seu cliente. Caso seja depositado no mesmo banco sacado, este efetuará o pagamento ao seu cliente, mediante crédito em conta, mas nunca em dinheiro.

Tal modalidade de cheque visa a dar uma segurança maior tanto ao emitente quanto ao portador nos casos de furto, roubo ou extravio do cheque[106]. Pela obrigatoriedade do depósito, é difícil imaginar que aquele que furtou o título o deposite. E, caso o faça, haverá a sua identificação para eventuais medidas civis e penais.

O cruzamento é feito por meio de dois traços paralelos na face do cheque, inseridos pelo emitente ou pelo portador[107], podendo ser em geral ou em branco e especial ou em preto, quando indica que banco pode receber o cheque. No cruzamento em branco, o cheque poderá ser depositado em qualquer banco. Já no cruzamento em preto ou especial, o cheque deverá ser depositado no banco indicado entre os traços paralelos da face do cheque. Se existirem vários cruzamentos especiais, o cheque só pode ser pago pelo sacado quando um dos cruzamentos for para a câmara de compensação, vale dizer, não se admite a pluralidade de cruzamentos especiais para bancos distintos[108].

Em todo caso, o cruzamento não pode ser inutilizado, vale dizer, ele é irretratável[109]. Feito o cruzamento do cheque, ele será necessariamente depositado, não havendo a possibilidade de mudar essa especificidade. Além disso, é certo que o banco fica obrigado a cumprir essa particularidade, respondendo pelas perdas e danos decorrentes de sua falha, caso seja pago o cheque ignorando-se o cruzamento realizado. Tal responsabilidade será civil, e não cambiária[110].

---

106. VILLEGAS, Carlos Gilberto. *El cheque*. Buenos Aires: Rubinzal-Culzoni, 1998, p. 360.

107. CALLEGARI, Mia et al. *Trattato di diritto commerciale*: I titoli di credito. Padova: Cedam, 2006, v. 7, p. 641; LEO, Gomez. *Instituciones de derecho cambiario*: el cheque. Buenos Aires: Depalma, 1985, v. III, p. 382; ROSA JÚNIOR, Luiz Emygdio da. *Títulos de crédito*. 4. ed. Rio de Janeiro: Renovar, 2006, p. 610; MARTINS, Fran. *Títulos de crédito*. 5. ed. Rio de Janeiro: Forense, 1995, v. 2, p. 119.

108. MARTINS, Fran. *Títulos de crédito*. 5. ed. Rio de Janeiro: Forense, 1995, v. 2, p. 124.

109. CALLEGARI, Mia et al. *Trattato di diritto commerciale*: I titoli di credito. Padova: Cedam, 2006, v. 7, p. 641.

110. LEO, Gomez. *Instituciones de derecho cambiario*: el cheque. Buenos Aires: Depalma, 1985, v. III, p. 385.

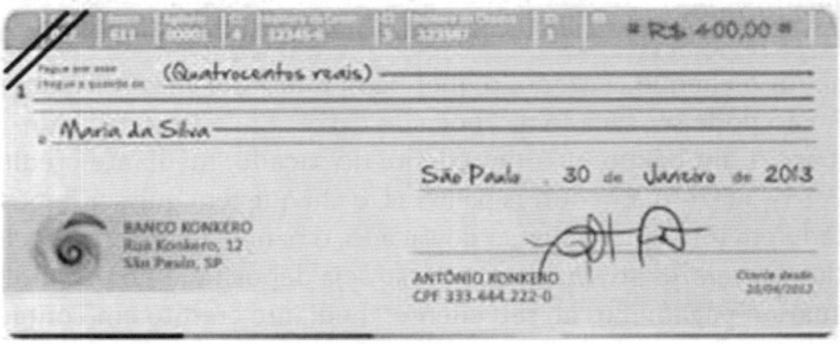

19.3 Cheque para ser levado em conta

A par do cheque cruzado, a LUG sobre cheques admitia também o cheque para ser levado em conta, com efeitos práticos muito parecidos, vale dizer, em tal modalidade o cheque também terá que ser depositado. O Brasil adotou a reserva constante do art. 18 do Anexo II do Decreto n. 57.595/66, de modo que poderia escolher entre o cheque para ser creditado em conta e o cheque cruzado. Ao editar a Lei n. 7.357/85, o Brasil tratou das duas modalidades, não lançando mão da reserva efetuada. Assim sendo, no direito brasileiro também existe o cheque para ser creditado em conta.

Nessa modalidade, deverá ser inserida no cheque, pelo emitente ou pelo portador, uma cláusula que denote que o cheque só poderá ser depositado. Não há nenhuma fórmula solene, podendo-se dizer "para ser creditado em conta", "para se levar em conta" ou qualquer outra expressão equivalente. O texto do art. 46 da Lei n. 7.357/85 fala em inserção transversal da referida cláusula, o que, contudo, não chega a ser uma formalidade essencial. Como tal cláusula não pode ser confundida com nenhuma outra, sua inserção na face do cheque, ainda que não seja transversal, vai produzir todos os efeitos[111].

Uma vez inserida a cláusula, o banco só poderá efetuar o pagamento do cheque mediante lançamento contábil (crédito em conta, transferência, compensação), não podendo pagá-lo em dinheiro. Não há possibilidade de revogação de tal cláusula e, por isso, uma vez firmada no título, este sempre será pago mediante lançamento contábil. Não se pode voltar atrás de tal declaração de vontade.

Nesse caso, há uma maior segurança para as partes envolvidas, uma vez que o cheque será necessariamente depositado. Mais que isso, pode-se até definir a conta em que o cheque será depositado, afastando os riscos de furto, roubo ou extravio do documento. E, mesmo que não se identifique a conta a ser creditada, é certo que os riscos são menores.

Luiz Emygdio da Rosa Júnior chega a afirmar que o cheque será pago necessariamente ao beneficiário ali indicado, de modo que ficaria vedado o endosso do título, após

111. ROSA JÚNIOR, Luiz Emygdio da. *Títulos de crédito*. 4. ed. Rio de Janeiro: Renovar, 2006, p. 617.

a inserção de tal cláusula, embora ainda fosse possível a cessão de créditos[112]. Como é o beneficiário que tem que receber o valor ali constante, admitir o endosso seria burlar a intenção das partes que inseriram tal cláusula. Em sentido contrário, Sérgio Carlos Covello e Othon Sidou asseveram que tal cheque é perfeitamente endossável, uma vez que não haveria qualquer proibição de transferência[113].

De outro lado, Gómez Leo e Carlos Gilberto Villegas mencionam que a impossibilidade do endosso só ocorreria se a cláusula fosse mais específica, identificando a conta para o pagamento ou mesmo asseverando que o cheque só poderia ser pago na conta do beneficiário ali indicado. Caso a cláusula fosse genérica, não haveria qualquer impedimento ao endosso, uma vez que a cláusula apenas impõe o depósito do cheque, sem especificar em que conta[114].

A nosso ver, a razão está com os últimos, uma vez que não há previsão legal que impeça diretamente o endosso do cheque para ser creditado em conta. Entretanto, caso na própria cláusula exista algo que denote essa intenção, como a especificação da conta ou a menção específica ao beneficiário, o endosso efetivamente não será possível. Note-se, porém, que tal modalidade tem pouco uso no Brasil.

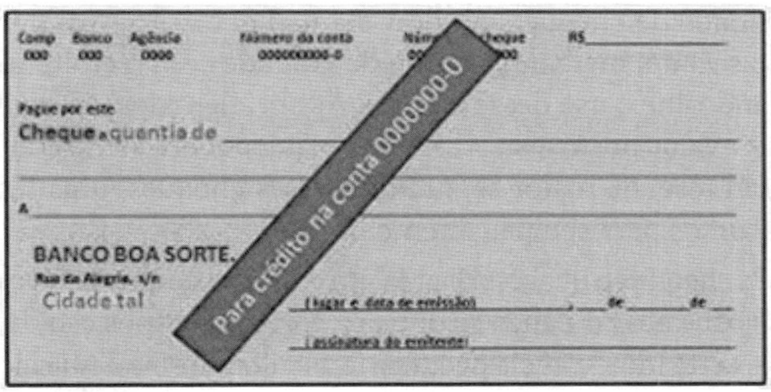

19.4 Cheque administrativo

Outra modalidade de cheque é o cheque administrativo, no qual o emitente do cheque é o próprio banco sacado. Tal modalidade é usada pelos próprios bancos para honrar suas obrigações, mas também pelos particulares para dar mais segurança às suas transações. Nesse caso, há uma espécie de compra do cheque administrativo, que será entregue aos credores, dando-lhes mais segurança, uma vez que é difícil imaginar que um banco não tenha fundos disponíveis para quitar o cheque.

112. ROSA JÚNIOR, Luiz Emygdio da. *Títulos de crédito*. 4. ed. Rio de Janeiro: Renovar, 2006, p. 622-623.

113. COVELLO, Sérgio Carlos. *Prática do cheque*. 3. ed. Bauru: Edipro, 1999, p. 81; SIDOU, J. M. Othon. *Do cheque*. 2. ed. Rio de Janeiro: Forense, 1976, p. 237.

114. LEO, Gomez. *Instituciones de derecho cambiario*: el cheque. Buenos Aires: Depalma, 1985, v. III, p. 389; VILLEGAS, Carlos Gilberto. *El cheque*. Buenos Aires: Rubinzal-Culzoni, 1998, p. 366.

Os particulares comparecem ao banco e pedem a emissão de um cheque pelo próprio banco. Este, por sua vez, transfere os valores da conta do interessado para outra conta de sua titularidade e entrega a ele o cheque no valor respectivo. Obviamente, há ainda a cobrança de uma taxa pelo serviço prestado.

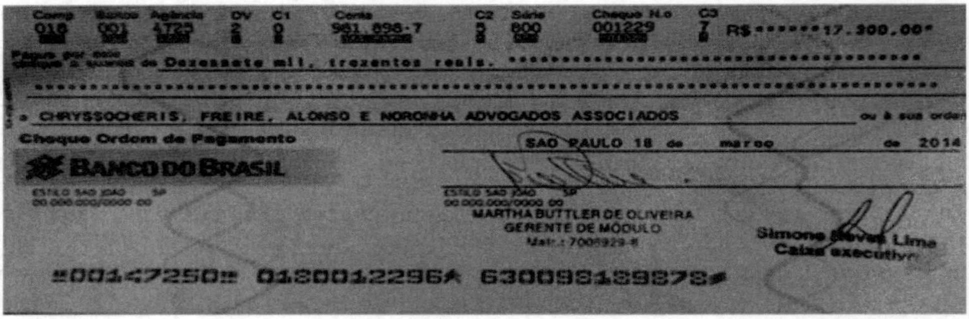

19.5 Cheque especial

Outra modalidade de cheque, não prevista na Lei n. 7.357/85, é o cheque especial. Nessa categoria, o sacado, mediante acordo de vontade com o emitente, abre uma linha de crédito, facultando-lhe o uso desse crédito. Assim, além dos valores depositados pelo emitente, existe um valor posto à sua disposição que poderá ser usado para o pagamento dos cheques. Em tese, há maior segurança nesses cheques, uma vez que existe uma fonte maior de recursos para seu pagamento.

Trata-se de um cheque ao qual está ligado um contrato de abertura de crédito em conta-corrente[115]. Nesse contrato, "o Banco se obriga a colocar à disposição do cliente ou de terceiro certa quantia, certa importância pecuniária, facultando-lhe a utilização dessa soma no todo ou em parte, quer por meio de saque, de aceite, de aval ou de fiança até o montante convencionado"[116]. Em outras palavras, por meio desse contrato, o emitente do cheque tem à sua disposição um valor para cobrir emergências, inclusive o pagamento de cheques.

livro

115. RIZZARDO, Arnaldo. *Títulos de crédito*. Rio de Janeiro: Forense, 2006, p. 203.

116. COVELLO, Sérgio Carlos. *Contratos bancários*. 3. ed. São Paulo: Leud, 1999, p. 183.

19.6 Cheque de viagem

Por fim, vale a pena mencionar o cheque de viagem ou *traveller's check*, que representa um instrumento de troca de moeda, isto é, são cheques que podem ser sacados em estabelecimentos no exterior, quando o emitente estiver em viagem. Em tal modalidade, há um seguro que garante o interessado no caso perda, furto ou roubo do título.

Para tal modalidade, há o depósito em uma instituição nacional dos valores, em moeda nacional, equivalentes aos valores pretendidos em moeda estrangeira, acrescidos de uma taxa de remuneração pelos serviços prestados. À luz dos valores depositados, a instituição entrega ao interessado um cheque em moeda estrangeira passível de desconto no exterior.

Deve haver duas assinaturas no corpo do cheque: uma quando o recebe no banco, outra para o desconto no exterior. Tal exigência é uma garantia de autenticidade para quem vai pagar o cheque, uma vez que será possível verificar a identidade do beneficiário[117]. Tal cheque já tem sido aceito como forma de pagamento, e não apenas como forma de troca de moeda.

20 Aspectos penais do cheque

Pela importância dada ao cheque, enquanto instrumento fundamental da economia moderna, resolveu-se punir criminalmente, como pena de reclusão de um a cinco anos, a emissão de cheques sem provisão de fundos ou a frustração injustificada do seu pagamento, nos termos do art. 171, § 2º, VI, do Código Penal.

Embora não tenha curso forçado como a moeda, é certo que tal título deveria gerar uma confiança quase tão grande quanto aquela decorrente da entrega de dinheiro. Emitir cheques sem provisão de fundos ou frustrar o pagamento desses cheques representa uma prática fraudulenta, na medida em que se engana quem recebe esses títulos, com a esperança de que estivesse recebendo algo similar ao dinheiro. Em razão disso, tipificou-se tal conduta como crime.

Apesar do grande interesse na circulação do cheque, é certo que o crime foi tipificado como crime contra o patrimônio, uma vez que a vítima de tal conduta é o bene-

117. ASQUINI, Alberto. *I titoli di credito*. Padova: Cedam, 1966, p. 415.

ficiário do cheque emitido sem provisão de fundos, ou que teve o seu pagamento frustrado. O Código Penal protege, em primeiro lugar, o direito patrimonial e, secundariamente, a fé pública[118].

O sujeito ativo desse crime é o emitente, não se admitindo o endossante como sujeito ativo[119]. Já o sujeito passivo é o beneficiário que sofre o prejuízo com a ausência de pagamento do cheque, seja pela ausência de fundos, seja pela sustação ou contraordem injustificadas dirigidas ao banco.

A primeira conduta tipificada é a emissão de um cheque, isto é, a entrega do cheque ao credor, sem que o cheque tenha provisão de fundos. A outra conduta tipificada envolve a emissão de cheque com fundos, mas a frustração do seu pagamento, sem justa causa, por meio de uma contraordem ou de uma sustação ou ainda por meio da retirada dos fundos que estavam ali depositados, ou por qualquer outro meio que impeça o pagamento. Caso essa frustração do pagamento seja legítima, isto é, caso existam motivos válidos para a sustação ou contraordem, é certo que não há que se cogitar da configuração do crime.

Em ambos os casos, o crime só é punível a título de dolo. Vale ressaltar, contudo, que se exige também um elemento subjetivo do tipo, isto é, ao emitir o título o sujeito ativo deve ter a ciência de que está emitindo o cheque para pronto pagamento sem a suficiente provisão de fundos[120]. Fala-se aqui em um dolo específico, ou seja, na intenção de obter vantagem econômica indevida[121]. Caso não haja essa consciência, não se configura o crime pela falta do elemento subjetivo do tipo.

---

118. JESUS, Damásio E. *Direito penal*. 22. ed. São Paulo: Saraiva, 1999, v. 2, p. 435.

119. PIERANGELI, José Henrique. *Manual de direito penal*: parte especial. São Paulo: RT, 2005, p. 525; JESUS, Damásio E. *Direito penal*. 22. ed. São Paulo: Saraiva, 1999, v. 2, p. 436; BITENCOURT, Cezar Roberto. *Tratado de direito penal*. 3. ed. São Paulo: Saraiva, 2006, v. 3, p. 300.

120. JESUS, Damásio E. *Direito penal*. 22. ed. São Paulo: Saraiva, 1999, v. 2, p. 437.

121. PIERANGELI, José Henrique. *Manual de direito penal*: parte especial. São Paulo: RT, 2005, p. 531; PRADO, Luiz Régis. *Curso de direito penal brasileiro*. 5. ed. São Paulo: RT, 2006, v. 2, p. 571.

16 CHEQUE PÓS-DATADO

1 Uma questão de terminologia: pré ou pós?

A prática do comércio ensejou a utilização do cheque não para pagamento à vista, mas com a combinação de uma data futura de apresentação. A própria prática bancária resolveu denominá-lo de cheque pré-datado. Todavia, a maior parte da doutrina prefere o uso da expressão *pós-datado*[1], restando a dúvida sobre qual a melhor terminologia.

Luiz Emygdio da Rosa Júnior[2] assevera que no cheque pós-datado se apõe uma data futura e no cheque pré-datado se apõe uma data anterior. Haveria uma distinção entre os termos e, por isso, o que se tem na prática é o cheque pós-datado, isto é, um cheque com data futura combinada para apresentação.

Em contrapartida, Wille Duarte Costa sustenta que "pré-datado e pós-datado são expressões com o mesmo significado. Alguns autores e alguns julgados não fazem a menor distinção entre elas. No entanto, é mais usada a expressão pré-datado, significando dizer que a data consignada no cheque como de emissão é posterior ao real dia da emissão"[3]. Caub Feitosa Freitas e Sérgio Carlos Covello também usam as duas terminologias indistintamente[4].

A nosso ver, não há maiores problemas na terminologia adotada. Ao se falar em cheque pré-datado, quer-se dizer que a data combinada foi inserida antes do dia em que o cheque deveria ser efetivamente emitido. De outro lado, a pós-datação significaria a inserção de uma data posterior à da efetiva emissão do título. Não havendo problemas na terminologia, adotaremos para o trabalho a terminologia cheque pós-datado, seguindo a linha da maioria doutrinária.

---

1. RESTIFFE NETO, Paulo; RESTIFFE, Paulo Sérgio. *Lei do cheque*. 4. ed. São Paulo: RT, 2000, p. 205; MAMEDE, Gladston. *Direito empresarial brasileiro*: títulos de crédito. 2. ed. São Paulo: Atlas, 2005, v. 3, p. 287; PONTES DE MIRANDA. *Tratado de direito cambiário*. Campinas: Bookseller, 2000, v. 4, p. 110; ROSA JÚNIOR, Luiz Emygdio da. *Títulos de crédito*. 4. ed. Rio de Janeiro: Renovar, 2006, p. 567; COELHO, Fábio Ulhoa. *Curso de direito comercial*. 8. ed. São Paulo: Saraiva, 2004, v. 1, p. 441.

2. ROSA JÚNIOR, Luiz Emygdio da. *Títulos de crédito*. 4. ed. Rio de Janeiro: Renovar, 2006, p. 567-570.

3. COSTA, Wille Duarte. *Títulos de crédito*. Belo Horizonte: Del Rey, 2003, p. 334.

4. FREITAS, Caub Feitosa. *Títulos de crédito*. Goiânia: AB, 2000, p. 186-187; COVELLO, Sérgio Carlos. *Prática do cheque*. 3. ed. Bauru: Edipro, 1999, p. 32.

2 Uso do cheque pós-datado

O cheque é um eficiente instrumento de pagamento. Quem o recebe pode se dirigir a um banco para sacá-lo ou depositá-lo, transformando aquele título em um valor efetivo à sua disposição. A intervenção dos bancos no pagamento dos cheques fez com que eles se difundissem, uma vez que é muito mais fácil encontrar um banco do que encontrar o próprio devedor do título. Todavia, o uso do cheque encontrava certos limites diante da sua configuração legal.

Como se sabe, por força do art. 32 da Lei n. 7.357/85, o cheque sempre é pagável à vista. Assim sendo, o credor desse título poderá exigir o seu pagamento assim que ele for apresentado ao banco sacado. Essa possibilidade de exigibilidade imediata dificultava o uso do cheque para negócios com pagamento a prazo, uma vez que não há a possibilidade de estabelecer um vencimento para o cheque. Além disso, para pagamentos parcelados, seria necessário procurar o emitente periodicamente para que ele emitisse um novo título para o pagamento da parcela.

Para contornar essas dificuldades e aproveitar a eficiência e a praticidade do cheque, a praxe criou a figura do cheque pós-datado, comumente chamado de pré-datado, entendido como um cheque no qual as partes ajustam uma apresentação apenas a partir de certa data. Sérgio Botrel afirma que "o cheque pós-datado é fruto da realidade socioeconômica de nosso país, eis que a diminuição da renda da população e a perda de seu poder de compra tiveram como efeito imediato o aumento da demanda por crédito". Acrescenta ainda que, "muito embora a concessão de crédito seja atividade típica das instituições financeiras, os empresários [...] encontraram no cheque pós-datado a solução para a queda do consumo"[5]. Qualquer que seja a forma de combinação, é certo que o cheque pós-datado, normalmente chamado de pré-datado, é uma realidade inegável no comércio atual, cujos aspectos jurídicos devem ser analisados.

3 Legalidade da pós-datação

Em países como a Argentina, já há a previsão legal de um cheque com vencimento certo combinado entre as partes, chamado de cheque de pago diferido[6]. Todavia, no Brasil, a pós-datação do cheque não possui autorização legal. Muito pelo contrário, no nosso ordenamento jurídico consta a seguinte regra: "O cheque é pagável à vista. Considera-se não escrita qualquer menção em contrário" (Lei n. 7.357/85 – art. 32). Diante desse dispositivo, discute-se a legitimidade da pós-datação do cheque.

---

5. BOTREL, Sérgio. A eficácia jurídica da pós-datação do cheque em relação ao endossatário – Concorrência entre os princípios cambiários e o princípio da função social dos contratos – Repercussão na contagem do prazo prescricional. *Revista da Faculdade Mineira de Direito*, Belo Horizonte, v. 7, n. 13 e 14, p. 172, 1º e 2º sem. 2004.

6. LÉO, Gómez. *Cheque de pago diferido*. Buenos Aires: Depalma, 1997.

Pela falta de previsão legal e pela regra citada, seria possível imaginar que a pós-datação não é legal no direito brasileiro. No entanto, tal conclusão é precipitada.

Nos termos da Lei n. 7.357/85, o cheque é sempre à vista, ou seja, o banco deverá pagar o cheque que possua fundos quando ele lhe for apresentado. Para o sacado não existe a pós-datação, ele vai pagar o cheque mesmo que nele esteja consignada uma data futura (Lei n. 7.357/85 – art. 32, parágrafo único). Contudo, tal regra se dirige ao sacado apenas, e não às demais partes intervenientes no cheque.

O art. 32 da Lei n. 7.357/85 não se dirige à relação entre o emitente e o beneficiário. Estes têm ampla liberdade de combinar a apresentação do cheque apenas a partir de certa data, isto é, pela autonomia privada eles podem celebrar entre si um acordo para apresentação futura do cheque. Não há qualquer vedação legal dessa combinação, o que demonstra a sua legitimidade.

Em outras palavras, a pós-datação não produz qualquer efeito no banco, por expressa proibição legal. Entretanto, tal combinação é perfeitamente válida e vincula as partes que assim ajustaram[7]. A pós-datação não altera o vencimento do cheque, mas gera efeitos obrigacionais entre as partes. No direito italiano, tal combinação seria nula e não produziria efeitos nem entre as partes, mantendo-se entre elas apenas o cheque[8].

4 Natureza jurídica do cheque pós-datado

Pelo exposto, pode-se afirmar que a inserção da pós-datação é perfeitamente lícita, embora desvirtue a intenção da criação do cheque. Apesar desse desvirtuamento, o cheque pós-datado não deixa de ser cheque, vale dizer, a pós-datação não afeta a natureza cambiária do título. No Brasil, ele continua a admitir endosso, aval e todos os institutos cambiários, inclusive a ação cambial (execução)[9].

Ocorre que, na pós-datação, passa a existir também um acordo[10], isto é, um contrato entre as partes, pelo qual o beneficiário assume a obrigação de não apresentar o cheque antes da data combinada. Nesse contrato, há uma obrigação de não fazer assumida pelo beneficiário, para que se possa ter segurança nessa operação com o cheque. Tal contrato vale entre as partes, não produzindo efeitos no sacado.

Em suma, o cheque pós-datado envolve duas figuras distintas: um cheque e um contrato. Trata-se de um cheque como outro qualquer, na medida em que a pós-datação não desnatura sua condição de título de crédito, permitindo inclusive a execução do

---

7. PONTES DE MIRANDA. *Tratado de direito cambiário.* Campinas: Bookseller, 2000, v. 4, p. 110-111; COELHO, Fábio Ulhoa. *Curso de direito comercial.* 8. ed. São Paulo: Saraiva, 2004, v. 1, p. 442; MAMEDE, Gladston. *Direito empresarial brasileiro*: títulos de crédito. 2. ed. São Paulo: Atlas, 2005, v. 3, p. 289.

8. LAURINI, Giancarlo. *I titoli di credito.* Milano: Giuffrè, 2003, p. 421.

9. STJ, 4ª Turma, REsp 195.748/PR, Rel. Min. Sálvio de Figueiredo Teixeira, j. 15-6-99, *DJ* 16-8-99, p. 75.

10. MAMEDE, Gladston. *Direito empresarial brasileiro*: títulos de crédito. 2. ed. São Paulo: Atlas, 2005, v. 3, p. 291; COVELLO, Sérgio Carlos. *Prática do cheque.* 3. ed. Bauru: Edipro, 1999, p. 33.

valor ali consignado. A tal condição deve-se acrescer o contrato firmado entre o emitente e o beneficiário, pelo qual este tem a obrigação de não apresentar o cheque antes da data combinada.

5 Consequências da pós-datação

Como a pós-datação não retira a natureza cambiária do cheque, seria lógico sustentar que ela não teria nenhuma consequência cambiária, isto é, ela não afetaria o regime geral do cheque. Tal afirmação, contudo, não prevalece, uma vez que se têm reconhecido algumas consequências da pós-datação do cheque.

Efetivamente, para o sacado, a pós-datação não traz nenhuma consequência, uma vez que ele deverá pagar o cheque no momento em que for apresentado. Na relação com o banco, o cheque não deixa de ser uma ordem de pagamento à vista, não lhe sendo permitido recusar o pagamento do cheque, em razão da pós-datação. Apesar disso, a pós-datação do cheque possui algumas consequências, especialmente no que tange às relações entre o emitente e o beneficiário, bem como no aspecto criminal do cheque.

5.1 Prazo de apresentação e prescrição do cheque pós-datado

Entre as diversas formas possíveis de combinar a pós-datação está a definição de uma data de emissão futura no cheque. Nesse caso, em vez de se indicar a data de efetiva emissão do cheque, coloca-se uma data futura, qual seja a data combinada pelas partes, a partir da qual poderá ser feita a apresentação.

Em relação ao banco, a princípio, tal data não tem a menor influência, uma vez que, se o cheque for apresentado antes do dia nele consignado, ainda assim será pago (Lei n. 7.357/85 – art. 32, parágrafo único). Todavia, em relação ao beneficiário, essa data representa uma limitação voluntária das suas faculdades, de modo que ele só poderá apresentar o cheque a partir da data combinada. Além da data de emissão futura, existem outras formas de combinar a pós-datação do cheque. Indicações como "bom para", notas fiscais e outros meios podem ser suficientes para demonstrar a existência do acordo de pós-datação. Nesses casos, a data de emissão consignada é a real, o próprio dia em que se emite o cheque, mas por alguma outra forma aponta-se que o documento só poderá ser depositado a partir da data combinada entre as partes. Como a data de emissão é a real, e não uma data futura, resta a questão se essas formas de pós-datação também ampliam o prazo de apresentação e, consequentemente, o prazo prescricional da ação cambial.

O STJ declarou em alguns julgados que a pós-datação amplia o prazo de apresentação do cheque[11], o que consequentemente alteraria o prazo de prescrição. Registre-se,

---

11. STJ, 3ª Turma, REsp 612.423/DF, Rel. Min. Nancy Andrighi, j. 1º-6-2006, *DJ* 26-6-2006, p. 132; REsp 223.486/MG, Rel. Min. Carlos Alberto Menezes Direito, 3ª Turma, j. 8-2-2000, *DJ* 27-3-2000, p. 99; STJ, 4ª Turma, REsp 16855/SP, Rel. Min. Sálvio de Figueiredo Teixeira, j. 11-5-93, *DJ* 7-6-93, p. 11261.

porém, a existência de respeitáveis opiniões em sentido contrário, negando qualquer influência da pós-datação na prescrição do cheque[12]. Pela literalidade inerente a todos os títulos de crédito, alguns tribunais estabelecem que nessas outras formas de pós-datação não haveria qualquer influência no prazo de apresentação e, consequentemente, no prazo prescricional, e não a data de emissão futura[13]. O STJ já chegou a afirmar que "prevalece, para fins de fluição do prazo prescricional do cheque, a data nele constante, ainda que assim consignada indicando época futura"[14]. Nesse sentido, apenas a data de emissão é capaz de influir nos prazos de apresentação e prescricional.

A nosso ver, a opinião mais correta é a que leva em conta a combinação realizada pelas partes à luz da boa-fé objetiva. Como se sabe, a ideia básica na contagem de prazos é que eles começarão a correr a partir do momento em que é possível exercer o direito[15]. No instante em que nasce a pretensão, começa também o prazo para o seu exercício. No cheque pós-datado, as partes, por meio de um acordo, limitam o exercício do direito do portador, obrigando-o a apresentar o cheque apenas a partir de certa data. Ora, se o portador do cheque não pode apresentá-lo antes da data combinada, todo o prazo anterior a essa data lhe é inútil. Assim sendo, tal prazo não deverá ser computado.

Apesar da insegurança que possa decorrer da inserção indevida de pós-datação no título, é certo que a forma natural de contagem dos prazos torna mais justa essa solução. Ela se ajusta à realidade social presente e cada vez mais constante do uso de cheques pós-datados, nos quais a autonomia privada acaba alterando o regime geral do cheque.

Com efeito, o prazo de apresentação do cheque (30 ou 60 dias) é contado da data de emissão nele consignada. Portanto, caso o cheque consigne uma data futura de emissão, é dessa data que deverão ser contados os 30 ou 60 dias, dada a própria literalidade inerente aos títulos de crédito. Tal conclusão é reforçada pelo princípio geral de que o prazo para a prática de determinado ato só se inicia a partir do momento em que sua prática seja permitida, logo, só na data combinada se iniciaria o prazo de apresentação. Não se trata de uma alteração do prazo prescricional pelas partes, mas de uma espécie de suspensão do prazo prescricional, porquanto ainda não vencido o prazo dado pelas partes para o exercício do direito.

---

12. TJDF, 4ª Turma Cível, 20070110477258APC, Rel. Alfeu Machado, j. 17-12-2009, *DJ* 20-1-2010, p. 70; TJDF, 1ª Turma Cível, 20080111405893APC, Rel. Vera Andrighi, j. 23-4-2009, *DJ* 11-5-2009, p. 104.

13. ANDREATTA, Vanessa Regina. *O cheque pós-datado*: em vista das exigências da lei do cheque. Leme: LED, 2004, p. 45-46; TJDF, 1ª Turma Cível, 20050110252906APC, Rel. Vera Andrighi, j. 2-4-2008, *DJ* 14-4-2008, p. 70; TJSC, Apelação Cível 2004.007685-1, de Itajaí, Rel. Des. Ricardo Fontes; TJMG, 11ª Câmara Cível, Apelação Cível 1.0686.07.201229-3/001, Rel. Des. Duarte de Paula, j. 13-6-2008, *DJ* 26-7-2008; TJRS, 18ª Câmara Cível, Apelação Cível 70024194763, Rel. Nara Leonor Castro Garcia, j. 29-5-2008.

14. STJ, 4ª Turma, REsp 604351/PR, Rel. Min. Aldir Passarinho Junior, j. 19-5-2005, *DJ* 27-6-2005, p. 405. No mesmo sentido: REsp 767055/RS, Rel. Min. Hélio Quaglia Barbosa, 4ª Turma, j. 17-5-2007, *DJ* 4-6-2007, p. 360; STJ, 3ª Turma, AgRg no REsp 1135262/DF, Rel. Min. Massami Uyeda, j. 15-12-2009, *DJe* 3-2-2010.

15. LARENZ, Karl. *Derecho civil*: parte general. Tradução e notas de Miguel Izquierdo y Macías-Picavea. Madrid: Editoriales de Derecho Reunidas, 1978, p. 332; TRIMARCHI, Pietro. *Istituzioni di diritto privato*. 12. ed. Milano: Giuffré, 1998, p. 603.

Ora, se a pós-datação amplia o prazo de apresentação, ela também estende o prazo prescricional da execução do cheque, uma vez que este prazo só se inicia com o término do prazo de apresentação.

Ocorre que nos tribunais a orientação mais recente é diferente. Eles asseveram que não deverá ser levada em conta a data de apresentação, mas a data combinada entre as partes. O STJ afirmou que: "[...] ora, a toda evidência, se se exige que o portador do cheque pré-datado aguarde, no mínimo, o prazo consignado no cheque como de apresentação, é curial que o prazo prescricional só terá sua contagem iniciada após findo o lapso de trinta dias, não da data de emissão, mas daquela avençada para a apresentação"[16]. No mesmo sentido, o TJDF asseverou que "o cheque pós-datado não se sujeita à prescrição com base na data de emissão, mas na data de apresentação ajustada pelas partes"[17].

O próprio STJ, porém, já declarou que "a alteração do prazo de apresentação do cheque pós-datado implicaria a dilação do prazo prescricional do título, situação que deve ser repelida, visto que infringiria o art. 192 do Código Civil. Assentir com a tese exposta no especial seria anuir com a possibilidade da modificação casuística do lapso prescricional, em razão de cada pacto realizado pelas partes"[18]. No mesmo sentido, o STJ também já mencionou: "O cheque é ordem de pagamento à vista e submete-se aos princípios cambiários da cartularidade, literalidade, abstração, autonomia das obrigações cambiais e inoponibilidade das exceções pessoais a terceiros de boa-fé, por isso que a sua pós-datação não amplia o prazo de apresentação da cártula, cujo marco inicial é, efetivamente, a data da emissão... Não se pode admitir que a parte descumpra o art. 32 da Lei 7.357/85 e, ainda assim, pretenda seja conferida interpretação antinômica ao disposto no art. 59 do mesmo Diploma, para admitir a execução do título prescrito. A concessão de efeitos à pactuação extracartular representaria desnaturação do cheque naquilo que a referida espécie de título de crédito tem de essencial, ser ordem de pagamento à vista, além de violar os princípios da abstração e literalidade"[19].

A questão parece ter sido pacificada com a decisão da Segunda Seção do STJ, que sustentou que "a emissão de cheques pós-datados, ainda que seja prática costumeira, não encontra previsão legal, pois admitir que do acordo extracartular decorra a dilação do prazo prescricional importaria na alteração da natureza do cheque como ordem de pagamento à vista e na infringência do art. 192 do CC, além de violação dos princípios da literalidade e abstração. Assim, para a contagem do prazo prescricional de cheque pós-

---

16. STJ, 3ª Turma, REsp 620218/GO, Rel. Min. Castro Filho, j. 7-6-2005, *DJ* 27-6-2005, p. 376.

17. TJDF, 6ª Turma Cível, 20060610046226APC, Rel. Jair Soares, j. 25-6-2008, *DJ* 7-7-2008, p. 91. No mesmo sentido: TJMG, 18ª Câmara Cível, Apelação Cível 1.0704.03.022090-6/001, Rel. Des. Elpídio Donizetti, *DJ* 8-8-2008.

18. AgRg no Ag 1159272/DF, Rel. Min. Vasco Della Giustina (Desembargador Convocado do TJRS), 3ª Turma, j. 13-4-2010, *DJe* 27-4-2010.

19. STJ, 4ª Turma, REsp 875161/SC, Rel. Min. Luis Felipe Salomão, j. 9-8-2011, *DJe* 22-8-2011.

-datado, prevalece a data nele regularmente consignada, ou seja, aquela oposta no espaço reservado para a data de emissão"[20].

Mais recentemente, porém, o STJ mitigou tal interpretação, firmando a seguinte tese para fins de recursos repetitivos: "a pactuação da pós-datação de cheque, para que seja hábil a ampliar o prazo de apresentação à instituição financeira sacada, deve espelhar a data de emissão estampada no campo específico da cártula"[21]. Asseverou-se que: "Dessarte, a pós-datação extracartular (*v.g.*, a cláusula 'bom para') tem existência jurídica, pois a lei não nega validade à pactuação – que terá consequência de natureza obrigacional para os pactuantes (tanto é assim que a Súmula 370/STJ orienta que enseja dano moral a apresentação antecipada de cheque) –, mas restringe a autonomia privada, ao estabelecer que, se não constar no campo próprio referente à data de emissão, não terá eficácia para alteração do prazo de apresentação".

5.2 *Estelionato e cheque pós-datado*

A princípio, é crime de estelionato a emissão de cheque sem provisão de fundos (CP – art. 171, § 2º, VI). Ocorre que para a configuração desse crime é essencial a existência de um elemento subjetivo do tipo, isto é, ao emitir o título, o sujeito ativo deve ter a ciência de que está emitindo o cheque para pronto pagamento sem a suficiente provisão de fundos[22].

Ocorre que, no cheque pós-datado, não há essa ciência, o emitente não cria o cheque para pagamento imediato, mas apenas para pagamento futuro[23]. No aspecto subjetivo do emitente, aquele cheque não é ordem de pagamento à vista, mas uma promessa de pagamento a prazo. Diante disso, a jurisprudência é uníssona em afastar a configuração do estelionato quando o cheque é pós-datado[24].

A atipicidade da conduta decorre da emissão do cheque como pós-datado. Não importa o dia em que houve a frustração do pagamento. Antes ou depois da data combinada, o emitente, no seu consciente, não criou uma ordem de pagamento à vista, mas uma promessa de pagamento. A emissão de promessas de pagamento sem fundos ou a frustração do pagamento de promessas não se insere no elemento subjetivo do crime de fraude por meio de cheques.

---

20. STJ, 2ª Seção, REsp 1068513/DF, Rel Min. Nancy Andrighi, j. 14-9-2011, *DJe* 17-5-2012.

21. STJ, 2ª Seção, REsp 1423464/SC, Rel. Min. Luis Felipe Salomão, j. 27-4-2016, *DJe* 27-5-2016.

22. JESUS, Damásio E. *Direito penal*. 22. ed. São Paulo: Saraiva, 1999, v. 2, p. 437.

23. BITENCOURT, Cezar Roberto. *Tratado de direito penal*. 3. ed. São Paulo: Saraiva, 2006, v. 3, p. 299.

24. STJ, 6ª Turma, HC 39.056/SP, Rel. Min. Paulo Gallotti, j. 14-2-2006, *DJ* 6-3-2006, p. 447; STJ, 6ª Turma, RHC 16.880/PB, Rel. Min. Hélio Quaglia Barbosa, j. 6-10-2005, *DJ* 24-10-2005, p. 381; STJ, 5ª Turma, RHC 13.793/SP, Rel. Min. Laurita Vaz, j. 2-12-2003, *DJ* 19-12-2003, p. 496; STJ, 6ª Turma, AgRg no REsp 953.222/RS, Rel. Min. Jane Silva (Desembargadora Convocada do TJMG), j. 21-8-2008, *DJe* 8-9-2008; STJ, 6ª Turma, HC 121.628/SC, Rel. Min. Og Fernandes, j. 9-3-2010, *DJe* 29-3-2010.

6 Apresentação antecipada do cheque pós-datado pelo beneficiário

Além da ampliação do prazo de apresentação e, consequentemente, do prazo prescricional, a pós-datação tem o condão de criar uma obrigação extracambiária para o beneficiário do título, no sentido de não apresentar o cheque antes da data acordada. Tal obrigação é contratual, isto é, decorre do acordo realizado pelas partes, e não diretamente do título de crédito, podendo ser provada por qualquer meio, uma vez que não se trata de obrigação solene. Ressalte-se, ainda, que tal obrigação contratual é do beneficiário, e não do banco sacado.

Como mencionado, o cheque é sempre pagável à vista, considerando-se não escrita para o sacado qualquer menção em sentido contrário (Lei n. 7.357/85 – art. 32). Em outras palavras, não importa o que consta do cheque ou de qualquer outro documento, o cheque será exigível no momento da sua apresentação ao sacado. Este pagará o cheque quando lhe for apresentado, independentemente da data que estiver nele consignada.

Apesar disso, é certo que a pactuação da pós-datação é lícita e vincula os pactuantes. Assim sendo, se o beneficiário descumprir sua obrigação e apresentar o cheque antes da data combinada, ele vai responder por perdas e danos nos termos do art. 389 do Código Civil. Se ele assumiu uma obrigação contratual e a descumpriu, ele terá que responder pelas perdas e danos que seu inadimplemento contratual causou, indenizando aquele que sofreu com o seu comportamento[25]. Nesse sentido, o STJ já decidiu que "caracteriza dano moral a apresentação antecipada do cheque pré-datado" (Súmula 370). No direito italiano, a pós-datação seria nula e não geraria efeitos entre as partes, mantendo-se entre elas apenas o cheque[26].

Em todo caso, o emitente deverá comprovar os danos sofridos, para obter a indenização, porquanto, sem danos, não há o que indenizar. A responsabilidade do beneficiário é pelas perdas e danos causados, logo, estes devem ser provados para haver qualquer indenização. Se o cheque foi apresentado antecipadamente, mas não causou qualquer prejuízo material ou moral, não há o que indenizar. Não há que se cogitar da aplicação de uma multa civil, mesmo sem dano, conforme sugerido por Gladston Mamede[27]. No nosso direito, a indenização pressupõe um dano.

A indenização devida pelo descumprimento da obrigação contratual deverá abranger tanto os danos materiais quanto os danos morais sofridos pelo emitente do cheque.

Por danos materiais deve-se entender a lesão ao patrimônio da vítima[28], considerado o conjunto de relações economicamente apreciáveis da pessoa. Para reparar essa lesão,

---

25. PONTES DE MIRANDA. *Tratado de direito cambiário.* Campinas: Bookseller, 2000, v. 4, p. 110-111; COELHO, Fábio Ulhoa. *Curso de direito comercial.* 8. ed. São Paulo: Saraiva, 2004, v. 1, p. 442; MAMEDE, Gladston. *Direito empresarial brasileiro*: títulos de crédito. 2. ed. São Paulo: Atlas, 2005, v. 3, p. 289.

26. LAURINI, Giancarlo. *I titoli di credito*. Milano: Giuffrè, 2003, p. 421.

27. MAMEDE, Gladston. *Direito empresarial brasileiro*: títulos de crédito. 2. ed. São Paulo: Atlas, 2005, v. 3, p. 291.

28. CAVALIERI FILHO, Sergio. *Programa de responsabilidade civil.* 7. ed. São Paulo: Atlas, 2007, p. 71.

o responsável deverá indenizar a vítima, pagando o que ela perdeu (dano emergente), bem como o que ela deixou de ganhar (lucro cessante).

No caso de apresentação antecipada do cheque pós-datado, o dano emergente envolve os custos que o emitente teve em razão da apresentação como, por exemplo, o pagamento de juros do cheque especial, o pagamento de taxas pela eventual devolução do cheque e tudo aquilo que ele efetivamente perdeu em razão dessa apresentação antecipada.

Além disso, a indenização deverá abranger o que ele deixou de ganhar e que era esperado, como, por exemplo, os rendimentos de certa aplicação financeira, que teve que ser resgatada para cobrir o cheque apresentado antecipadamente. Nesse particular, indeniza-se o emitente com a entrega do ganho que seria esperável, e não de um ganho incerto. Apenas o ganho esperável se configura como lucro cessante[29].

A par do dano material, aquele que apresentou antecipadamente o cheque deverá indenizar também os eventuais danos morais causados. Estes devem ser entendidos como lesões a direitos de caráter não pecuniário, vale dizer, lesões a direitos da personalidade[30]. Nesse caso, a indenização não visa reparar o dano, mas apenas compensar a dor sofrida pela lesão a um direito da personalidade, uma violação a sua dignidade que seja capaz de causar-lhe aflições, angústia ou desequilíbrio do seu bem-estar[31].

No caso da apresentação antecipada do cheque, os danos morais normalmente se configurarão com a inscrição do nome do emitente em cadastros de maus pagadores, como o SPC e o Serasa. Nesse sentido, não há nenhuma dúvida de que o abalo do crédito do emitente representa uma lesão à sua dignidade e deve ser compensado. Mesmo sem essa inscrição, o STJ vem reconhecendo a simples devolução do cheque, por falta de fundos, como suficiente para a configuração do dano moral[32].

7 Apresentação antecipada do cheque pós-datado pelo endossatário

A responsabilidade pela indenização dos danos causados pela apresentação antecipada do cheque pós-datado, devida pelo beneficiário, tem natureza contratual, uma vez que a fonte da indenização é o descumprimento de uma obrigação contratualmente assumida. Quando o beneficiário aceita a pós-datação, ele passa a ser parte de um contrato, no qual ele tem a obrigação de não fazer, vale dizer, a obrigação de não apresentar o cheque antes da data combinada. Caso ele descumpra sua obrigação, ele responderá pelos danos decorrentes do seu inadimplemento.

---

29. CAVALIERI FILHO, Sergio. *Programa de responsabilidade civil.* 7. ed. São Paulo: Atlas, 2007, p. 71.

30. GAGLIANO, Pablo Stolze; PAMPLONA FILHO, Rodolfo. *Novo curso de direito civil.* 4. ed. São Paulo: Saraiva, 2006, v. 3, p. 55.

31. CAVALIERI FILHO, Sergio. *Programa de responsabilidade civil.* 7. ed. São Paulo: Atlas, 2007, p. 80.

32. STJ, 3ª Turma, REsp 707.272/PB, Rel. Min. Nancy Andrighi, j. 3-3-2005, *DJ* 21-3-2005, p. 382.

Todavia, nada impede que o cheque pós-datado seja objeto de endosso, isto é, ele poderá ser transferido a terceiros que não fizeram parte da combinação. Caso esse terceiro realize a apresentação antecipada e cause danos ao emitente, discute-se se há alguém responsável por tais perdas e danos, uma vez que não foi o beneficiário original, parte do contrato, que realizou a apresentação antecipada e o terceiro não foi parte do contrato.

A nosso ver, o beneficiário original que assumiu a obrigação contratual será responsável ainda assim pelas perdas e danos, uma vez que ele não manteve sua obrigação em relação ao cheque. O fato de o cheque ser transferido não extingue sua obrigação contratual e, por isso, ele tem ainda os ônus decorrentes desse descumprimento, e, por esse descumprimento realizado por terceiro também não afasta sua responsabilidade, porquanto sua obrigação era de resultado.

A nosso ver, o terceiro que recebeu o título do beneficiário só teria responsabilidade no caso de culpa comprovada da sua parte. Em outras palavras, se o terceiro tinha ciência da pós-datação e mesmo assim faz a apresentação antecipada, ele não está agindo de boa-fé e, por isso, deverá responder extracontratualmente por seu ato culposo que causou danos ao emitente. A ciência decorre da aposição expressa da data futura no título, seja como data de emissão, seja em outro ponto do título, ou qualquer outra prova que demonstre que ele tinha essa ciência.

O TJRJ afirma que, mesmo com a ciência, o endossatário não teria qualquer responsabilidade, uma vez que não foi parte do contrato de pós-datação[33]. Embora reconheça a relatividade dos efeitos do contrato, o STJ reconheceu que o endossatário de boa-fé não teria responsabilidade pela apresentação antecipada do cheque. Nesse sentido, asseverou que, "com efeito, em não havendo ilicitude no ato do réu, e não constando na data de emissão do cheque a pactuação, tendo em vista o princípio da relatividade dos efeitos contratuais e os princípios inerentes aos títulos de crédito, não devem os danos ocasionados em decorrência da apresentação antecipada do cheque ser compensados pelo réu, que não tem legitimidade passiva por ser terceiro de boa-fé, mas sim pelo contraente que não observou a alegada data convencionada para apresentação da cártula"[34].

Ousamos discordar desse entendimento, uma vez que, ao ter ciência da combinação e apresentar antes da data combinada, ele age de má-fé, não se trata de uma responsabilidade contratual, mas de uma responsabilidade extracontratual, baseada na culpa. Caso o terceiro não tenha essa ciência, vale dizer, esteja de boa-fé, não há como puni-lo, uma vez que a apresentação é o exercício regular de um direito, o qual não pode ensejar qualquer indenização[35].

Se houver a configuração da responsabilidade de ambos, acreditamos que a responsabilidade pelos danos causados ao emitente prejudicado será solidária, nos termos do art. 942 do Código Civil.

---

33. TJRJ, 18ª Câmara Cível, Apelação Cível 2007.001.09997, Rel. Des. Célia Meliga Pessoa, j. 3-4-2007.

34. STJ, 4ª Turma, REsp 884.346/SC, Rel. Min. Luis Felipe Salomão, j. 6-10-2011, *DJe* 4-11-2011. No mesmo sentido: REsp 1169414/RJ, Rel. Min. Sidnei Beneti, 3ª Turma, j. 4-10-2011, *DJe* 13-10-2011.

35. TJMG, 15ª Câmara Cível, Apelação Cível 1.0521.05.044823-7/001, Rel. Des. Mota e Silva, *DJ* 6-8-2007; TJMG, 3ª Câmara Cível, Apelação Cível 298.642-1, Rel. Des. Dorival Guimarães Pereira, *DJ* 4-3-2000.

17 DUPLICATA

1 Origem e conceito da duplicata

A duplicata é um título de crédito genuinamente brasileiro, cuja origem remonta ao art. 219 do Código Comercial que, todavia, permaneceu letra morta na prática do comércio durante o século XIX[1]. Naquele momento, a duplicata era na verdade a fatura ou a conta de um contrato de compra e venda de mercadorias entre comerciantes. Em tal negócio, eram emitidas duas vias da conta, ficando uma com o comprador e outra com o devedor. Se uma das vias fosse devidamente assinada pela outra parte, a fatura era equiparada aos títulos de crédito, inclusive para fins de cobrança judicial.

Posteriormente, surgiu a Lei n. 187/36, com a qual a duplicata passou a ser mais usada, todavia, com um caráter eminentemente fiscal. O objetivo era controlar o pagamento de tributos[2]. Com o abandono de tal finalidade, a duplicata se expande na atividade mercantil, sendo regulamentada finalmente pela Lei n. 5.474/68, cujo regime prevalece até hoje.

Tal criação nacional se difundiu para outras legislações, mas no Brasil ela mantém certas peculiaridades que a tornam um dos mais úteis instrumentos de circulação de riquezas, uma vez que serve para representar o crédito decorrente de contratos de compra e venda mercantil e de prestação de serviços, negócios extremamente comuns na economia moderna. Falaremos em duplicata mercantil quando sua origem for uma compra e venda mercantil. Por sua vez, falaremos em duplicata de serviços, quando sua origem for o contrato de prestação de serviços[3].

Pontes de Miranda afirma que a "duplicata mercantil é o título cambiariforme, em que o criador do título assume por promessa indireta (isto é, de ato-fato alheio, que é pagar), vinculação indireta"[4]. Nesse conceito, destaca-se o fato de a duplicata ser emitida por quem, a princípio, é credor do título, mas pode se tornar devedor indireto, no momento em que transfira o título por meio de endosso. Além disso, Pontes de Miranda destaca a natureza cambiariforme do título pela ausência de abstração na criação deste,

---

1. BORGES, João Eunápio. *Títulos de crédito*. 2. ed. Rio de Janeiro: Forense, 1977, p. 204.

2. RESTIFFE NETO, Paulo. *Novos rumos da duplicata*. São Paulo: RT, 1974, p. 4.

3. Para fins didáticos, analisaremos como padrão da duplicata mercantil e, em tópico próprio, apontaremos as eventuais diferenças da duplicata de serviços.

4. PONTES DE MIRANDA. *Tratado de direito cambiário*. Campinas: Bookseller, 2000, v. 3, p. 33.

isto é, a duplicata não é propriamente um título cambiário em sua essência, mas assume a forma de tais títulos, sofrendo a incidência dos princípios de direito cambiário[5].

Ressaltando outros aspectos, Luiz Emygdio F. da Rosa Júnior sustenta que a duplicata "é título de crédito formal, impróprio, causal, à ordem, extraído por vendedor, ou prestador de serviços que visa a documentar o saque fundado sobre o crédito decorrente de compra e venda mercantil ou prestação de serviços, assimilada aos títulos cambiários por lei, e que tem como seu pressuposto a extração da fatura"[6].

A duplicata é, em síntese, um título de crédito emitido por seu credor originário, com base em uma fatura, para documentar o crédito originado de uma compra e venda mercantil ou de uma prestação de serviços.

Veja-se que é um título que pode ser criado pelo próprio credor, para representar o seu crédito, nos contratos de compra e venda mercantil e prestação de serviços. E esse é o único título que ele pode criar para tais operações (Lei n. 5.474/68 – art. 2º). Para José Paulo Leal Ferreira Pires, nenhum outro título poderá ser usado para tais contratos[7]. A nosso ver, porém, nada impede que o devedor emita cheques ou notas promissórias para o mesmo fim[8], uma vez que não são títulos criados pelo credor. O que se impede é a criação de outro título pelo credor para representar o crédito decorrente de tais operações.

Em razão de sua criação pelo credor, a estrutura da duplicata é o de uma ordem de pagamento, e não uma promessa. Na duplicata, o credor (sacador) dá uma ordem ao devedor para que pague o valor devido a ele mesmo. Há uma estrutura similar a de uma letra de câmbio, só que sacador e beneficiário são a mesma pessoa.

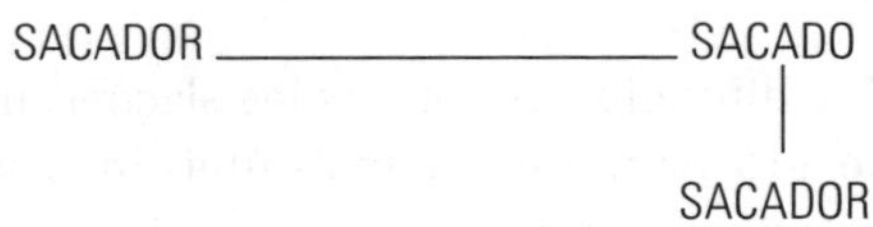

Pensando em termos contratuais, o sacador será o vendedor ou prestador de serviços e o sacado será o comprador ou aquele que recebeu os serviços. Em suma, nesse título, o vendedor dá uma ordem ao comprador para que ele pague ao próprio vendedor o preço estabelecido para o contrato em questão.

2 A duplicata como título causal

Conforme se depreende do conceito apresentado, a duplicata é um título de crédito causal, na medida em que há uma estreita vinculação ao negócio jurídico que lhe deu origem,

---

5. PONTES DE MIRANDA. *Tratado de direito cambiário*. Campinas: Bookseller, 2000, v. 3, p. 37.

6. ROSA JÚNIOR, Luiz Emygdio da. *Títulos de crédito*. 4. ed. Rio de Janeiro: Renovar, 2006, p. 673.

7. PIRES, José Paulo Leal Ferreira. *Títulos de crédito*. 2. ed. São Paulo: Malheiros, 2001, p. 171.

8. STJ, 4ª Turma, REsp 136.637/SC, Rel. Min. Aldir Passarinho Junior, j. 5-9-2002, *DJ* 28-10-2002, p. 321; COELHO, Fábio Ulhoa. *Curso de direito comercial*. 8. ed. São Paulo: Saraiva, 2004, v. 1, p. 459.

uma compra e venda ou uma prestação de serviços. Não se trata de mera ligação a uma causa, pois todo título de crédito tem uma causa. Nos títulos causais, esta emerge do título, vale dizer, a causa é conhecida por todos, pois é mencionada no próprio documento.

Assim, vê-se a origem da duplicata mais restrita que dos demais títulos e, por isso, a maior parte da doutrina concebe a duplicata como um título impróprio[9], isto é, apenas equiparada aos títulos de crédito propriamente ditos, pois ela não nasce para ser um título cambial, podendo ser tão somente assimilada aos títulos cambiais para sua circulação. Não haveria uma relação de confiança para configurar um negócio de crédito e, consequentemente, um título de crédito.

Sabendo do peso da opinião de tais autores, ousamos discordar e afirmar que a duplicata é um título de crédito, porquanto são preenchidos todos os requisitos da definição clássica de Cesare Vivante. Ela é um documento necessário para o exercício de um direito autônomo com seus contornos definidos no título (literal). A abstração e a relação de crédito não são fatores determinantes da conceituação de um título de crédito. Assim sendo, podemos conceber a duplicata como um título de crédito em sentido estrito[10]. Algumas peculiaridades decorrentes do regime da duplicata não lhe retiram tal natureza.

Sendo um título próprio ou impróprio, é inegável que a duplicata é um título eminentemente causal[11], uma vez que é vinculada a contrato de compra e venda mercantil ou de prestação de serviços[12]. Para Fábio Ulhoa Coelho, tal causalidade significa inicialmente que o título emitido em razão de qualquer outro negócio não será válido como duplicata[13]. A nosso ver, porém, mesmo que seja uma duplicata baseada em outros negócios, o título será válido para os terceiros de boa-fé que poderão cobrar o sacador-endossante, os outros endossantes e respectivos avalistas[14].

---

9. MARTINS, Fran. *Títulos de crédito.* 5. ed. Rio de Janeiro: Forense, 1995, v. 2, p. 188; ROSA JÚNIOR, Luiz Emygdio da. *Títulos de crédito.* 4. ed. Rio de Janeiro: Renovar, 2006, p. 673.

10. DE LUCCA, Newton. *Aspectos da teoria geral dos títulos de crédito.* São Paulo: Pioneira, 1979, p. 136.

11. REQUIÃO, Rubens. *Curso de direito comercial.* 21. ed. São Paulo: Saraiva, 1998, v. 2, p. 299; ROSA JÚNIOR, Luiz Emygdio da. *Títulos de crédito.* 4. ed. Rio de Janeiro: Renovar, 2006, p. 674; BERTOLDI, Marcelo; RIBEIRO, Márcia Carla Pereira. *Curso avançado de direito comercial.* 3. ed. São Paulo: RT, 2006, p. 442; SOUZA, Carlos Gustavo de. *Títulos de crédito.* Rio de Janeiro: Freitas Bastos, 2005, p. 117; BOITEUX, Fernando Netto. *Títulos de crédito.* São Paulo: Dialética, 2002, p. 172; COELHO, Fábio Ulhoa. *Curso de direito comercial.* 8. ed. São Paulo: Saraiva, 2004, v. 1, p. 458; COSTA, Wille Duarte. *Títulos de crédito.* Belo Horizonte: Del Rey, 2003, p. 383; MARTINELLI, João Carlos José. *Manual dos títulos de crédito.* Jundiaí: Literarte, 2000, p. 84; ROQUE, Sebastião José. *Títulos de crédito.* São Paulo: Ícone, 1997, p. 151; FREITAS, Caub Feitosa. *Títulos de crédito.* Goiânia: AB, 2000, p. 205; MAGALHÃES, Roberto Barcellos de. *Títulos de crédito.* Rio de Janeiro: Lumen Juris, 1996, p. 173; PIRES, José Paulo Leal Ferreira. *Títulos de crédito.* 2. ed. São Paulo: Malheiros, 2001, p. 171.

12. Em sentido contrário: PONTES DE MIRANDA. *Tratado de direito cambiário.* Campinas: Bookseller, 2000, v. 3, p. 44.

13. COELHO, Fábio Ulhoa. *Curso de direito comercial.* 8. ed. São Paulo: Saraiva, 2004, v. 1, p. 458.

14. ROSA JÚNIOR, Luiz Emygdio da. *Títulos de crédito.* 4. ed. Rio de Janeiro: Renovar, 2006, p. 680; BORGES, João Eunápio. *Títulos de crédito.* 2. ed. Rio de Janeiro: Forense, 1977, p. 210; BULGARELLI, Waldirio. *Títulos de crédito.* 14. ed. São Paulo: Atlas, 1998, p. 427.

Além disso, é certo que há um vínculo expresso entre o título e o negócio jurídico que lhe deu origem, fazendo com que um esteja indissociavelmente ligado ao outro[15]. Essa conexão decorre do próprio conteúdo do título que, de alguma forma, faz menção a sua causa[16].

Em razão desse vínculo expresso, o possuidor do título tem toda a ciência sobre a causa do título e, por isso, pode ser afetado por essa causa, isto é, o negócio jurídico vincula-se ao título, de tal maneira, a ponto de influenciar na sua própria vida[17]. "A causa interfere no grau da própria autonomia do título de crédito de vez que ela propicia maior possibilidade de exceções oponíveis ao credor, e, como tal, diminui o alcance daquela autonomia."[18] Apesar disso, é certo que processualmente o credor é dispensado da prova da relação fundamental[19], embora possa vir a ser afetado por ela, a partir da iniciativa do devedor de trazê-la à discussão.

Assim, caso o credor de um título venha a cobrar o sacado (que assumiu obrigação), este poderá invocar exceções ligadas ao negócio jurídico que deu origem ao título[20]. Se o contrato não foi devidamente cumprido, a exceção do contrato não cumprido poderá ser invocada para o não pagamento do próprio título. Diante disso, qualquer credor deveria verificar a regularidade da execução do negócio jurídico que deu origem ao título, uma vez que se sabe dessa origem.

Ocorre que, em certos casos, o credor já não é mais aquele que participou do negócio e o próprio título traz uma aparência de que o negócio foi devidamente cumprido. Exigir, nesses casos, que o credor de boa-fé verifique o negócio jurídico seria contradizer a proteção da aparência e a celeridade inerente aos negócios empresariais. Assim, pode-se afirmar que, embora seja eminentemente causal, a duplicata poderá se tornar um título abstrato, não sendo oponíveis ao credor de boa-fé exceções ligadas ao negócio jurídico subjacente. Para Pontes de Miranda, essa abstração pressupõe o endosso ou o aceite[21], porém, a nosso ver, são necessários cumulativamente o aceite e o endosso para tal finalidade.

Para possibilitar a aplicação dessa abstração, é essencial que o credor esteja de boa-fé, isto é, é fundamental que o credor não tenha participado do negócio jurídico. Quan-

---

15. ASCARELLI, Tullio. *Teoria geral dos títulos de crédito.* Tradução de Benedicto Giacobbini. Campinas: RED, 1999, p. 54.

16. BOITEUX, Fernando Netto. *Títulos de crédito.* São Paulo: Dialética, 2002, p. 33.

17. MESSINEO, Francesco. *Manuale di diritto civile e commerciale.* 9. ed. Milano: Giuffrè, 1972, v. 5, p. 269; DE LUCCA, Newton. *Aspectos da teoria geral dos títulos de crédito.* São Paulo: Pioneira, 1979, p. 117; ESCUTI, Ignácio A. *Títulos de crédito.* 5. ed. Buenos Aires: Astrea, 1998, p. 15.

18. DE LUCCA, Newton. *Aspectos da teoria geral dos títulos de crédito.* São Paulo: Pioneira, 1979, p. 118.

19. MESSINEO, Francesco. *Manuale di diritto civile e commerciale.* 9. ed. Milano: Giuffrè, 1972, v. 5, p. 271.

20. STJ, 3ª Turma, REsp 1250258/SC, Rel. Min. João Otávio de Noronha, j. 24-3-2015, *DJe* 27-3-2015.

21. PONTES DE MIRANDA. *Tratado de direito cambiário.* Campinas: Bookseller, 2000, v. 3, p. 91-92.

do o credor participa do negócio jurídico, não há abstração[22], uma vez que ele tem amplo conhecimento do negócio e não pode alegar boa-fé, para não se sujeitar às exceções causais, baseadas no negócio. A abstração tem por pressuposto a circulação do título[23], por meio de endosso, na medida em que sem essa circulação não haverá boa-fé do credor a ser tutelada.

Todavia, o endosso não é suficiente para dar abstração à duplicata, como parecem entender Pontes de Miranda e Fábio Ulhoa Coelho[24]. Com efeito, o endosso faz surgir uma obrigação abstrata que é a do endossante, mas não desvincula o título da sua causa, uma vez que ela está expressamente vinculada a um contrato de compra e venda mercantil ou de prestação de serviços. Em razão dessa vinculação, cria-se para o terceiro, que recebe a duplicata, o dever de verificar se o negócio foi devidamente cumprido, para a eventual cobrança do sacado (que assuma alguma obrigação) e seus avalistas. Ocorre que tal dever poderá ser afastado, se o próprio teor do título denotar que o negócio jurídico foi devidamente cumprido, isto é, se houver aceite[25].

Ora, ao dar o aceite, o sacado se vincula como devedor principal do título e reconhece sua obrigação contratual, a qual só surgiria com o cumprimento da obrigação pelo sacador (vendedor ou prestador dos serviços). Mesmo que tal negócio ainda não tenha sido efetivamente cumprido, é certo que a aparência dada pelo aceite é digna de proteção. Assim, o credor fica desobrigado de verificar a regularidade do negócio jurídico subjacente e, consequentemente, fica imune às exceções ligadas ao negócio jurídico.

O STJ já afirmou que "a ausência de entrega da mercadoria não vicia a duplicata no que diz respeito a sua existência regular, de sorte que, uma vez aceita, o sacado (aceitante) vincula-se ao título como devedor principal e a ausência de entrega da mercadoria somente pode ser oponível ao sacador, como exceção pessoal, mas não a endossatários de boa-fé"[26]. O mesmo STJ afirmou ainda que: "Ausente qualquer indício de má-fé por parte do endossatário, exigir que ele responda por fatos alheios ao negócio jurídico que o vinculam à duplicata contraria a própria essência do direito cambiário, aniquilando sua principal virtude, que é permitir a fácil e rápida circulação do crédito"[27].

Em suma, o aceite e o endosso da duplicata são capazes de afastar a sua causalidade. Em outras palavras, "reconhecido, o título circulando suprime, para o comprador-aceitante, toda e qualquer alegação excepcional com fundamento no contrato inicial"[28]. O credor

22. ASCARELLI, Tullio. *Teoria geral dos títulos de crédito.* Tradução de Benedicto Giacobbini. Campinas: RED, 1999, p. 125; STJ, 3ª Turma, REsp 1250258/SC, Rel. Min. João Otávio de Noronha, j. 24-3-2015, *DJe* 27-3-2015.

23. COELHO, Fábio Ulhoa. *Curso de direito comercial.* 8. ed. São Paulo: Saraiva, 2004, v. 1, p. 377.

24. PONTES DE MIRANDA. *Tratado de direito cambiário.* Campinas: Bookseller, 2000, v. 3, p. 91; COELHO, Fábio Ulhoa. *Curso de direito comercial.* 8. ed. São Paulo: Saraiva, 2004, v. 1, p. 459.

25. STJ, 4ª Turma, REsp 43849/RS, Rel. Min. Sálvio de Figueiredo Teixeira, j. 28-3-94, *DJ* 9-5-94, p. 10880.

26. STJ, 4ª Turma, REsp 261.170/SP, Rel. Min. Luis Felipe Salomão, j. 4-8-2009, *DJe* 17-8-2009.

27. STJ, 3ª Turma, REsp 1102227/SP, Rel. Min. Nancy Andrighi, j. 12-5-2009, *DJe* 29-5-2009.

28. PENNA, Fábio O. *Da duplicata.* 2. ed. Rio de Janeiro: Forense, 1966, p. 110.

de boa-fé de duplicata aceita não poderá ser afetado por questões ligadas ao negócio jurídico subjacente.

3 Legislação aplicável

No seu atual estágio evolutivo, a duplicata possui uma lei própria que é a Lei n. 5.474/68. Todavia, tal lei possui apenas 28 artigos, não sendo capaz de disciplinar integralmente o instituto da duplicata. Em razão disso, a própria Lei n. 5.474/68, em seu art. 25, determina que devem ser aplicados à duplicata e à triplicata, no que couber, os dispositivos da legislação sobre emissão, circulação e pagamento das letras de câmbio. Em outras palavras, as duplicatas são regidas também pela legislação das letras de câmbio, no que não contrariar a legislação específica.

Assim, vemos que as duplicatas são regidas primariamente pela Lei n. 5.474/68, mas também, no que não contraria a lei específica, pela Lei Uniforme de Genebra (LUG). Além disso, nas omissões e reservas da LUG, vale ainda o Decreto n. 2.044/1908 em relação às duplicatas. Igualmente, aplicam-se às duplicatas normas posteriores que tratem de assuntos ligados ao título, como a Lei n. 9.492/97, sobre o protesto.

4 O processo de emissão da duplicata

Como visto, a duplicata é um título emitido por seu credor originário para documentar o crédito decorrente de uma operação de compra e venda mercantil ou de prestação de serviços. Ao contrário da letra de câmbio, da nota promissória e do cheque, a possibilidade de emissão da duplicata é mais restrita, sendo também próprio o procedimento da sua criação, uma vez que o procedimento da emissão é conduzido pelo credor e pressupõe outro documento, que é a fatura.

O itinerário da criação de uma duplicata pode ser representado da seguinte maneira:

4.1 Os contratos de compra e venda mercantil e de prestação de serviços

Ao contrário de outros títulos de crédito que podem se referir a qualquer crédito, a duplicata deve se relacionar necessariamente aos créditos decorrentes de contratos de compra e venda mercantil ou de prestação de serviços. Apenas esses créditos poderão ser documentados por meio de uma duplicata.

Tanto nessa compra e venda mercantil quanto na prestação de crédito haverá um preço a ser recebido pelo prestador dos serviços ou pelo vendedor da mercadoria. Esse crédito é que poderá ser documentado na duplicata, inclusive com seus eventuais acréscimos, mais nenhum outro, nem mesmo os encargos sobre o atraso no pagamento da obrigação contratual[29]. Os encargos como meros acréscimos do crédito contratual podem ser representados em duplicatas, com o principal, mas cobrar por meio de uma duplicata apenas os encargos não é admissível, uma vez que o título deve se referir ao crédito decorrente de tais contratos.

4.1.1 Configuração do contrato de prestação de serviços

No contrato de prestação de serviços, uma das partes, mediante contraprestação, exerce uma "atividade em favor de terceiros apta a satisfazer uma necessidade qualquer, desde que não consistente na simples troca de bens"[30]. Os serviços não podem ser objeto de detenção, mas de fruição. Nesse contrato, o prestador dos serviços tem direito a receber uma prestação em dinheiro. Esse crédito poderá ser representado em duplicatas.

4.1.2 Configuração do contrato de compra e venda mercantil no regime jurídico atual

Além da prestação de serviços, a duplicata pode representar o crédito decorrente de uma compra e venda mercantil. Na compra e venda, uma das partes se obriga a transferir o domínio de certa coisa e a outra se obriga a pagar ao primeiro certo preço em dinheiro. Nesse contrato, o comprador tem o direito de receber a coisa e o vendedor de receber o preço. Tal direito do vendedor poderá ser documentado em uma duplicata, desde que se trate de uma compra e venda mercantil, vale dizer, não é toda compra e venda que poderá ensejar a emissão de uma duplicata, mas apenas a compra e venda mercantil.

No regime anterior à vigência do Código Civil, tal contrato distinguia-se em civil e mercantil, o primeiro regido pelo Código Civil de 1916 e o segundo pelo Código Comercial. Nesse período, a compra e venda mercantil era caracterizada à luz dos parâmetros que estavam insculpidos no art. 191 do Código Comercial de 1850, que exigia três requisitos para uma compra e venda ser considerada mercantil.

Em primeiro lugar, exigia-se que o comprador ou vendedor fosse comerciante, vale dizer, bastaria que apenas uma das partes fosse comerciante para atrair a disciplina do Código Comercial. Em segundo lugar, o objeto do contrato deveria ser uma coisa móvel ou semovente, estando expressamente excluída a venda de imóveis da disciplina

29. STJ, 4ª Turma, REsp 198.215/SP, Rel. Min. Ruy Rosado de Aguiar, j. 11-5-99, *DJ* 14-6-99, p. 210.

30. VEDOVE, Giampaolo dalle. *Nozioni di diritto d'impresa*. Padova: Cedam, 2000, p. 13-14.

mercantil. Por fim, para que uma compra e venda fosse mercantil, era necessário que as coisas compradas fossem colocadas na cadeia de escoamento para revenda ou para o aluguel[31].

Em tal tipo de compra e venda, o crédito do vendedor sempre pôde ser representado em uma duplicata. Ocorre que o art. 191 do Código Comercial foi revogado pelo Código Civil, que buscou a unificação, ainda que parcial, das obrigações, trazendo também o conceito de empresário. Em razão disso, discute-se quais são os atuais elementos de uma compra e venda mercantil.

Para Fábio Ulhoa Coelho[32], existem três tipos de compra e venda: a civil, a de consumo e a mercantil. Uma compra e venda será mercantil quando comprador e vendedor forem empresários; quando o objeto for uma mercadoria; e quando o negócio estiver inserido na atividade empresarial de circulação de bens. Em suma, a compra e venda mercantil será um negócio realizado entre empresários, cujo objeto é uma mercadoria que será utilizada pelo comprador em uma atividade econômica voltada para o mercado. No mesmo sentido, Marcelo Bertoldi e Marcia Carla Pereira Ribeiro afirmam que a compra e venda será mercantil se comprador e vendedor forem empresários e a mercadoria for destinada à implementação da atividade empresarial do adquirente[33].

Para Irineu Mariani[34], o contrato de compra e venda será empresarial se uma das partes for empresário, no exercício da sua atividade e o objeto for uma mercadoria, não abrangendo os imóveis, salvo se forem objeto de uma sociedade anônima. Para ele, os contratos de consumo não representam uma categoria à parte, de modo que podemos falar em contratos de compra e venda empresarial e contratos de compra e venda empresarial ao consumidor, ambos abrangidos pelo mesmo conceito.

Consoante Carlos Gustavo de Souza[35], a compra e venda será mercantil se houver a intenção de recolocar o bem no comércio, bem como se o comprador for empresário, não havendo qualquer necessidade de que ambos sejam empresários. Além disso, também seria mercantil a aquisição de insumos para o processo de construção ou formação das mercadorias.

A grande divergência entre os citados autores envolve o elemento subjetivo de tal compra e venda. A nosso ver, ambos os sujeitos devem ser empresários, uma vez que assim o negócio será efetivamente um negócio empresarial, cujo crédito poderá ser documentado em uma duplicata.

Em síntese, segundo nosso entendimento, para uma compra e venda mercantil, vendedor e comprador deverão ser empresários, o objeto deverá ser uma mercadoria e

---

31. MARTINS, Fran. *Títulos de crédito.* 5. ed. Rio de Janeiro: Forense, 1995, v. 2, p. 115.

32. COELHO, Fábio. *Curso de direito comercial.* 7. ed. São Paulo: Saraiva, 2007, v. 3, p. 55.

33. BERTOLDI, Marcelo; RIBEIRO, Márcia Carla Pereira. *Curso avançado de direito comercial.* 3. ed. São Paulo: RT, 2006, p. 688.

34. MARIANI, Irineu. *Contratos empresariais.* Porto Alegre: Livraria do Advogado, 2007, p. 27.

35. SOUZA, Carlos Gustavo de. *Contratos mercantis.* Rio de Janeiro: Freitas Bastos, 2006, p. 41-47.

o destino deverá ser a circulação de riquezas. Assim, será mercantil a compra e venda de mercadorias para revenda, bem como a compra e venda de produtos e equipamentos para serem transformados e revendidos, ou mesmo para produzir novas mercadorias (insumos da atividade empresarial).

4.2 Fatura

Os contratos de compra e venda mercantil e prestação de serviços geram um crédito para uma das partes (vendedor ou prestador dos serviços), e não são solenes, podendo ser realizados por qualquer forma, inclusive a verbal, em razão da própria celeridade dos negócios celebrados em massa. Todavia, para que tais contratos possam originar a duplicata, é essencial que seja emitido previamente um documento, denominado fatura.

A celeridade das negociações não impede que haja uma descrição dos produtos vendidos, ou dos serviços prestados em um documento que será entregue ao comprador ou recebedor dos serviços, como uma espécie de prova da finalização do contrato de compra e venda ou de prestação de serviços. Tal documento é o que se denomina fatura, a qual inclusive pode ser uma nota fiscal-fatura, produzindo os efeitos de fatura e nota fiscal.

Luiz Emygdio da Rosa Júnior conceitua a fatura como "o documento acessório da compra e venda com finalidade meramente probatória, sem valor autônomo, não sendo título representativo da mercadoria, mas da venda da mercadoria ou da prestação de serviços"[36]. Fran Martins, por sua vez, afirma que a fatura "consiste numa nota em que são discriminadas as mercadorias vendidas, com as necessárias identificações, sendo mencionados, inclusive, o valor unitário dessas mercadorias e o seu valor total"[37].

Em síntese, a fatura é um documento probatório da realização de uma compra e venda ou de uma prestação de serviços. Tal documento é apenas e tão somente um meio de prova da existência do contrato, não representando um título de crédito. Em todo caso, ele deverá descrever o objeto do contrato, isto é, deverá descrever as mercadorias vendidas ou, quando convier ao vendedor, indicará somente os números e valores das notas parciais expedidas por ocasião das vendas, despachos ou entregas das mercadorias, ou a natureza e o preço dos serviços prestados.

Em regra, a emissão da fatura pelo vendedor ou pelo prestador dos serviços é facultativa. Todavia, a Lei n. 5.474/68 estabelece que em toda compra e venda mercantil com prazo de pagamento não inferior a 30 dias, contados da entrega das mercadorias, será emitida uma fatura. Assim, nas compras e vendas com prazo inferior a 30 dias e na prestação de serviços, a emissão da fatura é facultativa, isto é, o credor emite se quiser. No entanto, para a extração da duplicata é essencial a emissão da fatura.

---

36. ROSA JÚNIOR, Luiz Emygdio da. *Títulos de crédito*. 4. ed. Rio de Janeiro: Renovar, 2006, p. 672.
37. MARTINS, Fran. *Títulos de crédito*. 5. ed. Rio de Janeiro: Forense, 1995, v. 2, p. 187.

4.3 Extração da duplicata

Uma vez emitida a fatura, por obrigação ou por opção, dela pode-se extrair uma duplicata, vale dizer, o vendedor ou prestador de serviços poderá emitir um título de crédito para documentar o crédito nascido da operação. Há que se ressaltar que não se trata de uma cópia da fatura, que é um mero documento probatório, mas de um título de crédito extraído com base na fatura. Esta é apenas um pressuposto de emissão da duplicata, mas não se confunde com ela, que incorpora o próprio direito de crédito decorrente dos contratos de compra e venda mercantil e de prestação de serviços.

Embora não se confunda com a fatura, é certo que a duplicata sempre terá origem em uma, e não mais do que uma, sob pena de nulidade[38]. Cada duplicata deverá representar um crédito decorrente de um contrato e, por isso, não pode reunir várias faturas, sob pena de misturar créditos e contratos distintos. "Não há proibição legal para que se somem vendas parceladas procedidas no curso de um mês, e do montante se formule uma fatura única ao seu final, sobretudo diante da natureza do serviço contratado, como o de concretagem, a exigir a realização de diversas entregas de material ao dia."[39] De outro lado, uma fatura poderá originar várias duplicatas, no caso de o pagamento ser parcelado, sendo uma duplicata para cada parcela.

Representando uma parcela ou a fatura inteira, a extração da duplicata é sempre facultativa, vale dizer, é uma opção de o credor criar ou não tal título de crédito. Tal opção é exercida em razão da intenção de se beneficiar de alguma das particularidades dos títulos de crédito, especialmente a circulação pronta e rápida, que permitirá a antecipação de parte dos créditos[40], por meio dos contratos de desconto bancário ou *factoring*. Sem essa intenção, dificilmente se optará pela criação do título.

Pelo teor do art. 2º da Lei n. 5.474/68, parece que a opção pela criação da duplicata deveria ser exercida no momento da emissão da fatura. Entretanto, tal interpretação literal não pode prevalecer. A intenção do legislador foi estabelecer que para emitir uma duplicata é preciso emitir uma fatura. Assim, nada impede que a duplicata seja criada logo após a emissão da fatura ou mesmo posteriormente, mas nunca antes[41].

Não há qualquer sanção para a emissão posterior da duplicata, demonstrando a possibilidade dessa prática. Além disso, o art. 6º, § 1º, da Lei n. 5.474/68 diz que a duplicata deverá ser remetida ao sacado, no prazo de 30 dias a contar da sua emissão, e não da emissão da fatura, demonstrando que as datas poderão ser distintas. Portanto, a duplicata poderá ser extraída no mesmo dia ou posteriormente à emissão da fatura.

---

38. STJ, 3ª Turma, REsp 577.785/SC, Rel. Min. Carlos Alberto Menezes Direito, j. 28-9-2004, *DJ* 17-12-2004, p. 527.

39. STJ, 3ª Turma, REsp 1356541/MG, Rel. Min. Ricardo Villas Bôas Cueva, j. 5-4-2016, *DJe* 13-4-2016.

40. MARTINS, Fran. *Títulos de crédito*. 5. ed. Rio de Janeiro: Forense, 1995, v. 2, p. 188.

41. MAMEDE, Gladston. *Direito empresarial brasileiro*: títulos de crédito. 2. ed. São Paulo: Atlas, 2005, v. 3, p. 316; ROSA JÚNIOR, Luiz Emygdio da. *Títulos de crédito*. 4. ed. Rio de Janeiro: Renovar, 2006, p. 676; STJ, 3ª Turma, REsp 292.355/MG, Rel. Min. Nancy Andrighi, *DJ* 18-2-2002.

A opção de criação desse título pelo próprio credor, com a fatura ou posteriormente, pode representar um eficiente instrumento de mobilização de riquezas, uma vez que, mesmo sem a interferência do devedor, ele poderá transferir o crédito para antecipar ao menos uma parte do seu valor. O mecanismo da duplicata é muito eficiente, uma vez que a criação do título não dependerá de uma assinatura do devedor, sendo mais ágil do que a criação de outros títulos. Ademais, a própria possibilidade de emissão posterior facilita a atuação do credor, que poderá decidir pela criação do título com a realização do negócio ou depois.

De qualquer modo, a criação da duplicata é um grande poder à disposição do credor de contratos de prestação de serviços ou de compra e venda mercantil. Todavia, tal poder deve ser controlado, evitando abusos que coloquem em descrédito um instituto tão eficiente. Para controlar tal poder, obriga-se aquele que emite duplicatas a ter um livro de registro de duplicatas (Lei n. 5.474/68 – art. 19).

Além disso, pune-se o abuso no exercício desse poder. Nos termos do art. 172 do Código Penal, pratica crime de duplicata simulada aquele que emite fatura, duplicata ou nota de venda que não corresponda à mercadoria vendida, em quantidade ou qualidade, ou ao serviço prestado, bem como o que adultera o livro de registro de duplicatas. Assim, aquele que emite uma duplicata que não corresponda a uma efetiva compra e venda ou prestação de serviços, ou que seja diversa do teor do contrato efetivamente realizado[42], comete crime, punível com pena de detenção de dois a quatro anos e multa.

5 Requisitos essenciais

Entendido o procedimento de criação da duplicata, é essencial identificar quais os requisitos que devem constar em um documento para que ele produza efeitos de duplicata, em razão do formalismo inerente aos títulos de crédito. Um documento só vale como título de crédito se preencher os requisitos legais exigidos para tanto. "O formalismo dá a natureza do título, transformando o escrito de um simples documento de crédito em um título que se abstrai de sua causa, que vale por si mesmo, é *per se stante*."[43]

Na duplicata, a questão não é diferente, sendo estabelecidos onze requisitos essenciais. A ausência de qualquer um deles impede que o documento seja considerado uma duplicata. Hoje existe inclusive uma padronização da duplicata, por força da Resolução n. 102/68 do CMN.

Em termos legais, o art. 2º, § 1º, da Lei n. 5.474/68 enumera os requisitos para que o documento produza efeitos de duplicata, quais sejam:

1. a denominação *duplicata*;
2. a data de sua emissão;

42. JESUS, Damásio E. *Direito penal*. 22. ed. São Paulo: Saraiva, 1999, v. 2, p. 440.

43. MARTINS, Fran. *Títulos de crédito*. 5. ed. Rio de Janeiro: Forense, 1995, v. 1, p. 17.

3. o número de ordem;
4. o número da fatura;
5. a data certa do vencimento ou a declaração de ser a duplica à vista;
6. nome e domicílio das partes;
7. a importância a pagar em algarismo e por extenso;
8. a praça do pagamento;
9. a cláusula à ordem;
10. a declaração do reconhecimento de sua exatidão e da obrigação de pagá-la, a ser assinada pelo comprador, como aceite cambial; e
11. assinatura do emitente.

Em primeiro lugar, exige-se a presença da chamada cláusula cambial, isto é, deve-se mencionar a expressão *duplicata* no corpo do documento para diferenciá-la de outros títulos. O nome dado ao título poderia dar a impressão de que ele seria uma segunda via da fatura, o que não corresponde à realidade atual. Todavia, na sua origem, o art. 219 do Código Comercial afirmava que o vendedor deveria apresentar a fatura **por duplicado** ao comprador, daí o nome dado ao título[44].

Outrossim, exige-se a data de emissão para se poder analisar a capacidade de quem emitiu o título. Determina-se também um número de ordem que servirá para dar autenticidade às duplicatas, que normalmente são emitidas em grande quantidade, mas também para controlar a emissão dos títulos no livro de registro das duplicatas[45].

A lei menciona ainda, como requisito essencial da duplicata, o número da fatura, denotando a vinculação necessária entre a duplicata e a fatura que prova a realização do contrato de compra e venda mercantil ou de prestação de serviços. Reitere-se que cada duplicata só pode ter origem em uma fatura, sob pena de nulidade. Nada impede, contudo, que uma fatura origine várias duplicatas, especialmente no caso de pagamentos parcelados.

Tratando-se de um título de crédito, ele nasce para ser resgatado, e não para circular indefinidamente. Tal resgate deverá ocorrer, a princípio, no vencimento do título que poderá ser à vista, isto é, contra apresentação ao devedor, ou em um dia certo, uma data determinada.

Arnaldo Rizzardo afirma que, no silêncio, o título seria exigível à vista[46]. Para Wille Duarte Costa, Luiz Emygdio da Rosa Júnior, Carlos Gustavo de Souza e Marcelo Bertoldi, a nosso ver com razão, tal indicação é essencial, vale dizer, a ausência de especificação

44. COSTA, Wille Duarte. *Títulos de crédito*. Belo Horizonte: Del Rey, 2003, p. 388.

45. Idem, p. 390; ROSA JÚNIOR, Luiz Emygdio da. *Títulos de crédito*. 4. ed. Rio de Janeiro: Renovar, 2006, p. 683.

46. RIZZARDO, Arnaldo. *Títulos de crédito*. Rio de Janeiro: Forense, 2006, p. 227.

do vencimento inviabiliza que o título seja considerado uma duplicata[47], não se aplicando a presunção de vencimento à vista no caso de silêncio do título. O texto da lei é claro no sentido de que deve constar do título a indicação da data do vencimento ou a declaração de ser à vista e, por isso, não se deve cogitar da presunção.

Ligada a um contrato de compra e venda ou de prestação de serviços, deve a duplicata mencionar ainda os nomes das partes do referido contrato, dada sua função de documentar o crédito nascido desse contrato. Além dos nomes das partes, deve-se indicar o domicílio delas, pois a duplicata só pode ser emitida se ambas as partes forem domiciliadas no território nacional[48].

Também é requisito do título o valor a ser pago, por extenso e em algarismos, pois com base em tal valor é que será resgatado o título, cumprindo-se a sua função. No caso da duplicata, não se admite estipulação em moeda estrangeira[49], uma vez que as partes são domiciliadas no território nacional, não havendo a incidência das hipóteses excepcionais de assunção das obrigações em moeda estrangeira, prevista no Decreto-lei n. 857/69. Sempre em moeda nacional, o valor poderá ser eventualmente objeto de pagamento parcelado em duplicata única ou em série de duplicatas[50].

Definido o valor, o título deve indicar também a praça do pagamento para permitir o resgate do título. Todavia, tal resgate não precisa ser imediato, podendo-se assegurar certo tempo entre a criação do título e seu resgate. Nesse período, é possível a circulação do título por meio do endosso, uma vez que é da essência da duplicata a presença da cláusula à ordem, não se admitindo que o título seja emitido sem tal cláusula.

Por fim, para a criação da duplicata, é necessária e suficiente a assinatura do sacador (vendedor ou prestador dos serviços), que é o credor originário da obrigação decorrente do contrato de compra e venda mercantil ou de prestação de serviços. Essa é a única declaração de vontade essencial para a criação do título.

Apesar de a assinatura do sacador ser a única necessária, é possível a inserção de outras assinaturas no título, entre elas o aceite. Para fins de inserção do aceite, deve ser impressa no título uma declaração, um campo próprio para o futuro aceite, no qual constará uma declaração do reconhecimento e a exatidão da obrigação documentada no título. Ressalte-se que o requisito não é o aceite, mas apenas a declaração para fins de futuro aceite.

---

47. SOUZA, Carlos Gustavo de. *Títulos de crédito*. Rio de Janeiro: Freitas Bastos, 2005, p. 118; BERTOLDI, Marcelo; RIBEIRO, Márcia Carla Pereira. *Curso avançado de direito comercial*. 3. ed. São Paulo: RT, 2006, p. 442; ROSA JÚNIOR, Luiz Emygdio da. *Títulos de crédito*. 4. ed. Rio de Janeiro: Renovar, 2006, p. 685.

48. ROSA JÚNIOR, Luiz Emygdio da. *Títulos de crédito*. 4. ed. Rio de Janeiro: Renovar, 2006, p. 687-688.

49. COSTA, Wille Duarte. *Títulos de crédito*. Belo Horizonte: Del Rey, 2003, p. 392.

50. MAMEDE, Gladston. *Direito empresarial brasileiro*: títulos de crédito. 2. ed. São Paulo: Atlas, 2005, v. 3, p. 331.

SOL Produtos de Limpeza Ltda.

Rua Santos Neves, 999
Barueri - SP - CEP 72865-449
Telefone - Fax: (0xx11) 3258-8963
e-mail: sol@solweb.com.br

DUPLICATA

CNPJ Nº: 12.345.578/0001-xx
INSC. EST. Nº: 123.456.789.000

DATA DA EMISSÃO 24/04/2007

FATURA Nº	VALOR	Nº DE ORDEM	VENCIMENTO
185.409	R$ 6.023,25	185.409	22/05/2007

PARA USO DA INSTITUIÇÃO FINANCEIRA

Desconto de % sobre R$ Até
Condições Especiais

Nome do Sacado: João da Silva
Endereço: Rua Monteiro Lobato, 153 - Centro
CEP / Município: CEP 29165-150 Cariacica Estado: ES
Praça de pagamento: Rua Monteiro Lobato, 153 - Centro
CEP / Município: CEP 29165-160 Vitória Estado: ES
CNPJ/CPF nº: CPF 123.456.780.xx Insc. Est nº: Isento

VALOR POR EXTENSO (SEIS MIL, E VINTE E TRÊS REAIS E VINTE E CINCO CENTAVOS) *********************

SOL Produtos de Limpeza Ltda. — ASSINATURA DO EMITENTE (Sacador)

Reconheço(emos) a exatidão desta duplicata de venda mercantil na importância acima que pagarei(emos) à SOL PRODUTOS DE LIMPEZA LTDA., ou à sua ordem na praça e vencimentos indicados.

NA FALTA DE PAGAMENTO NA DATA DO VENCIMENTO A DUPLICATA SERÁ ENCAMINHADA AO TABELIONATO DE PROTESTO

EM ____/____/____ DATA DO ACEITE

________________ ASSINATURA DO SACADO

6 Declarações cambiais na duplicata

Como exposto, para a duplicata nascer é suficiente a assinatura (declaração cambial originária), de seu sacador (vendedor ou prestador de serviços)[51], que é o credor da obrigação decorrente do contrato de compra e venda ou prestação de serviços. Havendo apenas a assinatura do credor do título, e mantendo-se o título em seu poder, não há a presença de outras pessoas obrigadas ao pagamento do título, vale dizer, no título não há, a princípio, um devedor cambiário validamente obrigado. Somente com outras assinaturas (declarações cambiais sucessivas) é que surgirão novos obrigados pelo título, dando ao documento a função de meio de circulação de riquezas. Ressalte-se, desde já, que esses obrigados assumem obrigações autônomas, independentes umas das outras.

As declarações cambiais sucessivas que fazem surgir obrigados na duplicata são o aceite, o endosso e o aval. Sem elas, o título não tem utilidade e, por isso, a sua análise mostra-se mais fundamental do que em outros títulos.

7 Aceite

Na criação da duplicata, é necessária a indicação do credor e do devedor do contrato de compra e venda ou de prestação de serviços, cujo crédito é documentado. Todavia,

---

51. PENNA, Fábio O. *Da duplicata*. 2. ed. Rio de Janeiro: Forense, 1966, p. 54.

para o nascimento do título é suficiente a assinatura do credor do referido contrato (vendedor), que é o emitente da duplicata (sacador). Não se exige para a existência e validade do título a assinatura do comprador (aceite).

Ora, se o comprador não assina o título, ele não assume nenhuma obrigação cambiária. A mera assinatura do vendedor não pode torná-lo obrigado pelo cumprimento da obrigação constante do título, uma vez que vige o princípio de que a assunção de obrigações nos títulos de crédito só pode decorrer de um ato pessoal e formal do próprio obrigado, ou por quem dele recebeu poderes para tanto. Nessa situação, veja-se que o comprador é devedor da relação contratual, mas não do título, porquanto não o assinou. Desse modo, ele não poderá, por exemplo, ser executado com base no título de crédito.

Embora não seja, a princípio, obrigado no título de crédito, o comprador (sacado) pode assumir a obrigação de pagar os valores ali constantes, por meio do aceite. Este pode ser conceituado como o "ato formal segundo o qual o sacado se obriga a efetuar, no vencimento, o pagamento da ordem que lhe é dada"[52]. Em outras palavras, por meio do aceite ele pode tornar sua obrigação contratual uma obrigação cambial. Em síntese, com aceite ele é devedor principal do título, sem aceite ele é um mero nome indicado, não tendo qualquer obrigação cambial. Tal declaração cambiária segue regras muito similares às da letra de câmbio, com as peculiaridades a seguir mencionadas.

7.1 Obrigatoriedade do aceite

Assim como na letra de câmbio, o aceite tornará o sacado o devedor principal do título. De outro lado, sem aceite ele é um mero nome indicado no título, podendo ter alguma obrigação contratual, mas não possuindo nenhuma obrigação cambial. Todavia, o regime jurídico do aceite é diferente nesses dois títulos de créditos.

Nas letras de câmbio, não há qualquer obrigação de aceitar. Trata-se de um ato livre, que normalmente decorre de outras obrigações assumidas entre o sacador e o sacado da letra, mas que não decorre do título em si. Em outras palavras, o sacado decide se dá o aceite ou não.

Nas duplicatas, há um regime diferenciado, na medida em que o título documenta necessariamente uma obrigação originada de um contrato de compra e venda mercantil ou de prestação de serviços. Ora, se o contrato foi regularmente cumprido, isto é, se a obrigação decorrente dele nasce regularmente, não há motivo para o devedor do contrato deixar de aceitar a duplicata, pois a obrigação já existe em função do contrato.

Nas duplicatas, o aceite seria apenas a transformação de uma obrigação contratual em obrigação cambial, ou seja, se existir a obrigação contratual, o sacado tem o dever de dar o aceite. Não será uma obrigação nova, mas apenas a confirmação de uma obrigação

---

52. MARTINS, Fran. *Títulos de crédito*. 5. ed. Rio de Janeiro: Forense, 1995, v. 1, p. 180.

já existente. Diante disso, afirma-se que o aceite na duplicata é obrigatório, porquanto só pode ser recusado nas hipóteses previstas na lei[53] (arts. 8º e 21 da Lei n. 5.474/68).

7.2 Recusa do aceite

O aceite da duplicata, conquanto se diga ser obrigatório, poderá ser recusado, no caso de problemas na execução do contrato, cujo crédito é documentado pelo título. Em outras palavras, caso o devedor não seja obrigado a honrar a obrigação contratual, ele poderá recusar o aceite. Este é sempre a confirmação da obrigação contratual e, se ela não existe, não há que se cogitar do aceite.

Na duplicata mercantil, que se fundamenta em um contrato de compra e venda, são motivos que autorizam validamente a recusa do aceite, nos termos do art. 8º da Lei n. 5.474/68:

- avarias nas mercadorias ou não recebimento delas, quando não expedidas ou não entregues por conta e risco do sacado;
- diferenças de quantidade e qualidade das mercadorias;
- divergência nos prazos ou nos preços ajustados.

Na duplicata de prestação de serviços, há tão somente uma adaptação ao objeto do contrato, autorizando a recusa do aceite, os mesmos motivos, nos termos do art. 21 da Lei n. 5.474/68:

- não correspondência entre o serviço prestado e o serviço contratado;
- vícios ou defeitos na qualidade do serviço prestado;
- divergências nos prazos ou preços ajustados.

Nos motivos considerados pela lei como autorizadores da recusa do aceite, vemos, em síntese, duas situações: a exceção do contrato não cumprido e a divergência entre a obrigação contratual e a obrigação cambial. Fora de tais hipóteses, não há recusa válida do aceite, na medida em que a obrigação nasce regularmente e, como tal, deve ser cumprida.

Em primeiro lugar, autoriza a recusa do aceite a exceção do contrato não cumprido, isto é, se o vendedor não cumpriu sua obrigação na forma ajustada, seja pela não entrega das mercadorias, seja pelas diferenças (qualidade e quantidade) entre as mercadorias compradas e aquelas entregues, seja pela existência de avarias nas mercadorias, o comprador não tem que pagar o preço e, consequentemente, não tem a obrigação de dar o aceite. Se ele não precisa honrar a obrigação contratual, ele não precisa pagar o título e, se ele não precisa pagar o título, ele não precisa assumir a obrigação de pagá-lo.

---

53. ROSA JÚNIOR, Luiz Emygdio da. *Títulos de crédito*. 4. ed. Rio de Janeiro: Renovar, 2006, p. 703.

Em segundo lugar, também autorizam a recusa do aceite as divergências entre os preços ou prazos estipulados, de modo que o teor da duplicata não se identifica com o crédito decorrente do contrato que a originou. Nesse caso, o que há é uma diferença entre o que foi ajustado no contrato e o que consta da duplicata. Ora, se o aceite é a confirmação de obrigação contratual, ele só deverá ser dado se o teor do título for o da obrigação contratual. Se o valor ou o prazo for diverso, não é a mesma obrigação contratual e, por isso, o comprador não tem a obrigação de confirmá-la.

7.3 Tipos de aceite

O regime da obrigatoriedade do aceite, com as hipóteses restritas para recusa, é muito interessante para o credor. Todavia, tal sistema não seria eficiente caso existisse apenas a forma normal do aceite. Para garantir a efetividade do regime da obrigatoriedade, nossa legislação admite alguns tipos de aceite.

7.3.1 Aceite ordinário

Sem a ocorrência de qualquer das hipóteses legais autorizadoras da recusa do aceite, deve o sacado aceitar a ordem que lhe é dada por meio da duplicata, assumindo a condição de devedor principal ou direto de tal obrigação. Nesse caso, pelo formalismo que rege os títulos de crédito, deve o sacado, de próprio punho ou por meio de procurador com poderes especiais, assinar o título no anverso (frente), em campo próprio destinado ao reconhecimento da exatidão da duplicata e a assunção da obrigação.

Essa é a forma natural do aceite, daí falar em aceite ordinário ou expresso[54]. Trata-se do mesmo aceite existente na letra de câmbio, com a peculiaridade de já constar do documento um campo próprio para a assinatura. Uma vez dado o aceite, não subsiste qualquer dúvida quanto à obrigação documentada na duplicata, a qual torna-se líquida[55] e perfeitamente eficaz, uma vez que já é um devedor no título.

7.3.1.1 Remessa, retenção e devolução

Embora o aceite não seja essencial em uma duplicata, dada a criação do título pelo credor da obrigação (sacador-vendedor), é natural a busca do aceite para que se tenha algum devedor no título. Nesse caso, como o título já nasce nas mãos do credor, para que ocorra o aceite é essencial que o título seja apresentado ao sacado.

Realizada a compra e venda, extraída a fatura e emitida a duplicata, deve o vendedor, por si ou por intermediários, apresentar a duplicata ao comprador para que ele a assine,

---

54. ROSA JÚNIOR, Luiz Emygdio da. *Títulos de crédito.* 4. ed. Rio de Janeiro: Renovar, 2006, p. 703.

55. MARTINS, Fran. *Títulos de crédito.* 5. ed. Rio de Janeiro: Forense, 1995, v. 2, p. 198.

ou seja, dê o aceite. A remessa da duplicata pelo vendedor, para o aceite, deve ser feita no prazo de 30 dias (Lei n. 5.474/68 – art. 6º, § 1º), contados da sua emissão. Tal remessa poderá ocorrer diretamente ao sacado ou a um intermediário. Caso ele lance mão de intermediários, estes devem apresentá-la no prazo de dez dias, contados do seu recebimento (Lei n. 5.474/68 – art. 6º, § 2º).

Em todo caso, tais prazos são impróprios, vale dizer, sua inobservância não gera maiores consequências[56], porquanto, se o aceite não é essencial, a própria apresentação para aceite também não o é. Além disso, não há qualquer sanção legal para a hipótese de inobservância de tais prazos.

Apresentada a duplicata, o comprador deve assiná-la e devolvê-la no prazo de dez dias, ou apresentar as razões pelas quais não vai assiná-la, no mesmo prazo (Lei n. 5.474/68 – art. 7º). Entretanto, caso a apresentação seja feita por meio de uma instituição financeira intermediária, o sacado pode reter o título até o momento do resgate, com autorização da intermediária.

Para essa única hipótese de retenção legítima, é essencial que o título tenha sido remetido por um intermediário, que seja uma instituição financeira. Além disso, deverá haver a concordância da instituição financeira intermediária, bem como uma comunicação escrita do aceite e da retenção, que substituirá o título para efeitos de protesto ou de ação executiva (Lei n. 5.474/68 – art. 7º, § 1º).

7.3.2 Aceite presumido

Ocorre que, em vários casos, o sacado, por quaisquer motivos, não obstante o cumprimento regular do contrato, recusa-se a apor seu aceite assinando a duplicata. Nesses casos, nada poderia ser feito contra o sacado, pois, ele não aceitou, nenhum direito cambiário nasce contra ele[57]. A saída, nesses casos, seria uma demanda com base no próprio contrato, a qual, contudo, é mais lenta do que uma execução de um título de crédito, especialmente no caso de o contrato ser verbal.

Os títulos de crédito surgiram justamente para se ter uma solução mais rápida de eventuais inadimplências. Impedir o uso do título, em tal situação, é descumprir sua própria finalidade. Atento a tal fato, nosso legislador reconheceu na duplicata a figura do aceite presumido[58], isto é, reconheceu a existência do aceite, como ato de vinculação do sacado, independentemente da assinatura deste no corpo do título, excepcionando os princípios gerais dos títulos de crédito, especialmente o da literalidade.

A duplicata nasce para documentar o crédito decorrente de um contrato de compra e venda ou de prestação de serviços, sendo utilizado para efeitos didáticos o contrato de compra e venda como padrão da duplicata. Na compra e venda, a obrigação principal do

56. ROSA JÚNIOR, Luiz Emygdio da. *Títulos de crédito.* 4. ed. Rio de Janeiro: Renovar, 2006, p. 700.

57. PONTES DE MIRANDA. *Tratado de direito cambiário.* Campinas: Bookseller, 2000, v. 3, p. 246.

58. ROSA JÚNIOR, Luiz Emygdio da. *Títulos de crédito.* 4. ed. Rio de Janeiro: Renovar, 2006, p. 690.

devedor é a entrega da coisa, e do comprador o pagamento do preço. Assim sendo, para se resguardar em face de eventuais alegações, é costume que o vendedor das mercadorias exija um reconhecimento da entrega das mercadorias, vale dizer, é normal a exigência de uma espécie de quitação em relação à obrigação principal do vendedor (comprovante de entrega). Ressalte-se que tal prova não precisa ser assinada exatamente pelo sacado, mas por alguém no seu endereço[59]. Nesse aspecto, acreditamos que deverá ser usada uma ideia muito próxima à da teoria da aparência aplicada à citação em processos. Havendo aparência de regularidade, deverá ser aceito o comprovante de entrega das mercadorias, cabendo ao eventual sacado comprovar a irregularidade dessa entrega para afastar a validade do comprovante. Nesse sentido, o STJ já decidiu que: "É ônus da embargante a prova de fato constitutivo de seu direito, qual seja, o de que a mercadoria não lhe foi entregue adequadamente e que a assinatura constante do canhoto da duplicata pertence à pessoa estranha aos seus quadros, haja vista a presunção legal de legitimidade que emana do título executivo"[60].

Com esse comprovante da entrega das mercadorias, o vendedor possui, em suas mãos, a prova do próprio contrato de compra e venda e do cumprimento de suas obrigações e, por conseguinte, a própria existência da obrigação do comprador. Se o vendedor já cumpriu sua parte, ele pode exigir que o comprador também a cumpra, que é o pagamento do preço.

Embora alheia ao título, tal declaração do comprador equivale a um reconhecimento da obrigação e é tida como tal pela lei das duplicatas. Todavia, para vincular o comprador cambiariamente, é essencial que ela seja acompanhada do instrumento do protesto do título por falta de aceite ou falta de pagamento. Exige-se o instrumento do protesto para demonstrar que não houve o aceite ou o pagamento do título, bem como para assegurar ao sacado o direito de se manifestar sobre qualquer irregularidade no contrato e manifestar validamente a recusa do aceite, nos termos dos arts. 8º e 21 da Lei n. 5.474/68.

Portanto, produz os mesmos efeitos do aceite o comprovante da entrega das mercadorias ou da prestação de serviços, acompanhado do instrumento do protesto, desde que não haja a recusa do aceite por quaisquer dos motivos legais. Na precisa lição de Cunha Peixoto, "não prevalece aqui a forma do título, mas a verdade do ato, a realidade da vida dos negócios, ilação perigosa para os mal-intencionados, mas altamente vantajosa para os comerciantes de boa-fé"[61].

Em síntese, também representa a vinculação do sacado como devedor principal da duplicata a junção de documento: o comprovante de entrega das mercadorias e o protesto. Embora não tenha assinado o título, tais documentos juntos também servem para representar a obrigação do sacado de pagar o título.

---

59. TJDF, 5ª Turma Cível, 20030110890943APC, Rel. Dácio Vieira, j. 22-11-2006, *DJ* 9-8-2007, p. 96.

60. STJ, 4ª Turma, REsp 844.191/DF, Rel. Min. Luis Felipe Salomão, j. 2-6-2011, *DJe* 14-6-2011.

61. PEIXOTO, Carlos Fulgêncio da Cunha. *Comentários à lei de duplicatas*. 2. ed. Rio de Janeiro: Forense, 1971, p. 90.

ACEITE PRESUMIDO = COMPROVANTE DE ENTREGA DAS MERCADORIAS + PROTESTO

7.3.3 Aceite por comunicação

Doutrinariamente, costuma-se falar ainda em um terceiro tipo de aceite, chamado de aceite por comunicação[62], em que ocorre uma comunicação do sacado que produzirá os mesmos efeitos do aceite. Tal hipótese só pode se dar no caso de retenção do título pelo sacado.

Há, na nossa legislação, uma única hipótese de retenção legítima da duplicata, a qual pressupõe que o título tenha sido remetido por um intermediário, que seja uma instituição financeira. Além disso, deve haver a concordância da instituição financeira intermediária, bem como uma comunicação escrita do aceite e da retenção, que substituirá o título para efeitos de protesto ou de ação executiva (Lei n. 5.474/68 – art. 7º, § 1º). Essa comunicação, mesmo escrita fora do título, produz os mesmos efeitos do aceite e, por isso, é considerada uma modalidade própria de aceite.

8 Endosso

Além do saque, que é essencial, a duplicata pode ter outras assinaturas, as quais ganham mais importância na medida em que o saque não cria qualquer devedor para o título. Entre outras assinaturas não essenciais podemos citar o aceite, que guarda bastante relação com o negócio jurídico que deu origem ao título, e o endosso, que talvez represente o principal motivo de criação da duplicata.

Um dos passos fundamentais para a consolidação dos títulos de crédito como instrumento de circulação de riquezas foi o surgimento da cláusula à ordem em tais documentos. Tal cláusula permitia a transmissão da propriedade do título, por um meio próprio, o endosso, que, além de simplificar o processo, pois se constitui pela mera assinatura do proprietário no verso do título, assegura a quem recebe o título mais garantias que uma mera cessão de crédito. Nas duplicatas, a existência da cláusula à ordem é obrigatória, por força do art. 2º, § 1º, da Lei n. 5.474/68, sendo, por conseguinte, sempre possível o endosso da duplicata.

Ao efetuar o endosso, o proprietário (sacador) do título perde a titularidade dos direitos nele mencionados, mas continua vinculado ao título na condição de coobrigado, respondendo solidariamente para com o portador do título. Vale dizer, quem endossa transfere o título, mas garante o seu pagamento e a sua aceitação.

Como asseverado, o endossante não promete o pagamento, ele garante a aceitação e o pagamento do título, ou seja, a obrigação assumida pelo endossante é uma obrigação

---

62. COELHO, Fábio Ulhoa. *Curso de direito comercial*. 8. ed. São Paulo: Saraiva, 2004, v. 1, p. 463.

indireta ou secundária. Tal obrigação só poderá ser exigida se houver uma prova solene do descumprimento da obrigação de pagar por parte de quem deveria ser o devedor direto, ou uma prova solene da falta ou recusa de aceite que denotará a inviabilidade do cumprimento por quem deveria ser o devedor principal.

Há que ressaltar que o regime do endosso na duplicata é o mesmo regime da letra de câmbio, inclusive admitindo-se o endosso-mandato e o endosso-caução. No que tange ao endosso póstumo, este será o mesmo, isto é, aquele realizado após o protesto ou o prazo do protesto (30 dias), produzindo efeitos de cessão de crédito[63].

Ao contrário de Luiz Emygdio da Rosa Júnior[64], não conseguimos enxergar no endosso póstumo da duplicata efeitos cambiários. Ele sustenta sua afirmação na produção de efeitos cambiários do aval posterior (Lei n. 5.474/68 – art. 12, parágrafo único), o que, por analogia, deveria ser estendido ao endosso. A nosso ver, a determinação da aplicação das regras da letra de câmbio (Lei n. 5.474/68 – art. 25) faz incidir o disposto no art. 20 da LUG, que dispõe que o endosso posterior ao protesto ou ao prazo do protesto produz efeitos de cessão de crédito. Assim, também não há que se invocar o disposto no art. 920 do Código Civil, uma vez que, havendo legislação especial, ela prevalecerá, estabelecendo que o endosso póstumo produz efeitos de cessão de crédito.

9 Aval

Além do aceite e do endosso, há a possibilidade de outra declaração cambiária na duplicata, a saber: o aval. Este é "o ato cambiário pelo qual uma pessoa (avalista) se compromete a pagar título de crédito, nas mesmas condições que um devedor desse título (avalizado)"[65]. Trata-se de uma mera garantia pessoal do pagamento do título, ou seja, é um reforço para quem recebe o título, sem qualquer outra finalidade.

A obrigação de quem avaliza é uma obrigação autônoma, o que significa que, mesmo que a obrigação principal seja considerada nula, o aval permanece, salvo em virtude de vícios formais do título (LUG – art. 32, 2, sobre Letras de Câmbio e Notas Promissórias). Apesar dessa autonomia, a obrigação do avalista só pode ser exigida da mesma forma que o seria a obrigação do avalizado, isto é, se o avalizado é um devedor indireto, o avalista também será um devedor indireto e, se o avalizado for o devedor principal, o avalista também será considerado um devedor principal.

A identificação do avalizado, isto é, da pessoa por quem se dá o aval, é livre, cabendo ao avalista fazê-lo. Na falta de indicação (aval em branco), considera-se avalizado aquele cujo nome esteja acima do aval, ou, se não houver nenhum, reputa-se como avalizado o comprador (Lei n. 5.474/68 – art. 12).

---

63. COSTA, Wille Duarte. *Títulos de crédito*. Belo Horizonte: Del Rey, 2003, p. 408.

64. ROSA JÚNIOR, Luiz Emygdio da. *Títulos de crédito*. 4. ed. Rio de Janeiro: Renovar, 2006, p. 713-714.

65. COELHO, Fábio Ulhoa. *Curso de direito comercial*. 8. ed. São Paulo: Saraiva, 2004, v. 1, p. 410.

Nesse particular, encontra-se a única diferença do regime do aval da duplicata em relação à letra de câmbio, uma vez que nesta o aval em branco tem como avalizado o sacador. Tal distinção é óbvia e necessária, uma vez que o sacador das duplicatas assume, a princípio, a condição de credor, logo, não poderia ser avalizado. No mais, aplicam-se o mesmo regime e as mesmas regras presentes na LUG e demais leis aplicáveis à letra de câmbio.

10 Vencimento

As diversas assinaturas que podem ser apostas a uma duplicata representam, em última análise, declarações de vontade que tornam seus signatários devedores do título. Nem todos têm o mesmo tipo de obrigação, mas, em regra, todos eles assumem a obrigação de pagar o título. Para que se possa exigir o cumprimento de tais obrigações, é essencial, em primeiro lugar, que ocorra o vencimento. Sem ele não há a exigibilidade da obrigação.

Como visto, tal vencimento deverá ser escrito no título de crédito, sob pena de invalidade do documento como duplicata[66]. Não se admite a presunção de vencimento nas duplicatas, devendo constar do teor do documento o vencimento. Nossa legislação admite a pactuação apenas do vencimento à vista e do vencimento em dia certo, não reconhecendo as modalidades a certo termo da data e a certo termo da vista[67] (Lei n. 5.474/68 – art. 2º, § 1º, III).

No caso de vencimento à vista, o título vence no momento da apresentação ao sacado. Por isso, tal modalidade não é muito frequente, a não ser que a duplicata seja emitida após a própria data de vencimento da obrigação contratual, o que é perfeitamente possível. Nesses casos, emite-se o título e se faz a sua apresentação imediata, fazendo com que a obrigação se torne exigível.

Além do vencimento à vista, as duplicatas admitem o vencimento em data certa, isto é, em um dia designado do calendário (exemplo: 23 de novembro de 2009). Tal vencimento é mais frequente, uma vez que é natural que para a emissão da duplicata o negócio seja realizado para pagamento a prazo. Caso seja estipulado um pagamento parcelado, poderão ser emitidas várias letras, uma para cada vencimento, ou poderá ser emitida duplicata única, em que se discriminarão todas as prestações e seus vencimentos (Lei n. 5.474/68 – art. 2º, § 3º).

Nesses casos de vencimento em dia certo, uma vez chegada a data assinalada, a obrigação já será exigível. Ocorre que, ao contrário da letra de câmbio, a duplicata admite a prorrogação do vencimento, isto é, o credor poderá tornar a obrigação exigí-

66. SOUZA, Carlos Gustavo de. *Títulos de crédito*. Rio de Janeiro: Freitas Bastos, 2005, p. 118; BERTOLDI, Marcelo; RIBEIRO, Márcia Carla Pereira. *Curso avançado de direito comercial*. 3. ed. São Paulo: RT, 2006, p. 442; ROSA JÚNIOR, Luiz Emygdio da. *Títulos de crédito*. 4. ed. Rio de Janeiro: Renovar, 2006, p. 685.

67. RIZZARDO, Arnaldo. *Títulos de crédito*. Rio de Janeiro: Forense, 2006, p. 237.

vel apenas em data posterior àquela inicialmente combinada. Tal prorrogação deverá ser feita no próprio título, ou numa declaração em separado, assinada pelo credor (vendedor ou endossatário) ou por seu representante com poderes especiais (Lei n. 5.474/68 – art. 11).

Embora seja autorizada a prorrogação do vencimento por um ato unilateral do credor, é certo que os endossantes e avalistas só se manterão responsáveis se manifestarem expressamente a sua concordância com tal prorrogação (Lei n. 5.474/68 – art. 11, parágrafo único). Como os endossantes e avalistas são meros garantidores do pagamento do título, não se pode estender o prazo da sua garantia sem o seu consentimento. A garantia foi prestada nas condições iniciais do título e, por isso, a alteração dessas condições iniciais significa uma nova obrigação, de modo que seria necessária a entabulação de novas garantias, o que pode ocorrer pela anuência à prorrogação do vencimento.

No que tange ao vencimento antecipado, este poderá ocorrer nas mesmas hipóteses da letra de câmbio, tendo em vista a determinação da aplicação supletiva das regras inerentes a esse título (Lei n. 5.474/68 – art. 25).

11 Pagamento

Uma vez chegado o vencimento, o título deverá ser pago. Os títulos de crédito são títulos de resgate, isto é, não se destinam a circular indefinidamente, nascem para ser extintos por meio do seu pagamento. Esse pagamento deve ser buscado por iniciativa do credor, uma vez que os títulos se consubstanciam em obrigações quesíveis[68].

Embora a iniciativa caiba ao credor, é certo que nossa legislação admite o pagamento antecipado do título pelo sacado (Lei n. 5.474/68 – art. 9º), ao contrário do regime geral das obrigações, inclusive das cambiais. Nessa situação, o sacado deverá procurar o credor da obrigação e efetuar o pagamento antecipado, não cabendo a este negar tal possibilidade. O grande cuidado a se ter nesse caso é a procura do efetivo credor do título, dada a possibilidade de circulação. Caso ele pague a quem não seja credor, o risco é todo dele e ele terá que pagar o título novamente ao seu legítimo credor[69].

Pagando no vencimento ou antecipadamente, o valor do pagamento deve ser o valor do título. Todavia, admite-se que sejam feitas deduções referentes a créditos a favor do devedor resultantes de devolução de mercadorias, diferenças de preço, enganos, verificados pagamentos por conta e outros motivos assemelhados, desde que devidamente autorizados (Lei n. 5.474/68 – art. 10). Além disso, pela aplicação do regime das letras de câmbio, o pagamento parcial não poderá ser recusado pelo credor (LUG – art. 39).

De qualquer modo, a prova desse pagamento decorrerá de um recibo escrito no próprio título ou mesmo fora dele (Lei n. 5.474/68 – art. 9º, § 1º), excepcionando-se o princípio da literalidade. O recibo deverá ser passado pelo legítimo credor do título, ou

---

68. PONTES DE MIRANDA. *Tratado de direito cambiário.* Campinas: Bookseller, 2000, v. 1, p. 49.

69. ROSA JÚNIOR, Luiz Emygdio da. *Títulos de crédito.* 4. ed. Rio de Janeiro: Renovar, 2006, p. 717.

por seu representante. Recibos passados por endossantes não têm o condão de liberar o devedor do pagamento, a menos que se comprove a má-fé do endossatário[70], pois o endossante já não é mais credor do título. Nesse sentido, o STJ já afirmou que "a jurisprudência desta Corte, centrada na exegese do art. 9º, § 1º, da Lei n. 5.474/1968, entende que a circulação da duplicata impõe ao sacado o dever de pagar ao endossatário o valor representado no título de crédito, descabendo falar-se em recibo em separado ao endossante, quando presentes a anterioridade do endosso e a inexistência de má-fé na circulação cambial"[71]. Também será prova de pagamento, total ou parcial, a liquidação de cheque a favor do estabelecimento endossatário, no qual conste, no verso, que seu valor se destina à amortização ou liquidação da duplicata nele caracterizada (Lei n. 5.474/68 – art. 9º, § 2º).

Por fim, é certo que, na hipótese de atraso no pagamento da duplicata, deverá haver a incidência de juros de mora como uma penalidade pelo atraso no cumprimento. Tal encargo não precisa estar previsto no título, na medida em que decorre de lei.

Para Fábio Ulhoa Coelho, tais juros deveriam incidir a partir do protesto, tendo em vista o disposto no art. 40 da Lei n. 9.492/97[72], aplicável à duplicata pela ausência de regra especial. Entretanto, Luiz Emygdio da Rosa Júnior e Ricardo Negrão[73], a nosso ver com razão, aplicam a legislação das letras de câmbio, havendo incidência dos juros a partir do vencimento, nos termos do art. 48 da LUG. Ora, não há omissão se a própria lei da duplicata (Lei n. 5.474/68 – art. 25) determina a aplicação das regras sobre a letra de câmbio e estas tratam do assunto. Assim, os juros de mora devem incidir a partir do vencimento.

12 Protesto

Quando o título de crédito nasce, imagina-se que ele será pago no vencimento, extinguindo-se sua vida útil. Todavia, em certas situações o portador legítimo do título precisará tomar certas medidas com base no título. Essas medidas, por vezes, dependem da prova de certos fatos, prova esta que deverá ser realizada de forma solene por meio do protesto.

Para Fábio Ulhoa Coelho, o protesto é "o ato praticado pelo credor, perante o competente, cartório, para fins de incorporar ao título de crédito a prova de fato relevante

---

70. STJ, 4ª Turma, REsp 37.907/PR, Rel. Min. Antonio Torreão Braz, j. 14-12-93, *DJ* 28-2-94, p. 2894; TJDF, 3ª Turma Cível, 20010110380740APC, Rel. João Batista Teixeira, j. 31-10-2007, *DJ* 28-3-2008, p. 86; TJMG, 17ª Câmara Cível, Apelação Cível 1.0024.06.057997-6/002, Rel. Des. Eduardo Mariné da Cunha, j. 14-8-2008, *DJ* 3-9-2008.

71. STJ, 4ª Turma, AgRg no REsp 556002/SP, Rel. Min. Aldir Passarinho Junior, j. 23-3-2010, *DJe* 26-4-2010.

72. COELHO, Fábio Ulhoa. *Curso de direito comercial*. 8. ed. São Paulo: Saraiva, 2004, v. 1, p. 467.

73. ROSA JÚNIOR, Luiz Emygdio da. *Títulos de crédito*. 4. ed. Rio de Janeiro: Renovar, 2006, p. 665; NEGRÃO, Ricardo. *Manual de direito comercial e de empresa*. São Paulo: Saraiva, 2010, v. 2, p. 180. No mesmo sentido, STJ, 4ª Turma, REsp 197.294/SP, Rel. Min. Ruy Rosado de Aguiar, j. 23-2-99, *DJ* 29-3-99, p. 190.

para as relações cambiais"[74]. Tal conceito é mais exato, denotando o fator primordial do protesto, a prova solene de determinado ato, importante para as relações decorrentes do título de crédito.

12.1 Tipos de protesto

O protesto é sempre um meio de prova, mas, na duplicata, poderá ser um meio de prova de três fatos distintos: falta de pagamento, falta de aceite ou falta de devolução (Lei n. 5.474/68 – art. 13).

Em todos os títulos de crédito, o protesto poderá provar a falta de pagamento da obrigação no vencimento, daí falar em protesto por falta de pagamento. Obviamente, tal protesto só poderá ser realizado após o vencimento da obrigação, uma vez que só então ela será exigível.

Ademais, nas duplicatas, o protesto também poderá provar que o sacado não aceitou a ordem que lhe foi dada, falando-se aí em protesto por falta de aceite. Tal protesto só poderá ser realizado enquanto for possível dar o aceite, isto é, só poderá ocorrer até o vencimento do título (LUG – art. 44; Lei n. 9.492/97 – art. 21, § 1º).

O protesto pode ainda provar a falta de devolução das duplicatas remetidas para aceite. Tal tipo de protesto pressupõe a retenção ilegítima do título pelo sacado, isto é, se o sacado reteve o título com autorização da instituição financeira intermediária e comunicou a ela a retenção e o aceite por escrito, não há que se cogitar de protesto por falta de devolução, uma vez que a retenção seria legítima nesses casos (Lei n. 5.474/68 – art. 7º, § 1º).

12.2 Efeitos

O protesto é um ato solene que serve para provar a falta de pagamento, de aceite ou de devolução do título. A depender do fato provado, o protesto produzirá certos efeitos.

12.2.1 Efeitos do protesto por falta de aceite

O protesto por falta de aceite deve ser realizado até o vencimento da obrigação e demonstra que o título não foi aceito pelo sacado. Tal protesto pode produzir dois efeitos: a configuração do aceite presumido e a possibilidade de cobrança dos devedores indiretos.

Em primeiro lugar, o protesto por falta de aceite, por demonstrar que o sacado se recusou a assinar o título, pode servir para configurar a sua responsabilidade, mesmo

---

74. COELHO, Fábio Ulhoa. *Curso de direito comercial*. 8. ed. São Paulo: Saraiva, 2004, v. 1, p. 421.

sem tal assinatura. Nesse caso, exige-se que ao protesto seja somada a prova de que a obrigação contratual do credor já foi cumprida, por meio do comprovante de entrega das mercadorias. Assim, o protesto aliado a esse comprovante torna o sacado devedor da duplicata.

Além disso, o protesto por falta de aceite serve para permitir a cobrança dos devedores indiretos da duplicata (endossantes e respectivos avalistas). Tais devedores são chamados de indiretos porque eles não prometem efetuar diretamente o pagamento do título, mas garantem que o sacado vai efetuar esse pagamento. Nessa garantia, normalmente também se insere a garantia de que o sacado dará o aceite, salvo se houver a cláusula não aceitável, uma vez que a falta do aceite também denota falta de pagamento. Caso não haja a aceitação ou o pagamento, tais devedores indiretos podem ser demandados pelo pagamento do título.

Com o protesto por falta de aceite, demonstra-se formalmente que o sacado não assumiu a obrigação de pagar o título, o que denota também sua intenção de não pagá-la no vencimento. Diante dessa demonstração, a lei assegura ao credor o direito de cobrar os outros devedores do título (endossantes e respectivos avalistas), que garantiram essa aceitação. Nesse caso, porém, ele não precisará mais esperar o vencimento para cobrar o título, uma vez que a recusa do aceite gera o vencimento antecipado também da duplicata (LUG – art. 43).

12.2.2 Efeitos do protesto por falta de pagamento

Além da falta de aceite, o protesto poderá demonstrar, após o vencimento, que a duplicata não foi paga pelo sacado. Tal prova poderá gerar vários efeitos, a seguir detalhados.

Em primeiro lugar, o protesto por falta de pagamento, por demonstrar que o sacado não quis pagar o título, pode servir para configurar a sua responsabilidade, mesmo que ele não o tenha assinado. Nesse caso, exige-se que ao protesto seja somada a prova de que a obrigação contratual do credor já foi cumprida, por meio do comprovante de entrega das mercadorias. Assim, o protesto aliado a esse comprovante torna o sacado devedor da duplicata.

Em segundo lugar, o protesto por falta de pagamento também serve para permitir a cobrança dos devedores indiretos (endossantes e respectivos avalistas). Reitere-se que esses devedores são chamados de indiretos porque não prometem pagar pessoalmente o título, mas apenas garantem o seu pagamento pelo sacado. Assim, para que sua responsabilidade possa ser efetivada, é essencial a demonstração cabal de que o sacado não efetuou esse pagamento, o que se dá por meio do protesto.

Nesse caso, porém, exige-se que o protesto seja tempestivo, isto é, o pedido deverá ser feito ao cartório em até 30 dias do vencimento (Lei n. 5.474/68 – art. 13, § 4º). O prazo que aqui se estabelece não é um prazo fatal para a realização do protesto, mas para a produção desse efeito. O protesto poderá ser efetuado depois desse prazo, mas não produzirá esse efeito, isto é, o protesto feito depois desse prazo é perfeitamente válido, mas não é suficiente para a cobrança dos devedores indiretos. O protesto intempestivo pode gerar apenas os demais efeitos[75].

Além desses efeitos, o protesto atualmente serve para interromper a prescrição (CC – art. 202). Outrossim, ele serve para configurar a impontualidade injustificada de um devedor empresário, para o eventual pedido de falência, desde que atendidas todas as condições previstas no art. 94, I, da Lei n. 11.101/2005. Por fim, o protesto por falta de pagamento gera a inscrição em cadastros de inadimplentes do devedor devidamente intimado.

Especialmente por este último efeito, a jurisprudência tem impedido o protesto do título sem aceite, a fim de evitar prejuízos ao sacado que não tem obrigação assumida no título. Nesse caso, serão resguardados os direitos contra os devedores indiretos, mas sem protestar formalmente o título. O STJ afirmou que "a duplicata foi emitida sem causa subjacente, sendo inexigível perante a sacada, que não aceitou o título, tendo sido impedido o protesto, resguardados os direitos da endossatária em face da endossante"[76]. Embora justa a solução no caso concreto, o melhor seria permitir o protesto, mas em efeitos restritivos para o sacado que não a aceitou, nem mesmo de forma presumida.

12.2.3 Efeitos do protesto por falta de devolução

Em relação ao protesto por falta de devolução, não há efeitos específicos. Se ele for feito até o vencimento, ele representa a demonstração da falta de aceite e, por isso, produzirá os efeitos do protesto por falta de aceite. Se ele for realizado após o vencimento, ele prova a falta de pagamento e, consequentemente, gera os mesmos efeitos do protesto por falta de pagamento.

12.3 Protesto por indicações

O protesto é, pois, um meio de prova especialíssimo, feito perante o competente cartório. Para se efetuar tal protesto, deve o portador legítimo do título apresentá-lo ao cartório e este deverá intimar o sacado, dando-lhe a oportunidade de se manifestar, no prazo de três dias úteis[77]. Transcorrido em branco tal prazo, o cartório lavrará o instrumento do protesto. Em síntese, o procedimento do protesto da duplicata é muito similar ao procedimento do protesto da letra de câmbio, havendo como única diferença o chamado protesto por indicações.

---

75. CALLEGARI, Mia et al. *Trattato di diritto commerciale*: I titoli di credito. Padova: Cedam, 2006, v. 7, p. 465; COELHO, Fábio Ulhoa. *Curso de direito comercial*. 8. ed. São Paulo: Saraiva, 2004, v. 1, p. 423.

76. STJ, 3ª Turma, REsp 1634859/SP, Rel. Min. Nancy Andrighi, j. 9-3-2017, *DJe* 14-3-2017.

77. ROSA JÚNIOR, Luiz Emygdio da. *Títulos de crédito*. 4. ed. Rio de Janeiro: Renovar, 2006, p. 403; PARIZATTO, João Roberto. *Protesto de títulos de crédito*. 2. ed. Ouro Fino: Edipa, 1999, p. 36. Em sentido contrário: normas do TJSP e do TJPR.

A princípio, o credor deve apresentar o título ao cartório, e com base no título o cartório realizará o procedimento necessário para a lavratura do protesto. No caso de duplicata de prestação de serviços, o art. 20, § 3º, da Lei n. 5.474/68 exige que sejam apresentados o comprovante do contrato e da prestação de serviços[78].

Todavia, em certos casos, a apresentação desse título mostra-se inviável, surgindo a possibilidade de uso do protesto por indicações, o qual é um protesto feito com base em simples informações apresentadas pelo credor (indicações), não havendo a necessidade de apresentar o documento ao cartório, excepcionando-se o princípio da cartularidade.

12.3.1 Protesto por indicações no caso de falta de devolução

Quando o título é remetido para aceite, ele não fica mais em poder do credor ou de seu representante. Caso o sacado se recuse a devolvê-lo, fora da hipótese legítima de retenção, o credor terá que provar a falta de devolução por meio de um protesto. Todavia, o credor não possui o título para apresentá-lo ao cartório. Diante disso, como o credor poderá protestá-lo?

Nos casos de extravio ou destruição do título, sempre foi admitida a extração de uma triplicata, uma segunda via do título (Lei n. 5.474/68 – art. 23). A jurisprudência, porém, vem admitindo também nos casos de retenção do título pelo sacado[79] possa ser extraída uma triplicata, uma espécie de segunda via da duplicata. A triplicata substitui o título original para todos os efeitos, podendo sucedê-lo inclusive para fins de protesto.

Entretanto, a extração da triplicata não é obrigatória, podendo o credor lançar mão das indicações[80], isto é, poderá fazer o protesto sem apresentar qualquer título ao cartório. Nesse caso, o protesto será baseado em dados em poder do sacador, que serão encaminhados ao cartório, inclusive em meio magnético, nos termos do art. 8º, parágrafo único, da Lei n. 9.492/97. Os dados apresentados em meio magnético são de inteira responsabilidade do apresentante, que responderá pelos danos causados em virtude do protesto lavrado com base em indicações equivocadas[81].

A prática mais corrente hoje é a utilização dessas indicações, especialmente em meio magnético. Tal possibilidade é inegável no caso de falta de devolução, pela própria previsão dos arts. 13 da Lei n. 5.474/68 e 21, § 3º, da Lei n. 9.492/97.

12.3.2 Protesto por indicações no caso de falta de aceite ou falta de pagamento

A simplicidade e agilidade do protesto por indicações acabam sendo extremamente interessantes para o credor de uma duplicata. É muito mais fácil encaminhar dados em

---

78. ROSA JÚNIOR, Luiz Emygdio da. *Títulos de crédito*. 4. ed. Rio de Janeiro: Renovar, 2006, p. 403, p. 737.

79. STJ, 3ª Turma, REsp 369.808/SP, Rel. Min. Castro Filho, *DJ* 24-6-2002. Em sentido contrário: FERNANDES, Jean Carlos. *Ilegitimidade do boleto bancário*. Belo Horizonte: Del Rey, 2003, p. 66.

80. STJ, 3ª Turma, REsp 121066/RR, Rel. Min. Eduardo Ribeiro, *DJ* 24-4-2000.

81. PARIZATTO, João Roberto. *Protesto de títulos de crédito*. 2. ed. Ouro Fino: Edipa, 1999, p. 25.

meio magnético do que levar e apresentar um título ao cartório. Por isso, é prática frequente a utilização do protesto por indicações, mesmo quando não se trate de falta de devolução do título. Mesmo sem remeter o título, o credor costuma fazer o protesto com base em simples indicações, não apresentando qualquer documento ao cartório. Nesses casos, é comum que a duplicata sequer tenha existido em papel, falando-se inclusive em duplicata virtual ou escritural.

A prática mais corrente hoje é a realização do negócio jurídico sem a emissão do título em papel. Nessa situação, são transferidos a um banco os dados referentes ao mesmo negócio jurídico, em meio magnético. O banco por sua vez emite um boleto, que não é um título de crédito, para que o devedor pague a obrigação originada no contrato. Chegado o vencimento e não pago o título, o banco encaminha os dados para o cartório, em meio magnético, e o cartório lavra o protesto do título.

Wille Duarte Costa nega a possibilidade de protesto por indicação fora do caso de retenção do título, à luz do disposto no art. 13, § 1º, da Lei n. 5.474/68 e art. 21, § 3º, da Lei n. 9.492/97. Ele afirma que "o protesto por simples indicações só pode ocorrer se a duplicata for remetida ao sacado e não foi devolvida por ele"[82]. Nessa interpretação não seria possível protestar uma duplicata que não existe no papel, uma vez que ela teria que ser remetida.

A mesma opinião é sufragada por Jean Carlos Fernandes e Ermínio Amarildo Darold, que sustentam que a única hipótese que autoriza o protesto por indicações na duplicata é a retenção ilegítima do título, logo, o título teria que existir fisicamente[83]. Para eles, os dispositivos legais são restritivos, limitando o uso das indicações apenas para o caso expressamente previsto. O STJ já afirmou que: "A retenção da duplicata remetida para aceite é *conditio sine qua non* exigida pelo art. 13, § 1º, da Lei n. 5.474/68, a fim de que haja protesto por indicação, não sendo admissível protesto por indicação de boletos bancários"[84]. Outro acórdão do STJ no mesmo sentido asseverou que: "Nos termos da jurisprudência desta Corte, a comprovação de que a duplicata foi remetida para aceite e injustificadamente retida pelo sacado é pressuposto necessário à extração do protesto por indicação. Nesses termos não é de se admitir o protesto por indicação dos boletos bancários relativos à venda mercantil quando não haja prova de que as duplicatas correspondentes tenham sido injustificadamente retidas"[85].

---

82. COSTA, Wille Duarte. *Títulos de crédito*. Belo Horizonte: Del Rey, 2003, p. 428. No mesmo sentido: PARIZATTO, João Roberto. *Protesto de títulos de crédito*. 2. ed. Ouro Fino: Edipa, 1999, p. 56.

83. FERNANDES, Jean Carlos. *Ilegitimidade do boleto bancário*. Belo Horizonte: Del Rey, 2003, p. 60; DAROLD, Ermínio Amarildo. *Protesto cambial*. 3. ed. Curitiba: Juruá, 2004, p. 54.

84. STJ, 4ª Turma, REsp 827.856/SC, Rel. Min. Antônio de Pádua Ribeiro, j. 28-8-2007, *DJ* 17-9-2007, p. 295. No mesmo sentido: STJ, 3ª Turma, REsp 369.808/DF, Rel. Min. Castro Filho, j. 21-5-2002, *DJ* 24-6-2002, p. 299; TJDF, 1ª Turma Cível, 20060110265206APC, Rel. Vera Andrighi, j. 11-4-2007, *DJ* 10-5-2007, p. 108; TJMG, 11ª Câmara Cível, Apelação Cível 1.0024.06.122926-6/001, Rel. Des. Marcelo Rodrigues, j. 13-2-2008, *DJ* 29-3-2008.

85. STJ, 3ª Turma, REsp 953.192/SC, Rel. Min. Sidnei Beneti, j. 7-12-2010, *DJe* 17-12-2010. No mesmo sentido, STJ, 3ª Turma, AgRg no REsp 1237272/SC, Rel. Min. Massami Uyeda, j. 12-4-2011, *DJe* 28-4-2011.

Por sua vez, Fábio Ulhoa Coelho reconhece que o processo de desmaterialização do título acabou sendo facilitado pelo uso do protesto por indicações. Ele diz que "a duplicata em suporte papel é plenamente dispensável"[86], porquanto o protesto por indicações seria possível, independentemente da remessa do título ao sacado. A mesma opinião é sufragada por Luiz Emygdio da Rosa Júnior e Lúcio de Oliveira Barbosa, que mencionam a possibilidade de remessa dos dados para um banco e o protesto por indicações baseado nesses mesmos dados, em qualquer caso[87]. O TJDF chegou a afirmar que "os cartórios de protesto podem aceitar as indicações contidas num meio magnético e efetuar o protesto, validando o procedimento em relação às duplicatas escriturais. Interpretação do art. 8º, parágrafo único, da Lei n. 9.492/97"[88]. O STJ chegou à conclusão similar declarando que "são plenamente válidas as indicações a protestos de duplicatas mercantis emitidas na forma virtual"[89]. Em outro julgado, a Ministra Nancy Andrighi asseverou que "a prática mercantil aliou-se ao desenvolvimento da tecnologia e desmaterializou a duplicata, transformando-a 'em registros eletromagnéticos, transmitidos por computador pelo comerciante ao banco. O banco, por seu turno, faz a cobrança mediante expedição de simples aviso ao devedor – os chamados boletos, de tal sorte que o título em si, na sua expressão de cártula, surge se o devedor se mostrar inadimplente'"[90].

A questão parece ter sido pacificada no âmbito da Segunda Seção do STJ que afirmou: "Quanto à possibilidade de protesto por indicação da duplicata virtual, deve-se considerar que o que o art. 13, § 1º, da Lei 5.474/68 admite, essencialmente, é o protesto da duplicata com dispensa de sua apresentação física, mediante simples indicação de seus elementos ao cartório de protesto. Daí, é possível chegar-se à conclusão de que é admissível não somente o protesto por indicação na hipótese de retenção do título pelo devedor, quando encaminhado para aceite, como expressamente previsto no referido artigo, mas também na de duplicata virtual amparada em documento suficiente"[91].

A nosso ver, tal orientação está correta, uma vez que o art. 8º, parágrafo único, da Lei n. 9.492/97 admite a recepção das indicações da duplicata para protesto em meio magnético, sem especificar a que tipo de protesto se refere. Não se trata de um protesto de boleto, mas do protesto de uma duplicata que não existe em papel, mas sim sob a forma de um documento eletrônico. Assim, desde o advento desta lei é perfeitamente cabível o protesto por indicações em meio magnético em qualquer caso, uma vez que a lei não restringiu o

---

86. COELHO, Fábio Ulhoa. *Curso de direito comercial*. 8. ed. São Paulo: Saraiva, 2004, v. 1, p. 461.

87. ROSA JÚNIOR, Luiz Emygdio da. *Títulos de crédito*. 4. ed. Rio de Janeiro: Renovar, 2006, p. 723; BARBOSA, Lúcio de Oliveira. *Duplicata virtual*: aspectos controvertidos. São Paulo: Memória Jurídica, 2004, p. 113.

88. TJDF, 6ª Turma Cível, 20030110544590APC, Rel. Sandra de Santis, j. 4-8-2005, *DJ* 13-9-2005, p. 103. No mesmo sentido: TJRS, 20ª Câmara Cível, Apelação Cível 70021686027, Rel. José Aquino Flores de Camargo, j. 14-11-2007; TJPR, 13ª Câmara Cível, AC 0444969-0, Rio Negro, Rel. Juiz Conv. Magnus Venicius Rox, unânime, j. 2-4-2008.

89. STJ, 3ª Turma, REsp 1037819/MT, Rel. Min. Massami Uyeda, j. 23-2-2010, *DJe* 10-3-2010.

90. STJ, 3ª Turma, REsp 1024691/PR, Rel. Min. Nancy Andrighi, j. 22-3-2011, *DJe* 14-4-2011.

91. STJ, 2ª Seção, EREsp 1024691/PR, Rel. Min. Raul Araújo, j. 22-8-2012, *DJe* 29-10-2012.

tipo de protesto para o uso das indicações. Os dispositivos que se referem ao protesto por indicações no caso de falta de devolução apenas mostrariam a possibilidade de uso desse protesto em tal caso, mas não restringiriam o uso das indicações.

Não obstante nossa opinião, reconhecemos que ainda existem grandes divergências sobre o assunto.

13 Ação cambial

Embora seja extremamente importante, o protesto não é um meio próprio para buscar o recebimento de uma duplicata. O meio próprio para a cobrança da duplicata, colocado à disposição dos credores, é a ação cambial, entendida como a ação executiva baseada no título, a mesma existente para a letra de câmbio. Em suma, o credor que não for pago no vencimento da duplicata poderá ajuizar uma ação de execução contra os responsáveis pelo pagamento do título, a qual segue as mesmas regras da letra de câmbio, com as peculiaridades a seguir elencadas.

13.1 Documentação

Pela independência inerente a quase todos os títulos de crédito, o título é suficiente para o exercício do direito, isto é, para a execução das obrigações constantes de um título de crédito é suficiente a apresentação do próprio título. Entretanto, nas duplicatas, de acordo com a natureza da obrigação assumida, poderemos ter algumas situações diferenciadas.

13.1.1 Execução do devedor principal

Para a execução do devedor principal (aceitante), é sempre necessário que ele tenha assumido obrigação de pagar a duplicata por meio do aceite, seja ordinário, seja presumido ou por comunicação.

No caso do aceite ordinário, é suficiente a apresentação do próprio título aceito para a execução (Lei n. 5.474/68 – art. 15, I). Nesse caso, a duplicata aceita é necessária e suficiente para a execução, não precisando ser completada por protesto, ou pelo comprovante de entrega das mercadorias. O título com aceite contém o teor da obrigação e a vinculação cambiária do devedor, logo, é suficiente para a instrução da execução.

De outro lado, no caso do aceite presumido há que se apresentar o comprovante de entrega das mercadorias ou da prestação de serviços, o protesto e o próprio título (Lei n. 5.474/68 – art. 15, II). Nesse caso, é essencial que ao título sejam juntados o instrumento do protesto e o comprovante, pois é a reunião desses documentos que torna o sacado devedor do título, embora não o tenha assinado, excepcionando o princípio da literalidade. Só com eles é que se tem a vinculação cambiária do sacado e, por isso, eles são essenciais para a propositura da ação, mesmo não tendo o título sido assinado pelo sacado (STJ – Súmula 248).

Todavia, é possível que, no aceite presumido, não exista o título nas mãos do credor, especialmente quando o título foi remetido para aceite e não foi devolvido ou no caso da duplicata virtual, para quem a admite. Nesses casos, a execução poderá ser baseada no protesto por indicações, desde que seja regular, e no comprovante de entrega das mercadorias (Lei n. 5.474/68 – art. 15, § 2º), dispensada a apresentação do próprio título[92]. Excepciona-se o princípio da cartularidade, admitindo a execução sem a apresentação do próprio título.

Por fim, no caso do aceite por comunicação, é suficiente para a execução do sacado a apresentação da comunicação escrita dele noticiando o aceite e a retenção do título (Lei n. 5.474/68 – art. 7º, § 2º). Nesse caso, tem-se uma execução sem o título e sem a vinculação cambial no título, excepcionando os princípios da literalidade e da cartularidade.

13.1.2 Execução dos devedores indiretos

Para executar os devedores indiretos (endossantes e respectivos avalistas), é essencial a apresentação do título e do protesto tempestivo (Lei n. 5.474/68 – art. 13, § 4º). Basta apresentar o instrumento no qual eles se vincularam cambialmente, isto é, o título e a comprovação de que aquele que deveria pagar não o fez ou não o fará (protesto). Especificamente em relação ao protesto, é oportuno ressaltar que este só serve para a cobrança dos devedores indiretos se for requerido em até 30 dias a contar do vencimento do título.

Para a execução desses devedores, não é necessária a comprovação da entrega das mercadorias, ou da prestação de serviços[93]. Mesmo que se trate de uma duplicata simulada, o credor terá direito de cobrar os eventuais endossantes e seus avalistas que são alheios à relação causal que embasa o título. Com o endosso, o título se abstrai dessa causa na relação entre endossantes e endossatário.

Ressalte-se, por fim, que, embora o art. 15, § 1º, fale na execução do sacador, é certo que esta não é possível na duplicata, uma vez que o sacador é o credor original do título. Não conseguimos enxergar no sacador a condição de devedor da duplicata, como faz Wille Duarte Costa[94]. Quando ele cria o título, o faz em proveito próprio. O sacador só poderá ser cobrado se endossar o título e na condição de endossante se tornar devedor[95], prova disso é que o art. 13, § 4º, não cita o endossante como sujeito à cobrança.

---

92. STJ, 4ª Turma, REsp 309.829/CE, Rel. Min. Ruy Rosado de Aguiar, *DJ* 4-8-2002.

93. STJ, 3ª Turma, REsp 823.151/GO, Rel. Min. Humberto Gomes de Barros, j. 17-10-2006, *DJ* 27-11-2006, p. 285. No mesmo sentido: BORGES, João Eunápio. *Títulos de crédito*. 2. ed. Rio de Janeiro: Forense, 1977, p. 229.

94. COSTA, Wille Duarte. *Títulos de crédito*. Belo Horizonte: Del Rey, 2003, p. 436.

95. ROSA JÚNIOR, Luiz Emygdio da. *Títulos de crédito*. 4. ed. Rio de Janeiro: Renovar, 2006, p. 752.

13.2 Prescrição

Como qualquer ação, a execução das duplicatas possui certos prazos para ser ajuizada (Lei n. 5.474/68 – art. 18). A ação contra o sacado e seus avalistas (ação direta) prescreve no prazo de três anos contados do vencimento do título. A ação contra os devedores indiretos (endossantes e respectivos avalistas) prescreve no prazo de um ano contado do protesto ou do vencimento, no caso da cláusula em despesas.

Por fim, para o exercício do direito de regresso pelo devedor que pagou o título, o prazo prescricional é de um ano contado do dia do pagamento, em qualquer caso[96]. Para Luiz Emygdio da Rosa Júnior, a nosso ver com razão, o prazo de um ano para o exercício do direito de regresso refere-se apenas ao ajuizamento de ação contra devedores indiretos, porquanto o dispositivo fala em ação contra os coobrigados. No caso de exercício de direito de regresso contra o aceitante e seus avalistas, o prazo seria de três anos, mas contado do pagamento realizado, uma vez que nesse dia é que nasceria o direito de regresso, logo, só a partir dele é que o prazo poderia ser contado[97].

14 Outras ações para o recebimento da duplicata

Caso a duplicata não preencha as condições para ser executada, ela poderá ser objeto de uma ação fundada no negócio jurídico que lhe deu origem (Lei n. 5.474/68 – art. 16). Nesse caso, a ação não será executiva, mas sim uma ação de conhecimento visando ao mesmo objetivo. Tal ação, normalmente chamada de ação de cobrança, poderá obedecer o rito ordinário, ou do juizado especial, a depender do valor. De qualquer modo, o seu prazo prescricional será o do negócio jurídico, isto é, se for uma compra e venda, terá prazo prescricional de dez anos[98].

Além dessa "ação de cobrança", é certo que a duplicata, em razão da aplicação supletiva da legislação sobre letras de câmbio e notas promissórias, também admite a ação de locupletamento ou enriquecimento sem causa (Decreto n. 2.044/1908 – art. 28), com o objetivo de impedir que o devedor se enriqueça ilicitamente com o não pagamento do título. Tal ação é exatamente a mesma, cabível na letra de câmbio.

Para todos os efeitos, a duplicata também admitirá uma ação monitória, nos mesmos prazos e condições da letra de câmbio e da nota promissória, em razão da aplicação das regras desses títulos para a duplicata. Nesse caso, o "prazo prescricional para a ação monitória baseada em duplicata sem executividade é o de cinco anos previsto no art. 206, § 5º, I, do Código Civil/2002, a contar da data de vencimento estampada na cártula", de acordo com a orientação do STJ[99].

---

96. MAMEDE, Gladston. *Direito empresarial brasileiro*: títulos de crédito. 2. ed. São Paulo: Atlas, 2005, v. 3, p. 354.

97. ROSA JÚNIOR, Luiz Emygdio da. *Títulos de crédito*. 4. ed. Rio de Janeiro: Renovar, 2006, p. 760.

98. Idem, p. 764.

99. STJ, 4ª Turma, AgRg no AREsp 591.509/SP, Rel. Min. Luis Felipe Salomão, j. 20-11-2014, *DJe* 27-11-2014.

15 Triplicata

Assim como a letra de câmbio, a duplicata é passível de remessa para aceite e, por isso, está sujeita a riscos maiores de perda ou mesmo de destruição, do que outros títulos. Tais riscos são importantes, pois, a princípio, a perda ou a destruição do título acabariam inviabilizando o exercício dos direitos decorrentes do título, dada a cartularidade a eles inerente. Para proteger o credor de tais riscos, a legislação admite a extração de uma segunda via da duplicata, denominada triplicata (Lei n. 5.474/68 – art. 23), emitida pelo sacador que possuirá os mesmos requisitos e formalidades da duplicata.

O art. 23 da Lei n. 5.474/68 diz expressamente que "a perda ou extravio da duplicata obrigará o vendedor a extrair triplicata". Tal dispositivo, em uma primeira impressão, parece trazer a obrigação de extrair a triplicata, nos casos mencionados. Todavia, não existe uma sanção para o descumprimento de tal regra e, por isso, se interpreta que não se trata efetivamente de uma obrigação. Assim, deve-se afirmar que a extração da triplicata é uma opção[100].

Pelo texto da lei, tal opção poderá ser exercida nos casos de extravio e destruição do título, isto é, quando o título se perde. Para Jean Carlos Fernandes[101], apenas esses casos admitem a extração da triplicata, não sendo possível sua emissão em outras situações. Fábio Ulhoa Coelho e Luiz Emygdio da Rosa Júnior, por sua vez, afirmam não haver nenhum prejuízo na emissão da triplicata também no caso de retenção do título[102].

A nosso ver, efetivamente não haveria qualquer problema na emissão da triplicata nos casos de retenção[103], uma vez que a lei não a proíbe. Ademais, a função da triplicata seria cumprida também nesse caso, pois resguardaria o credor dos riscos da remessa do título. Por fim, é certo que não há maiores distinções entre a situação da perda e da retenção do título, porquanto nos dois casos o credor se vê privado da posse do título.

16 Duplicata de prestação de serviços

Além da duplicata referente à compra e venda mercantil, é possível a emissão da duplicata para um contrato de prestação de serviços. Trata-se do mesmo título, com o mesmo objetivo, só que em outro tipo de negócio.

---

100. MARTINS, Fran. *Títulos de crédito.* 5. ed. Rio de Janeiro: Forense, 1995, v. 2, p. 245; ROSA JÚNIOR, Luiz Emygdio da. *Títulos de crédito.* 4. ed. Rio de Janeiro: Renovar, 2006, p. 745; COSTA, Wille Duarte. *Títulos de crédito*. Belo Horizonte: Del Rey, 2003, p. 399; REsp 819.329/RJ, Rel. Min. Humberto Gomes de Barros, 3ª Turma, j. 16-11-2006, *DJ* 18-12-2006, p. 391.

101. FERNANDES, Jean Carlos. *Ilegitimidade do boleto bancário*. Belo Horizonte: Del Rey, 2003, p. 66.

102. COELHO, Fábio Ulhoa. *Curso de direito comercial*. 8. ed. São Paulo: Saraiva, 2004, v. 1, p. 465; ROSA JÚNIOR, Luiz Emygdio da. *Títulos de crédito.* 4. ed. Rio de Janeiro: Renovar, 2006, p. 745; RIZZARDO, Arnaldo. *Títulos de crédito*. Rio de Janeiro: Forense, 2006, p. 241.

103. STJ, 3ª Turma, REsp 369.808/DF, Rel. Min. Castro Filho, j. 21-5-2002, *DJ* 24-6-2002, p. 299; STJ, 3ª Turma, REsp 1307016/SC, Rel. Min. Moura Ribeiro, j. 24-2-2015, *DJe* 9-3-2015.

16.1 Regime jurídico

Inicialmente, vale destacar que na prestação de serviços a fatura é sempre facultativa, ao contrário da compra e venda mercantil, na qual a fatura pode ser obrigatória se o prazo para pagamento for igual ou superior a 30 dias. No que tange à duplicata em si, em ambos os casos a emissão é facultativa.

As duplicatas de prestação de serviços seguem o mesmo regime jurídico das duplicatas mercantis, aplicando-se as mesmas regras quanto a requisitos, saque, aceite, endosso, aval, vencimento, pagamento, triplicata e ações para o recebimento do título. Apenas no que tange ao protesto é que existe uma pequena diferença.

Na duplicata de prestação de serviços também temos os três tipos de protesto: falta de aceite, falta de pagamento e falta de devolução. O prazo para resguardar a cobrança dos devedores indiretos também é o mesmo, vale dizer, até 30 dias após o vencimento. Admite-se também o protesto por indicações, com toda a controvérsia já indicada. No entanto, ao contrário da duplicata mercantil, na qual se exige apenas a apresentação do título ao cartório, na duplicata de serviços exige-se a apresentação do título, do comprovante de prestação dos serviços e do comprovante do vínculo contratual entre as partes (Lei n. 5.474/68 – art. 20, § 3º). Tal diferença acaba perdendo importância, na medida em que não se exige a efetiva apresentação dos documentos, mas apenas a declaração de que se possui tais documentos.

16.2 Quem pode emitir

Seguindo basicamente o mesmo regime da duplicata mercantil, a duplicata de serviços é extremamente interessante e eficaz. Em razão disso, a princípio, admite-se sua emissão por quaisquer prestadores de serviços, independentemente da natureza empresarial da atividade exercida. Assim, empresários e não empresários (fundações, associações e sociedades simples) que prestem serviços podem se valer da duplicata[104] para documentar o seu crédito.

Apesar da liberdade de emissão pelos prestadores de serviços, a nossa legislação afirma que os profissionais liberais e os prestadores de serviços eventuais têm o direito de extrair a fatura pelos serviços prestados, mas não a duplicata[105]. Em relação aos prestadores de serviços eventuais, efetivamente não vemos a possibilidade de uso da duplicata, dada a própria necessidade de uma escrituração especial. Todavia, no que tange aos profissionais liberais (médicos, advogados...), o motivo da vedação é mais histórico do que efetivo, levando em conta apenas a tradição dessas atividades, e não o seu atual estágio.

---

104. MARTINS, Fran. *Títulos de crédito.* 5. ed. Rio de Janeiro: Forense, 1995, v. 2, p. 235; ROSA JÚNIOR, Luiz Emygdio da. *Títulos de crédito.* 4. ed. Rio de Janeiro: Renovar, 2006, p. 734.

105. BORGES, João Eunápio. *Títulos de crédito.* 2. ed. Rio de Janeiro: Forense, 1977, p. 236; BERTOLDI, Marcelo; RIBEIRO, Márcia Carla Pereira. *Curso avançado de direito comercial.* 3. ed. São Paulo: RT, 2006, p. 446; MARTINS, Fran. *Títulos de crédito.* 5. ed. Rio de Janeiro: Forense, 1995, v. 2, p. 238.

16.3 Fatura ou conta de serviço

Aqueles que não podem emitir a duplicata (profissionais liberais e prestadores de serviços eventuais) podem emitir a fatura ou conta de serviço, discriminando o serviço prestado, a qual deverá ser remetida ao devedor, com a observância das mesmas regras atinentes à duplicata. Tal fatura ou conta de serviço poderá ter um valor similar ao da duplicata, especialmente para fins de protesto e execução. Não admitindo, porém, aval ou endosso do título[106].

Para que a fatura ou conta de serviço tenha efeitos similares aos de uma duplicata, é essencial que ela seja previamente registrada no Cartório de títulos e documentos da cidade. Com tal registro, as faturas poderão ser objeto de protesto, ou na falta do original poderá ser levada ao protesto a certidão do cartório competente. Com base em tal protesto, poderá ser ajuizada a competente ação de execução.

17 Duplicata virtual

A modernidade impôs o surgimento de meios que permitam mais rapidamente a circulação de riquezas, e é na órbita do direito empresarial que esses mecanismos se fazem mais necessários. Os agentes econômicos, atuando na Internet ou mesmo fisicamente, precisavam buscar meios de facilitar a mobilização do crédito dentro da sua atividade.

Em função disso, surgiu o cheque pós-datado que facilita a atuação dos agentes econômicos. Todavia, com a evolução da tecnologia, muitos contratos passaram a ser feitos por computador ou por telefone, sem a possibilidade de emissão de um cheque, uma vez que o devedor não encontra o credor para assiná-lo. Nesses casos, os agentes econômicos passaram a lançar mão de duplicatas, não as tradicionais, mas as virtuais.

Uma vez finalizado o contrato, o agente econômico pode, *online*, enviar os dados do contrato a uma instituição financeira, a qual, também *online*, à luz desses dados, emite uma ficha de compensação e a encaminha ao devedor, que poderá pagá-la na rede bancária diretamente, ou até por meio da própria Internet. Essa ficha de compensação não é a duplicata, mas um aviso bancário para tornar a obrigação portável, que se baseia na duplicata que existe apenas em meio magnético.

Não honrada a duplicata, o credor ou o próprio banco, encarregado da cobrança, podem encaminhar em meio magnético os dados ao cartório para que este efetue o protesto do título. Lavrado o protesto, o credor ou o banco pode promover um processo de execução com base nesse protesto e no comprovante de entrega de mercadorias ou da prestação de serviços, sem a criação da duplicata fisicamente. Tal processo já é bastante difundido hoje em dia. Todavia, discute-se a sua legitimidade diante da atual legislação brasileira.

---

106. ROSA JÚNIOR, Luiz Emygdio da. *Títulos de crédito.* 4. ed. Rio de Janeiro: Renovar, 2006, p. 742. Em sentido contrário, Fran Martins diz que o título poderá ser endossado, como um título de crédito impróprio. MARTINS, Fran. *Títulos de crédito.* 5. ed. Rio de Janeiro: Forense, 1995, v. 2, p. 240.

Wille Duarte Costa nega a possibilidade de execução da duplicata virtual, que para ele na verdade representa um boleto bancário. Ele afirma que o protesto por indicações só é possível no caso de falta de devolução e, por isso, não seria viável protestar um virtual, uma vez que ele teria que ser remetido[107]. A mesma orientação é sufragada por Jean Carlos Fernandes, ao dizer que essa duplicata escritural não está incorporada ao nosso ordenamento jurídico[108]. No mesmo caminho, está a maior parte da jurisprudência[109].

De outro lado, Luiz Emygdio da Rosa Júnior reconhece a possibilidade de uso da duplicata virtual no atual sistema, porquanto o próprio art. 15 da Lei n. 5.474/68 admite a execução sem a apresentação do título, desde que feito o protesto por indicações encaminhadas em meio magnético[110]. A mesma linha de interpretação é defendida por Fábio Ulhoa Coelho[111], que também destaca a possibilidade de execução da duplicata virtual, na medida em que a apresentação da duplicata não é imprescindível para o processo de execução, uma vez que se admite a execução com base no protesto por indicações, desde que acompanhado do comprovante de recebimento das mercadorias.

Do mesmo modo, Fernando Netto Boiteux, Marcelo Bertoldi, Lúcio de Oliveira Barbosa, Newton de Lucca e Carlos Gustavo de Souza[112] reconhecem no nosso direito vigente a possibilidade de execução da duplicata em meio eletrônico. Lúcio de Oliveira Barbosa vai além e reconhece até a possibilidade de endosso e aval na duplicata virtual[113]. O STJ chegou à conclusão similar afirmando que "são plenamente válidas as indicações a protestos de duplicatas mercantis emitidas na forma virtual"[114].

Com efeito, não existem maiores diferenças entre o documento em papel e o documento eletrônico, logo, os títulos eletrônicos são uma realidade natural. Eles podem ser entendidos como "toda e qualquer manifestação de vontade, traduzida por um determi-

---

107. COSTA, Wille Duarte. *Títulos de crédito*. Belo Horizonte: Del Rey, 2003, p. 419-421.

108. FERNANDES, Jean Carlos. *Ilegitimidade do boleto bancário*. Belo Horizonte: Del Rey, 2003, p. 32.

109. STJ, 4ª Turma, REsp 827.856/SC, Rel. Min. Antônio de Pádua Ribeiro, j. 28-8-2007, *DJ* 17-9-2007, p. 295; STJ, 3ª Turma, REsp 369.808/DF, Rel. Min. Castro Filho, j. 21-5-2002, *DJ* 24-6-2002, p. 299; TJDF, 1ª Turma Cível, 20060110265206APC, Rel. Vera Andrighi, j. 11-4-2007, *DJ* 10-5-2007, p. 108; TJMG, 11ª Câmara Cível, Apelação Cível 1.0024.06.122926-6/001, Rel. Des. Marcelo Rodrigues, j. 13-2-2008, *DJ* 29-3-2008.

110. ROSA JÚNIOR, Luiz Emygdio da. *Títulos de crédito*. 4. ed. Rio de Janeiro: Renovar, 2006, p. 756-758.

111. COELHO, Fábio Ulhoa. *Curso de direito comercial*. 8. ed. São Paulo: Saraiva, 2004, v. 1, p. 468-471.

112. BOITEUX, Fernando Netto. *Títulos de crédito*. São Paulo: Dialética, 2002, p. 53; DE LUCCA, Newton. *Comentários ao novo Código Civil*. Rio de Janeiro: Forense: 2003, v. XII, p. 142; BARBOSA, Lúcio de Oliveira. *Duplicata virtual*: aspectos controvertidos. São Paulo: Memória Jurídica, 2004, p. 134-135; BERTOLDI, Marcelo; RIBEIRO, Márcia Carla Pereira. *Curso avançado de direito comercial*. 3. ed. São Paulo: RT, 2006, p. 446-447; SOUZA, Carlos Gustavo de. *Títulos de crédito*. Rio de Janeiro: Freitas Bastos, 2005, p. 129. No mesmo sentido: TJDF, 6ª Turma Cível, 20030110544590APC, Rel. Sandra de Santis, j. 4-8-2005, *DJ* 13-9-2005, p. 103; TJRS, 20ª Câmara Cível, Apelação Cível 70021686027, Rel. José Aquino Flores de Camargo, j. 14-11-2007; TJPR, 13ª Câmara Cível, AC 0444969-0, Rio Negro, Rel. Juiz Conv. Magnus Venicius Rox, unânime, j. 2-4-2008.

113. BARBOSA, Lúcio de Oliveira. *Duplicata virtual*: aspectos controvertidos. São Paulo: Memória Jurídica, 2004, p. 136-137.

114. STJ, 3ª Turma, REsp 1037819/MT, Rel. Min. Massami Uyeda, j. 23-2-2010, *DJe* 10-3-2010.

nado programa de computador, representativo de um fato, necessário para o exercício do direito literal e autônomo nele mencionado"[115]. Diante desse conceito, ainda se vê "algo" necessário para o exercício do direito. Contudo, esse "algo" não é mais um papel, mas uma manifestação de vontade traduzida por um programa de computador. A nosso ver, essa manifestação ainda é um documento[116] e igualmente será um título de crédito.

Especificamente em relação às duplicatas, acreditamos que elas podem ser eletrônicas, uma vez que se permite a execução sem a apresentação do título em papel em juízo, bastando a juntada do comprovante de entrega das mercadorias e do protesto tirado por indicações encaminhadas em meio eletrônico. Em outras palavras, a legislação das duplicatas permite o exercício do direito, mesmo sem a apresentação de um papel, o qual pode nunca ter existido fisicamente.

Em nossa opinião, o protesto por indicações em meio magnético (Lei n. 9.492/97 – art. 8º, parágrafo único) pode ser realizado sempre, isto é, mesmo que não exista o título fisicamente. Não devemos limitar tal possibilidade ao caso de retenção ilegítima da duplicata, quando o título existiu sob a forma de papel. O dispositivo não o restringiu, logo, não cabe ao intérprete fazê-lo. Sendo perfeitamente regular esse protesto por indicações em meio eletrônico, sua junção ao comprovante de entrega das mercadorias inegavelmente permite a execução da obrigação (Lei n. 5.474/68 – art. 15).

Em síntese, embora ainda se questione, não se pode negar que o que se convencionou chamar de duplicata virtual é uma realidade, muito usada na prática, sem perder a principal vantagem de um título de crédito, a executividade. A nosso ver, porém, o mecanismo da duplicata virtual não afronta a legislação vigente, sendo uma prática perfeitamente admitida na realização do protesto por indicações de uma duplicata não emitida em papel. Vale ressaltar, contudo, que seria aconselhável uma alteração legislativa[117], uma vez que a maior parte da jurisprudência continua a negar a execução da duplicata virtual.

---

115. OLIVEIRA, Evérsio Donizete de. *A regulamentação dos títulos de crédito eletrônicos no Código Civil*. São Paulo: Lemos & Cruz, 2007, p. 81.

116. GARDINO, Adriana Valéria Pugliesi. Títulos de crédito eletrônicos: noções gerais e aspectos processuais. In: PENTEADO, Mauro Rodrigues (Coord.). *Títulos de crédito*. São Paulo: Walmar, 2004, p. 17; BOITEUX, Fernando Netto. *Títulos de crédito*. São Paulo: Dialética, 2002, p. 46; PINTO, Lígia Paula Pires. Títulos de crédito eletrônicos e assinatura digital: análise do art. 889, § 3º, do Código Civil. In: PENTEADO, Mauro Rodrigues (Coord.). *Títulos de crédito*. São Paulo: Walmar, 2004, p. 192; DINIZ, Julliana Christina Paolinelli. A circulação dos títulos de crédito eletrônicos: comentários ao art. 893 do Código Civil. In: PENTEADO, Mauro Rodrigues (Coord.). *Títulos de crédito*. São Paulo: Walmar, 2004, p. 179.

117. DE LUCCA, Newton. *Comentários ao novo Código Civil*. Rio de Janeiro: Forense: 2003, v. XII, p. 143.

18 CÉDULAS DE CRÉDITO RURAL, INDUSTRIAL, COMERCIAL E À EXPORTAÇÃO

1 Noções gerais

Inicialmente, cumpre esclarecer que a expressão *cédula de crédito* é usada por nossa legislação em diversas situações, as quais, contudo, nem sempre são similares. Em razão disso, neste capítulo, estudaremos apenas as cédulas de crédito mais aproximadas entre si, que são as cédulas de crédito rural (Decreto-lei n. 167/67), as cédulas de crédito industrial (Decreto-lei n. 413/69), as cédulas de crédito comercial (Lei n. 6.840/80) e as cédulas de crédito à exportação (Lei n. 6.313/75). As demais cédulas, como a cédula de crédito bancário, a cédula de crédito hipotecária e outras, serão objeto de análise em outros pontos do trabalho.

As cédulas de crédito, objeto da análise no presente capítulo, são conceituadas por Rúbia Carneiro Neves como "um documento que tem força de título de crédito porque representa o crédito de um credor e título executivo porque é hábil a ensejar uma execução, e que apresenta forma de contrato, podendo ser garantida por uma hipoteca, penhor ou alienação fiduciária, conforme o tipo"[1]. Tal conceito, embora correto, não nos é suficiente na medida em que não especifica quando seria possível o uso das cédulas.

De outro lado, Gladston Mamede nos apresenta um conceito mais completo, afirmando que as cédulas são "títulos representativos de operações de financiamento, constituídos com base em empréstimos concedidos por instituições financeiras, ou entidade a essas equiparadas, à pessoa natural (física) ou jurídica que se dedique à respectiva atividade"[2]. Vê-se de tal conceito que o papel das cédulas é representar o crédito decorrente de um financiamento para atividades produtivas, que são extremamente frequentes na economia moderna.

Com efeito, a agricultura, a pecuária, a indústria, o comércio, a prestação de serviços e a exportação são atividades produtivas que necessitam de recursos para seu desenvolvimento. Tais recursos podem ser obtidos de diversas formas, inclusive por meio de empréstimos, havendo até linhas especiais de crédito. Ao obter tais recursos por meio de empréstimos, o exercente da atividade produtiva acaba assumindo uma dívida, a qual poderá ser representada em uma cédula de crédito, podendo ter ou não garantias reais.

---

1. NEVES, Rúbia Carneiro. *Cédula de crédito*. Belo Horizonte: Del Rey, 2002, p. 9.

2. MAMEDE, Gladston. *Direito empresarial brasileiro*: títulos de crédito. 2. ed. São Paulo: Atlas, 2005, v. 3, p. 356.

Portanto, o papel desses títulos de crédito é justamente incorporar o crédito decorrente de tais financiamentos. Assim, a cédula de crédito rural representará o crédito decorrente de um financiamento para a atividade rural (agricultura, pecuária...); a cédula de crédito industrial representará necessariamente um empréstimo vinculado à atividade industrial; a cédula de crédito à exportação representará o crédito decorrente de financiamento para a exportação; e a cédula de crédito comercial representará um financiamento vinculado ao comércio ou à prestação de serviços.

Em todos os casos, a cédula está necessariamente ligada a um financiamento para a atividade produtiva, logo, ela deve ser emitida por quem exerça a atividade produtiva (pessoa física ou jurídica) em benefício de quem concede o financiamento, normalmente uma instituição financeira. No caso das cédulas de crédito rural, a instituição financeira deverá ser parte do sistema nacional de crédito rural. Além disso, nas cédulas de crédito rural e, somente nestas, o beneficiário do título também poderá ser uma cooperativa, no caso dos financiamentos concedidos a seus associados ou a suas filiadas (Decreto-lei n. 167/67 – art. 1º, parágrafo único).

Em última análise, as cédulas de crédito representam promessas de pagamento, com ou sem garantia cedularmente constituída, vinculadas a um financiamento para determinada atividade produtiva. Elas são promessas de pagamento, na medida em que são emitidas pelo devedor direto e principal da obrigação, podendo ou não ser oferecida uma garantia real.

A	B
Emitente	Beneficiário
(produtor)	(instituição financeira)[3]

2 Requisitos

Pela aplicação do regime cambial às cédulas, é certo que um documento só produzirá efeitos de cédula de crédito se preencher os requisitos legais para tanto. Embora haja uma diversidade de leis sobre as cédulas, é certo que a enumeração dos requisitos possui certa uniformidade, que permite uma análise unificada de tais requisitos. Estes, embora sejam presentes desde a emissão do título, poderão ser objeto de aditivos, retificações ou ratificações em documentos próprios que serão parte integrante do próprio título.

2.1 Denominação do título

O primeiro requisito inerente a todo título de crédito é sua identificação, para que todos possam saber o regime jurídico aplicável àquele documento. Nas cédulas, a situação

3. Lembrando que, nas Cédulas de Crédito Rural, o beneficiário pode ser uma cooperativa.

não é diferente, sendo essencial a qualificação do título pela denominação que a lei lhe impõe. No caso específico das cédulas, a denominação do título é importante também para definir se a obrigação possui ou não garantias reais, falando-se em nota de crédito quando a garantia real está ausente.

Nas cédulas de crédito rural, há quatro denominações possíveis: cédula de crédito rural hipotecária, cédula de crédito pignoratícia, cédula de crédito rural hipotecária e pignoratícia e nota de crédito rural. Esta última não possui garantias reais, envolvendo exclusivamente uma operação de crédito pessoal.

Nas cédulas de crédito industrial, há apenas duas denominações possíveis: cédula de crédito industrial e nota de crédito industrial, sendo esta última a que não possui garantia real. A mesma situação se aplica às cédulas de crédito comercial e à exportação, que comportam apenas as duas denominações.

2.2 Valor do crédito

Denominado o título, também é essencial que conste do documento o valor do crédito concedido (Decreto-lei n. 167/67 – arts. 14, IV, 20, IV, 25, IV e 27, IV; Decreto-lei n. 413/69 – arts. 14, IV, e 16, IV), em algarismo e por extenso. Ora, se o título tem origem em um financiamento, é natural que conste o objeto do financiamento, isto é, o valor do crédito concedido. Tal valor representará, em última análise, o valor que servirá de base de cálculo da obrigação[4], na medida em que é a partir de tal valor que serão acrescidos os encargos previstos pelas partes, para o pagamento.

2.3 Finalidade do financiamento

Além do valor do crédito, o documento deve conter a indicação da finalidade a que se destina o crédito. Para atender a tal requisito, não basta afirmar que o financiamento é para a atividade rural, industrial, comercial ou de exportação. É essencial identificar a finalidade específica do financiamento[5], para a qual o crédito deverá ser usado, identificando, por exemplo, que tal crédito se destina ao financiamento do plantio a ser realizado pelo produtor.

A identificação dessa finalidade específica visa também a garantir que os recursos não sejam usados para outros fins. É certo que tais créditos costumam ter condições bem mais favoráveis que os empréstimos em geral e, por isso, deve-se evitar que eles sejam usados para outros fins que não os descritos no título. Há certos incentivos que só se justificariam para créditos destinados a atividades produtivas.

---

4. MAMEDE, Gladston. *Direito empresarial brasileiro*: títulos de crédito. 2. ed. São Paulo: Atlas, 2005, v. 3, p. 364-365.

5. MAMEDE, Gladston. *Direito empresarial brasileiro*: títulos de crédito. 2. ed. São Paulo: Atlas, 2005, v. 3, p. 365.

A fim de melhor controlar o destino do financiamento, as partes podem ajustar um orçamento assinado pelo financiador e pelo financiado (Decreto-lei n. 167/67 – art. 3º; Decreto-lei n. 413/69 – art. 3º). Tal orçamento será elaborado como um documento à parte, mas ficará vinculado à cédula respectiva a que se destina.

2.4 *Promessa de pagamento*

Definidos o valor do crédito e sua finalidade, é óbvio que deve constar do título também a obrigação de pagamento do financiamento. Ora, se o título visa a representar o crédito decorrente de tal financiamento, é fundamental que ele contenha tal obrigação. A assunção dessa obrigação é feita pelo próprio emitente, sob a forma de uma promessa de pagamento ao credor, que deverá constar do teor do documento. Nessa promessa, nem sempre constará expressamente o valor devido, mas sempre serão encontrados os elementos necessários ao cálculo do valor devido, o que dá liquidez à obrigação[6].

2.5 *Encargos financeiros*

Ao prometer pagar a cédula, o emitente não se compromete apenas a devolver o valor recebido, mas também a remunerar aquele que lhe concedeu o financiamento. Essa remuneração decorre normalmente da incidência de juros sobre o valor financiado. Tais juros deverão ser previstos no próprio documento, para permitir que, por meros cálculos aritméticos, se chegue ao valor devido. Além de encargos que visam a remunerar o credor, é certo que também deve haver a previsão de encargos moratórios, que visam a punir o devedor pelo atraso no pagamento.

2.6 *Forma de pagamento*

Nas cédulas, o emitente assume uma obrigação de pagar o valor do financiamento com todos os acréscimos ajustados. Tal obrigação dificilmente será honrada em uma única parcela, daí ser essencial constar do documento a forma de pagamento, isto é, em quantas parcelas haverá o pagamento, qual a periodicidade das parcelas e qual a forma de incidência dos encargos. Normalmente, há uma cláusula específica para isso, no corpo do título de crédito.

2.7 *Praça de pagamento*

Além de identificar a forma de pagamento, as cédulas devem definir o local do pagamento (Decreto-lei n. 167/67 – arts. 14, VII, 20, VII, 25, VIII, e 27, VI; Decreto-lei n.

---

6. MAMEDE, Gladston. *Direito empresarial brasileiro*: títulos de crédito. 2. ed. São Paulo: Atlas, 2005, v. 3, p. 363.

413/69 – arts. 14, VIII, e 16, VI). Por se tratar de um título eminentemente bancário, o pagamento será realizado normalmente por meio da rede bancária, em qualquer localidade. Todavia, a definição do local de pagamento é fundamental para a identificação do foro competente para conhecer e processar as ações relativas à cobrança das cédulas.

2.8 Beneficiário

Identificados todos os elementos inerentes ao objeto da cédula, isto é, todos os elementos da prestação a ser cumprida, também é essencial distinguir o credor da obrigação, uma vez que as cédulas não podem ser ao portador. O beneficiário do título é normalmente uma instituição financeira, admitindo-se, contudo, que seja uma cooperativa rural, em relação aos financiamentos concedidos por ela aos seus associados.

2.9 Cláusula à ordem

A identificação do credor inicial do título é essencial. Todavia, isso não significa que ele será o credor no momento do recebimento da obrigação, isto é, as cédulas podem circular chegando às mãos de pessoas diversas do credor inicial. Tal circulação pode ocorrer por meio de uma cessão de crédito ou por meio de endosso, uma vez que, a nosso ver, a cláusula à ordem é um requisito essencial das cédulas em estudo.

Gladston Mamede[7] afirma que a cláusula à ordem não seria obrigatória, não sendo desnaturadas as cédulas que não a contivessem. Para tanto, ele invoca dispositivo atinente às cédulas de crédito bancário que permitiria uma interpretação extensiva aos títulos assemelhados, como as cédulas de crédito em estudo.

A nosso ver, nas cédulas de crédito rural, industrial, comercial e à exportação, a cláusula à ordem é obrigatória, porquanto ela se encontra entre os requisitos exigidos pelos arts. 14, III, 20, III, 25, III, e 27, III, do Decreto-lei n. 167/67, bem como pelos arts. 14, III, e 16, III, do Decreto-lei n. 413/69. Em todos esses dispositivos, há um caráter imperativo, vale dizer, em todos eles há a menção expressa de que o título conterá as indicações, não dando margem a uma interpretação de que algum dos requisitos é facultativo, se não houver no próprio dispositivo a facultatividade.

2.10 Local, data e assinatura do emitente

Para reconhecer a exatidão dos elementos atinentes à obrigação e inclusive o seu credor originário, bem como para assumir a obrigação, é essencial que constem no título também o local, a data e a assinatura do emitente.

---

7. MAMEDE, Gladston. *Direito empresarial brasileiro*: títulos de crédito. 2. ed. São Paulo: Atlas, 2005, v. 3, p. 364.

O local de emissão serve especialmente para identificar a legislação aplicável àquele título[8], não possuindo maiores problemas no que tange às cédulas. A data de emissão, por sua vez, é importante para aferir a capacidade das partes de se obrigar. Por fim, a assinatura do emitente, que poderá ser realizada de próprio punho ou por meio de procurador com poderes especiais, é fundamental, pois representa a declaração de vontade necessária e suficiente para a assunção da obrigação e, consequentemente, para o reconhecimento da exatidão dos dados constantes do título.

2.11 Descrição dos bens dados em garantia

Nas cédulas de crédito, é bastante comum que sejam exigidas garantias reais para o seu pagamento, as quais, porém, não são essenciais, pois existem as notas de crédito que não as possuem. São três as garantias possíveis: penhor, hipoteca e alienação fiduciária, porém esta última não é admissível nas cédulas de crédito rural. Caso sejam exigidas garantias reais, os bens dados em garantia deverão ser descritos na cédula ou em um documento à parte, em duas vias, assinado pelo emitente e pelo credor, fazendo-se, na cédula, menção a essa circunstância. Seja diretamente, seja indiretamente, o título acabará descrevendo os bens dados em garantia.

No caso de penhor, a garantia incide sobre bens móveis, devendo ser feita a descrição dos bens vinculados em penhor, que se indicarão pela espécie, qualidade, quantidade, marca ou período de produção, se for o caso, além do local ou depósito em que os mesmos bens se encontrarem. A mesma regra se aplica aos casos de alienação fiduciária, não admitida nas cédulas rurais. No caso de penhor de crédito na cédula de crédito comercial, fica dispensada a especificação, sendo suficiente a descrição do valor global dos créditos dados em garantia (Lei n. 6.840/80 – art. 3º).

No caso de hipoteca, deverá haver a descrição do imóvel hipotecado com indicação do nome, se houver, dimensões, confrontações, benfeitorias, título e data de aquisição e anotações (número, livro e folha) do registro imobiliário. A especificação dos imóveis hipotecados, pela descrição pormenorizada, poderá ser substituída pela anexação à cédula de seus respectivos títulos de propriedade.

3 Garantias reais e privilégios

Com o intuito de proteger o credor das cédulas, o legislador houve por bem assegurar a elas a possibilidade de constituição de garantias reais. Nesse caso, os títulos são chamados de cédulas de crédito. Se não possuírem garantias reais, elas são denominadas notas de crédito, as quais, porém, são também créditos privilegiados.

8. ASQUINI, Alberto. *I titoli di credito*. Padova: Cedam, 1966, p. 190.

3.1 Garantias reais

As cédulas de crédito são promessas de pagamento vinculadas a um financiamento, com ou sem garantia cedularmente constituída. Embora não seja essencial, é certo que a constituição de garantias reais é bem frequente, porquanto diminui o risco do credor e, consequentemente, o custo do financiamento.

São três as garantias possíveis: penhor, hipoteca e alienação fiduciária, mas esta última não é admissível nas cédulas de crédito rural. Não há qualquer impedimento para que uma cédula possua mais de uma modalidade de garantia.

Em qualquer uma das garantias, a constituição ocorrerá no próprio documento, daí falar em penhor cedularmente constituído. Embora seja o penhor constituído na cédula, é certo que sua eficácia perante terceiros dependerá da inscrição do título no cartório de imóveis. Sem tal inscrição, o credor não terá, por exemplo, a possibilidade de lançar mão dos seus direitos sobre o bem adquirido por terceiro, que não tinha ciência da garantia.

Além disso, é certo que para determinados bens dados em garantia, como os veículos e imóveis, existem outras exigências adicionais de publicidade. No caso dos veículos, impõem-se o registro no Cartório de Títulos e Documentos do domicílio do devedor e a anotação no certificado de propriedade (CC – art. 1.462). Do mesmo modo nos imóveis, exigindo-se o registro no cartório da situação do imóvel. A ausência dessas formalidades adicionais, ainda que feita a inscrição da cédula no cartório de imóveis, impede que a garantia oferecida tenha eficácia perante terceiros[9].

3.1.1 Penhor

No penhor, são oferecidos em garantia bens móveis. Em outras palavras, o devedor ou mesmo terceiros já indicam certos bens móveis que poderão ser alienados para a satisfação da obrigação garantida. Há, para o credor, riscos e custos menores na cobrança, uma vez que os bens para a satisfação do crédito já estão identificados.

No caso do penhor presente nas cédulas de crédito rural, só poderão ser oferecidos em garantia os bens que poderão ser objeto de penhor rural (agrícola ou pecuário) ou de penhor mercantil (Decreto-lei n. 167/67 – art. 15). O penhor agrícola somente pode ser convencionado pelo prazo de no máximo três anos, prorrogável por igual período, e o penhor pecuário somente pode ser convencionado pelo prazo máximo de cinco anos, prorrogável por mais três anos (Decreto-lei n. 167/67 – art. 61).

No caso das cédulas de crédito industrial, comercial e à exportação, poderão ser dados em garantia: máquinas e aparelhos utilizados na indústria, com ou sem os respectivos pertences; matérias-primas, produtos industrializados e materiais empregados no processo produtivo, inclusive embalagens; animais destinados à industrialização de

9. STJ, 4ª Turma, REsp 200.663/SP, Rel. Min. Barros Monteiro, j. 2-3-2004, *DJ* 17-5-2004, p. 228.

carnes, pescados, seus produtos e subprodutos, assim como os materiais usados no processo produtivo, inclusive embalagens; sal que ainda esteja na salina, bem como as instalações, máquinas, instrumentos utensílios, animais de trabalho, veículos terrestres e embarcações, quando servirem à exploração salineira; veículos automotores e equipamentos para execução de terraplanagem, pavimentação, extração de minério e construção civil, assim como quaisquer viaturas de tração mecânica, usadas nos transportes de passageiros e cargas e, ainda, nos serviços dos estabelecimentos industriais; dragas e implementos destinados à limpeza e à desobstrução de rios, portos e canais, ou à construção dos dois últimos, ou empregados nos serviços dos estabelecimentos industriais; toda construção utilizada como meio de transporte por água, e destinada à indústria da revelação ou da pesca, quaisquer que sejam as suas características e lugar de tráfego; todo aparelho manobrável em voo apto a se sustentar e a circular no espaço aéreo mediante reações aerodinâmicas, e capaz de transportar pessoas ou coisas; letra de câmbio, promissórias, duplicatas, conhecimentos de embarques, ou conhecimentos de depósitos, unidos aos respectivos *warrants*; outros bens que o conselho monetário nacional venha a admitir como lastro dos financiamentos industriais (Decreto-lei n. 413/69 – art. 20).

Em todo caso, os bens móveis dados em garantia permanecerão sob a posse direta do devedor ou de quem os ofereceu em garantia (Decreto-lei n. 167/67 – art. 17; Decreto-lei n. 413/69 – art. 38), salvo no caso de penhor de títulos de crédito. Tal regra é óbvia e necessária, na medida em que a retirada dos bens dados em garantia da posse do devedor inviabilizaria o próprio exercício da atividade por ele, impedindo que o financiamento cumpra sua função. Como imaginar um agricultor trabalhando sem seus equipamentos ou um industrial sem suas máquinas? Por isso, mantém-se a posse do devedor sobre tais bens.

Embora a posse seja mantida com o próprio devedor, é certo que se protege o credor de eventual má-fé, no trato das garantias. Nesse sentido, exige-se que os bens empenhados não sejam removidos da propriedade em que se encontram, salvo com o consentimento do credor (Decreto-lei n. 167/67 – art. 18; Decreto-lei n. 413/69 – art. 22). Obviamente, a movimentação natural de veículos dados em garantia não será impedida.

3.1.2 Hipoteca

Além do penhor, as cédulas também podem ser garantidas por uma hipoteca. A hipoteca também é um direito real de garantia, a qual, porém, poderá incidir sobre os imóveis e os acessórios dos imóveis com eles; o domínio direto; o domínio útil; as estradas de ferro; as jazidas, minas e demais recursos minerais, os potenciais de energia hidráulica, os monumentos arqueológicos e outros bens referidos por leis especiais, independentemente do solo onde se acham; os navios; as aeronaves; o direito de uso especial para fins de moradia; o direito real de uso; a propriedade superficiária.

No caso das cédulas, a hipoteca abrange as construções, respectivos terrenos, maquinismos, instalações e benfeitorias. Além disso, incorporam-se na hipoteca constituída máquinas, aparelhos, instalações e construções, adquiridos ou executados com o crédito, assim como quaisquer outras benfeitorias acrescidas aos imóveis na vigência da cédula, as quais, uma vez realizadas, não poderão ser retiradas, alteradas ou destruídas, sem o consentimento do credor, por escrito.

Ao contrário do penhor, a constituição da hipoteca não pode impedir a alienação do bem dado em garantia (CC – 1.475). Todavia, caso haja a alienação do bem hipotecado, a garantia segue o bem, que poderá ser alienado pelo credor para a satisfação do seu crédito. Em todo caso, é certo que tal direito de sequela sobre o bem dado em garantia só se aplicará se a hipoteca for devidamente registrada.

3.1.3 Alienação fiduciária em garantia

Além de hipoteca e penhor, aplicáveis a todas as cédulas, as cédulas de crédito industrial, comercial e à exportação podem ser objeto de alienação fiduciária em garantia, a qual não é admitida nas cédulas de crédito rural. Em todo caso, há a necessidade de registro no cartório de títulos e documentos, para validade perante terceiros e de averbação de certificado de propriedade, caso se trate de veículo automotor.

A alienação fiduciária em garantia ocorre quando o devedor transmite ao credor a propriedade de um bem, reservando-se a posse direta, sob a condição resolutiva do pagamento da obrigação garantida. Em outras palavras, o devedor aliena para o credor um bem, que ele adquiriu ou que já constava do seu patrimônio, em garantia de determinada obrigação. Caso a obrigação seja paga, a propriedade plena retornará ao devedor. Caso a obrigação não seja paga, o credor poderá fazer recair os seus direitos sobre o bem, dado em garantia, que está na sua propriedade.

Atualmente, podemos falar em três tipos de alienação fiduciária: comum, especial e de imóveis[10]. A primeira é a disciplinada pelo Código Civil (arts. 1.361 a 1.368a) que terá por objeto qualquer bem móvel infungível. A segunda é a regida pela Lei n. 4.728/65 e pelo Decreto-lei n. 911/69, podendo abranger bens móveis fungíveis ou infungíveis, limitando-se, contudo, à garantia de operações realizadas no âmbito do mercado financeiro e de capitais, bem como à garantia de créditos fiscais e previdenciários. Por fim, a alienação fiduciária de imóveis é regida pela Lei n. 9.514/97, podendo ser utilizada em qualquer operação.

A nosso ver, os três tipos são aplicáveis às cédulas que admitem alienação fiduciária. Embora o art. 27 do Decreto-lei n. 413/69 faça menção à Lei n. 4.728/65, é certo que o mesmo decreto-lei, ao admitir a alienação fiduciária, o fez genericamente, levando a crer que todos os tipos de alienação fiduciária são possíveis. A menção à Lei n. 4.728/65 foi feita na época em que o decreto-lei foi editado, sendo inegável que as alterações posteriores do instituto também se aplicam às cédulas de crédito.

---

10. MARIANI, Irineu. *Contratos empresariais*. Porto Alegre: Livraria do Advogado, 2007, p. 46.

3.1.4 Impenhorabilidade dos bens dados em garantia

Qualquer que seja a garantia real oferecida, é certo que os bens dados em garantia ficam vinculados à satisfação do crédito documentado nas cédulas. Para reforçar essa vinculação, a legislação específica das cédulas determina que os bens dados em garantia não podem sofrer arresto, sequestro ou penhora em razão de qualquer outra dívida (Decreto-lei n. 167/67 – art. 69; Decreto-lei n. 413/69 – art. 57). Consagra-se uma espécie de imunidade dos bens dados em garantia, que só poderiam responder pelas obrigações decorrentes da cédula. Tal previsão é perfeitamente válida, mas só prevalece durante o período de vigência do contrato[11].

Rúbia Neves Carneiro entende que tal disposição se aplica integralmente, sendo impenhoráveis por outras dívidas – inclusive trabalhistas e tributárias – os bens dados em garantia[12]. Ela assevera que não há uma discriminação indevida dos credores, porquanto a impenhorabilidade no caso decorreria da lei, e não da vontade das partes.

De outro lado, o STJ, a nosso ver com razão, vem afastando essa impenhorabilidade dos bens dados em garantia, quando se tratar de um crédito mais privilegiado, porquanto, na ponderação dos valores em jogo, certos créditos seriam dignos de uma proteção maior. Havendo um conflito entre os interesses de diversos credores, a solução de tal conflito se dá pela prevalência do valor mais importante[13], conforme escolhido pelo legislador.

No ordenamento jurídico brasileiro, os créditos tributários gozam de preferência sobre os demais, à exceção dos de natureza trabalhista (CTN – art. 186). A Fazenda Pública não participa de concurso de credores, tendo preferência no recebimento do produto da venda judicial do bem penhorado, ainda que esta alienação seja levada a efeito por outro credor. Ora, se a legislação estabelece essa preferência, é óbvio que o crédito tributário é mais privilegiado do que o crédito com garantia real e, por isso, o credor tributário poderá penhorar os bens dados em garantia numa cédula[14].

Gladston Mamede assevera que tal orientação estaria superada pela vigência da Lei n. 11.101/2005, que estabeleceu que os créditos com garantia real prevalecem sobre os créditos fiscais na falência[15]. Ousamos discordar desse entendimento, porquanto o art. 186 do CTN continua válido ao determinar que os créditos tributários preferem a qualquer outro crédito, salvo os trabalhistas. O mesmo dispositivo esclarece que, no caso de falência e só nesse caso, a ordem fica alterada, de modo que os créditos com garantia real

---

11. STJ, 4ª Turma, REsp 131.699/MG, Rel. Min. Barros Monteiro, j. 18-9-2003, *DJ* 24-11-2003, p. 306.

12. NEVES, Rúbia Carneiro. *Cédula de crédito*. Belo Horizonte: Del Rey, 2002, p. 85.

13. LARENZ, Karl. *Metodología de la ciencia del derecho*. Tradução e revisão de Marcelino Rodríguez Molinero. Barcelona: Ariel, 1994, p. 400.

14. STJ, 1ª Turma, REsp 874.983/RS, Rel. Min. Luiz Fux, j. 12-2-2008, *DJe* 3-4-2008; STF, RE 84059, Rel. Min. Moreira Alves, *DJ* 22-10-1976.

15. MAMEDE, Gladston. *Direito empresarial brasileiro*: títulos de crédito. 2. ed. São Paulo: Atlas, 2005, v. 3.

preferem aos créditos tributários. Assim, fora da falência, os créditos fiscais continuam sendo mais privilegiados do que os créditos com garantia real.

Ora, se o crédito tributário é mais privilegiado que o crédito com garantia real, o trabalhista também o é[16], posto que o próprio CTN (art. 186) ressalta que os créditos trabalhistas prevalecem sobre os tributários. Assim, também para os créditos trabalhistas, não prevalece a impenhorabilidade dos bens dados em garantia em uma cédula.

Por fim, o STJ também reconhece que os créditos alimentícios em geral seriam mais privilegiados, uma vez que sua inadimplência poderia gerar até a prisão. Ora, se a penalidade é maior para o descumprimento dessa obrigação, é claro que o privilégio também o é. Desse modo, credores de pensões alimentícias poderiam também penhorar os bens dados em garantia nas cédulas[17].

De modo geral, o STJ abre as seguintes exceções "a) em face de execução fiscal; b) após a vigência do contrato de financiamento; c) quando houver anuência do credor; d) quando ausente risco de esvaziamento da garantia, tendo em vista o valor do bem ou a preferência do crédito cedular; e) em se tratando de dívida alimentar ou trabalhista; e f) quando os créditos forem do mesmo credor"[18].

3.2 Privilégio especial das notas de crédito

Embora não possuam garantias reais, as notas de crédito são protegidas pela legislação que lhes assegura um privilégio especial (Decreto-lei n. 167/67 – art. 28; Decreto-lei n. 413/69 – art. 17). Isso significa que os credores das notas possuem uma prioridade sobre o produto da venda de certos bens.

Assim, num eventual concurso, os credores de uma nota de crédito terão preferência em relação a credores quirografários e a credores com privilégio geral. Tal preferência, contudo, limita-se ao produto da venda dos bens sujeitos, por expressa disposição de lei, ao pagamento do crédito que ele favorece (CC – art. 963). O privilégio especial das notas de crédito incidirá sobre os bens arrecadados em eventual concurso de credores, que não se destinem a satisfação de créditos com garantia real[19].

4 Inscrição

Com o preenchimento dos requisitos citados, as cédulas serão plenamente válidas e eficazes entre as partes. Todavia, para que as cédulas tenham eficácia perante terceiros,

---

16. Na falência, tal preferência se limita ao valor de 150 salários mínimos por credor trabalhista (Lei n. 11.101/2005 – art. 83).

17. STJ, 4ª Turma, REsp 451199/SP, Rel. Min. Ruy Rosado de Aguiar, j. 15-4-2003, *DJ* 26-5-2003, p. 365; STJ, 4ª Turma, REsp 536091/PR, Rel. Min. Barros Monteiro, j. 4-8-2005, *DJ* 3-10-2005, p. 259.

18. STJ, 4ª Turma, AgInt no REsp 1636034/MG, Rel. Min. Raul Araújo, j. 6-4-2017, *DJe* 27-4-2017.

19. Aplicação do revogado art. 1.563 do Código Civil de 1916, cujo conteúdo ainda deverá ser usado de referências para as cédulas.

exige-se a inscrição no Cartório de Imóveis, ainda que não exista qualquer garantia imobiliária. Tal inscrição é dispensável no caso de notas de crédito industriais, comerciais ou à exportação (Decreto-lei n. 413/69 – art. 18). Não se trata de uma condição de existência ou validade do título, mas apenas e tão somente de uma condição de eficácia perante terceiros[20]. A inscrição do título tem por objetivo dar a publicidade da existência da operação e de todas as suas garantias e privilégios.

A opção pelo cartório de imóveis é ligada à tradição cartorária do nosso país e, a nosso ver, poderia ser substituída por outro registro de caráter público, como as juntas comerciais. Apesar disso, mantém-se a obrigação de inscrição nos cartórios de imóveis, ainda que não se tenha uma garantia imobiliária na cédula.

A inscrição será feita no Cartório de Registro de Imóveis da circunscrição do local de situação dos bens objeto do penhor, da alienação fiduciária, ou em que esteja localizado o imóvel hipotecado (Decreto-lei n. 167/67 – art. 30; Decreto-lei n. 413/69 – art. 30). No caso de notas de crédito rural, a inscrição deverá ser feita no Cartório de Registro de Imóveis da circunscrição em que esteja situado o imóvel a cuja exploração se destina o financiamento cedular ou na da circunscrição do domicílio do emitente, se o título for emitido por uma cooperativa.

Para realizar tal inscrição, deverá o credor apresentar o título original e outra via autêntica, na qual constará a menção não negociável. Verificada a autenticidade dessa outra via do documento, o cartório anotará os dados mais importantes da cédula, a saber, data e forma do pagamento; nome do emitente, do financiador e, quando houver, do terceiro prestante da garantia real e do endossatário; valor do crédito deferido e forma de sua utilização; praça do pagamento; e data e lugar da emissão (Decreto-lei n. 167/67 – art. 32; Decreto-lei n. 413/69 – art. 32).

Tais dados serão objeto de inscrição em um livro próprio, denominado "Registro das cédulas de crédito rural" (Decreto-lei n. 167/67 – art. 31), para as cédulas e notas de crédito rural, ou "Registro de cédulas de crédito industrial" (Decreto-lei n. 413/69 – art. 31), para as cédulas de crédito industriais, comerciais ou à exportação. Serão averbados à margem da inscrição da cédula os endossos posteriores à inscrição, as menções adicionais, aditivos e qualquer outro ato que promova alteração na garantia ou nos termos pactuados.

A inscrição será cancelada com a prova do pagamento da cédula, escrita no próprio título ou passada em documento à parte com força probante (Decreto-lei n. 167/67 – art. 39; Decreto-lei n. 413/69 – art. 39). O cancelamento também poderá ocorrer no caso de ordem judicial.

5 Regime jurídico

Cada cédula ou nota, entre as estudadas, possui uma legislação própria. As cédulas de crédito rural são regidas pelo Decreto-lei n. 167/67. As cédulas de crédito industrial

---

20. MAMEDE, Gladston. *Direito empresarial brasileiro*: títulos de crédito. 2. ed. São Paulo: Atlas, 2005, v. 3, p. 375-376.

são regidas pelo Decreto-lei n. 413/69. As cédulas de crédito à exportação são regidas primariamente pela Lei n. 6.313/75, mas possuem remissão expressa às regras do Decreto-lei n. 413/69 (Lei n. 6.313/75 – art. 5º), que, portanto, também é aplicável a elas. Por fim, as cédulas de crédito comercial são regidas pela Lei n. 6.840/80, a qual também faz remissão expressa às regras do Decreto-lei n. 413/69 (Lei n. 6.840/80 – art. 5º), que, portanto, também é aplicável a elas.

Apesar da existência dessa legislação própria, é certo que tais regras não são suficientes para disciplinar tais instrumentos de crédito. Por vezes, há que se recorrer ao regime geral cambial, cuja aplicabilidade decorre expressamente dos arts. 60 do Decreto-lei n. 167/67 e 52 do Decreto-lei n. 413/69. A nosso ver, esse regime geral é o regime das letras de câmbio e notas promissórias, cujas regras se aplicarão subsidiariamente às cédulas.

Por sua estrutura e vinculação, chega-se a afirmar que elas não têm a mesma simplicidade de um título de crédito, mas representam contratos com força de título de crédito[21]. E, levando-se em conta a apresentação física das cédulas, realmente não há semelhança entre elas e os títulos de crédito tradicionais. Apesar disso, é certo que elas são títulos de crédito por disposição legal, seguindo inclusive o regime cambial.

6 Aval

Além das garantias reais, as cédulas e mais comumente as notas de crédito podem ser objeto de garantias pessoais, em especial o aval. Tal garantia pessoal será regida pelas regras inerentes à letra de câmbio, dada a aplicação supletiva do regime cambial às cédulas de crédito[22]. Nas cédulas de crédito rural, não se aplica a restrição do art. 60, § 3º, do Decreto-lei n. 167/67, que se dirige apenas às notas promissórias rurais e duplicatas rurais, de modo que o aval pode ser prestado por pessoas físicas normalmente[23].

7 Endosso

Com ou sem garantias, reais ou pessoais, as cédulas de crédito poderão ser negociadas, por meio de endosso ou por meio de cessão de crédito[24]. Elas podem ser sempre objeto de endosso, uma vez que a cláusula à ordem é um elemento essencial nas moda-

---

21. MAMEDE, Gladston. *Direito empresarial brasileiro*: títulos de crédito. 2. ed. São Paulo: Atlas, 2005, v. 3, p. 359.

22. STJ, 3ª Turma, REsp 747.805/RS, Rel. Min. Paulo Furtado (Desembargador Convocado do TJBA), j. 2-3-2010, *DJe* 11-3-2010.

23. STJ, 3ª Turma, AgRg no AREsp 721.632/MS, Rel. Min. João Otávio de Noronha, j. 1º-12-2015, *DJe* 9-12-2015; STJ, 4ª Turma, AgRg no AREsp 741.088/RS, Rel. Min. Luis Felipe Salomão, j. 20-10-2015, *DJe* 23-10-2015; STJ, 4ª Turma, AgInt no AREsp 614.960/MS, Rel. Min. Maria Isabel Gallotti, j. 8-11-2016, *DJe* 16-11-2016.

24. MAMEDE, Gladston. *Direito empresarial brasileiro*: títulos de crédito. 2. ed. São Paulo: Atlas, 2005, v. 3, p. 396.

lidades de cédulas ora estudadas. Tal endosso seguirá as regras inerentes ao endosso da letra de câmbio, dada a aplicação supletiva do regime cambial às cédulas.

Rúbia Carneiro Neves, contudo, reconhece a existência de uma regra própria no endosso das cédulas, qual seja a validade do endosso parcial[25]. Ela afirma que a legislação determina que o endosso deverá identificar o valor transferido, sob pena de prevalecer o valor escrito na cédula, acrescido dos acessórios e deduzido dos pagamentos parciais (Decreto-lei n. 167/67 – art. 10, § 2º; Decreto-lei n. 413/69, art. 10, § 2º), denotando assim a possibilidade de endosso de valor menor do que o que decorre do título.

Com efeito, a legislação denota a possibilidade de endosso por valor inferior ao constante do título. Todavia, ao se fazer o endosso por valor inferior, a obrigação passará a ter o valor mencionado no endosso. Assim sendo, não se prejudicam a cartularidade e a literalidade no exercício do direito.

8 Vencimento

Com ou sem circulação, a obrigação constante das cédulas só poderá ser exigida no momento do seu vencimento. Ocorre que normalmente não se estabelece um vencimento único do título, mas um vencimento parcelado, daí falar em forma de pagamento, e não em data de pagamento. Embora pactuada a forma de pagamento da obrigação, é certo que em determinadas situações ela se tornará exigível antes da data combinada, gerando o vencimento antecipado.

A inadimplência de qualquer obrigação convencional ou legal do emitente do título ou, sendo o caso, do terceiro prestador da garantia real, importa vencimento antecipado da cédula de crédito, independentemente de aviso ou interpelação judicial ou extrajudicial (Decreto-lei n. 167/67 – art. 11; Decreto-lei n. 413/69 – art. 11). Assim, caso o devedor atrase o pagamento de uma parcela da cédula, a obrigação inteira já será exigível, uma vez que está sendo descumprida uma obrigação assumida[26]. Há o vencimento antecipado, independentemente de qualquer aviso, pois há determinação legal nesse sentido.

Embora a simples inadimplência já gere o vencimento antecipado, é certo que nem sempre será interessante para o credor buscar a cobrança imediata de toda a dívida. Por vezes, ele negociará e buscará uma satisfação por vias amigáveis. Em razão dessas possibilidades, tem-se entendido que, apesar do vencimento antecipado, o prazo prescricional se manteria do vencimento combinado entre as partes[27].

Além do vencimento antecipado da cédula inteira, é certo que a inadimplência em relação a um financiamento autoriza o credor a considerar vencidos antecipadamente todos os financiamentos existentes entre as mesmas partes (Decreto-lei n. 167/67 – art.

25. NEVES, Rúbia Carneiro. *Cédula de crédito*. Belo Horizonte: Del Rey, 2002, p. 27.

26. STJ, 4ª Turma, REsp 219.595/RS, Rel. Min. Barros Monteiro, j. 6-5-2004, *DJ* 30-8-2004, p. 288.

27. STJ, 3ª Turma, REsp 619.114/MT, Rel. Min. Carlos Alberto Menezes Direito, j. 6-4-2006, *DJ* 30-6-2006, p. 215.

11, parágrafo único; Decreto-lei n. 413/69 – art. 11, § 1º). Nesse caso, a legislação não determina o vencimento antecipado, mas faculta ao credor considerar todos os demais financiamentos antecipadamente vencidos. Em razão de se tratar de uma simples autorização, o vencimento antecipado dos demais financiamentos dependerá da notificação ao devedor[28]. Por se tratar de uma opção, e não de consequência legal inafastável, é que se exige a notificação.

9 Pagamento

A partir do vencimento do título, a obrigação se tornará exigível, cabendo ao devedor efetuar o pagamento, com a entrega do montante em dinheiro devido ao credor. Tal pagamento poderá ser único ou parcelado, conforme seja estabelecido pelas partes na cédula. Em todo caso, o valor a ser pago deverá ser calculado à luz das condições estabelecidas na cédula, especialmente dos encargos financeiros pactuados. A quitação poderá ser dada no próprio título ou em documento separado, excepcionando-se o princípio da literalidade.

Por terem origem em operações de financiamento, as cédulas de crédito normalmente envolvem certos acréscimos, seja a título de remuneração pelo uso do capital, seja a título de punição pelo atraso no cumprimento da obrigação. Além disso, costuma haver também a correção do valor emprestado, para que ele não seja corroído pelos efeitos da inflação.

9.1 Correção monetária

Ao emprestar determinada quantia de dinheiro, o credor espera receber de volta o valor objeto do mútuo. Todavia, ele não espera receber apenas o valor nominal emprestado, mas sim o valor devidamente corrigido, uma vez que essa correção representará a recomposição do poder aquisitivo da moeda. Não se trata de um acréscimo, mas tão só da recomposição do valor da moeda corroída pela inflação[29]. Ela não representa um valor novo, mas somente um ajuste no valor que já é devido. Inadmitir a correção seria permitir o enriquecimento sem causa do devedor.

Por não representar acréscimo, a correção não precisa sequer ser pactuada para ser exigível pelos índices oficiais. Contudo, nada impede que as partes pactuem determinado critério de correção, dada a autonomia da vontade inerente a tal tipo de negócio. A jurisprudência já admitiu a pactuação de TJLP[30], bem como da TR[31], a título de

28. STJ, 3ª Turma, REsp 55286/RS, Rel. Min. Paulo Costa Leite, j. 12-12-94, *DJ* 20-3-95, p. 6114.

29. STJ, 4ª Turma, REsp 105.774/SP, Rel. Min. Aldir Passarinho Junior, j. 16-8-2005, *DJ* 12-9-2005, p. 332.

30. STJ, 3ª Turma, AgRg no Ag 797.953/SC, Rel. Min. Humberto Gomes de Barros, j. 18-10-2007, *DJ* 31-10-2007, p. 322; STJ, 3ª Turma, AgRg no REsp 1245551/MG, Rel. Min. João Otávio de Noronha, j. 17-3-2015, *DJe* 23-3-2015.

31. STJ, 3ª Turma, EDcl no AgRg no REsp 474.106/SC, Rel. Min. Humberto Gomes de Barros, j. 26-10-2006, *DJ* 18-12-2006, p. 361.

atualização monetária do valor devido. Tal atualização incidirá até o efetivo pagamento. Não se admite, porém, o uso da Taxa Básica Financeira (TBF) como fator de correção (Súmula 287 – STJ).

9.2 Juros remuneratórios

Além da correção monetária, que simplesmente atualiza o valor devido, é certo que quem concede financiamento busca uma remuneração do capital emprestado. Tal remuneração se dá normalmente pela incidência de juros remuneratórios sobre o capital emprestado. Enquanto o capital não está em suas mãos, o credor deve ter ao menos uma compensação por essa indisponibilidade, daí falar também em juros compensatórios. A ideia fundamental aqui é a de frutos civis do capital, que incidirão a partir do momento em que o capital é disponibilizado ao devedor.

Esses juros remuneratórios não decorrem automaticamente da lei, sendo necessária a sua pactuação pelas partes. E não se diga que tal pactuação não seria possível, porquanto a legislação própria das cédulas admite a cláusula de juros remuneratórios, afastando assim a incidência do art. 890 do Código Civil.

9.2.1 Capitalização

Sendo possível a combinação de juros remuneratórios, as partes podem pactuá-los de forma simples ou capitalizada, isto é, composta, com a incidência de juros sobre juros. Tal capitalização é perfeitamente viável, uma vez que a legislação especial das cédulas admite o pacto de capitalização dos juros (STJ – Súmula 93). Todavia, atente-se que não se presume a capitalização, a qual deverá ser expressamente pactuada, sob pena de não ser exigível[32]. No silêncio das partes os juros serão simples, só podendo ser capitalizados se houver pactuação expressa nesse sentido.

Havendo a pactuação da capitalização, ela deverá prever inclusive a sua periodicidade da capitalização. A legislação das cédulas (Decreto-lei n. 167/67 – art. 5º; Decreto-lei n. 413/69 – art. 5º) prevê uma periodicidade semestral para a capitalização, ao afirmar que os juros serão exigíveis em 30 de junho e 31 de dezembro. Contudo, tal periodicidade não é obrigatória, admitindo que as partes estabeleçam outra, na medida em que os mesmos dispositivos preveem a possibilidade de pactuação em outras datas e a necessidade de acordo entre as partes[33]. Assim, a capitalização poderá ser até mensal[34], porquanto a previsão de capitalização semestral não é impositiva. Ademais, a Medida Provisória n. 2.170/2001 passou a admitir expressamente a capitalização em qualquer

32. STJ, 4ª Turma, AgRg no REsp 719.065/RS, Rel. Min. Fernando Gonçalves, j. 6-3-2008, *DJe* 17-3-2008.

33. NEVES, Rúbia Carneiro. *Cédula de crédito*. Belo Horizonte: Del Rey, 2002, p. 101.

34. STJ, 3ª Turma, AgRg no REsp 1029073/ES, Rel. Min. Sidnei Beneti, j. 13-5-2008, *DJe* 3-6-2008.

periodicidade. O STJ, em sede de embargos de divergência, afirmou: "Nas cédulas de crédito rural, industrial e comercial é permitida a capitalização mensal dos juros, desde que pactuada, independentemente da data de emissão do título. Há previsão legal específica autorizando a capitalização em periodicidade diversa da semestral nas cédulas de crédito rural, industrial e comercial (art. 5º do Decreto-lei 167/67 e art. 5º do Decreto-lei 413/69). Assim, a MP 2.170-36/2001 não interfere na definição da periodicidade do encargo nesses títulos, regulando apenas os contratos bancários que não são regidos por lei específica"[35].

9.2.2 Limitação

Estabelecida a liberdade no que tange à capitalização dos juros, há que se analisar se tal liberdade também prevalece no que tange ao percentual dos juros a serem cobrados.

Nas obrigações em que um banco seja credor, normalmente prevalece a regra da liberdade na fixação de juros[36], isto é, os bancos normalmente não estão sujeitos aos limites da lei da usura (STF – Súmula 596).

O art. 4º, IX, da Lei n. 4.595/64 dispõe que compete ao Conselho Monetário Nacional: "Limitar, sempre que necessário, as taxas de juros...". O teor do dispositivo deixa claro que a limitação é a exceção, sendo a liberdade a regra para os juros remuneratórios. Ademais, quando o CMN tratou do assunto, acabou deliberando pela liberdade de fixação dos juros. A Resolução n. 389/76 e, mais tarde, a Resolução n. 1.064/85, ambas do CMN, resolveram que as operações ativas dos bancos comerciais, de investimento e de desenvolvimento serão realizadas pelas taxas de mercado, salvo as operações ativas incentivadas que continuam regendo-se pela regulamentação específica. Assim, em regra, as operações bancárias não se sujeitam aos limites legais de fixação de taxa de juros.

Como as cédulas de crédito, em estudo, representam essencialmente operações bancárias[37], a conclusão lógica seria que nelas também prevaleceria a liberdade de fixação dos juros remuneratórios. Todavia, essa não é a orientação adotada pela jurisprudência pacífica do STJ.

No caso das cédulas, estamos diante de leis posteriores à Lei n. 4.595/64, as quais estabelecem que compete ao CMN fixar as taxas de juros a serem cobradas (Decreto-lei n. 167/67 – art. 5º; Decreto-lei n. 413/69 – art. 5º). Veja-se que as leis especiais e posteriores não determinam que compete ao CMN a fixação do limite, mas sim a fixação da própria taxa de juros.

Ora, em nenhum momento o CMN fixou a taxa a ser cobrada, porquanto a Resolução n. 1.064 apenas diz que os juros serão pactuados de acordo com a taxa do mer-

---

35. EREsp 1134955/PR, Rel. Min. Raul Araújo, 2ª Seção, j. 24-10-2012, *DJe* 29-10-2012.

36. STJ, 4ª Turma, AgRg no REsp 1041086/RS, Rel. Min. Fernando Gonçalves, j. 19-8-2008, *DJe* 1º-9-2008.

37. As cédulas de crédito rural podem representar operações de cooperativas com seus associados.

cado. Diante da omissão do CMN, deve-se aplicar o limite legal para os juros remuneratórios, isto é, nas cédulas os juros remuneratórios não poderão ultrapassar 12% ao ano[38] ou a taxa Selic. A nosso ver, tal limite decorre do art. 591 do Código Civil[39], que estabelece o limite de juros para o contrato de mútuo, origem das cédulas, não havendo mais que falar em lei da usura para tal situação, dada a especificidade do Código Civil para o assunto.

9.3 Juros moratórios

A par da correção e dos juros que incidem em toda situação, é certo que existem encargos que só incidem no caso de atraso no pagamento, como os juros moratórios, que representam uma penalidade pelo atraso no pagamento da obrigação, ou seja, eles são uma sanção pela mora do devedor.

Nas cédulas, a legislação afirma que, no caso de mora, poderá haver a elevação em até 1% ao ano da taxa fixada (Decreto-lei n. 167/67 – art. 5º; Decreto-lei n. 413/69 – art. 5º). Trata-se de uma taxa bem pequena, a qual, contudo, pode ser cumulada com os juros remuneratórios[40], daí falar em elevação da taxa. Não se admite a pactuação em patamares superiores, possível apenas a estipulação de juros de mora de 1% ao ano[41].

9.4 Multa

Além dos juros de mora, é certo que o atraso no pagamento das obrigações poderá gerar a incidência de uma multa, também com caráter punitivo para o devedor em mora. Apesar de ter o mesmo caráter sancionatório, a multa não se confunde com os juros de mora, porquanto estes têm incidência periódica e aquela incide uma única vez sobre o montante devido.

Tal encargo não é automático, dependendo de previsão específica no título para ser exigível[42]. A legislação das cédulas prevê a possibilidade de pactuação de multa de 10%

---

38. STJ, 3ª Turma, AgRg no Ag 637.627/RS, Rel. Min. Sidnei Beneti, j. 25-3-2008, *DJe* 11-4-2008; REsp 887.034/DF, Rel. Min. Humberto Gomes de Barros, 3ª Turma, j. 19-12-2007, *DJ* 8-2-2008, p. 1; STJ, 2ª Seção, EREsp 108674/RS, Rel. Min. Eduardo Ribeiro, j. 12-5-99, *DJ* 21-6-99, p. 71; NEVES, Rúbia Carneiro. *Cédula de crédito*. Belo Horizonte: Del Rey, 2002, p. 97.

39. MAMEDE, Gladston. *Direito empresarial brasileiro*: títulos de crédito. 2. ed. São Paulo: Atlas, 2005, v. 3, p. 369.

40. SCAVONE JÚNIOR, Luiz Antonio. *Juros no direito brasileiro*. São Paulo: RT, 2003, p. 147; NEVES, Rúbia Carneiro. *Cédula de crédito*. Belo Horizonte: Del Rey, 2002, p. 93.

41. STJ, 4ª Turma, REsp 277.394/RS, Rel. Min. Aldir Passarinho Junior, j. 21-11-2000, *DJ* 19-2-2001, p. 181.

42. NEVES, Rúbia Carneiro. *Cédula de crédito*. Belo Horizonte: Del Rey, 2002, p. 88; MAMEDE, Gladston. *Direito empresarial brasileiro*: títulos de crédito. 2. ed. São Paulo: Atlas, 2005, v. 3, p. 372.

(Decreto-lei n. 167/67 – art. 71; Decreto-lei n. 413/69 – art. 58)[43]. Todavia, em outros julgados o STJ vem afirmando de forma pacífica que tal multa não poderá ultrapassar os 2% previstos no art. 52, § 1º, do Código de Defesa do Consumidor, se a operação tiver sido contratada após a vigência da Lei n. 9.298/96, que reduziu o percentual da multa[44].

A redução da multa decorre da existência de uma relação de consumo no caso das cédulas, porquanto presentes os três elementos essenciais de tal relação: consumidor, fornecedor e um produto ou serviço. O dinheiro emprestado é indiscutivelmente um produto, na medida em que representa um bem sujeito à negociação no mercado. Além disso, não há qualquer dúvida de que as instituições financeiras desenvolvem uma atividade de prestação de serviços creditícios ao mercado, fornecendo recursos. Por fim, é certo que o emitente das cédulas é um consumidor.

Conquanto não seja costumeiro, o legislador pátrio houve por bem definir o consumidor, tendendo a uma conceituação teleológica, centrada na finalidade da aquisição do bem ou serviço. O art. 2º do CDC define consumidor como "toda pessoa física ou jurídica que adquire ou consome um produto como destinatário final". Trata-se de conceito eminentemente econômico que enfatiza o local ocupado na cadeia de circulação de riquezas; o consumidor é o elo final dessa cadeia. Tal conceito não restou imune a discussões, havendo uma divisão doutrinária quanto à real extensão dele e, consequentemente, da aplicação do Código de Defesa do Consumidor.

Uma primeira corrente doutrinária denominada maximalista expande o conceito de consumidor entendendo que este é o destinatário final fático do produto ou serviço, bastando a retirada do ciclo produtivo, isto é, basta que adquira o produto ou serviço para repassá-lo. "Destinatário final seria o destinatário final fático do produto, aquele que o retira do mercado e o utiliza, consome-o, por exemplo, a fábrica de celulose que compra carros para o transporte dos visitantes, o advogado que compra uma máquina de escrever para o seu escritório, ou mesmo o Estado quando adquire canetas para uso nas repartições e, é claro, a dona de casa que adquire produtos alimentícios para a família."[45] Ora, como o emitente das cédulas não repassa o crédito, não haveria dúvida do seu enquadramento como consumidor.

Outra corrente doutrinária, denominada finalista, entende que o consumidor deve ser o destinatário final fático e econômico do bem ou serviço. "Assim, não basta ser destinatário fático do produto, isto é, retirá-lo do ciclo produtivo. É necessário ser também

---

43. STJ, 4ª Turma, AgRg no REsp 1094152/SP, Rel. Min. Maria Isabel Gallotti, j. 4-11-2014, *DJe* 13-11-2014; STJ, 3ª Turma, AgRg no Ag 1432614/ES, Rel. Min. Paulo de Tarso Sanseverino, j. 26-8-2014, *DJe* 8-9-2014; STJ, 4ª Turma, AgRg no AREsp 292.324/RS, Rel. Min. Luis Felipe Salomão, j. 19-11-2013, *DJe* 29-11-2013.

44. STJ, 3ª Turma, AgRg no REsp 826.463/MG, Rel. Min. Humberto Gomes de Barros, j. 24-8-2006, *DJ* 11-9-2006, p. 280; STJ, 4ª Turma, AgRg no REsp 794.526/MA, Rel. Min. Aldir Passarinho Junior, j. 16-3-2006, *DJ* 24-4-2006, p. 409; AgRg no AgRg no AgRg no Ag 1333349/MG, Rel. Min. Ricardo Villas Bôas Cueva, 3ª Turma, j. 1º-4-2014, *DJe* 7-4-2014; STJ, 2ª Turma, REsp 1326411/PR, Rel. Min. Mauro Campbell Marques, j. 5-2-2013, *DJe* 14-2-2013.

45. MARQUES, Claudia Lima. *Contratos no Código de Defesa do Consumidor*. 3. ed. São Paulo: RT, 1998, p. 143.

destinatário final econômico, ou seja, não adquiri-lo para conferir-lhe utilização profissional, pois o produto seria reconduzido para a obtenção de novos benefícios econômicos (lucros), cujo custo estaria sendo indexado ao preço final do profissional."[46] Tal corrente entende que só é consumidor aquele que adquire ou produto ou serviço sem a finalidade de revenda, e sem a finalidade de utilizá-lo na sua atividade econômica. O STJ vem dando primazia à corrente finalista ou subjetiva[47].

Nessa linha de interpretação, não haveria relação de consumo nas cédulas, porquanto se trata de um crédito concedido à produção, ou seja, trata-se de um crédito que será utilizado na atividade produtiva do emitente, o qual não seria o destinatário final econômico do crédito, como já até decidiu o STJ[48]. Todavia, a doutrina e a jurisprudência[49] têm mitigado a aplicação dessa linha de entendimento, permitindo a aplicação do CDC mesmo quando se trate de um profissional que se dedica à atividade econômica, desde que comprovada a vulnerabilidade destes em relação aos fornecedores[50].

No caso das cédulas, não há qualquer dúvida da vulnerabilidade dos produtores em relação às instituições financeiras. Diante dessa vulnerabilidade, seria possível a aplicação do CDC ao caso e, por conseguinte, seria aplicável o limite de 2% para as multas. No entanto, o mais recomendável é a verificação no caso concreto das condições de vulnerabilidade do emitente para definir a aplicação ou não do CDC.

9.5 Comissão de permanência

Embora a lei já preveja dois encargos para os casos de mora, as instituições financeiras costumam prever também a incidência de comissão de permanência para o caso de atraso no pagamento. Tal encargo foi criado pela Resolução n. 1.129/86 do CMN com o intuito de representar um fator de atualização de débitos em atraso com instituições financeiras, ou entidades equiparadas. Em última análise, trata-se de mais um encargo cobrado por instituições financeiras.

A jurisprudência vem reconhecendo a validade da pactuação de tal encargo, desde que não cumulado com outros encargos[51]. Nesse sentido, a Súmula 472 do STJ afirma que "A cobrança de comissão de permanência – cujo valor não pode ultrapassar a soma dos encargos remuneratórios e moratórios previstos no contrato – exclui a exigibilidade dos juros remuneratórios, moratórios e da multa contratual". Todavia, sua admissão está

46. DONATO, Maria Antonieta Zanardo. *Proteção ao consumidor*: conceito e extensão. São Paulo: RT, 1994, p. 91.

47. STJ, 3ª Turma, REsp 733.560/RJ, Rel. Min. Nancy Andrighi, j. 11-4-2006, *DJ* 2-5-2006, p. 315.

48. STJ, 4ª Turma, REsp 258.780/ES, Rel. Min. Barros Monteiro, j. 20-5-2003, *DJ* 15-12-2003, p. 314.

49. STJ, 3ª Turma, REsp 476.428/SC, Rel. Min. Nancy Andrighi, j. 19-4-2005, *DJ* 9-5-2005, p. 390.

50. MARQUES, Claudia Lima. *Contratos no Código de Defesa do Consumidor*. 3. ed. São Paulo: RT, 1998, p. 149-150.

51. STJ, 3ª Turma, AgRg no REsp 1056827/RS, Rel. Min. Massami Uyeda, j. 7-8-2008, *DJe* 28-8-2008.

condicionada à ausência de encargos legalmente previstos na hipótese de atraso, pois, se a própria lei prevê os encargos, não há como imaginar uma resolução alterando os objetivos da lei. Se a lei já prevê encargos se houver mora, não se pode falar em pactuação da comissão de permanência. Esse é o caso das cédulas, ora em estudo, uma vez que a sua legislação específica já prevê os juros de mora e a multa se ocorrer atraso, não sendo, portanto, admissível a pactuação de outro encargo como a comissão de permanência[52].

10 Protesto

As cédulas de crédito, como documentos de dívida que são, podem ser objeto de protesto, mas apenas de protesto por falta de pagamento, não sendo possíveis os protestos por falta de aceite ou por falta de devolução do título. Tal protesto representará apenas a prova solene do não pagamento do título, seguindo as mesmas regras do regime cambial, com uma única peculiaridade.

Assim como na letra de câmbio, o protesto das cédulas servirá para interromper a prescrição (CC – art. 202), para configurar a impontualidade injustificada, desde que presentes os demais requisitos do art. 94, I, da Lei n. 11.101/2005, e servirá também para a inclusão do nome do devedor intimado nos cadastros de inadimplentes. Entretanto, nas cédulas, o protesto não será necessário para a cobrança dos devedores indiretos (Decreto-lei n. 167/67 – art. 60; Decreto-lei n. 413/69 – art. 52) e, por isso, não há que se cogitar de prazo para a realização do protesto, cuja importância reside apenas nesse efeito.

11 Ação cambial

Embora as cédulas sejam protestáveis, é certo que o protesto não representa uma forma de cobrança do valor devido, mas apenas um meio de prova. A forma natural de cobrança do valor devido em uma cédula de crédito é a ação cambial, isto é, a execução da cédula, que é um título líquido, certo e exigível (Decreto-lei n. 167/67 – art. 10; Decreto-lei n. 413/69 – art. 10).

Tal ação é a mesma prevista para as letras de câmbio e notas promissórias, dada a aplicação do regime cambial às cédulas. Assim, tal ação deve obediência às regras atinentes à letra de câmbio e à nota promissória. Inclusive no que tange ao prazo prescricional, deverá ser aplicado o prazo previsto na LUG (art. 70), de três anos para o devedor principal, de um ano para os indiretos e seis meses para o exercício do direito de regresso[53].

---

52. STJ, 4ª Turma, AgRg no Ag 919.864/MG, Rel. Min. João Otávio de Noronha, j. 20-11-2007, *DJ* 11-2-2008, p. 126; STJ, 3ª Turma, AgRg no Ag 883.139/MG, Rel. Min. Humberto Gomes de Barros, j. 18-10-2007, *DJ* 31-10-2007, p. 330.

53. STJ, 3ª Turma, AgRg no Ag 885.860/SP, Rel. Min. Nancy Andrighi, j. 14-11-2007, *DJ* 26-11-2007, p. 172; STJ, 4ª Turma, REsp 167.779/SP, Rel. Min. Aldir Passarinho Junior, j. 10-10-2000, *DJ* 12-2-2001, p. 119.

Ocorre que a legislação das letras de câmbio e notas promissórias não prevê o procedimento a ser obedecido em tal ação cambial. Nesse particular, a legislação específica das cédulas prevê ritos especiais para a execução do título (Decreto-lei n. 167/67 – art. 41; Decreto-lei n. 413/69 – art. 41), o que é considerado por alguns a grande peculiaridade das cédulas[54]. Todavia, a previsão desse procedimento especial é anterior ao atual Código de Processo Civil, que traz um procedimento próprio para a execução de títulos executivos extrajudiciais.

A nosso ver, o regime do CPC se sobrepõe a essa previsão especial, porquanto ela se situava em período diferente do nosso sistema processual civil, valendo o novo regime ali estabelecido[55]. Portanto, tal execução seguirá o procedimento da execução por quantia certa contra devedor solvente (CPC/2015 – arts. 824 e ss.), o qual, atualmente, não diverge muito do procedimento especial previsto nas cédulas.

12 Ação de locupletamento, ação causal e ação monitória

Além da ação cambial, que é o meio normal de se buscar o recebimento do título de crédito, as cédulas admitem o ajuizamento da ação de locupletamento, com as mesmas regras inerentes à letra de câmbio e nota promissória, pela aplicação do regime cambial às cédulas, inclusive no que tange aos prazos prescricionais[56]. As mesmas ações causal e monitória também se aplicam aqui.

54. MARTINS, Fran. *Títulos de crédito*. 5. ed. Rio de Janeiro: Forense, 1995, v. 2, p. 267; REQUIÃO, Rubens. *Curso de direito comercial*. 21. ed. São Paulo: Saraiva, 1998, v. 2, p. 542.

55. MAMEDE, Gladston. *Direito empresarial brasileiro*: títulos de crédito. 2. ed. São Paulo: Atlas, 2005, v. 3, p. 401-402; STJ, 4ª Turma, REsp 31719/GO, Rel. Min. Ruy Rosado de Aguiar, j. 17-5-94, *DJ* 13-6-94, p. 15110; STJ, 3ª Turma, REsp 124.021/AM, Rel. Min. Costa Leite, j. 25-8-98, *DJ* 13-10-98, p. 86.

56. STJ, 2ª Turma, REsp 1312506/PE, Rel. Min. Mauro Campbell Marques, j. 24-4-2012, *DJe* 3-5-2012.

19 CÉDULAS DE CRÉDITO BANCÁRIO

1 Noções gerais

A utilização das cédulas de crédito tradicionais (rural, comercial, industrial e à exportação) mostrou-se extremamente eficaz para a atuação das instituições financeiras. Todavia, esses títulos tradicionais só poderiam ser emitidos em financiamentos para a atividade produtiva, não abrangendo qualquer tipo de operação realizada pelos bancos. Aproveitando o sucesso das cédulas tradicionais e a necessidade de um título mais flexível, nosso legislador houve por bem criar a cédula de crédito bancário (CCB). Embora alguns a tenham condenado ao ostracismo[1], é certo que a CCB hoje é um instrumento muito útil na atuação dos bancos.

A CCB foi criada inicialmente pela Medida Provisória n. 1.925, de 14-10-99, sucessivamente reeditada e hoje convertida na Lei n. 10.931/2004 (arts. 26 a 45). Há ainda a aplicação supletiva das normas sobre letra de câmbio e notas promissórias (LUG e Decreto n. 2.044/1908)[2], por determinação expressa do art. 44 da citada Lei n. 10.931/2004.

As cédulas de crédito bancário são títulos de crédito[3] e podem ser conceituadas como promessas de pagamento lastreadas em uma operação de crédito[4] (operação bancária ativa), com ou sem garantia cedularmente constituída. Elas são promessas de pagamento, como as cédulas tradicionais, na medida em que são emitidas a partir da declaração de vontade do seu devedor principal. No entanto, há um grande traço distintivo entre as cédulas tradicionais e as cédulas de crédito bancário, qual seja: o negócio jurídico que lhes dá origem.

---

1. FERREIRA, Renato Luis Bueloni. Anotações sobre a cédula de crédito bancário. In: MOSQUERA, Roberto Quiroga. *Aspectos atuais do direito do mercado financeiro e de capitais*. São Paulo: Dialética, 2000, v. 2, p. 197-207.

2. PEREIRA FILHO, Valdir Carlos. Cédula de crédito bancário. In: WAISBERG, Ivo; FONTES, Marcos Rolim Fernandes (Coord.). *Contratos bancários*. São Paulo: Quartier Latin, 2006, p. 299.

3. ABRÃO, Carlos Henrique. *Cédula de crédito bancário*. São Paulo: Juarez de Oliveira, 2005, p. 31; PEREIRA FILHO, Valdir Carlos. Cédula de crédito bancário. In: WAISBERG, Ivo; FONTES, Marcos Rolim Fernandes (Coord.). *Contratos bancários*. São Paulo: Quartier Latin, 2006, p. 286.

4. SANTOS, Theóphilo de Azeredo. Notas sobre a cédula de crédito bancário. *Revista de Direito Bancário, do Mercado de Capitais e da Arbitragem*, ano 3, n. 8, p. 86, abr.-jun. 2000; THEODORO JÚNIOR, Humberto. A cédula de crédito bancário. *Revista de Direito Bancário, do Mercado de Capitais e da Arbitragem*, ano 6, n. 22, p. 31, out.-dez. 2003.

As cédulas tradicionais (rural, industrial, comercial e à exportação) são necessariamente vinculadas a um contrato de financiamento para atividade produtiva. Por sua vez, as cédulas de crédito bancário podem ter origem em qualquer operação bancária ativa, e não apenas em financiamentos para a atividade produtiva. Assim, créditos de produção, créditos de consumo, créditos rotativos e abertura de crédito em cheques especiais poderão ser documentados em cédulas de crédito bancário, demonstrando a amplitude maior desse novo instrumento. Elas representam, portanto, um instrumento genérico e flexível para as operações de crédito bancário, suprindo uma lacuna do nosso ordenamento jurídico[5].

As operações bancárias ativas são aquelas nas quais a instituição financeira assume o papel de credora[6], especialmente o mútuo bancário e a abertura de crédito. No mútuo bancário, há o empréstimo de uma coisa fungível (dinheiro) pelo banco ao mutuário, que se compromete a devolvê-lo no tempo e nas condições ajustadas. Já na abertura de crédito, "o Banco se obriga a colocar à disposição do cliente ou de terceiro certa quantia, certa importância pecuniária, facultando-lhe a utilização dessa soma no todo ou em parte, quer por meio de saque, de aceite, de aval ou de fiança até o montante convencionado"[7], vale dizer, não há a entrega do dinheiro, mas apenas a colocação do valor à disposição.

Em ambos os contratos, o banco assumirá o papel de credor emprestando dinheiro ou colocando o dinheiro à disposição do cliente. Independentemente da finalidade, o crédito poderá ser representado em uma cédula de crédito, que é emitida pelo devedor em proveito do banco.

A	B
Emitente	Beneficiário
(qualquer pessoa)	(instituição financeira)

O emitente das cédulas de crédito poderá ser qualquer pessoa que participe de uma operação bancária ativa, na condição de devedor. Ele pode ser uma pessoa física ou jurídica, um profissional ou um consumidor. O beneficiário, por seu turno, deve ser uma instituição financeira ou uma entidade a ela equiparada que integre o Sistema Financeiro Nacional. Admite-se, porém, que o beneficiário seja uma instituição domiciliada no exterior, desde que a obrigação esteja sujeita exclusivamente à lei e ao foro brasileiros (Lei n. 10.931/2004 – art. 26, § 1º).

5. PEREIRA FILHO, Valdir Carlos. Cédula de crédito bancário. In: WAISBERG, Ivo; FONTES, Marcos Rolim Fernandes (Coord.). *Contratos bancários*. São Paulo: Quartier Latin, 2006, p. 283.

6. SADDI, Jairo. A natureza econômica do contrato bancário. In: WAISBERG, Ivo; FONTES, Marcos Rolim Fernandes (Coord.). *Contratos bancários*. São Paulo: Quartier Latin, 2006, p. 24.

7. COVELLO, Sérgio Carlos. *Contratos bancários*. 3. ed. São Paulo: Leud, 1999, p. 183.

2 Requisitos

Para que um documento seja tratado como uma cédula de crédito bancário, é essencial que ele preencha certos requisitos impostos pelo art. 29 da Lei n. 10.931/2004. A ausência de qualquer um dos requisitos impede que o documento seja tratado como CCB. Tais requisitos, embora sejam presentes desde a emissão do título, poderão ser objeto de aditivos, retificações ou ratificações em documentos próprios que serão assinados e datados pelas partes, sendo partes integrantes do título original.

São requisitos da CCB:

- a denominação *Cédula de Crédito Bancário*;
- a promessa do emitente de pagar a dívida em dinheiro, certa, líquida e exigível no seu vencimento ou, no caso de dívida oriunda de contrato de abertura de crédito bancário, a promessa do emitente de pagar a dívida em dinheiro, certa, líquida e exigível, correspondente ao crédito utilizado;
- a data e o lugar do pagamento da dívida e, no caso de pagamento parcelado, as datas e os valores de cada prestação, ou os critérios para essa determinação;
- o nome da instituição credora, podendo conter cláusula à ordem;
- a data e o lugar de sua emissão; e
- a assinatura do emitente e, se for o caso, do terceiro garantidor da obrigação, ou de seus respectivos mandatários.

O primeiro requisito inerente a todo título de crédito é sua identificação, para que todos possam saber o regime jurídico aplicável àquele documento. Nas cédulas, a situação não é diferente, sendo essencial a qualificação do título pela denominação que a lei lhe impõe, qual seja cédula de crédito bancário. Não há mais de uma terminologia, como existia nas cédulas tradicionais.

Além da identificação do nome título, é essencial que conste do documento o seu conteúdo principal, isto é, a promessa de pagamento de determinada quantia. Na CCB, a promessa deverá ser de pagar dívida em dinheiro, certa, líquida e exigível no seu vencimento ou, no caso de dívida oriunda de contrato de abertura de crédito bancário, a promessa do emitente de pagar a dívida em dinheiro, certa, líquida e exigível, correspondente ao crédito utilizado. Em todo o caso, deverá haver a identificação dos encargos que incidirão sobre o valor a ser pago.

Estipulado o valor, devem-se definir a data e o lugar de pagamento da dívida. Nem sempre há uma data certa para o pagamento, podendo ser estabelecido um vencimento parcelado. Nesse caso, devem ser fixados as datas e os valores de cada prestação, ou os critérios para essa determinação.

Igualmente, o texto do documento deve conter a identificação do beneficiário, isto é, da instituição financeira credora, uma vez que as cédulas não podem ser ao portador.

A identificação do credor inicial do título é essencial. Todavia, isso não significa que ele será o credor no momento do recebimento da obrigação, isto é, as cédulas podem circular chegando às mãos de pessoas diversas do credor inicial. Tal circulação pode ocorrer por meio de uma cessão de crédito ou por meio de endosso, uma vez que no título pode existir a cláusula à ordem[8]. Na CCB, a cláusula à ordem não é obrigatória, não sendo desnaturadas as cédulas que não possuam tal cláusula.

Para reconhecer a exatidão dos elementos atinentes à obrigação e inclusive o seu credor originário, bem como para assumir a obrigação, é essencial que constem do título o local, a data e a assinatura do emitente. Se for o caso, deve haver também a assinatura do terceiro garantidor.

Caso existam garantias reais, o título deverá conter também a descrição dessas garantias, se não se optar pela constituição da garantia em documento separado. Nesse caso, a cédula deverá fazer menção à constituição apartada das garantias. De qualquer modo, deverá haver a descrição dos bens dados em garantia, ou a remissão ao documento que caracterize o bem para todos os fins.

3 Garantias

Embora não sejam essenciais, é natural a existência de garantias reais ou pessoais numa cédula de crédito bancário. Tais garantias poderão ser constituídas no próprio título ou em documento separado; nesse caso, deverá haver menção no título a essa circunstância (Lei n. 10.931/2004 – art. 32). Ao contrário das cédulas tradicionais, a existência ou não de garantia na cédula de crédito bancário não influi na sua denominação, que será sempre a mesma.

Há uma ampla liberdade para a estipulação das garantias reais ou pessoais, tanto no que tange às modalidades quanto aos bens dados em garantia. No caso das reais, a garantia poderá incidir sobre bem patrimonial de qualquer espécie, disponível e alienável, móvel ou imóvel, material ou imaterial, presente ou futuro, fungível ou infungível, consumível ou não, cuja titularidade pertença ao próprio emitente ou a terceiro garantidor da obrigação principal. Em suma, qualquer bem poderá ser dado em garantia, inclusive bens futuros como os créditos futuros do próprio emitente (recebíveis)[9]. Então, os bens dados em garantia deverão ser descritos na CCB, admitindo-se que a descrição e a individualização do bem constitutivo da garantia sejam substituídas pela remissão a documento ou certidão expedida por entidade competente, que integrará a cédula para todos os fins.

Nas modalidades de garantias, também há ampla liberdade. As garantias pessoais poderão ser o aval e a fiança. As garantias reais poderão ser a hipoteca, o penhor e a

---

8. MAMEDE, Gladston. *Direito empresarial brasileiro*: títulos de crédito. 2. ed. São Paulo: Atlas, 2005, v. 3, p. 364.

9. PEREIRA FILHO, Valdir Carlos. Cédula de crédito bancário. In: WAISBERG, Ivo; FONTES, Marcos Rolim Fernandes (Coord.). *Contratos bancários*. São Paulo: Quartier Latin, 2006, p. 283.

alienação fiduciária em garantia, à escolha das partes. Todas as garantias seguirão o regime geral atinente a elas, com uma única ressalva.

Na CCB, os bens constitutivos de garantia pignoratícia ou objeto de alienação fiduciária, a critério do credor, permanecerão sob a posse direta do emitente ou do terceiro prestador da garantia, caso em que as partes deverão especificar o local em que o bem será guardado e conservado até a efetiva liquidação da obrigação garantida (Lei n. 10.931/2004 – art. 35). Essa identificação é importante na medida em que, até a efetiva liquidação da obrigação garantida, os bens dados em garantia não poderão, sem prévia autorização escrita do credor, ser alterados, retirados, deslocados ou destruídos, nem ter sua destinação modificada, exceto quando a garantia for constituída por semoventes ou por veículos, automotores ou não, e a remoção ou o deslocamento desses bens for inerente à atividade do emitente da cédula de crédito bancário, ou do terceiro prestador da garantia.

4 Registro

Com o preenchimento dos requisitos citados, as cédulas serão plenamente válidas e eficazes entre as partes. Todavia, para que as eventuais garantias reais tenham eficácia perante terceiros, são exigidos os registros ou averbações pertinentes (Lei n. 10.931/2004 – art. 42). Não se trata de uma condição de existência ou validade do título, mas apenas e tão somente de uma condição de eficácia das garantias perante terceiros[10].

No caso dos veículos, exige-se o registro no Cartório de Títulos e Documentos do domicílio do devedor e a anotação no certificado de propriedade (CC – art. 1.462). Do mesmo modo nos imóveis, exigindo-se o registro no cartório da situação do imóvel. A ausência dessas formalidades adicionais impede que a garantia oferecida tenha eficácia perante terceiros[11].

5 Aval

Pela aplicação do regime cambial, as cédulas de crédito bancário são passíveis de aval. Nesse caso, pela ausência de regras especiais, acreditamos ser aplicável integralmente o regime do aval atinente às letras de câmbio e notas promissórias, uma vez que o art. 44 da Lei n. 10.931/2004 determina a aplicação do regime cambial.

6 Circulação

Com ou sem garantias, reais ou pessoais, as cédulas de crédito bancário podem circular, isto é, podem ser transferidas. Por envolver um crédito, é certo que elas admitem

---

10. PEREIRA FILHO, Valdir Carlos. Cédula de crédito bancário. In: WAISBERG, Ivo; FONTES, Marcos Rolim Fernandes (Coord.). *Contratos bancários*. São Paulo: Quartier Latin, 2006, p. 297; MAMEDE, Gladston. *Direito empresarial brasileiro*: títulos de crédito. 2. ed. São Paulo: Atlas, 2005, v. 3, p. 375-376.

11. STJ, 4ª Turma, REsp 200.663/SP, Rel. Min. Barros Monteiro, j. 2-3-2004, *DJ* 17-5-2004, p. 228.

o instituto da cessão de crédito, com as regras gerais do direito civil. Além disso, caso o título possua a cláusula à ordem, a sua circulação poderá ocorrer por endosso em preto, o qual seguirá as mesmas regras atinentes ao regime cambial.

Nessa circulação, admite-se expressamente que o título seja endossado até para quem não seja instituição financeira. Nesse caso, o endossatário, mesmo não sendo instituição financeira, poderá exercer todos os direitos constantes do título, inclusive os privilégios aplicáveis a instituições financeiras como os juros capitalizáveis[12]. Tal regra, a nosso ver, é muito arriscada, na medida em que poderá permitir o exercício de prerrogativas inerentes aos bancos, por pessoas não sujeitas a qualquer fiscalização.

7 Pagamento

As obrigações assumidas na cédula só poderão ser exigidas no vencimento, o qual deverá ser pactuado no documento. Este poderá conter inclusive a previsão de hipóteses de vencimento antecipado, que permitirão a exigência do crédito antes da data inicialmente combinada. Chegado o vencimento, ordinário ou antecipado, o emitente deverá efetuar o pagamento da cédula.

Por terem origem em operações de crédito bancário, as cédulas de crédito bancário normalmente envolvem certos acréscimos ao valor nominal da dívida. A esse respeito, o art. 28, § 1º, da Lei n. 10.931/2004 dispõe que o documento deverá prever os encargos, dando uma ampla margem de liberdade para sua fixação.

Ao realizar a operação de crédito, o banco buscará o recebimento deste. Todavia, ele não espera receber apenas o valor nominal emprestado, e sim o valor devidamente corrigido, uma vez que essa correção representará a recomposição do poder aquisitivo da moeda. Não se trata de um acréscimo, mas apenas da recomposição do valor da moeda corroída pela inflação[13]. No caso da CCB, admite-se a pactuação de qualquer fator de atualização, inclusive a variação cambial.

Ao lado da correção monetária, que simplesmente atualiza o valor devido, é certo que quem concede crédito busca uma remuneração, que se dá normalmente pela incidência de juros remuneratórios. Na CCB, o documento poderá prever os juros sobre a dívida, capitalizados[14] ou não, os critérios de sua incidência e, se for o caso, a periodicidade de sua capitalização. Aqui, portanto, não há qualquer dúvida quanto à possibilidade de capitalização dos juros em qualquer periodicidade[15]. Além disso, na CCB não há que

---

12. PEREIRA FILHO, Valdir Carlos. Cédula de crédito bancário. In: WAISBERG, Ivo; FONTES, Marcos Rolim Fernandes (Coord.). *Contratos bancários*. São Paulo: Quartier Latin, 2006, p. 297.

13. STJ, 4ª Turma, REsp 105.774/SP, Rel. Min. Aldir Passarinho Junior, j. 16-8-2005, *DJ* 12-9-2005, p. 332.

14. THEODORO JÚNIOR, Humberto. A cédula de crédito bancário. *Revista de Direito Bancário, do Mercado de Capitais e da Arbitragem*, ano 6, n. 22, p. 34, out.-dez. 2003.

15. STJ, 4ª Turma, AgRg nos EDcl no AREsp 116.564/RS, Rel. Min. Antonio Carlos Ferreira, j. 11-3-2014, *DJe* 25-3-2014.

se cogitar de limite, pois não há regra sobre o regime de fixação de juros, prevalecendo o regime de liberdade de pactuação para as instituições financeiras[16].

A CCB admite ainda a pactuação de uma multa moratória, desse houver atraso no pagamento. Nesse caso, se for aplicado o CDC, a multa poderá ser de no máximo 2% (Lei n. 8.078/90 – art. 52, § 1º). Do mesmo modo, também é possível a pactuação de juros de mora, a nosso ver, limitados a 1% ao mês[17], dada a aplicabilidade da legislação geral no que tange aos encargos moratórios (STJ – Súmula 379).

Além disso, poderão ser pactuados outros encargos como a comissão de permanência. Tal encargo foi criado pela Resolução n. 1.129/86 do CMN com o intuito de representar um fator de atualização de débitos em atraso com instituições financeiras ou entidades equiparadas. Em última análise, trata-se de mais um encargo cobrado por instituições financeiras, pelo atraso no pagamento de obrigações[18].

A jurisprudência vem reconhecendo a validade da pactuação de tal encargo, desde que não cumulado com outros encargos[19]. Nesse sentido, a Súmula 472 do STJ afirma que "a cobrança de comissão de permanência – cujo valor não pode ultrapassar a soma dos encargos remuneratórios e moratórios previstos no contrato – exclui a exigibilidade dos juros remuneratórios, moratórios e da multa contratual". Todavia, sua admissão está condicionada à ausência de encargos legalmente previstos para o caso de atraso, pois, se a própria lei prevê os encargos, não há como imaginar uma resolução alterando os objetivos da lei. Como as cédulas de crédito bancário não possuem encargos específicos para o caso de atraso, vem sendo admitida a pactuação da comissão de permanência, desde que não cumulada com nenhum outro encargo moratório ou remuneratório[20].

As Tarifas de Abertura de Crédito (TAC) e Emissão de Carnê (TEC), enquanto encartadas nas vedações previstas na legislação regente (Resoluções n. 2.303/1996 e n. 3.518/2007 do CMN), por ostentarem natureza de remuneração pelo serviço prestado pela instituição financeira ao consumidor, quando efetivamente contratadas, consubstanciavam cobranças legítimas. Entretanto, a "Tarifa de Abertura de Crédito (TAC) e a Tarifa de Emissão de Carnê (TEC) não foram previstas na Tabela anexa à Circular Bacen 3.371/2007 e atos normativos que a sucederam, de forma que não mais é válida sua pactuação em contratos posteriores a 30-4-2008"[21].

Por fim, é possível que o título crie e estabeleça os critérios de apuração do ressarcimento das despesas de cobrança da dívida, inclusive os honorários advocatícios, judiciais ou extrajudiciais, sendo que os honorários advocatícios extrajudiciais não poderão supe-

---

16. STJ, 4ª Turma, REsp 906.054/RS, Rel. Min. Aldir Passarinho Junior, j. 7-2-2008, *DJe* 10-3-2008.
17. STJ, 2ª Seção, REsp 402483/RS, Rel. Min. Castro Filho, j. 26-3-2003, *DJ* 5-5-2003, p. 215.
18. SALOMÃO NETO, Eduardo. *Direito bancário*. São Paulo: Atlas, 2007, p. 194.
19. STJ, 3ª Turma, AgRg no REsp 1056827/RS, Rel. Min. Massami Uyeda, j. 7-8-2008, *DJe* 28-8-2008.
20. STJ, 4ª Turma, REsp 906.054/RS, Rel. Min. Aldir Passarinho Junior, j. 7-2-2008, *DJe* 10-3-2008.
21. STJ, 2ª Seção, REsp 1255573/RS, Rel. Min. Maria Isabel Gallotti, j. 28-8-2013, *DJe* 24-10-2013.

rar o limite de 10% do valor total devido. Tal obrigação de ressarcimento poderá ser imposta ao emitente ou ao terceiro garantidor.

8 Protesto

Caso o título não seja pago, a falta do pagamento poderá ser demonstrada pelo protesto. Este poderá servir para interromper a prescrição (CC – art. 202), para configurar a impontualidade injustificada, desde que presentes os demais requisitos do art. 94, I, da Lei n. 11.101/2005, e também para a inclusão do devedor intimado nos cadastros de inadimplentes. Todavia, o protesto não será necessário para a cobrança dos devedores indiretos (endossantes e respectivos avalistas), nos termos do art. 44 da Lei n. 10.931/2004.

A novidade do protesto da CCB é a possibilidade de sua realização por simples indicações, isto é, sem a entrega do título ao cartório, excepcionando o princípio da cartularidade (Lei n. 10.931/2004 – art. 41). Nesse caso, o credor deverá fazer a declaração de que possui a única via negociável do título, apresentando ainda os dados inerentes ao título. A nosso ver, o encaminhamento desses dados poderá ser feito inclusive em meio magnético, dada a aplicação analógica do art. 8º da Lei n. 9.492/97.

9 Execução da CCB

Embora o protesto seja uma forma de pressionar o devedor, é certo que ele não é um tipo de cobrança. Na CCB, o modo normal de cobrança do valor devido é a execução do título, porquanto o art. 28 da Lei n. 10.931/2004 afirma que a CCB é título executivo extrajudicial. Essa execução seguirá as mesmas regras, inclusive o prazo prescricional, atinentes à letra de câmbio e à nota promissória. Pelo mesmo motivo, aplica-se à CCB a ação de locupletamento ou de enriquecimento sem causa.

Embora o texto da lei seja expresso no sentido da possibilidade de execução, há opiniões que reconhecem tal executividade e opiniões que negam tal possibilidade.

9.1 A discussão sobre a liquidez da CCB

Como se sabe, um título só poderá ser executado se for líquido, certo e exigível (CPC/2015 – art. 786).

A exigibilidade decorre do vencimento da obrigação, que dependerá apenas do implemento das datas ou condições previstas no título. Não há qualquer dúvida de que a CCB possuirá exigibilidade desde que implementado o seu vencimento na forma estabelecida no documento.

Além da exigibilidade, é essencial a certeza, a qual diz respeito à existência da obrigação, isto é, exige-se um alto grau de probabilidade da existência do crédito[22]. Na CCB,

22. SHIMURA, Sérgio. *Título executivo*. São Paulo: Saraiva, 1997, p. 137.

também não há maiores dificuldades no que tange a esse elemento, uma vez que há uma declaração de vontade do emitente no documento, denotando a assunção de obrigação da sua parte.

Por fim, exige-se a liquidez, que diz respeito à determinação da obrigação, isto é, ao seu valor. "É líquida a dívida quando a importância se acha determinada em todos os seus elementos de quantidade (dinheiro) e qualidade (coisas diversas do dinheiro), natureza e espécie (prestação de fato)."[23] As peculiaridades da apuração desse valor na CCB merecem uma discussão mais detalhada.

Caso a CCB seja emitida em razão de um empréstimo qualquer (mútuo), o seu valor será apurado à luz dos encargos constantes do título e será apresentado em juízo por meio de uma planilha, que integrará a cédula para todos os efeitos. Exige-se especificamente que a planilha detalhe o valor principal da dívida, seus encargos e despesas contratuais devidos, a parcela de juros e os critérios de sua incidência, a parcela de atualização monetária ou cambial, a parcela correspondente a multas e demais penalidades contratuais, as despesas de cobrança e de honorários advocatícios devidos até a data do cálculo e, por fim, o valor total da dívida (Lei n. 10.931/2004 – art. 28, § 2º, I).

Ocorre que a cédula também poderá ter origem em uma abertura de crédito corrente. Nessa situação, o título será emitido pelo valor total do crédito posto à disposição do emitente, mas na execução o valor cobrado será apurado à luz dos extratos da conta-corrente que demonstrem quanto foi utilizado do crédito. Sobre esse valor incidirão os encargos pactuados e serão abatidas as eventuais amortizações, apurando-se o valor total devido também mediante uma planilha (Lei n. 10.931/2004 – art. 28, § 2º, II). Nesse caso, discute-se mais ainda a liquidez ou não da CCB, porquanto os extratos necessários à apuração do valor devido seriam emitidos unilateralmente.

Nelzon Zunino Neto e Maria Elizabeth Filipetto negam executividade às cédulas de crédito bancário, em razão da unilateralidade da apuração do valor devido[24]. No mesmo sentido, existe decisão do TJRS que afirma que, "para que um título tenha força executiva, a liquidez deve emanar de seu próprio instrumento contratual, com apuração de saldo dependente apenas de mera operação aritmética"[25].

Gerson Luiz Carlos Branco é ainda mais radical, ao negar a própria literalidade da CCB, na medida em que o valor devido não estaria escrito no título[26]. O mesmo autor assevera a inconstitucionalidade da legislação da CCB, uma vez que a Constituição Fe-

23. SHIMURA, Sérgio. *Título executivo*. São Paulo: Saraiva, 1997, p. 138-139.

24. ZUNINO NETO, Nelson. A inexequibilidade da cédula de crédito. *Jus Navigandi*, Teresina, ano 4, n. 46, out. 2000. Disponível em: <http://www1.jus.com.br/doutrina/texto.asp?id=750>. Acesso em: 22 set. 2008; FILIPPETTO, Maria Elizabeth Carvalho Pádua. A sorrateira MP 1925, que dispõe sobre a Cédula de Crédito Bancário. *Jus Navigandi*, Teresina, ano 4, n. 42, jun. 2000. Disponível em: <http://www1.jus.com.br/doutrina/texto.asp?id=749>. Acesso em: 22 set. 2008.

25. TJRS, 12ª Câmara Cível, Apelação Cível 70022491401, Rel. Orlando Heemann Júnior, j. 15-5-2008.

26. BRANCO, Gerson Luiz Carlos. Cédula de crédito bancário: estrutura e funcionalidade. *Revista de Direito do Consumidor*, ano 17, n. 65, p. 135, jan.-mar. 2008.

deral de 1988 não permitiria aos particulares a criação de obrigações para terceiros, além do que a fixação unilateral do valor violaria os princípios do devido processo e da ampla defesa[27]. Gladston Mamede, por sua vez, afirma que não se pode dar fé pública a entidades privadas e, por isso, não se pode admitir essa apuração do valor, por dados colhidos unilateralmente pelos bancos[28].

De outro lado, há quem sustente, a nosso ver com razão, que a CCB possui liquidez e, consequentemente, poderá ser executada.

Marcio Kojy Oya sustenta que "a obrigação de pagar não decorre do demonstrativo do débito, mas do próprio instrumento contratual, cujo teor prevê a possibilidade de utilização de certa soma pelo creditado [...] com a obrigação final de restituí-la, na forma e tempo bilateralmente ajustados e com os acréscimos pactuados"[29]. Na mesma linha, Humberto Theodoro Júnior afirma que a liquidez da CCB decorre da lei[30] e que o próprio teor do documento é suficiente para se apurar o valor devido por simples cálculos aritméticos. Ademais, a planilha torna-se parte integrante da cédula (art. 28, § 2º) para manter a literalidade do título[31]. Tal orientação vem sendo adotada em alguns julgados dos nossos Tribunais de Justiça[32].

No âmbito do STJ, já se reconheceu a eficácia de título executivo à CCB, na medida em que: "As cédulas de crédito bancário, instituídas pela MP n. 1.925 e vigentes em nosso sistema por meio da Lei n. 10.931/2004, são títulos que, se emitidos em conformidade

---

27. BRANCO, Gerson Luiz Carlos. Cédula de crédito bancário: estrutura e funcionalidade. *Revista de Direito do Consumidor*, ano 17, n. 65, p. 138-139, jan.-mar. 2008.

28. MAMEDE, Gladston. *Direito empresarial brasileiro*: títulos de crédito. 2. ed. São Paulo: Atlas, 2005, v. 3, p. 406.

29. OYA, Marcio Koji. Executividade da cédula de crédito bancário. *Revista de Processo*, ano 31, n. 133, p. 283, mar. 2006.

30. THEODORO JÚNIOR, Humberto. A cédula de crédito bancário. *Revista de Direito Bancário, do Mercado de Capitais e da Arbitragem*, ano 6, n. 22, p. 23, out.-dez. 2003; CUNHA FILHO, Sílvio. Cédula de crédito bancário. *Revista de Direito Bancário, do Mercado de Capitais e da Arbitragem*, ano 3, n. 8, p. 262, abr.-jun. 2000; NEVES, Rúbia Carneiro. *Cédula de crédito*. Belo Horizonte: Del Rey, 2002, p. 19-20; PEREIRA FILHO, Valdir Carlos. Cédula de crédito bancário. In: WAISBERG, Ivo; FONTES, Marcos Rolim Fernandes (Coord.). *Contratos bancários*. São Paulo: Quartier Latin, 2006, p. 289-290; WALD, Arnoldo; WAISBERG, Ivo. Legislação, jurisprudência e contratos bancários. In: WAISBERG, Ivo; FONTES, Marcos Rolim Fernandes (Coord.). *Contratos bancários*. São Paulo: Quartier Latin, 2006, p. 51.

31. FERREIRA, José Coelho; BARBOSA, Theresa Karina de F. G. Cédula de crédito bancário. Considerações acerca da Medida Provisória 1.925. *Revista de Direito Bancário, do Mercado de Capitais e da Arbitragem*, ano 3, n. 8, p. 98, abr.-jun. 2000.

32. TJRS, 15ª Câmara Cível, Apelação Cível 70025060765, Rel. Angelo Maraninchi Giannakos, j. 27-8-2008; TJPR, 15ª Câmara Cível, AC 0502027-9, Foro Regional de Colombo da Região Metropolitana de Curitiba, Rel. Des. Luiz Carlos Gabardo, unânime, j. 9-7-2008; TJPR, 13ª Câmara Cível, AC 0431008-7, Maringá, Rel. Juiz Subst. 2º G. Fernando Wolff Filho, unânime, j. 2-4-2008; TJMG, 12ª Câmara Cível, Apelação Cível 1.0686.04.114027-4/001, Rel. Des. José Flávio de Almeida, *DJ* 12-4-2008; TJDF, 3ª Turma Cível, 20070110280789APC, Rel. Mario-Zam Belmiro, j. 27-8-2008, *DJ* 9-9-2008, p. 97; TJDF, 2ª Turma Cível, 20080110349202APC, Rel. Waldir Leôncio Júnior, j. 6-8-2008, *DJ* 27-8-2008, p. 63; TJDF, 4ª Turma Cível, 20090710322738APC, Rel. Cruz Macedo, j. 16-12-2009, *DJ* 8-3-2010, p. 20.

com os requisitos na lei exigidos, expressam obrigação líquida e certa. O fato de ter-se de apurar o *quantum debeatur* por meio de cálculos aritméticos não retira a liquidez do título, desde que ele contenha os elementos imprescindíveis para que se encontre a quantia a ser cobrada mediante execução. Portanto, não cabe extinguir a execução aparelhada por cédula de crédito bancário, fazendo-se aplicar o enunciado n. 233 da Súmula do STJ ao fundamento de que a apuração do saldo devedor, mediante cálculos efetuados pelo credor, torna o título ilíquido. A liquidez decorre da emissão da cédula, com a promessa de pagamento nela constante, que é aperfeiçoada com a planilha de débitos"[33]. Contudo, o mesmo STJ estabeleceu também que: "Firmado o entendimento do Tribunal de origem apoiado na assertiva de que 'embora com rotulagem nova, o contrato se equipara ao velho e conhecido contrato de abertura de crédito em conta-corrente', não é viável emprestar trânsito ao recurso especial em face dos óbices das Súmula 5, 7 e 233 deste STJ"[34]. Tal divergência hoje se encontra com a pacificação da matéria no âmbito da Segunda Seção do STJ, que asseverou que: "A Lei n. 10.931/2004 estabelece que a Cédula de Crédito Bancário é título executivo extrajudicial, representativo de operações de crédito de qualquer natureza, circunstância que autoriza sua emissão para documentar a abertura de crédito em conta-corrente, nas modalidades de crédito rotativo ou cheque especial. Para tanto, o título de crédito deve vir acompanhado de claro demonstrativo acerca dos valores utilizados pelo cliente, trazendo o diploma legal à relação de exigências que o credor deverá cumprir, de modo a conferir liquidez e exequibilidade à Cédula (art. 28, § 2º, incisos I e II, da Lei n. 10.931/2004)"[35].

Com efeito, o STJ já decidiu que o contrato de abertura de crédito em conta-corrente é ilíquido, dada a unilateralidade da apuração do valor devido, a partir dos extratos emitidos pelo credor (Súmula 233). Mais que isso, o STJ também já afirmou que a promissória vinculada a esse contrato também seria ilíquida pelos mesmos motivos (Súmula 258). Todavia, tal orientação foi firmada em outro panorama legislativo. Atualmente, a lei expressamente assegura liquidez à CCB, desde que preenchidos os requisitos indicados no art. 28 da Lei n. 10.931/2004. Diante disso, o STJ, em sede de recurso repetitivo, determinou que: "Cédula de Crédito Bancário é título executivo extrajudicial, representativo de operações de crédito de qualquer natureza, circunstância que autoriza sua emissão para documentar a abertura de crédito em conta-corrente, nas modalidades de crédito rotativo ou cheque especial. O título de crédito deve vir acompanhado de claro demonstrativo acerca dos valores utilizados pelo cliente, trazendo o diploma legal, de maneira taxativa, a relação de exigências que o credor deverá cumprir, de modo a conferir liquidez e exequibilidade à Cédula (art. 28, § 2º, incisos I e II, da Lei n. 10.931/2004)"[36].

---

33. STJ, 4ª Turma, AgRg no REsp 599.609/SP, Rel. Min. Luis Felipe Salomão, Rel. p/ Acórdão Ministro João Otávio de Noronha, j. 15-12-2009, *DJe* 8-3-2010.

34. STJ, 4ª Turma, AgRg no Ag 959.867/MG, Rel. Min. Luis Felipe Salomão, j. 4-5-2010, *DJe* 17-5-2010.

35. STJ, 2ª Seção, REsp 1283621/MS, Rel. Min. Luis Felipe Salomão, j. 23-5-2012, *DJe* 18-6-2012.

36. STJ, 2ª Seção, REsp 1291575/PR, Rel. Min. Luis Felipe Salomão, j. 14-8-2013, *DJe* 2-9-2013.

E não se diga que está sendo criada obrigação para terceiro, uma vez que o emitente assina o título e, por meio dessa declaração de vontade, assume a obrigação de pagar. Outrossim, todos os critérios de apuração do valor devido são estabelecidos no documento, permitindo facilmente a defesa do executado. Diante disso, somos da opinião de que a CCB é título executivo líquido, certo e exigível.

9.2 Excesso na execução

Em contrapartida ao poder dado às instituições financeiras na apuração do valor devido na CCB, a Lei n. 10.931/2004 impõe uma sanção para o caso de erro na apuração do valor devido. Se a instituição financeira, em ação judicial, cobrar mais do que deveria, ela é automaticamente punida com a obrigação de pagar ao devedor o dobro do excesso. Tal punição poderá ser compensada com o valor devido na própria execução, sem prejuízo de eventuais perdas e danos (Lei n. 10.931/2004 – art. 28, § 3º).

Trata-se de uma penalidade objetiva que decorre da simples cobrança excessiva[37], qualquer que seja o motivo do excesso, seja um erro material, seja um erro jurídico de aplicação de encargos indevidos, por exemplo. Não há necessidade de demonstração da má-fé, dolo ou intuito fraudatório. Há uma obrigação de resultado da instituição financeira que, se não for devidamente cumprida, enseja a penalidade equivalente ao dobro do excesso cobrado. Registre-se, contudo, que tal penalidade pressupõe a cobrança em ação judicial, e não qualquer forma de cobrança.

Para Gladston Mamede, tal penalidade será aplicável independentemente de requerimento do interessado, pois a lei não o exige[38]. Bastaria ao juiz aferir o excesso e, com uma decisão justificada, declarar o excesso e punir a instituição financeira. Por se tratar de um ilícito processual, reconhecemos que o juiz poderá até de ofício aplicar tal penalidade, de modo similar a uma multa por litigância de má-fé.

10 Certificado de CCB

As cédulas de crédito bancário são suficientes e extremamente eficientes para o exercício de um direito de crédito pelas instituições financeiras. Todavia, nem sempre os credores da CCB querem aguardar o tempo necessário para receber o crédito ali incorporado, buscando receber antecipadamente ao menos uma parte do crédito. Para agilizar a circulação das riquezas constantes da cédula, a instituição financeira beneficiária poderá negociá-la por meio de cessão de crédito ou por meio de endosso, caso

---

37. MAMEDE, Gladston. *Direito empresarial brasileiro*: títulos de crédito. 2. ed. São Paulo: Atlas, 2005, v. 3, p. 407.

38. MAMEDE, Gladston. *Direito empresarial brasileiro*: títulos de crédito. 2. ed. São Paulo: Atlas, 2005, v. 3, p. 409.

o título possua a cláusula à ordem. Além disso, a Lei n. 10.931/2004 prevê outra possibilidade de negociação, com a emissão de certificados das cédulas de crédito bancário (art. 43)[39].

Os certificados de CCB são títulos representativos de CCBs depositados em instituições financeiras. Em outras palavras, as instituições financeiras, que recebem cédulas em depósito, podem emitir novos títulos (certificados da CCB) que assegurarão aos seus titulares os direitos decorrentes dos títulos depositados. A expressão *títulos representativos* diz bem o papel do certificado, uma vez que ele vai representar os direitos de crédito decorrentes das CCBs depositadas.

10.1 Emissão

A instituição financeira, a seu critério, pode emitir um certificado para cada CCB, ou pode ainda reunir diversos títulos depositados e emitir o certificado, que vai assegurar todos os direitos inerentes a todos os títulos reunidos. No caso da reunião de diversos títulos, nada impede que o certificado represente títulos com diferentes valores, prazos e condições de remuneração ou mesmo títulos próprios e de terceiros (Resolução n. 2.843/2001 – CMN).

Em qualquer das situações, a emissão do certificado torna as CCBs representadas, bem como os valores recebidos pela instituição financeira a título de pagamento do principal e de encargos imunes à penhora, arresto, sequestro, busca e apreensão, ou qualquer outro embaraço que impeça a sua entrega ao titular do certificado. A partir da emissão deste, é ele que poderá ser objeto de penhora, ou de qualquer medida em relação ao seu titular (Lei n. 10.931/2004 – art. 43, § 2º). Trata-se de uma grande segurança aos titulares dos certificados que não poderão ser prejudicados por questões ligadas à instituição financeira depositária[40].

Para representar uma ou várias CCBs, o certificado deverá conter uma série de requisitos, indicados no art. 43 da Lei n. 10.931/2004:

- o local e a data da emissão;
- o nome e a qualificação do depositante das Cédulas de Crédito Bancário;
- a denominação *Certificado de Cédulas de Crédito Bancário*;
- a especificação das cédulas depositadas, o nome dos seus emitentes e o valor, o lugar e a data do pagamento do crédito por elas incorporado;
- o nome da instituição emitente;

39. PEREIRA FILHO, Valdir Carlos. Cédula de crédito bancário. In: WAISBERG, Ivo; FONTES, Marcos Rolim Fernandes (Coord.). *Contratos bancários*. São Paulo: Quartier Latin, 2006, p. 300.

40. PEREIRA FILHO, Valdir Carlos. Cédula de crédito bancário. In: WAISBERG, Ivo; FONTES, Marcos Rolim Fernandes (Coord.). *Contratos bancários*. São Paulo: Quartier Latin, 2006, p. 301.

- a declaração de que a instituição financeira, na qualidade e com as responsabilidades de depositária e mandatária do titular do certificado, promoverá a cobrança das Cédulas de Crédito Bancário, e de que as cédulas depositadas, assim como o produto da cobrança do seu principal e encargos, somente serão entregues ao titular do certificado, contra apresentação deste;
- o lugar da entrega do objeto do depósito; e
- a remuneração devida à instituição financeira pelo depósito das cédulas objeto da emissão do certificado, se convencionada.

O primeiro requisito é a denominação *Certificado de Cédulas de Crédito Bancário*, a fim de identificar o título emitido e seu regime jurídico. Além disso, exige-se a indicação do local e da data de emissão, para se aferir a situação jurídica no momento e no local da criação do certificado. Também é exigida a identificação do depositante das cédulas que serão representadas, bem como da instituição financeira emitente do certificado, para que seu titular saiba onde estão os títulos representados e quem está garantindo sua origem e autenticidade.

Obviamente, o certificado deve conter a especificação dos direitos que ele assegura, isto é, exige-se também a identificação das cédulas representadas no certificado, com os nomes dos seus emitentes e o valor, o lugar e a data do pagamento do crédito por elas incorporado. Por se tratar de um título representativo de outros títulos, a identificação dos direitos assegurados advém justamente dessa descrição detalhada dos direitos decorrentes dos títulos representados no certificado.

Exige-se também que conste no certificado a declaração de que a instituição financeira, na qualidade e com as responsabilidades de depositária e mandatária do titular do certificado, promoverá a cobrança das CCBs. O titular do certificado não precisará tomar quaisquer medidas de cobrança, as quais serão aplicadas pela instituição financeira depositária em nome e em proveito do titular, dada a sua condição de mandatária. Tal declaração deverá especificar ainda que as cédulas depositadas, assim como o produto da cobrança do seu principal e encargos, somente serão entregues ao titular do certificado, contra apresentação deste, denotando a aplicação do princípio da cartularidade ao certificado.

Por fim, o certificado deverá identificar o local da entrega do objeto do depósito, definindo assim onde serão exercidos os direitos do titular, o que influi inclusive na determinação da competência. Pode constar também do certificado a remuneração devida à instituição financeira pelo depósito das cédulas objeto da emissão do certificado, desde que seja convencionada.

10.2 Circulação

Com tais requisitos, poderá ser emitido o certificado sob a forma física ou escritural, não havendo qualquer impedimento para a mudança da forma ao longo da vida do título[41]. No primeiro caso, o título será impresso em papel e será entregue ao seu titular. No segundo caso, o título não existirá em papel, sendo uma espécie de conta-corrente em favor do titular. Em ambas as circunstâncias, deve haver o registro em sistema de liquidação e custódia autorizado pelo Banco Central, no caso a Câmara de Custódia e Liquidação de Títulos – Cetip (Resolução CMN n. 2.843/2001 – art. 6º, c.c. Resolução CMN n. 1.779/90 – art. 1º).

Na emissão física, a circulação do certificado será feita por endosso. Tal previsão denota a presunção da cláusula à ordem, uma vez que ela não está elencada entre os requisitos do certificado. Nesse caso, o endosso seguirá o regime cambial, isto é, o endossante garante o pagamento, salvo disposição em contrário[42].

Caso se opte pela emissão escritural, isto é, de forma incorpórea, devem-se seguir as mesmas regras inerentes às ações escriturais de sociedades anônimas. Nesse caso, a transferência do certificado poderá ocorrer por termo de transferência, sem se cogitar de endosso. A transferência se dá a débito na conta do cedente e a crédito na conta do novo titular.

Qualquer que seja a forma de transferência, ela deverá ser datada e assinada pelo titular, ou por mandatário com poderes especiais. Além disso, exige-se a averbação da transferência para a emitente, no prazo de dois dias. As despesas decorrentes da transferência correrão por conta do endossatário ou cessionário, salvo disposição expressa em sentido contrário.

---

41. PEREIRA FILHO, Valdir Carlos. Cédula de crédito bancário. In: WAISBERG, Ivo; FONTES, Marcos Rolim Fernandes (Coord.). *Contratos bancários*. São Paulo: Quartier Latin, 2006, p. 302.

42. ABRÃO, Carlos Henrique. *Cédula de crédito bancário*. São Paulo: Juarez de Oliveira, 2005, p. 106; PEREIRA FILHO, Valdir Carlos. Cédula de crédito bancário. In: WAISBERG, Ivo; FONTES, Marcos Rolim Fernandes (Coord.). *Contratos bancários*. São Paulo: Quartier Latin, 2006, p. 301.

20 CONHECIMENTO DE DEPÓSITO, *WARRANT*, CDA E WA

1 Armazéns gerais

Na atividade empresarial, o depósito de mercadorias desempenha papel fundamental, na medida em que permite a formação de estoques e a negociação dos produtos em melhores condições. Em razão disso, determinadas entidades passaram a se dedicar a essa atividade de guarda e conservação de mercadorias, o que diminui os custos dos empresários, que não precisavam mais manter um local próprio para o depósito das mercadorias. Entre tais entidades, encontram-se os armazéns gerais.

Os armazéns gerais "são estabelecimentos próprios para a guarda e conservação de mercadorias"[1], vale dizer, são entidades que se dedicam à guarda e conservação de mercadorias, bem como à emissão de títulos especiais. A expressão *armazéns* traz implícita a ideia de que sua função é a guarda de mercadorias. Por sua vez, a expressão *gerais* significa que no armazém podem ser guardados vários tipos de mercadorias de diferentes pessoas[2]. Todavia, os armazéns gerais fazem mais do que a simples guarda de mercadorias.

Tais entidades cumprem um duplo papel: guardam e conservam as mercadorias; e mobilizam essas mercadorias com a emissão de títulos especiais negociáveis de forma simples e ágil[3]. Elas não apenas guardam mercadorias, como qualquer depósito, mas também permitem a mobilização jurídica dessas mercadorias sem a sua mobilização física, agilizando e facilitando os negócios. A possibilidade de emissão de títulos que representam as mercadorias depositadas é a grande peculiaridade dos armazéns gerais. Além disso, os armazéns gerais podem desempenhar outras atividades, como a prestação de serviços aos depositantes de despachos das mercadorias, bem como de transporte, além das operações de comissões, de consignações e a disponibilização de salas de vendas públicas[4].

---

1. COSTA, Wille Duarte. *Títulos de crédito*. Belo Horizonte: Del Rey, 2003, p. 445.

2. LACERDA, J. C. Sampaio de. *Dos armazéns-gerais*: seus títulos de crédito. Rio de Janeiro: Forense, [s.d.], p. 19.

3. CARVALHO DE MENDONÇA, J. X. *Tratado de direito comercial brasileiro*. 7. ed. Rio de Janeiro: Freitas Bastos, 1963, v. 5, 2ª parte, p. 563.

4. Idem, p. 563-564.

Para que o armazém geral cumpra bem a sua função, a legislação impõe que o seu titular promova uma matrícula na junta comercial. Para tal matrícula, exige-se que o titular do armazém declare à junta comercial sua qualificação (nome, sede, capital...) as especificações do local para o depósito das mercadorias e as atividades que pretende realizar. Além disso, deverá apresentar um regimento interno do armazém e da sala de vendas públicas, a tarifa cobrada por seus serviços e a cópia do ato constitutivo, se for uma pessoa jurídica (Decreto n. 1.102/1903 – art. 1º).

Apresentados os documentos e verificando-se que o regimento interno não descumpre a legislação de regência, a junta comercial ordenará a matrícula do armazém e, dentro de um mês, contado do dia desta matrícula, fará publicar, por edital, as declarações, o regulamento interno e a tarifa. Arquivados os comprovantes dessa publicação, o titular do armazém assinará um termo de responsabilidade como fiel depositário dos gêneros e mercadorias depositados. Tal termo também será objeto de uma publicação pela junta. Somente após tal publicação, poderão ser iniciadas as atividades do armazém.

Apesar de todo esse procedimento, é certo que qualquer pessoa, física ou jurídica, pode constituir um armazém geral. Em razão disso, Carvalho de Mendonça afirma que foi estabelecido um regime de máxima liberdade[5]. A nosso ver, a expressão mais adequada é a *liberdade controlada*[6], porquanto, apesar da desnecessidade de autorização estatal, salvo nos armazéns situados na alfândega, a liberdade dos empresários não é absoluta, dada a fiscalização exercida pela junta comercial.

2 Depósito de mercadorias nos armazéns gerais

Embora possam também exercer outras funções, é certo que o papel primordial dos armazéns gerais é a guarda e conservação de mercadorias. Em outras palavras, o maior número de negócios firmados pelos armazéns são contratos de depósito[7]. Nesse caso, estamos diante de um contrato real que se aperfeiçoa com a entrega das mercadorias ao armazém, cujo prazo é determinado, sendo, a princípio, de seis meses com a possibilidade de prorrogações pelas partes (Decreto n. 1.102/1903 – art. 10). Em todo caso, é certo que prevalece a regra geral de que o prazo é estabelecido a favor do depositante, que poderá retirar as mercadorias antecipadamente[8].

Concluído o contrato, nascem direitos e obrigações para as partes do contrato.

---

5. CARVALHO DE MENDONÇA, J. X. *Tratado de direito comercial brasileiro*. 7. ed. Rio de Janeiro: Freitas Bastos, 1963, v. 5, 2ª parte, p. 601.

6. MIRANDA JÚNIOR, Darcy Arruda. *O* warrant *no direito brasileiro*. São Paulo: José Bushatsky, 1973, p. 18.

7. LACERDA, J. C. Sampaio de. *Dos armazéns-gerais*: seus títulos de crédito. Rio de Janeiro: Forense, [s.d.], p. 32.

8. Idem, p. 35.

O depositante se obriga a pagar a tarifa combinada pelos serviços prestados pelo armazém geral. Não há como imaginar o depósito gratuito nesse caso, em razão da onerosidade inerente a tal tipo de operação. Não há que falar em obrigação de entrega das mercadorias, porquanto o contrato só se aperfeiçoa com essa entrega.

O armazém, por sua vez, tem como obrigação fundamental a guarda, a conservação e a entrega das mercadorias depositadas. A obrigação pode ser da restituição da mesma mercadoria depositada (depósito regular) ou de mercadorias da mesma espécie, quantidade e qualidade das depositadas (depósito irregular)[9]. Em razão dessa obrigação, o armazém responderá pela falta de entrega da mercadoria e pelas indenizações por eventuais prejuízos causados por sua atuação[10].

Ressalte-se, porém, que a obrigação de guarda e conservação se mantém apenas durante o prazo do depósito. Vencido o prazo do depósito, a mercadoria será considerada abandonada e o armazém geral dará aviso ao depositante, marcando-lhe o prazo de oito dias improrrogáveis, para a retirada da mercadoria contra a entrega do recibo ou dos títulos emitidos. Findo esse prazo, que correrá do dia em que o aviso for registrado no correio, o armazém geral mandará vender a mercadoria por corretor ou leiloeiro, em leilão público, anunciado com antecedência de três dias pelo menos. Do produto da venda serão abatidas as quantias referentes aos tributos devidos, às despesas do leilão e à remuneração do armazém. O que restar será colocado à disposição do titular, pelo prazo de oito dias e, se não for procurado, será objeto de depósito judicial por conta de quem pertencer (Decreto n. 1.102/1903 – art. 10).

Igualmente, obriga-se o armazém a afixar em lugar visível o regimento interno e a tarifa cobrada. Compete a ele ainda manter, além dos livros normalmente exigidos, um livro de entrada e saída de mercadorias, bem como permitir o acesso dos interessados para exame e verificação das mercadorias depositadas[11]. Há ainda a obrigação de entregar um recibo ao depositante e de emitir os títulos especiais (conhecimento de depósito e *warrant*), desde que seja requerido pelo depositante.

Como contrapartida das obrigações assumidas, o armazém terá o direito de receber uma remuneração pelos serviços prestados. Para garantir esse direito, é assegurada a possibilidade de retenção das mercadorias depositadas. Ademais, garante-se a indenização pelos prejuízos causados por culpa do depositante[12]. Tudo isso dá grande segurança para o exercício da atividade pelos armazéns gerais.

---

9. MIRANDA JÚNIOR, Darcy Arruda. *O* warrant *no direito brasileiro*. São Paulo: José Bushatsky, 1973, p. 31; LACERDA, J. C. Sampaio de. *Dos armazéns-gerais*: seus títulos de crédito. Rio de Janeiro: Forense, [s.d.], p. 43.

10. CARVALHO DE MENDONÇA, J. X. *Tratado de direito comercial brasileiro*. 7. ed. Rio de Janeiro: Freitas Bastos, 1963, v. 5, 2ª parte, p. 609.

11. Idem, p. 610-611.

12. Idem, p. 612-613.

3 Títulos especiais emitidos pelos armazéns gerais

Como visto, em sua atividade primordial, o armazém recebe as mercadorias por determinado período e se obriga a restituí-las. Como prova do recebimento das mercadorias, o armazém deverá emitir sempre um recibo declarando nele a natureza, quantidade, número e marcas das mercadorias, fazendo pesar, medir ou contar, no ato do recebimento as que forem suscetíveis de ser pesadas, medidas ou contadas (Decreto n. 1.102/1903 – art. 6º). No verso do recibo, serão anotadas as retiradas parciais das mercadorias. A legislação estabelece que o recibo será restituído ao armazém geral contra a entrega das mercadorias ou dos títulos cuja emissão for solicitada (Decreto n. 1.102/1903 – art. 6º, parágrafo único).

O titular das mercadorias sempre terá direito ao recibo, mas se quiser poderá pedir a emissão de títulos especiais. Em outras palavras, o armazém deverá, quando for pedido pelo depositante, emitir o conhecimento de depósito e o *warrant*, que são títulos de créditos passíveis de circulação, substituindo o recibo que é um documento meramente probatório[13]. Tais títulos são emitidos unidos, mas podem ser separados pela vontade do seu titular. Atualmente, não se admite a emissão desses títulos para representar produtos agropecuários, tendo em vista a criação de novos títulos especificamente para esses produtos (certificado de depósito agropecuário e *warrant* agropecuário).

A emissão desses títulos especiais é a grande peculiaridade da atuação dos armazéns gerais, que justifica toda a sua regulamentação. Pelo bom desempenho da sua função, tais títulos foram expandidos e hoje também podem ser emitidos por sociedades de economia mista e empresas públicas, federais, estaduais ou municipais, que se destinem a operar silos[14], armazéns frigoríficos e entrepostos (Lei Delegada n. 3/62).

Emitidos os títulos, as mercadorias passam a gozar de imunidade patrimonial[15]. As mercadorias depositadas não podem sofrer penhora, sequestro ou qualquer outro meio que dificulte a sua livre disposição. Os eventuais ônus recairão sobre os títulos e não sobre as mercadorias depositadas, que permanecerão imunes, no caso da emissão dos títulos especiais (Decreto n. 1.102/1903 – art. 17). Protege-se assim a circulação e negociabilidade dos títulos[16].

3.1 Conhecimento de depósito

Embora sejam emitidos juntos, o conhecimento de depósito e o *warrant* possuem funções bem distintas. A finalidade do conhecimento de depósito é representar as merca-

---

13. BORGES, João Eunápio. *Títulos de crédito*. 2. ed. Rio de Janeiro: Forense, 1977, p. 247; LACERDA, J. C. Sampaio de. *Dos armazéns-gerais*: seus títulos de crédito. Rio de Janeiro: Forense, [s.d.], p. 40.

14. Depósito para o armazenamento de cereais, em geral dotado de aparelhamento para carga e descarga.

15. CARVALHO DE MENDONÇA, J. X. *Tratado de direito comercial brasileiro*. 7. ed. Rio de Janeiro: Freitas Bastos, 1963, v. 5, 2ª parte, p. 643.

16. LACERDA, J. C. Sampaio de. *Dos armazéns-gerais*: seus títulos de crédito. Rio de Janeiro: Forense, [s.d.], p. 19.

dorias depositadas, isto é, ele assegura a disponibilidade sobre as mercadorias depositadas[17], com eventuais limitações. Em razão disso, a transferência do título representa, em última análise, a transferência das próprias mercadorias. Desse modo, vê-se claramente que a função do conhecimento do depósito é agilizar e simplificar a circulação das mercadorias.

O art. 15 do Decreto n. 1.102/1903 estabelece os requisitos do conhecimento de depósito. Sampaio de Lacerda entende que tais requisitos não são essenciais, denotando a inaplicabilidade do formalismo ao conhecimento de depósito[18]. Em outras palavras, para ele, a ausência de algum dos requisitos não afastaria a natureza de conhecimento de depósito do documento, a menos que afetassem a apuração do próprio conteúdo do título. Assim, haveria alguns requisitos essenciais e outros dispensáveis. João Eunápio Borges, Darcy Arruda Miranda Júnior e Carvalho de Mendonça, por sua vez, os qualificam, a nosso ver com razão, como requisitos essenciais do título[19], ou seja, requisitos que sempre devem estar presentes.

São requisitos do conhecimento de depósito:

- a denominação da empresa do armazém geral e sua sede;
- o nome, profissão e domicílio do depositante ou de terceiro por este indicado;
- a cláusula à ordem;
- o lugar e o prazo do depósito;
- a natureza e quantidade das mercadorias em depósito;
- a qualidade da mercadoria tratando-se de bens fungíveis;
- a indicação do segurador da mercadoria e o valor do seguro;
- a declaração dos impostos e direitos fiscais, dos encargos e despesas a que a mercadoria está sujeita, e do dia em que começaram a correr as armazenagens;
- a data da emissão dos títulos e assinatura do depositário ou pessoa devidamente habilitada por este.

O primeiro requisito do título é a denominação conhecimento de depósito, com o intuito de identificar o regime jurídico a que ele se submete. Trata-se da chamada cláusula cambial que visa justamente a permitir que qualquer pessoa que tenha contato com o documento saiba a que regime jurídico ele se submete.

Também são requisitos do conhecimento o nome do armazém emitente, bem como a identificação da sua sede, para identificar quem terá que cumprir a obrigação assumida

---

17. CARVALHO DE MENDONÇA, J. X. *Tratado de direito comercial brasileiro*. 7. ed. Rio de Janeiro: Freitas Bastos, 1963, v. 5, 2ª parte, p. 627.

18. LACERDA, J. C. Sampaio de. *Dos armazéns-gerais*: seus títulos de crédito. Rio de Janeiro: Forense, [s.d.], p. 64.

19. BORGES, João Eunápio. *Títulos de crédito*. 2. ed. Rio de Janeiro: Forense, 1977, p. 249; CARVALHO DE MENDONÇA, J. X. *Tratado de direito comercial brasileiro*. 7. ed. Rio de Janeiro: Freitas Bastos, 1963, v. 5, 2ª parte, p. 640; MIRANDA JÚNIOR, Darcy Arruda. O warrant *no direito brasileiro*. São Paulo: José Bushatsky, 1973, p. 108.

no título. Igualmente, exigem-se a assinatura do emitente, que representa a assunção da obrigação, e a data de emissão para aferir a regularidade da obrigação assumida.

São requisitos ainda a especificação do depósito, com a qualificação das mercadorias (natureza e quantidade), e inclusive a qualidade no caso de bens fungíveis, guardados misturados. Há ainda a necessidade de indicar o lugar e o prazo do depósito, sendo importante ressaltar que o lugar não se confunde com a sede do armazém, uma vez que ele poderá manter mais de um local para depósito das mercadorias, devendo ser especificado o local do efetivo depósito.

Além disso, é requisito a qualificação do depositante, porquanto não se admite o conhecimento de depósito ao portador[20]. O depositante representa o primeiro titular dos direitos constantes do conhecimento de depósito. Todavia, isso não significa que ele será o único, pois também é requisito a cláusula à ordem, que permitirá a circulação do título por meio de endosso, como a consequente transferência do direito de propriedade sobre a mercadoria.

Exige-se ainda a identificação do segurador e o valor do seguro, porquanto, para a emissão dos títulos, o seguro é fundamental (Decreto n. 1.102/1903 – art. 16), uma vez que dá maior segurança à circulação das mercadorias. Por fim, devem-se indicar os tributos incidentes sobre as mercadorias ali depositadas, para o caso da eventual alienação.

3.2 Warrant

Ao lado do conhecimento de depósito, é emitido também o *warrant*. Embora nasçam juntos (ligados fisicamente), os títulos têm funções bem distintas. Enquanto o conhecimento de depósito representa a propriedade das mercadorias depositadas, o *warrant* é instrumento de penhor sobre as mesmas mercadorias[21]. Em outras palavras, o *warrant* visa a permitir que as mercadorias sejam dadas em garantia, diminuindo os custos de eventual crédito a ser tomado.

Trata-se de um título de crédito[22] que permitirá ao seu titular assumir uma obrigação (pagamento de dinheiro), dando em garantia as mercadorias depositadas. Ao ser dada tal garantia, diminuem-se o risco do credor e, por conseguinte, o custo do capital. Em outras palavras, o *warrant* representa um eficiente instrumento de redução do custo do crédito.

Os requisitos do *warrant* são exatamente os mesmos do conhecimento de depósito, uma vez que decorrem do mesmo dispositivo (Decreto n. 1.102/1903 – art. 15). A única diferença é, obviamente, a denominação dos dois títulos. A denominação *warrant* vem do inglês e significa garantia, dando a ideia mais geral do papel desse título.

---

20. CARVALHO DE MENDONÇA, J. X. *Tratado de direito comercial brasileiro*. 7. ed. Rio de Janeiro: Freitas Bastos, 1963, v. 5, 2ª parte, p. 636.

21. BORGES, João Eunápio. *Títulos de crédito*. 2. ed. Rio de Janeiro: Forense, 1977, p. 248.

22. MIRANDA JÚNIOR, Darcy Arruda. *O* warrant *no direito brasileiro*. São Paulo: José Bushatsky, 1973, p. 43-44.

4 Circulação dos títulos

O conhecimento de depósito e o *warrant* são títulos de crédito emitidos juntos, mas que podem circular juntos ou separados. Essa circulação pode ocorrer por meio de endosso, uma vez que ambos são títulos à ordem. Tal endosso se revestirá das mesmas características e dos mesmos efeitos do endosso da letra de câmbio, porquanto, desde o advento da lei cambial, esse é o regime geral do endosso[23].

4.1 Circulação dos títulos unidos

Por serem emitidos juntos (títulos xifópagos)[24], tais títulos também podem circular juntos. Nesse caso, o endosso dos dois títulos normalmente transfere a propriedade plena, livre e desembaraçada das mercadorias depositadas[25]. Em outras palavras, quem receber os dois títulos terá o mesmo direito do depositante original. Quem tiver os dois títulos pode retirar as mercadorias, dividi-las em lotes ou partidas.

Em última análise, a circulação dos títulos juntos representa, em regra, a venda pura e simples das mercadorias depositadas. Em razão disso, a responsabilidade do endossante é a mesma do vendedor, isto é, ela se limita à existência e à disponibilidade da mercadoria, não respondendo mais pelos riscos da mercadoria. Outrossim, os endossantes dos títulos em conjunto não respondem pelo eventual inadimplemento do armazém geral[26], porquanto são simples vendedores das mercadorias. Nessa situação, o *warrant* é um mero acessório do conhecimento de depósito, não tendo qualquer valor próprio[27].

4.2 Separação dos títulos

Além da circulação conjunta, é certo que a legislação garante ao titular a possibilidade de separação do conhecimento de depósito e do *warrant*, isto é, os títulos podem ser endossados a pessoas distintas. Nessa situação, acreditamos que há uma ordem a ser seguida, primeiramente se endossa o *warrant* e posteriormente o conhecimento de depósito. Tal ordem resulta da necessidade de anotação no conhecimento de depósito, dos dados decorrentes do primeiro endosso do *warrant*.

---

23. LACERDA, J. C. Sampaio de. *Dos armazéns-gerais*: seus títulos de crédito. Rio de Janeiro: Forense, [s.d.], p. 89; BORGES, João Eunápio. *Títulos de crédito*. 2. ed. Rio de Janeiro: Forense, 1977, p. 251; CARVALHO DE MENDONÇA, J. X. *Tratado de direito comercial brasileiro*. 7. ed. Rio de Janeiro: Freitas Bastos, 1963, v. 5, 2ª parte, p. 646.

24. BORGES, João Eunápio. *Títulos de crédito*. 2. ed. Rio de Janeiro: Forense, 1977, p. 250.

25. NAVARRINI, Umberto. *Diritto commerciale*. 5. ed. Torino: UTET, 1937, v. 1, p. 267.

26. VIVANTE, Cesare. *Trattato di diritto commerciale*. 5. ed. Milano: Casa Editrice Dottor Francesco Vallardi, 1924, v. 4, p. 319.

27. CARVALHO DE MENDONÇA, J. X. *Tratado de direito comercial brasileiro*. 7. ed. Rio de Janeiro: Freitas Bastos, 1963, v. 5, 2ª parte, p. 647-648.

4.2.1 Endosso do *warrant*

Como visto na separação dos títulos, há que se endossar primeiramente o *warrant*, o que torna o primeiro endosso do *warrant* o mais importante. Os demais endossos do *warrant* são simples transferências de crédito, com a garantia solidária pelo pagamento, não possuindo qualquer peculiaridade em relação ao regime jurídico do endosso dos demais títulos de crédito.

Como bem diz Carvalho de Mendonça, esse primeiro endosso representa "o mesmo que a emissão de uma nota promissória, cujo pagamento tem por primeira e principal garantia a mercadoria depositada no armazém geral"[28]. Em outras palavras, o primeiro endosso do *warrant* representa uma promessa de pagamento, com um penhor das mercadorias depositadas[29], ou seja, ele é a assunção de uma obrigação com uma garantia real. O primeiro endossante é, em última análise, o verdadeiro emitente do título, porquanto sem tal endosso o *warrant* não gera assunção de obrigações[30].

Assim, fica clara a dupla função do primeiro endosso do *warrant*: fazer nascer o crédito e constituir o penhor sobre as mercadorias. Por fazer nascer o crédito, é certo que o primeiro endosso do *warrant* não será como qualquer endosso, isto é, o primeiro endossante do *warrant* não será como qualquer endossante. Os endossantes, em geral, são devedores indiretos, já o primeiro endossante do *warrant* será o devedor principal dessa obrigação[31], uma vez que é ele quem faz a promessa de pagamento.

Em razão da sua função, o primeiro endosso do *warrant* deverá declarar a dívida que se está assumindo e em relação à qual haverá o penhor das mercadorias. Nessa declaração, serão especificados o valor da dívida, a taxa de juros e o seu vencimento. Além disso, poderá haver a especificação do nome do endossatário. Esta última indicação não é essencial, porquanto o endosso pode ser em branco ou em preto.

Tais indicações, constantes do primeiro endosso do *warrant*, deverão também ser anotadas no verso do conhecimento de depósito. Desse modo, qualquer pessoa que adquira as mercadorias terá a ciência de que elas foram dadas em garantia. Como na hipoteca ou nas garantias incidentes sobre veículos, é fundamental que o título de propriedade (conhecimento de depósito) seja suficiente para dar publicidade sobre a existência da garantia.

---

28. CARVALHO DE MENDONÇA, J. X. *Tratado de direito comercial brasileiro*. 7. ed. Rio de Janeiro: Freitas Bastos, 1963, v. 5, 2ª parte, p. 649.

29. JUGLART, Michel de; IPPOLITO, Benjamin. *Droit commercial*. 2. ed. Paris: Monthrestien, 1977, v. 1, 174; RIPERT, Georges; ROBLOT, René. Traité *élementaire de droit commercial*. 10. ed. Paris: LGDJ, 1986, t. 2, p. 208.

30. NAVARRINI, Umberto. *Diritto commerciale*. 5. ed. Torino: UTET, 1937, v. 1, p. 267; VIVANTE, Cesare. *Trattato di diritto commerciale*. 5. ed. Milano: Casa Editrice Dottor Francesco Vallardi, 1924, v. 4, p. 320. Em sentido contrário: MIRANDA JÚNIOR, Darcy Arruda. *O* warrant *no direito brasileiro*. São Paulo: José Bushatsky, 1973, p. 167, para quem o primeiro endossante é um endossante como outro qualquer.

31. VIVANTE, Cesare. *Trattato di diritto commerciale*. 5. ed. Milano: Casa Editrice Dottor Francesco Vallardi, 1924, v. 4, p. 320; BORGES, João Eunápio. *Títulos de crédito*. 2. ed. Rio de Janeiro: Forense, 1977, p. 252.

4.2.2 Endosso do conhecimento de depósito

Feito o primeiro endosso do *warrant*, os títulos são separados, restando o conhecimento de depósito nas mãos do primeiro endossante do *warrant*. O titular do conhecimento de depósito também poderá endossá-lo sozinho. Nesse caso, o endosso do conhecimento de depósito separado do *warrant* transfere a propriedade das mercadorias, mas uma propriedade gravada com um ônus (penhor). A situação do endossatário do conhecimento de depósito é a mesma de qualquer comprador de um imóvel hipotecado, vale dizer, adquire a propriedade da coisa com o ônus de solver a dívida garantida, até o limite do valor do bem adquirido[32]. Em sentido contrário, Vivante afirma que o endosso do conhecimento transfere também a obrigação de pagar o título[33].

A nosso ver, porém, a lei não obriga o endossatário do conhecimento de depósito a pagar pessoalmente a dívida constante do *warrant*[34]. Em outras palavras, com o endosso do conhecimento, não há a transferência automática da obrigação constante do *warrant*. Contudo, nada impede que as partes convencionem que o endossatário do conhecimento assuma a dívida do *warrant* e, nesse caso, ele costuma abater do valor pago pelas mercadorias o valor da dívida[35]. Não havendo convenção nesse sentido, a eventual responsabilidade do titular do conhecimento decorre da propriedade dos bens dados em garantia, não representando uma obrigação pessoalmente assumida de pagar a dívida[36].

5 Direitos dos portadores do título

Com ou sem circulação, os títulos estarão nas mãos de certas pessoas e assegurarão a elas determinados direitos. A posse de um ou dos dois títulos juntos influencia nos direitos assegurados.

5.1 *Portador do conhecimento de depósito e do* warrant

O portador dos dois títulos tem direito de retirar as mercadorias, sem qualquer pagamento, podendo inclusive fazer retiradas parciais[37]. Ele será, em regra, o proprietário das mercadorias e, por isso, terá os direitos decorrentes dessa propriedade, especialmen-

---

32. BORGES, João Eunápio. *Títulos de crédito*. 2. ed. Rio de Janeiro: Forense, 1977, p. 252.

33. VIVANTE, Cesare. *Trattato di diritto commerciale*. 5. ed. Milano: Casa Editrice Dottor Francesco Vallardi, 1924, v. 4, p. 331.

34. CARVALHO DE MENDONÇA, J. X. *Tratado de direito comercial brasileiro*. 7. ed. Rio de Janeiro: Freitas Bastos, 1963, v. 5, 2ª parte, p. 652.

35. NAVARRINI, Umberto. *Diritto commerciale*. 5. ed. Torino: UTET, 1937, v. 1, p. 272.

36. LORDI, Luigi. *Istituzioni di diritto commerciale*. Padova: Cedam, 1943, v. 2, p. 353.

37. CARVALHO DE MENDONÇA, J. X. *Tratado de direito comercial brasileiro*. 7. ed. Rio de Janeiro: Freitas Bastos, 1963, v. 5, 2ª parte, p. 658.

te o de retirar as mercadorias do armazém, contra a devolução dos títulos. Entre esses poderes está a possibilidade de pedir a divisão da mercadoria em lotes e a emissão de outros títulos correspondentes a cada lote.

5.2 Portador do conhecimento de depósito

O portador do conhecimento de depósito tem a disponibilidade das mercadorias depositadas, resguardados os direitos do portador do *warrant*. Caso o *warrant* já tenha sido pago, ele poderá retirar as mercadorias normalmente, apresentando os títulos juntos e, por conseguinte, provando pagamento do *warrant*. Nesse caso, não haveria mais direitos a serem resguardados[38].

Caso o *warrant* ainda não tenha sido pago, ele não terá a possibilidade de pura e simplesmente retirar as mercadorias, uma vez que isso prejudicaria a garantia assegurada ao titular do *warrant*. Apesar disso, a legislação garante a ele a retirada das mercadorias, desde que consigne o valor do *warrant* no armazém geral, ou seja, posto que efetue o pagamento da dívida constante do *warrant*. Não se trata de uma simples caução para eventual discussão da dívida, mas do seu efetivo pagamento pelo portador do conhecimento de depósito, permitindo inclusive o recebimento antecipado pelo portador do *warrant*[39].

Normalmente, quem adquire apenas o conhecimento de depósito já combina com o primeiro endossante que vai pagar o valor do *warrant*. Nesse caso, normalmente é descontado do preço das mercadorias o valor a ser pago. Tal prática, embora não seja obrigatória, dá mais segurança àquele que recebeu apenas o conhecimento, uma vez que ele poderá retirar as mercadorias sem qualquer prejuízo.

5.3 Portador do warrant

O portador do *warrant* tem um direito de crédito (receber determinada quantia), cujo devedor principal é o primeiro endossante do título. Assim sendo, o portador do *warrant* deverá no vencimento apresentar o título ao primeiro endossante para exigir o pagamento da dívida. Caso ele efetue o pagamento, o título lhe será devolvido. Além disso, o pagamento poderá ser realizado pelo portador do conhecimento de depósito, consignando a quantia no armazém geral. Nesse caso, apesar da comunicação que tem que ser realizada, é oportuno que se verifique no armazém se há ou não tal depósito.

---

38. LACERDA, J. C. Sampaio de. *Dos armazéns-gerais*: seus títulos de crédito. Rio de Janeiro: Forense, [s.d.], p. 123.

39. CARVALHO DE MENDONÇA, J. X. *Tratado de direito comercial brasileiro*. 7. ed. Rio de Janeiro: Freitas Bastos, 1963, v. 5, 2ª parte, p. 660; LACERDA, J. C. Sampaio de. *Dos armazéns-gerais*: seus títulos de crédito. Rio de Janeiro: Forense, [s.d.], p. 125; MIRANDA JÚNIOR, Darcy Arruda. *O* warrant *no direito brasileiro*. São Paulo: José Bushatsky, 1973, p. 142.

Não havendo o pagamento no vencimento ou o depósito das quantias devidas no armazém, o portador do *warrant* deverá tomar medidas para satisfazer o seu crédito. Ele possui direitos pessoais de crédito contra os endossantes do *warrant* e um direito real de garantia sobre as mercadorias depositadas. À luz desses direitos são definidas as medidas a serem eventualmente tomadas.

5.3.1 Venda extrajudicial das mercadorias

Como há um direito real de garantia sobre as mercadorias depositadas, será possível buscar a satisfação de seus direitos com o produto da venda dessas mercadorias. Para realizar essa venda extrajudicial, o portador do *warrant* deverá protestar o título, levando o título ao cartório até o primeiro dia útil após o vencimento, para comprovar solenemente a falta de pagamento. Com o título e o instrumento do protesto nas mãos, ele poderá vender em leilão, por intermédio do corretor ou leiloeiro, que escolher, as mercadorias especificadas no título, independentemente de formalidades judiciais, no prazo improrrogável[40] de dez dias, contados da data do instrumento do protesto. A legislação (Decreto n. 1.102/1903 – art. 23, § 2º) afirma que igual direito caberá ao primeiro endossante que efetuar o pagamento, o que, a nosso ver, restringe a hipótese em que se combinou o desconto do valor do *warrant* na transferência do conhecimento de depósito[41].

Promovida a venda, o produto obtido será entregue ao armazém geral, que entregará a mercadoria ao adquirente. Do produto da venda serão abatidos, nessa ordem, os tributos devidos, as despesas da venda e as despesas do depósito[42]. Do saldo será entregue ao titular do *warrant* o valor que lhe couber (principal, juros e despesas do protesto). Caso haja algum saldo, ele será depositado à disposição do titular do conhecimento de depósito. Não havendo reclamação das quantias devidas, o armazém fará o depósito judicial dos valores devidos à disposição dos credores.

Em todo caso, se o portador do *warrant* não ficar integralmente pago, em virtude da insuficiência do produto líquido da venda da mercadoria ou da indenização do seguro, no caso de sinistro, ele poderá ajuizar ação contra os devedores do *warrant*, observando-se a esse respeito as mesmas disposições (substanciais e processuais de fundo e de forma) relativas às letras de câmbio e notas promissórias. Tal ação pressupõe o protesto e a venda das mercadorias. Se isso não for realizado, não há que falar no exercício dessa ação[43].

---

40. LACERDA, J. C. Sampaio de. *Dos armazéns-gerais*: seus títulos de crédito. Rio de Janeiro: Forense, [s.d.], p. 135.

41. NAVARRINI, Umberto. *Diritto commerciale*. 5. ed. Torino: UTET, 1937, v. 1, p. 271.

42. CARVALHO DE MENDONÇA, J. X. *Tratado de direito comercial brasileiro*. 7. ed. Rio de Janeiro: Freitas Bastos, 1963, v. 5, 2ª parte, p. 668.

43. LORDI, Luigi. *Istituzioni di diritto commerciale*. Padova: Cedam, 1943, v. 2, p. 351; NAVARRINI, Umberto. *Diritto commerciale*. 5. ed. Torino: UTET, 1937, v. 1, p. 272; COSTA, Wille Duarte. *Títulos de crédito*. Belo Horizonte: Del Rey, 2003, p. 457.

Nesse sentido, o prazo prescricional inicia-se a partir da data da venda, que seria de três anos contra o primeiro endossante, em tudo equiparado ao emitente, e de um ano contra os demais endossantes[44].

De acordo com Sampaio Lacerda e Darcy Arruda Miranda Júnior, tal ação também poderá ser ajuizada contra os endossadores do conhecimento de depósito[45], tendo em vista a previsão do art. 23, § 7º, do Decreto n. 1.102/1903. A nosso ver, porém, os endossantes do conhecimento não assumem qualquer responsabilidade pessoal pelo pagamento da dívida e, por isso, não poderiam ser demandados.

5.3.2 Ausência do protesto tempestivo ou da venda extrajudicial

Não feito o protesto, ou não obedecido o prazo do protesto, ou não realizada a venda extrajudicial das mercadorias, o titular do *warrant* só mantém o direito contra o primeiro endossante do *warrant* e contra os endossadores do conhecimento de depósito (Decreto n. 1.102/1903 – art. 23, § 7º). Tal disposição causa certa estranheza, especialmente no que tange a eventual responsabilidade dos endossadores do conhecimento de depósito.

A responsabilidade do primeiro endossante decorre da condição de devedor principal da obrigação, cuja obrigação é exigível independentemente do protesto. Há uma responsabilidade pessoalmente assumida pelo pagamento da dívida, a qual se mantém mesmo se não realizado o protesto ou a venda das mercadorias.

Além do primeiro endossante, o art. 23, § 7º, do Decreto n. 1.102/1903 fala em conservar os direitos contra os endossadores do conhecimento. Sampaio Lacerda afirma que tal regra demonstra a existência de uma obrigação pessoal destes, pelo pagamento da dívida do *warrant*[46]. Darcy Arruda Miranda Júnior reconhece também a existência de dívida pessoal dos endossantes e do portador do conhecimento, porquanto a circulação das mercadorias transferiria a qualidade de devedor[47]. Ele assevera que a ausência do protesto ou da venda extinguiria qualquer relação de penhor existente, subsistindo apenas a obrigação pessoal do primeiro endossante do *warrant* e dos endossantes do conhecimento de depósito. Quem endossa o conhecimento com ciência da obrigação do *warrant* assume a obrigação de garantir o pagamento desse título[48].

---

44. Em sentido contrário: MIRANDA JÚNIOR, Darcy Arruda. *O* warrant *no direito brasileiro*. São Paulo: José Bushatsky, 1973, p. 169, para quem todos são endossantes e teriam o mesmo prazo.

45. LACERDA, J. C. Sampaio de. *Dos armazéns-gerais*: seus títulos de crédito. Rio de Janeiro: Forense, [s.d.], p. 141; MIRANDA JÚNIOR, Darcy Arruda. *O* warrant *no direito brasileiro*. São Paulo: José Bushatsky, 1973, p. 154.

46. LACERDA, J. C. Sampaio de. *Dos armazéns-gerais*: seus títulos de crédito. Rio de Janeiro: Forense, [s.d.], p. 141.

47. MIRANDA JÚNIOR, Darcy Arruda. *O* warrant *no direito brasileiro*. São Paulo: José Bushatsky, 1973, p. 139.

48. VIVANTE, Cesare. *Trattato di diritto commerciale*. 5. ed. Milano: Casa Editrice Dottor Francesco Vallardi, 1924, v. 4, p. 331; MIRANDA JÚNIOR, Darcy Arruda. *O* warrant *no direito brasileiro*. São Paulo: José Bushatsky, 1973, p. 165-166.

Messineo igualmente reconhece tal responsabilidade, embora mencione não fazer nenhum sentido[49].

Em outro sentido, Umberto Navarrini, Luigi Lordi, João Eunápio Borges e Wille Duarte Costa sustentam, a nosso ver com razão, que a responsabilidade não é dos endossantes, mas apenas do último endossatário[50] do conhecimento de depósito. Tal responsabilidade não é pessoal, mas decorre da propriedade das mercadorias depositadas. A medida contra tal endossatário seria na verdade uma excussão do penhor, na qual se promoveria a venda judicial das mercadorias.

Em nenhum caso, há que falar em responsabilidade dos endossantes do conhecimento de depósito, porquanto nessa condição eles não assumem qualquer obrigação. A responsabilidade do endossatário não é uma responsabilidade pessoal, mas uma responsabilidade decorrente da propriedade das mercadorias depositadas. Por isso, o que se tem aqui não é uma execução do endossatário do conhecimento, mas algo similar a uma excussão do penhor. Ele não tem responsabilidade que ultrapasse o valor dos bens dados em garantia, porquanto ele não assumiu a dívida.

6 Extravio ou destruição dos títulos

Caso haja a destruição ou extravio dos títulos emitidos pelo armazém geral, há um procedimento próprio para resguardar os interesses dos seus titulares (Decreto n. 1.102/1903 – art. 27).

Caso se trate do conhecimento de depósito e do correspondente *warrant*, ou só do primeiro, o interessado poderá obter uma segunda via do título ou a entrega das mercadorias, garantindo o direito do portador do *warrant*, se este foi negociado. No caso de as mercadorias já terem sido alienadas pelo credor do *warrant*, ele terá direito ao eventual saldo dessa venda.

Inicialmente, o portador dos títulos perdidos deverá avisar o armazém e promover a publicação de um aviso sobre a perda em jornal de maior circulação na sede do armazém, por três dias. Com o comprovante dessa publicação em mãos e com a cópia fiel do talão do título perdido, fornecida pelo armazém geral e por este autenticada, ele poderá promover uma ação visando à substituição dos títulos perdidos, ou ao menos o reconhecimento dos direitos decorrentes dos títulos perdidos. Tal ação correrá perante o juízo da sede do armazém geral[51].

---

49. MESSINEO, Francesco. *Manual de derecho civil y comercial.* Tradução de Santiago Sentis Melendo. Buenos Aires: Egea, 1955, v. 5, p. 290.

50. NAVARRINI, Umberto. *Diritto commerciale.* 5. ed. Torino: UTET, 1937, v. 1, p. 272; LORDI, Luigi. *Istituzioni di diritto commerciale.* Padova: Cedam, 1943, v. 2, p. 352; BORGES, João Eunápio. *Títulos de crédito.* 2. ed. Rio de Janeiro: Forense, 1977, p.259-260; COSTA, Wille Duarte. *Títulos de crédito.* Belo Horizonte: Del Rey, 2003, p. 457.

51. COSTA, Wille Duarte. *Títulos de crédito.* Belo Horizonte: Del Rey, 2003, p. 460.

Com os documentos reunidos, o requerente justificará sumariamente a sua propriedade e solicitará ao juiz a notificação do armazém geral para não entregar sem ordem judicial a mercadoria ou saldo disponível no caso de ser ou de ter sido ela vendida. Para a justificação da propriedade, o armazém será cientificado e, no caso de negociação do *warrant*, também será citado o endossatário desse título.

Justificada a propriedade dos títulos, o juiz ordenará a publicação de editais com prazo de 30 dias para reclamações. Tais editais serão publicados na imprensa oficial e em jornal de grande circulação, além de serem fixados no armazém e na sala de vendas públicas. Havendo impugnações, o juiz marcará o prazo de dez dias para prova, e, findo estes, se manifestarão os interessados com prazo de cinco dias cada um, após o que será o pedido julgado por sentença, sujeita à apelação sem efeito suspensivo. Não havendo impugnações, ou sendo rejeitadas as formuladas, o juiz expedirá mandado para retirada das mercadorias ou para emissão da segunda via dos títulos perdidos.

Se ocorrer a perda tão somente do *warrant*, o procedimento será o mesmo, com algumas peculiaridades. Para a justificação da propriedade serão citados o primeiro endossante do *warrant* e os demais conhecidos. Reconhecida a propriedade do requerente, será o pedido julgado por sentença, sendo o mandado judicial de pagamento dirigido contra o primeiro endossante ou contra quem tiver em consignação a quantia correspondente ao *warrant*. Em todo caso, serão assegurados os mesmos direitos que decorreriam do título.

7 Certificado de depósito agropecuário e *warrant* agropecuário

O conhecimento de depósito e o *warrant* são títulos extremamente úteis para os empresários em geral e sempre foram muito usados. Todavia, a realidade atual impôs uma modernização desses instrumentos, especialmente para os produtos agropecuários. Tal modernização não decorreu simplesmente da alteração da legislação então vigente, mas da criação de novos títulos específicos para os produtos agropecuários: o certificado de depósito agropecuário (CDA) e o *warrant* agropecuário (WA). Atualmente, não são mais admissíveis os títulos originais para os produtos agropecuários, mas apenas o CDA e o WA.

7.1 Depósito de produtos agropecuários

Os produtos agropecuários, seus derivados, subprodutos e resíduos de valor econômico normalmente devem ser armazenados por certo período antes da sua negociação, até para conseguir melhores condições de preço. Tal depósito poderá ser feito em instalações do próprio produtor, ou numa entidade própria para isso, nos termos da Lei n. 9.973/2000. Tais entidades específicas para a armazenagem de produtos agropecuários devem ser certificadas para tanto pelo Ministério da Agricultura, devendo ser arquivados na Junta Comercial o termo de nomeação de fiel depositário e o regulamento interno do armazém. A cooperativa que se dedicar a vendas em comum também pode exercer o mesmo papel.

Quando se faz referência a produtos agropecuários, está-se abrangendo produtos da agricultura e da pecuária. Nos produtos da agricultura incluem-se os decorrentes de cultivo agrário e de atividades meramente extrativas (castanhas, sementes, látex...), cujos bens comportem armazenamento e façam parte do chamado agronegócio[52]. Nos produtos pecuários deve-se compreender tudo o referente à criação de animais para aproveitamento econômico[53].

Por produtos deve-se entender o resultado direto da intervenção humana, por cultivo, criação ou extração[54]. Já os derivados abrangem a transformação do produto por uma atividade humana (exemplo: queijo, iogurte...). Por subproduto tem-se o resultado secundário da intervenção humana, como, por exemplo, a castanha de caju, que é um subproduto do cultivo do caju[55]. Por fim, por resíduos de valor econômico devem ser entendidas as sobras (bagaço de cana, farelo, osso...).

Realizado o depósito dos produtos agropecuários, seus derivados, subprodutos e resíduos de valor econômico, concretiza-se um contrato de depósito entre a pessoa física ou jurídica depositante e a pessoa jurídica depositária (art. 2º, III, do Decreto n. 3.855/2001), pelo qual esta se obriga a exercer as atividades de guarda e conservação de produtos, bem como a devolvê-los após o prazo estipulado. O contrato de depósito conterá, obrigatoriamente, entre outras cláusulas, o objeto, o prazo de armazenagem, o preço e a forma de remuneração pelos serviços prestados, os direitos e as obrigações do depositante e do depositário, a capacidade de expedição e a compensação financeira por diferença de qualidade e quantidade. O prazo de armazenagem, o preço dos serviços prestados e as demais condições contratuais serão fixados por livre acordo entre as partes.

A princípio, as unidades armazenadoras emitirão comprovante de depósito com numeração sequencial em que constem, no mínimo, os seguintes dados: a identificação do depositante e do depositário, a especificação do produto, seu peso líquido e bruto, sua qualidade, a forma de acondicionamento, o número de volumes ou fardos, o endereço onde se encontra depositado, o valor dos serviços de armazenagem e a periodicidade de sua cobrança.

7.2 Emissão do warrant *agropecuário (WA) e do certificado de depósito agropecuário (CDA)*

A pedido do depositante, podem ser emitidos dois títulos pelo depositário, quais sejam o *Warrant* Agropecuário (WA) e o Certificado de Depósito Agropecuário (CDA).

52. MAMEDE, Gladston. *Direito empresarial brasileiro*: títulos de crédito. 2. ed. São Paulo: Atlas, 2005, p. 461.

53. Idem, p. 461.

54. Idem, p. 462.

55. Idem, p. 462.

Tais títulos surgiram para substituir, no que tange apenas aos produtos agropecuários, o *Warrant* e o Conhecimento de Depósito, regidos pelo Decreto n. 1.102/1903, que continuam valendo para outros produtos.

O CDA e o WA são títulos unidos, emitidos simultaneamente, podendo ser transmitidos unidos ou separadamente, mediante endosso. Emitidos o CDA e o WA, fica dispensada a entrega de recibo de depósito. Nesse caso, é facultada a formalização do contrato de depósito, que seria obrigatória sem a emissão dos títulos.

O CDA é título de crédito representativo de promessa de entrega de produtos agropecuários, seus derivados, subprodutos e resíduos de valor econômico, depositados. Não se trata de um título que representa diretamente a propriedade, mas direito à entrega das mercadorias depositadas, o que impede o pedido de restituição no caso de eventual falência do depositário[56]. Ele tem por objetivo simplificar a negociação dos produtos depositados, uma vez que a propriedade deles será transferida com a circulação dos títulos.

O WA é título de crédito que permite constituir direito de penhor sobre o CDA, bem como sobre o produto escrito no CDA, sem a transferência da posse efetiva dos produtos, excepcionando o comando do art. 1.431 do Código Civil. Ele tem por objetivo facilitar o acesso a financiamentos, na medida em que representa um crédito com uma garantia bem segura e, por conseguinte, com custos menores.

Para requerer a emissão desses títulos, o depositante deverá declarar que o produto é de sua propriedade e está livre e desembaraçado de quaisquer ônus e deverá outorgar, em caráter irrevogável, poderes ao depositário para transferir a propriedade do produto ao endossatário do CDA. Tais documentos serão arquivados pelo depositário, que emitirá os títulos em duas vias, sendo a primeira via destinada ao depositante, ficando a segunda arquivada, com o recibo de entrega da primeira via.

O depositante tem o direito de pedir ao depositário a divisão do produto em tantos lotes quantos lhe convenham e solicitar a emissão do CDA e do WA correspondentes a cada um dos lotes, com o intuito de facilitar a negociação de quantidades menores do produto do que o montante global depositado. O depositário, como em qualquer contrato de depósito, assume a obrigação de guardar, conservar, manter a qualidade e a quantidade do produto recebido em depósito, além de ter a obrigação de entregar o produto ao credor na quantidade e qualidade consignadas no CDA e no WA.

Emitidos o CDA e o WA, os produtos depositados a que se referem não poderão sofrer embargo, penhora, sequestro ou qualquer outro embaraço que prejudique a sua livre e plena disposição (Lei n. 11.076/2004 – art. 12). Os produtos ficam imunes a quaisquer desses gravames. Tal imunidade visa a proteger a circulação dos títulos, dando mais segurança a quem eventualmente os adquire. Todavia, tal imunidade não impede que os próprios títulos sejam objetos de embargo, penhora, sequestro ou qualquer outro embaraço.

---

56. SICHERLE, Camilo et al. O impacto de recentes mudanças na regulamentação brasileiro sobre o "custo Brasil" nas operações de recebimento antecipado de exportação de produtos agrícolas brasileiros. In: WAISBERG, Ivo; FONTES, Marcos Rolim Fernandes (Coord.). *Contratos bancários*. São Paulo: Quartier Latin, 2006, p. 241-242.

7.3 *Requisitos legais*

Em atenção ao formalismo, para um documento receber o tratamento de um WA ou um CDA, ele tem que preencher certos requisitos estabelecidos em lei (Lei n. 11.076/2004 – art. 5º). Todos esses requisitos são essenciais e, por isso, na falta de qualquer um deles, os documentos valem apenas como meios de prova, sem o valor de um CDA ou um WA, não tendo, por exemplo, a eficácia de um título executivo. Além disso, é certo que o depositário que emitir o CDA e o WA é responsável, civil e criminalmente, inclusive perante terceiros, pelas irregularidades e inexatidões neles lançadas (art. 9º da Lei n. 11.076/2004).

São requisitos do CDA e do WA:

- denominação do título;
- número de controle, que deve ser idêntico para cada conjunto de CDA e WA;
- menção de que o depósito do produto sujeita-se às Leis n. 9.973/2000 e n. 11.076/2004, e, no caso de cooperativas, à Lei n. 5.764/71;
- identificação, qualificação e endereços do depositante e do depositário;
- identificação comercial do depositário;
- cláusula à ordem;
- endereço completo do local do armazenamento;
- descrição e especificação do produto;
- peso bruto e líquido;
- forma de acondicionamento;
- número de volumes, quando cabível;
- valor dos serviços de armazenagem, conservação e expedição, a periodicidade de sua cobrança e a indicação do responsável pelo seu pagamento;
- identificação do segurador do produto e do valor do seguro;
- qualificação da garantia oferecida pelo depositário, quando for o caso;
- data do recebimento do produto e prazo do depósito;
- data de emissão do título;
- identificação, qualificação e assinatura dos representantes legais do depositário;
- identificação precisa dos direitos que conferem.

O primeiro requisito dos títulos em questão é a sua denominação, a qual todos os títulos de crédito a têm como um de seus requisitos no corpo do próprio título, para a identificação do seu regime jurídico. É a chamada cláusula cambial.

O segundo requisito é o número de controle, que serve para controlar a emissão desses títulos e evitar a configuração do crime previsto no art. 178 do Código Penal. O número de controle deve ser idêntico para cada conjunto de CDA e WA.

O terceiro requisito é a identificação da legislação de regência do depósito, vale dizer, os títulos devem também fazer menção de que o depósito do produto se sujeita às Leis n. 9.973/2000 e n. 11.076/2004, ou, no caso das cooperativas, à Lei n. 5.764/71.

O quarto requisito é a qualificação das partes, identificando-se o depositante e o depositário, com sua qualificação e os respectivos endereços. Além disso, exige-se a identificação comercial do depositário, com a especificação do seu registro na junta comercial.

Ao se qualificar o depositante, deve-se incluir também a cláusula à ordem, para permitir a circulação do título por endosso. Tal cláusula é fundamental para permitir inicialmente a circulação desses títulos por uma forma mais simplificada.

Exige-se ainda o endereço completo do local do armazenamento, o que é fundamental para permitir a futura retirada das mercadorias, bem como o exercício de eventuais direitos dos portadores. Além de identificar o local do depósito, é essencial descrever a quantidade e a qualidade das mercadorias depositadas, inclusive o peso bruto e o preço líquido ou número de volumes, a fim de ter uma ideia sobre o valor real dos produtos depositados.

Especificamente por serem produtos agropecuários, deve constar do título sua forma de acondicionamento. Como os produtos agropecuários são, de certo modo, suscetíveis à deterioração, é fundamental identificar a forma de acondicionamento dos produtos para saber por quanto tempo a qualidade deles restará assegurada no depósito.

Também deverá constar nos títulos o preço cobrado pelo depositário em relação aos serviços de armazenagem, conservação e expedição dos produtos, com a periodicidade de sua cobrança e a indicação do responsável pelo seu pagamento. O depositante e o depositário poderão acordar que a responsabilidade pelo pagamento do valor de tais serviços será do endossatário do CDA. Devem constar nos títulos a data do recebimento do produto pelo depositário, bem como o prazo do depósito, que poderá ser de até um ano, admitindo prorrogações a serem convencionadas pelas partes. Ressalte-se, desde já, que tal prazo é estipulado em favor do depositante, que poderá exigir a devolução das mercadorias antes do prazo estipulado (art. 633 do CC de 2002).

Como a mercadoria fica depositada, é fundamental garantir-se em face de eventual perda nas mercadorias. Para tanto, é importante que haja um seguro das mercadorias e, por isso, deverá constar dos títulos a identificação do segurador do produto e do valor do seguro. Nessa mesma linha, eventualmente pode-se exigir uma garantia por parte do depositário, pelo valor dos produtos depositados, a qual deverá restar qualificada em ambos os títulos.

Nos títulos em questão, também devem constar a data de emissão deles, uma vez que é a partir dessa data que se poderá conferir a legislação em vigor, bem como a capacidade das partes para firmar o negócio. Também é essencial a assinatura do depositário, aquele que emite o título. Tal sujeito será sempre uma pessoa jurídica (art. 4º, I, da Lei n. 11.076/2004). Ora, sendo uma pessoa jurídica, a assinatura será do seu representante, que deve ser igualmente qualificado e identificado no âmbito do título, a fim de proporcionar maior segurança.

Por fim, os títulos devem indicar quais direitos são conferidos, para que quem os adquira saiba exatamente o que lhe é assegurado por aquele título.

CDA – CERTIFICADO DE DEPÓSITO AGROPECUÁRIO

PRAZO DE DEPÓSITO: ATÉ ___ DE ____________________ DE 20__

Para uso interno	(Identificação do emitente do título/armazém e endereço (timbre) CNPJ: XX.XXX.XXX/XXXX-XX – Inscr. Est.: XXX.XXX-X Endereço completo:

Entregamos contra a apresentação deste Certificado de Depósito Agropecuário e do respectivo *Warrant* Agropecuário a ____________ (nome, CNPJ ou CPF, endereço), ou à sua ordem, o produto descrito e declarado neste título, armazenado em nossa Unidade de Armazenagem localizada à (endereço completo) ______________, denominada armazém n. ________, certificada sob n. _______.

Descrição/Especificações do produto depositado:

Produto: **1.000 (hum mil) sacas de café beneficiado padrão BMF**

Descrição e especificação: ____

Peso bruto:_______________ Peso líquido:____________

Lote:____

Declaramos estar o produto depositado a que se refere este título e correspondente *Warrant* Agropecuário segurado contra incêndio, raio, explosão de qualquer natureza, danos elétricos, vendaval, furacão, ciclone, tornado, granizo, queda de aeronaves ou quaisquer outros engenhos aéreos ou espaciais, impacto de veículos terrestres e fumaça, alagamento, inundação e quaisquer intempéries que os destruam ou deteriorem o produto depositado e/ou do seu acondicionamento, conforme Apólice(s) n.(s) __________ da Seguradora ________________.

Data do recebimento do produto: ________________

Local e data da emissão: _____ **de** ____________ **de 20**___

Fiel Depositário: Nome/CNPJ ou CPF:____

____

Avalista(s):____

WA – *WARRANT* AGROPECUÁRIO

PRAZO DE DEPÓSITO: ATÉ ___ DE ___________________ DE 20__

Para uso interno		(Identificação do emitente do título/armazém e endereço (timbre)) CNPJ: XX.XXX.XXX/XXXX-XX – Inscr. Est.: XXX.XXX-X Endereço completo:

Entregamos contra a apresentação deste Certificado de Depósito Agropecuário e do respectivo *Warrant* Agropecuário a _____________ (nome, CNPJ ou CPF, endereço), ou à sua ordem, o produto descrito e declarado neste título, armazenado em nossa Unidade de Armazenagem localizada à (endereço completo) ______________, denominada armazém n. ________, certificada sob n. _______.

Descrição/Especificações do produto depositado:

Produto: **1.000 (hum mil) sacas de café beneficiado padrão BMF**

Descrição e especificação: ____

Peso bruto:_______________ Peso líquido:____________

Lote:____

Declaramos estar o produto depositado a que se refere este título e correspondente *Warrant* Agropecuário segurado contra incêndio, raio, explosão de qualquer natureza, danos elétricos, vendaval, furacão, ciclone, tornado, granizo, queda de aeronaves ou quaisquer outros engenhos aéreos ou espaciais, impacto de veículos terrestres e fumaça, alagamento, inundação e quaisquer intempéries que os destruam ou deteriorem o produto depositado e/ou do seu acondicionamento, conforme Apólice(s) n.(s) __________ da Seguradora __________________.

Data do recebimento do produto: ________________

Local e data da emissão: _____ **de** ____________ **de 20**___

Fiel Depositário: Nome/CNPJ ou CPF:____

____

Avalista(s):____

7.4 Registro

Emitidos o CDA e o WA pelo depositário, eles serão entregues ao depositante, que tem a obrigação de providenciar o registro deles em sistema de registro e de liquidação financeira de ativos autorizado pelo Banco Central do Brasil, como a Cetip.

Para se efetuar o registro dos títulos, eles devem primeiramente ser custodiados em uma instituição legalmente autorizada para esse fim, mediante endosso-mandato passado pelo depositante. Na custódia, a instituição financeira recebe os títulos na condição de procuradora do depositante, podendo realizar o registro eletrônico dos títulos. Uma vez custodiados, aí sim poderá ser feito o registro dos títulos.

O registro, além de obrigatório, permite a negociação dos títulos nos mercados de bolsa e de balcão, como ativos financeiros. O registro deve ocorrer no prazo máximo de 30 dias contados da emissão do título. Tal prazo não pode ser ultrapassado, sob pena de o depositante ser obrigado a solicitar ao depositário o cancelamento dos títulos e sua substituição por novos ou por recibo de depósito, em seu nome. Se forem substituídos, poderão ser novamente registrados e, caso essa não seja a intenção do depositante, basta que ele fique com o recibo.

7.5 Circulação

Uma vez emitidos pelo depositário, os títulos serão entregues ao depositante, o qual, porém, poderá passá-los para frente. Tal circulação, a nosso ver, pode ser feita por meio de endosso ou por meio de negociação eletrônica no âmbito do sistema financeiro nacional.

Gladston Mamede entende que a circulação do WA e do CDA só pode se dar no âmbito do sistema financeiro nacional, isto é, eles podem ser negociados apenas como ativos financeiros, com a intervenção de uma instituição financeira[57]. Ousamos discordar desse entendimento, pois a nosso ver é possível o endosso tradicional dos títulos, antes do registro e após a baixa nesse registro, pois a Lei n. 11.076/2004 (art. 2º) menciona expressamente a existência de endosso para tais títulos, o qual não pode ocorrer no mercado de bolsa ou de balcão.

Antes do registro, os títulos podem circular normalmente por meio de endosso em preto (art. 2º, I, da Lei n. 11.076/2004), uma vez que a cláusula à ordem é essencial tanto para o WA quanto para o CDA. Entretanto, feito o registro, que permite a negociação dos títulos nos mercados de bolsa e de balcão, como ativos financeiros, não haverá mais o endosso tradicional dos títulos, que já estarão devidamente custodiados em uma instituição autorizada. Durante o período do registro, a entidade registradora será responsável pela anotação e atualização das operações realizadas com os títulos. Ressalta-se que em tais negociações não haverá incidência de ICMS, tampouco de IOF.

Após a baixa no registro, os títulos podem voltar a ser endossados normalmente.

57. MAMEDE, Gladston. *Direito empresarial brasileiro*: títulos de crédito. 2. ed. São Paulo: Atlas, 2005, p. 466.

7.5.1 Circulação dos títulos unidos

Por nascerem unidos, é certo que poderá haver a circulação conjunta do CDA e do WA. Nesse caso, o que ocorre é a transferência pura e simples das mercadorias depositadas, sem qualquer ônus ou gravame. Em tal situação, o WA não tem nenhum papel.

7.5.2 Separação dos títulos

Embora nasçam unidos, o WA e CDA podem circular unidos ou separados. Caso haja a separação dos títulos, é fundamental que seja negociado primeiro o WA, porquanto o papel deste título é constituir um penhor sobre o CDA e as mercadorias depositadas. Para se constituir um penhor sobre as mercadorias depositadas, é fundamental ser proprietário delas, o que só ocorre se a pessoa for titular do CDA.

Havendo a circulação separada do WA, haverá uma espécie de promessa de pagamento garantida pelo penhor sobre as mercadorias depositadas. Assim sendo, nessa primeira negociação separada, a entidade registradora consignará em seus registros o valor do crédito do WA, bem como os eventuais encargos financeiros (a taxa de juros, o indicador que será utilizado para o cálculo do valor da dívida) ou, ainda, o valor a ser pago no vencimento e a forma de pagamento, com a indicação precisa da data de vencimento. O titular do WA terá um direito de crédito (pagamento em dinheiro), garantido pelo penhor das mercadorias.

Nas negociações separadas do CDA, quem o receber terá a disponibilidade sobre as mercadorias, resguardados os direitos do portador do WA. Ao receber o CDA sozinho, haverá a ciência do crédito garantido pelas mercadorias depositadas e pelo penhor do próprio CDA, podendo negociar melhor o preço a ser pago. É comum que o adquirente do CDA assuma a obrigação de pagar o valor do CDA, simplificando a negociação das mercadorias depositadas.

7.6 Baixa no registro

Para que possa haver a retirada das mercadorias, é essencial a apresentação do CDA ao depositário e, para isso, é fundamental que se dê baixa no registro eletrônico dos títulos, pois só assim a entidade registradora endossará os títulos de volta para o seu proprietário (art. 15, § 2º, da Lei n. 11.076/2004).

A retirada do registro eletrônico do CDA é permitida quando o CDA e o respectivo WA estiverem na posição livre do mesmo proprietário, hipótese em que ambos os registros eletrônicos serão retirados do sistema concomitantemente. Nesse caso, o proprietário dos dois títulos tem propriedade das mercadorias sem nenhum gravame. Assim sendo, serão entregues os dois títulos ao proprietário.

Também é possível a baixa no registro do CDA quando o proprietário do CDA, embora distinto do proprietário do respectivo WA, consignar ao Registrador, em dinheiro, o valor do principal e dos juros devidos até a data do vencimento da operação anotada no respectivo WA. Nesse caso, a instituição custodiante entregará, com a cártula do CDA, documento comprobatório do depósito consignado, os quais consolidam a propriedade plena nas mãos do proprietário do CDA, representando algo como a extinção da garantia.

A baixa do registro eletrônico do WA poderá ocorrer com o seu pagamento, isto é, se a entidade registradora realizar a liquidação financeira do título no seu vencimento. Se for configurada a inadimplência financeira do Registrador, isto é, se o título não for pago no vencimento, o sistema efetua automaticamente a retirada do registro eletrônico do título e emite relatório para o proprietário ou detentor do WA, conforme o caso, como documento comprobatório da ausência de quitação da referida operação. Nesse caso, o proprietário do WA pode requerer a retirada do registro eletrônico do título e, com isso, haverá também a baixa do registro do CDA, o que será informado por meio de relatório ao proprietário desse título.

7.7 *Direitos dos portadores dos títulos*

Efetuada a baixa do registro eletrônico dos títulos, os portadores podem exercer seus direitos, na forma estabelecida pela Lei n. 11.076/2004.

7.7.1 Portador do CDA e do WA

O proprietário do CDA e do respectivo WA tem direito à entrega das mercadorias depositadas, podendo retirá-las livremente do depositário, desde que já tenha sido realizado o pagamento dos serviços de armazenagem, conservação e expedição e das obrigações tributárias. A responsabilidade por tal pagamento deve ser definida no próprio título. Caso não consiga retirar as mercadorias, ele poderá promover a execução dos títulos, para a entrega de coisa, em desfavor do depositário.

7.7.2 Portador do CDA

O titular do CDA que não seja titular do WA também tem o direito de retirar as mercadorias, desde que apresente o comprovante da realização perante a instituição custodiante do depósito do valor do WA. Também nesse caso é fundamental que já tenha sido realizado o pagamento dos serviços de armazenagem, conservação e expedição e das obrigações tributárias.

Caso sejam cumpridos todos os requisitos e ainda assim o proprietário do CDA não conseguir retirar as mercadorias, ele poderá promover uma execução para entrega de coisa (arts. 806 a 813 do CPC/2015), porquanto estamos diante de um título executivo extrajudicial (art. 1º, § 4º, da Lei n. 11.076/2004). Tal execução deverá ser dirigida contra o depositário, porquanto os eventuais endossantes não têm responsabilidade pela entrega da coisa, mas apenas pela existência da obrigação (art. 2º, II).

7.7.3 Portador do WA

O titular do WA tem um direito de crédito, garantido pelo penhor do CDA e das mercadorias depositadas. Assim sendo, ele tem direito de receber o valor do seu crédito, seja diretamente pelo devedor, seja por meio da entidade registradora que receber o depósito efetuado pelo titular do CDA.

Se o título não for pago no vencimento, haverá a baixa no registro eletrônico do título e será emitido relatório para o proprietário ou detentor do WA, conforme o caso, como documento comprobatório da ausência de quitação da referida operação. Nesse caso, o proprietário do WA pode requerer a retirada do registro eletrônico do título e, com isso, haverá também a baixa do registro do CDA, o que será informado por meio de relatório ao proprietário desse título.

Com o título em mãos, o portador do WA poderá promover a excussão do penhor, podendo fazer a constrição do CDA ou dos produtos dados em garantia e aliená-los para a satisfação de crédito[58]. No caso dos produtos, a venda será realizada por meio de leilão em uma bolsa de mercadorias, independentemente de formalidades judiciais. No caso de fazer recair seus direitos sobre o próprio CDA, deverá ocorrer a venda do título, com o WA, em bolsa de mercadorias ou de futuros, ou em mercado de balcão organizado, também independentemente de formalidades judiciais. O adquirente dos títulos poderá negociá-los novamente, observadas as condições já citadas.

Vendidos os produtos ou os títulos, o produto da venda será destinado ao titular do WA. O eventual saldo será colocado à disposição do titular do CDA, com o desconto das despesas realizadas no leilão dos produtos ou dos títulos (Lei n. 11.076/2004 – art. 17, § 3º).

Além disso, o portador do WA tem o direito de promover a execução do título contra todos os endossantes e avalistas desse título, independentemente do protesto (art. 2º, III, da Lei n. 11.076/2004). Os eventuais endossantes e avalistas do WA são devedores solidários desse título (art. 47 da LUG – Decreto n. 57.663/66) e respondem na forma da legislação cambiária, apenas não sendo necessário o protesto pela norma específica da Lei n. 11.076/2004. Discordamos da opinião de Gladston Mamede[59], que entende que a regra estipulada de não responsabilidade do endossante (art. 2º, II) vale para o CDA e para o WA. A nosso ver, como o citado art. 2º, II, afirma que os endossantes "não respon-

---

58. PEREIRA, Caio Mário da Silva. *Instituições de direito civil*. 11. ed. Rio de Janeiro: Forense, 1994, v. IV, p. 236.

59. MAMEDE, Gladston. *Direito empresarial brasileiro*: títulos de crédito. 2. ed. São Paulo: Atlas, 2005, p. 463.

dem pela entrega do produto, mas, tão somente, pela existência da obrigação", tal regra se refere apenas ao CDA, pois só nele há obrigação de entrega de mercadorias.

Ressalte-se que só poderão ser demandados aqueles que realizaram o endosso no título ou assinaram o título como avalistas, pois o princípio da literalidade aplica-se nesse particular às duas declarações cambiárias (endosso e aval).

21 CONHECIMENTO DE TRANSPORTE

1 Transporte de mercadorias

Na atividade empresarial, o transporte de mercadorias também desempenha papel fundamental, na medida em que permite a aproximação entre produtores e consumidores. Sem tal aproximação, não há como difundir a produção, nem como atender às necessidades de todos os consumidores. Em razão dessa importância, o direito empresarial possui grande interesse nesse contrato. Sem o transporte, o comércio não conseguiria se desenvolver até o estágio atual. Sem ele, não há como imaginar o comércio eletrônico.

O contrato de transporte de coisas pode ser de coisas ou de pessoas, interessando-nos apenas o primeiro. Ele pode ser conceituado como o contrato pelo qual uma pessoa (transportador) se obriga a transferir ou a fazer transferir de um lugar para outro as coisas que lhe foram confiadas, entregando-as no destino combinado. Trata-se de um contrato consensual, bilateral, oneroso[1], de duração, comutativo, não solene e de adesão[2].

Tal avença é firmada, a princípio, entre duas pessoas: o remetente o transportador[3]. O remetente é quem entrega a mercadoria e requer sua movimentação. O transportador é quem recebe a mercadoria e tem a obrigação de custodiá-la e entregá-la no destino. Nesse destino, a entrega pode ser feita ao próprio remetente ou a terceiro indicado por ele (destinatário), o qual, embora não seja parte do contrato, é beneficiado por ele e pode eventualmente assumir obrigações, como o pagamento do transporte. No transporte de mercadorias, o mais comum é que o destinatário seja realmente uma pessoa distinta do remetente[4].

Como o cerne do contrato de transporte em estudo é a movimentação física das mercadorias de um lugar para o outro, é fundamental saber qual o meio utilizado para essa movimentação, bem como se foi um único meio ou se foram usados conjuntamente vários.

Quanto aos meios, o transporte pode ser terrestre, quando a movimentação se dá por terra firme. Nesse caso, pode-se subdividi-lo em transporte rodoviário (estradas de

1. Eventualmente tal contrato poderá ser unilateral e gratuito, o que, contudo, não é comum no transporte de mercadorias da atividade empresarial.

2. RIZZARDO, Arnaldo. *Contratos*. 7. ed. Rio de Janeiro: Forense, 2007, p. 790-791.

3. NAVARRINI, Umberto. *Diritto commerciale*. 5. ed. Torino: UTET, 1937, v. 1, p. 282.

4. LORDI, Luigi. *Istituzioni di diritto commerciale*. Padova: Cedam, 1943, v. 2, p. 266.

rodagem) e transporte ferroviário (estradas de ferro). Ele também pode ser aquático ou aquaviário, quando a movimentação se dá em mares, rios, lagos e canais, sendo subdividido em marítimo (pelo mar) e hidroviário (vias internas). Há ainda a possibilidade do transporte aéreo, por meio do ar e do transporte dutoviário por meio de dutos, como ocorre com gás e combustíveis[5].

Pela variedade de meios, pode-se falar em transporte modal e transporte multimodal. O primeiro caracteriza-se pelo uso de apenas um meio de transporte, o último pela utilização de dois ou mais meios de transporte. Nesse caso, pode-se subdividi-lo ainda em transporte multimodal segmentado ou sucessivo. No primeiro caso, são realizados contratos distintos para cada meio utilizado, e no segundo caso é efetuado um único contrato, com sua execução por vários transportadores[6].

2 Conhecimento de transporte

Como visto, o contrato de transporte de mercadorias se desenvolve em algumas fases: a entrega da mercadoria ao transportador, a movimentação física da mercadoria e a sua entrega no destino. Quem entrega a mercadoria e quer vê-la entregue no destino, normalmente exige um comprovante da entrega e da obrigação de transporte até o destino. Esse documento é o chamado conhecimento de transporte, ou de frete ou de carga emitido pelo transportador. Pode-se afirmar que ele é "o título que representa o direito de receber do transportador, mediante a apresentação da cártula, determinada mercadoria"[7].

Assim como o conhecimento de depósito, o conhecimento de transporte visa a agilizar a circulação das mercadorias, permitindo sua negociação enquanto ele está em trânsito. O conhecimento no caso representa a propriedade das mercadorias depositadas, bem como o direito de recebê-las no destino. Há uma regulamentação esparsa sobre tal título, a depender do meio e da modalidade do transporte.

2.1 Conhecimento de transporte terrestre

O conhecimento de transporte terrestre representa as mercadorias transportadas por via terrestre e é regido pelo Decreto n. 19.473/1930. Parte da doutrina afasta a vigência desse decreto, tendo em vista a revogação expressa realizada pelo Decreto s/n. de 25 de abril de 1991[8]. Todavia, o Decreto n. 19.473/1930 foi promulgado no Governo Provi-

5. BOITEUX, Fernando Netto. *Títulos de crédito*. São Paulo: Dialética, 2002, p. 224.

6. Idem, p. 224-225.

7. Idem, p. 225.

8. Idem, p. 224; COSTA, Wille Duarte. *Títulos de crédito*. Belo Horizonte: Del Rey, 2003, p. 491.

sório de Getúlio Vargas e, por isso, tem *status* de lei[9]. Assim sendo, ele não pode ser revogado por um decreto (hierarquia inferior), mantendo-se, pois, plenamente vigente[10].

Nos termos dessa legislação, o conhecimento de transporte é emitido pelo transportador e prova o recebimento das mercadorias e a obrigação de entregá-las no destino. Pela aplicabilidade do regime cambial aos conhecimentos, eles também deverão atender a certos requisitos para que possam valer e produzir todos os seus efeitos.

Os requisitos do conhecimento de transporte terrestre são (Decreto n. 19.473/1930 – art. 2º):

- o nome, ou denominação da empresa emissora;
- os nomes do remetente e do destinatário;
- o número de ordem;
- a data de emissão;
- o lugar da partida e o destino;
- a espécie e a quantidade ou peso da mercadoria, bem como as marcas, os sinais exteriores dos volumes de embalagem;
- a importância do frete e o lugar e a forma de pagamento;
- a assinatura do transportador.

Em primeiro lugar, o conhecimento de transporte deverá conter a identificação do transportador (emitente) que assume a obrigação constante do título, bem como sua assinatura que será a declaração de vontade criadora do título. No que tange à assinatura, é certo que não são exigíveis poderes especiais, podendo ser o título assinado inclusive por eventual preposto[11]. Além disso, o conhecimento deve identificar o remetente e o destinatário, que são os demais interessados na obrigação. O destinatário poderá ser o próprio remetente ou pessoa distinta. Há ainda a possibilidade de não ocorrer a indicação do nome do destinatário, a qual poderá poderá ser substituída pela cláusula ao portador expressa, a nosso ver, ainda possível.

Além das partes, o conhecimento deverá ter um número de ordem, para fins de controle, bem como uma data de emissão (dia, mês e ano) para verificar a regularidade das obrigações assumidas. Outrossim, deve haver a indicação clara e precisa da mercadoria a ser transportada, isto é, deve constar a espécie e a quantidade ou o peso da mercadoria, bem como as marcas, os sinais exteriores dos volumes de embalagem.

---

9. MAMEDE, Gladston. *Direito empresarial brasileiro*: títulos de crédito. 2. ed. São Paulo: Atlas, 2005, v. 3, p. 435.

10. SANTOS, Eugênio Aquino dos. A não revogação do Decreto n. 19.473/30, diploma regulador dos conhecimentos de transporte de mercadorias por terra (inland bill), água (bill of lading) ou ar (airwaybill). Disponível em: <http://www.sfiec.org.br/cin/nao_revogacao.pdf>. Acesso em: 14 out. 2008.

11. MAMEDE, Gladston. *Direito empresarial brasileiro*: títulos de crédito. 2. ed. São Paulo: Atlas, 2005, v. 3, p. 435.

Exige-se também a identificação do lugar de partida e do lugar de destino, para definir o próprio caminho da mercadoria. A indicação do lugar de partida pode ser suprida pelo local de emissão, o qual se presume ser também o lugar de partida, salvo disposição expressa em sentido contrário.

Por fim, exige-se a especificação da importância do frete, do lugar e da forma de pagamento. O valor deverá ser indicado em algarismos e por extenso, prevalecendo o último no caso de divergência. Não havendo a identificação do lugar e da forma de pagamento, o pagamento será feito em dinheiro, numa parcela única, no ato da entrega da mercadoria, no local de destino.

2.2 Conhecimento de transporte ferroviário

O conhecimento de transporte ferroviário é aquele que caracteriza o contrato de transporte entre a administração ferroviária e o usuário. Sua disciplina também decorre do Decreto n. 19.473/1930, tendo em vista a manutenção da sua vigência, como já vimos, e a ausência de regulamentação mais nova sobre o assunto.

2.3 Conhecimento de transporte marítimo

O conhecimento de transporte marítimo representa o recebimento da mercadoria e a obrigação de entrega no destino, quando o transporte se realiza por meio da água. Tal título também é regido pelo Decreto n. 19.473/1930[12], que representa a norma geral sobre o assunto. Todavia, seus requisitos são definidos pelo Código Comercial de 1850 (Decreto n. 19.473/1930 – art. 2º, § 1º), na parte em que se manteve vigente.

O art. 575 do Código Comercial exige os seguintes requisitos:

- o nome do capitão, o do remetente e o do destinatário (podendo omitir-se o nome deste se for à ordem), e o nome e porte do navio;
- a qualidade e a quantidade dos objetos da carga, suas marcas e números, anotados à margem;
- o lugar da partida e o do destino, com declaração das escalas, havendo-as;
- o preço do frete e primagem, se esta for estipulada, e o lugar e forma do pagamento;
- a assinatura do capitão e a do remetente;
- a data de emissão.

A legislação estabelece que o conhecimento de frete marítimo deverá indicar o nome das partes envolvidas, isto é, o nome do remetente, do capitão do navio e do destinatário,

12. SOUZA, Carlos Gustavo de. *Títulos de crédito*. Rio de Janeiro: Freitas Bastos, 2005, p. 202.

podendo este último ser omitido se o título for à ordem. Além disso, exige-se a identificação do nome e do porte do navio, especificando-se claramente a forma de transporte.

Outrossim, exige-se a especificação da mercadoria depositada, vale dizer, a qualidade e a quantidade dos objetos da carga, suas marcas e números, anotados à margem. Exige-se também a indicação do lugar de partida e do destino, bem como de eventuais escalas. Há ainda a necessidade de especificação do preço do frete e da eventual primagem (percentagem paga ao capitão de um navio, como acessório do frete), bem como do lugar e forma do pagamento.

Por derradeiro, exigem-se a data de emissão e a assinatura do capitão e do remetente. A assinatura do primeiro representa sua obrigação de entregar a mercadoria no destino e a do último a autorização para movimentação das mercadorias. Caso o próprio capitão seja o remetente, o título deverá ser assinado por duas pessoas da tripulação, a ele imediatas no comando do navio.

Presentes os requisitos, o conhecimento poderá ser emitido em várias vias, com a especificação do respectivo número da via. Uma delas ficará com o capitão e as outras serão entregues ao remetente. Se o capitão for o remetente, a entrega será feita ao armador ou ao destinatário.

2.4 Conhecimento de transporte aéreo

O conhecimento de transporte aéreo também representa o recebimento das mercadorias e a obrigação de entregá-las no destino, aplicando-se, porém, ao transporte aéreo. Tal título possui um regramento específico na Lei n. 7.565/86 (Código Brasileiro de Aeronáutica), o qual não afasta, porém, a incidência do Decreto n. 19.473/1930, naquilo em que não for conflitante com as normas próprias.

O art. 235 da Lei n. 7.565/86 dispõe sobre os requisitos do conhecimento de transporte, exigindo os seguintes elementos:

- o lugar e data de emissão;
- os pontos de partida e destino;
- o nome e endereço do expedidor;
- o nome e endereço do transportador;
- o nome e endereço do destinatário;
- a natureza da carga;
- o número, acondicionamento, marcas e numeração dos volumes;
- o peso, quantidade e o volume ou dimensão;
- o preço da mercadoria, quando a carga for expedida contra pagamento no ato da entrega e, eventualmente, a importância das despesas;
- o valor declarado, se houver;

- o número das vias do conhecimento;
- os documentos entregues ao transportador para acompanhar o conhecimento;
- o prazo de transporte, dentro do qual deverá o transportador entregar a carga no lugar do destino, e o destinatário ou expedidor retirá-la.

Em última análise, o conhecimento aéreo deverá conter todos os dados essenciais sobre o contrato de transporte, em especial a qualificação das partes, a mercadoria transportada e as condições de prazo e de preço ajustadas. Em todo caso, ele será emitido em três vias. A primeira via (do transportador) conterá a assinatura do remetente (expedidor). A segunda via (do destinatário) será assinada pelo expedidor e pelo transportador, acompanhando as mercadorias. A terceira via será assinada pelo transportador e será entregue ao remetente, após o recebimento da carga.

Chegando ao lugar de destino, o transportador deverá dar aviso ao destinatário para que ele retire a mercadoria no prazo de 15 dias, salvo disposição diversa no teor do conhecimento. Não sendo encontrado o destinatário ou se ele não retirar a carga, será feito novo aviso ao expedidor, para que retire as mercadorias no prazo de 15 dias, a partir do aviso. Não sendo retiradas as mercadorias, nem no prazo do último aviso, a mercadoria será declarada abandonada. Nesse caso, o transportador poderá entregar a mercadoria ao depósito público, por conta e risco do remetente, ou a leiloeiro para que as mercadorias sejam vendidas, depositando-se o produto da venda no Banco do Brasil à disposição do proprietário, com a dedução das despesas da venda, do frete e do seguro.

2.5 *Conhecimento de transporte multimodal*

Quando o transporte for realizado por mais de um meio, poderá ser emitido o conhecimento de transporte multimodal, regido pela Lei n. 9.611/98 e, no que não conflitar com o regime da legislação especial, também pelo Decreto n. 19.473/1930. A Lei n. 9.611/98 (art. 10) trata especificamente dos requisitos que deverão constar do conhecimento multimodal, a saber:

- o valor dos serviços prestados;
- a indicação "negociável" ou "não negociável" na via original, podendo ser emitidas outras vias, não negociáveis;
- o nome, a razão ou denominação social e o endereço do emitente, do expedidor, bem como do destinatário da carga ou daquele que deva ser notificado, quando não nominal;
- a data e o local da emissão;
- os locais de origem e destino;
- a descrição da natureza da carga, seu acondicionamento, marcas particulares e números de identificação da embalagem ou da própria carga, quando não embalada;

- a quantidade de volumes ou de peças e o seu peso bruto;
- o valor do frete, com a indicação "pago na origem" ou "a pagar no destino";
- outras cláusulas que as partes acordarem.

Mais uma vez, o teor do título vai especificar os principais dados sobre o contrato de transporte, representando a prova da realização desse contrato, bem como a obrigação da entrega das mercadorias no destino.

3 Circulação

A grande função do conhecimento de transporte, em todas as suas espécies, é representar a mercadoria que está sendo transportada. Em razão disso, o conhecimento permite a circulação rápida e ágil das mercadorias, sem sua movimentação física, com a simples circulação do próprio título. Embora o transporte hoje seja mais ágil do que foi no passado, é certo que ainda há a possibilidade de certa demora, durante a qual o conhecimento seria essencial para a circulação das mercadorias.

O regime da circulação do conhecimento de transporte decorre do Decreto n. 19.473/1930, ainda em vigor, que representa a norma geral sobre tais títulos. As regras especiais sobre certas modalidades não preveem regras sobre a circulação, daí ser aplicável o regime geral.

Os conhecimentos de transporte são títulos presumidamente à ordem, isto é, não havendo cláusula em sentido contrário, o título possui a cláusula à ordem[13]. Em razão dessa cláusula, o título poderá circular por endosso em preto ou em branco[14], com a respectiva entrega do documento ao endossatário. Em qualquer caso, o primeiro endossante será o remetente ou o destinatário das mercadorias. Quem endossar não assume uma obrigação solidária com o transportador, mas responde pela legitimidade do conhecimento e pela existência da mercadoria[15]. Além do endosso translativo, os conhecimentos admitem o endosso-mandato e o endosso-caução.

Embora seja presumidamente à ordem, nada impede que seja inserida expressamente a cláusula não à ordem nesse título, nos termos do Decreto n. 20.454/1931, também em vigor pelas mesmas razões já expostas no que tange ao Decreto n. 19.473/1930. Nesse caso, a transferência do conhecimento só pode ser realizada por simples cessão de crédito, de acordo com as regras civis.

Além disso, o título poderá ser ao portador, desde que conste expressamente no título a cláusula ao portador[16]. Nesse sentido, a transferência se dá pela simples tradição,

---

13. BORGES, João Eunápio. *Títulos de crédito*. 2. ed. Rio de Janeiro: Forense, 1977, p. 241.

14. Apesar da Lei n. 8.088/90, ainda é admitido o endosso em branco. Nesse sentido: STJ, 4ª Turma, REsp 204595/GO, Rel. Min. Barros Monteiro, j. 25-4-2000, *DJ* 16-10-2000, p. 314.

15. SOUZA, Carlos Gustavo de. *Títulos de crédito*. Rio de Janeiro: Freitas Bastos, 2005, p. 207-208.

16. BORGES, João Eunápio. *Títulos de crédito*. 2. ed. Rio de Janeiro: Forense, 1977, p. 241.

isto é, pela simples entrega do título. Apesar da Lei n. 8.021/90, acreditamos que se mantém a possibilidade de o título em questão ser ao portador, porquanto tal regra se destinava aos títulos de crédito impróprios de investimento, como as ações e as debêntures[17].

Qualquer que seja a forma de circulação, o último endossatário ou o detentor do conhecimento ao portador ou endossado em branco é o proprietário das mercadorias transportadas. Tal propriedade significa, em última análise, que eles ficam investidos de todos os direitos e obrigações do remetente em relação ao transportador (Decreto n. 19.473/1930 – art. 6º). Assim sendo, eles terão o direito de exigir a entrega das mercadorias transportadas.

Esse direito é protegido pela imunidade das mercadorias, significando que, entregue o conhecimento ao destinatário, ao endossatário ou ao portador, elas não poderão ser mais objeto de arresto, sequestro, penhora, arrecadação, ou qualquer embaraço judicial por dívidas que não sejam do seu atual titular (Decreto n. 19.473/1930 – art. 8º). Portanto, a entrega do título representa claramente a transferência da propriedade e, por isso, as mercadorias só poderão responder por dívidas do seu atual proprietário.

---

17. COELHO, Fábio Ulhoa. *Curso de direito comercial*. 8. ed. São Paulo: Saraiva, 2004, v. 1, p. 409; STJ, 3ª Turma, REsp 120173/MG, Rel. Min. Antônio de Pádua Ribeiro, j. 29-3-2005, *DJ* 18-4-2005, p. 303.

22 TÍTULOS RURAIS

1 Introdução

Os títulos de crédito em geral são extremamente úteis para toda a economia. Ocorre que os títulos tradicionais possuem uma aplicação bem ampla, não atentando às especificidades de certos ramos da economia. Em razão dessas peculiaridades, foram criados títulos próprios para certas atividades. Assim ocorreu com a atividade rural que, além dos títulos comuns (cheque...), possui títulos próprios, a saber: a cédula de crédito rural, as cédulas de produto rural (CPR), a nota promissória rural e a duplicata rural. Nesse ponto, estudaremos os três últimos, uma vez que as cédulas de crédito rural, que visam a facilitar o financiamento para a atividade rural, já foram tratadas.

2 Nota promissória rural

A nota promissória rural (NPR) é como a nota promissória tradicional e também é uma promessa de pagamento, com duas partes, a saber: emitente e beneficiário.

A	B
Emitente	Beneficiário

As semelhanças não param aí, uma vez que o regime jurídico também será o mesmo regime cambial (Decreto-lei n. 167/67 – art. 60). Todavia, a NPR possui uma emissão mais restrita, apenas em negócios rurais, aos quais fica vinculada, tornando-se um título causal[1]. Além disso, ela tem certas peculiaridades expressas no Decreto-lei n. 167/67 para melhor desempenhar sua função.

2.1 Emissão

Embora possua a mesma estrutura, a nota promissória rural é mais restrita, só podendo ser usada nos negócios previstos no art. 42 do Decreto-lei n. 167/67. Assim, ela só

---

1. ROQUE, Sebastião José. *Títulos de crédito*. São Paulo: Ícone, 1997, p. 202; TJPR, 16ª Câmara Cível, AC 0465719-0, Nova Esperança, Rel. Juiz Subst. 2º G. Francisco Eduardo Gonzaga de Oliveira, unânime, j. 9-7-2008.

pode ser emitida nos seguintes casos: (a) vendas a prazo de bens de natureza agrícola, quando efetuadas diretamente por produtores rurais ou por suas cooperativas; (b) recebimento, pelas cooperativas, de produtos da mesma natureza entregues pelos seus cooperados; e (c) nas entregas de bens de produção ou de consumo, feitas pelas cooperativas aos seus associados.

A NPR será usada, por exemplo, na venda de leite para um grande produtor de laticínios, representando a dívida deste para com o produtor rural ou sua cooperativa. Ela também poderá ser usada, no caso de venda de leite feita pelo produtor à própria cooperativa, que, não efetuando o pagamento imediato, representará sua dívida na NPR. Além disso, pode-se usar a NPR quando a cooperativa vende máquinas, equipamentos ou mesmo bens de consumo aos produtores rurais e não recebe imediatamente o valor devido.

Em outras palavras, trata-se de título que servirá para representar o crédito nas principais operações realizadas por produtores e suas cooperativas. Com a representação do crédito em um título, que segue o regime cambial, o produtor rural ou a cooperativa poderão receber antecipadamente, pela circulação do título de crédito (desconto e *factoring*), ao menos uma parte do crédito. Seu uso ocorre especialmente na produção de leite e seus derivados.

Tal função também poderia ser exercida pela nota promissória tradicional. Todavia, a criação de um título próprio foi necessária para melhor atender aos interesses dos envolvidos, na medida em que a legislação especial (Decreto-lei n. 167/67) estabelece algumas peculiaridades em relação ao regime cambial, que fazem com que esse título seja mais adequado à atividade a que ele se dirige.

2.2 Requisitos

Como todo título de crédito, a NPR possui certos requisitos para que possa valer como título e produzir todos seus efeitos. Esses requisitos foram estabelecidos no art. 43 do Decreto-lei n. 167/67 e muito se assemelham aos requisitos da nota promissória em geral, com as peculiaridades ligadas à sua emissão.

São requisitos da NPR:

- denominação "Nota Promissória Rural";
- data do pagamento;
- nome da pessoa ou entidade que vende ou entrega os bens e a qual deve ser paga, seguido da cláusula à ordem;
- praça do pagamento;
- soma a pagar em dinheiro, lançada em algarismos e por extenso;
- indicação dos produtos objeto da compra e venda ou da entrega;
- data e lugar da emissão;
- assinatura de próprio punho do emitente ou de representante com poderes especiais.

O primeiro requisito da NPR é a denominação nota promissória rural (cláusula cambial) que identificará o regime jurídico. Exige-se ainda o valor a ser pago, em algarismos e por extenso, bem como a data do vencimento, na qual tal soma será exigível. O valor constante do título corresponderá ao preço dos produtos adquiridos ou recebidos ou no adiantamento por conta do preço dos produtos recebidos para venda. Como novidade em relação à nota promissória tradicional, exige-se a especificação dos produtos objeto da compra e venda ou da entrega. Há também a necessidade de se indicar o local de pagamento para delimitar o exercício dos direitos incorporados ao título.

Outrossim, exige-se a qualificação do beneficiário (credor original), que é quem vende ou entrega os produtos, seguido da cláusula à ordem, que permitirá sempre o endosso desse título. Não se admite NPR ao portador, sendo essencial a qualificação do beneficiário original. Igualmente, exige-se a assinatura do emitente (devedor principal) de próprio punho ou por meio de procurador com poderes especiais. Por fim, requer-se ainda a data e o lugar de emissão para aferir a capacidade de quem se obriga e a regularidade do título.

2.3 Endosso

Como já mencionado, a NPR obedecerá às mesmas regras da nota promissória tradicional, inclusive no que tange ao endosso do título, como forma normal de circulação do crédito. Ocorre que, pela importância do endosso para a antecipação do crédito, se criou uma peculiaridade no seu regime.

A primeira peculiaridade da nota promissória rural é a inexistência de obrigação do primeiro endossante e dos seus avalistas (Decreto-lei n. 167/67 – art. 60, § 1º), isto é, ele não assume responsabilidade no caso de falta de pagamento do título pelo emitente. O primeiro endossante é sempre o beneficiário original do título, que na NPR é sempre um produtor rural ou sua cooperativa, em razão das hipóteses restritas de sua emissão. Ao se estabelecer que ele não responderá pelo pagamento do título, fica facilitado o acesso ao crédito (*factoring* ou desconto), uma vez que reduzidos os riscos desse primeiro endossante.

Essa redução de riscos, muito interessante para o produtor e suas cooperativas, só se justifica se o devedor principal do título for alguém que não se enquadre como produtor rural ou cooperativa. Em outras palavras, caso a operação seja realizada entre produtores rurais e entre estes e suas cooperativas (Decreto-lei n. 167/67 – art. 60, § 4º), o primeiro endossante será devedor indireto do título, como na nota promissória tradicional. Vale dizer, a não responsabilização do primeiro endossante só se aplicará se o devedor do título não for um produtor rural, nem uma cooperativa.

2.4 Aval e outras garantias

Outra peculiaridade do regime da NPR diz respeito ao aval. Na nota promissória tradicional, qualquer pessoa pode assumir a condição de avalista, mesmo que já ocupe outra posição no título. Na NPR, o aval só pode ser dado por pessoa jurídica ou por integrantes (sócios ou administradores[2]) da pessoa jurídica emitente (Decreto-lei n. 167/67 – art. 60, § 2º). O STJ já afirmou que: "É nulo o aval prestado por terceiro, pessoa física, em Cédula de Crédito Rural emitida também por pessoa física, nos termos do disposto no art. 60, § 3º, do Decreto-lei n. 167/67"[3].

A nosso ver, tal regra se justifica para evitar a imposição de condições muito gravosas para a negociação da NPR. O adquirente do título poderia exigir garantias pessoais, as quais nem sempre seriam possíveis para o produtor rural pessoa física. Ademais, a não responsabilização do primeiro endossante poderia ser contornada com a exigência de que ele assumisse a condição de avalista. A fim de evitar essa burla ao espírito da lei, a NPR admite o mesmo aval da nota promissória tradicional, com restrições no que tange à pessoa do avalista.

Na mesma linha de entendimento, também são nulas quaisquer outras garantias, reais ou pessoais, na NPR, salvo se forem prestadas pela pessoa jurídica emitente, pelos integrantes (sócios ou administradores) da pessoa jurídica ou por outra pessoa jurídica (Decreto-lei n. 167/67 – art. 60, § 3º). Mais uma vez, a intenção é facilitar o acesso ao crédito.

Tanto no aval como nas demais garantias o regime especial se justifica se o devedor principal do título for alguém que não se enquadre como produtor rural ou cooperativa. Em outras palavras, caso a operação seja realizada entre produtores rurais e entre estes e suas cooperativas (Decreto-lei n. 167/67 – art. 60, § 4º), qualquer pessoa poderá ser avalista ou oferecer garantias reais ou pessoais.

2.5 Protesto

Além das peculiaridades já citadas, o protesto da NPR possui uma novidade em relação ao regime cambial.

Na NPR, o protesto pode representar apenas a prova solene do não pagamento do título, seguindo as mesmas regras do regime cambial. Assim como na letra de câmbio, o protesto da NPR servirá para interromper a prescrição (CC – art. 202), para configurar a impontualidade injustificada, desde que presentes os demais requisitos do art. 94, I, da Lei n. 11.101/2005, e também para a inclusão do nome do devedor intimado nos cadastros de inadimplentes. Todavia, na NPR, o protesto não será necessário para a cobrança dos devedores indiretos (Decreto-lei n. 167/67 – art. 60; Decreto-lei n. 413/69 – art. 52) e, por isso, não há que se cogitar de prazo para a realização do protesto.

2.6 Privilégio especial

Por derradeiro, aos credores da NPR é assegurado um privilégio especial (Decreto-lei n. 167/67 – art. 45) sobre os bens ligados à atividade exercida pelo devedor. Isso

2. STJ, 3ª Turma, REsp 4617/MG, Rel. Min. Cláudio Santos, j. 29-10-90, *DJ* 25-2-91, p. 1468.

3. STJ, 3ª Turma, AgRg no AREsp 467.509/PR, Rel. Min. Sidnei Beneti, j. 18-3-2014, *DJe* 27-3-2014.

significa que os credores das notas possuem uma prioridade sobre o produto da venda de certos bens.

Assim, num eventual concurso, os credores de uma nota de crédito terão preferência em relação a credores quirografários e a credores com privilégio geral. Tal preferência, contudo, limita-se ao produto da venda dos bens sujeitos, por expressa disposição de lei, ao pagamento do crédito que ele favorece (CC – art. 963). O privilégio especial das notas de crédito incidirá sobre os bens arrecadados em eventual concurso de credores, que não se destinem à satisfação de créditos com garantia real[4].

3 Duplicata rural

Além da nota promissória rural, o legislador houve por bem criar uma duplicata rural, isto é, uma duplicata específica para a atividade rural. Tal título segue o regime geral da duplicata, mas possui uma emissão mais restrita e certas peculiaridades para atender aos interesses dos envolvidos.

3.1 Emissão

As duplicatas rurais, como as notas promissórias rurais e as duplicatas tradicionais, têm por função fundamental permitir a circulação pronta e ágil dos créditos. Vale dizer, o credor de determinada quantia poderá antecipar ao menos uma parte dela, fazendo circular o título que representa o seu crédito. Quem adquire o crédito possui a segurança necessária para o exercício do crédito e, por isso, desenvolve tal atividade.

Apesar da mesma função, as duplicatas rurais têm uma emissão mais restrita que as duplicatas tradicionais, abrangendo algumas vendas e não compreendendo nenhuma prestação de serviços. Elas podem ser emitidas para representar os créditos decorrentes das vendas a prazo de quaisquer bens de natureza agrícola, extrativa ou pastoril, quando efetuadas diretamente pelo produtor rural ou por suas cooperativas (Decreto-lei n. 167/67 – art. 46). Em outras palavras, trata-se de um título de crédito vinculado a operações de compra e venda que tenham como objeto produtos rurais e como vendedores produtores rurais ou suas cooperativas. Há um uso mais restrito do que o das duplicatas tradicionais, apesar de se manter a mesma estrutura de uma ordem de pagamento, em que aquele que dá a ordem e quem se beneficia dela são a mesma pessoa.

VENDEDOR ———————— COMPRADOR
|
VENDEDOR

4. Aplicação do revogado art. 1.563 do Código Civil de 1916, cujo conteúdo ainda deverá ser usado como referência para tal privilégio.

As mesmas operações que ensejam a duplicata rural também poderiam almejar a emissão da nota promissória rural. Ocorre que a NPR depende da intervenção do devedor para ser emitida, já a duplicata rural não. A vantagem da emissão da última é sua emissão diretamente pelo credor, isto é, dá-se ao próprio credor a possibilidade de transformar um crédito contratual em um título de crédito, para facilitar sua circulação. Tal poder é contrabalançado pela punição do abuso, isto é, quem emitir uma duplicata rural que não corresponda a uma venda efetiva dos bens poderá ser condenado à pena de reclusão por um a quatro anos, além da multa de 10% sobre o respectivo montante (Decreto-lei n. 167/67 – art. 54).

3.2 Requisitos

Emitida pelo credor (vendedor) para representar o seu crédito nas operações mencionadas, a duplicata poderá entrar em circulação e até ser executada. Para que um documento cumpra essa função, ele precisa atender aos requisitos legais elencados no art. 48 do Decreto-lei n. 167/67:

- denominação "Duplicata Rural";
- data do pagamento, ou a declaração de dar-se a tantos dias da data da apresentação ou de ser à vista;
- nome e domicílio do vendedor;
- nome e domicílio do comprador;
- soma a pagar em dinheiro, lançada em algarismos e por extenso, que corresponderá ao preço dos produtos adquiridos;
- praça do pagamento;
- indicação dos produtos objeto da compra e venda;
- data e lugar da emissão;
- cláusula à ordem;
- reconhecimento de sua exatidão e a obrigação de pagá-la, para ser firmada do próprio punho do comprador ou de representante com poderes especiais;
- assinatura do próprio punho do vendedor ou de representante com poderes especiais.

Em primeiro lugar, exige-se a presença da chamada cláusula cambial, isto é, deve-se mencionar a expressão *duplicata rural* no corpo do documento para diferenciá-la de outros títulos, definindo também o seu regime jurídico. Outrossim, exigem-se a data e o lugar de emissão para se poder analisar a capacidade de quem emitiu o título, bem como a identificação dos produtos vendidos, denotando o caráter causal do título.

Há também a necessidade da identificação do nome e do domicílio do vendedor e do comprador e ainda a especificação dos produtos vendidos, dado o uso mais restrito da duplicata rural. Além disso, exige-se a cláusula à ordem expressa no título para permitir sua circulação por meio de endosso. Não há duplicata rural sem essa cláusula, logo, não há duplicata rural não endossável.

Também é requisito do título o valor a ser pago, por extenso e em algarismos, o qual deverá corresponder ao valor da venda. Definido o valor, o título deve indicar também a praça do pagamento para permitir o seu resgate. Além do valor e da praça de pagamento, a lei menciona ainda, como requisito essencial da duplicata rural, a indicação expressa do vencimento do título, isto é, do momento em que a obrigação poderá ser exigida.

Nas duplicatas tradicionais, o vencimento só pode ser à vista ou em dia certo. Até por ser anterior à lei das duplicatas (5.474/68), o Decreto-lei n. 167/67 traz uma modalidade a mais de vencimento para as duplicatas rurais. Nestas, o vencimento poderá ser à vista, em dia certo ou a certo termo da vista, devendo sempre ser expresso no documento esse vencimento.

Também é necessária e suficiente a assinatura do sacador (vendedor), que é o credor originário da obrigação decorrente do contrato de compra e venda. Apesar de a assinatura do sacador ser a única necessária, é possível a inserção de outras assinaturas no título, entre elas o aceite. Para fins de inserção do aceite, deve ser impressa no título uma declaração, um campo próprio para o futuro aceite, do qual constarão uma declaração do reconhecimento e a exatidão da obrigação documentada no título. Ressalte-se que o requisito não é o aceite, mas apenas a declaração para fins de futuro aceite.

3.3 Peculiaridades

A duplicata rural segue o mesmo regime das duplicatas tradicionais, com as mesmas peculiaridades já citadas para as notas promissórias rurais, a seguir explicitadas em resumo.

O primeiro endossante da duplicata rural não será devedor do título. Tal peculiaridade visa facilitar e diminuir os riscos do credor inicial na circulação do título, o que, contudo, é bem perigoso nesse caso, dado o poder de criação do título ser do próprio credor inicial (vendedor). Além disso, o aval só poderá ser prestado por pessoas jurídicas ou por integrantes da pessoa jurídica emitente. Do mesmo modo, são nulas quaisquer outras garantias reais ou pessoais, salvo quando prestadas pela pessoa jurídica emitente, pelos integrantes da pessoa jurídica emitente ou por qualquer outra pessoa jurídica.

Se a operação for realizada entre produtores rurais ou entre estes e suas cooperativas, as peculiaridades supracitadas não se aplicam, pois não haveria qualquer justificativa para o tratamento diferenciado nessa situação.

Há ainda a dispensa do protesto para cobrança dos devedores indiretos (endossantes e respectivos avalistas). Por fim, há que se ressaltar que o credor da duplicata possui o mesmo privilégio especial das notas de crédito rural e da nota promissória rural.

4 Cédulas de Produto Rural (CPR)

Além da nota promissória e da duplicata rural, a legislação (Lei n. 8.929/94) criou um novo título rural, para facilitar a negociação dos produtos rurais, permitindo o acesso mais rápido aos recursos. Esse título é a cédula de produto rural (CPR), que representa a promessa de entrega de produtos rurais, com ou sem garantia, cedularmente constituída (Lei n. 8.929/94 – art. 1º), podendo ter a previsão de liquidação financeira, isto é, de pagamento em dinheiro.

De acordo com Waldirio Bulgarelli, trata-se de um título causal vinculado ao negócio que lhe deu origem[5]. Para o STJ, porém, a CPR é um título não causal, porquanto não vinculada a qualquer operação anterior entre as partes[6]. Revemos nossa opinião anterior por verificar que a CPR realmente não guarda uma relação necessária com qualquer negócio jurídico anterior, sendo de fato um título não causal.

Apesar da sua proximidade com os demais títulos rurais, aplicam-se subsidiariamente à CPR as normas das letras de câmbio, em razão do disposto no art. 10 da Lei n. 8.929/94, e não as regras dos títulos rurais em geral, que lhe são específicas. Assim, as taxas de juros das cédulas de crédito rural também não se aplicam aqui[7].

4.1 *Emissão da CPR física*

As CPRs representam, portanto, promessas de entrega de produtos rurais, isto é, promessas de cumprimento da obrigação do vendedor em contratos de compra e venda de produtos rurais, não abrangendo maquinário agrícola ou outros bens. Pelo objeto prometido, elas só podem ser emitidas por produtores rurais, ou suas associações, inclusive cooperativas (Lei n. 8.929/94 – art. 1º).

A	B
Emitente	Beneficiário
(produtor rural ou suas entidades)	(qualquer pessoa)

Trata-se, em última análise, de um meio de materializar um contrato de compra e venda, mas apenas para produtos rurais[8]. Por meio desse instrumento, os produtos rurais podem ter sua venda concretizada bem antes da sua entrega, permitindo que o vendedor

5. BULGARELLI, Waldirio. *Títulos de crédito*. 14. ed. São Paulo: Atlas, 1998, p. 577.

6. STJ, 3ª Turma, REsp 1435979/SP, Rel. Min. Paulo de Tarso Sanseverino, j. 30-3-2017, *DJe* 5-5-2017.

7. STJ, 3ª Turma, REsp 1435979/SP, Rel. Min. Paulo de Tarso Sanseverino, j. 30-3-2017, *DJe* 5-5-2017.

8. FORTUNA, Eduardo. *Mercado financeiro*. 16. ed. São Paulo: Qualitymark, 2005, p. 237; PEREIRA, Lutero de Paiva. *Comentários à lei da cédula de produto rural*. 3. ed. Curitiba: Juruá, 2006, p. 13.

receba o preço de imediato[9] e se comprometa a entregar as mercadorias no futuro. Além disso, o comprador também tem a possibilidade de negociação dessas mercadorias, mesmo antes da sua entrega efetiva.

Ao permitir a circulação das mercadorias de forma antecipada, a CPR agiliza bastante a negociação dos produtos rurais. Outrossim, o pagamento antecipado desses produtos também permitirá que o emitente da CPR possa usá-los antecipadamente, gerando novas riquezas. Assim, não há dúvida de que se trata de um instrumento muito útil para o melhor desempenho das atividades rurais, fazendo o mesmo papel que a duplicata mercantil cumpre para os empresários[10].

Em última análise, as cédulas de produto rural operacionalizam um contrato de compra e venda de produtos rurais. Apesar disso, elas têm a natureza de títulos de crédito e, nessa condição, submetem-se ao regime jurídico cambial (Lei n. 8.929/94 – art. 10). Há, pois, um duplo regime jurídico, isto é, valem na CPR tanto as regras da compra e venda como as regras inerentes às letras de câmbio e notas promissórias[11], naquilo em que não contrariar o regime próprio da Lei n. 8.929/94.

4.2 Emissão da CPR financeira

Com as mudanças introduzidas pela Lei n. 10.200/2001, a CPR passou a ter a possibilidade de liquidação financeira, isto é, de pagamento em dinheiro. O valor devido, nesse caso, será apurado pela multiplicação de um preço por instituições idôneas pela quantidade de produto prevista no título. Tais critérios serão definidos no título, fazendo com que a CPR muito se assemelhe a uma nota promissória.

A CPR financeira é utilizada pelo produtor que não quer entregar o produto, mas precisa do financiamento[12]. Ela não é o instrumento de um contrato de compra e venda, mas de um contrato de financiamento. Por isso, ela é uma promessa de pagamento, e não uma promessa de entrega de produto rural. Prova disso é a submissão da CPR financeira à execução por quantia certa e não à execução para entrega de coisa incerta.

A ideia é dar mais segurança ao financiamento, na medida em que se terá a certeza do pagamento prometido. Para o devedor, há a certeza de que ele conseguirá ter os recursos prometidos, porquanto ele terá aquela quantidade de produto rural para vender e transformar em dinheiro no momento do vencimento. De outro lado, para o credor há a segurança de que o emitente terá o produto rural suficiente para conseguir o dinheiro necessário ao pagamento devido.

9. PEREIRA, Lutero de Paiva. *Comentários à lei da cédula de produto rural*. 3. ed. Curitiba: Juruá, 2006, p. 18.

10. Idem, p. 25.

11. Idem, p. 112.

12. FORTUNA, Eduardo. *Mercado financeiro*. 16. ed. São Paulo: Qualitymark, 2005, p. 238.

4.3 *Requisitos*

Com ou sem garantias, um documento só será considerado uma CPR se atender aos requisitos legalmente estabelecidos no art. 3º da Lei n. 8.929/94. A ausência desses requisitos impedirá a aplicação do regime jurídico próprio da CPR, mas não invalidará o documento em si. São requisitos da CPR:

- a denominação Cédula de Produto Rural;
- a data da entrega;
- o nome do credor e cláusula a ordem;
- a promessa de entregar o produto, sua indicação e as especificações de qualidade e quantidade;
- o local e as condições da entrega;
- a descrição dos bens dados em garantia, se houver;
- a data e o lugar de emissão;
- assinatura do emitente.

Como todo título de crédito, a CPR precisa conter a sua denominação (Cédula de Produto Rural) no teor do documento, identificando o seu regime jurídico. Caso haja a previsão da possibilidade de liquidação do título em dinheiro, seu nome deve vir acompanhado da expressão financeira (Lei n. 8.929/94 – art. 4º-A, III). Em todo caso, o objetivo é a identificação do regime jurídico a que se sujeita esse documento.

Além disso, a CPR deve especificar o direito que assegura ao seu titular, com a promessa da entrega dos produtos rurais e suas especificações de qualidade e quantidade. Na mesma linha, é essencial que seja identificada a data da entrega (vencimento), bem como o local e as condições dessa entrega. No caso de pactuação da liquidação financeira (pagamento em dinheiro), também devem constar do título os parâmetros para apuração do valor devido, os quais devem ser apurados por instituições idôneas.

Outrossim, exigem-se a data e o local de emissão essencialmente para aferir a capacidade de assunção das obrigações. Também é exigida a qualificação do credor, com a cláusula à ordem, que permitirá a negociação do título por endosso. Por fim, exige-se a declaração de vontade necessária e suficiente para fazer surgir a obrigação, isto é, a assinatura do emitente. Eventualmente, quando forem oferecidas garantias reais, o título também deverá especificar os bens dados em garantia. Tal especificação também poderá ser feita em documento separado, assinado pelo emitente, sendo necessário nesse caso que a própria cédula faça menção a essa circunstância.

Outras cláusulas poderão ser inseridas no título, ou até em documento separado, assinado pelo emitente. Nesse caso, o texto da CPR deverá fazer menção a essa circunstância para que todos tenham ciência dessas novas cláusulas. Assegura-se aqui, ao menos, a chamada literalidade indireta.

Além disso, tais requisitos podem ser alterados ao longo da vida do título, por meio de aditivos, conforme permitido pelo art. 9º da Lei n. 8.929/94. Tais aditivos serão estabelecidos em documentos separados, assinados pelo emitente e pelo beneficiário. Embora os aditivos sejam alheios ao título, a CPR deverá fazer referência a eles para permitir o conhecimento das exatas condições combinadas entre as partes.

CÉDULA DE PRODUTO RURAL – CPR FINANCEIRA

Por esta Cédula de Produto Rural, doravante denominada simplesmente CPR, a RURAL AGRO-INVEST S.A., CNPJ n., 16.691537/0003-47, estabelecida na Rua Rio de Janeiro, 927 – 7º andar, CEP 30160-914, Belo Horizonte, MG, denominada EMITENTE, pagará a ___________, CPF/CNPJ:_______________, endereço_____________, denominado TITULAR, ou à sua ordem, os valores resultantes da multiplicação do preço, apurado através do indicador de preço, pela quantidade de produto, com base legal e regulamentar na Lei n. 8.929, de 22 de agosto de 1994, e na Lei n. 10.200, de 14 de fevereiro de 2001, e nos termos e condições deste título líquido e certo, a seguir dispostos:

Data da entrega: ___ de ______ de ______

Produto e quantidade: _____ (_________) Bois para abate de 16@ de peso líquido (____ kg de peso vivo), de no máximo 5 (cinco) anos de idade totalizando ________ @ (_______________ arrobas).

Indicador de preço: Cotação da @ (arroba) em reais, à vista, divulgado pela BMF/ESALQ para o mercado de boi gordo, apurado no dia ____ de __________ de _______ e publicada no dia ___ de _________ de ________, mediante pagamento em ___ de ________de________. ______.

Juros remuneratórios: 2% (dois por cento), contados do primeiro dia posterior ao vencimento desta cédula.

Juros moratórios: 12% (doze por cento) ao ano, a partir do primeiro dia posterior ao vencimento desta cédula, calculados sobre o valor da CPR atualizado pelo índice IGPM-FGV e após aplicação dos juros remuneratórios.

Inscrição: No Cartório de Registro de Imóveis do domicílio do Emissor, conforme estabelece o disposto no art. 12 da Lei n. 8.929/94.

Liquidação: O pagamento da CPR ao CREDOR se efetivará mediante a apresentação da via original da CPR e comprovação da condição de favorecido. Em CPR endossadas, o endosso deve constar da via original do título.

Aditivos: Esta CPR poderá ser aditada, ratificada e retificada, no todo ou em parte, mediante aditivos que passarão a integrá-la, desde que acordado entre as partes, conforme faculta o disposto no art. 9º da Lei n. 8.929/94.

Foro: Fica eleito o Foro Central da Capital do Estado de Minas Gerais, para dirimir eventuais questões desta CPR.

Data: Belo Horizonte, ___ de __________ de 2001.

____

CÉDULA DE PRODUTOR RURAL – CPR FÍSICA

Vencimento: ____/____/____

Aos ______ dias do mês de ___________ de 20____, entregarei/emos/, nos termos das cláusulas abaixo e na forma da Lei n. 8.929, de 22-8-94, a ________________ (comprador – CNPJ/CPF), ou **à sua ordem**, o seguinte:

PRODUTO: (Descrever QUANTIDADE e CARACTERÍSTICAS)

LOCAL, PRAZO E CONDIÇÕES DE ENTREGA: (descrever)

CONDIÇÕES DA QUITAÇÃO: Obrigo-me (amo-nos) a emitir, contra a quitação desta Cédula, nota fiscal de venda a favor do comprador ou de outra pessoa por ele indicada, contendo as especificações da mercadoria.

INADIMPLEMENTO:

GARANTIAS: (descrever os bens vinculados em garantia)

COMPROMETIMENTO DO PRODUTO VENDIDO/GARANTIAS: Obrigo-me/(amo-nos/) a, durante a vigência deste título, não alienar e/ou gravar em favor de terceiros os bens vinculados em garantia e o produto ora vendido.

FISCALIZAÇÃO:

ADITIVOS: Conforme previsto no artigo nono da Lei n. 8.929, de 22-8-94, esta Cédula poderá ser retificada e ratificada, no todo ou em parte, através de aditivos que passarão a integrá-la.

FORO: O foro é o de domicílio do emitente.

_______________________, ___ de _______de 20__
Local e data de emissão

____
Assinatura e qualificação do emitente/

____
Avalista do emitente

4.4 Garantias reais

Ao receber a CPR, o beneficiário normalmente já desembolsa o valor das mercadorias, ficando com o direito de recebê-las no futuro. Tal direito é sujeito a riscos, como eventuais problemas na atividade rural decorrentes do clima ou de outros fatores. Para reduzir tais riscos, podem ser exigidas certas garantias pessoais ou reais, constituídas na própria cédula. Registre-se que tais garantias não são essenciais, mas são bem frequentes.

As garantias pessoais não possuem regras peculiares na CPR, seguindo-se o regime geral do aval ou da fiança, quando for o caso. As garantias reais, que podem ser o penhor, a hipoteca e a alienação fiduciária, possuem regras próprias na CPR, embora também sigam o regime geral das garantias oferecidas.

O penhor representa um direito real de garantia sobre bens móveis, dando ao credor uma segurança maior para o recebimento do seu crédito, uma vez que certos bens já serão vinculados à satisfação dele, no caso de eventual inadimplência. Poderão ser objeto do penhor os bens suscetíveis de penhor rural (CC – arts. 1.442, 1.444), de penhor comercial e de penhor cedular (Decreto-lei n. 167/67 – art. 56).

Qualquer que seja o objeto, na CPR, excepciona-se o regime geral do art. 1.431 do Código Civil, na medida em que os bens dados em garantia se manterão na posse do devedor ou do prestador da garantia, até para permitir sua atividade, salvo quando se tratar de título de crédito. Nesse caso, quem mantiver a posse do bem responderá por sua guarda e conservação. A legislação chega a afirmar a condição de fiel depositário (Lei n. 8.929/94 – art. 7º, § 1º), o que, a nosso ver, não se configura, tendo em vista a especificidade do penhor na CPR e a previsão da obrigação de depositário apenas no penhor comum[13].

Além do penhor, poder ser constituída a hipoteca, que representa um direito real de garantia sobre bens imóveis. Na CPR, a hipoteca poderá incidir sobre imóveis rurais ou urbanos, sem qualquer distinção, não abrangendo porém os outros bens passíveis de hipoteca, nos termos do art. 1.473 do Código Civil[14].

Por fim, poderá haver ainda a instituição da alienação fiduciária em garantia, que ocorre quando o devedor transmite ao credor a propriedade de um bem, reservando-se a posse direta, sob a condição resolutiva do pagamento da obrigação garantida. Em outras palavras, o devedor aliena para o credor um bem, que ele adquiriu ou que já constava do seu patrimônio, em garantia de determinada obrigação. Caso a obrigação seja paga, a propriedade plena retornará ao devedor. Caso a obrigação não seja paga, o credor poderá fazer recair os seus direitos sobre o bem dado em garantia, que está na sua propriedade. Aqui, aplicam-se, a nosso ver, todas as espécies de alienação fiduciária em garantia.

Em todo caso, a garantia é cedularmente constituída, isto é, é constituída na própria cédula, independentemente de outros atos externos ao título. Contudo, para que tal garantia e a própria cédula tenham eficácia perante terceiros, é essencial sua inscrição no cartório de imóveis do domicílio do devedor (Lei n. 8.929/94 – art. 12). Em outro sentido, o STJ já afirmou que "tem-se o ato de registro da CPR como constitutivo do direito real e, por consequência, do crédito privilegiado. Antes disso, inexiste direito de natureza real, mas meramente pessoal"[15].

No caso de hipoteca, a CPR deverá ser averbada na matrícula do imóvel dado em garantia. Se ocorrer o penhor, a CPR deverá ser inscrita no cartório de imóveis da localização dos bens dados em garantia. Não se trata de um requisito de validade da cédula ou das garantias, mas apenas de um requisito de eficácia perante terceiros.

Vale a pena ressaltar que nas CPRs há o mesmo regime de impenhorabilidade relativa aplicável às cédulas de crédito. Em outras palavras, os bens dados em garantia não serão penhorados ou sequestrados por outras dívidas do emitente ou do terceiro prestador da garantia real. Dentro da mesma linha das cédulas de crédito, tal impenhorabilidade não prevalece em face de créditos fiscais, trabalhistas e de pensão alimentícia.

4.5 *Aval*

Além das garantias reais, a obrigação constante da CPR pode ser reforçada por garantias pessoais, em especial o aval, dada a aplicação do regime cambial. O avalista não

---

13. PEREIRA, Lutero de Paiva. *Comentários à lei da cédula de produto rural*. 3. ed. Curitiba: Juruá, 2006, p. 82-83.

14. Idem, p. 75.

15. STJ, 3ª Turma, REsp 698.576/MT, Rel. Min. Nancy Andrighi, j. 5-4-2005, *DJ* 18-4-2005, p. 335.

seria nada mais do que um codevedor solidário da obrigação constante no título. Lutero de Paiva Pereira só admite o aval na CPR financeira[16], dada a impossibilidade de um avalista responder pela entrega dos produtos, o que representaria outra peculiaridade. A nosso ver, embora seja estranho, em tese, é possível a existência de um avalista[17] mesmo nesse caso, o qual assumirá uma obrigação nas mesmas condições do avalizado. Prova disso é a menção que a legislação fazia ao aval desde sua redação original, vale dizer, mesmo antes da possibilidade de liquidação financeira, a Lei n. 8.929/94 já citava o aval, demonstrando sua possibilidade em qualquer caso.

Caso exista o aval, a eventual execução dos avalistas não dependerá de protesto em nenhum caso. Independentemente de quem seja o avalizado, o avalista poderá ser cobrado mesmo sem a prova solene de que o devedor principal não cumpriu a obrigação, ou seja, não é necessário o protesto.

4.6 Endosso

Também pela aplicação do regime cambial, bem como pela obrigatoriedade da cláusula à ordem, a CPR também admite o endosso, como meio de transferência da obrigação nela consignada. Tal endosso seguirá o regime do endosso nas letras de câmbio, com pequenas peculiaridades.

A primeira peculiaridade do endosso na CPR é a obrigatoriedade de os endossos serem completos, expressão que não é explicada na lei. Entende-se por endosso completo o endosso em preto[18], isto é, o endosso com a indicação do endossatário. Desse modo, o endosso em branco não seria possível na CPR, dando mais segurança à circulação dos direitos nela incorporados.

Outra peculiaridade é a não responsabilização dos endossantes pela entrega do produto, ou seja, eles não se tornam devedores do título. Caso o emitente não cumpra a obrigação consignada na CPR, as medidas do credor só poderão se dirigir contra o emitente, não sendo possível a cobrança dos endossantes. Estes são afastados da negociação, não tendo mais responsabilidade pela entrega, garantindo apenas a existência da obrigação, ao contrário do que ocorre no endosso das letras de câmbio. O STJ já afirmou que: "Na CPR os endossantes não respondem pela entrega do produto rural descrito na cártula, mas apenas pela existência da obrigação. O endossatário da CPR não pode exigir do endossante a prestação da entrega do produto rural, visto que o endossante deve apenas assegurar a existência da obrigação"[19].

---

16. PEREIRA, Lutero de Paiva. *Comentários à lei da cédula de produto rural*. 3. ed. Curitiba: Juruá, 2006, p. 119.

17. TJMG, 14ª Câmara Cível, Apelação Cível 1.0694.06.031692-4/001, Rel. Des. Antônio de Pádua, j. 30-8-2007, *DJ* 18-9-2007.

18. ROQUE, Sebastião José. *Títulos de crédito*. São Paulo: Ícone, 1997, p. 208.

19. STJ, 3ª Turma, REsp 1177968/MG, Rel. Min. Nancy Andrighi, j. 12-4-2011, *DJe* 25-4-2011.

Lutero de Paiva Pereira afirma, a nosso ver com razão, que a não responsabilização do endossante só se aplicaria à CPR física, não valendo para a CPR financeira, pois só a primeira possui obrigação única de entrega das mercadorias[20]. Na CPR financeira, não há apenas a promessa de entrega dos produtos rurais, mas também a promessa de pagamento da quantia equivalente. Nesse caso, o título é líquido, certo e exigível na data de seu vencimento, pelo resultado da multiplicação do preço apurado, pela quantidade do produto especificado, ou seja, o credor pode exigir um pagamento em dinheiro do devedor. Por esse pagamento em dinheiro, a cobrança poderá se dirigir tanto ao emitente quanto aos endossantes, desde que realizado o protesto tempestivo para cobrança dos últimos.

4.7 Negociação no mercado

Além da negociação por meio de endosso, a CPR admite negociação nos mercados de balcão e nas bolsas de valores, desde que haja o registro da CPR em sistema de registro e de liquidação financeira, administrado por entidade autorizada pelo Banco Central do Brasil (Lei n. 8.929/94 – art. 19). Nesse caso, a CPR será considerada um ativo financeiro, não sendo sua negociação objeto de cobrança do IOF.

Antes do registro, os títulos podem circular normalmente por meio de endosso em preto, uma vez que a cláusula à ordem é essencial. Entretanto, feito o registro, que permite a negociação dos títulos nos mercados de bolsa e de balcão, como ativos financeiros, não haverá mais o endosso tradicional dos títulos, mas apenas sua negociação eletrônica. Prova disso é a ausência de anotação no verso do título das negociações ocorridas durante o período do registro. Nesse período, a entidade registradora será responsável pela anotação e atualização das operações realizadas com os títulos. Após a baixa no registro, a CPR pode voltar a ser endossada normalmente.

4.8 Vencimento

A circulação da CPR, eletrônica ou por meio de endosso, só costuma ocorrer até o vencimento do título. Nesse momento, a obrigação já se torna exigível, cabendo ao titular da CPR exercer o direito, embora nada impeça que ainda ocorra sua negociação. Tal vencimento é requisito essencial do título, devendo constar expressamente no teor do documento.

Conquanto seja expressamente previsto, é certo que poderá ocorrer o vencimento antecipado da obrigação, caso o emitente descumpra qualquer obrigação assumida pelo emitente (Lei n. 8.929/94 – art. 14). Trata-se da *acceleration clause*[21], que exige a estrita observância de todas as obrigações, sob pena de aceleração do vencimento combinado.

---

20. PEREIRA, Lutero de Paiva. *Comentários à lei da cédula de produto rural*. 3. ed. Curitiba: Juruá, 2006, p. 117.

21. ROQUE, Sebastião José. *Títulos de crédito*. São Paulo: Ícone, 1997, p. 209.

4.9 Pagamento, protesto e execução

Chegado o vencimento, o emitente deverá cumprir a obrigação assumida. Tal obrigação normalmente consiste na entrega do produto rural prometido, respondendo o emitente pela evicção, sem poder invocar caso fortuito ou força maior para se exigir o pagamento. Além disso, poderá haver o estabelecimento da liquidação financeira da CPR, de modo que a obrigação passará a ser da entrega do dinheiro equivalente aos produtos prometidos. Nesse caso, o próprio título deverá especificar os parâmetros necessários para o cálculo do valor devido.

Qualquer que seja a prestação, é certo que o credor não é obrigado a aceitá-la antes do vencimento. Quando o pagamento for em dinheiro, a aplicação do regime cambial é que desobriga o credor a aceitar esse pagamento antecipado (LUG – art. 40). Caso o pagamento seja em produtos, a própria Lei n. 8.929/94 (art. 13) determina que a entrega dos produtos antes do vencimento dependa da anuência do credor. Tal regra tem muito a ver com os custos de guarda e conservação dos produtos que não podem ser impostos ao credor antes da data combinada.

Feito o pagamento, o título não tem mais qualquer função. Todavia, caso o pagamento não seja feito, pode ser de interesse do credor a prova solene dessa inadimplência, por meio do protesto. Tal instituto é exatamente o mesmo das letras de câmbio, com os mesmos efeitos, só não sendo necessário para a cobrança de nenhum avalista.

Embora o protesto pressione bastante o devedor, ele não é o meio próprio para a cobrança do título. Para tanto, poderá ser usada uma ação de execução, porquanto a CPR é título executivo. No caso da CPR física, a execução obedecerá o procedimento da execução para entrega de coisa incerta (CPC/2015 – arts. 811 a 813), não sendo possível o manejo de execução por quantia certa[22]. Já no caso da CPR financeira, o procedimento será a execução por quantia contra devedor solvente (CPC/2015 – arts. 824 e ss.). Em todo caso, há a aplicação do regime cambial, com os mesmos prazos prescricionais previstos para a letra de câmbio.

Além da execução, é certo que, se a CPR for garantida por uma alienação fiduciária, será cabível a ação de busca e apreensão, para a posterior venda extrajudicial do bem. Tal ação não inibe o ajuizamento de eventual execução, no caso de não satisfação total do crédito com o produto da venda.

O STJ afirmou que "é aplicável à cédula de produto rural o mesmo tratamento conferido à cédula de crédito rural, quanto aos juros de mora, limitados em 1% (um por cento) ao ano, nos termos do art. 5º do Decreto-lei n. 167/1967"[23].

---

22. TJMG, 16ª Câmara Cível, Apelação Cível 2.0000.00.516591-3/000, Rel. Des. Batista de Abreu, j. 23-11-2005, *DJ* 31-1-2006.

23. STJ, 4ª Turma, AgInt no AREsp 906.114/PR, Rel. Min. Raul Araújo, j. 6-10-2016, *DJe* 21-10-2016.

23 TÍTULOS IMOBILIÁRIOS

1 Introdução

Assim como a atividade rural, a atividade imobiliária possui certas peculiaridades que ensejaram a criação de títulos próprios, seja para agilizar a circulação dos créditos, seja para permitir a melhor captação de recursos.

2 Letras imobiliárias garantidas

As letras imobiliárias eram títulos regidos pela Lei n. 4.380/64 (arts. 44 a 53), mas foram revogadas e substituídas pelas letras imobiliárias garantidas (LIG), agora regidas pela Lei n. 13.097/2015 (arts. 63 a 98). A LIG é definida como um "título de crédito nominativo, transferível e de livre negociação, garantido por Carteira de Ativos submetida ao regime fiduciário" na forma da citada Lei n. 13.097/2015. Trata-se de um instrumento muito similar ao das debêntures, que representam empréstimos públicos feitos pela sociedade emitente, outorgando apenas direitos de crédito, nesse caso necessariamente garantidos por carteira de ativos submetidos a um regime próprio (regime fiduciário).

2.1 Emissão

As instituições financeiras, em geral, que tenham créditos imobiliários em sua carteira poderão emitir a LIG para captação de recursos. No exercício da sua função de instituição financeira, é óbvio que elas precisam de recursos para conceder o crédito necessário à atividade imobiliária. Tais recursos poderão ser próprios ou de terceiros. Neste último caso, podem advir de diversas fontes, inclusive da captação do público por meio da emissão de LIG, dada a vedação de utilização de debêntures por tais instituições.

Quem adquire as LIG repassa recursos à instituição financeira emitente e, em contrapartida, passa a ter um direito de crédito contra ela, consistente no valor do título, mais juros, fixos ou flutuantes, e outras formas de remuneração que venham a ser pactuadas. Para o beneficiário da LIG, ela representa uma alternativa de investimento, com risco baixo, dada a segurança das operações desenvolvidas por tais entidades. Ademais, trata-se de título executivo (Lei n. 13.097/2015, art. 64, § 1º), permitindo medidas mais rápidas para a satisfação do crédito.

2.2 Requisitos

A letra imobiliária garantida deverá esclarecer os direitos que assegura e, por isso, tem que atender aos seguintes requisitos (Lei n. 13.097/ 2015 – art. 64):

> I – a denominação "Letra Imobiliária Garantida";
>
> II – o nome da instituição financeira emitente;
>
> III – o nome do titular;
>
> IV – o número de ordem, o local e a data de emissão;
>
> V – o valor nominal;
>
> VI – a data de vencimento;
>
> VII – a taxa de juros, fixa ou flutuante, admitida a capitalização;
>
> VIII – outras formas de remuneração, quando houver, inclusive baseadas em índices ou taxas de conhecimento público;
>
> IX – a cláusula de correção pela variação cambial, quando houver;
>
> X – a forma, a periodicidade e o local de pagamento;
>
> XI – a identificação da Carteira de Ativos;
>
> XII – a identificação e o valor dos créditos imobiliários e demais ativos que integram a Carteira de Ativos;
>
> XIII – a instituição do regime fiduciário sobre a Carteira de Ativos, nos termos desta Lei;
>
> XIV – a identificação do agente fiduciário, indicando suas obrigações, responsabilidades e remuneração, bem como as hipóteses, condições e forma de sua destituição ou substituição e as demais condições de sua atuação; e
>
> XV – a descrição da garantia real ou fidejussória, quando houver.

O teor do título deverá conter claramente o direito assegurado, com todos os seus limites, bem como as partes envolvidas na operação. Assim, é essencial que conste sua denominação, para se identificar o seu regime jurídico, exigindo-se também o seu número de ordem, o local e a sua data de emissão. Além disso, é essencial a identificação do valor nominal do título, bem como dos eventuais juros e outras formas de remuneração a serem pagos, que representam o grande atrativo do título. Admite-se, sem obrigatoriedade, inclusive a correção pela variação cambial. Do mesmo modo, deverão constar a forma, o local e a periodicidade do pagamento, bem como o vencimento do título.

Há que constar também a identificação da Carteira de Ativos, com a identificação e o valor dos créditos imobiliários e demais ativos que integram a Carteira de Ativos. Sobre tal carteira deverá ser instituído o regime fiduciário, com a nomeação do agente fiduciário indicando suas obrigações, responsabilidades e remuneração, bem como as hipóteses, condições e forma de sua destituição ou substituição e as demais condições de sua atuação. Também são possíveis outras garantias reais ou pessoais, mas sem obrigatoriedade no caso.

2.3 Carteira de ativos e regime fiduciário

Para a emissão da LIG, é obrigatória a constituição de uma Carteira de Ativos, isto é, é obrigatória a separação de uma série de créditos que vão, na forma da Lei n. 13.097/2015, garantir o pagamento das obrigações assumidas. Podem ser incluídas nessa carteira créditos imobiliários (garantidos por hipoteca ou alienação fiduciária, ou decorrentes de incorporação imobiliária com instituição de patrimônio de afetação), títulos de emissão do Tesouro Nacional, instrumentos derivativos contratados por meio de contraparte central garantidora e outros ativos que venham a ser autorizados pelo Conselho Monetário Nacional (Lei n. 13.097/2015 – art. 66). Todos os créditos incluídos na carteira devem estar livres e desembaraçados e devem representar pelo menos 5% a mais do que o valor das dívidas assumidas na LIG. A instituição emissora deve promover o reforço ou a substituição de ativos que integram a Carteira de Ativos sempre que verificar insuficiência ou inadequação

A instituição emissora deve instituir regime fiduciário sobre a Carteira de Ativos, que funciona como um patrimônio de afetação, de modo que os ativos ali segregados fiquem restritos à satisfação do crédito decorrente da LIG, não sofrendo os efeitos de uma eventual falência, liquidação extrajudicial ou intervenção na instituição emitente (art. 70), ou de qualquer medida de arresto, sequestro, penhora, busca e apreensão ou qualquer outro ato de constrição judicial em decorrência de outras obrigações da instituição emissora. Os recursos financeiros provenientes dos ativos integrantes da Carteira de Ativos ficam liberados do regime fiduciário se forem mantidos recursos suficientes para pagarem as dívidas referentes à LIG.

Os titulares dos créditos da LIG formarão uma comunhão de interesses que será representada perante o emitente, por meio de um agente fiduciário. Este será nomeado na instituição do regime fiduciário, com a definição de seus deveres, responsabilidades e remuneração, bem como as hipóteses, condições e forma de sua destituição ou substituição e as demais condições de sua atuação. O agente fiduciário deve ser instituição financeira ou outra entidade autorizada para esse fim pelo Banco Central do Brasil, não podendo ser ligado a instituição emitente.

Ao agente fiduciário são conferidos poderes gerais de representação da comunhão de investidores titulares da LIG, com competência ainda para: I – zelar pela proteção dos direitos e interesses dos investidores titulares da LIG, monitorando a atuação da instituição emissora da LIG na administração da Carteira de Ativos; II – adotar as medidas judiciais ou extrajudiciais necessárias à defesa dos interesses dos investidores titulares; III – convocar a assembleia geral dos investidores titulares da LIG; e IV – exercer, nas hipóteses a que se refere o art. 84, a administração da Carteira de Ativos, observadas as condições estabelecidas pelo Conselho Monetário Nacional. Na hipótese de decretação de intervenção, liquidação extrajudicial ou falência da instituição emissora, o agente fiduciário fica investido de mandato para administrar a Carteira de Ativos, podendo ceder, alienar, renegociar, transferir ou de qualquer outra forma dispor dos ativos dela integrantes, incluindo poderes para ajuizar ou defender os investidores titulares da LIG em ações judiciais, administrativas ou arbitrais relacionadas à Carteira de Ativos

Como comunhão de interesses, os titulares da LIG podem expressar sua vontade por meio de assembleia geral que deve ser convocada com antecedência mínima de vinte dias, mediante edital publicado em jornal de grande circulação na praça em que tiver sido feita a emissão da LIG, instalando-se, em primeira convocação, com a presença dos titulares que representem, pelo menos, 2/3 (dois terços) do valor global dos títulos e, em segunda convocação, com qualquer número. Tal assembleia tem competência para adotar qualquer medida pertinente à administração da Carteira de Ativos, desde que não contrarie as normas do CMN.

2.4 Circulação e pagamento

O titular da LIG poderá aguardar o seu vencimento e buscar o recebimento do seu crédito, inclusive por meio de ação executiva. Todavia, nem sempre ele precisará aguardar tanto para dar liquidez ao seu investimento, na medida em que as LIG podem ser negociadas livremente. Com tal negociação, o seu titular receberá valores, transferindo seus direitos a outra pessoa. A LIG e os ativos que integram a Carteira de Ativos devem ser depositados em entidade autorizada a exercer a atividade de depósito centralizado pelo Banco Central do Brasil, podendo ser negociadas escrituralmente.

No caso de falência, intervenção ou liquidação extrajudicial da instituição financeira emitente, haverá o vencimento antecipado das obrigações e os ativos integrantes da Carteira de Ativos serão destinados exclusivamente ao pagamento do principal, dos juros e dos demais encargos relativos às LIG por ela garantidas, e ao pagamento das obrigações decorrentes de contratos de derivativos integrantes da carteira, dos seus custos de administração e de obrigações fiscais. Em caso de insuficiência da Carteira de Ativos para a liquidação integral dos direitos dos investidores das LIG por ela garantidas, estes terão direito de inscrever o crédito remanescente na massa concursal em igualdade de condições com os credores quirografários. Em caso de solvência da Carteira de Ativos, definida conforme critérios estabelecidos pelo Conselho Monetário Nacional, fica vedado o vencimento antecipado das LIG por ela garantidas, ainda que decretados os regimes especiais mencionados.

3 Letra hipotecária

As letras hipotecárias são títulos emitidos por instituições financeiras, autorizadas a conceder créditos hipotecários, representando promessas de pagamento garantidas por créditos hipotecários. Não representam o crédito hipotecário em si, mas um instrumento de captação de recursos garantido pelo crédito hipotecário. Mais uma vez, trata-se de um instrumento muito similar às debêntures e, por conseguinte, às letras imobiliárias. Tais títulos são regidos pela Lei n. 7.684/88.

3.1 Emissão

As instituições financeiras autorizadas a conceder créditos hipotecários precisam de recursos para o desempenho da sua atividade. Tais recursos poderão ser próprios ou de terceiros. Neste último caso, podem advir de diversas fontes, inclusive da captação do público, por meio da emissão das letras hipotecárias. Quem as adquire concede recursos ao emitente e passa a ter um direito de crédito pelo valor nominal, correção e juros, como uma forma de investimento.

Trata-se de um instrumento muito similar ao das letras imobiliárias, representando por um lado um instrumento de captação de recursos e, por outro, uma alternativa de investimento. Todavia, a emissão aqui é mais ampla, vale dizer, as letras imobiliárias são emitidas apenas por sociedades de crédito imobiliário e as letras hipotecárias por sociedades de crédito imobiliário, por bancos múltiplos com carteira de crédito imobiliário e pela Caixa Econômica Federal (CEF)[1]. Além disso, nas letras hipotecárias o risco é ainda menor, uma vez que há uma garantia real sobre créditos hipotecários de titularidade do emitente.

As letras hipotecárias não transferem créditos hipotecários, mas apenas os dão em garantia. O titular da letra hipotecária tem um direito de crédito contra o emitente, e não um crédito hipotecário. Caso esse direito de crédito não seja satisfeito, o titular da letra poderá receber os créditos hipotecários a ela vinculados, diminuindo bastante o risco de inadimplência.

Há uma boa margem de segurança, uma vez que o valor total dos recursos obtidos por meio das letras hipotecárias não poderá ser superior ao valor do total de créditos hipotecários da emitente. Outrossim, as letras deverão ter vencimento inferior ao dos créditos dados em garantia. Deverá também ser mantido um controle extracontábil que permita a identificação dos créditos caucionados[2]. Em reforço, poderá ser estabelecida ainda garantia pessoal adicional concedida por outra instituição financeira[3].

A letra hipotecária poderá ser emitida sob a forma cartular ou escritural. Neste último caso, ela funcionará como uma espécie de conta-corrente de titularidade do beneficiário. Caso ela seja emitida fisicamente, deverá ser feito um certificado.

3.2 Requisitos

Em todo caso, a letra hipotecária deve conter os seguintes requisitos (Lei n. 7.684/88 – art. 1º, § 2º):

---

1. FORTUNA, Eduardo. *Mercado financeiro.* 16. ed. São Paulo: Qualitymark, 2005, p. 174.
2. Idem, p. 174.
3. REQUIÃO, Rubens. *Curso de direito comercial.* 24. ed. São Paulo: Saraiva, 2005, v. 2, p. 592.

- o nome da instituição financeira emitente e as assinaturas de seus representantes;
- o número de ordem, o local e a data de emissão;
- a denominação *Letra Hipotecária*;
- o valor nominal e a data de vencimento;
- a forma, a periodicidade e o local de pagamento do principal, da atualização monetária e dos juros;
- os juros, que poderão ser fixos ou flutuantes;
- a identificação dos créditos hipotecários caucionados e seu valor;
- a identificação do beneficiário.

Mais uma vez, os requisitos servem para identificar o título e para qualificar os direitos que ele assegura. Assim, é essencial a denominação letra hipotecária, bem como o número de ordem, o local e a data da emissão. Além disso, é fundamental identificar o valor que se promete pagar, bem como os juros e a correção incidentes sobre tal valor. Também é fundamental a identificação do vencimento (no mínimo 180 dias – Circular n. 1.393/88 Banco Central), da periodicidade de pagamento dos juros, bem como do local e da forma do pagamento.

Outrossim, devem ser especificados os sujeitos intervenientes no título, com a qualificação e a assinatura do emitente, que vai representar a declaração de vontade que faz nascer a obrigação. De outro lado, há que se identificar também o credor da obrigação. Por fim, devem ser estabelecidos os créditos caucionados que representarão a garantia dada ao credor do título.

3.3 Negociação

A Lei n. 7.684/88 afirma que a letra hipotecária pode ser nominativa, endossável ou ao portador. No primeiro caso, sua negociação pressupõe a alteração dos livros do devedor. No segundo caso, o título seria transferível por meio de endosso, isto é, simples assinatura do titular no seu verso, sem que houvesse corresponsabilidade do endossante pelo cumprimento da obrigação. Por fim, no último caso, ela seria transferível por simples tradição.

A maior parte da nossa doutrina reconhece as três formas para as letras hipotecárias, admitindo, por conseguinte, todas as formas de transferência mencionadas[4]. Rubens Requião admite apenas as formas nominativa e endossável, não mais a emissão ao portador[5]. A nosso ver, porém, deve ser reconhecida tão somente a forma nominativa, dada a vedação de instrumentos de captação de recursos ao portador e nominativos endossá-

---

4. ROQUE, Sebastião José. *Títulos de crédito*. São Paulo: Ícone, 1997, p. 217; RIZZARDO, Arnaldo. *Títulos de crédito*. Rio de Janeiro: Forense, 2006, p. 315; MAMEDE, Gladston. *Direito empresarial brasileiro*: títulos de crédito. 2. ed. São Paulo: Atlas, 2005, v. 3, p. 440.

5. REQUIÃO, Rubens. *Curso de direito comercial*. 24. ed. São Paulo: Saraiva, 2005, v. 2, p. 592.

veis (Lei n. 8.021/90 – art. 2º). Em tal forma, também é possível a transferência por endosso, desde que este seja averbado no registro do título na sociedade.

No caso de emissão escritural, sua transferência será feita pela alteração dos registros da entidade que registrou o título. Nessa hipótese, não há endosso, nem necessidade de alteração de livros, mas uma simples modificação dos registros da instituição que está com os títulos registrados.

4 Letra de crédito imobiliário

Visando a reforçar o acesso a recursos na atividade imobiliária, foi criado um novo título, a letra de crédito imobiliário (LCI), atualmente regida pela Lei n. 10.931/2004. Trata-se de instrumento muito similar às letras hipotecárias, na medida em que visam a facilitar a captação de recursos no mercado e contam necessariamente com garantia real, consistente na caução de créditos imobiliários. Apesar das semelhanças, a LCI é de uso mais amplo do que as letras hipotecárias.

4.1 Emissão

As letras de crédito imobiliário são promessas de pagamento, que asseguram aos seus titulares direito de crédito pelo valor nominal, juros e, se for o caso, atualização monetária nelas estipulados, sendo garantidas por créditos hipotecários ou de alienação fiduciária de imóveis. Elas podem ser emitidas por bancos comerciais, bancos múltiplos com carteira de crédito imobiliário, Caixa Econômica Federal, sociedades de crédito imobiliário, associações de poupança e empréstimo, companhias hipotecárias e demais espécies de instituições autorizadas a trabalhar com créditos imobiliários.

Como mencionado, trata-se de um interessante instrumento de captação de recursos para a concessão de créditos imobiliários. Quem adquire a LCI fornece recursos a instituições financeiras a custos inferiores, em relação a outras formas de captação. Em contrapartida, passa a ter um direito de crédito contra ela, que representa uma forma segura de investimento, dada a garantia consistente na caução de créditos hipotecários ou de alienação fiduciária de imóveis. Também é possível que a LCI conte com garantia pessoal adicional concedida por instituição financeira. Pelo risco menor, tais títulos são muito usados por investidores de perfil conservador[6].

Registre-se mais uma vez que não se transfere o crédito hipotecário ou de alienação fiduciária de imóveis, o qual é apenas uma garantia para o credor no caso de ausência de pagamento. Os créditos caucionados deverão ser claramente especificados no título e não poderão ter prazo de vencimento inferior ao prazo do título. Por questão de segu-

---

6. MAMEDE, Gladston. *Direito empresarial brasileiro*: títulos de crédito. 2. ed. São Paulo: Atlas, 2005, v. 3, p. 446.

rança, a soma dos valores nominais das LCIs não poderá ultrapassar a soma dos créditos imobiliários em poder da instituição emitente.

Apesar das grandes semelhanças com a letra hipotecária, a LCI possui certas diferenças. Em primeiro lugar, a emissão da LCI pode ser realizada por mais instituições financeiras. Além disso, a caução a ser oferecida pode consistir tanto em créditos hipotecários quanto em créditos de alienação fiduciária de imóveis, enquanto na letra hipotecária a caução só poderia ser de créditos hipotecários. Estendendo o rol dos bens caucionáveis, amplia-se a possibilidade de uso desse instrumento de captação.

Assim como a letra hipotecária, a LCI poderá ser emitida sob a forma cartular ou escritural, a critério do credor. Neste último caso, ela funcionará como uma espécie de conta-corrente de titularidade do beneficiário, devendo ser registrada em sistema de registro e liquidação de títulos privados autorizados pelo Banco Central. Caso ela seja emitida fisicamente, deverá ser feito um certificado.

4.2 *Requisitos*

Em todo caso, a LCI deve conter os seguintes requisitos (Lei n. 10.931/2004 – art. 12, § 1º):

- o nome da instituição emitente e as assinaturas de seus representantes;
- o número de ordem, o local e a data de emissão;
- a denominação *Letra de Crédito Imobiliário*;
- o valor nominal e a data de vencimento;
- a forma, a periodicidade e o local de pagamento do principal, dos juros e, se for o caso, da atualização monetária;
- os juros, fixos ou flutuantes, que poderão ser renegociáveis, a critério das partes;
- a identificação dos créditos caucionados e seu valor;
- o nome do titular; e
- cláusula à ordem, se endossável.

Como todo título, a LCI deverá conter a sua denominação para garantir o conhecimento do seu regime jurídico, bem como o número de ordem, o local e a data de emissão. Além disso, ela deve qualificar claramente o direito que assegura, com a identificação do valor nominal, dos juros e, eventualmente, da atualização monetária devida. Nessa especificação, também deverão ser esclarecidos a forma, a periodicidade e o local do pagamento do principal, dos juros e eventualmente da correção. Os juros poderão ser fixos ou variáveis, com qualquer periodicidade, conforme combinado. De modo similar, a eventual atualização monetária poderá adotar qualquer critério, com qualquer periodicidade.

Outrossim, também é essencial que seja estabelecido o vencimento da obrigação. No caso de atualização mensal por índices de preços, o vencimento da LCI não poderá ser inferior a 36 meses (Lei n. 10.931/2004 – art. 13). No caso de atualização anual por índices de preços, o vencimento não poderá ser inferior a 12 meses. Nos demais casos, o vencimento não poderá ser inferior a 60 dias (Bacen – Circular n. 3.152/2002).

Também é essencial no título a qualificação do emitente, bem como a assinatura do seu representante, que representará a declaração de vontade necessária para o surgimento da obrigação. Outrossim, deve-se qualificar beneficiário e eventualmente incluir a cláusula à ordem, caso seja pactuada a possibilidade de endosso da LCI. Por derradeiro, deverão ser especificados os créditos caucionados.

4.3 Negociação

Como todos os títulos, a LCI não deverá ficar necessariamente com seu credor original, podendo ser objeto de negociação. Caso a LCI seja emitida sob a forma escritural, ela deverá ser registrada em sistema de registro e liquidação financeira de títulos privados autorizados pelo Banco Central do Brasil, que será responsável também por sua negociação. Já a LCI cartular poderá ser nominativa ou endossável.

Caso a LCI seja nominativa, sua negociação será feita mediante alteração dos livros do emitente, de modo muito similar ao que ocorre com as ações de sociedades anônimas. Caso ela seja endossável, o teor do documento deverá conter a cláusula à ordem e sua transferência ocorrerá pelo endosso tradicional, isto é, pela assinatura do beneficiário no verso do título com a respectiva tradição. Tal endosso seguirá o regime geral cambial, mas o endossante não responderá pelo pagamento do título, mas tão somente pela existência do título (Lei n. 10.931/2004 – art. 16).

5 Cédula hipotecária

A cédula hipotecária é um título que visa a captar recursos no mercado pela transferência, no todo ou em parte, de créditos hipotecários de titularidade do emitente. Ao contrário da LCI e da letra hipotecária, que apenas davam em garantia créditos hipotecários, a cédula hipotecária representa transferência desses créditos. Trata-se de título regido pelo Decreto-lei n. 70/66, cuja emissão e circulação dispensam a outorga conjugal.

5.1 Emissão

O credor hipotecário só receberia seu crédito no futuro, mas eventualmente pode ter interesse em antecipar uma parte desse crédito. Para tanto, ele poderá representar o seu crédito em uma cédula hipotecária e transferi-lo, recebendo antecipadamente ao menos uma parte do valor devido. Em suma, a cédula hipotecária é emitida, pelo credor, para representar créditos hipotecários, transferindo-os no todo ou em parte. Caso represente a totalidade do crédito, diz-se que ela é integral; quando representa uma parte do crédito, diz-se que ela é fracionária. Neste último caso, a soma das cédulas referentes ao mesmo crédito não poderá ultrapassar o valor total do crédito, sem o acréscimo de correção monetária[7].

Tal operação não é admitida em qualquer situação, mas apenas nos casos previstos no art. 10 do Decreto-lei n. 70/66. A cédula hipotecária poderá ser emitida para representar créditos hipotecários do sistema financeiro de habitação (SFH). Além disso, ela poderá ser emitida também para representar qualquer crédito hipotecário, cujo credor seja uma instituição financeira ou uma seguradora. Por fim, ela poderá ser emitida para representar quaisquer outros créditos hipotecários, desde que sua emissão seja a favor de uma instituição financeira ou de uma seguradora.

Em todo caso, ela pressupõe um contrato de financiamento imobiliário, garantido por hipoteca, que contenha cláusulas que obriguem o devedor a conservar o imóvel hipotecado em condições normais de uso; pagar nas épocas próprias todos os impostos, taxas, multas, ou quaisquer outras obrigações fiscais que recaiam ou venham a recair sobre o imóvel; e manter o imóvel segurado por quantia no mínimo correspondente ao do seu valor monetário corrigido (Decreto-lei n. 70/66 – art. 21).

Uma vez emitida a cédula, o crédito hipotecário a ela se incorpora, passando a circular com o próprio documento. O titular da cédula será o titular do crédito e terá o direito de recebê-lo. Não se trata de uma garantia, mas da transferência do próprio crédito; prova disso é a possibilidade de novas transferências.

5.2 Requisitos

Qualquer que seja a hipótese de emissão, a cédula hipotecária deverá conter uma série de requisitos, exigidos pelo art. 15 do Decreto-lei n. 70/66. Na face do título, deverão constar:

- nome, qualificação e endereço do emitente e do devedor;
- número e série da cédula hipotecária, com indicação da parcela ou totalidade do crédito que represente;
- número, data, livro e folhas do Registro Geral de Imóveis em que foi inscrita a hipoteca e averbada a cédula hipotecária;
- individualização do imóvel dado em garantia;
- o valor da cédula, os juros convencionados e a multa estipulada para o caso de inadimplemento;
- o número de ordem da prestação a que corresponder a cédula hipotecária, quando houver;

7. MAMEDE, Gladston. *Direito empresarial brasileiro*: títulos de crédito. 2. ed. São Paulo: Atlas, 2005, v. 3, p. 442.

- a data do vencimento da cédula hipotecária ou, quando representativa de várias prestações, os seus vencimentos de amortização e juros;
- a autenticação feita pelo oficial do Registro Geral de Imóveis;
- a data da emissão e as assinaturas do emitente, com a promessa de pagamento do devedor;
- o lugar de pagamento do principal, juros, seguros e taxa;
- a denominação *cédula hipotecária* (Resolução n. 228/72 – CMN).

Tais requisitos visam a demonstrar a necessidade de se qualificar o crédito que está sendo representado, inclusive com a identificação do imóvel hipotecado. Nessa qualificação, deverá constar o valor do crédito, seus encargos e a data ou datas de vencimento (mínimo de dois anos – Resolução n. 228/72 – CMN). Também é essencial o lugar do pagamento. Além disso, devem-se qualificar claramente o imóvel hipotecado e a própria hipoteca, com os dados do registro de imóveis.

Outrossim, é essencial que se qualifiquem a cédula e as partes envolvidas. A qualificação da cédula deverá contar com sua denominação, com o número e a série respectiva, bem como com sua data de emissão e a autenticação do cartório de imóveis. Além disso, devem-se qualificar o emitente e o devedor do crédito representado. Exige-se de ambos apenas a qualificação, a assinatura essencial é apenas a do emitente (credor hipotecário), que vai prometer o pagamento pelo devedor.

Tal promessa do emitente significa sua coobrigação pelo pagamento do crédito representado, apenas se ele não comunicar o devedor hipotecário dessa emissão. Tal comunicação deverá ocorrer até 30 dias após a emissão, por meio de carta, entregue mediante recibo ou enviada pelo registro de Títulos e Documentos, ou ainda por meio de notificação judicial, indicando-se, na carta ou na notificação, o nome, a qualificação e o endereço completo do beneficiário.

Além desses requisitos da face do título, a cédula hipotecária deverá conter certos requisitos no verso para permitir sua eventual circulação. São requisitos do verso da cédula:

- data ou datas de transferência por endosso;
- nome, assinatura e endereço do endossante;
- nome, qualificação, endereço e assinatura do endossatário;
- as condições do endosso;
- a designação do agente recebedor e sua comissão;
- a indicação dos seguros obrigatórios, quando vinculada ao sistema financeiro da habitação.

Veja-se que no verso será qualificado o beneficiário, que será o primeiro endossante, bem como o agente recebedor do crédito e sua comissão. Ademais, deverão constar espaços para os dados necessários na eventual circulação do título.

5.3 Negociação

Assim como os demais títulos, a cédula hipotecária poderá ser objeto de negociação, desde que seja averbada à margem da hipoteca a que diz respeito, no registro do imóvel (Decreto-lei n. 70/66). Feita a averbação, a cédula hipotecária, que é sempre nominativa, poderá ser negociada por meio de endosso em preto, o qual, porém, produzirá os efeitos de cessão de créditos[8]. Corroborando esses efeitos de cessão, o endossante só será coobrigado pelo pagamento do título se não comunicar o devedor hipotecário do endosso, no prazo de 30 dias, por meio de carta, notificação judicial ou extrajudicial, sendo essenciais a comunicação do nome, da qualificação e do endereço completo do endossatário.

Além dos efeitos da cessão, o endosso da cédula hipotecária tem mais formalidades que o endosso tradicional. Ele deverá ser datado e assinado pelo endossante e pelo endossatário, os quais também serão qualificados no endosso. Outrossim, exige-se a especificação das condições do endosso, bem como a indicação de quem vai receber o crédito do devedor (agente recebedor) e da sua eventual comissão.

5.4 Cumprimento da obrigação

Por representar o próprio crédito hipotecário, total ou parcialmente, a cédula hipotecária não poderá ter vencimento superior ao vencimento do próprio crédito hipotecário representado. Havendo vencimento antecipado deste, também haverá o vencimento antecipado da cédula. Eventualmente, mesmo antes desse vencimento, poderá haver o pagamento antecipado, cabendo ao devedor inclusive o direito de promover a consignação dos valores devidos (Decreto-lei n. 70/66 – art. 20).

Feito o pagamento, o título deverá ser devolvido ao devedor, admitindo-se, porém, a prova do pagamento por outros meios admitidos em direito. Com a prova desse pagamento, seja a devolução do título, seja um recibo passado pelo credor, o devedor poderá cancelar a averbação da cédula e o registro da hipoteca respectiva. Tal cancelamento também poderá ocorrer por decisão judicial transitada em julgado (Decreto-lei n. 70/66 – art. 24).

Não havendo o pagamento no vencimento, o credor poderá promover a execução contra o devedor do crédito, pelo regime geral de cobrança dos créditos hipotecários. Eventualmente, poderão ser demandados o emitente e os endossantes, caso eles não comuniquem ao devedor, no prazo de 30 dias, a emissão ou o endosso. Quando as cédulas forem emitidas ou endossadas por Bancos de Investimento, cujo capital e reservas livres sejam iguais ou superiores ao limite estabelecido pelo Banco Central, a Caixa Econômica Federal e os Bancos de Desenvolvimento, haverá a corresponsabilidade desses emitentes ou endossantes (Resolução n. 228/72 – CMN). Além disso, poderão ser demandados quaisquer outros devedores, eventualmente constantes do título.

---

8. REQUIÃO, Rubens. *Curso de direito comercial*. 24. ed. São Paulo: Saraiva, 2005, v. 2, p. 594.

6 Cédulas de crédito imobiliário

Assim como as cédulas hipotecárias, as cédulas de crédito imobiliário (CCI), regidas pela Lei n. 10.931/2004 (arts. 18 a 25), têm por função a captação de recursos, mediante transferência de um crédito imobiliário, de qualquer espécie, especialmente para companhias securitizadoras[9]. Não se trata de um título de crédito em sentido estrito, nem de um valor mobiliário[10], mas de um título *sui generis*[11], que representa créditos imobiliários, de qualquer natureza, no todo (cédula integral) ou em parte (cédula fracionária). O somatório das cédulas fracionárias não poderá ultrapassar o valor total do crédito transferido.

6.1 Emissão

Quem possui um crédito imobiliário pode antecipar ao menos uma parte desse crédito, com sua transferência. A função da CCI é justamente permitir essa transferência de forma mais simples e ágil, facilitando o acesso aos recursos, oriundos especialmente das securitizadoras. Quem adquire a CCI antecipa recursos e se torna titular do crédito imobiliário representado, podendo lançar mão inclusive de execução para o recebimento do crédito, salvo se houver outro procedimento previsto para o recebimento do crédito representado.

Trata-se de um crédito bem seguro, na medida em que os créditos imobiliários possuem riscos menores. Além disso, a CCI poderá contar com garantias reais ou pessoais para reforçar a confiança daquele que passará a ser o titular do crédito representado.

Há aqui um mecanismo muito similar ao mecanismo das cédulas hipotecárias, mas com algumas diferenças. A CCI pode representar qualquer crédito imobiliário e não apenas créditos hipotecários. Outrossim, ela pode ser emitida por qualquer pessoa[12] que seja titular de um crédito imobiliário (construtoras, instituições financeiras...).

Decidida a emissão da CCI, pode-se optar pela forma escritural ou nominativa cartular. No primeiro caso, ela funcionará como uma espécie de conta-corrente de titularidade do beneficiário. Ela será emitida mediante escritura pública ou instrumento particular, devendo esse instrumento permanecer custodiado em instituição financeira e registrado em sistemas de registro e liquidação financeira de títulos privados autorizados pelo Banco Central do Brasil. No caso da forma nominativa, haverá a emissão de um certificado.

---

9. FORTUNA, Eduardo. *Mercado financeiro.* 16. ed. São Paulo: Qualitymark, 2005, p. 178.

10. Idem, p. 179.

11. MAMEDE, Gladston. *Direito empresarial brasileiro*: títulos de crédito. 2. ed. São Paulo: Atlas, 2005, v. 3, p. 455.

12. Idem, v. 3, p. 457.

Sendo o crédito imobiliário garantido por direito real, a emissão da CCI será averbada no Registro de Imóveis da situação do imóvel, na respectiva matrícula, devendo dela constar, exclusivamente, o número, a série e a instituição custodiante. Tal averbação não será possível, se o registro do imóvel já possuir prenotação ou registro de qualquer outro ônus real.

6.2 Requisitos

Dada a aplicação, ainda que parcial, do regime cambial, a CCI precisa atender a uma série de requisitos elencados no art. 19 da Lei n. 10.931/2004, a saber:

- denominação cédula de crédito imobiliário;
- qualificação do credor e do devedor, e no caso de emissão escritural também a do custodiante;
- identificação do imóvel;
- modalidade da garantia, se for o caso;
- número e a série da cédula;
- valor do crédito e data de vencimento;
- forma de pagamento;
- condição integral ou fracionária;
- local e data de emissão;
- assinatura do credor, se cartular;
- autenticação do cartório de imóveis no caso de garantia real;
- cláusula à ordem, se endossável.

Tais requisitos visam a qualificar o título em si, com a sua denominação, número e série, bem como com o local e data da emissão. Também é essencial a qualificação da CCI como integral ou fracionária. Além disso, é essencial que se qualifique o crédito representado, com a indicação do valor, do vencimento e da forma de pagamento.

Outrossim, há que se identificar o imóvel a que se refere o crédito, bem como as partes envolvidas, qualificando-se o credor e o devedor. No caso de emissão cartular (papel), deverá haver ainda a assinatura do credor, que é quem emite o título, transferindo o crédito que lhe pertencia. No caso de emissão escritural, é essencial que seja qualificada a custodiante.

Caso a CCI possua garantias, elas deverão ser qualificadas no título. Nesse caso, também deverá constar do título a autenticação do cartório de imóveis. Por fim, é certo que poderá constar do título a cláusula à ordem, caso ele admita o endosso.

6.3 Negociação

Como todos os títulos já mencionados, a CCI também pode ser negociada. Caso ela seja emitida sob a forma escritural, será registrada em sistema de registro e liquidação financeira de títulos privados autorizados pelo Banco Central do Brasil, que será responsável também por sua negociação. Se o crédito possuir garantias reais, será dispensável a averbação da circulação no registro de imóveis, aplicando-se o regime geral da cessão de créditos.

Por sua vez, a CCI cartular poderá ser objeto de endosso, quando tiver a cláusula à ordem, ou de cessão de crédito. Em ambos os casos, o regime aplicável será o regime geral do instituto, uma vez que não há regras específicas na legislação em análise. Mamede ressalta, com razão, a dificuldade de aplicação do endosso, tendo em vista a forma normal de pagamento dos créditos imobiliários[13]. Apesar disso, acreditamos na sua aplicabilidade, pelo próprio texto da Lei n. 10.931/2004, que prevê a cláusula à ordem (art. 19, XII) e admite a prova da quitação, por qualquer meio admissível (art. 24), e não apenas pela entrega do título ao devedor.

13. MAMEDE, Gladston. *Direito empresarial brasileiro*: títulos de crédito. 2. ed. São Paulo: Atlas, 2005, v. 3, p. 455.

24 OUTROS TÍTULOS

1 Títulos do agronegócio

Assim como a atividade imobiliária, o agronegócio possui certas peculiaridades que ensejaram a criação de título de próprios, especialmente para agilizar e melhorar o sistema de captação de recursos.

1.1 Certificado de Direitos Creditórios do Agronegócio (CDCA)

As pessoas jurídicas que exercem atividades rurais ou atividades complementares às rurais necessitam de recursos para melhor exercer sua função. Tais recursos poderão ser próprios ou de terceiros. Neste último caso, a obtenção dos recursos pode ser feita no sistema financeiro nacional, por meio de empréstimos bancários, os quais, porém, têm custos altos e limites impostos pelas instituições financeiras. Para permitir a captação desses recursos fora do sistema financeiro, foi criado o Certificado de Direitos Creditórios do Agronegócio (CDCA), regido pela Lei n. 11.076/2004.

1.1.1 Emissão

O CDCA só pode ser emitido por cooperativas de produtores rurais e outras pessoas jurídicas que exerçam a atividade de comercialização, beneficiamento ou industrialização de produtos e insumos agropecuários ou de máquinas e implementos utilizados na produção agropecuária. Nessa condição, eles são vinculados a créditos decorrentes de negócio firmado entre produtores rurais, ou suas cooperativas, e terceiros, inclusive financiamentos, relacionados com a produção, comercialização, beneficiamento ou industrialização de produtos e insumos agropecuários ou de máquinas e implementos usados na produção agropecuária[1].

Trata-se de um título de crédito nominativo, de livre negociação, representativo de uma promessa de pagamento, garantida pelo penhor de créditos relativos ao agronegócio. Quem adquire o CDCA fornece recursos ao seu emitente e, em contrapartida, passa a

---

1. MAMEDE, Gladston. *Direito empresarial brasileiro*: títulos de crédito. 2. ed. São Paulo: Atlas, 2005, v. 3, p. 468.

ser credor desse emitente pelo valor nominal do título, acrescido dos juros, fixos ou flutuantes, que venham a ser pactuados. Admite-se inclusive a capitalização desses juros. Para receber tal crédito, poderá ser ajuizada ação de execução por quantia certa, contra devedor solvente. Em todo caso, é essencial o oferecimento de uma garantia real, consistente no penhor dos direitos creditórios do agronegócio a ele vinculados.

O CDCA pode ser emitido em série, de forma muito similar às debêntures, dividindo-se o valor que se busca captar em diversos títulos. Nesse caso, cada título terá igual valor nominal e conferirá os mesmos direitos. O penhor nesse caso incidirá sobre um conjunto de direitos creditórios, cabendo a cada titular uma fração ideal dos créditos caucionados, proporcionalmente ao valor do título (Lei n. 11.076/2004 – art. 32, § 2º).

Em série ou individualmente, a emissão desses títulos poderá ser feita sob a forma cartular ou escritural. No primeiro caso, haverá a emissão de um certificado em documento escrito em papel. No segundo caso, os títulos serão registrados em sistemas de registro e de liquidação financeira de ativos autorizados pelo Banco Central do Brasil, sendo sua negociação controlada pela própria instituição responsável pelo registro.

1.1.2 Garantias

A emissão do CDCA visa à captação de recursos do público investidor, o qual terá interesses nesses títulos pela vantagem oferecida, consistente no pagamento de juros. Todavia, o mero oferecimento da vantagem poderia não ser suficiente para atrair o investidor, dados os riscos da operação. Em razão disso, a condição de credor do CDCA é tornada mais atrativa, pelo oferecimento obrigatório de uma garantia real, consistente no penhor dos direitos creditórios do agronegócio a ele vinculados.

A ideia é dar mais segurança ao credor e, consequentemente, tornar o investimento mais atrativo. Para reforçar essa segurança, os direitos creditórios dos agronegócios deverão ser custodiados em instituições financeiras ou outras instituições autorizadas pela Comissão de Valores Mobiliários a prestar serviço de custódia de valores mobiliários. Tal instituição custodiante será responsável pelo registro do título em sistema de registro e de liquidação financeira de ativos autorizado pelo Banco Central do Brasil.

Outrossim, a custodiante será responsável pela liquidação física e financeira dos direitos creditórios custodiados, devendo, para tanto, estar munida de poderes suficientes para efetuar sua cobrança e recebimento, por conta e ordem do emitente do CDCA. Assim, ela deverá receber os direitos creditórios por meio de endosso-mandato, tendo os poderes para cobrar e receber tais créditos em nome e em proveito do emitente da CDCA.

Reforçando ainda mais a segurança dos titulares do CDCA[2], a Lei n. 11.076/2004 estabeleceu, em seu art. 34, que os direitos creditórios vinculados ao CDCA não serão

---

2. REQUIÃO, Rubens. *Curso de direito comercial*. 24. ed. São Paulo: Saraiva, 2005, v. 2, p. 633.

penhorados, sequestrados ou arrestados, nem sofrerão qualquer embaraço[3] em decorrência de outras dívidas do emitente desse título. Tal imunidade dos créditos caucionados, a nosso ver, não pode prevalecer em relação a créditos fiscais, trabalhistas e de pensão alimentícia, nos moldes em que já foi decidido em relação às cédulas de crédito.

O penhor nesses casos é constituído independentemente de registro no cartório. Além disso, não será necessária a notificação ao devedor dos créditos caucionados (Lei n. 11.076/2004 – art. 32). Agiliza-se a instituição da garantia, facilitando sua negociação. Além desse penhor, que estará necessariamente presente, o CDCA poderá contar com outras garantias reais ou pessoais adicionais, livremente combinadas.

1.1.3 Requisitos

O CDCA, ao ser emitido, deverá conter uma série de requisitos impostos pelo art. 25 da Lei n. 11.076/2004:

- o nome do emitente e a assinatura de seus representantes legais;
- o número de ordem, local e data da emissão;
- a denominação *Certificado de Direitos Creditórios do Agronegócio*;
- o valor nominal;
- a identificação dos direitos creditórios a ele vinculados e seus respectivos valores;
- data de vencimento ou, se emitido para pagamento parcelado, discriminação dos valores e das datas de vencimento das diversas parcelas;
- taxa de juros, fixa ou flutuante, admitida a capitalização;
- o nome da instituição responsável pela custódia dos direitos creditórios a ele vinculados;
- o nome do titular;
- cláusula "à ordem", se a emissão for cartular.

Vê-se, portanto, que o título deverá conter sua qualificação, com a denominação *certificado de direitos creditórios do agronegócio*, bem como o número de ordem, o local e a data de emissão. Além disso, é essencial a qualificação do direito assegurado, com a identificação do valor nominal e dos juros devidos. É essencial a data do vencimento ou a discriminação do vencimento parcelado, se for o caso.

Outrossim, devem ser qualificadas as partes, devendo constar do título o nome do emitente e do beneficiário. No caso do emitente, exige-se ainda a sua assinatura, que representará a vontade criadora da obrigação. Em relação ao beneficiário, poderá cons-

---

3. REQUIÃO, Rubens. *Curso de direito comercial*. 24. ed. São Paulo: Saraiva, 2005, v. 2, p. 634.

tar a cláusula à ordem no caso de emissão cartular, o que permitirá a sua negociação por endosso.

Por fim, deverão ser especificadas as garantias ofertadas, com a indicação clara dos direitos creditórios vinculados ao título. A identificação desses direitos creditórios vinculados ao CDCA poderá ser feita em documento à parte, do qual conste a assinatura dos representantes legais do emitente, fazendo-se menção a essa circunstância no certificado ou nos registros da instituição responsável pela manutenção dos sistemas de escrituração. Além disso, é essencial a qualificação da instituição custodiante desses créditos, uma vez que ela será a responsável por sua liquidação.

1.1.4 Negociação

O CDCA é um título livremente negociável, como os instrumentos de captação de recursos no mercado.

Tal negociação poderá ser feita por endosso, no caso de emissão cartular, dada a presença da cláusula à ordem, seguindo-se o regime geral cambial, com duas mudanças. Em primeiro lugar, os endossos deverão ser sempre em preto, isto é, sempre deverão identificar o endossatário. Além disso, não será necessário o protesto para cobrança dos endossantes e avalistas (Lei n. 11.076/2004 – art. 44).

No caso de emissão escritural, a negociação será controlada pela própria instituição na qual o título está registrado. Nessa situação, poderá haver também a distribuição pública dos títulos e sua negociação poderá ser feita em Bolsas de Valores e de Mercadorias e Futuros e em mercados de balcão organizados autorizados a funcionar pela Comissão de Valores Mobiliários (Lei n. 11.076/2004 – art. 43).

1.2 Letra de Crédito do Agronegócio (LCA)

Assim como os exercentes das atividades ligadas ao agronegócio, as instituições financeiras que concedem crédito ao agronegócio precisam captar recursos. Para que essa captação seja feita no público, foi criada a Letra de Crédito do Agronegócio (LCA), também regida pela Lei n. 11.076/2004, e muito similar ao CDCA, valendo tudo o que foi dito *supra*, com as diferenças a seguir apontadas.

A LCA é um título de crédito nominativo, de livre negociação, representativo de promessa de pagamento em dinheiro e constitui título executivo extrajudicial (Lei n. 11.076/2004). Em última análise, ela é um instrumento de captação de recursos vinculado a créditos decorrentes de negócio firmado entre produtores rurais, ou suas cooperativas, e terceiros inclusive financiamentos, relacionados com a produção, comercialização, beneficiamento ou industrialização de produtos e insumos agropecuários ou de máquinas e implementos utilizados na produção agropecuária[4].

4. MAMEDE, Gladston. *Direito empresarial brasileiro*: títulos de crédito. 2. ed. São Paulo: Atlas, 2005, v. 3, p. 468.

Trata-se de instrumento muito similar ao CDCA, mas de emissão privativa por instituições financeiras, públicas ou privadas. A ideia é a mesma do CDCA. Quem adquire a LCA fornece recursos à instituição emitente e, em contrapartida, passa a ser credor dela pelo valor nominal do título e juros prometidos, sendo admitida até a capitalização. Outrossim, a forma também segue o mesmo regime do CDCA, de modo que a LCA poderá ser emitida de maneira cartular ou escritural, com as mesmas regras já citadas.

Assim como o CDCA, a LCA contém obrigatoriamente um penhor sobre os direitos creditórios do agronegócio a ele vinculados. Tal penhor segue o mesmo regime citado no CDCA, com uma novidade, a inexistência de obrigatoriedade de custódia dos créditos caucionados. Como o emitente já é uma instituição financeira, não há obrigatoriedade de contratação de outra instituição financeira para a guarda, conservação e exercício dos direitos creditórios, ou seja, na LCA, a custódia é facultativa. Além desse penhor, a LCA poderá contar com outras garantias adicionais, pessoais ou reais, livremente negociadas.

Os requisitos da LCA são basicamente os mesmos já citados para o CDCA, sendo apenas facultativa a indicação da instituição custodiante, dada a facultatividade da própria custódia. São requisitos da LCA:

- o nome do emitente e a assinatura de seus representantes legais;
- o número de ordem, local e data da emissão;
- a denominação *Letra de Crédito do Agronegócio*;
- o valor nominal;
- a identificação dos direitos creditórios a ele vinculados e seus respectivos valores;
- data de vencimento ou, se emitido para pagamento parcelado, discriminação dos valores e das datas de vencimento das diversas parcelas;
- taxa de juros, fixa ou flutuante, admitida a capitalização;
- o nome do titular;
- cláusula "à ordem", se a emissão for cartular.

Por fim, sua negociação segue o mesmo regime do CDA. Será feita por endosso em preto, quando a emissão for cartular, sendo desnecessário o protesto para cobrança de endossantes e avalistas. Na emissão escritural, a negociação será controlada pela instituição que mantém a LCA registrada, admitindo-se a negociação em Bolsas de Valores e de Mercadorias e Futuros e em mercados de balcão.

2 Títulos da dívida pública

Assim como os particulares, o Estado precisa de recursos para desenvolver suas atividades. Tais recursos podem advir da exploração de bens do próprio Estado, do recolhimento de tributos e também de empréstimos voluntários. Neste último caso, o Estado capta recursos do público, assegurando a ele um direito de crédito. Tal direito será representado por títulos da dívida pública que representam, em última análise, um empréstimo voluntário (mútuo)[5] obtido pelo Estado. Tais títulos são normalmente emitidos em série e são fungíveis entre si[6].

Repete-se aqui a mesma ideia das debêntures e dos outros instrumentos de captação. Quem adquire o título fornece recursos ao Estado e passa a ser credor dele, nas condições previstas no próprio título. Há um investimento pelo particular, com baixo grau de risco, uma vez que o devedor é sempre solvente. Tal investimento também poderá ser objeto de um retorno antecipado pela própria negociação dos títulos da dívida pública no mercado. Tal negociação, em certos casos, pode ocorrer por meio do tesouro direto (www.tesourodireto.gov.br).

2.1 Emissão

A utilização desses empréstimos voluntários é extremamente eficiente, permitindo o acesso aos recursos necessários à atuação do Estado. Pela eficiência, tal instrumento poderá ser usado pela União Federal, pelos Estados e pelos municípios, cabendo ao Senado Federal dispor sobre os limites desses empréstimos (Constituição Federal – art. 52, VII). Em todo caso, a emissão dos títulos da dívida pública dependerá de autorização legal prévia (Constituição Federal – art. 48, II), dada a aplicação do princípio da legalidade.

No âmbito federal, a Lei n. 10.179/2001 autoriza a contração de empréstimos voluntários, com a emissão de títulos da dívida pública, para as seguintes medidas:

- prover o Tesouro Nacional de recursos necessários para cobertura de seus déficits explicitados nos orçamentos ou para realização de operações de crédito por antecipação de receita, respeitados a autorização concedida e os limites fixados na Lei Orçamentária, ou em seus créditos adicionais;
- aquisição pelo alienante, no âmbito do Programa Nacional de Desestatização (PND), quando os recursos serão utilizados para custear programas e projetos nas áreas da ciência e tecnologia, da saúde, da defesa nacional, da segurança pública e do meio ambiente, aprovados pelo Presidente da República;
- troca por títulos da dívida externa;
- permuta por títulos do Tesouro Nacional em poder do Banco Central do Brasil;
- permuta por títulos de responsabilidade do Tesouro Nacional ou por créditos decorrentes de securitização de obrigações da União, ambos na forma escritural, observada a equivalência econômica;
- pagamento de dívidas assumidas ou reconhecidas pela União, a critério do Ministro de Estado da Fazenda;

5. PIRES, José Paulo Leal Ferreira. *Títulos de crédito*. 2. ed. São Paulo: Malheiros, 2001, p. 191.
6. ROQUE, Sebastião José. *Títulos de crédito*. São Paulo: Ícone, 1997, p. 221.

- assegurar ao Banco Central do Brasil a manutenção de carteira de títulos da dívida pública em dimensões adequadas à execução da política monetária;
- realizar operações, definidas em lei, com autarquia, fundação, empresa pública ou sociedade de economia mista, integrantes da administração pública federal, a critério do Ministro de Estado da Fazenda; e
- realizar operações relacionadas ao Programa de Financiamento às Exportações (Proex), instituído pela Lei n. 10.184, de 12 de fevereiro de 2001.

Além desses objetivos, os títulos da dívida pública federal podem ser emitidos para outras finalidades, a depender da espécie adotada.

2.2 Espécies

Na órbita da União Federal, há a possibilidade de emissão de vários títulos distintos, cada qual com finalidades e vantagens próprias, para atrair o interesse do investidor. São títulos passíveis de emissão: as Notas do Tesouro Nacional (NTN), as Letras do Tesouro Nacional (LTN), as Letras Financeiras do Tesouro (LFT), os Certificados do Tesouro Nacional (CTN), os Certificados Financeiros do Tesouro (CFT) e os Certificados da Dívida Pública Mobiliária Federal (CDP/INSS). Todos esses títulos têm suas características descritas no Decreto n. 3.859/2001, havendo ainda os títulos da dívida agrária (TDA). Alguns títulos tiveram seus nomes simplificados para facilitar a compreensão dos investidores, mas mantêm a nomenclatura oficial, nos termos aqui já mencionados.

As NTNs foram criadas pela Lei n. 8.177/91 com o objetivo de alongar o prazo de financiamento das dívidas do Tesouro Nacional[7], servindo para empréstimos de médio e longo prazo. Elas se dividem em diversas espécies, as quais têm em comum o oferecimento de juros e correção, que dependerão da subespécie, para a atração de investidores. A partir da data de seu vencimento, terão poder liberatório para pagamento de qualquer tributo federal, de responsabilidade de seus titulares ou de terceiros, pelo seu valor de resgate (Lei n. 10.179/2001 – art. 6º).

As LFTs são títulos emitidos para cobrir déficits orçamentários ou para a realização de operações de crédito por antecipação de receitas[8]. Elas são emitidas preferencialmente para financiamento de curto e médio prazo. Como remuneração, asseguram o pagamento da taxa Selic sobre o valor nominal. A partir da data de seu vencimento, terão poder liberatório para pagamento de qualquer tributo federal, de responsabilidade de seus titulares ou de terceiros, pelo seu valor de resgate (Lei n. 10.179/2001 – art. 6º).

As LTNs têm a mesma função das LFTs, sendo emitidas preferencialmente para financiamento de curto e médio prazo. Como atrativo para os investidores, são negociadas por preço inferior ao seu valor de face, isto é, com deságio, mas asseguram o pagamento

---

7. FORTUNA, Eduardo. *Mercado financeiro.* 16. ed. São Paulo: Qualitymark, 2005, p. 68.

8. Idem, p. 72.

do valor de face do título no vencimento. A partir da data de seu vencimento, terão poder liberatório para pagamento de qualquer tributo federal, de responsabilidade de seus titulares ou de terceiros, pelo seu valor de resgate (Lei n. 10.179/2001 – art. 6º).

Os CTNs são títulos emitidos para cobrir déficits orçamentários[9]. Como atrativo para os investidores, podem ser negociadas por preço inferior ao seu valor de face, isto é, com deságio, assegurando o pagamento do valor de face no vencimento. Além disso, asseguram correção do valor nominal.

Os CFTs são destinados a atender preferencialmente a operações com finalidades específicas definidas em lei, sendo divididos em oito subespécies. Para atrair interessados, asseguram o pagamento de correção e juros.

Os CDPs/INSS são títulos emitidos com a finalidade exclusiva de quitação de dívidas previdenciárias, nos termos da Lei n. 9.711/98. Eles asseguram a correção do valor nominal pela TR, bem como a incidência de juros fixados pelo Ministério da Fazenda, podendo ser negociados ao par, com ágio ou deságio.

Por fim, existem as TDAs que se destinam ao pagamento de proprietários de imóveis rurais que tenham sido desapropriados, para fins de reforma agrária. Atualmente são emitidos pela Secretaria do Tesouro Nacional, sob a forma escritural. Seu valor de face é corrigido pela TR, havendo incidência de juros remuneratórios de 0,5% ao mês[10]. Eles podem ser utilizados para pagamento de até 50% do Imposto sobre a Propriedade Territorial Rural (ITR), bem como para pagamento de preço de terras públicas. Além disso, servem para prestação de garantias, para prestação de caução, para garantia do juízo em execuções e ainda para aquisição de ações de empresas estatais incluídas no Programa Nacional de Desestatização (PND).

3 Certificados de Depósito Bancário (CDBs)

O CDB é um título de crédito, emitido sob a forma cartular ou escritural[11], que assegura aos seus titulares um direito de crédito à remuneração pactuada, que pode ser pré ou pós-fixada. Nos termos do art. 30, § 1º, da Lei n. 4.728/65, "o certificado de depósito bancário é promessa de pagamento à ordem da importância do depósito, acrescida do valor da correção e dos juros convencionados".

3.1 Emissão

O CDB representa um instrumento de captação de recursos, que pode ser usado por bancos comerciais, múltiplos, de desenvolvimento e Caixas Econômicas. Repete-se a

9. FORTUNA, Eduardo. *Mercado financeiro*. 16. ed. São Paulo: Qualitymark, 2005, p. 73.

10. Idem, p. 77.

11. Idem, p. 169.

mesma ideia: quem adquire o CDB empresta dinheiro ao emitente e se torna credor do emitente pela remuneração combinada. Em última análise, trata-se de um instrumento de investimento, com prazo determinado e baixo risco dada a qualidade dos emitentes.

3.2 *Requisitos*

Assim como os demais títulos, o CDB tem uma série de requisitos exigidos pelo art. 30 da Lei n. 4.728/65:

- o local e a data da emissão;
- o nome do banco emitente e as assinaturas dos seus representantes;
- a denominação *certificado de depósito bancário*;
- a indicação da importância depositada e a data da sua exigibilidade;
- o nome e a qualificação do depositante;
- a taxa de juros convencionada e a época do seu pagamento;
- o lugar do pagamento do depósito e dos juros;
- a cláusula de correção monetária, se for o caso.

Em síntese, o documento deverá qualificar o título, com sua denominação, o local e a data de emissão. Além disso, deverá indicar os direitos assegurados, com o valor do depósito, sua remuneração, o lugar e o tempo do pagamento. Por fim, há que se identificar as partes envolvidas no título, com a assinatura dos representantes do emitente, para representar a vontade criadora do título.

3.3 *Negociação*

Tal título poderá ser negociado, não sendo obrigatória sua manutenção até o vencimento. No caso de emissão cartular, sua negociação poderá ocorrer por endosso[12], respondendo o endossante apenas pela existência do crédito, mas não pela solvência do emitente, observando-se no mais o regime geral das notas promissórias. Já na emissão escritural sua negociação será feita junto à entidade responsável pelo registro do título. Em razão da Resolução n. 3.272 do CMN e da Circular n. 3.282 do Banco Central, é obrigatório o registro desses títulos em sistemas autorizados pelo Banco Central e pela CVM.

4 Letras de câmbio financeiras

Outro instrumento de captação de recursos no mercado, posto à disposição das sociedades de fins econômicos, é a letra de câmbio financeira. A Lei n. 4.728/65 afirma,

12. FORTUNA, Eduardo. *Mercado financeiro.* 16. ed. São Paulo: Qualitymark, 2005, p. 169; MIRANDA, Maria Bernadete. *Títulos de crédito.* Rio de Janeiro: Forense, 2006, p. 150; MARTINS, Fran. *Títulos de crédito.* 5. ed. Rio de Janeiro: Forense, 1995, v. 1, p. 286.

em seu art. 27, que as "as sociedades de fins econômicos poderão sacar, emitir ou aceitar letras de câmbio ou notas promissórias cujo principal fique sujeito à correção monetária". Pela própria previsão legal, vê-se que não se trata de uma letra de câmbio tradicional, mas de um instrumento de captação de recursos, caracterizando-se como títulos representativos de empréstimos feitos pelos emitentes[13].

A ideia aqui se repete novamente. Quem adquire a letra de câmbio financeira fornece recursos à emitente e, em contrapartida, passa a ser credor dela. Tal crédito não se limitará ao valor principal, sendo fundamental ao menos o acréscimo da correção monetária. Há nesses títulos também uma alternativa de investimento para os adquirentes.

As letras de câmbio financeiras seguem o regime cambial geral, mas devem ter prazo de vencimento igual ou superior a um ano. Além disso, elas se destinam à negociação no mercado de capitais, devendo, nesse caso, contar com aceite ou coobrigação de instituições financeiras autorizadas pelo Banco Central. Embora possíveis, elas têm pouco uso.

5 Letras de arrendamento mercantil

Apesar da existência dos diversos instrumentos já citados para captação de recursos, certas atividades ainda precisavam de um título mais específico. A Medida Provisória n. 442/2008, hoje convertida na Lei n. 11.882/2008, resolveu criar a Letra de Arrendamento Mercantil (LAM), que representa uma promessa de pagamento em dinheiro, de emissão de sociedades de arrendamento mercantil (operadoras de *leasing*).

5.1 Emissão

As sociedades de arrendamento mercantil também precisam de recursos para o exercício de suas atividades. Tais recursos poderão ser próprios ou de terceiros. Neste último caso, podem advir de diversos meios distintos, inclusive da captação junto ao público, por meio da emissão da LAM. A ideia se repete: quem adquirir o título fornecerá recursos à emitente e passará a ser credor dela, pelo valor do título mais vantagens oferecidas (juros fixos ou flutuantes, admitida a capitalização). Para atração de investidores, podem ser oferecidas garantias reais ou pessoais.

A novidade trazida na LAM é que, por determinação legal, ela não é um valor mobiliário, nem representa operação de empréstimo ou adiantamento (Lei n. 11.882/2008 – art. 2º, § 3º). Tal regra visa a afastar a regulamentação do CMN para a concessão de financiamentos por meio de instituições financeiras às suas controladas que sejam especializadas nas operações de arrendamento mercantil (Lei n. 6.099/72 – art. 8º). Assim, é possível que as sociedades de arrendamento mercantil captem recursos de suas controladoras, independentemente das regras do CMN.

---

13. MARTINS, Fran. *Títulos de crédito.* 5. ed. Rio de Janeiro: Forense, 1995, v. 1, p. 285.

A emissão da LAM se dará sempre pela forma escritural (Lei n. 11.882/2008 – art. 3º), sendo obrigatório o registro em sistema de registro e de liquidação financeira de ativos autorizado pelo Banco Central do Brasil. Assim, a LAM funcionará como uma espécie de conta-corrente, independentemente de certificado.

5.2 Requisitos

Assim como os demais títulos, a LAM precisa conter uma série de requisitos indicados pelo art. 2º da Lei n. 11.882/2008:

- a denominação *Letra de Arrendamento Mercantil*;
- o nome do emitente;
- o número de ordem, o local e a data de emissão;
- o valor nominal;
- a taxa de juros, fixa ou flutuante, admitida a capitalização;
- a descrição da garantia, real ou fidejussória, quando houver;
- a data de vencimento ou, se emitido para pagamento parcelado, a data de vencimento de cada parcela e o respectivo valor;
- o local de pagamento; e
- o nome da pessoa a quem deve ser pago.

Em síntese, o documento deverá qualificar o título, com sua denominação, o número de ordem, o local e a data de emissão. Além disso, deverá indicar os direitos assegurados, com o valor do depósito, sua remuneração, o lugar e o tempo do pagamento. Por fim, hão que se identificar as partes envolvidas no título. Caso sejam oferecidas garantias, elas também deverão ser descritas no título.

5.3 Negociação

A LAM, como todo título de crédito, pode ser negociada pelo seu titular.

A Lei n. 11.882/2008, em seu art. 2º, § 1º, diz tratar-se de um título nominativo, endossável e de livre negociação. O que leva a crer na possibilidade de negociação por endosso ou por alteração dos livros da emitente. A possibilidade de endosso é corroborada pela determinação da aplicação da legislação cambial, no que for compatível (art. 4º). Por legislação cambial devem ser entendidas as regras sobre letras de câmbio e notas promissórias, as quais admitem claramente a transferência do crédito por meio do endosso. No endosso da LAM, a novidade seria que o endossante não responderia pelo pagamento da obrigação, salvo disposição em sentido contrário (Lei n. 11.882/2008 – art. 2º, § 2º).

Todavia, o art. 3º da mesma Lei n. 11.882/2008 determina que a LAM será emitida sob a forma escritural, isto é, não será emitida em papel, mas sob a forma de um registro, uma espécie de conta-corrente. Tal forma escritural exige também o registro em sistema de registro e de liquidação financeira de ativos autorizado pelo Banco Central do Brasil. Diante disso, a negociação só poderá ocorrer por meio da alteração no sistema de registro (Lei n. 11.882/2008 – art. 3º, § 1º), afastando, por conseguinte, o regime geral do endosso tradicional. Em suma, a negociação da LAM será feita eletronicamente, competindo à instituição responsável pelo registro do histórico das negociações.

6 Letras financeiras

Por meio da Medida Provisória n. 472/2009, hoje convertida na Lei n. 12.249/2010, foi autorizada a emissão de letras financeiras pelas instituições financeiras como instrumento de captação de recursos junto ao público. A letra financeira (LF) representa um título de crédito que consiste em uma promessa de pagamento em dinheiro. Cabe ao CMN a regulamentação de diversos aspectos desse título e à CVM a regulamentação da distribuição pública da LF. A Letra Financeira subordinada pode ser utilizada para fins de composição do patrimônio de referência da instituição emitente, nas condições especificadas pelo CMN. No mais, a disciplina será a mesma das letras de câmbio e notas promissórias, em razão da determinação da aplicação do regime cambial (art. 42).

6.1 Emissão

Nos termos do art. 17 da Lei n. 4.595/64, as instituições financeiras são "as pessoas jurídicas públicas ou privadas, que tenham como atividade principal ou acessória a coleta, intermediação ou aplicação de recursos financeiros próprios ou de terceiros, em moeda nacional ou estrangeira, e a custódia de valor de propriedade de terceiros". Como se depreende do referido conceito, as instituições financeiras lidam essencialmente com recursos de terceiros para a concessão de crédito, mas também necessitam de recursos próprios para conceder crédito. Ocorre que nessa busca de recursos próprios as instituições não poderão, porém, emitir debêntures (Lei n. 4.595/64 – art. 35). Para suprir essa lacuna, foram criadas as letras financeiras como instrumento de captação de recursos para instituições financeiras.

Nos termos da Resolução n. 3.836/CMN, os bancos múltiplos, os bancos comerciais, os bancos de investimento, as sociedades de crédito, financiamento e investimento, as caixas econômicas, as companhias hipotecárias e as sociedades de crédito imobiliário podem emitir Letra Financeira (LF). A ideia se repete: quem adquirir o título fornece recursos à emitente e passa a ser credor dela, pelo valor do título mais vantagens oferecidas. Sempre haverá o pagamento de juros fixos ou flutuantes e podem ser garantidas outras formas de remuneração.

Nos termos da referida resolução, a LF terá prazo mínimo de 24 meses para o vencimento, vedado o resgate, total ou parcial, antes do vencimento pactuado. É admitido o pagamento periódico de rendimentos em intervalos de, no mínimo, 180 dias. O valor nominal mínimo é de R$ 300.000,00 (trezentos mil reais). Em todo caso, a emissão da LF se dará sempre pela forma escritural (Lei n. 12.249/2010 – art. 38), sendo obrigatório o registro em sistema de registro e de liquidação financeira de ativos autorizado pelo Banco Central do Brasil. Assim, a LF funcionará como uma espécie de conta-corrente, independentemente de certificado.

6.2 *Requisitos*

Assim como os demais títulos, a LF precisa conter uma série de requisitos indicados pelo art. 37 da Lei n. 12.249/2010:

> I – a denominação Letra Financeira;
>
> II – o nome da instituição financeira emitente;
>
> III – o número de ordem, o local e a data de emissão;
>
> IV – o valor nominal;
>
> V – a taxa de juros, fixa ou flutuante, admitida a capitalização;
>
> VI – a cláusula de correção pela variação cambial, quando houver;
>
> VII – outras formas de remuneração, inclusive baseadas em índices ou taxas de conhecimento público, quando houver;
>
> VIII – a cláusula de subordinação, quando houver;
>
> IX – a data ou as condições de vencimento;
>
> X – o local de pagamento;
>
> XI – o nome da pessoa a quem se deve pagar;
>
> XII – a descrição da garantia real ou fidejussória, quando houver;
>
> XIII – a cláusula de pagamento periódico dos rendimentos, quando houver;
>
> XIV – a cláusula de suspensão do pagamento da remuneração estipulada, quando houver;
>
> XV – a cláusula de extinção do direito de crédito representado pela Letra Financeira, quando houver; e
>
> XVI – a cláusula de conversão da Letra Financeira em ações da instituição emitente, quando houver.

Em síntese, o documento deverá qualificar o título com sua denominação, o número de ordem, o local e a data de emissão. Além disso, deverá indicar os direitos assegurados, o valor nominal do título, a taxa de juros e outras vantagens que venham a ser asseguradas. Devem constar ainda do título o lugar e o tempo do pagamento, os quais poderão ser condicionados ao inadimplemento da obrigação de pagar a remuneração ou a dissolução da instituição emitente. Hão que se identificar as partes envolvidas no título. Caso sejam oferecidas garantias, elas também deverão ser descritas no título.

Há a possibilidade da previsão de pagamento periódico de rendimentos, sem que tal cláusula seja obrigatória, bem como de cláusulas de suspensão do pagamento da remuneração estipulada, de extinção do crédito e de conversão em ações, mas nenhuma dessas cláusulas é obrigatória. Por derradeiro, é possível, mas não obrigatório, que se insira uma cláusula de subordinação, isto é, a LF pode ficar classificada abaixo dos credores quirografários num eventual concurso de credores.

Havendo a cláusula de subordinação e conversibilidade em ações, as letras financeiras terão sua emissão deliberada pela assembleia geral, autorizando-se que parte das questões seja decidida pelo Conselho de Administração da instituição emitente. Em todo caso, vale para as letras financeiras conversíveis o direito de preferência assegurado pelo art. 171 da Lei n. 6.404/1976.

6.3 Negociação

A LF, como todo título de crédito, pode ser negociada pelo seu titular. Nos termos do art. 37, § 3º, da Lei n. 12.249/2010, a transferência de titularidade da Letra Financeira efetiva-se por meio do sistema de registro e de liquidação financeira de ativos autorizado pelo Banco Central do Brasil, que manterá registro da sequência histórica das negociações. Admite-se também a distribuição pública dos referidos títulos, desde que feito o registro na CVM. Nesse caso de distribuição pública, porém, não se admite que as LFs sejam subordinadas.

As próprias instituições financeiras podem adquirir LF de sua emissão, a qualquer tempo, desde que por meio de bolsas ou de mercados organizados de balcão, para efeito de permanência em tesouraria e venda posterior. O montante de LF mantido em tesouraria não pode ultrapassar 5% do total emitido sem cláusula de subordinação, incluídas nesse percentual as letras mantidas em tesouraria pelas entidades componentes do respectivo conglomerado econômico-financeiro.

25 SECURITIZAÇÃO DE RECEBÍVEIS

1 Securitização de recebíveis

Como dito, mais de uma vez, os exercentes de atividades econômicas precisam de recursos diariamente para o exercício das suas atividades. Tais recursos poderão ser próprios ou de terceiros. Neste último caso, podem advir de empréstimos e, em algumas situações, de captação pública de recursos, pela emissão de títulos disponibilizados no mercado. Além disso, pode haver a negociação de créditos futuros, para permitir a antecipação de ao menos uma parte do valor a receber (*factoring* e desconto bancário).

Entre as diversas formas possíveis para ter acesso aos recursos, a mais eficiente é a captação pública no mercado, pelo oferecimento de títulos. Ela permite o acesso a mais recursos, pois pode atingir um número maior de pessoas fornecendo os recursos. Além disso, ela gera custos menores que as taxas bancárias e de desconto, uma vez que o público investidor tem interesse em remunerações menores.

Todavia, esse acesso à captação pública dos recursos não é disponibilizado para todos os sujeitos que exercem atividades econômicas. Muitos deles não têm a possibilidade de emitir títulos para captação de recursos no mercado, seja pela impossibilidade jurídica, seja pela inviabilidade econômica de atrair interessados. Com o intuito de ampliar o acesso à captação pública de recursos, foi criada a securitização de recebíveis[1].

1.1 A operação

A expressão *securitização* vem do termo *securities* do direito norte-americano, que se trata de "um termo geral que inclui não apenas valores mobiliários tradicionais como ações e debêntures, mas também uma variedade de participações que envolvem um investimento com um retorno primariamente ou exclusivamente dependente dos esforços de outra pessoa, que não o investidor"[2]. No Brasil, o melhor seria o uso do termo

---

1. CHAVES, Maria Cristina. *Direito empresarial*: securitização de créditos. Belo Horizonte: Del Rey, 2006, p. 14-15.

2. HAMILTON, Robert W. *The Law of corporations*. 5. ed. St. Paul: West Group, 2000, p. 666, tradução livre de "is a general term that includes not only traditional securities such as shares of stock, bonds, and debentures, but also a variety of interests that involve an investment with the return primarily or exclusively dependent on the efforts of a person other than the investor".

titularização[3], e não securitização, dada a ausência da utilização da expressão *securities* no País.

A securitização de recebíveis representa uma oportunidade de captação de recursos junto ao público, com a emissão de novos títulos representativos de certos créditos (recebíveis) adquiridos. Trata-se, em última análise, do uso de créditos futuros para emissão de valores mobiliários negociáveis no mercado. Ela tem três funções fundamentais: mobilizar riquezas, dispersar riscos e desintermediar o processo de financiamento[4].

A operação envolve três polos: a originadora, a securitizadora e o investidor[5].

A originadora é o empresário ou qualquer pessoa interessada na captação de recursos no mercado, mas que, por si só, não consegue ter acesso a tal mecanismo, apesar de possuir créditos a receber (recebíveis). Nessa situação, ela (originadora) transfere seus créditos à securitizadora, que é uma sociedade de propósito específico (SPE), ou seja, que se destina apenas ao exercício dessa atividade.

A securitizadora, tendo por lastro os créditos adquiridos, emitirá títulos e valores mobiliários, que serão oferecidos ao público (investidor) no mercado de capitais[6]. Com os recursos captados junto ao público (investidor), a securitizadora pagará à originadora o valor dos créditos transferidos, com um pequeno deságio[7], sem o qual a operação seria inviável. Tal pagamento poderá, convencionalmente, ser até antecipado. Os créditos passam a pertencer à própria securitizadora. Indiretamente, esses créditos também pertencem aos investidores, que terão seus rendimentos diretamente ligados a esses recebíveis[8].

Em última análise, a originadora conseguirá captar os recursos no mercado, por meio de uma antecipação de seus recebíveis. O custo dessa captação é menor porque a securitizadora é uma sociedade de propósito específico (SPE) e, nessa condição, não possui maiores passivos ou ativos. O risco para o investidor é relativamente baixo e consistirá no mesmo risco dos créditos recebíveis. Os títulos emitidos pela securitizadora são títulos de aceitação pelo mercado, pois não envolvem os mesmos riscos da originadora[9].

---

3. CHAVES, Maria Cristina. *Direito empresarial*: securitização de créditos. Belo Horizonte: Del Rey, 2006, p. 47.

4. CAMINHA, Uinie. *Securitização.* São Paulo: Saraiva, 2005, p. 38.

5. CHAVES, Maria Cristina. *Direito empresarial*: securitização de créditos. Belo Horizonte: Del Rey, 2006, p. 133-137.

6. GAGGINI, Fernando Schwarz. *Securitização de recebíveis.* São Paulo: Leud, 2003, p. 19.

7. YAZBEK, Otávio. O risco de crédito e os novos instrumentos – uma análise funcional. In: WAISBERG, Ivo; FONTES, Marcos Rolim Fernandes (Coord.). *Contratos bancários.* São Paulo: Quartier Latin, 2006, p. 323.

8. GAGGINI, Fernando Schwarz. *Securitização de recebíveis.* São Paulo: Leud, 2003, p. 20.

9. YAZBEK, Otávio. O risco de crédito e os novos instrumentos – uma análise funcional. In: WAISBERG, Ivo; FONTES, Marcos Rolim Fernandes (Coord.). *Contratos bancários.* São Paulo: Quartier Latin, 2006, p. 323; GAGGINI, Fernando Schwarz. *Securitização de recebíveis.* São Paulo: Leud, 2003, p. 21.

1.2 A cessão de créditos

Como visto, a securitização passa essencialmente pela cessão de créditos vincendos à securitizadora. Esses recebíveis podem ser entendidos como "direitos de crédito decorrentes de vendas de bens a prazo, prestação de serviços ou operações de crédito, que ofereçam pagamentos futuros"[10]. Em síntese, são créditos vincendos de titularidade da companhia originadora.

Não há uma delimitação taxativa dos créditos que podem ser cedidos na securitização, ou seja, todos os créditos podem ser objeto de securitização[11]. Podemos apenas exemplificar os mais frequentes, que possuem até uma regulamentação mais específica para sua securitização, como os créditos imobiliários, os créditos do agronegócio e os créditos bancários. Há também a possibilidade de uso da securitização para créditos de arrendamento mercantil, faturas de cartão de crédito, direitos autorais e outros recebíveis. Qualquer crédito poderá ser usado, seja incorporado a um título de crédito, seja um crédito contratual.

Para que a securitização se mostre viável, o crédito a ser cedido deve atender a certas características. Em primeiro lugar, devem ser créditos homogêneos[12], a fim de evitar a confusão na captação dos recursos, embora nada impeça a reunião de créditos distintos na emissão dos valores mobiliários. Em segundo lugar, eles devem ter um bom histórico de *performance* e um baixo nível de inadimplência, isto é, devem gerar uma boa confiança no seu futuro recebimento. Outrossim, devem se subordinar a um mesmo regime legal, inclusive no que tange à forma de cobrança, permitindo uma análise mais clara da carteira de créditos que vai compor o título a ser oferecido ao mercado.

Preenchidas tais condições, a securitização se mostra viável e, por isso, deverá haver a transferência desses créditos para a securitizadora. A princípio, o regime jurídico dessa cessão será o regime geral do Código Civil para a cessão de créditos, inclusive a necessidade de notificação (CC – art. 290). Tal formalidade pode ser contornada pela inserção no próprio título ou contrato da cláusula informando sobre a cessão.

Pela aplicação do regime geral da cessão, a originadora, a princípio, responderá apenas pela existência do crédito, e não pela solvência do devedor. Todavia, nada impede que exista cláusula em sentido contrário estabelecendo a corresponsabilidade[13] ou a recompra à vista dos créditos cedidos, isto é, a devolução dos créditos para a originadora[14]. Nesses casos, há mais segurança ainda para os eventuais investidores.

---

10. GAGGINI, Fernando Schwarz. *Securitização de recebíveis*. São Paulo: Leud, 2003, p. 43.

11. CHAVES, Maria Cristina. *Direito empresarial*: securitização de créditos. Belo Horizonte: Del Rey, 2006, p. 87.

12. GAGGINI, Fernando Schwarz. *Securitização de recebíveis*. São Paulo: Leud, 2003, p. 43.

13. CHAVES, Maria Cristina. *Direito empresarial*: securitização de créditos. Belo Horizonte: Del Rey, 2006, p. 95.

14. GAGGINI, Fernando Schwarz. *Securitização de recebíveis*. São Paulo: Leud, 2003, p. 47; CHAVES, Maria Cristina. *Direito empresarial*: securitização de créditos. Belo Horizonte: Del Rey, 2006, p. 95.

A segurança dos investidores é reforçada pela impossibilidade de declaração de ineficácia da cessão, no caso de falência do cedente. O art. 136, § 1º, da Lei n. 11.101/2005 diz expressamente que, "na hipótese de securitização de créditos do devedor, não será declarada a ineficácia ou revogado o ato de cessão em prejuízo dos direitos dos portadores de valores mobiliários emitidos pelo securitizador". Assim sendo, a segregação dos riscos fica bem clara, uma vez que não há risco de prejuízo dos investidores em razão da falência da originadora.

1.3 A securitizadora

A cessão dos recebíveis deverá ser feita para a sociedade securitizadora, que é uma sociedade de propósito específico (SPE), não financeira[15], que se dedica a duas atividades: a compra de recebíveis e a emissão de valores mobiliários[16]. Caso a cessão não ocorresse para essa sociedade, não haveria tanta efetividade no mecanismo da securitização de recebíveis.

Tal sociedade deverá ser constituída sob a forma de sociedade anônima (S.A.)[17], porquanto é esse tipo societário que tem a possibilidade de emitir valores para captação de recursos, representando, portanto, um mecanismo de financiamento dos empreendimentos[18]. Maria Cristina Chaves admite outras formas societárias[19], porém acreditamos que a S.A. é a única forma efetivamente útil para tal operação. Como S.A., a securitizadora poderá ser aberta ou fechada, optando pela primeira forma caso queira emitir seus valores mobiliários no mercado de capitais. Atualmente, mesmo as fechadas podem emitir valores no mercado, em certos casos, desde que registrem ao menos a emissão.

A condição de sociedade anônima está ligada à emissão de valores mobiliários, mas, além disso, ela deve ser uma sociedade de propósito específico (SPE), isto é, uma sociedade que se dedica apenas à securitização de recebíveis. Tal condição visa a diminuir os riscos dos valores mobiliários emitidos, tornando-os mais atrativos. Ao se limitar a tal atividade, ela evita a contaminação dos riscos decorrentes de passivos decorrentes de outras atividades[20]. Ademais, com tal medida há a segregação dos riscos dos créditos recebidos, em relação aos riscos da originadora, dando mais segurança aos eventuais investidores.

---

15. CHAVES, Maria Cristina. *Direito empresarial*: securitização de créditos. Belo Horizonte: Del Rey, 2006, p. 67.

16. GAGGINI, Fernando Schwarz. *Securitização de recebíveis*. São Paulo: Leud, 2003, p. 47.

17. CAMINHA, Uinie. *Securitização*. São Paulo: Saraiva, 2005, p. 108.

18. REQUIÃO, Rubens. *Curso de direito comercial*. 21. ed. São Paulo: Saraiva, 1998, v. 2, p. 6; ASCARELLI, Tullio. *Problemas das sociedades anônimas e direito comparado*. Campinas: Bookseller, 2001, p. 457.

19. CHAVES, Maria Cristina. *Direito empresarial*: securitização de créditos. Belo Horizonte: Del Rey, 2006, p. 144-145.

20. CAMINHA, Uinie. *Securitização*. São Paulo: Saraiva, 2005, p. 54.

1.4 A emissão de valores mobiliários

Cedidos os recebíveis à sociedade securitizadora, ela deverá emitir os valores mobiliários para captação de recursos e pagamento dos recebíveis. Nada impede que haja inclusive a antecipação desses recebíveis. Em todo caso, haverá a emissão dos valores normalmente para distribuição pública, mas é possível que seja feita uma distribuição particular para investidores privados. A emissão dos valores mobiliários, em questão, deverá ser precedida de um termo de securitização. Nesse sentido, serão indicados os créditos vinculados à emissão do valor mobiliário, seu valor, seu vencimento, seus devedores e as eventuais garantias constituídas.

Os valores mobiliários não podem ser conceituados pelos direitos que asseguram, mas apenas pela função econômica a que estão ligados[21], que é diversa, sob o ponto de vista da sociedade e dos seus titulares. Para quem os titulariza, os valores mobiliários são uma alternativa de investimento (emprego remunerado ao dinheiro) e para a sociedade são um instrumento de captação de recursos[22].

São valores mobiliários no direito brasileiro: ações, debêntures, bônus de subscrição, cupons, direitos, recibos de subscrição e certificados de desdobramento decorrentes de tais títulos, certificados de depósito de valores mobiliários, cédulas de debêntures, quotas de fundos de investimento, o *commercial papers*, contratos de investimento coletivo e contratos derivativos (art. 2º da Lei n. 6.385/76). Também são valores mobiliários os "títulos ou contratos ofertados publicamente que gerem direito de participação, parceria ou de remuneração, inclusive resultante de prestação de serviços, cujos rendimentos advêm do esforço do empreendedor ou de terceiros"[23].

Há, a princípio, uma boa margem de liberdade para a emissão dos valores mobiliários, existindo restrições para certos casos. No caso de securitização de créditos imobiliários, a securitizadora vai emitir Certificados de Recebíveis Imobiliários (CRI) para a captação dos recursos (Lei n. 9.514/97 – art. 6º). Já na securitização de créditos do agronegócio serão emitidos os Certificados de Recebíveis do Agronegócio (CRA) (Lei n. 11.076/2004 – art. 36).

No caso da cessão de créditos oriundos de operações praticadas por bancos múltiplos, bancos comerciais, bancos de investimento, sociedades de crédito, financiamento e investimento, sociedades de crédito imobiliário, companhias hipotecárias, associações de poupança e empréstimo e pela Caixa Econômica Federal, há uma regulamentação mais específica. Nesses casos, a securitizadora só poderá emitir ações, debêntures não conversíveis para distribuição pública ou debêntures não conversíveis subordinadas para distribuição pública ou privada, facultada a subscrição ou a aquisição, nesta última hipó-

---

21. GOUTAY, Philippe. O conceito de valor mobiliário. Tradução de Rogério Acquarone. *Revista de Direito Bancário, do Mercado de Capitais e da Arbitragem*, São Paulo, ano 3, n. 8, p. 230, abr.-jun. 2000.

22. COELHO, Fábio Ulhoa, *Curso de direito comercial*. São Paulo: Saraiva, 1999, v. 2, p. 64-65.

23. CHEDIAK, Julian Fonseca Peña. A reforma do mercado de valores mobiliários. In: LOBO, Jorge. *Reforma da Lei das sociedades anônimas*. Rio de Janeiro: Forense, 2002, p. 538.

tese, exclusivamente pela própria instituição cedente, ou outros títulos e valores mobiliários para captação no exterior (Resolução n. 2.686/CMN – art. 1º, II).

No caso de emissão de debêntures pela companhia securitizadora de recebíveis financeiros, só poderá haver a distribuição pública de debêntures com valor nominal mínimo de R$ 300.000,00 cada (Instrução Normativa n. 281/CVM – art. 2º). Para tal distribuição pública, a securitizadora não precisará ser uma sociedade aberta, admitindo-se a distribuição pública por companhias fechadas, desde que seja feito o registro da emissão.

Nos demais casos, há uma margem maior de liberdade para a emissão dos valores mobiliários. A securitizadora vai decidir qual valor mobiliário se apresenta como a melhor opção para a captação dos recursos.

1.5 Securitização x factoring

Todo o procedimento da securitização acaba envolvendo, em última análise, uma aquisição de créditos com a antecipação de parte do valor devido. Tal assertiva aproxima bastante a securitização do contrato de *factoring*. Todavia, tal aproximação é apenas aparente. Apesar do objetivo comum, há diferenças entre os dois institutos.

O contrato de *factoring* é conceituado em alguns dispositivos legais, como no art. 15, § 1º, III, *d*, da Lei n. 9.249, de 26-12-1995, que dispõe que o *factoring* é a "prestação cumulativa e contínua de serviços de assessoria creditícia, mercadológica, gestão de crédito, seleção de riscos, administração de contas a pagar e a receber, compra de direitos creditórios resultantes de vendas mercantis a prazo ou de prestação de serviços". Pelo conceito legal, vê-se que o *factoring* é uma atividade empresarial que envolve a prestação de serviços e a compra de ativos financeiros (créditos).

Todavia, nem sempre as duas atividades serão exercidas simultaneamente. Daí a doutrina diferenciar algumas modalidades do contrato. Haveria o *factoring trustee*, no qual há apenas a prestação de serviços de gestão financeira e de negócios da empresa-cliente[24]. De outro lado, haveria o *maturity factoring*, no qual ocorreria a compra de créditos, mas sem antecipação de recursos, isto é, a empresa de *factoring* (faturizadora) garantiria apenas a adimplência ou pontualidade do pagamento. Nessa modalidade, haveria também a prestação de serviços comuns vinculados ao crédito. Entretanto, a modalidade mais usual é o *conventional factoring*, que envolve a compra de direitos creditórios, com o pagamento imediato dos valores a quem transferiu os créditos (faturizado).

É do *factoring* convencional que mais se aproxima a securitização de recebíveis. Todavia, o *factoring* destina-se a pequenos e médios empreendimentos, enquanto a securitização envolve a movimentação de grandes quantias de dinheiro, para justificar os próprios custos da operação[25]. Além disso, no *factoring* há o pagamento com recursos próprios, sendo inclusive vedada a captação de recursos de terceiros. Já na securitização,

24. MARIANI, Irineu. *Contratos empresariais*. Porto Alegre: Livraria do Advogado, 2007, p. 303.

25. CAMINHA, Uinie. *Securitização*. São Paulo: Saraiva, 2005, p. 138.

como visto, há uma clara intermediação, vale dizer, captação de recursos no mercado para transferência ao cedente dos créditos[26]. Por fim, a condição de SPE da securitizadora difere das sociedades de *factoring*, que podem desempenhar outras atividades.

1.6 Securitização x desconto bancário

Pelas mesmas razões expostas, também há semelhanças entre o *factoring* e o desconto bancário. Todavia, mais uma vez há diferenças determinantes entre os dois institutos.

No desconto bancário, "uma pessoa recebe do banco determinada importância, para isso transferindo ao mesmo um título de crédito de terceiro"[27]. De modo mais detalhado, Francesco Messineo afirma que "o desconto é contrato com prestações recíprocas, em razão do qual uma das partes (descontador) se obriga em face da outra parte (descontário) a pagar-lhe a quantia (soma de dinheiro) de um crédito pecuniário (frequentemente cambiário), que essa outra parte possui em relação a um terceiro (assunção – da parte do descontador – do débito alheio), antes que esse crédito seja vencido, em troca da cessão (*pro solvendo*) do crédito mesmo"[28].

Em suma, no desconto, uma instituição financeira antecipa recursos a alguém que é titular de um crédito com vencimento ainda pendente, mediante a transferência desse crédito. Todavia, o desconto é realizado apenas por instituições financeiras e pode abranger pequenas quantias. Já a securitização é realizada por sociedades de propósito específico, não financeiras, compreendendo valores maiores, dados os custos de estruturação na operação[29]. Além disso, na securitização há captação de recursos no mercado de capitais, enquanto no desconto há captação por diversos meios. Outrossim, a securitização terá como parte também o terceiro fornecedor dos recursos; já o desconto se limita às partes do crédito e à própria instituição financeira.

1.7 Regimes específicos

A securitização de recebíveis envolve diversos tipos de agentes econômicos e de créditos. Em razão dessa diversidade, surgiram alguns regimes específicos, cujos detalhes devem ser mencionados.

---

26. CHAVES, Maria Cristina. *Direito empresarial*: securitização de créditos. Belo Horizonte: Del Rey, 2006, p. 73; GAGGINI, Fernando Schwarz. *Securitização de recebíveis*. São Paulo: Leud, 2003, p. 76-78.

27. MARTINS, Fran. *Contratos e obrigações comerciais*. 15. ed. Rio de Janeiro: Forense, 2000, p. 437.

28. MESSINEO, Francesco. *Manuale di diritto civile e commerciale*. 9. ed. Milano: Giuffrè, 1972, v. 5, p. 146, tradução livre de "Lo sconto é contratto con prestazioni correspettive, in forza del quale, una delle parti (scontatore) si obbliga verso la controparte (scontario) a pagarle l'importo (somma di denaro) di un credito pecuniario (il più spesso cambiario), che essa controparte vanta verso un terzo (assunzione – da parte del scontatore – del debito altrui), prima che esso credito sai scaduto, in cambio della cessione (pro solvendo) del credito medesimo".

29. GAGGINI, Fernando Schwarz. *Securitização de recebíveis*. São Paulo: Leud, 2003, p. 81; CHAVES, Maria Cristina. *Direito empresarial*: securitização de créditos. Belo Horizonte: Del Rey, 2006, p. 77.

1.7.1 Securitização de créditos imobiliários

A securitização de recebíveis imobiliários é disciplinada especificamente pela Lei n. 9.514/97 e tem por objeto os créditos decorrentes da atividade imobiliária, em especial financiamentos para aquisição de imóveis. Tal operação é usada com bastante frequência por construtoras que vendem imóveis em construção a prazo. Nesses casos, elas costumam representar os seus créditos em Cédulas de Crédito Imobiliário (CCI), transferindo-os à securitizadora para a antecipação dos valores devidos, com ou sem responsabilidade da sua parte.

A securitizadora de créditos imobiliários será uma instituição não financeira constituída sob a forma de sociedade anônima, tendo por finalidade a aquisição e securitização desses créditos e a emissão e colocação, no mercado financeiro, de Certificados de Recebíveis Imobiliários (CRI), podendo emitir outros títulos de crédito, realizar negócios e prestar serviços compatíveis com as suas atividades. Em outras palavras, ela também será uma sociedade anônima de propósito específico que poderá emitir os CRIs.

Ao adquirir os créditos, a securitizadora os reunirá em grupos e elaborará um termo de securitização que conterá a identificação do devedor e o valor nominal de cada crédito que lastreie a emissão, com a individuação do imóvel a que esteja vinculado e a indicação do Cartório de Registro de Imóveis em que esteja registrado a respectiva matrícula, bem como a indicação do ato pelo qual o crédito foi cedido. Além disso, conterá a identificação dos títulos emitidos e a constituição de garantias, se for o caso.

Após a elaboração de tal termo, serão emitidos os CRIs, que são títulos de crédito nominativos, de livre negociação, lastreados em créditos imobiliários, que representam promessas de pagamento, que podem ter até garantia flutuante (um privilégio geral sobre o ativo da emitente). Quem adquire o CRI fornece recursos à securitizadora e passa a ser credor dela, com a remuneração decorrente dos créditos securitizados.

O CRI deverá conter (Lei n. 9.514/91 – art. 7º):

- nome da companhia emitente;
- número de ordem, local e data de emissão;
- denominação *Certificado de Recebíveis Imobiliários*;
- forma escritural;
- nome do titular;
- valor nominal;
- data de pagamento ou, se emitido para pagamento parcelado, discriminação dos valores e das datas de pagamento das diversas parcelas;
- taxa de juros, fixa ou flutuante, e datas de sua exigibilidade, admitida a capitalização;
- cláusula de reajuste, observada a legislação pertinente;
- lugar de pagamento;
- identificação do Termo de Securitização de Créditos que lhe tenha dado origem.

Sua emissão se dará sob a forma escritural, cabendo o registro e a negociação do CRI a sistemas centralizados de custódia e liquidação financeira de títulos privados. Há inclusive a possibilidade de negociação no mercado de capitais, desde que atendidas as condições impostas pela legislação pertinente.

1.7.2 Securitização de créditos do agronegócio

A securitização de recebíveis do agronegócio é disciplinada especificamente pela Lei n. 11.076/2004, e tem por objeto os créditos decorrentes da atividade agropecuária, podendo ter ou não a coobrigação do cedente. Aqui, também, a securitizadora de créditos imobiliários será uma instituição não financeira constituída sob a forma de sociedade anônima, de propósito específico, tendo por finalidade a aquisição e a securitização desses créditos e a emissão e colocação, no mercado financeiro, de Certificados de Recebíveis do Agronegócio (CRA).

Ao adquirir os créditos, a securitizadora os reunirá em grupos e elaborará um termo de securitização que conterá a identificação do devedor e o valor nominal de cada crédito que lastreie a emissão, a identificação dos títulos emitidos e a constituição de garantias, se for o caso. Após a elaboração de tal termo, serão emitidos os CRAs, que são títulos de crédito nominativos, de livre negociação, lastreados em créditos do agronegócio, que representam promessas de pagamento. Quem adquire o CRA fornece recursos à securitizadora e passa a ser credor dela, com a remuneração decorrente dos créditos securitizados.

O CRA deverá conter (Lei n. 11.076/2004 – art. 37):

- nome da companhia emitente;
- número de ordem, local e data de emissão;
- denominação *Certificado de Recebíveis do Agronegócio*;
- nome do titular;
- valor nominal;
- data de vencimento ou, se emitido para pagamento parcelado, discriminação dos valores e das datas de pagamento das diversas parcelas;
- taxa de juros, fixa ou flutuante, admitida a capitalização;
- lugar de pagamento;
- identificação do Termo de Securitização de Créditos que lhe tenha dado origem.

Sua emissão se dará sob a forma escritural, cabendo o registro e a negociação do CRA a sistemas centralizados de custódia e liquidação financeira de títulos privados. Há inclusive a possibilidade de negociação no mercado de capitais, desde que atendidas as condições impostas pela legislação pertinente. A legislação determina a aplicação do regime cambial (Lei n. 11.076/2004 – art. 44), o qual se mostrará bem restrito, dada a forma escritural.

1.7.3 Securitização de créditos bancários

Outro regime especial (Resolução n. 2.686/CMN) diz respeito à securitização de créditos bancários, que terá por objetivo segregar os riscos dos créditos bancários dos riscos inerentes à atividade da instituição financeira.

No caso da cessão de créditos oriundos de operações praticadas por bancos múltiplos, bancos comerciais, bancos de investimento, sociedades de crédito, financiamento e investimento, sociedades de crédito imobiliário, companhias hipotecárias, associações de poupança e empréstimo pela Caixa Econômica Federal, a securitizadora também deverá ser uma sociedade anônima de propósito específico. Ela deverá conter a denominação acompanhada da expressão *companhia securitizadora de créditos financeiros*.

A cessão dos créditos poderá ocorrer com ou sem obrigação da cedente. Feita a cessão, a securitizadora vai captar recursos no mercado. Para tanto, ela só poderá emitir ações, debêntures não conversíveis para distribuição pública ou debêntures não conversíveis subordinadas para distribuição pública ou privada, facultada a subscrição ou a aquisição, nesta última hipótese, exclusivamente pela própria instituição cedente, ou outros títulos e valores mobiliários para captação no exterior (Resolução n. 2.686/CMN – art. 1º, II).

No caso de emissão de debêntures pela companhia securitizadora de recebíveis financeiros, só poderá haver a distribuição pública de debêntures com valor nominal mínimo de R$ 300.000,00 cada (Instrução Normativa n. 281/CVM – art. 2º). Para tal distribuição pública, a securitizadora não precisará ser uma sociedade aberta, admitindo-se a distribuição pública por companhias fechadas, desde que seja feito o registro da emissão.

REFERÊNCIAS

ABRÃO, Carlos Henrique. *Cédula de crédito bancário*. São Paulo: Juarez de Oliveira, 2005.

______. *Do protesto*. 3. ed. São Paulo: Juarez de Oliveira, 2004.

ABRÃO, Nelson. *Direito bancário*. 10. ed. São Paulo: Saraiva, 2007.

ADAMEK, Marcelo Vieira von. Títulos de crédito incompletos (títulos típicos e atípicos). O art. 891. In: PENTEADO, Mauro Rodrigues (Coord.). *Títulos de crédito*. São Paulo: Walmar, 2004.

ALEXY, Robert. *Teoría de los derechos fundamentales*. Tradução de Ernesto Garzón Valdés. Madrid: Centro de Estudios Políticos y Constitucionales, 1993.

ALMEIDA, Amador Paes de. *Teoria e prática dos títulos de crédito*. 19. ed. São Paulo: Saraiva, 1999.

AMARAL SANTOS, Moacyr. *Primeiras linhas de direito processual civil*. 16. ed. São Paulo: Saraiva, 1994, 3 v.

ANDREATTA, Vanessa Regina. *O cheque pós-datado*: em vista das exigências da lei do cheque. Leme: LED, 2004.

ARNOLDI, Paulo Roberto Colombo. *Teoria geral dos títulos de crédito*. Rio de Janeiro: Forense, 1998.

ASCARELLI, Tullio. La letteralitá nei titoli di credito. *Rivista del Diritto Commerciale*, v. XXX, Parte prima, p. 237-271, 1932.

______. *Problemas das sociedades anônimas e direito comparado*. Campinas: Bookseller, 2001.

______. *Teoria geral dos títulos de crédito*. Tradução de Benedicto Giacobbini. Campinas: RED, 1999.

ASQUINI, Alberto. *I titoli di credito*. Padova: Cedam, 1966.

ASSIS, Araken de. *Manual do processo de execução*. 11. ed. São Paulo: RT, 2007.

ATIENZA, Manuel; MANERO, Juan Ruiz. *Las piezas del derecho*: teoría de los enunciados jurídicos. Barcelona: Ariel, 1996.

AULETTA, Giuseppe. L'impresa dal Códice di Commercio del 1882 al Codice Civile del 1942. In: *1882-1982 Cento Anni dal Codice di Commercio*. Milano: Giuffrè, 1984.

______; SALANITRO, Nicoló. *Diritto commerciale*. 13. ed. Milano: Giuffrè, 2001.

BARBI, Celso Agrícola. *Comentários ao Código de Processo Civil*. 10. ed. Rio de Janeiro: Forense, 1998, v. 1.

BARBOSA, Lúcio de Oliveira. *Duplicata virtual*: aspectos controvertidos. São Paulo: Memória Jurídica, 2004.

BARROS MONTEIRO, Washington de. *Curso de direito civil*. 37. ed. São Paulo: Saraiva, 2000, v. 1.

BATALHA, Wilson de Souza Campos. *Comentários à lei das sociedades anônimas*. Rio de Janeiro: Forense, 1977, v. 1.

BELINETTI, Luiz Fernando. Irreversibilidade do provimento antecipado. In: WAMBIER, Teresa Arruda Alvim (Coord.). *Aspectos polêmicos da antecipação de tutela*. São Paulo: RT, 1997.

BERTOLDI, Marcelo; RIBEIRO, Márcia Carla Pereira. *Curso avançado de direito comercial*. 3. ed. São Paulo: RT, 2006.

BITENCOURT, Cezar Roberto. *Tratado de direito penal*. 3. ed. São Paulo: Saraiva, 2006, v. 3.

BOITEUX, Fernando Netto. *Títulos de crédito*. São Paulo: Dialética, 2002.

BONELLI, Gustavo. *Cambiale*. Milano: Casa Editrice Dottore Francesco Vallardi, 1930.

BONFANTI, Mario Alberto; GARRONE, José Alberto. *De los títulos de crédito*. 2. ed. Buenos Aires: Abeledo-Perrot, 1976.

BORGES, João Eunápio. *Títulos de crédito*. 2. ed. Rio de Janeiro: Forense, 1977.

BOTREL, Sérgio. A eficácia jurídica da pós-datação do cheque em relação ao endossatário – Concorrência entre os princípios cambiários e o princípio da função social dos contratos – Repercussão na contagem do prazo prescricional. *Revista da Faculdade Mineira de Direito*, Belo Horizonte, v. 7, n. 13 e 14, p. 172, 1º e 2º sem. 2004.

BRANCO, Gerson Luiz Carlos. Cédula de crédito bancário: estrutura e funcionalidade. *Revista de direito do consumidor*, ano 17, n. 65, p. 114-143, jan.-mar. 2008.

BRASIL, Francisco de Paula Eugênio Jardim de Souza. *Títulos de crédito*: o novo Código Civil – Questões relativas aos títulos eletrônicos e do agronegócio. Rio de Janeiro: Forense, 2006.

BROSETA PONT, Manuel. *Manual de derecho mercantil*. 10. ed. Madrid: Tecnos, 1994.

BUENO, Cassio Scarpinella. *Curso sistematizado de processo civil*: tutela jurisdicional executiva. São Paulo: Saraiva, 2008, v. 3.

BULGARELLI, Waldirio. *Títulos de crédito*. 14. ed. São Paulo: Atlas, 1998.

CALLEGARI, Mia et al. *Trattato di diritto commerciale*: I titoli di credito. Padova: Cedam, 2006, v. 7.

CAMINHA, Uinie. *Securitização*. São Paulo: Saraiva, 2005.

CAMPINHO, Sérgio. *Falência e recuperação de empresa*: o novo regime de insolvência empresarial. 3. ed. Rio de Janeiro: Renovar, 2008.

CAMPOBASSO, Gian Franco. *La cambiale*. Milano: Giuffrè, 1998.

CARBONERES TEROL, Francisco. *La aceptación de la letra de cambio*. Madrid: Tecnos, 1976.

CARMONA, Carlos Alberto. Títulos executivos extrajudiciais no processo civil brasileiro. In: WAMBIER, Tereza Arruda Alvim. *Processo de execução e assuntos afins*. São Paulo: RT, 1998.

CARNEIRO, Athos Gusmão. *Da antecipação de tutela no processo civil*. Rio de Janeiro: Forense, 1998.

CARREIRA ALVIM, José Eduardo. *Tutela antecipada na reforma processual*. 2. ed. Curitiba: Juruá, 1999.

CARVALHO, Bruno Vaz de. Aval e outorga no casamento e na união estável. In: ALVES, Alexandre Ferreira de Assumpção; GAMA, Guilherme Calmon Nogueira da. *Temas de direito civil-empresarial*. Rio de Janeiro: Renovar, 2008, p. 431-465.

CARVALHO DE MENDONÇA, J. X. *Tratado de direito comercial brasileiro*. 7. ed. Rio de Janeiro: Freitas Bastos, 1963, v. 5.

CAVALIERI FILHO, Sergio. *Programa de responsabilidade civil*. 7. ed. São Paulo: Atlas, 2007.

CHAVES, Maria Cristina. *Direito empresarial*: securitização de créditos. Belo Horizonte: Del Rey, 2006.

CHEDIAK, Julian Fonseca Peña. A reforma do mercado de valores mobiliários. In: LOBO, Jorge (Coord.). *Reforma da Lei das sociedades anônimas*. Rio de Janeiro: Forense, 2002.

CHIOVENDA, Giuseppe. *Instituições de direito processual civil*. Campinas: Bookseller, 1998, v. 3.

COELHO, Fábio Ulhoa. *Curso de direito comercial*. 8. ed. São Paulo: Saraiva, 2004, v. 1.

______. ______. São Paulo: Saraiva, 1999, v. 2.

______. ______. 7. ed. São Paulo: Saraiva, 2007, v. 3.

COSTA E SILVA, Antônio Carlos. *Tratado do processo de execução*. 2. ed. Rio de Janeiro: Aide, 1986, v. 1.

COSTA, Wille Duarte. *Títulos de crédito*. Belo Horizonte: Del Rey, 2003.

COVELLO, Sérgio Carlos. *Contratos bancários*. 3. ed. São Paulo: Leud, 1999.

______. *Prática do cheque*. 3. ed. Bauru: Edipro, 1999.

CRUZ E TUCCI, José Rogério. *Ação monitória*. 3. ed. São Paulo: RT, 2001.

CUNHA FILHO, Sílvio. Cédula de crédito bancário. *Revista de Direito Bancário, do Mercado de Capitais e da Arbitragem*, ano 3, n. 8, p. 256-263, abr.-jun. 2000.

CUNHA PEIXOTO, Carlos Fulgêncio da. *Comentários à lei de duplicatas*. 2. ed. Rio de Janeiro: Forense, 1971.

______. *O cheque*. Rio de Janeiro: Revista Forense, 1962. 2 v.

______. *Sociedades por ações*. São Paulo: Saraiva, 1972, v. 1.

DAROLD, Ermínio Amarildo. *Protesto cambial*. 3. ed. Curitiba: Juruá, 2004.

DE LUCCA, Newton. *Aspectos da teoria geral dos títulos de crédito*. São Paulo: Pioneira, 1979.

______. *Comentários ao novo Código Civil*. Rio de Janeiro: Forense: 2003, v. XII.

______. Títulos e contratos eletrônicos. In: ______; SIMÃO FILHO, Adalberto. *Direito & Internet*: aspectos jurídicos. Bauru: Edipro, 2005, p. 21-100.

DE SEMO, Giorgio. *Trattato di diritto cambiario*. 3. ed. Padova: Cedam, 1963.

DIDIER JR., Fredie; BRAGA, Paulo Sarno; OLIVEIRA, Rafael Alexandria de. *Curso de direito processual civil*. 10. ed. Salvador: JusPodium, 2015.

DINAMARCO, Cândido Rangel. *A reforma do Código de Processo Civil*. 4. ed. São Paulo: Malheiros, 1998.

DINI, Enrico A.; MAMMONE, Giovanni. *I provvedimenti d'urgenza nel diritto processuale civile e nel diritto del lavoro*. 7. ed. Milano: Giuffré, 1997.

DINI, Mario. *I provvedimenti d'urgenza*. 3. ed. Milano: Giuffré, 1961.

DINIZ, Carine Silva; DINIZ, Fernanda Paula. Prescrição dos títulos de crédito e o novo Código Civil. In: FERNANDES, Jean Carlos (Coord.). *Títulos de crédito*: homenagem ao Professor Wile Duarte Costa. Belo Horizonte: Del Rey, 2011, p. 51-75.

DINIZ, Julliana Christina Paolinelli. A circulação dos títulos de crédito eletrônicos: comentários ao art. 893 do Código Civil. In: PENTEADO, Mauro Rodrigues (Coord.). *Títulos de crédito*. São Paulo: Walmar, 2004.

DONATO, Maria Antonieta Zanardo. *Proteção ao consumidor*: conceito e extensão. São Paulo: RT, 1994.

DONINI, Antonio Carlos. Direito de regresso. *Revista do Factoring*, ano II, n. 12, p. 15-24, abr.-jun. 2005.

DORIA, Dylson. *Curso de direito comercial*. 10. ed. São Paulo: Saraiva, 2000, v. 2.

DWORKIN, Ronald. *Levando os direitos a sério*. Tradução de Nelson Boeira. São Paulo: Martins Fontes, 2002.

ENEI, José Virgílio Lopes. O caráter supletivo das novas normas gerais sobre títulos de crédito. Comentários ao art. 903 do Código Civil. In: PENTEADO, Mauro Rodrigues (Coord.). *Títulos de crédito*. São Paulo: Walmar, 2004.

ENGRÁCIA ANTUNES, José A. *Os títulos de crédito*: uma introdução. Coimbra: Coimbra Editora, 2009.

ESCUTI, Ignácio A. *Títulos de crédito*. 5. ed. Buenos Aires: Astrea, 1998.

FADEL, Sérgio Sahione. *Antecipação da tutela no processo civil*. São Paulo: Dialética, 1998.

FARIAS, Cristiano Chaves de; ROSENVALD, Nelson. *Ações cambiárias*. Porto Alegre: Fabris, 1987.

______; ______. *Direito dos contratos*. Rio de Janeiro: Lumen Juris, 2011.

FARIA, Werter R. *Ações cambiárias*. Porto Alegre: Fabris, 1987.

______. *Cheque*: as convenções de Genebra e o direito brasileiro. Porto Alegre: Fabris, 1978.

FAZZIO JUNIOR, Waldo. *Manual de direito comercial*. São Paulo: Atlas, 2000.

FERNANDES, Jean Carlos. *Cessão fiduciária de títulos de crédito*: a posição do credor fiduciário na recuperação judicial da empresa. 2. ed. Rio de Janeiro: Lumen Juris, 2010.

______. *Ilegitimidade do boleto bancário*. Belo Horizonte: Del Rey, 2003.

FERRARA JÚNIOR, Francesco; CORSI, Francesco. *Gli imprenditori e le societá*. 11. ed. Milano: Giuffrè, 1999.

FERREIRA, Aurélio Buarque de Holanda. *Novo dicionário Aurélio da língua portuguesa*. 3. ed. Curitiba: Positivo, 2004.

FERREIRA, José Coelho; BARBOSA, Theresa Karina de F. G. Cédula de crédito bancário. Considerações acerca da Medida Provisória 1.925. *Revista de Direito Bancário, do Mercado de Capitais e da Arbitragem*, ano 3, n. 8, p. 96-106, abr.-jun. 2000.

FERREIRA, Renato Luis Bueloni. Anotações sobre a cédula de crédito bancário. In: MOSQUERA, Roberto Quiroga. *Aspectos atuais do direito do mercado financeiro e de capitais*. São Paulo: Dialética, 2000, v. 2.

FERRI, Giuseppe. *Manuale di diritto commerciale*. 2. ed. Torino: UTET, 1966.

______. *Títulos de crédito*. Tradução de Fernando A. Legon. Buenos Aires: Abeledo-Perrot, 1982.

FEU ROSA, Marcos Valls. *Exceção de pré-executividade*. Porto Alegre: Fabris, 1996.

FILIPPETTO, Maria Elizabeth Carvalho Pádua. A sorrateira MP 1925, que dispõe sobre a Cédula de Crédito Bancário. *Jus Navigandi*, Teresina, ano 4, n. 42, jun. 2000. Disponível em: <http://www1.jus.com.br/doutrina/texto.asp?id=749>. Acesso em: 22 set. 2008.

FONSECA, Rodrigo Garcia da. Os juros e o novo Código Civil. In: Wald, Arnoldo (Org.). *Direito empresarial*: contratos mercantis. São Paulo: RT, 2011, v. 4, p. 1007-1055.

FORASTIERI, Jorge A. *Títulos cambiarios*. Buenos Aires: Gowa, 2006.

FORTUNA, Eduardo. *Mercado financeiro*. 16. ed. São Paulo: Qualitymark, 2005.

FREITAS, Caub Feitosa. *Direito comercial*: títulos de crédito: incursões no Mercosul. Goiânia: AB, 2000.

______. *Títulos de crédito*. Goiânia: AB, 2000.

FREITAS FILHO, Roberto. *Intervenção judicial nos contratos e aplicação dos princípios e das cláusulas gerais*: o caso do *leasing*. Porto Alegre: Fabris, 2009.

FRIEDE, Reis. *Tutela antecipada, tutela específica e tutela cautelar*. 4. ed. Belo Horizonte: Del Rey, 1998.

FURTADO, Jorge Henrique da Cruz Pinto. *Títulos de crédito*. Coimbra: Almedina, 2000.

GAGGINI, Fernando Schwarz. *Securitização de recebíveis*. São Paulo: Leud, 2003.

GAGLIANO, Pablo Stolze; PAMPLONA FILHO, Rodolfo. *Novo curso de direito civil*. 4. ed. São Paulo: Saraiva, 2006, v. 3.

GALGANO, Francesco. *I titoli di credito*. Padova: Cedam, 2009.

GALIZZI, Gustavo Oliva; FÉRES, Marcelo Andrade. O aval e a outorga conjugal instituída pelo Código Civil. *Jus Navigandi*, Teresina, ano 10, n. 858, 8 nov. 2005. Disponível em: <http://jus2.uol.com.br/doutrina/texto.asp?id=7526>. Acesso em: 17 abr. 2008.

GARDINO, Adriana Valéria Pugliesi. Títulos de crédito eletrônicos: noções gerais e aspectos processuais. In: PENTEADO, Mauro Rodrigues (Coord.). *Títulos de crédito*. São Paulo: Walmar, 2004, p. 1-24.

GARRIGUES, Joaquín. *Curso de derecho mercantil*. 7. ed. Bogotá: Temis, 1987, 5 v.

GOMES, Orlando. *Obrigações*. 12. ed. Rio de Janeiro: Forense, 1999.

GONÇALVES, Carlos Roberto. *Direito civil brasileiro*. 6. ed. São Paulo: Saraiva, 2009, v. III.

GONÇALVES NETO, Alfredo de Assis. *Aval*: alcance da responsabilidade do avalista. 2. ed. São Paulo: RT, 1993.

GONÇALVES, Victor Eduardo Rios. *Títulos de crédito e contratos mercantis*. 3. ed. São Paulo: Saraiva, 2007.

GOUTAY, Philippe. O conceito de valor mobiliário. Tradução de Rogério Acquarone. *Revista de Direito Bancário, do Mercado de Capitais e da Arbitragem*, São Paulo, ano 3, n. 8, p. 229-240, abr.-jun. 2000.

GRECO FILHO, Vicente. *Direito processual civil brasileiro*. 12. ed. São Paulo: Saraiva, 1997, v. 3.

GRINOVER, Ada Pellegrini (Coord.). *Código de Defesa do Consumidor comentado pelos autores do anteprojeto*. Rio de Janeiro: Forense Universitária, 1998.

GUERRA, Luiz Antônio. *Teoria geral dos títulos de crédito e institutos conexos*. Brasília: LGE, 2007.

______; GONÇALVES, Valério Pedroso. *Contratos mercantis diferenciados*. Brasília: Brasília Jurídica, 2007.

HAMILTON, Robert W. *The law of corporations*. 5. ed. St. Paul: West Group, 2000.

JESUS, Damásio E. *Direito penal*. 22. ed. São Paulo: Saraiva, 1999, v. 2.

JUGLART, Michel de; IPPOLITO, Benjamin. *Droit commercial*. 2. ed. Paris: Monthrestien, 1977, v. 1.

KHOURI, Paulo R. Roque. Juros: o controle pelo novo Código Civil e pelo Código de Defesa do Consumidor. *Revista Jurídica Consulex*, ano VIII, n. 172, p. 24-32, mar. 2004.

KRUGMAN, Paul R. *Rethinking international trade*. Massachussets: The Mit Press, 1990.

KUNTZE, In: ENDEMANN, G. *Manuale di diritto commerciale, marittimo, cambiario*. Trad. Carlo Betocchi e Alberto Vighi. Napoli: Jovene, 1899, v. 5.

LACERDA, J. C. Sampaio de. *Dos armazéns-gerais*: seus títulos de crédito. Rio de Janeiro: Forense, [s.d.].

LARENZ, Karl. *Derecho civil*: parte general. Tradução e notas de Miguel Izquierdo y Macías-Picavea. MadriD: Editoriales de Derecho Reunidas, 1978.

______. *Metodología de la ciencia del derecho*. Tradução e revisão de Marcelino Rodríguez Molinero. Barcelona: Ariel, 1994.

LAURINI, Giancarlo. *I titoli di credito*. Milano: Giuffrè, 2003.

LEGON, Fernando A.; BACA CASTEX, Raul A. *La clausula sin protesto*. Buenos Aires: Ediar, 1969.

LEITE, Luiz Lemos. Factoring *no Brasil*. 10. ed. São Paulo: Atlas, 2005.

LEO, Gomez. *Instituciones de derecho cambiario*: el cheque. Buenos Aires: Depalma, 1985, v. III.

LIEBMAN, Enrico Tullio. *Processo de execução*. São Paulo: Bestbook, 2003.

LORDI, Luigi. *Istituzioni di diritto commerciale*. Padova: Cedam, 1943, 3 v.

MacCORMICK, Neil. *Argumentação jurídica e teoria do direito*. Tradução de Waldéa Barcelos. São Paulo: Martins Fontes, 2006.

MAGALHÃES, Roberto Barcellos de. *Títulos de crédito*. Rio de Janeiro: Lúmen Juris, 1996.

MAGARINOS TORRES, Antônio. *Nota promissória*. 4. ed. São Paulo: Saraiva, 1935.

MAMEDE, Gladston. *Direito empresarial brasileiro*: títulos de crédito. 2. ed. São Paulo: Atlas, 2005, v. 3.

MARIANI, Irineu. *Contratos empresariais*. Porto Alegre: Livraria do Advogado, 2007.

MARINONI, Luiz Guilherme. *A antecipação da tutela*. 3. ed. São Paulo: Malheiros, 1997.

______; ARENHART, Sérgio Cruz. *Execução*. São Paulo: RT, 2007.

MARIS, Victor A. A. Bomfim. *Comentários ao Código de Processo Civil*. São Paulo: RT, 2000, v. 12.

MARQUES, Cláudia Lima. *Contratos no código de defesa do consumidor*. 3. ed. São Paulo: RT, 1998.

MARTINELLI, João Carlos José. *Manual dos títulos de crédito*. Jundiaí: Literarte, 2000.

MARTINS, Alexandre de Soveral. *Títulos de crédito e valores mobiliários*. Coimbra: Almedina, 2008.

MARTINS, Fran. *Títulos de crédito*. 5. ed. Rio de Janeiro: Forense, 1995, 2 v.

______. *Contratos e obrigações comerciais*. 15. ed. Rio de Janeiro: Forense, 2000.

MARTORANO, Federico. *I titoli di credito*. Napoli: Morano, 1970.

MERCADO JÚNIOR, Antônio. *Nova lei cambial e nova lei do cheque*. 3. ed. São Paulo: Saraiva, 1971.

MESSINEO, Francesco. *Manual de derecho civil y comercial*. Tradução de Santiago Sentis Melendo. Buenos Aires: Egea, 1955, v. 5.

______. *Manuale di diritto civile e commerciale*. 9. ed. Milano: Giuffrè, 1972, v. 5.

MIRANDA JÚNIOR, Darcy Arruda. *O* warrant *no direito brasileiro*. São Paulo: José Bushatsky, 1973.

MIRANDA, Maria Bernadete. *Títulos de crédito*. Rio de Janeiro: Forense, 2006.

MOLLE, Giacomo. *I titoli di credito bancari*. Milano: Giuffrè, 1972.

MONIZ DE ARAGÃO, Egas Dirceu. Alterações no Código de Processo Civil: tutela antecipada, perícia. In: TEIXEIRA, Sálvio de Figueiredo (Coord.). *Reforma do Código de Processo Civil*. São Paulo: Saraiva, 1996.

MONTENEGRO FILHO, Misael. *Curso de direito processual civil*. 4. ed. São Paulo: Atlas, 2007, v. 2.

MORAES, Emanoel Macabu. *Protesto notarial*. 2. ed. Rio de Janeiro: Lumen Juris, 2010.

MORAES, Mario Delphim de. A cessão de crédito, o título de crédito, o endosso, o aval, Factoring e regresso. In: PEREIRA JÚNIOR, Antonio Jorge; JABUR, Gilberto Haddad (Coord.). *Direito dos contratos*. São Paulo: Quartier Latin, 2006, p. 409-434.

MOSSA, Lorenzo. *La cambiale secondo la nuova legge*. Milano: Casa Editrice Dottor Francesco Vallardi, 1937.

MOTA, Lise Nery. *Prisão civil como técnica de efetivação das decisões judiciais*. Rio de Janeiro: Lumen Juris, 2007.

NADER, Paulo. *Curso de direito civil*: 5. ed. Rio de Janeiro: Forense, 2010, v. 3.

NAVARRINI, Umberto. *Diritto commerciale*. 5. ed. Torino: UTET, 1937, v. 1.

______. *La cambiale e l'assegno bancario*. Bologna: Zanichelli, 1937.

NEGRÃO, Ricardo. *Manual de direito comercial e de empresa*. São Paulo: Saraiva, 2010, v. 2.

NEVES, Rúbia Carneiro. *Cédula de crédito*. Belo Horizonte: Del Rey, 2002.

OLIVEIRA, Celso Marcelo de. *Títulos de crédito*. Campinas: LZN, 2003.

OLIVEIRA, Evérsio Donizete de. *A regulamentação dos títulos de crédito eletrônicos no Código Civil*. São Paulo: Lemos & Cruz, 2007.

OYA, Marcio Koji. Executividade da cédula de crédito bancário. *Revista de Processo,* ano 31, n. 133, p. 279-288, mar. 2006.

PAMPLONA FILHO, Rodolfo; GAGLIANO, Pablo Stolze. *Novo curso de direito civil*. São Paulo: Saraiva, 2008, v. IV, t. 2.

PAPINI, Roberto. *Sociedade anônima e mercado de valores mobiliários*. 3. ed. Rio de Janeiro: Forense, 1999.

PARIZATTO, João Roberto. *Protesto de títulos de crédito*. 2. ed. Ouro Fino: Edipa, 1999.

PAVONE LA ROSA, Antonio. *La letra de cambio*. Tradução de Osvaldo J. Máffia. Buenos Aires: Abeledo Perrot, 1988.

PEIXOTO, Carlos Fulgêncio da Cunha. *Comentários à lei de duplicatas*. 2. ed. Rio de Janeiro: Forense, 1971.

______. *Sociedades por ações*. São Paulo: Saraiva, 1972, v. 1.

PENNA, Fábio O. *Da duplicata*. 2. ed. Rio de Janeiro: Forense, 1966.

PENTEADO, Mauro Rodrigues. Considerações sobre o projeto e notas acerca do Código Civil, em matéria de títulos de crédito. In: ______ (Coord.). *Títulos de crédito*. São Paulo: Walmar, 2004.

PEREIRA FILHO, Valdir Carlos. Cédula de crédito bancário. In: WAISBERG, Ivo; FONTES, Marcos Rolim Fernandes (Coord.). *Contratos bancários*. São Paulo: Quartier Latin, 2006.

PEREIRA, Lutero de Paiva. *Comentários à lei da cédula de produto rural*. 3. ed. Curitiba: Juruá, 2006.

PESSOA, Ana Paula Gordilho. Breves reflexões sobre os títulos de crédito no novo Código Civil. In: PENTEADO, Mauro Rodrigues (Coord.). *Títulos de crédito*. São Paulo: Walmar, 2004, p. 25-49.

PIEDELIÈVRE, Stéphane. *Instruments de crédit et de paiement*. Paris: Dalloz, 2001.

PIERANGELI, José Henrique. *Manual de direito penal*: parte especial. São Paulo: RT, 2005.

PINHO, Themistocles; VAZ, Ubirayr Ferreira. *Protesto de títulos e outros documentos de dívida*. Rio de Janeiro: Freitas Bastos, 2007.

PINTO, Carlos Alberto da Mota. *Teoria geral do direito civil*. 3. ed. Coimbra: Almedina, 1999.

PINTO, Lígia Paula Pires. Títulos de crédito eletrônicos e assinatura digital: análise do art. 889, § 3º, do Código Civil. In: PENTEADO, Mauro Rodrigues (Coord.). *Títulos de crédito*. São Paulo: Walmar, 2004, p. 187-205.

PIRES, José Paulo Leal Ferreira. *Títulos de crédito*. 2. ed. São Paulo: Malheiros, 2001.

PITÃO, José Antonio de França. *Letras e livranças*. 3. ed. Coimbra: Almedina, 2005.

POLOGNA, Graciela. *Acciones cambiarias e extracambiarias*. Buenos Aires: La Ley, 2006.

PONTES DE MIRANDA. *Tratado de direito cambiário*. Campinas: Bookseller, 2000, 4 v.

______. *Tratado de direito privado*. Campinas: Bookseller, 2004, v. XXXII.

______. ______. Campinas: Bookseller, 2004, v. XXXIII.

______. ______. Campinas: Bookseller, 2004, v. XXXIV.

POTHIER, Robert Joseph. *Tratado das obrigações*. Tradução de Witt Batista e Douglas Dias Ferreira. Campinas: Servanda, 2001.

PRADO, Luiz Régis. *Curso de direito penal brasileiro*. 5. ed. São Paulo: RT, 2006, v. 2.

REINHARD, Yves e CHAZAL, Jean-Pascal. *Droit commercial*. 6. ed. Paris: Litec, 2001.

REQUIÃO, Rubens. *Curso de direito comercial*. 21. ed. São Paulo: Saraiva, 1998, v. 2.

______. ______. 23. ed. São Paulo: Saraiva, 2003, v. 2.

RESTIFFE, Paulo Sérgio. *Manual do novo direito comercial*. São Paulo: Dialética, 2006.

RESTIFFE NETO, Paulo. *Novos rumos da duplicata*. São Paulo: RT, 1974.

______; RESTIFFE, Paulo Sérgio. *Lei do cheque*. 4. ed. São Paulo: RT, 2000.

RIPERT, Georges; ROBLOT, René. *Traité élementaire de droit commercial*. 10. ed. Paris: LGDJ, 1986, t. 2.

RIZZARDO, Arnaldo. *Contratos de crédito bancário*. 7. ed. São Paulo: RT, 2007.

______. *Contratos*. 7. ed. Rio de Janeiro: Forense, 2007.

______. Regresso do faturizador contra o faturizado. *Revista do Factoring*, ano II, n. 12, p. 7-13, abr.-jun. 2005.

______. *Títulos de crédito*. Rio de Janeiro: Forense, 2006.

ROQUE, Sebastião José. *Títulos de crédito*. São Paulo: Ícone, 1997.

ROSA JÚNIOR, Luiz Emygdio da. *Títulos de crédito*. 4. ed. Rio de Janeiro: Renovar, 2006.

SADDI, Jairo. A natureza econômica do contrato bancário. In: WAISBERG, Ivo; FONTES, Marcos Rolim Fernandes (Coord.). *Contratos bancários*. São Paulo: Quartier Latin, 2006.

SALANDRA, Vittorio. *Curso de derecho mercantil*. Tradução de Jorge Barrera Graf. México: Jus, 1949.

SALOMÃO NETO, Eduardo. *Direito bancário*. São Paulo: Atlas, 2007.

SANTOS, Ernane Fidélis dos. *Novíssimos perfis do processo civil brasileiro*. Belo Horizonte: Del Rey, 1999.

SANTOS, Eugênio Aquino dos. A não revogação do Decreto n. 19.473/30, diploma regulador dos conhecimentos de transporte de mercadorias por terra (*inland bill*), água (*bill of lading*) ou ar (*airwaybill*). Disponível em: <http://www.sfiec.org.br/cin/nao_revogacao.pdf>. Acesso em: 14 out. 2008.

SANTOS, Evaristo Aragão. *Execução forçada e títulos de crédito*. Rio de Janeiro: Forense, 2007.

SANTOS, Theóphilo de Azeredo. *Do aceite*. Rio de Janeiro: Forense, 1960.

______. *Do endosso*. Rio de Janeiro: Forense, 1962.

______. Natureza jurídica das ações das sociedades. *Revista Forense*, v. 169, p. 484-498, 1957.

______. Notas sobre a cédula de crédito bancário. *Revista de Direito Bancário, do Mercado de Capitais e da Arbitragem*, ano 3, n. 8, p. 86-95, abr./jun. 2000.

SARAIVA, José A. *A cambial*. Rio de Janeiro: José Konfino, 1947, 3 v.

SCABELLI, Carlos Alberto; ROSSETTO, Guilherme Ferreira; BARBOSA, Marco Antônio. O cheque e o princípio da cartularidade no processo digital. *Revista de Processo*, v. 254, p. 321-338, abr. 2016.

SCAVONE JÚNIOR, Luiz Antonio. *Juros no direito brasileiro*. São Paulo: RT, 2003.

SHIMURA, Sérgio. *Título executivo*. São Paulo: Saraiva, 1997.

SICHERLE, Camilo et al. O impacto de recentes mudanças na regulamentação brasileiro sobre o "custo Brasil" nas operações de recebimento antecipado de exportação de produtos agrícolas brasileiros. In: WAISBERG, Ivo; FONTES, Marcos Rolim Fernandes (Coord.). *Contratos bancários*. São Paulo: Quartier Latin, 2006.

SIDOU, J. M. Othon. *Do cheque*. 2. ed. Rio de Janeiro: Forense, 1976.

SILVA, Américo Luis Martins. *As ações das sociedades e os títulos de crédito*. Rio de Janeiro: Forense, 1995.

SILVA, José Roberto Dias da. Reflexões sobre os títulos de crédito atípicos: anotações sobre os arts. 887 e 889 do Novo Código Civil. In: PENTEADO, Mauro Rodrigues (Coord.). *Títulos de crédito*. São Paulo: Walmar, 2004.

SILVA, Marcos Paulo Félix da. *Títulos de crédito no Código Civil*: questões controvertidas. Curitiba: Juruá, 2006.

SILVA, Ovídio Baptista. *Curso de processo civil*. 2. ed. São Paulo: RT, 1998, v. 3.

SOUZA, Bernardo Pimentel. *Direito processual empresarial*. Salvador: JusPodium, 2008.

SOUZA, Carlos Gustavo de. *Contratos mercantis*. Rio de Janeiro: Freitas Bastos, 2006.

______. *Títulos de crédito*. Rio de Janeiro: Freitas Bastos, 2005.

TAVALERA, Glauber Moreno. *Aspectos jurídicos controversos dos juros e da comissão de permanência*. São Paulo: RT, 2009.

THEODORO JÚNIOR, Humberto. A cédula de crédito bancário. *Revista de Direito Bancário, do Mercado de Capitais e da Arbitragem*, ano 6, n. 22, p. 13-52, out.-dez. 2003.

______. Tutela antecipada. In: WAMBIER, Teresa Arruda Alvim (Coord.). *Aspectos polêmicos da antecipação de tutela*. São Paulo: RT, 1997.

TIMMERS, Luciane Favaretto. *Desafios interpretativos da Lei Uniforme de Genebra*. Porto Alegre: Livraria do Advogado, 2003.

TORO, Rodrigo Becerra. *Teoría general de los títulos valores*. Bogotá: Temis, 1984.

TRIMARCHI, Pietro. *Istituzioni di diritto privato*. 12. ed. Milano: Giuffré, 1998.

VALERI, Giuseppe. *Manuale di diritto commerciale*. Firenze: Casa Editrice Dottor Carlo Cya, 1950, v. 1.

VEDOVE, Giampaolo dalle. *Nozioni di diritto d'impresa*. Padova: Cedam, 2000.

VILLEGAS, Carlos Gilberto. *El cheque*. Buenos Aires: Rubinzal-Culzoni, 1998.

VIVANTE, Cesare. *Trattato di diritto commerciale*. 5. ed. Milano: Casa Editrice Dottor Francesco Vallardi, 1924, 4 v.

WALD, Alexandre de Mendonça. Os juros no Código Civil e a Emenda Constitucional 40. A constitucionalidade dos arts. 406 e 591 do Código Civil. In: WALD, Arnoldo. *Direito empresarial*: contratos mecantis. São Paulo: RT, 2011, v. 4, p. 25-34.

WALD, Arnoldo; WAISBERG, Ivo. Legislação, jurisprudência e contratos bancários. In: FONTES, Marcos Rolim Fernandes; WAISBERG, Ivo (Coord.). *Contratos bancários*. São Paulo: Quartier Latin, 2006.

WAMBIER, Luiz Rodrigues; ALMEIDA, Flávio Renato Correia de; TALAMINI, Eduardo. *Curso avançado de processo civil*. 9. ed. São Paulo: RT, 2007, v. 2.

WAMBIER, Luiz Rodrigues; WAMBIER, Teresa Arruda Alvim; MEDINA, José Miguel Garcia. *Breves comentários à nova sistemática processual civil 3*. São Paulo: RT, 2007.

WAMBIER, Teresa Arruda Alvim. Da liberdade do juiz na concessão de liminares. *Aspectos polêmicos da antecipação de tutela*. São Paulo: RT, 1997.

WHITAKER, José Maria. *Letra de câmbio*. São Paulo: Saraiva, 1928.

YAZBEK, Otávio. O risco de crédito e os novos instrumentos – uma análise funcional. In: WAISBERG, Ivo; FONTES, Marcos Rolim Fernandes (Coord.). *Contratos bancários*. São Paulo: Quartier Latin, 2006.

ZAVASCKI, Teori Albino. *Antecipação da tutela*. São Paulo: Saraiva, 1997.

ZUNINO NETO, Nelson. A inexequibilidade da cédula de crédito. *Jus Navigandi*, Teresina, ano 4, n. 46, out. 2000. Disponível em: <http://www1.jus.com.br/doutrina/texto.asp?id=750>. Acesso em: 22 set. 2008.